Raphaela Kell

Die strukturelle Reformunfähigkeit der Weltbank

Raphaela Kell

Die strukturelle Reformunfähigkeit der Weltbank

Hintergründe und Argumentationslinien

Tectum Verlag

D 82

Raphaela Kell

Die strukturelle Reformunfähigkeit der Weltbank
Hintergründe und Argumentationslinien

Zugl. Univ.Diss., RWTH Aachen University 2011
ISBN: 978-3-8288-2918-3
Umschlagabbildungen: © www.shutterstock.com | robmarmion;
© www.shutterstock.com | baipooh

Printed in Germany

Besuchen Sie uns im Internet
www.tectum-verlag.de

Bibliografische Informationen der Deutschen Nationalbibliothek
Die Deutsche Nationalbibliothek verzeichnet diese Publikation in der Deutschen Nationalbibliografie; detaillierte bibliografische Angaben sind im Internet über http://dnb.ddb.de abrufbar.

Für Niklas

Danksagung

Mein besonderer Dank gilt Professor Rotte, der mich von Anfang an darin unterstützt hat, mit meinen Forschungsansätzen gegen den Strom zu schwimmen.

Danken möchte ich insbesondere auch Dr. Jürgen Jansen, der mich zu diesem Vorhaben anspornte und der durch seine vielen wertvollen und kritischen Anregungen wesentlich zum Gelingen dieser Arbeit beigetragen hat.

Vielen Dank auch an meine Freundin Kristina Hamers, die sich dem Lektorat meiner Arbeit gewidmet hat.

INHALTSVERZEICHNIS

Abkürzungsverzeichnis

Bfai: Bundesagentur für Außenwirtschaft
BNP: Bruttonationaleinkommen
CAS: Country Assistance Strategy
CASS: Chotanagpur Adivasi Sewa Samati
CD: Country Director
CDF: Comprehensive Evelopment Framework
CIDSE: Caritas International Cooperation for Development and Solidarity
CIL: Coal India.Limited
CMU: Country Management Units
COINBIO: Indigenous and Community Biodiversity Project
COMO: Consulting für Projektmanagement und Organisation
CPIA: Country Policy and Institutional Assessments
CSO: Civil Society Organisation
DIHK: Deutsche Industrie- und Handelskammer
EA: Environmental Assessment Report
ECOSOC: Economic and Social Council
eed: evangelischer Entwicklungsdienst
EESRSP: Emergency Economic and Social Reunification Support Project
EIR: Extractive Industries Review
ESSD: Environmental, Social and Sustainable Development
EURODAD: European Network on Debt and Development
FAO: Food and Agriculture Organization of the United Nations
FSC: Forest Stewardship Council
GG: Grundgesetz
Gtz: Gesellschaft für Technische Zusammenarbeit
HIPC: Heavingly Indepted Poor Countrys
ICSID: International Centre for Settlement of Investment Disputes
IDA: International Development Association
IEG: Independent Evaluation Group
IFC: International Finanz-Corporation
IMF: Internationale Monetary Fund
INRA: Institut National de Recherche Agronomique
IRN: International Rivers Network
ISDS: Die Integrated Safeguards Data Sheets
IWF: internationaler Währungsfond
JSA: Joint Staff Assessment
MdB: Minister des Bundes
MDG: Millennium Development Goals
MIGA: Multilateral Investment Guarantee Agency

MOS: Monthly Operational Summaries
MSSP: Manila Second Sewerage Project
NGO: Non-Governmental Organization
NRO: Nicht-Regierungs Organisation
NSO: Nichtstaatliche Organisation
OCP: Oleoducto de Crudos Pesados
ODI: Overseas Development Institute
OED: Operations Evaluation Department
OMB: Office of Management and Budget
P&B: Programming and Budgeting
PAD: Project Appraisal Document
PGD: Program Document
PID: Das Project Information Document
PRGF: Poverty Reduction and Growth Facility
PRSC: Poverty Reduction Support Credits
PRSP: Poverty Reduction Strategy Papers
PSIA: Poverty and Social Impact Assessment
SAL: Structural adjustment loans
SAP: Structural adjustment program
SAP: Strukturanpassungsprogramm
SIP: Small-Investment-Program
TFAP: Tropical Forest Action Plan
TSERO: Transitional Support for Economic Recovery Credit Operation
UNDP: United Nations Development Programme
UNESCO: United Nations Educational, Scientific and Cultural Organization
UNIDO: United Nations Industrial Development Organization
UNRISD: United Nations Research Institute for Social Development
VENRO: Verband Entwicklungspolitik deutscher Nichtregierungsorganisationen
WCD: World Commission on Dams
weed: World economy & ecology Development
WHO: Worlds Health Organization
WTO: World Trade Organization

A / Einleitung

Auf ihrer Frühjahrstagung im April 2010 einigten sich die Mitgliedsstaaten der Weltbank, die, neben dem Internationalen Währungsfonds, auch als Bretton-Woods-Institution bezeichnet wird, auf eine Neuordnung der Stimmgewichte zugunsten der aufstrebenden Schwellen- und Entwicklungsländer.[1] Wenngleich sich diese Stimmgewichtung für die Entwicklungs- und Schwellenländer insgesamt um nur wenige Prozentpunkte erhöhte, sprach Weltbank-Präsident Robert Zoellick von einem *„bedeutsamen Schritt"*[2] hin zu einer ausgeglichenen, demokratischeren Governance-Struktur in der Weltbank.

Seit Jahrzehnten forderten Kritiker bereits, die Stimmrechtsregelung der Weltbank zugunsten der Entwicklungs- und Schwellenländer zu demokratisieren und damit gleichzeitig den Einfluss der bisherigen Hauptanteilseigner USA, Europa und Japan auf die formalen Entscheidungsinstanzen der Weltbank einzuschränken. An eine Neugewichtung der formalen Machtverhältnisse wird unter anderem die Hoffnung geknüpft, dass sich die angenommenen interessenbedingten Widerstände der bisherigen Hauptanteilseigner gegen eine wirtschafts- und entwicklungspolitische Neuausrichtung der Weltbank aufbrechen lassen und der Weg für weitreichende Reformen geebnet werden kann.

Eine Neuausrichtung bzw. Reformierung der Bank gilt nicht zuletzt angesichts ihrer unzureichenden Erfolge bei der weltweiten Armutsbekämpfung und in Anbetracht der zum Teil immensen Folgeschäden einiger mit ihrer Hilfe finanzierter Entwicklungsprojekte als dringend geboten.

Die Erwartung, dass die Fortführung des Demokratisierungsprozesses die Voraussetzungen für eine *Reform* der Weltbank verbessern wird, gründet sich unter anderem auf zwei Annahmen: Zum einen, dass eine diesbezügliche Reformierung der Weltbank bislang durch die bisherigen Hauptanteilseigner unzureichend unterstützt oder sogar blockiert wurde. Und zum anderen, dass die formalen Entscheidungsinstanzen der

---

1 Während der Machtzuwachs Brasiliens, Indiens und Mexikos noch geringfügig ausfiel, profitierte insbesondere China von der Angleichung und wurde aufgrund seines zunehmenden Finanzgewichtes drittgrößter Kapitalgeber bzw. Anteilseigner der Weltbank. Vgl. Piper (2010), in: sueddeutsche.de, http://www.sueddeutsche.de/geld/stimmgewichte-bei-der-weltbank-china-ueberholt-deutschland-1.933835

2 Die Presse (2010), http://diepresse.com/home/wirtschaft/international/560802/index.do.

Bank, in denen die Hauptanteilseigner aufgrund ihrer Stimmrechte formal das größte Einflusspotential besitzen, auch den faktisch entscheidenden Einfluss auf die Politik und die Arbeit der Institution nehmen.

Dieses Annahmen-Set basiert dabei weniger auf konkreten Beobachtungen über die bankinternen Entscheidungsabläufe. Es baut vielmehr auf ein komplexes Thesen- und Theoriengerüst auf, in welchem die Weltbank und die ihr zugeschriebene strukturelle *Reformunfähigkeit* vorrangig aus einer macht- und interessenpolitisch bewertenden Perspektive betrachtet werden. Diese politische Perspektive, die den Weltbank-Diskurs maßgeblich prägt, ist insbesondere in den Theorien der Internationalen Beziehungen verwurzelt. Im Verständnis dieser Theorieansätze sind internationale Organisationen wie die Weltbank vornehmlich vor dem Hintergrund hegemonialpolitischer Interessen entstanden und konzipiert worden. Die Weltbank wird hiernach weniger als eigenständige Akteurin, sondern als ein interessenpolitisches Machtinstrument ihrer Hauptanteilseigner, allen voran der USA, verstanden, die mit Hilfe dieser Organisation sowohl ihre politische Vormachtstellung, aber vor allem ihre wirtschaftliche Zukunft sichern wollen.[3]

Diese Instrumentalisierungs-These spiegelt sich letztlich in den Protestbekundungen und in den Reformforderungen jener Weltbank-Kritiker wider, die vor allem auf eine formale Entmachtung der USA in den Entscheidungsgremien der internationalen Organisationen hinarbeiten.

Was aber, wenn sich diese US-zentristische Grundannahme als ungenügend fundiert oder gar als Fehlinterpretation der Bretton-Woods-Geschichte herausstellt und der faktische Einfluss der Hauptanteilseigner auf die Arbeit der Weltbank überbewertet wird?

Das entwicklungs- und reformpolitische Scheitern der Weltbank wäre dann in einem weiteren, wenn nicht sogar neuen, wissenschaftlichen Kontext zu diskutieren. Dazu hat der bisherige Weltbank-Diskurs jedoch noch keine weiterführenden Fragestellungen entwickelt, die der Vielschichtigkeit des Themengebietes gerecht werden könnten. Bislang wird der Diskurs um die Neuordnung der Verantwortungsstrukturen aus einer sehr eingegrenzten interessenpolitischen und zum Teil US-zentristischen Untersuchungsperspektive geführt. Die Suche nach weiteren Verantwortungsstrukturen im Umfeld und innerhalb international einflussreicher Organisationen wie der Weltbank ist in Anbetracht ihrer zunehmenden Bedeutung für den Globalisierungsprozess dringend erforderlich. Nicht zuletzt auch, um eine breit angelegte Forschungsagenda zu initiieren, in der jenseits von rein interessenpolitisch begründeten Er-

3 Vgl. Tetzlaff (1980).

klärungsmodellen nach neuen entwicklungs- wie auch reformpolitischen Lösungsmodellen geforscht wird.

Das zentrale Anliegen dieser Arbeit besteht darin, die Weltbank- und die ihr zugeschriebene Reformproblematik aus ihrem bisherigen oft sehr eng gefassten und generalisierenden Diskurs-Korsett auszubrechen und einen wissenschaftlichen Perspektivwechsel anzuregen, der insgesamt die Rolle und die Funktionsweisen internationaler Organisationen, konkret der Weltbank, neu ausleuchtet.

Zu diesem Zweck sind in dieser Arbeit mehrere Forschungsstränge zu entwickeln. Die beiden maßgeblichen, miteinander verbundenen Untersuchungsstränge, die den Forschungsrahmen dieser Studie vorgeben, ergeben sich bereits aus dem Titel. Sowohl die Reformproblematik selber wie auch der darüber geführte Diskurs sind die zentralen Analyse-Schwerpunkte dieser Arbeit. Während einerseits zu überprüfen ist, ob die Weltbank tatsächlich eine strukturell bedingte *Reformunfähigkeit* aufweist, sind andererseits die zentralen Diskurs-Thesen bzw. Argumentationslinien zu untersuchen, mit denen die mutmaßliche *Reformunfähigkeit* der Bank erklärt wird.

Wenngleich es im Rahmen eines Forschungsprojektes durchaus üblich ist, den jeweiligen Diskussionstand bzw. den wissenschaftlichen Diskurs über das zu analysierende Thema darzulegen, ist mein Ansatz in diesem Forschungsstrang weiter gefasst. Die Aufarbeitung des wissenschaftlichen Diskurses über die Weltbank dient hier nicht nur der Darstellung des aktuellen Forschungsstands sowie der Entwicklung einer eigenen Fragestellung und einer eigenen Synthese, sondern ist vielmehr *diskursanalytisch* angelegt. Die im Rahmen einer kritischen Diskursanalyse aufzudeckenden und ggfs. aufzuklärenden Fehlansätze und interpretativen Verzerrungen, von denen die Weltbankdebatte zum Teil erheblich gekennzeichnet ist, dienen vor allem dazu, den hier angestrebten wissenschaftlichen Perspektivwechsel im Hinblick auf die Weltbank- und Reformdebatte fundiert verteidigen zu können. Auf der Grundlage meiner Diskurs-Kritik soll die Notwendigkeit ersichtlich werden, dass die Weltbank- und Entwicklungsproblematik, jenseits der klassischen Fragestellungen der Internationalen Politik, aus einer erweiterten und zwar dezidiert organisationssoziologischen Perspektive analysiert werden sollte.

Ein diesbezüglicher Perspektivwechsel wurde ansatzweise von Martin Koch vorbereitet, der sich dem Thema *Internationale Organisationen* jedoch aus einer allgemeineren, eher systemtheoretischen, Perspektive nähert, um letztlich deren Verselbständigungsprozesse gegenüber ihren Anteilseignern herauszuarbeiten. Der von ihm erzielte Erkenntnisgewinn über diese Prozesse stützt meinen Ansatz, auch die Weltbank nicht primär in der Rolle eines von außen gesteuerten Machtinstrumentes zu begreifen. Während Koch diesen Perspektivwechsel auf einer weiter gefassten theoretischen Ebene einleitet, konkretisiert die Politikwissenschaftlerin Catherine Weaver mit Blick auf die Weltbank diesen Perspektivwechsel, indem sie auf der innerorganisatorischen Ebene untersucht, wie sich die von ihr konstatierte Diskrepanz zwischen der Außendarstellung der Weltbank und ihrer tatsächlichen Arbeit erklären lässt. Auch ihre Ergebnisse stützen den hier gewählten Untersuchungsansatz.[4]

Weitere Studien, die sich konkret mit organisationssoziologisch analysierten Verselbständigungs- und Machtaspekten der Weltbank befassen, liegen bislang nicht vor.

Dies verdeutlicht, dass der in dieser Arbeit angestrebte wissenschaftliche Perspektivwechsel gegenwärtig noch nicht auf einer breiteren wissenschaftlichen Ebene stattgefunden hat.

Obwohl sich die hier verwendeten organisationstheoretischen Studien konkret nicht mit der Weltbank befassen, dienen ihre Erklärungsmodelle, die im 1. Kapitel beschrieben werden dazu, etwaige strukturelle Machtkonflikte und daraus resultierende Reformwiderstände als *innerorganisatorische* Muster zu erkennen und auf die Gegebenheiten in der Weltbank zu übertragen. Diese Muster werden unter anderem in der Human-Relations-Theorie wie auch in der Principal-Agent-Theorie behandelt. Ihre Erklärungsmodelle zu Macht- und Hierarchiekonflikten fließen in meine Untersuchungen ein, wenngleich ich auch die Erkenntnisgrenzen dieser Erklärungsmodelle herausarbeiten werde, die besonders im Zusammenhang mit der Weltbank zu berücksichtigen sind.

Die wichtigsten Einführungs-Monographien in die organisationssoziologischen Denkansätze sind im Rahmen dieser Untersuchung die Studien von Peter Preisendörfer, Jutta Allmendinger und Thomas Hinz sowie die Dissertationen von Nicole J. Saam und Adem Alparslam. Das im Zusammenhang mit Organisationen häufig zitierte Standard-Werk Max Webers, in dem Weber den Zusammenhang zwischen Herrschaft, Verwaltung und Hierarchien herstellt, findet hier zwar insofern Berücksichtigung, als das von ihm konzipierte Bürokratiemodell letztlich in der späteren Organisationstheorie reflektiert und weiterentwickelt wurde. Doch im Hinblick auf die in dieser Studie herauszuarbeitenden *innerorganisatorischen* Strukturen und etwaigen Machtkonflikte sind der Übertragung und Anwendung von Webers Überlegungen sehr enge Grenzen gesetzt.

4 Vgl. Weaver (2003), vgl. Weaver (2008), vgl. Weaver / Leiteritz (2005), in: Global Governance (2005), S. 369-388.

Der im 1. Kapitel theoretisch vorbereitete Perspektivwechsel kann nur dann nachvollziehbar hergeleitet werden, wenn der aktuelle Forschungsrahmen präsent ist. Daher wird neben der von mir angestrebten organisationssoziologischen Annäherung an eine neue Untersuchungsperspektive auch der bisher dominierende Forschungsansatz kurz skizziert, der sich aus dem Theoriengerüst der Internationalen Beziehungen ableitet. Auf eine ausführliche Wiedergabe und Diskussion dieses Forschungsansatzes wird hier jedoch verzichtet, da er bereits in vielen Monographien eingehend besprochen wurde und zudem keine hilfreichen Erkenntnisbeiträge für meine Untersuchungslinie leisten kann. Weiterführende Erläuterungen finden sich in dem Standard-Werk über *Internationale Organisationen* von Volker Rittberger, Bernhard Zangl und Matthias Staisch.

Während im 1. Kapitel noch keine diskurs-analytischen Elemente herauszuarbeiten sind, werden Kapitel 2 („*Gründungsgeschichte der Bretton-Woods-Institutionen*") und Kapitel 3 („*Formaler Struktur- und Organisationsaufbau der Weltbank unter machtpolitischen Aspekten*") darauf ausgerichtet, die maßgeblichen Diskursthesen zu hinterfragen und etwaige Fehlansätze und Fehlinterpretationen aufzudecken, die sich möglicherweise im Rahmen der Weltbank-Debatte zu Lasten einer entwicklungspolitisch fundierten Reformagenda verfestigt haben.

In Kapitel 2 überprüfe ich daher zunächst, inwieweit die historisch begründeten US-zentristischen Ansätze einiger Weltbank-Kritiker sich tatsächlich aus dem Gründungs-Kontext der Bretton-Woods-Organisationen ableiten lassen. Hier möchte ich, über die allgemein üblichen Darstellungen zum Gründungskontext beider Organisationen hinaus deutlich tiefere Einblicke in die wirtschafts- und machtpolitische Ausgangssituationen der maßgeblichen Konferenzteilnehmer gewinnen. Beispielsweise sind in diesem Zusammenhang die mutmaßlichen hegemonialpolitischen Ambitionen der USA, die vorgeblich den politischen Hintergrund der Bretton-Woods-Konferenz bildeten und die später in der Instrumentalisierungsthese mündeten, ausführlicher zu untersuchen. Die Ursachen und Folgen der machtpolitischen Verschiebungen zwischen den damaligen Großmächten USA und Großbritannien sind ebenso in diesem Gründungkontext einzubeziehen wie das anfängliche Verhältnis zwischen der Sowjetunion und der USA und die Situation der wirtschaftlich kaum entwickelten Länder gegen Ende des Zweiten Weltkriegs und kurz danach. Insbesondere die von Edward S. Mason und Robert E. Asher verfasste Weltbank-Chronologie sowie die von R. F. Harrod publizierte Keynes-Biographie und die Monographien von William A. Williams und Hans-Ulrich Wehler zur Frage des US-amerikanischen Imperialismus dienen sowohl der Klärung US-zentristischer Aspekte wie auch der angenommenen Konkurrenzsituation zwischen den USA und Großbritannien. Hier geben vor allem die Berichte von Mason und Asher über die Anfangsphase der Weltbank wichtige weiterführende Hinweise auf einen machtpolitischen Verdrängungsprozess zugunsten einer größeren institutionellen Souveränität der Weltbank gegenüber den Hauptanteilseignern USA.

Auch in Kapitel 3, in dem die formale Struktur und der Organisationsaufbau der Weltbank sowie die innerbetrieblichen Abläufe in der Projektarbeit rekonstruiert werden, wird sich insofern mit US-zentristischen Fragestellungen zu beschäftigen sein, als zu überprüfen ist, ob und inwieweit die formal festgelegte Organisationsstruktur der Weltbank, die die internationalen Machtverhältnisse spiegelt, den Hauptanteilseignern auch tatsächlich als machtpolitischer Einflusskanal dienen kann. Darüber hinaus ist dieses Kapitel jedoch in erster Linie darauf ausgerichtet, den *Organismus Weltbank* mit seinen innerbetrieblichen Wechselwirkungen zwischen den Hierarchien und Arbeitsfeldern verständlich zu machen. Zugleich möchte ich den Blick für etwaige machtpolitische, informelle Entscheidungsstrukturen schärfen, die sich jenseits der formellen Organisationsstrukturen entwickelt haben könnten und die ggfs. die Weltbank gegen externe, formal festgelegte Einflüsse immunisieren könnten. Fragen der Organisationsstruktur werden in der einschlägigen Literatur zum Thema *Weltbank* insgesamt eher vordergründig abgehandelt und auf die Darstellung der formal festgelegten Entscheidungsinstanzen Gouverneurs-Rat, Exekutiv-Direktorium und Weltbank-Präsident reduziert. Die Studien von Bettina Hürni und Gerd Wiegand sowie die umfassenden Ausführungen von Mason und Asher ermöglichen zwar einen tiefergehenden und differenzierten Einblick in die Organisationsstruktur der Weltbank, dies jedoch nur für den Zeitraum bis etwa 1980. Mit Hilfe der 2007 vom deutschen Bundesministerium für Wirtschaft und Technologie in Auftrag gegebenen Consulting-Studie zur Verbesserung der Beteiligung deutscher Unternehmen an weltbankfinanzierten Entwicklungsprojekten lassen sich sowohl die Organisationsstruktur als auch die innerorganisatorischen Arbeitsabläufe, insbesondere in den Projektbewilligungsverfahren, aktualisieren.

Während sich in Kapitel 1 bis 3 dem Thema Weltbank zunächst aus einem theoretischen, dann historischen und darauf aufbauend aus einem formal-juristischen Blickwinkel genähert wird und zugleich die diskurskritischen Aspekte der Weltbank-Debatte beleuchtet werden, steht in Kapitel 4 und 5 die im Rahmen der Weltbank-Debatte kritisierte *Reformunfähigkeit* im Zentrum meiner Diskurs-Analyse. Bevor im abschließenden 6. Kapitel nach möglichen Ursachen und Erklärungen für das mutmaßliche reformpolitische Scheitern der Weltbank gesucht wird, möchte ich in Kapital 4 und 5 zunächst bilanzieren, inwieweit überhaupt von einer diesbezüglichen Unfähigkeit der Organisation gesprochen werden kann. An diese Fragestellung knüpft sich der zweite Forschungsstrang dieser Arbeit an, der zwar in weiten Teilen noch diskurs-kritische Elemente aufweist, zugleich jedoch neue und eigene Untersuchungsschwerpunkte festlegt. Hierzu zählen insbesondere die Rekonstruktion der Reformgeschichte der Weltbank und die Ausleuchtung des Leadership-Aspektes, dem im 5. Kapitel insofern besondere Aufmerksamkeit geschenkt wird, als ich die Reformgeschichte der Weltbank gezielt auf den Einfluss der jeweiligen Weltbankpräsidenten abtaste, deren Bedeutung für den Reformerfolg bislang kaum diskutiert wird. Meine Untersuchungen beginnen bei der Präsidentschaft Robert McNamaras, der erstmalig das Entwicklungskonzept der Bank reformierte.

Um die jeweiligen Hintergründe des Reformprozesses verständlich zu machen, befasst sich Kapitel 4 jedoch zunächst eingehend mit den auslösenden Faktoren der weltweiten Kritikwelle, auf die die Weltbank dann mehrfach mit der Ankündigung einzelner Reformschritte reagierte. Ausgelöst wurde die bis heute andauernde Kritik durch einige von der Weltbank finanzierten Entwicklungsprojekte, die in den ökonomisch *unter*entwickelten Regionen zu dringend benötigtem wirtschaftlichem Wachstum und damit zur Reduzierung der Armut in der Bevölkerung beitragen sollten. Doch statt zur Armutsminderung beizutragen, lösten diese Projekte in erster Linie soziale und ökologische Notstände in den betroffenen Regionen aus. Die Projektarbeit der Weltbank entwickelte sich zum Dreh- und Angelpunkt der Weltbankkritik. Erstens aufgrund ihrer desaströsen direkten Folgewirkungen und zweitens, weil die groß angelegten, vorgeblich auf Wachstums zielenden, Projekte den Beweis zu erbringen schienen, dass die neoliberalen, wachstums-fixierten und den Entwicklungsländern zudem aufoktroyierten Wirtschafts- und Entwicklungsstrategien untauglich waren im Kampf gegen Armut. Die anfängliche Projekt-Kritik, in der der Bank vor allem vorgeworfen wurde, mit Hilfe der Entwicklungsprojekte vornehmlich die Wirtschaftsinteressen der Hauptanteilseigner der Bank bedienen zu wollen, vertiefte sich zu einer wirtschaftspolitischen Grundsatzkritik, in deren Vorwurfslinien sich letztlich die Instrumentalisierungsthese widerspiegelt.

Während Kapitel 4 schildert, was die Kritik an der Weltbank auslöste, zeigt Kapitel 5, wie und mit welchem Erfolg - sowohl dem faktischen wie auch dem von der Öffentlichkeit wahrgenommenen Erfolg - die Bank auf diese Kritik reagierte. Im Rahmen dieser Reformbilanz werden gleichzeitig erste Hinweise auf innerorganisatorische Reformwiderstände herausgearbeitet, die sich unter anderem am Beispiel der ersten bankinternen Kontrollgremien rekonstruieren lassen und die in den Untersuchungsberichten sowohl der sogenannten Wapenhans- wie auch der Morse-Kommission dokumentiert wurden.

Die unter anderem von dem früheren Weltbank-Berater und späteren Weltbank-Kritiker Bruce Rich aufgedeckten innerorganisatorischen Reformwiderstände begründen den dritten Forschungsstrang dieser Arbeit. Mit Hilfe sowohl der von Bruce Rich, Jochen Kraske und von Sebastian Mallaby dokumentierten innerorganisatorischen Kooperationskonflikte, soll verdeutlicht werden, dass die bisherige Reform-Debatte wichtige einflussstarke Faktoren ausklammert und durch ihre Konzentration auf externe Einflussfaktoren zum Teil ineffiziente Reformforderungen hervorbrachte, da diese vornehmlich auf eine Änderung der formal festgelegten Governance-Strukturen der Weltbank und nicht auf eine innerorganisatorische Konfliktlösung ausgerichtet sind.

Abschließend möchte ich auf der Grundlage der vorangegangenen Ergebnisse die Hintergründe bzw. Motive und Mechanismen dieser innerorganisatorischen Konflikte und der daraus resultierenden Reformwiderstände reflektieren. Dabei scheinen sich diese innerorganisatorischen Widerstände, die sich in mangelnder Kooperationsbereitschaft zwischen den Hierarchieinstanzen der Weltbank darstellen, letztlich als idealtypische *Principal-Agent*-Konflikte interpretieren zu lassen, die durch den Erklärungsansatz der Human-Relations-Theorie ergänzt werden müssen.

Die Literaturlage zu meinem Forschungsthema erweist sich insgesamt als schwierig. Die wenigen Fachbücher zum Thema Weltbank befassen sich vorrangig mit Analysen der wirtschaftspolitischen Strategien und / oder mit der Kreditvergabepolitik der Weltbank, während machtpolitische Aspekte hier nur am Rande angesprochen werden. Zudem sind viele Fachbücher weitgehend veraltet und können hier nur insofern berücksichtigt werden, als sie Aussagen über die Entstehungsgeschichte und den groben Organisationsaufbau der Weltbank machen. Wenngleich auch die Monographien von Rainer Tetzlaff im Prinzip als veraltet eingestuft werden müssen, sind sie im Rahmen dieser Studie dennoch insofern von zentraler Bedeutung, als insbesondere Tetzlaff die im Mittelpunkt des Weltbank-Diskurses stehende Instrumentalisierungsthese stützt.

Die von Jochen Kraske publizierte biographische Aufarbeitung der Präsidentschaften von 1946 bis 1991 kann nur in Ansätzen dazu beitragen, innerorganisatorische Konflikte zu belegen oder eine Reformbilanz zu erstellen, da seine Arbeit mit der Präsidentschaft von Lewis Preston endet. Für die Amtsphase von Weltbank-Präsident James Wolfensohn verschafft die von Sebastian Mallaby verfasste Biographie einen kurzen Einblick in die innerorganisatorischen Probleme, mit denen Wolfensohn sich konfrontiert sah.

Im Hinblick auf das Offenlegen innerorganisatorischer Kooperationsdefizite ermöglicht vor allem die Monographie von Bruce Rich, in der die umstrittene Projektarbeit der Weltbank weitgehend chronologisch aufgearbeitet wird, wichtige Einblicke in bankinterne Abläufe bzw. Kompetenzkonflikte. Weitere Quellen in diesem Zusammenhang erschließen sich aus der Tagespresse und den darin enthaltenden Interviews sowie Auszügen aus Ansprachen, Biographien und Erfahrungsberichte ehemaliger Weltbank-Mitarbeiter sowie offene Briefe und Resolutionen. Aber auch die weitgehend öffentlich zugänglichen Dokumentationen, die die Weltbank auf ihrer Internetseite hinterlegt, stellen eine wichtige, wenn auch besonders kritisch zu überprüfende Informationsquelle dar.

Fachbücher, in denen eine fundierte Reformbilanz der Weltbank erarbeitet wurde, sind mir nicht bekannt. Insofern kann eine solche Bilanz nur unter Zuhilfenahme der von den *Non-Governmental Organizations*, kurz NGOs, veröffentlichten Berichte und Projektdokumentationen sowie ihrer an die Weltbank adressierten Resolutionen rekonstruiert werden. Da diese meist über die Internetforen der jeweiligen NGOs der Öffentlichkeit zugänglich gemacht werden, besteht ein erheblicher Teil meiner Literaturangaben aus Internetquellen. Die häufige Verwendung von Internetquellen erschließt sich zudem aus der Tatsache, dass der Weltbank-Diskurs weitgehend zwischen den weltweit vernetzten NGOs und ihren Experten geführt wird, deren maßgebliche politische Plattform das Internet ist.

Die Jahre 2007/2008 stellen im Hinblick auf die weltweite Auseinandersetzung mit der Weltbank eine Kehrtwende dar. Seither finden sich sowohl auf den Internet-Seiten der weltbank-kritischen NGOs als auch in der Tagespresse und den sachbezogenen Bibliographien kaum noch neue Veröffentlichungen. Aktuellere Meldungen der Tagespresse, die in Verbindung mit der Weltbank veröffentlicht wurden, befassen sich meist mit den Einschätzungen des gegenwärtigen Weltbank-Präsidenten Robert Zoellick zur weltweiten Wirtschaftskrise und weniger mit konkreten Fragen und Themen der Weltbankpolitik. Das Abflachen der Kritikwelle ist umso erstaunlicher, als sich die Weltbank seit einigen Jahren erneut in solchen Projektkategorien engagiert, aus denen sie sich aufgrund der zahlreichen Protestbekundungen einst zurückgezogen hatte.

Inwieweit sich das offenkundige und abrupte Abdrängen der Weltbankthemen aus den politischen und wissenschaftlichen Agenden negativ auf einen konstruktiven Kritik- wie auch Reformprozess auswirken wird, ist gegenwärtig nicht einzuschätzen. Aus entwicklungspolitischer Sicht könnten durch den sich hier andeutenden wissenschaftlichen Stillstand wesentliche Chancen vertan werden, die Weltbank im Sinne einer effizienten, zukunftsweisenden Entwicklungspolitik umzugestalten. Durch das umfassende Wissen, das sich beide Bretton-Woods-Organisationen im Verlauf der letzten Jahrzehnte über internationale Beziehungen und entwicklungspolitische Strategien sowie technologische Entwicklungen und technisches *Know-how* und zunehmend auch über klimapolitisch relevante Energie-Alternativen aneignen konnten, sind beide Organisationen meines Erachtens nach wie vor prädestiniert, eine Schlüsselstellung im Globalisierungsprozess einzunehmen. In der Vielschichtigkeit der Themengebiete, mit denen die Weltbank sich beschäftigt, liegen auch meine Beweggründe, mich mit dieser Institution zu befassen und meine bisherigen Forschungsinteressen, die unter anderem der Internationalen Wirtschaftspolitik sowie der politischen Ökonomie und der Entwicklungspolitik gelten, einzubringen.

B / 1 Theoretisch-methodischer Forschungsrahmen

Das zentrale Forschungsziel dieser Studie besteht darin, den bisherigen Weltbank-Diskurs mit neuen Fragestellungen zu konfrontieren und zu verdeutlichen, dass die im Rahmen des Weltbank-Diskurses aufgestellten Kritikansätze im Hinblick auf die behauptete strukturelle Reformunfähigkeit der Weltbank grundsätzlich neu zu überdenken und in ihrer bisherigen Gewichtung in Frage zu stellen sind. Diese Studie soll dazu beitragen, den Weltbank-Diskurs und die mit ihm eng verknüpfte Reform-Debatte aus einem bislang politisch wie auch wissenschaftlich weitgehend vernachlässigten Blickwinkel zu betrachten und neu auszuleuchten.

Eine so angeregte Neuausrichtung und Neugewichtung der Kritiklinien kann helfen, die politische Sackgasse, in die sich die Weltbank nach Auffassung vieler Kritiker manövriert hat, zu öffnen, indem das machtpolitische Potential jener Verantwortungsträger und Akteure neu bemessen wird, das in der bisherigen Reform-Debatte weitgehend ausgeblendet wurde und dadurch zu wenig effizienten Reformforderungen führte.

Um dieses Ziel zu erreichen, bieten sich zunächst zwei Untersuchungsperspektiven an, aus denen die Weltbankproblematik zu analysieren ist:

Zum einen durch ihr Einbetten in den Theoriendiskurs der internationalen Beziehungen. Im Rahmen dieses Diskurses wird erforscht, welche Bedeutung und Funktion internationale Organisationen wie die Weltbank im Machtgeflecht der internationalen Akteure haben, und wie sich die Interessen der staatlichen Akteure auf die politischen Strategien dieser Organisation auswirken. Diese Untersuchungsperspektive determiniert bis dato weitgehend den Forschungsrahmen, innerhalb dessen die Weltbank besprochen wird.

Zum anderen erschließt sich aus der hier anvisierten Zielsetzung eine bislang weniger beleuchtete Untersuchungsperspektive, die sich der Thematik aus organisationstheoretischer Sicht annähert. Dieser Forschungsansatz versucht, insbesondere die Funktionsweise und politische Entwicklung einer Organisation durch eine Fokussierung auf innerorganisatorische Strukturen zu erklären.

Beide Untersuchungsperspektiven werden auch aus dem Blickwinkel der Neuen Institutionenökonomik entwickelt, deren Kernaussage sich im Wesentlichen auf die zentrale Aussage reduzieren lässt, dass Institutionen, und damit auch die sie tragenden Organisationen, für regionale, nationale oder auch internationale Wirtschaftsprozesse bedeutsam sind.

Dabei entwickelt die Neue Institutionenökonomik ihre Ansätze vornehmlich aus einer wirtschaftsspezifischen Betrachtungsweise.

Eine Analyse der Institution bzw. Organisation Weltbank aus diesem ökonomischen Betrachtungswinkel wird jedoch in dieser Studie nicht angestrebt, da hier in erster Linie die politischen, d.h. machtpolitischen Dimensionen der Weltbankproblematik im Vordergrund stehen. Allerdings wird im Kontext dieser ökonomischen, genauer gesagt betriebswirtschaftlichen Bilanzierungen, die im Fokus der Neuen Institutionenökonomik stehen, auch die Principal-Agent-Theorie diskutiert, auf die weiter unten näher einzugehen sein wird. Obwohl die Principal-Agent-Theorie meist der hier nicht weiter einbezogenen Neuen Institutionenökonomik zugeordnet wird, lassen sich ihre Forschungslinien in mehreren Teildisziplinen verorten, zu denen eben auch die hier besprochenen Organisationstheorien gehören.

Bevor sich nachfolgend den für diese Arbeit relevanten Theoriefeldern gewidmet wird, sei zunächst der Begriff *Organisation* näher definiert und gegen den *Institutionen*-Begriff abgegrenzt. Unter einer Vielzahl von möglichen Definitionen in den diversen Fachdisziplinen, spiegelt sich das Wesen der Weltbank in besonderem Maße in der Beschreibung der Soziologen Jutta Allmendinger und Thomas Hinz.

> „Als Organisation wird ein kollektives oder korporatives soziales System bezeichnet, das vor allem Koordinations- und Kooperationsprobleme lösen soll. Es gibt die Organisation kennzeichnenden Ziele, es sind Mitglieder der Organisation vorhanden, es gibt ein Innenverhältnis, das sich durch eine Mischung aus formalisierten und informellen Handlungen und Strukturen auszeichnet und es bestehen Außenverhältnisse zu anderen Organisationen sowie Anpassungs- und Austauschbeziehungen mit einer vielfältigen Umwelt. Organisationen sind Akteure zweiter Ordnung, in denen Ressourcen von Akteuren erster Ordnung zusammengeführt werden, um spezifische Zwecke zu verfolgen (...).“ [5]

Der Soziologe Günter Endruweit listet zur besseren Orientierung die spezifischen Merkmale einer Organisation wie folgt:

- Orientierung auf bestimmte Ziele,
- Errichtung speziell zum Zweck der Erreichung von ausdrücklich definierten Zielen,
- Besitz einer formalen Struktur,

5 Allmendinger / Hinz (2002), S. 10.

- Arbeitsteilung, einschließlich Machtdifferenzierung und Verantwortungsdelegation
- Einrichtung auf Dauer oder zumindest langfristige Existenz,
- Kontrolle durch spezielle Machtzentren (z.B. innerorganisatorische Kontrollgremien, Exekutiv-Direktorien),
- Optimierung des Personals durch qualitätsorientierten Austausch,
- rationale Koordination des Handelns,
- genau feststellbarer Mitgliederkreis und Verfahren für Aufnahme und Ausschluss
- oder allgemein: ein sehr komplexes Interaktions- und Kooperationssystem.[6]

Was genau unter die Begrifflichkeit der Organisation zu zählen ist, unterliegt einer großen Spannweite. Sowohl Unternehmen, Verbände, Kirchen, Krankenhäuser, das Militär, politische Parteien, Universitäten, Schulen, Hochschulen Vereine, staatliche wie auch nichtstaatliche Verwaltungen und auch NGOs sind als Organisation zu bezeichnen.

Die Unterscheidungsmerkmale zwischen *Organisation* und dem auch im Zusammenhang mit der Weltbank gleichsam verwendeten Begriff *Institution* sind insbesondere in der Alltagssprache fließend und nicht konsistent. In den Sozial- und Politischen Wissenschaften wird der Begriff *Organisation* vom Begriff *Institution* insofern unterschieden, als eine Organisation, wie oben skizziert, ein bewusst gegründetes, zielorientiertes, vor allem aber formalisiertes und hierarchisch aufgebautes bzw. durch einen Mitarbeiterstab verwaltetes Konstrukt ist, das letztlich dem weiter unten zu erläuternden Bürokratiemodell Max Webers entspricht, während eine Institution ein Regelwerk von Verhaltensnormen ist, dem jedoch nicht zwingend eine Verwaltungsstruktur zugrunde liegt.

In einer vom Bundesministerium für politische Bildung veröffentlichten Definition heißt es zum Begriff *Institution*:

> „Institution ist ein politisch-soziologischer Begriff für stabile, auf Dauer angelegte Einrichtungen zur Regelung, Herstellung oder Durchführung bestimmter Zwecke. Im Einzelnen kann der Begriff unterschiedliche Bedeutungen haben: 1) Institution meint eine soziale Verhaltensweise oder Norm (wie z.B. die Institution "Ehe"). 2) Institution meint konkrete materielle zweckgerichtete Einrichtungen (wie z.B. das Parlament, das Amt des Bundeskanz-

6 Vgl. Endruweit (2004), S. 19f.

> lers, die öffentliche Verwaltung, die Parteien); 3) Institution meint abstrakte immaterielle zweckgerichtete Einrichtungen (wie z.B. das GG, die demokratische Mehrheitsregel)".[7]

So wird insbesondere im Zusammenhang mit der Gründungsphase von IWF und Weltbank verstärkt von den Bretton-Woods-*Institutionen* gesprochen, da die internationale Staatengemeinschaft zu diesem Zeitpunkt noch in erster Linie darum bemüht war, allgemein gültige und vor allem akzeptable ökonomische Handlungsnormen festzulegen. Eine dieser gemeinsam festgelegten Verhaltensnormen war die unbedingte Aufrechterhaltung der Währungsstabilität und die Verankerung einer neuen Leitwährung, die in die Verantwortung des IWFs überstellt wurde, während die Weltbank die damals kaum konkretisierten Ziele *„wirtschaftliche und soziale Entwicklung"* zu erfüllen hatte. Solange vornehmlich diese Zielvorgaben im Vordergrund stehen, ist die Anwendung des Begriffs *Institution* zwar wissenschaftlich exakter, doch da bereits die Gründungsstatuten von IWF und Weltbank jeweils eine dezidiert festgelegte Organisations- bzw. Verwaltungsstruktur enthielten, ist auch die Verwendung des Begriffs *Organisation* sowohl für IWF als auch Weltbank wissenschaftlich korrekt.

1.1 Der Weltbank-Diskurs im Kontext des Theorienstreits der internationalen Beziehungen

Die Gründung der beiden Bretton-Woods-Organisationen ist unmittelbar im Kontext der sich 1944 neu entwickelnden internationalen Machtverhältnisse zu betrachten, die unter anderem vor dem Hintergrund der Weltwirtschaftskrise um 1930, der beiden Weltkriege und des damit einhergehenden Niedergangs des britischen Kolonialreichs und des Aufstiegs der Vereinigten Staaten von Amerika als neue internationale und ökonomische Großmacht zu verstehen sind.

Seit Bestehen beider Bretton-Woods-Organisationen bestimmt dieser Gründungskontext maßgeblich den theoretischen Forschungsrahmen, innerhalb dessen das weltweite politische Wirken der Organisationen reflektiert wird. Politische sowie entwicklungspolitische Zielvorgaben und etwaige paradigmatische Neuausrichtungen, die beide Organisationen im Verlauf ihrer Geschichte angestrebt und umgesetzt haben, werden somit bis in die Gegenwart vor dem Hintergrund nationaler Interessenpolitik der dominierenden Teilhaberstaaten, allen voran der USA, diskutiert.

---

7 Vgl. Schubert / Klein (2006), http://www1.bpb.de/popup/popup_lemmata.html?guid=S9DY3V.

Hierbei wird der Organisation selber die Rolle einer instrumentalisierten, von außen bestimmten Sekundär-Akteurin zugewiesen, deren politische Paradigmen und ökonomische Strategien sich in erster Linie an den Vorgaben insbesondere ihrer wichtigsten Anteilseignerin, den USA, ausrichten.

Der Politikwissenschaftler und Entwicklungsexperte Rainer Tetzlaff, selbst ehemaliger Mitarbeiter der Weltbank, knüpfte 1980 an diesen Blickwinkel an und hinterfragte die Organisation bereits im Titel seiner Weltbank-Monographie als *„Machtinstrument der USA"*[8], womit er neben der Instrumentalisierungsthese auch die bis heute vorherrschende, stark US-zentristische Ausrichtung der Weltbank-Debatte stützte. Die Weltbank wird im Rahmen vieler Kritiken als ein Machtinstrument zur Stabilisierung der behaupteten Hegemonie der USA gezeichnet. Diese, in der Fachliteratur weit verbreitete, dem politischen Realismus zuzuordnende hegemonietheoretische Annäherung an beide Bretton-Woods-Institutionen, wird in dem hier kurz zu skizzierenden Theoriendiskurs über die internationalen Beziehungen aufgenommen.

Während sich dieser Diskurs anfänglich nur auf die Beziehungen zwischen Staaten bezog, wurde erst später das Entstehen und Wirken nichtstaatlicher Akteure, wie transnationale Konzerne, Zivilgesellschaften und eben internationale Organisationen in die Betrachtung und Analyse internationaler Politik einbezogen. Internationale Organisationen bildeten dann im Rahmen der Metatheorie über internationale Beziehungen ein eigenes Untersuchungsfeld. Dieses Feld beschäftigte sich vornehmlich mit der Bedeutung internationaler Organisationen für die internationale Politik, ihren staatlichen Interdependenzen und Korrelationen sowie den aus ihnen hervorgehenden wie auch auf sie einwirkenden Machtstrukturen. Dabei spiegeln sich das Untersuchungsfeld bzw. die Untersuchungsansätze der Theorien über internationale Organisationen im theoretischen Diskurs über die internationalen Beziehungen, wenngleich es zu unterschiedlichen Gewichtungen einzelner Aspekte kam.

Volker Rittberger und Bernhard Zangl stellen in dem von ihnen verfassten deutschen Grundlagenwerk zur Theorie und Geschichte der internationalen Organisationen die Bedeutung und Funktion internationaler Organisationen für die zwischenstaatlichen Beziehungen einführend dar und arbeiten die einzelnen Sichtweisen der unterschiedlichen Theorien auf die Bedeutung internationaler Organisationen heraus.[9] Rittberger und Zangl differenzieren dabei drei Haupttheoriefelder mit ihren jewei-

8 Vgl. Tetzlaff (1980).

9 Vgl. Rittberger / Zangl (2003).

ligen Strömungen, deren Gliederung hier übernommen wird, wohl wissend, dass andere Autoren und Wissenschaftler eine andere Kategorisierung, Zuordnung und Auffächerung der Haupttheorien bevorzugen.[10] Rittberger und Zangl bieten sich jedoch im vorgegebenen Rahmen als adäquate Einführung in die Thematik an. Somit werden zur besseren Nachvollziehbarkeit der späteren Argumentationsanalysen, die wesentlichen Ansätze hier in Anlehnung an die Darstellungen Rittbergers und Zangls kurz erklärt, ohne jedoch den theoretischen Diskurs hier in seinen zahlreichen Facetten wiederzugeben und ohne im Detail auf die Abgrenzungen zwischen den einzelnen Theorien einzugehen.

1.1.1 Hauptströmungen im Theoriendiskurs über internationale Organisationen

Rittberger und Zangl unterteilen die Theorien über internationale Organisationen in die Kategorien: Rationalistische Theorieschule, Institutionalistische Schule und Idealistische Schule.

Die **Realistische Schule** unterteilt sich hiernach in den Klassischen Realismus und den Neorealismus. Als führende Vertreter dieser Denkrichtung verweisen Rittberger und Zangl auf Morgenthau und Carr (Klassischer Realismus) und auf Waltz, Gilpin und Mearsheim (Neorealismus).[11]

Beide Haupttheorien gehen von der Unerlässlichkeit einer hegemonialen Vormachtstellung eines Staates für das Entstehen und für die Fortdauer einer internationalen Institution bzw. Organisation aus, wobei das maßgebliche Interesse des Hegemons an der Gründung einer internationalen Organisation, neben dem Beenden eines kräftezehrenden ´Kampfes aller

10 Die Politikwissenschaftlerin Christiane Lemke differenziert in die Haupttheorien: Realismus, Liberaler Institutionalismus, Interdependez- und Regimetheorie, Konstruktivismus, Marrxismus und Feminismus, vgl. Lemke (2008), S. 12–39. Gert Krell unterteilt in: Realismus, Institutionalismus, Liberalismus, Marxismus, Feminismus, Konstruktivismus, vgl. Krell, in: Knapp / Krell (2003), S. 57–90. Günther Auth systematisiert sein Grundlagenwerk nach den Hauptströmungen: Realimus, Neorealismus, Neoliberalismus, Neofunktionalismus, Intergouvernmentalismus, Konstruktivismus, vgl. Auth (2008). Ursula Lehmkuhl bearbeitet in ihrer Einführung zur Internationalen Politik insbesondere die Theoriefelder: Realistische Schule, Integrationstheorien, Interdependenztheorien, Regimetheorien, vgl. Lehmkuhl (2001).

11 Vgl. Rode (2004), vgl. Mearsheimer (2001), vgl. Gilpin (2000), vgl. Carr (1964), vgl. Waltz (1979).

gegen alle´, insbesondere eigennützigen, machtpolitischen Motiven entspringt.[12]

Im weiteren Verlauf dieser Arbeit kommt diesem hegemonietheoretischen Aspekt insofern eine besondere Bedeutung zu, als durch die allgemein übliche Einbettung der Gründungsgeschichte von IWF und Weltbank in den Kontext der hegemonialen Machtverschiebungen von Großbritannien zu den Vereinigten Staaten von Amerika, die heute vor allem in linken Kreisen noch dominierenden US-zentristischen Argumentationslinien begründet werden. Diese US-zentristischen Sichtweisen münden meist in der von den Realistischen Schulen unterstellten Annahme, dass internationale Organisationen ihren Mitgliedsstaaten als Instrumente bzw. ´willenlose´ Werkzeuge dienen[13] und dass Staaten die einzigen machtpolitisch-relevanten Akteure im internationalen politischen System sind.

Inwieweit sowohl die USA wie auch die anderen Hauptanteilseigner, im Sinne der Realistischen Schule, tatsächlich vornehmlich machtpolitischen Ambitionen folgend, die Gründung und Aufrechterhaltung der beiden Bretton-Woods-Organisationen anstrebten, wird im Rahmen der in Kapitel 2ff geplanten historischen Aufarbeitung der Gründungsgeschichte kritisch zu beleuchten sein.

Die **Institutionalistische Schule** gliedert sich nach Rittberger und Zangl auf in die Liberal Institutionalistische Schule, die sich wiederum auffächert in den Föderalismus, Funktionalismus und Neofunktionalismus sowie den Transaktionismus, die Interdependenzanalyse und den Neoinstitutionalismus. Die weitere Theorierichtung der Institutionalistischen Schule stellt der Neoinstitutionalismus dar, der unter anderem von Robert Owen Keohane und Stephen D. Krasner[14] begründet wurde.

Im Gegensatz zur Realistischen Schule gehen die Institutionalistischen Theorien im Kern davon aus, dass die Gründung einer internationalen Organisation allen beteiligten Staaten Vorteile verschaffen soll. Insbesondere vor dem Hintergrund sich zunehmend komplexer ausbildenden Interdependenzen wird die Erkenntnis einer allseits wachsenden, vor allem wirtschaftlichen Verwundbarkeit, innerhalb des globalen Staatensystems zum maßgeblichen Garant für eine zwischenstaatliche Kooperationsbereitschaft. Die Einhaltung vereinbarter Normen und Regeln zur

12 Vgl. Rittberger / Zangl (2003), S. 35ff.

13 Koch (2008), S. 38.

14 Vgl. Keohane (1984), vgl. Krasner (1983), vgl. Zürn, Michael (1992), vgl. Mitrany (1966).

Lösung von Interdependenzproblemen wird einer internationalen Organisation übertragen, die ausschließen soll, dass einzelne Staaten zugunsten eigener Vorteilsnutzung aus dem Regelwerk ausscheren. Doch anders als in der Realistischen Schule bedarf es keines Hegemons, um die Organisation dauerhaft zu stabilisieren.[15]

Aus Sicht des dem Institutionalismus zuzuordnenden Funktionalismus bzw. Neofunktionalismus werden Organisationen zwar verstärkt als Akteure wahrgenommen, doch richtet sich deren Handeln immer noch an den Maßgaben und Erfordernissen ihrer Mitgliedsstaaten aus. Internationale Organisationen erhalten hiernach keine weiteren Handlungs- und Regelungskompetenzen als jene, die von den Mitgliedsstaaten festgelegt wurden, so dass sie als Akteure nur sehr eingeschränkte Entscheidungskompetenzen besitzen.[16]

Die **Idealistische Theorieschule** untergliedern Rittberger und Zangl in die beiden Theorien Normativer Idealismus und Sozialkonstruktivismus. Während in der Realistischen Schule materialistische und machtpolitische Ambitionen die bestimmenden Motive zur Errichtung einer internationalen Organisation sind, gehen die idealistischen Schulen davon aus, dass soziale Motive (Verteilungsgerechtigkeit, Armutsreduktion, Menschenrechte etc.) hinreichende Gründungsmotive darstellen. Hiernach setzt die internationale Gemeinschaft anstelle eines materiellen und machtpolitischen Strukturverständnisses ein ideelles.[17]

Letztlich unterliegen alle hier genannten Theorien in ihrem Versuch, die Entstehung, Aufrechterhaltung und Folgewirkungen internationaler Machtstrukturen bzw. die Motive für die Errichtung internationaler Organisationen zu erklären, einem deutlich staatsfixierten Analyseansatz, der in seiner Anwendung auf die internationalen Organisationen dazu führte, dass auch die Weltbank, in ihrer angenommenen Funktion als Machtinstrument und „Erfüllungsgehilfin"[18] ihrer Anteilseigner, meist aus dieser Untersuchungsperspektive heraus reflektiert wird.

Die Weltbankproblematik und die mit ihr verknüpfte Reform-Debatte aus dieser Untersuchungsperspektive herauszubrechen, ist das zentrale Anliegen dieses Forschungsprojektes.

---

15 Vgl. Rittberger / Zangl (2003), S. 38ff.

16 Vgl. Koch (2008), S. 44f.

17 Vgl. Rittberger / Zangl (2003) S. 43ff.

18 Stiglitz (2002), S. 29, 33.

1.1.2 Gründe für einen wissenschaftlichen Perspektivwechsel

Einen solchen Perspektivwechsel in dieser Studie zu erarbeiten, ergab sich dabei aus zwei Kritikführungen an den bisherigen Weltbankuntersuchungen:

1. Im Verlauf der anfänglichen Recherchen zur Gründungsgeschichte der Weltbank zeichneten sich gerade im Hinblick auf die allgemein übliche hegemonialtheoretische Einbettung beider Bretton-Woods-Organisationen einige Forschungsdefizite ab. So wird zwar auf einer pauschaltheoretischen Ebene beispielsweise erörtert, unter welchen politischen Voraussetzungen und mit welchen Folgewirkungen Organisationen der Machterhaltung eines Hegemons zweckdienlich sind, aber ob im konkreten Fall der Weltbank, diese Voraussetzungen gegeben waren und ob das hegemonialpolitische Szenario, dass für den Gründungsakt einer Organisation angenommen wird, auf die Errichtung der Bretton-Woods-Institutionen faktisch übertragbar ist, kann letzten Endes auf der Ebene einer rein theoretischen Betrachtung der Weltbankentwicklung nicht beantwortet werden. Hierzu bedarf es sowohl einer historischen, auf diese hegemonialpolitischen Aspekte ausgerichteten Aufarbeitung der Weltbankgeschichte als auch einer kritischen Einschätzung der unterstellten, hegemonialpolitischen Ambitionen der USA im Vorfeld und Verlauf der Bretton-Woods-Konferenz von 1944. Eine wissenschaftliche Überprüfung dieser Aspekte steht bislang im Zusammenhang mit der Weltbank noch aus.

2. Eine weitere Kritikführung bezieht sich darauf, dass im Rahmen des Theoriengeflechts über internationale Beziehungen und den daraus abgeleiteten Instrumentalisierungsansätzen meist ausgeblendet wird, dass Organisationen wie die Weltbank durchaus einen Emanzipations- bzw. Verselbständigungsprozess durchlaufen haben können, im Zuge dessen sie sich zunehmend einem vielleicht anfänglichen machtpolitischen Diktat der internationalen Staatengemeinschaft entziehen. Aspekte der organisatorischen Selbsterhaltung oder der Abschottung gegen politische Bevormundung von außen sowie auch Aspekte innerorganisatorischer Interessenspolitik, die zur Ausbildung *„eigener Akteursqualitäten"*[19] der Organisation führten, sind somit bis dato kaum Gegenstand der Weltbankforschung.

Weitgehend unreflektiert sind bis heute das Ausmaß und das machtpolitische Einflusspotential der innerorganisatorischen Machtstrukturen, so dass die Frage gerechtfertigt sein muss, ob und inwieweit die politischen und entwicklungspolitischen Zielvorgaben der Weltbank tatsächlich

---

19 Rittberger / Zangl (2003), S. 24.

vorrangig im Kontext staatlicher Interessenspolitik zu betrachten sind oder nicht vielmehr als Ergebnis innerorganisatorischer Strategien einzelner individueller Akteure (Mitarbeiter)?

Im Hinblick auf die Reform-Debatte hätte dieser Ansatz zur Folge, dass neben einer dem Mainstream folgenden Kritikführung an der Weltbank, die oft diagnostizierten Reformwiderstände der Weltbank weniger vor dem Hintergrund nationaler Interessenspolitik zu diskutieren wären, sondern vielmehr innerorganisatorischen Blockaden und Strategien zugeordnet werden müssten. Das Herausarbeiten einer eingehenden innerorganisatorischen Machtperspektive bzw. -strukturanalyse der Weltbank steht ebenfalls bis heute aus.

Insofern wird diese Arbeit mit dem Ziel verfasst, eine methodisch ausreichende Indizienführung zu erarbeiten, die die Notwendigkeit verdeutlichen soll, dass die bisherige, vornehmlich staatenfixierte Weltbankforschung um diesen bislang weitgehend ausgegrenzten Forschungsansatz zu erweitern ist.

Daher konzentriert sich diese Studie in ihrer theoretischen Annäherung an die Weltbankproblematik weniger auf die oben skizzierten Theoriediskurse der internationalen Beziehungen, zumal diese in der Forschung einerseits sehr ausführlich ausgeleuchtet wurden, andererseits aber auch wenig zum Verständnis internationaler Organisationen beitragen konnten, wie Thorsten Benner, Stephan Mergenthaler und Philipp Rotmann resümieren.[20]

Wenngleich hier somit bewusst auf eine ausführliche Diskussion dieses Theoriendiskurses über internationale Beziehungen und Organisationen verzichtet wird, bilden dessen Hauptthesen (Instrumentalisierungsthesen) den wesentlichen initialen Untersuchungsansatz, der in Kapitel 2 ff der vorliegenden Studie hergeleitet wird. Auf der Ebene einer kritischhistorischen Aufarbeitung der Gründungsgeschichte der Weltbank sind hier mögliche Antithesen zu den hegemonialtheoretischen und realistischen Thesen herauszuarbeiten. Diese sollen dann den hier gewählten Untersuchungsschwerpunkt untermauern und legitimieren helfen, sich der Weltbankproblematik vornehmlich aus der Perspektive der Organisationstheorien, genauer gesagt des organisationssoziologischen Institutionalismus zu nähern.

20 Vgl. Benner / Mergenthaler / Rotmann (2009), S. 203.

1.2 Der Global-Governance-Ansatz – eine theoretisch-methodische Schnittstelle zwischen den Theorien der internationalen Organisationen und der Organisationssoziologie?

Um ein komplexeres Verständnis für die politische Bedeutung und die Entstehung der Akteursqualitäten internationaler Organisationen entwickeln zu können, ist eine Neujustierung des wissenschaftlichen Fokus, weg von der theoretischen Ebene der internationalen Beziehungen hin zur Ebene der eigentlichen Organisationsforschung, dringend notwendig.

Schließlich spiegelt diese Neujustierung auf den hier gewählten Forschungsschwerpunkt im übertragenen Sinne auch die wissenschaftliche Metamorphose internationaler Organisationen wider, von ihrem Erscheinungsbild als politische Instrumente bzw. ´willenlose Werkzeuge´ der Mitgliedsstaaten, hin zu selbständig agierenden Akteurinnen, wie sie im Kontext der nachfolgend zu beschreibenden Organisationsforschung als politische Realität erfasst und begriffen werden.

Einen theoretisch-methodischen Erklärungsrahmen für diesen hier als *Metamorphose* bezeichneten Entwicklungsprozess der internationalen Organisationen entwickelte unter anderem der Politikwissenschaftler Martin Koch in seiner 2008 veröffentlichten Dissertationsschrift *´Verselbständigungsprozesse internationaler Organisationen´*.[21] Koch unterlegt mit seinen Forschungsergebnissen die auch in dieser Studie angenommenen Emanzipationsprozesse internationaler Organisationen, die im Hinblick auf die Weltbank insbesondere in Kapitel 2 ff und in Teilaspekten auch in Kapitel 3 ff herauszuarbeiten sind.

Damit konstruiert Koch einen überleitenden theoretischen Baustein, der als eine Art Methoden-Schnittstelle zwischen den Theorien der internationalen Organisationen und der Organisationsforschung kurz skizziert werden soll, um den hier abgesteckten Forschungsrahmen zu komplementieren.

Koch stellt seinen Forschungsansatz zunächst in den weit gefassten Kontext der Global-Governance-Forschung ein, deren Ansätze, trotz variierender Schwerpunktlegungen, darauf ausgerichtet sind, dass es neben Staaten andere Regierungsformen und damit auch weitere internationale Akteure gibt, die die zwischenstaatlichen Beziehungen beeinflussen

21 Koch (2008).

können.[22] Koch schließt hiermit zu den Thesen von Michael Barnett, Martha Finnemore und Charles Pentland auf, denen zufolge internationalen Organisationen nicht selten ein Eigenleben attestiert werden muss, das sie unabhängig von ihren Mitgliederstaaten führen.[23] Kochs Interesse gilt in diesem Zusammenhang einerseits der Frage, wie sich die Entwicklung internationaler Organisationen zu eigenständigen Akteuren durch theoretische Ansätze der Internationalen Beziehungen erfassen lässt und andererseits der Frage, warum die Mitgliedsstaaten diese Entwicklungen nicht unterbinden.[24]

Nachdem Koch internationale Organisationen zunächst aus dem Blickwinkel der weiter oben bereits skizzierten Theorien (Realistischen Schulen, Institutionalistische und Idealistische Schule) darstellt[25], begründet er dann auf der Grundlage neofunktionalistischer Betrachtungen den Bedeutungszuwachs internationaler Organisationen, der sich infolge zunehmend komplexer und interdependenter gestaltender Globalisierungsprozesse für die Organisationen abzeichnete und ihnen, entsprechend zu den steigenden globalisierungspolitischen Anforderungen, mehr Handlungskompetenzen und zumindest partiell auch mehr Handlungsautonomie zugestand.[26]Trotz dieses Bedeutungszuwachses betont Koch, dass sich auf der theoretischen Grundlage des Neofunktionalismus zunächst keine Verselbständigungsprozesse ableiten lassen, da internationale Organisationen hiernach nur auf Stimuli der Mitgliedsstaaten reagieren aber nicht ´proaktiv´ die Initiative ergreifen.[27] D.h. ihre etwaige neugewonnene Handlungsautonomie richtet sich immer noch nach den Vorgaben ihrer Anteilseigner.

Mit seiner, in Anlehnung an die Soziologen Gary D. Ness und Steven R. Brechin, formulierten Kritik an der neofunktionalistischen Betrachtungsweise des Akteursstatus internationaler Organisationen[28], entwickelt Koch dann jedoch den durch die beiden Autoren methodisch vorbereite-

---

22 Vgl. Koch (2008), S. 27. Allerdings beschäftigen sich die Global-Governance-Ansätze ebenfalls nicht damit, wie internationale Organisationen in die Lage versetzt werden, ihre Auftrag als zwischenstaatliches Korrektiv durchsetzen zu könne. D.h. auch sie blenden weitgehend innerorganisatorische Abläufe aus. Vgl. ebd. S. 74.

23 Vgl. Barnett / Finnemore (1999), S. 704, vgl. Pentland (1989), S. 11f, zitiert in: Koch (2008), S. 27.

24 Vgl. Koch (2008), S. 27.

25 Vgl. ebd. S. 38ff.

26 Vgl. ebd. S. 47.

27 Vgl. ebd. S. 45.

28 Vgl. Ness / Brechin (1988), S. 246, zitiert in: Koch (2008), S. 47, 65f.

ten Ansatz etwaiger Verselbständigungsprozesse internationaler Organisationen.

Die Kritiklinien von Koch, wie auch die von Ness und Brechin zielen darauf ab, dass der funktionalistische Ansatz vor allem die Möglichkeit ausblendet, dass Organisationen sich eben nicht ausschließlich an die Vorgaben ihrer Mitgliedsstaaten halten, sondern auch Ziele verfolgen können, für die sie von ihren Mitgliedern zunächst nicht autorisiert wurden.[29] Damit stimmen den Untersuchungen Kochs zufolge Ness und Brechin weitgehend mit der Annahme der Politikwissenschaftler Michael Barnett und Martha Finnemore überein, die vom Eigenleben der internationalen Organisationen sprechen. Während Ness und Brechin sich insbesondere mit der Effizienz und Effektivität internationaler Organisationen, durch Rückgriff auf organisationssoziologische Ansätze befassen, setzen sich Barnett und Finnemore auf der Grundlage neoinstitutionalistischer Überlegungen vornehmlich mit dem Verhältnis der internationalen Organisationen gegenüber ihren Mitgliedsstaaten auseinander.[30]

Im Zusammenhang mit den von Barnett und Finnemore untersuchten Interaktionen zwischen internationalen Organisationen und Mitgliedsstaaten, bringt Koch die Prinzipal-Agent-Ansätze ein. Laut Koch suchen im Gegensatz zu den Prinzipal-Agent-Ansätzen (siehe nächstes Kapitel), Barnett und Finnemore nicht nach Möglichkeiten, wie Staaten die Kontrolle über internationale Organisationen zurückgewinnen können[31], sondern versuchen vielmehr, die Autonomie internationaler Organisationen zu erklären.[32] Demnach fragen Barnett und Finnemore wie internationale Organisationen Macht ausüben können und dabei gleichzeitig zu ineffizientem, ineffektivem und unkalkulierbarem Verhalten neigen. Hierzu schlagen sie vor, internationale Organisationen als eigenständige Akteurinnen zu konzeptualisieren. Die Autoren argumentieren, dass internationale Organisationen und deren Autonomie, die einer Emanzipation von den Mitgliedsstaaten, oder im Sinne Kochs einer Verselbständigung gleichzusetzen ist, nur zu verstehen sind, wenn sie nicht auf ihre Funktion als staatliche Instrumente reduziert werden, sondern als Akteure mit eigenen Interessen.[33]

29 Vgl. Ness / Brechin (1988), S. 246, zitiert in: Koch (2008), S. 47, 65f.

30 Vgl. ebd., Barnett / Finnemore (1999/ 2004), in: Koch (2008), S. 66.

31 In diesem von Koch beschriebenen Fall werden die Staaten als Prinzipal und die internationalen Organisationen als Agenten verstanden. Näheres über mögliche Wechselseitigkeitn siehen Kapitel 1.3.2.

32 Vgl. Koch (2008), S. 66.

33 Vgl. ebd. S. 66f.

Koch fasst weiter zusammen, die Voraussetzung für diese Autorität, und damit für den Akteursstatus internationaler Organisationen sei nach Annahme von Barnett und Finnemore, dass die Organisationen sich selbst als unpersönlich, technokratisch und neutral begreifen und präsentieren. Hiernach geben Organisationen vor, gerade keine Macht zu haben oder auszuüben, sondern lediglich den gemeinschaftlichen Interessen der Mitgliedsstaaten zu dienen und sich ausschließlich regelkonform zu verhalten. Dadurch kann das Verhalten internationaler Organisationen nicht in ihre Verantwortlichkeit gestellt werden, sondern es ermöglicht ihnen, sich hinter dem formalisierten Regelwerk ihrer Mitgliedsstaaten zu verbergen.[34] Was sich zunächst widersprüchlich anhört, wenn einerseits die Autorität und wachsende Autonomie der Organisationen gegenüber ihren Mitgliedsländern betont wird, andererseits jedoch ein defensives Vorschieben der von den Mitgliedsstaaten zu verantwortenden Regelwerke konstatiert wird, begründet letzten Endes jedoch einen denkbaren Erklärungsrahmen für die Entstehung der von Koch angenommenen Verselbständigungsprozesse. Durch das von Barnett und Finnemore unterstellte Verbergen der Organisation hinter formalisierten Regelwerken und politischen Zielvorgaben der Mitgliedstaaten, entziehen sich diese Organisationen schließlich der externen korrektiven Kritik, die oft vorschnell auf diese Regelwerke und damit auf ihre Gründer, nämlich die Mitgliedsstaaten fokussiert. Zugespitzt könnte man von einem passiven Ablenkungsmanöver der Organisationen reden, deren Strategie darin besteht, sich nach außen als Instrument der Mitgliedsstaaten zu präsentieren, um im Inneren jene machtpolitischen, informellen Strukturen und Nischen zu etablieren und zu verfestigen, die den Verselbständigungsprozess einer Organisation begünstigen. Koch verweist in diesem Zusammenhang auf die Ansätze der Soziologen John W. Meyer und Brian Rowan sowie insbesondere von James G. March und Johan P. Olsen, die von einer Entkopplung zwischen der Arbeits- und der Repräsentationsebene reden.[35]

Mit dieser Entkopplung von Arbeitsebene und Repräsentationsebene befasst sich mit Blick auf die Weltbank auch Catherine Weaver, die sich dem Thema ebenfalls aus einer organisationssoziologischen Sicht nähert. In ihrem 2008 veröffentlichten Buch *„Hypocrisy Trap: The World Bank and the Poverty of Reform"* beschreibt sie die Diskrepanz zwischen der Außendarstellung (Rhetorik) der Weltbank und ihrer tatsächlichen Politik. Weaver wertet diese Rhetorik als *„hypocrisy"*, die ihr zufolge letztlich das

34 Vgl. Barnett / Finnemore (1999), S. 707-712), zitiert in: Koch (2008), S. 68.

35 Vgl. Meyer / Rowan (1976), March / Olson (1976), zitiert in: Koch (2008), S. 129.

Überleben der Organisation sichert und als ein natürliches, fortdauerndes wie auch notwendiges Merkmal der Bank zu begreifen ist.[36]

Koch resümiert in diesem Zusammenhang, dass die externe Anforderungen der Umwelt ggfs. nur auf der Repräsentationsebene der Organisation umgesetzt werden, während die Arbeitsebene von den Anforderungen nicht oder nur peripher berührt wird.[37] Koch verweist in dieser Hinsicht nochmals auf Meyer und Rowan, die die These formulieren, dass von den Organisationsmitgliedern verlangt wird, die Fassade der ´rationalen Organisation´ aufrechtzuerhalten und nach außen zu vertreten, während sie gleichzeitig den reibungslosen Ablauf der Aktivitäten *´hinter dem Vorhang´* sicherstellen, um externe Einmischung zu unterbinden wie auch interne Überprüfung durch ein von außen gesteuertes Management zu unterbinden.[38] Damit bestätigt Koch auch die Annahme Catherine Weavers, die ebenfalls davon ausgeht, dass die Weltbank sich insbesondere zum Zwecke der Abschirmung gegen externe Einflussnahme einer zielgerichteten, d.h. rhetorischen Strategie bedient, die sie als *„organized hypocrisy“* bezeichnet.[39]

Koch fasst zusammen, dass auf diesem Wege die Eigenständigkeit der Organisation auf der Arbeitsebene gewährleistet bleibt.[40]

Dabei differenziert auch Koch in weiten Teilen seiner Arbeit Organisationen in Hinblick auf etwaige operative Einheiten zunächst nicht weiter aus sondern skizziert sie jeweils als operative Geschlossenheit.[41] Erst im späteren Verlauf seiner Studie arbeitet Koch das Merkmal bzw. den Begriff der Kollektivität heraus, womit er zum Ausdruck bringt, dass Organisationen eben keine auf Konformität ausgerichtete geschlossene Einheiten sind, sondern sich aus individuellen Mitgliedern, mit unterschiedlichen Funktionen zusammensetzen.[42] Koch bezieht sich in diesem Zusammenhang insbesondere auf die systemtheoretischen Untersuchungen von Niklas Luhmann zur Funktionsweise sozialer Systeme[43], um darauf aufbauend ein theoretisches Verständnis für die von ihm angenommenen Verselbständigungsprozesse herauszuarbeiten. Koch fasst alle von ihm analysierten organisationsspezifischen Ansätze zusammen und

---

36 Vgl. Weaver (2008), S. 3f.

37 Vgl. Koch (2008), S. 129.

38 Vgl. Meyer / Rowan (1976), S. 359, zitiert in: Koch (2008), S. 129f.

39 Vgl. Weaver (2008), S. 3f.

40 Vgl. Koch (2008), S. 130.

41 Vgl. Koch (2008), S. 143.

42 Vgl. ebd. S. 143f.

43 Vgl. Luhmann (1988), zitiert in: Koch (2008), S: 144ff.

formuliert dabei eine zentrale Aussage, die an dieser Stelle die überleitende, d.h. theoretisch-methodische Schnittstellen-Funktion seiner Ergebnisse verdeutlicht:

> „Wo Theorien internationaler Organisationen die Mitglieder betonen und danach fragen, wie Mitgliedstaaten auf internationale Organisationen einwirken (...) und vice versa, wie Mitgliedstaaten internationale Organisationen kontrollieren können (...) oder die Bürokratie internationaler Organisationen deren Geschicke nach eigenem Ermessen gestaltet (...), konzentriert sich die Systemtheorie auf Entscheidungen in internationalen Organisationen. Nicht Mitglieder, sondern Entscheidungen oder genauer die Kommunikation von Entscheidungen sind die Elemente, aus denen sich internationale Organisationen zusammensetzen."[44]

Damit fokussiert Koch seine Untersuchungen methodisch von einer anfänglichen Betrachtung der Organisationen auf globaler bzw. internationaler Ebene immer enger auf die der innerorganisatorischen Ebene.

Die staatenfixierten Betrachtungen blenden, wie weiter oben bereits erwähnt, eine Verselbständigung oder sogar ein innerorganisatorisches Machtstreben aus und erkennen somit nicht die möglichen Loslösungsprozesse der Organisationen von ihren Mitgliedsstaaten. Insofern haben Autoren wie Ness, Brechin sowie Barnett und Finnemore, auf deren Ansätze sich Koch in weiten Teilen bezieht, einen signifikanten Perspektivwechsel in der Erforschung internationaler Organisationen vorbereitet. Barnett und Finnemore ließen sich, so Koch, in ihren kritischen Überlegungen gegenüber den neorealistischen und neoinstitutionalistischen Ansätzen insbesondere durch organisationssoziologische Themen inspirieren[45] und konzeptualisierten diese in Anlehnung an Max Webers Bürokratiemodell.[46]

Diese von Koch rekonstruierten Rückgriffe auf organisationssoziologische Annahmen unterlegen die hier erfasste, in der Erforschung internationaler Organisationen jedoch kaum thematisierte Schnittstelle zwischen den Theorien der internationalen Beziehungen und der Organisationstheorie. Bereits 1988 wiesen auch Ness und Brechin darauf hin, dass ein stärkerer Austausch zwischen diesen beiden Theoriekomplexen wünschenswert wäre.[47] Umso erstaunlicher ist es, wie die Soziologen Klaus Dingwerth und Sabine Campert auch für das Jahr 2006 noch beto-

---

44 Koch (2008), S. 157.

45 Vgl. ebd. S. 66.

46 Vgl. Barnett / Finnemore (2004), zitiert in: Koch (2008), S. 94.

47 Vgl. Ness / Brechin (1988), zitiert in: Dingwerth / Campe (2006), S. 1.

nen, dass seither der Austausch zwischen diesen beiden Disziplinen nach wie vor eher gering ist.[48]

1.3 Der Weltbank-Diskurs aus der Untersuchungsperspektive der Organisationstheorien

Gegenstand der Organisationstheorien ist in erster Linie die Erforschung aber auch Gestaltung innerorganisatorischer Entscheidungsprozesse. Alle Theorien sind grundsätzlich auf eine Verbesserung des Verständnisses der Organisationspraxis ausgerichtet. Trotz dieser gemeinsamen Zielsetzung ergeben sich Trennlinien innerhalb dieses äußerst umfangreichen und in hohem Maße interdisziplinären Theorienkomplexes. Eine von einer Vielzahl möglicher Trennlinien zur Klassifizierung der Organisationstheorien ergibt sich beispielsweise durch die Unterteilung in eher organisationsgestaltende Forschungsansätze und in stärker organisationssoziologisch ausgerichtete Betrachtungsweisen, wobei sich auch diese Trennlinie aufgrund der enormen interdisziplinären Verflechtungen und Aufsplitterungen nicht immer als klar erkennbare Abgrenzung aufrecht erhalten lässt. Auf diese Abgrenzungsprobleme verweist auch der Soziologe Peter Preisendörfer.[49]

Die vornehmlich in der Betriebswirtschaftslehre angesiedelten organisationsgestaltenden Theorien befassen sich dabei vor allem mit den Möglichkeiten wirtschaftlicher Effizienzsteigerung durch eine verbesserte Unternehmensführung sowohl auf Seiten des Managements als auch in den Produktions- und Verwaltungsabläufen.[50]

Ein intensives Einbeziehen dieser organisationsgestaltenden, meist betriebswirtschaftlich aufgestellten, und oft in hohem Maße mathematisierten Ansätze wird im Rahmen dieser Studie nicht angestrebt, denn obwohl sich anhand ihrer Forschungsergebnisse durchaus interessante Aspekte im Hinblick auf eine Beurteilung der größeren – ebenfalls auf eine erhöhte Effizienz ausgerichteten – Reorganisationen innerhalb der Weltbank ergeben könnten, lassen sich anhand dieser Theorien keine für diese Studie signifikanten Denkanstöße und Forschungslinien herleiten. Denn die hier im Mittelpunkt stehenden Aspekte der Entstehung, Funktionsweise und insbesondere der innerorganisatorischen Machtstruktu-

48 Vgl. Dingwerth / Campe (2006), S. 1.

49 Vgl. Preisendörfer (2008), S. 11.

50 Z. B. Human-Relation-Ansatz, Motivationstheoretische Ansätze, Organisationsentwicklung, Administrations- und Managementlehre, Scientific-Management (Taylorismus), Operation Research, etc.

ren und Kooperationskultur der Weltbank sowie ihrer hier angenommenen Emanzipations- bzw. Verselbständigungsprozesse[51] gegenüber ihren Auftraggebern werden in der betriebswirtschaftlich ausgerichteten Organisationsgestaltung nur am Rande berücksichtigt.

Die Organisationssoziologie, deren Forschungsergebnisse auch in die moderne Unternehmensberatung einfließen, zielt zwar auch auf eine Erhöhung der Arbeitseffizienz ab, doch fokussiert sie auf das soziale Arbeitsfeld, d.h., ihr Forschungsfeld erschließt sich nicht in erster Linie aus einem betriebswirtschaftlichen Kosten-Nutzen-Kalkül, sondern vor allem aus einer arbeitspsychologischen Betrachtungsweise, in der auch betriebswirtschaftlich nicht zu erfassende Kriterien, wie *„Vertrauen und Kontrolle"*[52] sowie das Entstehen etwaiger Kooperationsbarrieren zwischen den Hierarchielinien einer Organisation erfasst werden. Erst in den letzten Jahren führte insbesondere die zielgerichtete Beobachtung innerorganisatorischer Spannungsfelder, die oft aus unzulänglichen Führungsstilen *(Leadership)*, Motivationsproblemen und kontraproduktiven Arbeitsstrukturen resultieren, dazu, dass unternehmerische Ineffizienz nicht ausschließlich auf wirtschaftliche Fehlkalkulationen, ungünstige Wettbewerbsbedingungen oder andere häufig extern begründete Einflussfaktoren reduziert wurden. Zunehmend in eine unternehmerische Effizienzanalyse einbezogen, wurden stattdessen auch potentielle innerbetriebliche Arbeitsblockaden sowie das Einflusspotential des informellen Arbeitsverhaltens sowohl der Organisationsspitze, des Managements als auch anderer Mitarbeiter, die alle als rational agierende Akteure zu begreifen sind. Dabei dokumentiert sich unternehmerische Ineffizienz schließlich auch in einer unzureichenden Umsetzung von angewiesenen Reformvorgaben und neuen Strategien, wie sie im Zusammenhang mit der Weltbank diskutiert werden.

Mit diesem Ansatz spiegelt die Organisationssoziologie den unter anderem auch für diese Studie gewählten methodischen Rahmen, innerhalb dessen die Weltbank- und ihre Reformproblematik verstärkt aus dem Blickwinkel innerorganisatorischer Macht- und Kooperationsstrukturen und damit aus dem *rational actor view*[53] betrachtet werden soll.

Die Vorstellung, dass Organisationen von rational handelnden Akteuren gelenkt werden, greift Peter Preisendörfer auch in Anlehnung an Max Webers rational basiertem Bürokratieverständnis auf, um auf die Frage

51 Vgl. Koch (2008).

52 Vgl. Allmendinger / Hinz (2002), S. 10.

53 Vgl. Preisendörfer (2008), S. 95f

nach den innerorganisatorischen Verantwortungsträgern hinzuarbeiten, die die Unternehmens- bzw. Organisationsziele formulieren und deren Umsetzung koordinieren.[54] Dabei arbeitet auch Preisendörfer die in dieser Forschungsarbeit zu überprüfende Arbeitshypothese heraus, wonach die Hauptverantwortung für ein reibungsloses und effizientes Funktionieren einer Organisation bei der Organisationsspitze und dem Management liegt, so dass demzufolge die Entscheidungen der Organisationsspitze das innerorganisatorische Geschehen weitgehend determinieren. Zugespitzt stellt Preisendörfer dieses Organisationsverständnis als eine *„great-man"* bzw. *„one-man-show"*, zur Diskussion, in der alle Erfolge und Misserfolge der Organisation der Führungsriege und letzten Endes dem ranghöchsten Akteur *(Leader)* zugeschrieben werden.[55]

In diesem Zusammenhang dienen die nachfolgenden Auslegungen zu Max Webers Bürokratiemodell wie auch die Ansätze der Agency-Theorie als theoretisch-methodischer Kompass, mit dem die Richtung für die in dieser Studie anvisierten Forschungsziele vorgegeben wird.

1.3.1 Organisationssoziologische Aspekte in Max Webers idealtypischem Bürokratiemodell

Das 1921 in seinem Hauptwerk *Wirtschaft und Gesellschaft* konzipierte Bürokratiemodell Max Webers dient der modernen Organisationsforschung insofern als klassisches Grundlagenwerk, als aus ihm Teilaspekte zur bürokratischen Kultur extrahiert und zu modernen organisationssoziologischen Theorien weiterentwickelt wurden.

Ein zentrales Interesse Webers galt den bereits in den frühen 1920er Jahren sich verdichtenden *Rationalisierungsprozessen*, die sich nicht zuletzt im Zuge zunehmender Industrialisierungsprozesse auf nahezu alle Lebensbereiche ausdehnten.[56] Der Prozess gesellschaftlicher, wie auch herrschaftlicher Rationalisierung übertrug sich parallel auf die die Gesellschaft tragenden Institutionen, deren Träger die bürokratischen Organisationen waren. Der immer wieder im Zusammenhang mit Webers Bürokratiemodell auftauchende Herrschaftsbegriff, der sich nach Weber unterteilt in die vorrationale *charismatische*, die *traditionale* Herrschaftsform und in die *„legale"* bzw. *„rationale Herrschaftsform"*[57], ist in seiner

54 Vgl. Preisendörfer (2008), S. 96.

55 Vgl. ebd. S. 96.

56 Die Rationalisierungsprozesse beendeten nach Weber das irrationale ´magische Weltbild´, das Weber in seiner Religionssoziologie beschreibt. Vgl. ebd. S. 89, vgl. Kieser / Ebers (2006), S. 66.

57 Vgl. Weber (1922 und 1976), S. 122–176.

Bürokratietheorie insofern verankert, als nach Weber zur Ausübung jeglicher Herrschaftsform ein bürokratischer Verwaltungsstab erforderlich ist, da jede Herrschaft sich als Verwaltung äußert und funktioniert (*„Herrschaft ist im Alltag primär: Verwaltung."*).[58] In der *rationalen* Herrschaftsform[59] begründet sich nach Weber die moderne Form bürokratischer Verwaltung, in die auch Organisationen wie die Weltbank einzustellen sind. Dass Weber bürokratische Verwaltungen stets als adäquate Instrumente des jeweilig Herrschenden begreift, bietet unter anderem auch dem hier mehrfach diskutierten Ansatz eine theoretische Vorlage, wonach internationale Organisationen stets auf ihre etwaige Funktion in einem adäquaten Herrschaftsverhältnis abzutasten sind und meist im Ergebnis auf ihre Funktion als Herrschaftsinstrument reduziert werden.[60]

Webers Bürokratiemodell setzt sich dabei zusammen aus einem zweigeteilten Verwaltungsstab, der zum einen in der Person des Leiters der Spitze der Amtshierarchie, besteht, zum anderen aus den Einzelbeamten, die diesem Leiter zu Gehorsam (weisungsgebunden) verpflichtet sind. Die Einzelbeamten sind wiederum einzelnen Hierarchieebenen zugeteilt, wobei jede höhere Dienststelle die ihr unmittelbar unterstellte kontrolliert. Webers ´idealtypisches Bürokratiemodell´ ist dabei nicht als Modell mit Vorbildcharakter, sondern vielmehr als eine Art Bestandsaufnahme zu betrachten. Dabei hat Weber keine konkrete Merkmalliste zusammengestellt, sondern vielmehr das Ganze in verschiedenartigen Untergliederungen präsentiert, was dazu führte, so Preisendörfer, dass Weber-Interpreten die definierenden Merkmale der Bürokratie recht unterschiedlich darstellen.[61] Die Merkmale einer Bürokratie lassen sich jedoch im Wesentlichen wie folgt zusammenfassen:

- Hauptamtliches Personal (Trennung von Amt und Person / öffentlichen und privaten Mitteln);
- Einstellung und Beförderung nach Leistung (Professionalisierung / Fachqualifikation);
- feste Kompetenzen mit festgelegten Leistungspflichten (Arbeitsteilung), Befehlsgewalten und Sanktionsmitteln;
- Hierarchische Über- und Unterordnung (Autoritätshierarchie mit Dienstweg), festgelegter Instanzenzug;

58 Vgl. Weber (1922 und 1976), S. 126, 545.

59 Sie basiert auf dem Glauben an die Legalität gesatzter Ordnungen.

60 Vgl. Bogumil / Jann (2009), S. 137.

61 Vgl. Preisendörfer (2008), S. 99.

- technische und normative Regelgebundenheit (Verfahrensregeln) sowie
- Prinzip der Aktenmäßigkeit aller Verwaltungsvorgänge, also der schriftlichen Dokumentation aller Vorgänge;
- festgelegte Regeln für Beförderungen und Gehaltserhöhungen.[62]

Obwohl Weber Bürokratien eher aus einer staatswissenschaftlichen denn aus einer organisationstheoretischen bzw. organisationssoziologischen Untersuchungsperspektive zu erfassen versuchte, gingen aus seinen Typisierungen der jeweiligen Bürokratiemodelle auch grundlegende Ansätze für die moderne Organisationsforschung hervor. Dies nicht zuletzt deswegen, weil er die Bedeutung bürokratischer Hierarchieordnungen, zunehmender Professionalisierung durch Qualifizierung und Wissensaneignung und auch die Aspekte eines auf Selbst-, d.h. Machterhaltung ausgerichteten Verwaltungsstabes für das jeweilige Herrschaftsmodell hervorhob. Seine diesbezüglichen Überlegungen, in denen Weber unter anderem auch auf die möglichen Dysfunktionalitäten bürokratischer Strukturen, aber auch auf die Frage der Beherrschbarkeit einer Bürokratie aufmerksam machte, sind in der modernen Organisationsforschung als *Bürokratiekritik* ausformuliert worden.

Im Rahmen der vorliegenden Studie sind insbesondere diese sich auf Max Weber beziehenden bürokratie-kritischen Ansätze der modernen Organisationsforschung von Interesse, da erst in ihnen die für diese Studie relevanten Aspekte, die Weber zum Teil nur kurz in seinen Ausführungen als bürokratische Phänomene erfasst, weiterentwickelt und vertieft wurden. Zu diesen hier relevanten Aspekten gehören vor allem solche, die sich mit innerorganisatorischen Macht- und Hierarchiekonflikten befassen, die sich beispielsweise in Form gezielter Informations- bzw. auch Desinformationsstrategien einzelner Mitarbeiter oder Hierarchieebenen sowie in der Herausbildung informeller Strukturen darstellen und die bereits von Weber als dysfunktionale Tendenz moderner Bürokratien wahrgenommen, aber nicht vertieft wurden. Insbesondere Jürgen Deeg und Jürgen Weibler widmen in Anlehnung an Weber dem Spannungsverhältnis zwischen Mitarbeiter und Organisation größere Aufmerksamkeit.[63] Weiterentwickelt wurde zudem auch der Aspekt organisatorischer Abschottung nach außen, der ebenfalls von Weber im Hinblick auf das Verhältnis zwischen Herrscher und Bürokratie zwar er-

62 Vgl. Bogumil / Jann (2009), S. 137.

63 Vgl. Deeg / Weibler (2008).

kannt, aber nicht eingehend besprochen wurde, und der von Martin Koch in dem gerade beschriebenen *Prozess organisatorischer Verselbständigung* ausführlicher behandelt wird und auch hier, im Zusammenhang mit einer kritischen Betrachtung der Instrumentalisierungsthese in die späteren Untersuchungen einfließen wird.

An dieser Stelle jedoch seien zunächst nur Max Webers Ausführungen zu den innerorganisatorischen Arbeits- und Hierarchiemechanismen diskutiert, die in der organisationssoziologischen Betrachtung der Weltbankproblematik bedeutsam sein könnten.

Obwohl, wie bereits erwähnt, die von Weber herausgearbeiteten Aspekte zum Verhältnis von Herrschaft und Bürokratie eher in den Themenfeldern der Staatswissenschaften anzusiedeln sind, erschließen sich für die Soziologen Martin Abraham und Günter Büschgens aus Webers Darstellungen dennoch auch aus organisationssoziologischer Sicht wichtige Anhaltspunkte, die ggfs. das Entstehen und die dahinter stehende Intention zur Etablierung streng hierarchisch strukturierter Verwaltungen erklären. Abraham und Büschgens interpretieren Webers Modell zunächst dahingehend, dass:

> „(...) Organisationen, zumindest solche bürokratischen Typs, im Idealfall rationale Instrumente in den Händen eines ´Herrn´ zur unverfälschten Durchsetzung des Herrscherwillens sind". Sie konstatieren: „**Bürokratische Organisationen dieses Typs besitzen im Idealfall strenge Zentralisierung aller Entscheidungen**, vertikale Kommunikation, möglichst weitgehende Arbeitsteilung gepaart mit einem Höchstmaß an Standardisierung und Formalisierung der Arbeitsaufgaben".[64]

Nach Auffassung von Abraham und Büschgens sieht Weber einen engen Zusammenhang zwischen dem Instrumentalisierungswillen des Herrschers und dem Aufbau einer strengen vertikalen Hierarchiestruktur bzw. Zentralisierung der den Herrschaftswillen ausführenden Verwaltung, die letztlich darauf basiert, dass jede Amtshierarchie stets auf der strikten Einhaltung von Weisung und Gehorsam beruht, Weber spricht vom „Prinzip des Instanzenzuges".[65]

Dieser Überlegung folgt die Frage, ob eine auf eine weisungsgebende Instanz hin zentralisierte Organisation, also eine spitz zulaufende Hierarchiepyramide für den Herrscher als Auftraggeber der Organisation, leichter beeinflussbar ist. Damit läge eine streng vertikale und zentralis-

---

64 Vgl. Abraham / Büschgens (2009), S. 123 beziehen sich auf: Weber (1922 / 1976), S. 551–579.

65 Weber (1922 / 1976), S. 551.

tische Hierarchiestruktur, wie sie formal auch für die Weltbank festgelegt ist, durchaus im Sinne des Herrschers bzw. Auftraggebers. Dieser Aspekt, der angesichts der fortdauernden Forderung vieler Weltbankkritiker, die Weltbank verstärkt horizontal zu strukturieren, genauer gesagt zu dezentralisieren und somit dem Einfluss ihrer Hauptanteilseigner stärker zu entziehen, erhielte somit hier eine theoretische Grundlage.

Abraham und Büschgens stellen diesen bei Weber zu begegnenden Zusammenhang zwischen streng vertikaler Hierarchieordnung und Beherrschbarkeit der Organisation durch seinen Auftraggeber jedoch in Frage. Dabei brechen sie diesen Ansatz gänzlich aus dem Theoriegebäude der internationalen Politik heraus, in dem er meist in Verbindung mit der Instrumentalisierungsthese erörtert wird, und diskutieren ihn aus einer rein organisationssoziologischen Sicht. Nach Ansicht von Abraham und Büschgens sind:

> "(...) Organisationen, die in unserer sozialen Wirklichkeit existieren und mit denen wir tagtäglich zu tun haben, in der Regel keine reinen Herrschaftsinstrumente in den Händen eines einzelnen Akteurs. Selbst jene, bei denen dies von den Gründern und / oder Trägern beabsichtigt ist, funktionieren nicht nach diesem Modell. Dies beruht auf dem Umstand, dass bei der Umsetzung der Organisationsziele in Leistungen und Programme in aller Regel die an diesem Umsetzungsprozess beteiligten Organisationsmitglieder, zumal solche der Leitung, unter Einsatz ihrer Mittel und ihrer Qualifikationen wie ihrer Entscheidungskompetenzen Einfluss zu nehmen und Veränderungen durchzusetzen versuchen."[66]

Damit weisen Abraham und Büschgens auf das bei Weber weitgehend ausgeblendete Einflusspotential der Organisationsmitglieder bzw. der Angestellten hin, das möglicherweise den vorgegebenen Organisationszielen und deren Umsetzungsprozessen zuwider laufen kann. Sie werfen damit letztlich die Frage auf, ob und inwieweit sich die Organisationsmitglieder gegen Anweisungen oder sogar Instrumentalisierungsversuche und Bevormundungen durchsetzen können.

Ebenfalls knüpfen sie, in Anlehnung an Webers Bürokratieanalyse, an einen wesentlichen machtpolitischen Gesichtspunkt bürokratischer Arbeitsstrukturen an. Abraham und Büschgens setzen dabei, wie Weber, Macht = Wissen.[67] Aufgrund der bereits von Weber beobachteten Tendenz moderner Verwaltungen, Kompetenzen und Karrierestufen der Mitarbeiter an deren Qualifizierungs- bzw. Wissensgrad festzumachen,

66 Abraham / Büschgens (2009), S. 123f.

67 Vgl. ebd. S. 124, Weber (1922 / 1976), S. 129, 572.

entwickelt sich ein systemimmanentes Anforderungsprofil, wonach jeder einzelne Mitarbeiter notgedrungen dazu angehalten wird, sich kontinuierlich mehr Fachwissen anzueignen, um die Herrschaft zu stabilisieren. Nach Weber bedeutet bürokratische Herrschaft die Herrschaft auf Grund des Wissens, somit wird Wissen zum zentralen Machtmechanismus zunächst gegenüber den Beherrschten, also den Bürgern, d.h. im Falle der Weltbank des Fachwissens der Bankangestellten gegenüber den Kredit-beantragenden Staaten.

Doch gleichzeitig, und dies wird von Weber nicht vertiefend thematisiert, kann dasselbe Wissen auch innerhalb einer Organisation als signifikanter machtpolitischer Hebel benutzt werden, indem das eingeforderte Wissen von den Bürokraten bzw. Beamten in letzter Konsequenz gezielt kontrolliert und zur eigenen Vorteilsnutzung, beispielsweise im Hinblick auf die eigene Beförderung oder auch Unersetzlichkeit eingesetzt werden kann. Abraham und Büschgens schreiben hierzu:

> „Begreift man mit Weber ´Macht also als Chance zur Durchsetzung seiner Interessen´[68], so ergibt sich diese unter anderem aus der ungleichen Verteilung der Bedeutung der individuellen Beiträge (Wissensbeiträge, Informationsweitergabe, d. A.) und den damit ungleichen Verhandlungspositionen in der Organisation".[69]

Hier klingt an, dass Wissensvorsprünge, die in der modernen Organisationsforschung als „Informationsasymmetrien" wissenschaftlich erfasst werden, zielgerichtet zur Durchsetzung eigener Machtpositionen eingesetzt werden können. Damit steuert Webers Bürokratiemodell eine erste Erkenntnisvorlage für die in der Organisationssoziologie erfassten Fehlentwicklungen bzw. Dysfunktionalitäten bei, die einer asymmetrischen, zweckgerichteten innerorganisatorischen Informationspolitik bzw. Informationsstrategie entspringen können.[70]

Ferner gehen Abraham und Büschgens zugleich davon aus, dass sich ein Wissens- und damit ein Machtüberhang vor allem in den höchsten Hierarchieebenen einer Organisation herauskristallisieren. Sie bemerken:

> „Da diese Verteilungen (Wissensbeiträge, d. A.) in der Regel an hierarchische Positionen geknüpft sind und die Verhandlungsstärke mit zunehmender Position steigt, nehmen wir empirisch

---

68 Vgl. Weber (1922 / 1976), S. 28.

69 Abraham / Büschgens (2009), S. 124.

70 Siehe Kapitel 1.3.2 und Kapitel 1.3.2.

die hierarchische Gliederung von Organisationen als Machtgefüge wahr".[71]

Andererseits geben beide Autoren zu bedenken, dass sich in spezifischen Situationen die der Macht zugrunde liegenden Wissensverteilungen von der Organisationshierarchie lösen können.[72]

Diese Annahme, nach der insbesondere die obere Hierarchieebene einen Wissens- und damit Machtvorteil für sich verbuchen kann, kollidiert jedoch mit den Ansätzen der Agency-Theorie. Diese geht vielmehr davon aus, dass die der unteren Hierarchieebene zuzuordnenden Arbeitnehmer bzw. Agenten aufgrund ihrer Kenntnisse über die gesamte Auftragsdurchführung (z.B. Projektentwicklung), tendenziell ihren Vorgesetzten gegenüber einen Informationsvorsprung gewinnen. Damit rückt der Aspekt der *Informationsasymmetrie* ins Zentrum der modernen Organisationssoziologie und wird insbesondere im Hinblick auf die Weltbankproblematik dahingehend zu überprüfen sein, ob und inwieweit sowohl die oberen als auch unteren Hierarchieebenen tendenziell eine jeweils zielgerichtete Wissensverteilung, d.h. Informationsstrategie verfolgen, um eigene Interessen und Ziele, ob wertebezogen, ideell oder auch korruptiv motiviert, durchzusetzen.

Im Hinblick auf die machtpolitische Relevanz des hierarchischen Prinzips im Bürokratieverständnis Max Webers zeichnet sich zunächst ein Dissens in den Interpretationen bzw. Weiterentwicklungen seiner Ausführungen ab.

Während Deeg und Weibler in diesem Zusammenhang darlegen, dass die im Sinne von Max Weber streng hierarchisch und zweckrational organisierte Bürokratie gewährleistet, dass *„Eigensinnigkeiten"* der Beamten - und damit auch die Ausnutzung von Informationsvorteilen zugunsten der eigenen Karrieregestaltung und Interessenswahrnehmung, eingedämmt werden und dass das innerorganisatorische Kooperationsverhalten durch eine strenge Hierarchiekultur vielmehr gefördert wird[73], sehen Alfred Kieser und Mark Ebers in Webers Darlegungen zur *„Überlegenheit des berufsmäßig Wissenden"*[74] vielmehr die Annahme bestätigt, dass durch das im Amt erworbene Fach- und Dienstwissen die Beamtenschaft in die

71 Abraham / Büschgens (2009), S. 124.

72 Vgl. ebd. S. 124.

73 Vgl. Deeg / Weibler (2008), S. 17.

74 Vgl. Weber (1922 / 1976), S. 572.

Lage versetzt wird, sich der politischen Steuerung zu entziehen und eigene Interessen zu verfolgen.[75] Um dies zu belegen, zitieren sie Weber:

> „Stets ist die Frage, wer beherrscht den bestehenden bürokratischen Apparat? Und stets ist seine Beherrschung dem Nicht-Fachmann nur begrenzt möglich: der Fach-Geheimrat ist dem Nicht-Fachmann als Minister auf die Dauer meist überlegen in der Durchsetzung seines Willens".[76]

Auflösen lässt sich dieser vermeintliche Widerspruch nur insofern, als sich Weber in der Interpretation Deegs und Weiblers offenbar auf das innerorganisatorische Verhältnis zwischen Mitarbeiter und Organisationsspitze und in Kiesers und Ebers Darstellung auf das Verhältnis Organisation zum Herrscher bezieht.

Es bedarf weiterer Zitate aus dem Werk Webers, um seine Sicht auf die Bedeutung des einzelnen Beamten für das bürokratische Geschehen besser einordnen zu können. So macht er beispielsweise an anderer Stelle deutlich, dass der Beamte im Rahmen strenger Hierarchiestrukturen ein eher unwichtiges und damit zu ersetzendes Glied darstellt:

> „Der einzelne Beamte kann sich dem Apparat, in den er eingespannt ist, nicht entwinden. (...) Der Berufsbeamte ist (...) nur ein einzelnes, mit spezialisierten Aufgaben betrautes, Glied in einem nur von der höchsten Spitze her, nicht aber (normalerweise) von seiner Seite, zur Bewegung oder zum Stillstand zu veranlassenden, rastlos weiterlaufenden Mechanismus, der ihm eine im Wesentlichen gebundene Marschroute vorschreibt."[77]

Max Weber spricht zudem von „der Eingestelltheit der Beamten auf präzisen Gehorsam innerhalb ihrer gewohnten Tätigkeit".[78]

Hier stellt sich die Frage, ob das Prinzip des unbedingten zweckrationalen Gehorsams (Loyalität), das Max Weber offenkundig einer funktionierenden Bürokratie zugrunde legt, sich nicht mit Zunahme von Wissen und Qualifikation auf Seiten der Beamten (Sachbearbeiter) zugunsten einer nach wertrationalen Maßstäben ausgerichteten Eigenmächtigkeit und in zugespitzter Form einer Gehorsamsverweigerung, verschieben kann.

Im Hinblick auf die Weltbank, deren Mitarbeiter höchstqualifizierte Akademiker und Experten sind und deren Sachkenntnisse über die sehr

---

75 Vgl. Kieser / Ebers (2006), S. 78.

76 Weber (1922 / 1976), S. 128f.

77 Ebd. S. 570.

78 Ebd. S. 570.

komplexen Themenfelder der Organisation meist den Kenntnisstand ihres höchsten Vorgesetzten übersteigen, findet sich über diese Fragestellung ein methodisch-wissenschaftlicher Zugang zu den hier vermuteten innerorganisatorischen Kooperationsdefiziten und Reformblockaden innerhalb der Weltbank, auf die später im Detail noch einzugehen sein wird.

In Webers Bürokratiemodell, das von der Austauschbarkeit eines jeden Beamten ausgeht, da seine Kompetenzen und Arbeitsaufträge normativ festgelegt sind und nicht nach wertrationalem Ermessen des einzelnen Beamten entschieden werden, wird, obwohl Weber diesen Aspekt ausdrücklich hervorhebt, die Bedeutsamkeit von Fachwissen und Expertenqualität im Hinblick auf die modernen hoch komplexen Großorganisationen nicht hinlänglich erfasst. Die komplexen Arbeitsabläufe der in transnationalen und in komplexen Tätigkeitsfeldern agierenden Organisationen würden im Bürokratiekonzept Webers einer nicht mehr zu überschauenden Anzahl von Normen, Regeln und Vorschriften bedürfen. Wertrationales Handeln, d.h. Handeln nach eigenem Ermessen und nicht nach Vorschrift, ist daher auf Seiten des Mitarbeiterstabs einer Organisation wie der Weltbank eine beinahe zwingend erforderliche Voraussetzung, wenngleich damit das Risiko ungleicher Wissens- und damit Machtverteilung gegeben ist.

Das Phänomen unvollständiger Informationsweitergabe, das sich durchaus in den Ausführungen Webers zur Bedeutung von Wissen spiegelt, wird als ein zentraler Forschungsgegenstand in der nachfolgend zu beschreibenden Agency-Theorie weiterentwickelt.

1.3.2 Die Agency-Theorie

Die Agency-Theorie, der man gleichfalls unter den Bezeichnungen Principal-Agent- Theorie bzw. Prinzipal-Agenten-Theorie oder Agenturtheorie begegnet, dehnt ihr Forschungsfeld, anders als Weber, von einer Betrachtung ausschließlich administrativer Bürokratien auf jegliche Form von Unternehmen, Organisationen bzw. vertragsrechtlich festgelegter Partnerschaften aus. Ihr wesentlichstes Anliegen ist die Analyse des Handelns von Menschen in einer Hierarchie, wobei sie auch Aussagen zur Vertragsgestaltung und den sich darin oft abzeichnenden Informationsasymmetrien trifft. Dabei entsprechen alle Formen vertraglicher Beziehungen, wie z.B. zwischen Arbeit-/Auftraggeber und Vorgesetztem und weisungsunterstelltem Mitarbeiter, ferner zwischen Anteilseigner und Management, Aufsichtsrat und Vorstand, Käufer und Verkäufer sowie im Sinne Webers natürlich auch Regierung und Verwaltung, aber auch internationale Staatengemeinschaften und die von ihnen gegründeten Organisationen, dem Principal-Agent-Modell.

In der Wirtschaftstheorie findet sie vornehmlich Anwendung im Hinblick auf das Verhalten von Marktteilnehmern wie Händler und Käufer oder Aktionär und Aktiengesellschaft, aber auch Investor und Regional- bzw. Landesverwaltungen.

Ihre historischen Wurzeln hat die Principal-Agent-Theorie in der Neoklassik. Sie wurde dann insbesondere in der Betriebswirtschaftslehre weiterentwickelt und findet hier vornehmlich ihre praxisbezogenen Anwendungsbereiche.[79]

Es würde den Rahmen dieses Kapitels übersteigen, die Agency-Theorie in all ihren Variationen und Anwendungsmöglichkeiten sowie in ihrer gesamten Komplexität zu diskutieren[80], so dass nachfolgend nur jene Aspekte und Inhalte hervorgehoben werden, die im direkten Zusammenhang mit den hier formulierten Forschungszielen und diesbezüglichen Fragestellungen stehen, die sich vor allem auf die machtpolitischen Aspekte innerorganisatorischer Strukturen beziehen.

Obwohl die Agency-Theorie vornehmlich in die Forschungsagenda der Organisationstheorien eingestellt wird, in welchem Zusammenhang sie auch meist diskutiert wird, tangiert sie jedoch gleichzeitig ein anderes, bereits skizziertes Theorienfeld.

Wie Peter Preisendörfer darlegt, ist eine Organisation ein Gefüge vielfältiger Aufgabendelegationen und kennzeichnet sich durch mehrfache, vielschichtige Principal-Agent-Beziehungen aus, die sich nicht nur innerhalb der Organisation, zwischen den Hierarchieinstanzen abspielen, sondern auch in einem etwaigen Außenverhältnis der Organisation[81], in dem diese als eigenständige Akteurin interagiert und in die Rolle eines Agenten tritt. In diesem Fall werden Organisationen wie die Weltbank abermals in das Theoriegebäude der internationalen Beziehungen integriert.

Die Rolle des Prinzipals übernehmen dabei die Anteilseigner der Weltbank, deren Stellvertreter die Exekutiv-Direktoren sind, die einerseits als Agenten ihrer Nationen fungieren, andererseits auch als Auftrag- bzw. formale Weisungsgeber, also als Prinzipale den Mitarbeitern bzw. dem Management der Weltbank gegenüber in Erscheinung treten.

---

79 Vgl. Alparslan (2006), S. 2.

80 Grundlegende Literatur s.: Picot (2003), Jensen/Meckling (1976), Pratt/Zeckhauser (1985), Alparslan (2006), Saam (2002).

81 Vgl. Preisendörfer (2008), S. 107.

Es ist grundsätzlich denkbar, dass dieselbe Person in variierenden Beziehungen eine Doppelfunktion ausübt. Der Wirtschaftswissenschafter Matthias Meyer betont, dass insbesondere in einer hierarchischen Struktur ein Akteur jeweils die Rolle des Prinzipals und gleichzeitig die des Agenten annehmen kann, so dass nur situationsspezifisch bestimmt werden kann, wer Prinzipal und wer Agent ist.[82] Dies erschwert in erheblichem Maße die Rekonstruktion von Kompetenzzuweisungen und Verantwortlichkeiten, spiegelt aber deutlich stärker als Webers stark vereinfachtes Bürokratiemodell die Komplexität hierarchischer Strukturen wider, mit denen die reale Arbeitswelt konfrontiert ist.

Im Rahmen der Organisationsforschung konzentriert sich die Agency-Theorie, im Gegensatz zu Weber, deutlich stärker auf die zwischenmenschlichen Beziehungen in einer Bürokratie bzw. Organisation, die Weber infolge seines normativ gerahmten Arbeitsmodells, in dem nicht primär Menschen mit wertrationalen Arbeitsauffassungen, sondern Funktionsträger mit festgeschriebenen, zweckrationalen Handlungsanweisungen agieren, weitgehend vernachlässigt. Während Weber grundsätzlich ein rein zweckrationales, normativ vorgegebenes Handeln aller Angestellten im Sinne der festgelegten Organisationsziele annimmt, geht die Principal-Agent-Theorie vielmehr von einem eigeninteressengeleiteten, situationsspezifischen Handeln der Angestellten / Arbeiter wie auch der Auftraggeber aus, deren Verhältnis häufig durch Interessen- und Zielkonflikte beeinflusst ist. Diese Beeinflussungen führen zum Teil zu erheblichen innerbetrieblichen Zusatzkosten und Effizienzminderungen.

Dieses Konfliktfeld ist zugleich das Untersuchungsfeld der Agency-Theorie, die sich somit letztlich zu einer innerbetrieblichen Konflikt- bzw. Konfliktlösungstheorie entwickelte, in der insbesondere die im Arbeitsalltag auftretenden Spannungen zwischen Arbeitgeber und Arbeitnehmer analysiert und einer möglichen Lösung zugeführt werden. Die Politikwissenschaftlerin und Soziologin Nicole J. Saam bezeichnet diese Konfliktstrategien als ´Lösungsdesigns´.[83]

Der jeweilige Auftraggeber, d.h. Vorgesetzte wird dabei als Prinzipal bezeichnet, der Auftrag- bzw. Arbeitnehmer als Agent. Ausgangspunkt der Theorie ist, dass beispielsweise der Prinzipal grundsätzlich davon ausgeht bzw. einfordert, dass sein Agent sich mit ganzem Engagement und mit optimalem Einsatz aller ihm zur Verfügung stehenden Ressourcen im Interesse seines Vorgesetzten für die Auftragserfüllung einbringt. Die

82 Vgl. Meyer (2004), S. 62.

83 Vgl. Saam (2202), 31.

Leistung bzw. Auftragserfüllung seines Agenten kann der Prinzipal nur anhand des Ergebnisses der Arbeit beurteilen. Ob der Agent jedoch beispielsweise effizient und wirtschaftlich und in all seinem Handeln tatsächlich mit den Unternehmenszielen und -paradigmen agiert, bleibt dem Prinzipal verborgen. Das heißt, selbst wenn der Agent das gemeinsam verabredete Ziel (Arbeitsergebnis) erreicht, weiß der Auftraggeber nicht, ob dieses Ziel auf optimalem Weg erreicht wurde. Um die tatsächliche Arbeitsleistung beurteilen zu können, ist der Prinzipal auf einen diesbezüglich bereitwilligen Informationstransfer seitens des betreffenden Arbeitnehmers angewiesen.

Der Agent besitzt also einen Informations- bzw. Wissensvorsprung, da nur er die tatsächliche Effizienz seiner Arbeit beurteilen kann. Es liegt bei dem Agenten, diesen Wissensvorsprung zu Gunsten oder zu Ungunsten des Prinzipals einzusetzen. Dabei resultiert auf Seiten des Prinzipals allein aufgrund der Möglichkeit, dass der Agent einen Informationsvorteil zu seinen Ungunsten ausnutzen könnte, ein grundsätzliches Misstrauensverhältnis. Die nicht zuletzt aus diesem Misstrauen entstehenden Spannungen werden unter anderem als Principal-Agent-Probleme bezeichnet[84], die mit Hilfe der Agency-Theorien bzw. ihrer Anwendung in der modernen Unternehmensberatung aufgelöst werden sollen.

Zwar haben beide Akteure zunächst ein gemeinsames Interesse am Zustandekommen der Zusammenarbeit, doch geht die Agency-Theorie davon aus, dass die Kooperationsbasis schnell durch eine Interessensdivergenz zwischen den beiden Akteuren gefährdet ist. Denn während der Prinzipal mit möglichst geringem Input (z.B. Entlohnung, Zeitaufwand, Rohstoffe) eine möglichst effiziente Auftragserfüllung anstrebt, zielt der Agent angeblich auf eine möglichst hohe Entlohnung, sei es in Form von Gehaltserhöhungen, Karriereaussichten oder anderen Aufwertungen seiner Person bzw. seiner Arbeit ab.[85]Das Verhaltensmuster beider Akteure begreift die Agency-Theorie als Opportunismus[86], wobei sie mit

84 Vgl. Alplarsan (2006), S. 24.

85 Vgl. Preisendörfer (2008), S. 106.

86 Die Annahme von Opportunismus geht, nach Nicole J. Saam üer die Annahme von Nutzenmaximierung hinaus. Saam verweist auf die Aussagen von Williamsen, Furubotn und Richter, die davon ausgehen, dass die Akteure Verhaltensspielräume, die ihnen z.B. unvollständige Verträge bieten, opportunistisch nutzen, dass sie in strategischer Verfolgung ihrer individuellen Interessen, Arglist anwenden bzw. unerhlich in dem Sinne sind, dass sie Präferenzen verschleiern, Daten verdrehen, und Fakten mit Absicht durcheinanderbringen. Saam zit.: Williamsen (1975), S. 26, Furubotn / Richter (1991), S. 4, zitiert in Naam (2002), S. 12.

Blick auf den Agenten im Kern davon ausgeht, dass dieser seinen Informationsvorsprung vornehmlich dahingehend nutzen wird, seinen Arbeitsaufwand reduzieren zu können.[87] Zugespitzt erkennt sie im Verhalten des Agenten ein Täuschungsmanöver bzw. Arglistigkeit.[88]

Dieses angenommene Verhalten steht im völligen Kontrast zu Max Webers angenommener „Gehorsamspflicht“[89] des Angestellten gegenüber seinem Vorgesetzten.

Schließlich begreifen die Agency-Theorien Organisationen somit als ein immerwährendes Konfliktfeld, in dem unternehmerische bzw. innerorganisatorisch festgelegte Zielvorgaben mit Hilfe von Desinformationsstrategien seitens der Auftragnehmer konterkariert werden bzw. werden können. Zur Lösung dieser Interessendivergenz versucht die Principal-Agent-Forschung, wie bereits erwähnt, unternehmens- bzw. organisationsspezifische Anreiz- und Kontrollsysteme (Lösungsdesigns) für die jeweiligen Agenten zu konzipieren, damit diese zum einen davon absehen, ihre Informationsvorteile zu Lasten des Prinzipals zu nutzen und ihre Arbeitseffizienz zu minimieren und zum anderen sollen diese Anreizsysteme den Agenten motivieren, eine optimale Auftragsumsetzung zu gewährleisten. Die dabei entstehenden Kosten für das Unternehmen werden in der sogenannten *Transaktionskostentheorie* hergeleitet.

Den vielleicht wichtigsten Erkenntnisgewinn, den die Agency-Theorien durch ihre wissenschaftlichen „Felduntersuchungen“ jedoch im Hinblick auf die Erforschung der großen internationalen Organisationen herausarbeiten konnten, und der im Rahmen der wissenschaftlichen Auseinandersetzung über internationale Beziehungen unzureichend ausgeleuchtet bzw. gänzlich ausgeblendet wird, erzielten sie durch ihre Beobachtungen und Analysen der zum Teil erheblichen innerorganisatorischen Zielkonflikte zwischen den Hierarchieebenen. Mit ihren diesbezüglichen Ergebnissen und Fragestellungen unterstützen sie zugleich den hier gewählten Forschungsansatz, die Weltbank- bzw. Reformproblematik verstärkt aus dem Blickwinkel innerorganisatorischer Konfliktpotentiale zwischen den Hierarchielinien zu betrachten, da sich hier die These verdichtet, dass aus diesen Interessensdivergenzen zum Teil erhebliche kontraproduktive Prozesse resultieren, die unter anderem auch die Reformbemühungen einzelner Weltbank-Präsidenten in der Vergangenheit konterkarierten.

87 Vgl. Preisendörfer (2008), S. 108.

88 Vgl. Alparslan (2006), S. 17.

89 Weber (1922 / 1976), S. 542.

Mit ihren sehr detaillierten innerbetrieblichen Analysen dokumentiert die Agency-Forschung darüber hinaus eine im Prinzip triviale Beobachtung, wonach Unternehmen bzw. Organisationen in der Realität des Arbeitsalltags eben nicht immer als geschlossen agierende Unternehmenseinheiten - Akteure - in Erscheinung und in ein Außenverhältnis treten, wie dies vor allem im Verständnis der Theorien der internationalen Beziehungen wahrgenommen wird, sondern situativ bzw. phasenweise strukturelle Polarisierungstendenzen durchleben, in denen beispielsweise Anweisungen oder auch Reformziele der obersten Organisationsspitze (Prinzipal) von darunter stehenden Hierarchielinien (Agenten) nicht oder unzureichend umgesetzt werden.

Um die Ursachen dieser Konflikte und Interessensdivergenzen einordnen und beurteilen zu können, ist ein stärkeres Ausdifferenzieren der Hierarchiestrukturen, den sich darin herausbildenden Principal-Agent-Beziehungen und den spezifischen Interessen der jeweiligen Akteure unerlässlich.

Dabei machen, wie bereits erwähnt, die Agency-Theorien, im Gegensatz zu Weber, grundsätzlich darauf aufmerksam, dass Organisationen bzw. ihre Instanzenzüge durch eine Vielzahl von Principal-Agent-Verhältnissen gekennzeichnet sind. Dies macht sie zu äußerst komplexen und oft undurchsichtigen Gebilden, denen möglicherweise weder mit einer eindimensionalen Akteurszuweisung noch mit formaljuristisch-justierten Forschungsansätzen beizukommen ist.

Während sich insgesamt die Kritiklinien gegenüber der Weltbank beinahe ausschließlich auf das Herausarbeiten formaler, konfliktneutraler Organisationsstrukturen reduzierte, erkennt die Agency-Theorie den Sachverhalt sowie das Konflikt- und Machtpotential der in dieser Studie einzubeziehenden informellen Arbeitsstrukturen in bzw. zwischen den Instanzen, denen unterschiedliche Interessen zugrunde liegen können.

Die Untersuchungen der Agency-Theorien im Hinblick auf diese zwischenhierarchischen Konfliktpotentiale und Kooperationsdefizite bzw. Kooperationsbrüche und das Herausarbeiten etwaiger damit einhergehender innerorganisatorischer Zersplitterungen entlarven gleichzeitig die signifikante Fundamentschwäche des Theoriegebäudes, in dem die internationalen Beziehungen verortet sind, da hier einzelne Organisationen, wie die Weltbank, in einer sehr pauschalen Betrachtungsweise nur aus einer einzigen Principal-Agent-Perspektive wahrgenommen werden, die die Organisationen als geschlossen agierende Akteure bzw. Agenten begreifen, deren Auftragsumsetzung lediglich an den Anforderungen ihrer Anteilseigner bzw. Prinzipale zu bewerten ist. Aus dieser Perspektive jedoch lassen sich nur bedingt Antworten auf die Frage finden, warum sich beispielsweise die Weltbank, trotz mehrfacher Reformankündigungen, die zudem auch von ihren Anteilseignern unterstützt wurden, so schwerfällig bzw. gar nicht auf einen neuen politischen Kurs ausrichten ließ.

Neben den Beiträgen, die die Agency-Theorie im Hinblick auf eine Neuausrichtung des Weltbank-Diskurses unbestritten beisteuern kann, offenbart sie jedoch bei näherer Betrachtung ebenfalls einige signifikante Defizite, die mit Blick auf die vorliegende Arbeit die Grenzen ihrer Anwendbarkeit zur Klärung potentieller arbeits- bzw. organisationspsychologischer Konflikte aufzeigen.

Aufgrund ihres stark eingegrenzten Spektrums angenommener Verhaltens- und Motivationsmuster sowohl auf Seiten der Auftraggeber, aber im Besonderen auf Seiten der Auftragnehmer, finden die in der Principal-Agent-Theorie entwickelten Anreiz- und Kontrollsysteme zur Harmonisierung der diametral dargestellten Interessen beider Akteursgruppen nicht für jedes Principal-Agent-Problem den geeigneten Erklärungsrahmen.

Diesem Defizit liegt zugrunde, dass die Agency-Theorie, im Falle unkooperativ agierender Hierarchiefelder, grundsätzlich von der Annahme ausgeht, dass ein Agent vorrangig ökonomisch und egozentrisch (opportunistisch) motiviert handelt und stets darum bemüht ist, zugunsten eigener Vorteilsnutzung etwaige Organisationsziele zu unterlaufen. Auch Nicole J. Saam kritisiert diese zu stark vereinfachten individuellen Verhaltensannahmen der Agency-Theorie, die den Agenten meist als opportunistisch und arbeitsscheu erfassen.[90]

Die Agency-Modelle blenden somit im Wesentlichen aus, dass Angestellte und Mitarbeiter vornehmlich auch aus ideellen, ideologischen Motiven größtes Interesse an einer optimalen Auftragserfüllung haben könnten. Auch ziehen sie methodisch nicht in Betracht, dass ideelle - und nicht egozentrische - Motive im Hintergrund einer Auftragsverweigerung bzw. Auftragsverschleppung stehen können. Während die Motive für eine optimale Auftragserfüllung im Rahmen der Agency-Theorie nicht weiter in ihre innerbetrieblichen Analysen einbezogen werden, da in diesem Fall kein Handlungsbedarf (zwecks Arbeitsharmonisierung) besteht, stellt sich ihre Motivsuche bei unbefriedigender Auftragserfüllung dabei sehr eindimensional bzw. stark generalisierend dar, indem sie, wie bereits erwähnt, meist die wirtschaftliche Vorteilsnutzung des Agenten als Motiv für unkooperatives Verhalten voraussetzt.

90 Saam (2002), S. 50ff.

Ein weiteres Defizit der Agency-Ansätze zeichnet sich durch das weitgehende Ausblenden innerorganisatorischer Systemzwänge und ineffizienter bzw. unzureichend durchdachter Motivationssysteme ab, wonach sich eine effiziente und gleichzeitig, im Sinne der Unternehmensleitung, erwünschte Auftragserfüllung gegenseitig ausschließen können. Dies ist dann gegeben, wenn beispielweise ein formuliertes und möglicherweise sogar durch ein Prämiensystem forciertes Organisationsziel auf die Erhöhung der Produktionsmengen ausgerichtet ist, während gleichzeitig höhere Qualitätsanforderungen bei ansonsten gleichen Produktionsbedingungen erarbeitet werden sollen. Hier steht der Agent letztlich vor der Konfliktsituation, schneller zu arbeiten mit dem Risiko die Qualitätsvorgabe zu vernachlässigen.

Die Agency-Modelle unterstellen hier ebenfalls oft vorschnell opportunistische, auf Arbeitsverweigerung ausgerichtete Verhaltensmuster auf Seiten des Arbeitnehmers, wenn dieser sich z.B. für eine Erhöhung der Qualitätssicherung statt beispielsweise für eine Erhöhung des Produktionsausstoßes entscheidet. Dem Agenten, der sich für eine der Vorgaben entscheiden musste, wenn diese nicht vereinbar sind, und somit die jeweils andere Vorgabe nicht zufriedenstellend erfüllen konnte, kann man in dieser Konfliktsituation keine Arbeitsverweigerung oder mangelnden Willen für eine optimale Auftragserfüllung anlasten, da es sich letztlich um einen Managementfehler handelt, der durch nicht zu vereinbarende Anforderungen diese Konfliktsituation zu verantworten hat.

Auch im Hinblick auf die Weltbank ist eine vergleichbare Konfliktsituation der Mitarbeiter in Betracht zu ziehen. Diese resultiert dabei möglicherweise aus der einerseits formulierten Vorgabe, ein möglichst hohes Kreditvolumen durch möglichst viele Projektbewilligungen zu erzielen und anderseits aus der zeitgleichen Vorgabe, dennoch eine immer besser werdende Projektqualität zu gewährleisten, auf die auch die meisten Weltbankreformen letztlich ausgerichtet sind. Ob und inwieweit sich im Rahmen dieser Konfliktsituation ein innerorganisatorischer Systemfehler manifestiert haben kann, wird im Verlauf dieser Studie herauszuarbeiten sein.

Darüber hinaus grenzt der Principal-Agent-Ansatz zudem die Möglichkeit aus, dass aus Sicht des Agenten eine Auftragsanweisung durch die ihm übergeordnete Instanz, nach *seinem Ermessen* nicht den Organisationszielen oder nicht den persönlichen wie auch den allgemeinen ethischen oder auch rational-vernünftigen Vorstellungen entspricht und sich dadurch für den Agenten eine Konfliktsituation ergibt, die nichts mit egozentrisch motivierter Arbeitsverweigerung bzw. opportunistischer Arbeitsscheu zu tun hat.

Hier schließt die Agency-Theorie, wie sie bisher angelegt ist, zu Max Weber auf, der weder ein ideelles, emotional getragenes bzw. wertrationales Handeln des Bürokraten noch eine etwaige persönliche Konfliktsituation auf Seiten des Angestellten in seine Betrachtungen einbezieht.

Doch insbesondere Mitarbeitern solcher Organisationen, die sich sozial- oder umweltpolitischen Zielen verschrieben haben, könnte ein ethisch motiviertes Denken und Überdenken ihres Arbeitsauftrages, durchaus im positiven Sinne zu Gute gehalten werden, woraus sich jedoch besondere Anforderungen auch für die Agency-Modelle ergeben. Von der Annahme ausgehend, dass ein Angestellter situationsspezifisch oder auch grundsätzlich sein Handeln an ideellen, persönlich festgelegten Maßstäben ausrichtet, drängt sich in diesen Fällen die Frage auf, inwieweit die in der Agency-Theorie herausgearbeiteten und zum Teil standardisierten Anreiz- und Kontrollsysteme, die das Verhalten der Mitarbeiter an die Weisungsziele der Organisationsspitze mit Hilfe von Bonussystemen oder Prämienzahlungen anpassen sollen, überhaupt greifen können? Dies würde nur dann funktionieren, wenn diese Anreizsysteme so hoch dotiert wären, dass sie die Bedenken eines Agenten, gegen seine persönliche Überzeugung zu handeln und die geforderte Auftragszuweisung umzusetzen, aushebeln könnte, was in letzter Konsequenz auf eine Korrumpierung des Agenten hinauslaufen könnte.

Die Agency-Modelle gehen somit grundsätzlich davon aus, dass es im Falle von Kooperationsdefiziten zwischen den Hierarchielinien eines Unternehmens bzw. einer Organisation, eines adäquaten Anreiz- und / oder Kontrollsystems bedarf, um innerorganisatorische Konflikte zu beheben oder auch diesen Konflikten vorzubeugen. Die Möglichkeit, dass ein gutes Management bzw. ein positiver Führungsstil die Mitarbeiter ohne monetäre Anreizsysteme oder gar Kontrollmechanismen zu einer optimalen Auftragserfüllung motivieren kann, ist offenbar kein Forschungsgegenstand der Agency-Theorie.

Nicole J. Saam greift hingegen diesen Aspekt auf und weist in diesem Zusammenhang auf die *„Identifikationsmacht des Prinzipals"*[91] hin, die sich letztlich mit den Begriffen *„Überzeugungsmacht"* und *„Leadership"* sowie *„charismatischen Führungsstil"* verknüpfen lässt, die in den letzten 10–15 Jahren in vielen Managementtheorien Einzug gehalten haben.

Laut Saam kennen die Agenturtheorien keine Lösungsmechanismen bzw. Anreizsysteme, die auf dieser *Identifikationsmacht des Prinzipals* basieren.[92] Eine *Identifikationsmacht* zugunsten des Prinzipals entsteht nach

91 Saam. (2002), S. 204ff.

92 Ebd. S. 204f.

Saam dann, wenn sich der Agent mit dem Prinzipal identifiziert. Macht durch Identifikation ist, so Saam, von Belohnungs- und Bestrafungsmacht (Anreiz- und Kontrollsysteme) zu unterscheiden. Dabei bezeichnet Identifikation oder Identifizierung das Übernehmen und Verinnerlichen etwaiger Vorstellungen, Verhaltensweisen oder Motive des Prinzipals durch den Agenten.[93]

Aus agenturtheoretischer Sicht wird ein solch emotionalisiertes Verhältnis zwischen Prinzipal und Agent nicht berücksichtigt, da hier von einem rationalen, nutzenmaximierenden, opportunistischen Agenten ausgegangen wird. Dass sich ein Agent den Idealen und Zielen seines Vorgesetzten, einzig auf der Grundlage von Sympathie, Überzeugungskraft oder persönlichem Respekt anschließen könnte und damit aus ideellen Motiven eine optimale Auftragserfüllung anstrebt, wird in der Agenturtheorie ausgeblendet.

Aus Saams Sicht ist somit die Frage des machtpolitischen Potentials der Unternehmens- bzw. Organisationsspitze bislang kein Gegenstand der Agency-Forschung, wobei zu konstatieren ist, dass der Person des Prinzipals (*Leader*) grundsätzlich innerhalb der Agentur-Theorien kaum Beachtung beigemessen wird, da sich ihre Ansätze in erster Linie auf Korrektive hinsichtlich des Agenten ausrichten.

Das weitgehende Ausblenden des Prinzipals bzw. der *Leadership* in einer Organisation stellt meines Erachtens eine schwerwiegende Forschungslücke innerhalb dieser Organisationstheorie wie auch des Weltbank-Diskurses dar, aus der nicht zuletzt Fehlinterpretationen und falsche Handlungsempfehlungen im Falle eines Principal-Agent-Problems resultieren können.

Die Frage, ob und inwieweit die *Identifikationsmacht* bzw. *Leaderqualität* einzelner Weltbank-Präsidenten bankinterne Strukturen und Paradigmen etablieren oder auch reformieren half und welchen Anteil sie möglicherweise an der Entstehung und Lösung etwaiger Kooperationsdefizite hatte, wird im Rahmen dieser Studie und insbesondere in Kapitel 5 ff von zentraler Bedeutung sein. D.h. die Reformpolitik der Weltbank wird insbesondere im Kontext der jeweiligen Präsidentschaften zu analysieren sein, um so ein komplexeres Verständnis für die bankinternen Arbeitsabläufe und etwaiger Principal-Agent-Probleme zu entwickeln.

Als letzter hier relevanter Aspekt der Agency-Theorie sei die von Nicole J. Saam herausgearbeitete eher informell wirkende machtpolitische Di-

---

93 Vgl. Saam. (2002), S. 205.

mension dieses Ansatzes aufgegriffen. Ihre diesbezüglichen Fragestellungen spiegeln dabei unter anderem die auch in dieser Studie zu überprüfenden Forschungsansätze.

In Anlehnung an Weber, der, wie weiter oben bereits zitiert, *„Macht als Chance"* definiert, *„innerhalb einer sozialen Beziehung den eigenen Willen auch gegen Widerstreben durchzusetzen"*[94], versucht Saam ein neues Machtkonzept zu entwickeln, das sich auf die Agentur-Modelle übertragen lässt.

Während sich Machtausübung im allgemeinen Verständnis - und insbesondere bei Weber - meist vom Vorgesetzten auf den Weisungsempfänger auswirkt, sieht Saam durchaus eine Wechselseitigkeit zwischen beiden Akteuren, wie sie auch in der nachfolgend zu beschreibenden Human-Relations-Forschung erkannt wird. Saams Interesse gilt daher der Frage, wie Prinzipal und Agent in der modernen Arbeitswelt den eigenen Willen wechselseitig auch gegen Widerstreben des anderen durchsetzen können.[95]

Trotz einer fehlenden Vertiefung dieses Aspektes in Saams Studie wird ihre Fragestellung hier mit Blick auf die Weltbank aufgegriffen. Auf der Grundlage konkreter Fallbeispiele und einer auf diese Fragestellung ausgerichteten Aufarbeitung der einzelnen Präsidentschaftszeiten sowie einer sich daraus entwickelnden Indizienführung für die angenommenen bankinternen Machtkonflikte sollen, neben den bereits erwähnten Aspekten der *Identifikationsmacht* bzw. *Leadership*, weitere Anhaltspunkte für die machtpolitischen Einflusspotentiale zwischen Prinzipal und Agent bzw. zwischen Weltbankleitung und weisungsuntergebenen Mitarbeitern herausgearbeitet werden, die hier im informellen Bereich angenommen werden. Auch Nicole J. Saam bezieht diesen Aspekt in ihre Überlegungen ein, indem sie auf die machtpolitische Dimension *informeller Strukturen* in der Agency-Theorie eingeht, die sie klar gegen die formalisierten vertraglichen Bindungen zwischen Prinzipal und Agent abgrenzt. Saam betitelt in diesem Zusammenhang einen Absatz ihrer Studie mit der Überschrift: *„Macht des Individuums versus Macht der Strukturen"*.[96] Damit stellt sie das informelle machtpolitische Einflusspotential des Einzelnen, der Einflussgröße formalisierter Regelungen, wie sie beispielsweise durch das Vertragswerk der Weltbankstatuten festgelegt wurden, entgegen.

94 Vgl. Weber (1922 /1976), S. 28, zitiert in: Saam (2002), S. 141.

95 Vgl. Saam (2002), S. 142.

96 Ebd. S. 144.

Zugleich knüpft Saam damit an den nachfolgend zu skizzierenden *Human-Relations-Ansatz* an.

1.3.3 Der Human-Relations-Ansatz

Der Human-Relations-Ansatz entwickelte sich im Rahmen einer industriesoziologischen Versuchsreihe, die in der Zeitspanne zwischen 1924 und 1932 in einem Chicagoer Industrieunternehmen durchgeführt wurde, um die Produktivität des Unternehmens auf der Ebene der Arbeitsleistung der Industriearbeiter zu erhöhen. Ähnlich der späteren Agency-Theorien ging die Industrieleitung von der Annahme aus, dass die tatsächliche Arbeitsleistung der Mitarbeiter von der maximal zu erreichenden Produktivitätsleistung abwich. Um eine maximale Ausnutzung der Produktivitätsleistung künftig zu erzielen, beauftragten die Hawthorne-Werke der Western Electric Company Fritz J. Roethlisberger, William J. Dickson und den Industriepsychologen George Elton Mayo mit einer Versuchsreihe, in der dokumentiert werden sollte, ob und in welchem Maße äußere Arbeitsbedingungen, wie die Verbesserung der Lichtverhältnisse, der Arbeitsplatzgestaltung, mehr Ruhepausen etc. die individuelle Produktivität der Arbeiter erhöhen konnte. Doch neben den positiven Effekten durch eine Veränderung der Arbeitsbedingungen stellte sich vor allem heraus, dass die den Arbeitern im Zuge des Experiments geschenkte erhöhte Aufmerksamkeit, diese weitaus mehr zu einer verbesserten Arbeitsleistung - *Hawthorne-Effekt* - motivierte.[97]

Damit rückte das Potential bzw. die Bedeutung zwischenmenschlicher Beziehungen für die Arbeitszufriedenheit und die Motivation in den Fokus auch der Organisationstheorie. Ein Aspekt, der in Webers Ansätzen über die Zusammenarbeit in hierarchisch strukturierten Organisationen weitgehend unreflektiert war. Anders als bei Weber zielt die Human-Relations-Bewegung jedoch nicht auf die Erforschung einer herrschaftstragenden Verwaltungsstruktur, sondern auf die Verbesserung der Wirtschaftsleistung in den industriellen Produktionsbetrieben. Dabei wurde, so die Organisationswissenschaftler Ewald Scherm und Gotthard Pietsch, die Entwicklung von einem im Sinne Webers aufgabenbezogenen hin zu einem personenbezogenen Führungsstil entwickelt, der nicht

97 Näher Beschreibungen der von Fritz J. Roethlisberger, Wiliiam J. Dickson und Elton MAYO durchgeführten Hawthorne-Untersuchungsreihe vgl. Preisendörfer (2008), S. 118, vgl. Scherm / Pietsch (2007), S. 20, vgl. Endruweit (2004), S. 64, Abels (2004), S. 210.

nur durch Befehl und Gehorsam, sondern auch durch soziale Unterstützung geprägt war.[98]

Die Human-Relations-Bewegung geht über die Principal-Agent-Theorie hinaus. Die Agency-Theorie befasst sich in erster Linie mit Hierarchiekonflikten und Kooperationsbrüchen zwischen Arbeitgeber und Arbeiternehmer und legt dabei rational-opportunistisch basierte Verhaltensmuster sowohl beim Prinzipal als auch beim Agenten zugrunde, die im Falle einer Interessendivergenz zwischen diesen Akteuren durch geeignete, meist monetär ausgerichtete Anreizsysteme zu harmonisieren sind. Die Human-Relations-Bewegung hingegen ergänzt diese materiellen Anreizsysteme und fokussiert vor allem auf die sozialen Bedürfnisse der Mitarbeiter. Positive zwischenmenschliche Beziehungen werden als wesentlichster Motivationsfaktor zur Hebung von Arbeitsmoral, Leistung, Verantwortungsbewusstsein und Kooperationsbereitschaft betrachtet. Nicht mehr die formalisierten Regelwerke Webers Bürokratieansatzes bilden die maßgebliche Grundlage für das Funktionieren einer Organisation, sondern insbesondere vom Management beeinflussbare, zwischenmenschliche Verhaltensmuster.

Während der klassische Ansatz Max Webers seine Aufmerksamkeit auf die formal festgelegten bzw. formellen Strukturen in Organisationen ausrichtete, fokussiert der Human-Relations-Ansatz, ähnlich wie die Agency-Ansätze, die Untersuchungsperspektive auf das Verhalten in Organisationen.[99] Dabei stießen die Versuchsleiter des Hawthorne-Projektes am Ende ihrer Untersuchungsreihe eher zufällig auf das Phänomen der *informellen Strukturen* innerhalb der Arbeiterschaft.[100]

Durch ihre Gespräche mit den Arbeitern entdeckten sie, dass sich innerhalb der Belegschaft deutliche Statushierarchien herausgebildet hatten, die mit den formalen und offiziellen Führungsstrukturen (Meister, Vorarbeiter, Abteilungsleiter) nicht übereinstimmten. Einzelne Ansprechpartner und Meinungsmacher standen diesen Hierarchien bzw. diesen informellen Gruppen vor.[101] Auch konnten die Wissenschaftler rekonstruieren, dass einzelne, zum Teil von diesen informellen Meinungsmachern dominierte Arbeitsgruppen eigene Standards (Arbeitstempo, Stückzahl) und Regeln (Gruppennormen) für ihren Teil des Produktionsprozesses entwickelt hatten, die nicht mit den formellen Vorgaben übereinstimmten. Darüberhinaus erkannte man, dass in den Identifikati-

98 Vgl. Scherm / Pietsch (2007), S. 21.

99 Vgl. ebd. S. 21.

100 Vgl. Abels (2004), S. 210.

101 Vgl. ebd. S. 210f.

onsmustern der einzelnen Arbeitsgruppen oft ein erhebliches Motiv dafür verankert war, die individuelle Arbeitsleistung zugunsten eines verbesserten Prestiges der eigenen Gruppe - oft in Konkurrenz zu anderen Gruppen - zu steigern, ohne dafür in irgendeiner Form eine materielle Gegenleistung, zum Beispiel in Form von Prämien, zu erwarten und ohne hierzu einer formalen Aufforderung durch Vorgesetzte nachzukommen. Derartige Identifikationsmuster bzw. Gruppenzugehörigkeitsgefühle basieren dabei nicht ausschließlich auf identischen Tätigkeitsprofilen innerhalb eines Organisationsprozesses. Denkbar sind auch Identifikationsmuster, die aufgrund ideeller oder auch politischer Einstellungen der Angestellten entstehen, d.h. die Zugehörigkeit zu einem politischen Lager kann zum Beispiel ebenfalls Identifikationsmuster schaffen, aus denen sich informelle Netzwerke zwischen den Angehörigen einer Organisation formieren können.

Aufgrund der sich allmählich herausbildenden Gruppenzugehörigkeit zwischen den Arbeitern hatten sich nachweisbar informelle, horizontale Kommunikations- und Kooperationsmuster entwickelt, die dazu führten, dass produktionstechnische Entscheidungen von den höheren Hierarchieebenen in die unterste verlagert wurden.[102] Auch fand man heraus, dass im Rahmen dieser informellen Arbeitsstrukturen oft von den einzelnen Arbeitsgruppen selbständig - und an den formalen Vorgaben vorbei - entschieden wurde, wie schnell gearbeitet wurde bzw. welche Stückzahlen innerhalb einer bestimmten Zeit maximal produziert werden sollten. Die Arbeitsgruppen bedienten sich dieser informell vereinbarten Stückzahlbegrenzung, um keine Steigerungsspiralen zu entfachen, die erfahrungsgemäß dann entstanden, wenn die Unternehmensleitung durch zwischenzeitliche Stückzahlerhöhungen den Beweis erhielt, dass Steigerungen möglich sind.

Aus organisationstheoretischer Sicht knüpft sich an diese Beobachtungen die Frage an, ob und inwieweit die Herausbildung informeller Strukturen die formal festgelegten Organisationsabläufe und -ziele stützen oder konterkarieren können.

Der Betriebswirtschaftswissenschaftler Helmut Brede, der den Begriff *´Dienst nach Augenmaß´* auf diese informelle Entscheidungsfindung der Weisungsempfänger anwendet und diesen gegen Webers *´Dienst nach Vorschrift´* stellt, resümiert, dass informell kommunizierte Entscheidungsergebnisse sowohl förderlich als auch kontraproduktiv für das Unternehmensziel sein können.[103]

102 Vgl. Abels (2004), S. 210f.

103 Vgl. Brede (2004), S. 100f.

Günstigstenfalls können informell getroffene Arbeitsentscheidungen durchaus die vorgegebenen Organisationsziele im positiven Sinne noch übertreffen helfen, wenn sich hierfür beispielsweise

- ausreichende Motive durch einen etwaigen Gruppenzwang oder durch einen gruppendynamischen Prozess ergeben (Konkurrenz der Gruppen),
- wenn die Organisationsziele mit den individuellen Idealen, Wertvorstellungen (Leistungsprinzip, calvinistische Lebensmotive) übereinstimmen oder
- wenn sich Mitarbeiter mit der Unternehmensleitung identifizieren und somit das Phänomen der oben bereits erwähnten *Leadership* zum Tragen kommt.

Doch da im Falle positiv wirkender informeller Handlungen kaum Veranlassung für die Erarbeitung eines Interaktionsplans zur Verbesserung der Arbeitseffizienz besteht, wird der Erforschung der positiven Potentiale informeller Handlungsmechanismen zwangsläufig wenig Beachtung innerhalb der Organisationssoziologie beigemessen. Diese konzentriert sich somit vorrangig auf die negativen Potentiale informeller Arbeitsstrukturen.

In diesem Zusammenhang betont auch Preisendörfer, dass ´informelle Arbeitsstrukturen´ häufig gegen die formellen Vorgaben arbeiten. Dies sieht Preisendörfer insbesondere dann gegeben wenn die Verhaltenszumutungen als überzogen, ungerecht oder fachlich unsinnig bewertet werden.[104] Auch Brede sieht ein klares Hauptmotiv für kontraproduktives Arbeitsverhalten vor allem dann gegeben, wenn Mitarbeiter mit innerorganisatorischen Veränderungen konfrontiert werden. Betriebliche Änderungen stoßen ihm zufolge häufig auf Widerstand bei den Mitarbeitern, da diese, nach Auffassung Bredes, in der Regel das Gewohnte bewahren wollen.[105]

Damit knüpfen Brede wie Preisendörfer an den auch in der Agency-Theorie diskutierten Aspekt an, wonach die Kooperationsbereitschaft eines Angestellten (Agenten) dann nicht weiter gewährleistet ist, wenn ´von oben´ eingeforderte Zielvorgaben aus Sicht des Agenten, entweder nicht den Organisationszielen, oder nicht den persönlichen wie auch nicht den allgemeinen ethischen oder auch den rational-vernünftigen Vorstellungen entsprechen (Dienst nach Augenmaß bzw. eigenem Er-

---

104 Vgl. Preisendörfer (2008), S. 120.

105 Vgl. Brede (2004), S. 99.

messen). In diesen Fällen entzieht sich der Agent mit Hilfe informeller Strukturen den Weisungen seines Vorgesetzten.

Zu diesen Weisungen zählen schließlich auch Reformanweisungen, die auf eine Verbesserung der Produktqualität abzielen, wie ebenfalls bereits im Zusammenhang mit der Agency-Problematik erörtert wurde.

Für Preisendörfer besteht das eigentliche Verdienst der Human-Relations-Theorie darin, auf mögliche und wahrscheinliche Diskrepanzen zwischen der formalen und informellen Struktur von Organisationen aufmerksam gemacht zu haben. Mit seinem Hinweis darauf, dass die formellen Vorgaben und Regelungen, wie sie in einer Organisation bestehen, eben nicht mit den tatsächlichen Abläufen und Strukturen zu verwechseln und gleichzusetzen sind, da sie nur eine von vielen Determinanten des tatsächlichen Organisationsgeschehens darstellen[106], unterlegt Preisendörfer zugleich den auch von Saam angesprochenen und insbesondere im Rahmen der vorliegenden Studie herauszuarbeitenden Untersuchungsansatz, wonach diese informellen Nischen, denen mit einer formalisierten Vertragsbindung zwischen Prinzipalen und Agenten, wie sie beispielsweise auch die Statuten der Weltbank für das hierarchische System der Weltbank zugrunde legen, nicht beizukommen ist. Welchen Anteil etwaige informelle Arbeitsstrukturen an der Entstehung und Aufrechterhaltung innerorganisatorischer Reformbarrieren innerhalb der Weltbank haben, wird insbesondere im Schlusskapitel dieser Studie zu diskutieren sein.

106 Vgl. Preisendörfer (2008), S. 120.

2 Gründungsgeschichte der Bretton-Woods-Institutionen: Eine historische Annäherung an den Untersuchungsgegenstand

Wie in Kapitel 1.1. bereits erwähnt, wird die Entstehungsgeschichte des IWF und der Weltbank meist im direkten Zusammenhang mit der großen Weltwirtschaftskrise Anfang der dreißiger Jahre, während der 30er Jahre und dann des Zweiten Weltkrieges gesehen. Die Gründung der beiden Bretton-Woods-Institutionen wird insgesamt als Reaktion auf diese vorangegangenen Krisen- und Kriegsereignisse bewertet.[107] Die vielfältigen Korrelationen zwischen den diversen krisenauslösenden Momenten in den industriell geprägten Volkswirtschaften, die auf europäischer Seite vor allem auf die weitreichenden Folgewirkungen der Kriegsfinanzierung und -reparationen aus dem Ersten Weltkrieg und die weltweiten ökonomischen Fehlreaktionen in Folge des Börsenkrachs von 1929 seitens aller betroffenen Regierungen zurückzuführen sind, wurden in der wirtschafts- wie auch politikwissenschaftlichen Literatur umfassend , wenn auch in Teilbereichen unterschiedlich, interpretiert. Wenngleich die unterschiedlichen Interpretationsansätze bislang keine übereinstimmende Krisenanalyse zuließen, so sicherte der bis heute andauernde wissenschaftliche Diskurs um die Ursachen der Großen Depression der dreißiger Jahre einen umfangreichen Materialfundus, dessen Teilergebnisse im Rahmen dieser Forschungsarbeit einbezogen werden.

Allgemein wird in der Fachliteratur der Eindruck vermittelt, die Entwicklung der Bretton-Woods-Konzeption sei eine unmittelbare Reaktion auf den Zusammenbruch des Weltwährungs- und Bankensystems als primärem Krisenauslöser gewesen, der im amerikanischen Börsenkrach 1929 seinen Anfang nahm und sich von dort zu einer globalen Katastrophe ausweitete. Die Schaffung eines international institutionalisierten Währungshüters, wie sie der Konzeption des IWF später zugrunde lag, wird hiernach als einzig logische Konsequenz dieser vor allem währungspolitischen Fehlentwicklungen interpretiert und somit als Hauptintention der Bretton-Woods-Idee bewertet. So besteht ein weitgehender Konsens darüber, dass die Begründung eines soliden internationalen Währungs- und Investitionssystems, zu dessen Voraussetzungen insbesondere die Garantieübernahme für private Investitionen im Ausland zählte, eine entscheidende Rolle für die Schaffung der Bretton-Woods-Organisationen spielte, von denen dem IWF zunächst eine stärkere Ge-

107 Vgl. Tetzlaff (1996), S. 41, vgl. Altvater (2003), S. 1.

wichtung als der im Mittelpunkt dieser Studie stehenden Weltbank zukommen sollte.

Nach Auffassung des Wirtschaftswissenschaftlers Gerd Hardach war die Weltwirtschaftskrise das Resultat eines vielgestaltigen Ursachenkomplexes und weder ursächlich noch primär auf den Währungszusammenbruch zurückzuführen, der jedoch nicht, so betont Hardach, von einem zentralen Punkt, der amerikanischen Börse, ausging, sondern in einem interaktiven Zusammentreffen nationaler Krisenmomente und -entwicklungen begann, deren Ursachen auf globaler Ebene nicht identisch waren.[108]

Die Pluralität dieser nationalen Krisenursachen, -erfahrungen und -folgewirkungen sollte während der Bretton-Woods-Vorbereitungen schließlich die unterschiedliche Interessenslagen der einzelnen teilnehmenden Nationen, insbesondere der Hauptinitiatoren Großbritannien und der USA begründen, deren wirtschaftspolitische Ausgangspositionen, und die daraus resultierenden Motive und Divergenzen in den Kapiteln 2.1.1. bis 2.1.1.3. skizziert werden. Auf der Grundlage dieser Skizzierungen werden die unterschiedlichen wirtschaftspolitischen Beweggründe und Ziele, die an die Idee eines internationalen Währungs- und Handelsregime in Form des IWF und der Weltbank geknüpft wurden, herauszuarbeiten sein.

Mit der Entstehung dieses Regimes eng verknüpft ist die in Kapitel 2.1.2. zu beleuchtende Frage der hegemonialen Vormachtstellung bzw. -sicherung der USA gegenüber den anderen Teilnehmerstaaten in den Bretton-Woods-Statuten.

Zu diesen anderen teilnehmenden Staaten zählten neben den führenden Industrienationen auch die weniger wirtschaftlich entwickelten, teilweise noch in kolonialer Abhängigkeit befindlichen Länder des Commonwealth, Asiens, Afrikas und Lateinamerikas, deren wirtschaftspolitische Ausgangssituationen und Erwartungen sich naturgemäß von denen der Industrienationen unterschieden. Welche Erwartungen, Forderungen und Befürchtungen die später so genannten „Entwicklungsländer“ bzw. „Dritte-Welt-Staaten“ in den Verhandlungen artikulierten und welchen Stellenwert die entwicklungspolitische Ausrichtung der Weltbank im Spielfeld der hauptsächlich durch die Industrienationen dominierten Verhandlungen einnahm, wird in Kapitel 2.1.3 umrissen.

Der regimepolitische Aspekt bzw. die Bedeutung der hegemonialen Vormachtstellung der USA und die zunehmende entwicklungspolitische Inanspruchnahme der Bretton-Woods-Organisationen prägten in maß-

108 Vgl. Feldbauer in: Feldbauer/ Hardach/ Melinz (1999), S. 11.

geblicher Weise die Weltbankchronik und stehen im Mittelpunkt der aktuellen Debatte um etwaige Reformperspektiven und das internationale Machtpotential der Weltbank. Diese Aspekte werden daher insgesamt als unverzichtbare Bestandteile dieser Forschungsarbeit bereits bei der Analyse der Gründungsgeschichte besonders aufzugreifen und zu berücksichtigen sein.

Wie einleitend begründet, wird in dieser Studie ein weiterer Aspekt der Bretton-Woods-Geschichte besondere Beachtung finden: Mit der Intention, die fast ausschließlich ökonomisch und US-zentristisch fundierte Diskussion zu die Reformperspektiven der Weltbank um einen bislang weitgehend vernachlässigten Forschungsansatz zu erweitern, fokussieren die Kapitel 2.4 und 2.4.1 in besonderem Maße die Entwicklung der Organisations- und Personalstrukturen und damit die internen Machtstrukturen der Weltbank.

Die bei Edward S. Mason und Robert E. Asher beschriebenen Kompetenz- und Loyalitätskonflikte in der Anfangsphase der Weltbankgeschichte dokumentieren in diesem Zusammenhang eine innerorganisatorische Machtverschiebung, die retrospektiv Rückschlüsse darüber zulassen könnte, ob und inwieweit die Weltbankführung damals grundlegende Kompetenzstreitigkeiten zugunsten der eigenen institutionellen Machtausdehnung gegenüber den Teilnehmerstaaten austragen und sich von etwaigen nationalen Loyalitätsverpflichtungen gegenüber den Teilnehmerstaaten befreien konnte und somit sukzessiv einen Prozess der Verselbständigung beschritt, wie ihn Martin Koch im Hinblick auf internationale Organisationen annimmt.[109]

Die Dokumentation einer derartigen Machtverschiebung zugunsten der Organisationsspitze kann schließlich auch die hier favorisierte Arbeitshypothese untermauern helfen, wonach das allgemein konstatierte Reformversagen der Weltbank in erheblichem Maße auf innerorganisatorische Entwicklungen und Strukturen zurückzuführen sein könnte. Eine These, die bislang von nur wenigen Weltbankkritikern formuliert bzw. diskutiert wird. Doch meines Erachtens stellen die innerorganisatorischen Rahmenbedingungen eine viel größere Barriere für elementare Reformumsetzungen in beiden Bretton-Woods-Organisationen dar, als dies allgemein von Weltbankkritikern oft wahrgenommen bzw. thematisiert wird.

Die Gründungsgeschichte der Bretton-Woods-Organisationen gezielt auf die oben genannten Aspekte hin zu untersuchen, ermöglicht eine umfas-

---

109 Siehe Kapitel 1.2.

sende Ausgangs- und Bewertungsgrundlage für die abschließende Beurteilung der Reformperspektiven der Weltbank.

Eine der wichtigsten Quellen sowohl für die ersten Kapitel wie auch die späteren Forschungsabschnitte ist die von Edward S. Mason und Robert E. Asher 1973 publizierte offizielle Darstellung der Geschichte der Weltbank seit Bretton-Woods. Zwar wurde diese Dokumentation von der Weltbank selber in Auftrag gegeben, was zunächst die Objektivität der Autoren einzuschränken scheint. Dennoch ist diese Studie eine unverzichtbare und allgemein anerkannte, klassische Quelle und verschafft als wohl einzige Monographie über diesen langen Zeitraum der Weltbankarbeit so detaillierte Einblicke auch in interne Abläufe und Kompetenzstreitigkeiten dieser Bretton-Woods-Organisation.[110] Darüber hinaus ist die 1996 von Jochen Kraske veröffentlichte, ebenfalls von der Weltbank in Auftrag gegebene, biographische Zusammenfassung der einzelnen Präsidentschaften bis einschließlich Barber B. Conable eine wesentliche Vergleichsgrundlage für das gesamte Forschungsprojekt[111], allerdings mit der Einschränkung, dass auch Kraske den Ausführungen von Mason und Asher folgt und im Wesentlichen keine Gegenpositionen bezieht. Ebenfalls stellt die 1951 von R.F. Harrod publizierte Biographie über John Maynard Keynes eine wichtige Informationsquelle dar, mit deren Hilfe insbesondere gängige Thesen hinsichtlich der Divergenzen und Interessenskonflikte zwischen den Bretton-Woods Delegierten und zu den Bretton-Woods-Verhandlungen überprüft werden können.[112]

2.1 Die Entstehung eines internationalen Währungs- und Handelsregimes im wirtschaftshistorischen Kontext der beiden Weltkriege und der Weltwirtschaftskrise

In der allgemeinen Erinnerung manifestierte sich die Weltwirtschaftskrise der dreißiger Jahre als globale volkswirtschaftliche Abwärtsspirale, an deren Ende Massenarbeitslosigkeit, soziale Verelendung und eine international übergreifende, wirtschaftspolitische Orientierungslosigkeit standen. Die Schwächen des liberalen Wirtschaftssystems, die sich in der Krise dokumentierten, versuchte insbesondere der britische Ökonom John Maynard Keynes[113] nachzuweisen und löste damit einen bis heute

110 Vgl. Mason / Asher (1973).

111 Vgl. Kraske (1996).

112 Harrod (1972).

113 Im Zuge seiner Krisenanalyse zeigte er die Grenzen und Risiken der vorherrschenden liberalen Wirtschaftdoktrin auf, deren politische Handlungsempfeh-

andauernden wirtschaftstheoretischen Diskurs über die Wirkungsmechanismen volkswirtschaftlicher Abläufe und die Entstehung und Behebung krisenauslösender Konjunkturschwankungen aus. Dieser Diskurs erfuhr im Hinblick auf die umstrittenen Ergebnisse der Strukturanpassungsprogramme des IWF und der Weltbank seit Mitte der neunziger Jahre eine Neuauflage.

Während Keynes vor allem aus nationalökonomischer Sicht Erklärungsansätze für das damalige Versagen der freien Marktkräfte in den Mittelpunkt seiner Krisenanalyse stellte, konzentrierte sich die damalige liberalistisch geprägte wirtschaftspolitische Debatte vor allem auf die Feststellung, dass insbesondere die international unkoordinierte, nationalzentristische Wirtschafts- und Währungspolitik beinahe aller maßgeblichen Regierungen die Krise zu einem globalen Flächenbrand hatte eskalieren lassen und dass zunehmende protektionistische Handelsbarrieren die zur Überwindung der wirtschaftlichen Probleme notwendigen Absatzperspektiven eingeschränkt und die Krisen zementiert hätten.

Vor dem Hintergrund dieser Krisenanalyse rückte die Erkenntnis, dass sich im Zuge der Industrialisierung ein komplexes, interdependentes Weltsystem entwickelt hatte, in den Mittelpunkt der politischen Debatten. Auf der Grundlage dieses Erkenntnisprozesses wurde schließlich auf internationaler Ebene der Aufbau wichtiger Weichenstellungen zur Begründung einer neuen Weltwirtschaftsordnung initiiert, deren Rahmenbedingungen 1944 in Bretton-Woods definiert werden sollten. Ein neues, international ratifiziertes und verwaltetes Weltwährungssystem und eine koordinierte, länderübergreifende Wirtschaftspolitik liberalistischer Prägung zu verankern, waren daher die Ausgangsziele der Bretton-Woods-Konferenz, deren Abschlussvereinbarungen letztlich die Kri-

lungen den wirtschaftlichen Zusammenbruch weder hatten verhindern noch erfolgreich hatten bekämpfen können. Krisen waren nach Auffassung von Keynes den liberalen Wirtschaftssystemen inhärent und sollten durch staatliche Intervention mit sogenannten antizyklischen Maßnahmen korrigiert werden. Für die Eskalation der anfänglichen konjunkturellen Schwächen der Industrienationen zu einer ausgewachsenen Weltwirtschaftskrise machte Keynes vor allem die regressive Wirtschaftspolitik der einzelnen Regierungen verantwortlich. Besonders diese Zusammenhänge wurden - wie bereits oben erwähnt - in der Fachliteratur ausführlich rekonstruiert.Mit diesem Angriff auf die liberale Wirtschaftsdoktrin revolutionierte Keynes die nationalökonomischen Wissenschaften nachhaltig, auch wenn er sich mit seinen Auffassungen zunächst in eine Außenseiterposition brachte, was seiner Reputation insgesamt jedoch kaum Abbruch tun konnte. Trotz seiner kritischen Position auch gegenüber Großbritanniens Wirtschaftspolitik sollte er wenig später als Delegierter seines Landes die Verhandlungen in Bretton-Woods vorbereiten und begleiten.

senerscheinungen in ein neues Zeitalter der internationalen Regime transformieren sollten. Die große Depression von 1929 muss somit im Hinblick auf die Begründung einer internationalen Staatengemeinschaft als eines der wichtigsten epochalen Ereignisse des letzten Jahrhunderts bewertet werden, in deren Verlauf anstelle Großbritanniens ein neuer Hegemon - die USA - den weiteren Globalisierungsprozess determinieren sollte.

2.1.1 Ausgangssituationen Großbritanniens und der USA

2.1.1.1 Großbritannien

Das internationale Weltwirtschaftssystem basierte vor dem Ersten Weltkrieg von 1914-1918 auf der kolonialen und handelspolitischen Vormachtstellung Großbritanniens, unter dessen Führung sich der Goldstandard als internationale Währung entwickelt hatte. Der Status des Goldstandards wurde einzig durch Großbritannien abgesichert und war weder vertraglich noch institutionell zwischen den Handelspartnern geregelt, wurde aber in erheblichem Maße durch die Akzeptanz und Kooperation der anderen Nationen mitgetragen.

Mit dem Ersten Weltkrieg setzte in Großbritannien, wie auch im restlichen Europa, ein massiver wirtschaftlicher Abwärtstrend ein, der, im Gegensatz zu den USA, nur kurz von der Prosperitätsphase der zwanziger Jahre abgemildert wurde und der schließlich in der großen Weltwirtschaftskrise ab 1929 endete. Während in den USA während des Krieges ungehindert produziert werden konnte, ging in den europäischen Kriegsregionen die Produktion stark zurück. Bis in die Mitte der „Goldenen Zwanziger" konnte in England, Deutschland und Frankreich nur noch ein Inlandsprodukt ähnlich niedrig dem des Jahres 1913 erzielt werden, während die USA im Verlauf des Krieges ein stetiges Wachstum zu verzeichnen hatten.[114]

Um die enormen Kriegskosten finanzieren zu können, initiierte die britische Regierung die Erhöhung der Geldmenge im Empire und hob die Umtauschgarantie für das System des Goldstandards auf. Damit wurden alle Währungen dem freien Wechselkurs an den Börsen freigegeben. Das Ergebnis waren hohe Wechselkursschwankungen, denen Großbritannien nach einer anfänglich gewünschten Inflationsphase später mit einer rigiden Deflationspolitik entgegensteuern musste, was den Einstieg in die Prosperitätsphase der zwanziger Jahre verzögerte und somit verkürz-

114 Vgl. Sternberg (1961), S. 24f.

te.[115] So profitierte Großbritannien nur in geringem Maße vom wirtschaftlichen Konsolidierungspotential der „Goldenen Zwanziger" und verlor in Folge dessen zunehmend seine Vormachtstellung auf dem Weltmarkt an die USA.

Mit dem Verlust seiner einstigen imperialen Vormachtstellung, die Großbritannien aufgrund der wirtschaftlichen Expansion der USA und Deutschlands, vor allem aber infolge des kapitalaufzehrenden Zusammenstoßes der imperialistischen Staaten im Ersten Weltkrieg eingebüßt hatte, vertieften sich auch die ökonomischen Schwierigkeiten Großbritanniens. Die Massenarbeitslosigkeit, die vor der Weltwirtschaftskrise zwischen einer und zwei Millionen in Großbritannien schwankte, spiegelte die ökonomischen Probleme, die bereits zwei Jahre nach Kriegsende, 1920, begonnen hatten.

Neben einem Mangel an Rohstoffen und Kapital litt Großbritanniens Volkswirtschaft vor allem an einem drastischen Exportrückgang der wichtigsten englischen Industrieprodukte: Kohle, Stahl, Schiffe, Maschinen und Textilien. Diese Exporteinbußen waren nicht zuletzt darauf zurückzuführen, dass Großbritanniens frühere Abnehmerländer eigene Industrien aufgebaut hatten oder weil in anderen Nationen, beispielsweise Japan, neue Exportindustrien entstanden und in Konkurrenz zur britischen Industrie traten. Vor allem Lateinamerika als einer der wichtigsten Absatzmärkte brach weg und wurde wichtiger US-amerikanischer Handelspartner.

Doch auch mikroökonomisch fundierte Fehlentwicklungen, wie mangelnde Produktionsrentabilität in einigen Industriezweigen durch unzureichende Kapazitätsauslastungen und auch durch die von den Gewerkschaften im Bergbau erkämpften höheren Lohnkosten, verschärften die Konkurrenzsituation für Großbritannien auf dem Weltmarkt. Die daraus resultierenden Verteuerungen der Kohleexporte bescherten Großbritannien neben der kriegsbedingten Finanzmisere, bedenkliche, selbst provozierte Inflationsraten, Exporteinbußen, die wiederum zu erheblichen Absatzschwierigkeiten, Investitions- und Wachstumsrückgängen und in Folge zu steigender Arbeitslosigkeit führten.[116]

Neben diesen nationalen Folgewirkungen irritierten die durch die Aufgabe des Goldstandards ausgelösten Wechselkursschwankungen auf dem Weltmarkt den ohnehin durch die Kriegsereignisse bereits geschwächten internationalen Handel, der in weiten Teilen immer noch auf den kolonialen Strukturen des britischen Empires basierte.

---

115 Vgl. Feldbauer in: Feldbauer / Hardach (1999), S. 11.

116 Vgl. Zeiten und Menschen (1982), S. I/107.

Spätere Versuche Großbritanniens, die entstandenen währungspolitischen Irritationen durch die Einführung eines dem Goldstandard adäquaten neuen Währungssystems zu begegnen, die Gerd Hardach als „regionale Subsysteme"[117] bezeichnet, missglückten bzw. waren nur kurzfristige Alternativen. So fanden beispielsweise das am Pfund Sterling orientierte System von Wechselkursrelationen oder die in der Genua-Konferenz 1922 vorbereitete Wiedereinführung eines neuen, gemischten Goldstandards keine wirklich stabile Vertrauensbasis mehr. Einzig der Wiederherstellungsversuch von 1926, an dem sich 13 europäische und 12 lateinamerikanische Länder beteiligten, versprach vorübergehend den Währungsmarkt zu beruhigen. Doch im Großen und Ganzen blieben die internationalen Währungen Spielball der Börsen, was zu einer Serie weltweiter Banken- und Kurszusammenbrüche führen sollte. Eine der Hauptursachen für die Unzulänglichkeiten des Goldstandards der Zwischenkriegszeit war das unausgeglichene bilaterale Schuldner-Gläubigerverhältnis, das in Folge der Reparationszahlungen bzw. -finanzierungen auf der internationalen Ebene entstanden war. Die europäischen Staaten nahmen dabei hohe Kreditsummen, insbesondere in den Vereinigten Staaten auf, um ihren Reparationsverpflichtungen und anderen Kriegsschulden nachkommen zu können. Auch wenn die Vereinigten Staaten sich dadurch zunehmend mit ökonomisch bedenklichen Ungleichgewichten in ihrer Leistungsbilanz konfrontiert sahen, manifestierte diese wachsende Gläubigerfunktion der USA ihre globale Vormachtstellung.

Das wirtschaftliche und damit das politische Fundament des britischen Empires begannen hingegen parallel zum Aufstieg der USA, in gleichem Maße an diversen Stellen zu bröckeln, was zu einem nicht unerheblichen Teil auf innenpolitisch zu verantwortende Fehlentscheidungen zurückzuführen war.

Die Aufgabe des Goldstandards muss dabei als eklatanter Meilenstein in Richtung politischen Hegemonieverlustes für das britische Empire zugunsten der wirtschaftlich erstarkenden USA bewertet werden. Die Auflösung des internationalen Währungssystems beschleunigte den Zerfall des bestehenden, von Großbritannien dominierten, internationalen politischen Systems[118], das erst durch Bretton-Woods wieder auf ein neues wirtschafts- und entwicklungspolitisches Fundament gestellt werden sollte, wenn auch mit den bekannten Machteinbußen für das britische Empire.

---

117 Hardach in: Feldbauer / Hardach (1999), S. 39.

118 Vgl. Feldbauer in: Feldbauer / Hardach (1999), S. 13.

Zum Zeitpunkt der Bretton-Woods-Konferenz besaß Großbritannien infolge seiner wirtschaftlich desolaten Situation keine günstige Verhandlungsposition gegenüber den USA mehr. Doch die Frage der Machtposition gegenüber den USA spielte in Anbetracht der drängenden Wirtschaftsprobleme nach dem Zweiten Weltkrieg - anders als in vielen Interpretationen der Bretton-Woods-Geschichte oft dargestellt - eher eine untergeordnete Rolle für die britischen Delegierten - ein Aspekt, der weiter unten näher zu untersuchen sein wird. Bretton-Woods und die Annäherung an die Vereinigten Staaten wurden zur Existenzfrage für die britische Regierung.

Der wirtschaftliche Niedergang und damit in letzter Konsequenz der Beginn des Auflösungsprozesses des britischen Empires, hatte lang vor der Entstehung der Idee Bretton-Woods eingesetzt und wurde vor allem durch eine ökonomische Abwärtsspirale im Zuge der ersten Weltwirtschaftskrise ausgelöst. Ehe sich Großbritannien von den Kriegsfolgen hatte wirtschaftlich regenerieren können, weitete sich der amerikanische Börsenkrach vom 25. Oktober 1929 um nur einige Tage zeitversetzt auf Europa und damit auch auf Großbritannien aus. Die britischen Anleger hatten sich von der amerikanischen Hysterie an den Börsen anstecken lassen und ihre Wertpapiere ohne eine analytische Bestandsaufnahme der britischen Börsensituation durchzuführen, panisch abgestoßen und somit die britischen Kurseinbrüche provoziert. Darüber hinaus setzte eine Welle von Kreditaufkündigungen ein, da zahlreiche amerikanische Gläubiger, die ihr gesamtes Vermögen durch den Börsencrash verloren hatten, aufgrund der eigenen Existenzabsicherung gezwungen waren, die im Ausland angelegten Kredite zurückzufordern. Dies betraf nicht nur Großbritannien, sondern alle europäischen Schuldnerländer, die infolge des Ersten Weltkrieges hohe Kredite von amerikanischen Anlegern erhalten hatten und diese nun vorzeitig zurückzahlen mussten.

Der hieraus resultierende drastische Nachfragerückgang ließ schließlich auch die Weltmarktpreise für Rohstoffe teilweise bis um die Hälfte einbrechen, was wiederum den Rohstoff liefernden Ländern der weniger industrialisierten bzw. wirtschaftlich entwickelten Gebiete einen entscheidenden Teil ihrer Lebensgrundlage entzog. Zu diesem Zeitpunkt begannen zwar zwischenstaatliche Beratungen zur Überwindung der nun weltweiten Krise, aber es folgten weder konkrete Abschlussvereinbarungen noch gegenseitige Hilfsabkommen. Im Gegenteil, jede Regierung versuchte, die Krise auf nationalstaatlicher Ebene zu bewältigen, indem sie die eigene Wirtschaft durch Zölle zu schützen suchte, den Import zugunsten der eigenen Produzenten stark drosselte und den Export zu Lasten der ausländischen Produzenten mit allen Mitteln forcierte. Das

Prinzip der *„beggar-my-neighbour-policy"*[119] determinierte weltweit die jeweilige nationale Wirtschaftspolitik. Die hierzu herangezogenen geldpolitischen Maßnahmen, beispielsweise die Abwertung des britischen Pfunds oder des Dollars, verbilligten zwar zunächst - national absatzstärkend - die jeweiligen Exporte, wurden aber vom Abnehmerland sofort mit Gegenmaßnahmen beantwortet und zurückgegeben.[120] Es setzte eine Konkurrenzsituation auf dem Währungsmarkt ein, die wiederum Irritationen im Banken- und Börsengeschehen hervorrief und die Weltwirtschaft an den Rand einer erneuten Abwärtsspirale brachte.

Gerd Hardach konstatiert, dass Frankreich und Großbritannien durch die Krise nicht ganz so schwer in Mitleidenschaft gezogen wurden wie beispielsweise Deutschland. Hardach führt an, dass in Großbritannien der Produktionsrückgang weniger ausgeprägt war und das reale Bruttosozialprodukt je Einwohner 1932 nur geringfügig auf 94 Prozent zurückgegangen sei, während die Arbeitslosenquote auf 15 Prozent anstieg.[121] Allerdings muss bei dieser Bewertung darauf hingewiesen werden, dass das niedrigere wirtschaftliche Ausgangsniveau Großbritanniens aufgrund der verzögerten und daher unzureichenden Stabilisierungsphase während der zwanziger Jahre auch keine vergleichbaren hohen Absturzraten bei den gesamtwirtschaftlichen Produktionsdaten mehr zuließ. Großbritannien schritt schon seit dem Ersten Weltkrieg, unabhängig von den neuen Entwicklungen, dem wirtschaftlichen Niedergang entgegen.

Aufgrund der unzureichenden Kreditvolumina konnten die europäischen Staaten, geschweige die weniger entwickelten Länder, nicht jene notwendigen Aufbauprogramme initiieren, die ihre Ökonomien wieder in eine solide Ausgangsposition gebracht hätten. Staatliche Wirtschaftsprogramme waren zwar vor der Krise unter der Dominanz liberalistischer Doktrin verpönt, doch gerade die Erfahrung, dass ein derart weltumspannendes wirtschaftliches Desaster infolge eines simplen Marktversagens entstanden war, hatte den liberalistischen Wirtschaftsansatz in eine erhebliche Defensive gebracht und die ehedem geächteten Interventionen des Staates hoffähig gemacht. Die wachsenden Zweifel an der liberalistischen Doktrin mögen auch ein Grund für die Sendung des britischen Delegierten John Maynard Keynes zur Konferenz nach Bretton Woods gewesen sein, der im Rahmen seiner Kritik an der liberalen Wirtschaftsauffassung die staatliche Intervention zum Zwecke einer aktiven Konjunkturpolitik für sein Land dringend empfohlen hatte.

119 Vgl. Tetzlaff (1980), S. 147.

120 Vgl. Zeiten und Menschen (1982), S. 40f.

121 Vgl. Feldbauer / Hardach (1999), S. 38.

Doch selbst wenn die Bereitschaft zu einem staatlichen Konjunkturprogramm bestanden hätte, fehlten den europäischen Staaten für eine derartige aktive Wirtschaftspolitik zunächst die Mittel. Einzig für Deutschland änderte sich mit der nationalsozialistischen Machtergreifung 1933 diese Situation. Während Großbritannien handlungs- und zahlungsunfähig in der Depression verharrte, wurden unter dem faschistischen Regime in Deutschland auf der Grundlage von Staatsanleihen Rüstungs- und Infrastrukturprogramme initiiert, die den Zweck einer staatlichen Konjunkturpolitik erfolgreich zu erfüllen schienen und zu einem raschen Anstieg von Produktion und Beschäftigung führten. Die noch unter Reichskanzler Brüning erreichten Einstellungen weiterer Reparationszahlungen hatten der Regierung Hitler insbesondere aus propagandistischer Sicht wertvolle finanzielle Freiräume geschaffen, die zunächst ein scheinbar positives Signal in einer Zeit wirtschaftlicher Depression auslösten. Im Gegensatz zu den europäischen Nachbarstaaten regte sich im nationalsozialistischen Deutschland eine Aufbruchstimmung, die in erheblichem Maße zu einem wirtschaftlichen Aufschwung beitrug. Nicht zuletzt in Anbetracht der imperialistischen Bestrebungen Deutschlands wurde der Machtverlust Großbritanniens offensichtlich, da es den europäischen Emporkömmling in seinem expansionistischen Streben ungehindert gewähren ließ und sich in einer verhaltend abwartenden *„Appeasement-Politik"* übte.

Bereits nach sieben Jahren, in denen Großbritannien seine wirtschaftliche Situation kaum hatte verbessern können, brach, ausgehend von einem wirtschaftlich erstarkten Deutschland, der Zweite Weltkrieg aus.

Noch während der Kriegsereignisse war klar, dass Großbritannien bereits mit der Finanzierung dieses Krieges überfordert war, geschweige denn noch ausreichende Kapitalreserven für den anstehenden Wiederaufbau des Landes nach der Beendigung des Krieges zur Verfügung haben würde. Aus alleiniger Kraft würde das einstige Empire die anstehenden wirtschaftlichen Probleme nicht mehr meistern können. Großbritannien brauchte ausländische Investoren, die das notwendige Kapital bereitstellten. Doch dazu bedurfte es hinreichender und verlässlicher Garantien, die Großbritannien zum damaligen Zeitpunkt nicht mehr ausstellen konnte. Die Idee einer internationalen Bürgschaft für Wiederaufbaukredite, wie sie in den Bretton-Woods-Beratungen konzipiert wurde, musste bei der britischen Regierung auf äußerst fruchtbarem Boden fallen.

2.1.1.2 Die USA

Anders als in Großbritannien, das aufgrund der Folgen des Ersten Weltkrieges enorme wirtschaftliche Einbußen erlitten hatte, standen die zwanziger Jahre für die US-amerikanische Industrie unter dem Vorzeichen technologisch bedingter Prosperität. Das Wachstum schien unendlich, so dass der republikanische Präsidentschaftskandidat Herbert Hoover sich in einer Wahlkampfrede im Sommer 1928 zu der Feststellung hinreißen ließ, die Vereinigten Staaten seien dem Ziel der endgültigen Überwindung der Armut näher als je zuvor.[122]

Die explosionsartige Zunahme der Industrieproduktion, allen voran der Automobilherstellung, war der auslösende Faktor für die wirtschaftliche Prosperitätsphase in den USA, in denen bereits vor dem Ersten Weltkrieg pro Kopf mehr produziert wurde als in den damals führenden europäischen Industriemächten.[123] Zwischen 1919 und 1929 verdoppelte sich die Industrieproduktion der USA. Rationalisierte Fertigungsmethoden und Massenproduktion kennzeichneten die neuen Produktionsstrukturen.[124] Infolge der rasant steigenden Motorisierung der amerikanischen Bevölkerung (1929 besaß schon jeder fünfte Amerikaner ein Auto[125]) begann ein rascher Ausbau der Straßennetze, was die Auslagerung neuer Wohngebiete aus den Städten ermöglichte und weitere Wachstumsbranchen, wie beispielsweise die Baubranche, expandieren ließ. Die allgemeine Aufbruchstimmung spiegelte sich rasch am Börsenmarkt wider. Die Faszination des schnellen Gewinns zog allerdings hohe Firmengewinne aus dem investiven Wirtschaftsgeschehen heraus, zugunsten einer unproduktiven Kapitalbildung, die sich in der nachfolgenden Krisensituation verschärfend auswirken sollte. Die Spekulation mit Aktien wurde als vollkommen risikolos eingestuft und propagiert. Die Kurse orientierten sich in keiner Weise mehr an den Fundamentaldaten der Unternehmen. Die von ökonomischem Wunschdenken getragene Zuversicht in unbegrenzte Kurssteigerungen schien für längere Zeit dem Phänomen einer sich selbst erfüllenden Prophezeiung im positiven Sinne zu entsprechen, was dazu führte, dass sich die Spekulationsblase kontinuierlich aufblähte. Als wenig problematisch erwies sich der kreditfinanzierte Ankauf von Aktien. Reale Sicherheiten wurden für eine Kreditbewilligung nicht vorausgesetzt. Allein die Aussicht auf die künftigen

---

122 Vgl. Hardach in: Feldbauer / Hardach (1999), S. 36.

123 Vgl. Sternberg (1961), S. 24.

124 Vgl. Zeiten und Menschen (1982), S. 102.

125 Vgl. ebd., S. 102.

Kursgewinne wurde in unverantwortlicher Weise als Sicherheit akzeptiert.

Der Börsenrausch endete abrupt im Oktober 1929. Warum ausgerechnet zu diesem Zeitpunkt, ist bis heute nicht geklärt. Jeder andere Zeitpunkt wäre in gleichem Maße möglich gewesen. Nicht zuletzt in Anbetracht der Erfahrungen aus den Währungskrisen der neunziger Jahre des zwanzigsten Jahrhunderts, spricht aus heutiger Sicht vieles dafür, dass auch irrationale Beweggründe, wenn auch nicht ursächlich, so doch zumindest für den Zeitpunkt und das Ausmaß des Börsenkrachs verantwortlich waren. In diesem Zusammenhang wird unter anderem auf die Veröffentlichungen einiger pessimistischer Prognosen in der damaligen Tagespresse hingewiesen, die einen Stimmungsumschwung heraufbeschworen und die Abwärtsspirale in Gang gebracht hätten.[126] Ursächlich für die staatliche Toleranz gegenüber der extremem Überbewertung der Industrieaktien war unter anderem die liberalistische Wirtschaftdoktrin, die die Gefahr einer dem freien Marktsystem inhärenten Krisenentwicklung durch Überproduktion nicht sehen wollte. So wurde viel zu spät realisiert, dass, aufgrund der sehr ungleichen Einkommensstrukturen in den Vereinigten Staaten, ein großer Teil der Bevölkerung nicht an der Prosperität der Wirtschaft partizipieren konnte und das auf Massenproduktion ausgerichtete Wirtschaftswachstum schneller als erwartet an erhebliche Absatzgrenzen stieß. Zwar hätte eine rechtzeitige Einsicht in diese Entwicklung einen konjunkturellen Einbruch kaum verhindern können, aber ggfs. hätten die Aktienkurse ein realistisches Niveau beibehalten, wenn man bereits früher den unrealistischen Gewinnerwartungen entgegengetreten wäre und auf die konkreten Risiken und Fehleinschätzungen der Börsianer aufmerksam gemacht hätte.

Nach dem Börsenzusammenbruch fiel der Dow Jones Index innerhalb weniger Wochen von 452 Punkten im September 1929 auf 224 Punkte im November. Mehrere Stützungsversuche einiger Banken konnten die plötzlichen Panikverkäufe nicht mehr abfangen. Erst drei Jahre später hatte der Dow Jones Index seinen Tiefststand mit knapp 50 Punkten erreicht. Bis dahin war ein stetiges Absinken der Kurse zu verzeichnen.[127]

Milliarden von Dollar wurden durch den Zusammenbruch der Börse 1929 vernichtet. Im Bestreben, wieder eine hinlängliche Liquidität zu erlangen, kam es zur massenhaften Aufkündigung weltweiter Kredite, die vor allem an Europa vergeben worden waren.

---

126 Roger Babson Rede, 5. September 1929, „Babson-Crash".

127 Vgl. Zeiten und Menschen (1982), S. 103.

Da auch zahlreiche Unternehmensgewinne im Zuge des Aktienfiebers nicht reinvestiert, sondern verspekuliert worden waren, sanken auch die Industrieproduktion bis 1932 um 46% und das Sozialprodukt um 56,5%.[128] Gleichzeitig zogen die massenhafte Geldvernichtung und darüber hinaus die enorme Kreditverschuldung zum Ankauf der Aktien einen Nachfrageeinbruch nach sich, der die Absatzperspektiven der ohnehin wirtschaftlich bedrohten Unternehmen drastisch verminderte. Zwar brachen die Weltmarktpreise für Rohstoffe zusammen, doch da gleichzeitig aufgrund der weltweiten Kreditaufkündigungen die Nachfrage stark nachließ und die Industrieproduktion um die Hälfte gesunken war, kam der entstandene Preisvorteil für Rohstoffimporte für die Industrienationen volkswirtschaftlich nicht zum Tragen.

Die Weltwirtschaftskrise erreichte in den Vereinigten Staaten 1933 ihren Tiefpunkt. Die Arbeitslosenquote betrug mit 13 Millionen Erwerbslosen rund 25 % der arbeitsfähigen Bevölkerung. Unter Präsident Franklin Delano Roosevelt begann das unter dem Namen „New Deal" bekannte wirtschaftliche Stabilisierungsprogramm. Im Rahmen des „New Deal-Konzepts", das die Abkehr von der starren liberalistischen Doktrin dokumentierte und daher mehr als ein wirtschaftliches Wiederaufbauprogramm war, wurden, gestützt auf die Lehre von John Maynard Keynes, zur Bekämpfung der Arbeitslosigkeit große Staatsaufträge für Staudämme und Wasserkraftwerke vergeben, die der Industrie und Landwirtschaft zum Aufschwung verhalfen. Es kann dabei kaum ein Zufall sein, dass eben diese Bauprogramme Vorgabe zu den vornehmlich bevorzugten Förderungsobjekten der späteren Entwicklungsstrategien der Weltbank wurden. In der 1935 beginnenden zweiten Phase des „New Deals" verlagerte sich das Schwergewicht der Anstrengungen Roosevelts von der Wirtschaft- auf die Sozial- und Gesellschaftspolitik.[129] Nie zuvor hatte eine Regierung so massiv in die Ökonomie ihres Landes interveniert.

Doch erst unter dem Einfluss der Rüstungskonjunktur im Verlauf des Zweiten Weltkrieges endete die zwölfjährige Depression in den Vereinigten Staaten.[130] Anders als im kriegszerstörten Europa, standen in den Vereinigten Staaten sämtliche Produktionsanlagen und Infrastrukturen bereit. Doch fehlten weiterhin umfassende Aufträge für die Wirtschaft. Aus privater Hand konnten diese infolge der Kapitalvernichtung während des Börsenkrachs nicht in ausreichendem Maße finanziert bzw. erteilt werden. Dieser Nachfrageausfall konnte durch die staatlichen Rüs-

128 Vgl. Zeiten und Menschen (1982), S. 103.

129 Vgl. ebd., S. 104f.

130 Vgl. Hardach in: Feldbauer / Hardach (1999), S. 37.

tungsaufträge erfolgreich - wie im Übrigen auch im nationalsozialistischen Deutschland - kompensiert werden.

Zur Erklärung für die lange zwölfjährige Depression in den USA führt Gerd Hardach an, dass die Dauer der Krise zum Teil durch einen industriellen Strukturwandel zu erklären sei, in dem die alten Industrien stagnierten, während die neuen Investitionsgüterindustrien und Konsumgüterindustrien in Folge des im Börsencrash vernichteten Kapitals keine ausreichenden Finanzierungsmöglichkeiten fanden.[131]

Im Gegensatz zu den europäischen Industrienationen, allen voran Großbritannien, konnte der industrielle Strukturwandel in den USA allerdings bis zur Weltwirtschaftskrise infolge der Massenmotorisierung und der bereits seit Mitte des neunzehnten Jahrhunderts expandierenden Massenproduktionen weitaus umfassender vorangetrieben werden. Den technischen Vorsprung und Produktivitätsvorteil (die USA stellten 50 Prozent des weltweiten Bruttosozialproduktes nach dem Zweiten Weltkrieg her[132]), den die USA in den zwanziger Jahren hierdurch erlangten, konnte das britische Empire vor dem Zweiten Weltkrieg nicht mehr einholen. Nach der Überwindung der Weltwirtschaftskrise und der Konsequenzen des Zweiten Weltkrieges konnten die Vereinigten Staaten - anders als Großbritannien - daher auf einem ungleich höheren Produktivitätsniveau schneller und mit geringerem Investitionsaufwand in eine neue Prosperitätsphase einsteigen. Den Wirtschaftsaufschwung der Vereinigten Staaten trugen die noch aus der Zeit vor der großen Depression erstellten modernsten Produktionsanlagen zur Fertigung von Massengütern.

Großbritannien, dessen industrielle Strukturen am Vorabend des Zweiten Weltkrieges immer noch vornehmlich auf der Produktion von Kohle, Stahl, auf Schiffbau und Textilien basierten, hatte infolge seiner wirtschaftlichen Probleme den strukturellen Wandel - hin zu einer binnenorientierten Konsumgüterindustrie - noch nicht einmal begonnen. In Ermangelung sowohl moderner Produktionsanlagen als auch einer binnenmarktgerechten Produktpalette und des notwendigen Kapitals verzeichnete Großbritannien einen weitreichenden, allerdings jedoch weitgehend selbst zu verantwortenden Produktivitätsnachteil gegenüber den Vereinigten Staaten.

Die so entstandene ökonomische Diskrepanz zwischen den führenden Industrienationen spiegelte sich dann im Vorfeld der Bretton-Woods-Verhandlungen in der internationalen Machtposition beider Nationen

131 Vgl. Hardach in: Feldbauer / Hardach (1999), S. 37.

132 Vgl. Brzezinski (1999), S. 42f.

wider. Dieser vor allem ökonomisch fundierte Bedeutungsverlust des britischen Empires bildet im Rahmen der Weltbank-Debatte den zentralen Ansatzpunkt für die in den nachfolgenden Kapiteln näher zu beleuchtende These, die USA hätten Großbritannien im Zuge vermeintlicher, früher hegemonialer Bestrebungen in - und mit Hilfe - Bretton-Woods endlich die Vormachtstellung abringen können.[133]

2.1.1.3 Die außen- und wirtschaftspolitischen Interessen und Divergenzen Großbritanniens und der USA in den Bretton-Woods-Verhandlungen

Neben dem Verlust der einstigen internationalen Vormachtstellung war die britische Ausgangsposition im Vorfeld der Bretton-Woods-Verhandlungen nicht zuletzt von der ökonomischen Abhängigkeit gegenüber den Vereinigten Staaten geprägt, die sich infolge ihrer Kriegs- und Nachkriegsfinanzierung erneut zum wichtigsten Gläubiger der europäischen Nationen entwickelt hatten. Großbritanniens Ressourcen - ganz zu schweigen von seiner einstigen internationalen Vormachtstellung - waren durch den Zweiten Weltkrieg abermals erheblich belastet worden.

Um wirtschaftspolitische Freiräume zur Gestaltung einer zukunftsweisenden Strukturpolitik zurückzugewinnen, musste sich Großbritannien zunächst vor allem von den durch seine Verschuldung entstandenen direkten und indirekten Abhängigkeiten gegenüber der US-Wirtschaft befreien. Grundsätzlich waren sich die Mitglieder des britischen Parlaments darüber einig, dass die erforderliche Loslösung von der US-amerikanischen Wirtschaft nicht auf der Basis einer unilateralen Entscheidung, wie beispielsweise der Einstellung der Rückzahlungsverpflichtungen oder dem Gebrauch der währungspolitisch fatalen Inflationsmaschinerie erfolgen durfte. Denn dies hatten die Krisenereignisse der zwanziger Jahre deutlich gemacht: Eine wirtschaftliche Konsolidierung der eigenen Volkswirtschaft, die nicht mit der Wirtschaftspolitik der anderen Nationen abgestimmt wurde, barg aufgrund der komplexen, interdependenten Wirtschaftsbeziehungen ein hohes Risiko neuer weltweiter wirtschaftlicher und vor allem währungspolitischer Abwärtsspiralen.

Die Erwartungshaltung der britischen Delegation unter Führung von J.M. Keynes zur Vorbereitung der späteren Bretton-Woods- Konferenz war somit v.a. gekennzeichnet durch das Bestreben, einen multilateral vereinbarten Erlass ausstehender Schulden zu erreichen. Hierdurch soll-

---

133 Vgl. Tetzlaff (1980), S. 119 ff.

te erstens das Netz internationaler Schuld- und Abhängigkeitsverflechtungen entwirrt werden und zweitens sollten neue finanzielle Freiräume für den wirtschaftlichen Wiederaufbau des kriegszerstörten Landes gewonnen werden. Anders als auf US-amerikanischer Seite, musste somit die Frage der künftigen Finanzierung des Wiederaufbaus Europas - bzw. Großbritanniens - ein zentrales Anliegen der britischen Regierungsvertreter in den Vorverhandlungen zur Bretton-Woods-Konferenz sein.

Bereits zu Beginn des Zweiten Weltkriegs 1940 wurden die ersten Konzepte für die geplante Konferenz sowohl in Großbritannien durch John Maynard Keynes als auch auf US-amerikanischer Seite von Harry Dexter White, Chefberater für internationale Wirtschaftsfragen, unabhängig voneinander erarbeitet. Erst einige Jahre später, im Sommer 1944, fand auf Einladung der US-Administration unter Präsident Roosevelt unter Einbeziehung 43 weiterer Nationen die Bretton-Woods-Konferenz statt, in deren Vorfeld die unterschiedlichen Pläne von White und Keynes bereits ausgehandelt und zu einem Kompromiss zusammengeführt worden waren, wobei sich vornehmlich die Entwürfe Whites durchgesetzt hatten.

Im Mittelpunkt der Konferenzvorbereitungen stand zunächst die Verarbeitung der negativen Erfahrungen mit einem international unkoordinierten Weltwährungssystem. Das Versagen der Währungssysteme nach Aufgabe des Systems des ersten Goldstandards hatte alle Nationen betroffen. Die Schaffung einer internationalen Finanzverfassung mit stabilen Wechselkursen war das vorrangige Ziel der Verhandlungen, auch für die britische Delegation, während sie gleichzeitig auch die Entwicklung eines Kreditsystems zum Wiederaufbau der kriegszerstörten Länder zu forcieren versuchte.

Der währungspolitische Problemkomplex jedoch reflektierte die allgemeine Interessenslage aller Teilnehmerstaaten und wurde als primärer Krisenfaktor sowohl für die Vergangenheit wie auch für die künftig expandierende Weltwirtschaft begriffen. Die Schaffung einer internationalen Finanzverfassung mit stabilen Wechselkursen war der wichtigste gemeinsame Nenner für alle an der Konferenz teilnehmenden Staaten und war die Hauptintention der Verhandlungspartner, allen voran der Vereinigten Staaten, die in ihrer Funktion als international wichtigster Kreditgeber und weltweit expandierende Handelsnation an der Wiederherstellung eines multilateralen Zahlungssystems mit voller Konvertierbarkeit aller Währungen bei gleichzeitiger Absicherung des Dollarwechselkurses in höchstem Maße interessiert sein mussten. So stand die Gründung des Internationalen Währungsfonds denn auch im absoluten

Mittelpunkt der Konferenz. Gleichwohl zeichnete sich im Hinblick auf eine konkrete Umsetzung des Gründungsgedankens ein deutlicher Dissens zwischen den Plänen des US-Delegierten White und des britischen Ökonomen Keynes mit seinem Konzept einer Internationalen Clearing Union ab, was in zahlreichen Publikationen zur Geschichte des IWF umfassend dokumentiert und analysiert wird. Diese überaus umfassende wissenschaftliche Bearbeitung der Gründungsgeschichte des IWF und der Diskrepanzen zwischen den Plänen von White und Keynes spiegelt letztlich auch die Schwerpunktlegung des Verhandlungsablaufs wider. Eine Einbeziehung und erneute Ausarbeitung dieser IWF-spezifischen Gründungsmodalitäten ist jedoch nicht Bestandteil dieser Forschungsarbeit, da sich diese Untersuchung auf die Geschichte der Weltbank konzentriert.

Die außenpolitische Erwartungshaltung der einstigen Weltmacht Großbritannien an die Verhandlungen wurde von nationalökonomischen Problemen überlagert. Mögliche Ambitionen, mit Hilfe der anstehenden Gründung international organisierter Institutionen die eingebüßte Machtposition sukzessiv wieder aufzubauen oder gegenüber den Vereinigten Staaten zurückzugewinnen, konnten in Anbetracht der existenziellen Probleme kaum mehr eine politisch zentrale Rolle spielen

Das häufig assoziierte Bild, Bretton-Woods sei eine machtpolitische Arena zwischen dem angeschlagenen Hegemon Großbritannien und dem neuen aufstrebenden Hegemon USA gewesen[134], mag sich aus den in der Fachliteratur dargestellten Auseinandersetzungen um die Pläne von White und Keynes ableiten lassen, dennoch ist dieses Bild fragwürdig. Denn abgesehen davon, dass die Quellenlage[135] ein weitgehend anderes Bild als das einer von internationalem Konkurrenzdenken geprägten Verhandlungssituation dokumentiert, bot die britische Gesamtsituation wenig Anhaltspunkte zur Begründung einer verfestigten zwischenstaatlichen „Konkurrenzsituation" in der Ausarbeitungsphase der Bretton-Woods Statuten –, den *Articles of Agreement*. Was hätte das mittellose Großbritannien in die Waagschale der Verhandlungen werfen können,

---

134 Vgl. Hoering (1999), S. 18, vgl. George und Sabelli (1995), S. 27. Heinz Gollwitzer hält zudem fest, dass innerhalb der „imperialistischen Publizistik" offensichtlich eine traditionelle Sichtweise der Weltpolitik auszumachen ist, wonach die Weltgeschichte stets als „Kampffeld zweier einander konträrer kolonisatorischer Systeme" interpretiert wird. Vgl. Gollwitzer (1982), S. 28.

135 Vgl. Harrod (1972), S. 621ff, vgl. auch: Byrnes (1947), S. 86ff; Byrnes betont ausdrücklich auch das freundschaftliche Verhältnis zwischen Roosevelt und Churchill.

um von der US-Administration etwaige Zugeständnisse an machtpolitische Perspektiven einzufordern?

Die in der Keynes-Biographie ausführlich dargestellten Konzessionen der amerikanischen Delegierten an die von Keynes entwickelte und propagierte Clearing Union waren den Ausführungen Harrods zufolge weitgehend ein Zugeständnis an die Person von Keynes, dem die US-Delegierten mit außerordentlichem und freundschaftlichem Respekt begegneten. Harrod beschreibt insbesondere die Vorverhandlungen zur Bretton-Woods Konferenz als maßgeblich von der Persönlichkeit und den ökonomischen Idealen der Delegierten Keynes und White geprägt, während gerade die Auseinandersetzungen um die sogenannten „White-" und „Keynes-Pläne"[136] in der Literatur insgesamt vielmehr als macht- und interessenspolitische Auseinandersetzung zwischen der US-Administration und der britischen Regierung interpretiert werden. Aus Harrods detaillierter Beschreibung der Begegnungen und Verhandlungen zwischen White und Keynes geht jedoch deutlich hervor, dass der Dissens um die Modalitäten einer neuen internationalen Finanzverfassung bzw. Währungsordnung zwischen den beiden Ökonomen in erster Linie wirtschaftstheoretisch fundiert und nicht machtpolitisch bestimmt war.[137] Eine Ansicht, die auch der amerikanische Politologe Raymond Aaron mit der Begründung untermauert, die amerikanischen Delegierten hätten sich den Plänen von Keynes deshalb widersetzt, weil sie aus ökonomischen Beweggründen befürchteten, die Defizite ihrer Partner übernehmen zu müssen, falls sie der Schaffung der von Keynes konzipierten Quasi-Zentralbank zustimmten.[138]

Die Möglichkeit eines rein wirtschaftstheoretischen Disputs zwischen den amerikanischen und englischen Delegierten wirft unter Umständen ein neues Licht auf die weiter unten näher zu beleuchtende These, die Schaffung und Festlegung der Bretton-Woods-Statuten seien aus US-amerikanischer Sicht - bestimmt von einer expansiven industriellen Lobby[139] - von Anfang an als machtpolitisches Instrument konzipiert worden.

So nimmt Rainer Tetzlaff an, dass die Vereinigten Staaten mit diesem Instrument lang gehegte hegemonialpolitische Ambitionen zu Lasten des britischen Weltreiches umsetzten.[140] Im Hinblick auf Großbritanniens In-

136 Vgl. Harrod (1972), S. 636 ff.

137 Vgl. ebd., S. 622 ff, 646f, 664f.

138 Vgl. Aaron (1973), S. 288f.

139 Vgl. Tetzlaff (1980), S. 120, S. 45.

140 Vgl. ebd., S. 120.

teressenslage und Machtposition ist jedoch, wie oben bereits dargelegt, festzustellen, dass der Verlust der Hegemonieposition in erheblichem Maße auf die internen anhaltenden nationalökonomischen Schwierigkeiten des einstigen britischen Empires zurückzuführen war und weniger das Ergebnis einer langjährig vorbereiteten Verdrängungsstrategie seitens der Vereinigten Staaten, wie bei Tetzlaff vermittelt wird.[141]

Während sich Großbritannien im Hinblick auf die Nachkriegszeit aufgrund der oben beschriebenen wirtschaftlich schwierigen Situation um die Stabilisierung bzw. den Aufbau des Binnenmarktes sorgen musste und nur noch geringe Perspektiven und Potentiale besaß, seine einstige Position im Welthandel beibehalten zu können, richtete sich der Schwerpunkt der US-Wirtschaft zunehmend auf die Gewinnung neuer Auslandsmärkte. Bereits 1941 erklärte Roosevelt dem britischen Premierminister Churchill, dass die Vereinigten Staaten nach dem Krieg einen freien Handel für unerlässlich hielten und die USA sich für die Aufhebung der speziellen Handelsvereinbarungen im britischen Kolonialreich aussprechen würden. Roosevelt argumentierte mit der konfliktbeladenen Ungleichheit der von Großbritannien kolonialisierten Länder, deren Rückständigkeit eine Folge der britischen Handelsdiktate sei. Freihandel war hiernach in Roosevelts Argumentation ein Garant für den künftigen Weltfrieden. Großbritannien, das sich mitten in den Kriegswirren befand, blieb keine andere Wahl als den Forderungen Roosevelts zuzustimmen und unterzeichnete die Atlantische Charta, in der unter Punkt vier für die Nachkriegszeit allen Ländern Zugang zu den Märkten und Rohstoffen der Welt zugesichert wurde.[142]

Rainer Tetzlaff bewertet die Doktrin des Freihandels als politischen Schlüssel bzw. *„ideologische Waffe"* der Vereinigten Staaten, um eine „koloniale Okkupation fremder Territorien mit militärischen Mitteln zu vermeiden".[143] Die amerikanische Führungselite strebte eine weltweite Expansion an, ohne dabei eine direkte Konfrontation mit den bisherigen Kolonialmächten oder das Aufbegehren der kolonialisierten Völker zu provozieren. Inwieweit die auf Freihandel basierende *Open-Door-Policy* ein liberaler und pazifistischer Deckmantel für die amerikanischen Expansionsabsichten war, wie Tetzlaff in Übereinstimmung mit dem von ihm zitierten Carl Oglesly konstatiert[144], mag zunächst dahingestellt bleiben - unbestritten ist, dass die US-Wirtschaft nach Überwindung der

141 Vgl. Tetzlaff (1980), S. 123. Vgl. ders. (1996), S. 45f.

142 Vgl. George / Sabelli (1995), S. 25, vgl. Tetzlaff (1996), S. 44.

143 Vgl. Tetzlaff (1980), S. 123.

144 Vgl. ebd., S. 122.

großen Depression für ihre wachsenden Produktionsraten weitaus mehr Rohstoffe benötigte als im Inland gefördert werden konnten und dass nach dem absehbaren Rückgang der Rüstungsaufträge eines der wichtigsten ökonomischen Standbeine zusammenzubrechen drohte, wenn die US-Wirtschaft nicht in der Lage war, diesen bevorstehenden Nachfrageausfall durch neue Auslandsmärkte zu kompensieren. Ohnehin waren die USA bereits zum damaligen Zeitpunkt, als wohl einzige Nation mit einem für den Export bereitstehenden Warenüberschuss zunehmend auf die Erschließung neuer Absatzmärkte im Ausland angewiesen.

Der Aufbau eines freien Welthandels war somit eine logische Konsequenz der amerikanischen Wirtschaftsentwicklung. Die Wiederherstellung eines multilateralen Zahlungssystems mit voller Konvertierbarkeit aller Währungen war die unabdingbare Voraussetzung für die unkomplizierte Abwicklung des künftigen internationalen Handelsverkehrs. Im Hinblick darauf legte White in seinen Entwürfen denn auch weitaus mehr Wert auf die Mechanismen einer künftigen Wechselkursstabilisierung als sein britischer Kollege Keynes, der sich vor allem auf die Bereitstellung internationaler Liquidität konzentrierte, die von einer Zentralbank - International Clearing Union - verwaltet und zugewiesen werden sollte.[145]

In Rücksprache mit Keynes setzten sich Whites Pläne durch. Das Bretton-Woods-System fester Wechselkurse legte die zum damaligen Zeitpunkt stärkste Währung, den US-Dollar, als Reservewährung fest, mit der Verpflichtung für die US-Notenbank, den Dollar an den Goldstandard zu binden. Die US-Wirtschaft rückte somit zwangsläufig ins Zentrum des internationalen Handels.

Die USA erhofften sich von der Errichtung eines stabilen Wechselkurssystems nicht nur eine Vereinfachung des internationalen Handelsverkehrs. Auch die bereits anstehenden bzw. absehbar zunehmenden Bilanzprobleme der Vereinigten Staaten als größte Kreditgebernation bargen für die US-Wirtschaft neue Risiken in der Geldpolitik und erforderten die Einbettung des US-Dollars in ein kontrolliertes Weltwährungssystem, das in der Lage sein würde, die mit den Zahlungsbilanzschwierigkeiten einhergehenden Wechselkursschwankungen zu stabilisieren. Als einzige Nation, in der noch ausreichende Finanzrücklagen zur Verfügung standen, strebten die US-amerikanischen Privatanleger darüber hinaus ein global günstiges Klima für Investitionen im Ausland an.

Unstrittig dürfte sein, dass neben den Krisenerfahrungen aus der großen Depression vor allem die ökonomisch fundierten, expansiven Absichten

145 Vgl. Hesse / Mildner (2001), S. 2.

der USA die Statuten des IWF determinierten. Ebenfalls lässt sich in der historischen Betrachtung feststellen, dass die *Articles of Agreement* die beginnende Machtposition der USA untermauern halfen. Dennoch bleibt an dieser Stelle zu klären, ob und inwieweit die Vereinigten Staaten zum Zeitpunkt der Bretton-Woods-Vorbereitungen ihre Rolle als neuer Hegemon strategisch planten und inwieweit die beiden Bretton-Woods-Institutionen von Anfang an als machtpolitisches Instrument vor allem der USA konzipiert worden waren, um ihre expansiven Wirtschaftsinteressen international durchzusetzen. Beide Thesen werden auch in der aktuellen Reform-Debatte immer wieder eingebracht, insbesondere wenn eine historische Herleitung der tatsächlichen oder vermeintlichen globalen Akteure dokumentiert werden soll.

2.1.2 Bretton-Woods: konzipiert als hegemonialpolitisches Machtinstrument der USA?

Die Gründung der Bretton-Wood-Institutionen verfestigte unumstritten die sich spätestens seit Ende des Ersten Weltkrieges abzeichnende Hegemonieposition der USA. Die fundamentale Bedeutung dieses Ereignisses für die Stärkung der Machtposition der Vereinigten Staaten wird in der wissenschaftlichen Diskussion übereinstimmend bestätigt.

Zur Diskussion steht allerdings die Bewertung der Wechselbeziehungen zwischen dem in Bretton-Woods verankerten internationalen Währungs- und Handelsregime und der ihm zugrunde liegenden oder aber aus ihm erwachsenen US-Hegemonie. Auch im Hinblick auf die amerikanische Motivation, mit der Gründung der Bretton-Woods-Institutionen eine neue Weltwirtschaft zu kreieren und zu forcieren, bleiben noch wichtige Fragen offen.

Ein die Reform-Debatte wesentlich prägender Ansatz, hervorgehend aus der „revisionistischen Schule" – argumentiert, dass die USA seit Beginn ihrer Gründung eine imperialistische Politik betrieben und eine hegemoniale Vormachtstellung angestrebt haben.[146] Auf der Grundlage dieses Ansatzes wird im Rahmen der Weltbank-Debatte weiter argumentiert, dass die USA mit der Gründung des unter ihrer Dominanz stehenden internationalen Währungs- und Handelsregimes diese traditionelle imperialistische Vormachtstellung zu manifestieren versuchten. Es sind hier vor allem die frühen Expansionskriege und Landgewinnungen im nord- und lateinamerikanischen Raum sowie die späteren Annexionen

146 Grundlegend hierzu: Vgl. Williams in: Wehler (1972), S. 415ff, vgl. Williams (1973), vgl. Krippendorf (1970).

in Südostasien bzw. pazifischen Raum im 19. Jahrhundert, die das Bild eines seit je her imperialistischen Amerikas stützen.[147]

Rainer Tetzlaff sieht die Bretton-Woods-Institutionen - und damit auch die Weltbank - im historischen Kontext dieser Kontinuität des US-amerikanischen Expansionismus.[148] So schreibt Tetzlaff, dass die Situation nach dem Zweiten Weltkrieg die USA in die einzigartige Lage versetzte, *„seit Jahrhunderten verfolgte nationale Interessen nun im institutionellen Gefüge eines weltweit kooperierenden Systems zu verankern."*[149]

In dieser Argumentationslinie wird der Blickwinkel explizit auf die außen- und geopolitischen Interessen, aber auch auf ein ideologisches Sendungsbewusstsein der US-Administrationen bzw. Führungseliten gerichtet. Aktualitätsbezogen mündet diese Sichtweise darin, sowohl die Arbeit des IWF als auch die Entwicklungsstrategien der Weltbankgruppe als eine primär bzw. ausschließlich von den US-Administrationen ferngesteuerte - ihrer imperialistischen Tradition verhafteten - Interessenspolitik zu kritisieren. Im Sinne der in Kapitel 1.1.1 skizzierten Realistischen Schulen werden die Vereinigten Staaten - und weniger die Schwesterorganisationen Weltbank und IWF - in letzter Konsequenz als internationale Akteurin und somit als Hauptverantwortliche für die in der Kritik stehenden entwicklungspolitischen Fehlleistungen beider Institutionen in der Nachkriegszeit begriffen, deren Arbeit von Beginn an angeblich dem Primat der amerikanischen Handelsinteressen unterstellt wurde.

Konträr zu diesem US-zentristischen Bild einer imperialistischen, hegemonialpolitisch motivierten Regimegründung steht die Arbeitshypothese dieses Forschungsprojektes, dass zum Zeitpunkt der Bretton-Woods-Verhandlungen die Vereinigten Staaten in Anbetracht der damaligen weltwirtschaftlichen Lage vielmehr - situationsgebunden und losgelöst von der Expansionspolitik früherer amerikanischer Regierungen - den Aufbau eines internationalen Regimes forcierten und weniger eine seit langem geplante hegemoniale Vormachtstellung zu manifestieren versuchten. Die Eindämmung der weiter oben bereits erläuterten ökonomischen und friedenspolitischen Risiken auf globaler und damit gleichzeitig auch auf nationaler Ebene wird hiernach als maßgebliches Motiv der

147 Hinweisende Literatur zur Geschichte und Definition der amerikanischen Expansions- bzw. Imperialismusgeschichte: vgl. Bierling (2003), vgl. Gollwitzer (1982), vgl. Guggisberg (2002), vgl. Dippel (2001), vgl. Landauer (1981).

148 Vgl. Tetzlaff (1980), S. 119.

149 Ebd., S. 45.

Administration von Franklin D. Roosevelt zur Etablierung einer Weltorganisation verstanden.

Anders als Rainer sieht Carl Landauer weniger ein machtpolitisches Motiv im Vordergrund der amerikanischen Außenpolitik. Er konstatiert vielmehr für die Nachkriegszeit, dass die Vereinigten Staaten das durch die Kriegshandlungen verursachte Elend in Europa und Asien durch den Aufbau einer gesunden Weltwirtschaft zu lindern versuchten. Dass diese Sorge auch der Erkenntnis entsprang, dass die USA für ihre expandierende Wirtschaft, konsolidierte und verlässliche Handelspartner benötigte, veranlasst Landauer nicht, die Bretton-Woods-Institutionen als bloße nationalzentristische Instrumente amerikanischer Interessen zu benennen.[150]

Dass die Vereinigten Staaten in Bretton-Woods gleichzeitig seit Jahrzehnten anvisierte geostrategische und wirtschaftliche Interessen in die Verhandlungen einbetteten, kann nur bedingt als Gegenbeweis zur situationsgebundenen und auf eine internationale Hilfestellung ausgerichtete Motivation der USA verstanden werden. Denn national-orientierte Ambitionen bzw. Nutzenkalkulationen, wie sie den Vereinigten Staaten als imperialistische Intention unterstellt werden, dürften erfahrungsgemäß stets im Hintergrund jeglichen globalpolitischen Engagements einer Nation oder einer Interessensgruppierung stehen.

Letzten Endes unterliegt die Beurteilung dieses außenpolitischen Engagements der persönlichen Wahrnehmung und damit Entscheidung des Betrachters. Zwar mag die Schlussfolgerung, die Vereinigten Staaten haben die Regimegründung vorrangig zur Manifestation ihres Imperiums und nur unter dem Deckmantel internationaler Liberalisierung und Wohlstandsmehrung konzipiert, naheliegend sein, doch besteht im Rahmen dieser Pauschalbetrachtung die Gefahr, eine historisch exakte Wiedergabe der amerikanischen Position unter Roosevelt und damit die realistische Einschätzung des nachfolgenden US-amerikanischen Einflusses auf die Arbeit der Weltbank zu verfehlen.

In Anbetracht dieses häufig gezeichneten, nachfolgend zu hinterfragenden Bildes vom traditionellen Imperialismus der Vereinigten Staaten, das Ekkehart Krippendorff als ein *„historisches Grundmuster"* begreift[151], stellt sich die Frage, ob dieser alles durchdringende US-Einfluss als Bewertungsgrundlage in der Nachkriegs- wie auch der Weltbankgeschichte – herangezogen werden kann und ob sich die spezielle Gründung der Bretton-Woods-Institutionen tatsächlich in die Kontinuität des historisch

150 Vgl. Landauer (1981), S. 213.

151 Krippendorff (1970), S. 19ff.

unbestreitbaren US-Expansionismus einreihen lässt oder ob dieser Betrachtungsansatz möglicherweise eine Verzerrung der globalen Realitäten und eine Überbewertung des amerikanischen Einflusses auf die Gründung und die Arbeit der Weltbank zur Folge hatte.

So ermöglicht beispielsweise die Übertragung des historisch fundierten Bildes eines alles durchdringenden US-Imperialismus auf die Gegenwart, dass jedwede politische Verantwortung - insbesondere die der weltweit agierenden Institutionen - mit dem Fingerzeig auf die unaufhaltsame Allmacht der Vereinigten Staaten, verallgemeinernd an eben diese abgeschoben und zu einer lähmenden Rechtfertigungsstrategie potentieller und auch tatsächlicher Verantwortungsträger ausgebaut werden kann. Diese Tendenz, die USA als zentrale globale Akteurin für alle politischen Strategien und Entscheidungen der internationalen Organisationen verantwortlich zu machen, hat auch die seit Jahren andauernde Debatte um die Reformperspektiven der Weltbank stark beeinflusst. Diesen Einfluss neu zu bewerten und damit den in Kapitel 1ff erläuterten methodischen Perspektivwechsel in der wissenschaftlichen Auseinandersetzung mit der Weltbankproblematik anzuregen, ist, wie gesagt, das zentrale Ziel dieses Forschungsprojektes.

Um den tatsächlichen Einfluss der USA auf die Weltbank beurteilen zu können, ist es unerlässlich, mit einem Blick auf die Ursprünge der Weltbank zunächst zu hinterfragen, inwieweit Bretton-Woods, und insbesondere die Weltbank, aus US-amerikanischer Sicht hegemonialpolitisch ambitioniert und tatsächlich als Brückenpfeiler zur Ausdehnung eines amerikanisch dominierten Handelsimperiums konzipiert war. Da zur Bewertung dieser Frage immer wieder auf die vermeintliche Kontinuität des US-Imperialismus hingewiesen wird, soll anhand beispielhafter Skizzierungen der wissenschaftlichen Auseinandersetzung mit dem US-Imperialismus aufgezeigt werden, dass bereits die Feststellung dieser imperialen Kontinuität nicht ganz unproblematisch ist und dass ein Zurückgreifen auf die frühe amerikanische Expansionsgeschichte eben nicht als geeignete Methode bewertet werden kann, Bretton-Woods in den Kontext eines bis in die heutige Zeit fortdauernden imperialistischen Plans der USA einzuordnen.

Die nachfolgenden Ausführungen sollen verdeutlichen, dass die imperialen Bestrebungen der USA kein nationales Kontinuum waren, sondern abhängig waren von den jeweiligen Präsidenten der Vereinigten Staaten und ihrer Administration. Lässt sich herausarbeiten, dass die unterschiedlichen imperialen Phasen in erster Linie die Ideale und Ambitionen der einzelnen Präsidenten spiegelten, so wird dies den dieser Arbeit zugrunde liegenden methodische Ansatz unterstützen, globale Entwicklungen weniger als Ergebnis indifferent betrachteter nationaler Machtgeflechte zu interpretieren, sondern stärker als Folge personenabhängiger Interessenspolitik zu verstehen.

Die Entkräftung dieses hegemonialtheoretischen Ansatzes bereitet zugleich die zentrale Fragestellung dieser Arbeit vor. Nämlich die Frage, wer die tatsächlichen Akteure im Globalisierungsprozess sind: Sind es in einer pauschalisierten, in den Realistischen Schulen vertretene Betrachtungsweise, die Nationen, sind es Institutionen oder aber Personen, die möglicherweise lobbyistisch, teils parteipolitisch geprägt oder aber in purem Eigeninteresse bzw. von persönlichen Idealen motiviert, die Weltpolitik determinieren?

Eine differenziertere Betrachtung gängiger Pauschalbilder, wie auch die von der „Kontinuität des US-Imperialismus", ist meines Erachtens dringend angeraten, will man die tatsächlichen Ursachen für die globalpolitischen Entwicklungen bzw. Fehlentwicklungen analysieren.

2.1.2.1 Motive und Kontinuität des US-amerikanischen Expansionismus aus politikwissenschaftlicher Sicht

Es sind vor allem die historischen Dokumente wie die *Monroe-Doktrin*[152], die Ideologie des *Manifest Destiny*[153], die *Seward-Pläne*[154] oder die *Open-*

152 Rede von Präsident James *Monroe* 1823, in der er jeden Versuch der europäischen Staaten, ihr System auf irgendeinen Teil der US-und südamerikanischen Hemisphäre auszudehnen als Provokation auffasste. Monroe fürchtete, die europäischen Staaten könnten die gerade unabhängig gewordenen Republiken Lateinamerikas wieder unter ihre Einflussnahme bringen. Die Interpretation dieser Doktrin wurde mehrmals modifiziert, um neue Expansionsabsichten mit dem Hinweis auf Schutz der amerikanischen Hemisphäre zu rechtfertigen. Vor allem Th. Roosevelt leitete aus dieser Rede die moralische Pflicht ab, alle „Übeltaten" in der westlichen Hemisphäre, zu der er Zentralamerika, die Karibik und die Philipinen zählte, militärisch zu unterbinden. Vgl. Bierling (2003), S. 13f, vgl. Guggisberg (2002), S. 74, vgl. Triepel (1974), S. 298f.

153 *Manifest Destiny* (Offenkundige Bestimmung): Der Journalist John L.O. Sullivan erklärte in einem 1845 veröffentlichten Artikel, die Erschließung und der Besitz des Kontinents sei die offenkundige Bestimmung der Vereinigten Staaten. Im Gegensatz zur Monroe-Doktrin war das Expansionsmotiv nun nicht mehr mit dem Schutz der amerikanischen Hemisphäre begründete, sondern erwuchs aus einem gewissen Chauvinismus und religiösem Sendungsglauben. Der Artikel schürte die Überzeugung, die Erschließung des Kontninents bis hin zum Pazifik sei eine Aufgabe der Nation, die allen Einwohnern zum Heil gereichen. Vgl. Guggisberg (2003), S. 88. Der Ausdruck Manifest Destiny stand als Symbol für die Behauptung, dass Gott auf der Seite Amerikas stehe und wurde, so Williams, zum festen Bestandteil der amerikanischen National-

door-notes[155], die in der Imperialismusdebatte herangezogen werden, um die Kontinuität des US-Expansionismus zu untermauern und auf die jüngste Geschichte und Gegenwart zu beziehen. Allen Konzepten gemein ist die Legitimierung einer expansiven Neuorientierung der amerikanischen Außenpolitik, wobei die Beweggründe, d.h. die Motivation der neuen außenpolitischen Ziele, je nach innenpolitischer Interessenslage variierten. Die auf der Grundlage dieser Dokumente und Ideologien konstruierte Kontinuität des US-Expansionismus kann daher aus meiner Sicht nur im Hinblick auf die außenpolitische Zieldefinition, nicht aber auf die Intention für diese Außenpolitik konstatiert werden.

Doch bereits die nähere Betrachtung der literarischen Vielfalt des Imperialismusbegriffs gibt Anlass, die oft unterstellte Kontinuität eines tradierten amerikanischen imperialen Plans, eines historischen Grundmusters, das für alle US-Administrationen Gültigkeit hatte und verfolgt wurde, anzuzweifeln. Denn die hier ausgewertete Literatur ist gekennzeichnet durch eine Vielzahl von dem Hegemoniebegriff nahestehenden Begriffen, die auf die Geschichte der amerikanischen Außenpolitik angewendet wurden, wie *„Expansionismus"*, *„Neo-Kolonialismus"*, *„Imperialismus"* etc. Allein im Hinblick auf den Imperialismusbegriff finden sich in der Literatur weitere Bezeichnungen, wie: *"Wirtschafts- oder Handelsimperialismus"*, bzw. „merkantilistischer" Imperialismus, den Walter LaFeber in Anlehnung an Alfred T. Mahan aufgreift.[156] William Appleman

Ideologie und ist bis heute Kern des amerikanischen Missionsbewusstseins, vgl. Williams (1973), S. 32, 65.

154 William H. Seward, Senator und Außenminister Lincols entwarf das Konzept eines globalen „Informal Empire", indem er Annexionspläne zur Begründung eines Handelsimperiums ausarbeitete, das der sich abzeichnenden Sättigung des Binnenmarktes neuen Absatzmöglichkeiten sichern sollte. Diese Pläne finden sich vor allem in der Ausweitung im Pazifischen Raum wieder. Guggisberg leitet hieraus die Existenz einer Jahrhundertkonzeption ab. Vgl. Guggisberg (2002), S. 159.

155 Nach der Annexion Hawaiis und der Philippinen schienen die amerikanischen Handelsperspektiven in China durch Japan, Russland, das Deutsche Reich bedroht. Außenminister John Hay (1899/1900) veranlasste die Aussendung der sog. „Open-door-notes", die zur Grundlage der politischen Außenpolitik im 20.Jahrhundert wurden. Insbesondere Th. Rooselvelt forderte den „open-door-Grundsatz" des international gesicherten, ungehinderten und gleichen Zugangs aller Staaten zu allen Märkten ein. Eine Politik, die die USA allerdings nie für sich selbst bereit waren zu akzeptieren. Vgl. Dippel (2001), S. 76.

156 Vgl. LaFeber (1972), S. 387ff.

Williams prägte den *„idealistischen- bzw. ideellen-"* *Imperialismus*, Hans-Ulrich Wehler den "*Sozial-Imperialismus*".[157]

Diese speziellen Facetten des US-Imperialismus, die von den oben genannten Autoren beschrieben wurden, spiegeln zugleich die unterschiedlichen Motive, Expansionsziele und Expansionsdimensionen der amerikanischen Außenpolitik wider, was im Hinblick auf die oft konstatierte Kontinuität des amerikanischen Expansionismus eine stärkere Differenzierung der imperialen Phasen einfordert.

So beschreibt Hans-Ulrich Wehler die 90er Jahren des 19. Jahrhunderts, in denen sich die erste Wirtschaftskrise in den Vereinigten Staaten abzuzeichnen begann, als eine innenpolitisch brisante Phase, in der die wachsenden sozialökonomischen Probleme in die Expansion abgeleitet werden sollten.[158] Er begründete damit den Begriff des *„Sozialimperialismus´"*, dessen vorrangiges Motiv die Ablenkung von internen Schwierigkeiten war.

Hans R. Guggisberg sieht im amerikanischen Expansionismus einen zum Selbstzweck gewordenen Handelsimperialismus, der als Jahrhundertkonzeption in der Idee des *„Informal Empire"* entwickelt und tradiert wurde.[159] Die Vision eines Handelsimperiums impliziert dabei, dass eine politische Kontinuität bei der Verfolgung dieses Ziels vorauszusetzen war und folglich auch politisch tradiert wurde. Allerdings räumt auch Guggisberg ein, dass im Verlauf einiger Präsidentschaften (unter anderem Ulysses Grant:1869-1877, Grover Cleveland: 1858-1889 u. 1893-1897) die "*„außerkontinentalen Annexionspläne und Kolonisationsgelüste"* in Amerika auf Ablehnung stießen und politisch verhindert wurden.[160] D.h. die Kontinuität des US-Imperialismus wurde demnach nicht von allen Administrationen als Staatsziel gewahrt.

Die frühen Expansionskriege der noch jungen Vereinigten Staaten von Amerika zielten vor allem auf territoriale Gewinne ab. Ein Motiv, das sich zwar insbesondere auf die wachsende Bevölkerung durch die hohen Einwanderungszahlen zurückführen lässt, aber sicherlich auch machtpo-

---

157 Vgl. Williams in Wehler (1972), S. 415ff sowie vgl. Wehler in: Wehler (1972), S. 7–74. Wehler beschreibt den Sozialimperialismus als eine innenpolitisch motivierte Strategie, von inneren Mängeln des sozialökonomischen und politischen Systems abzulenken und durch reale Erfolge seiner Expansion oder zumindest die Steigerung des nationalideologischen Prestiges zu kompensieren, S. 86.

158 Vgl. Wehler in: Wehler (1972), S. 86ff.

159 Vgl. Guggisberg (2002), S. 159 ff.

160 Vgl. ebd., S. 159 ff.

litischen Motiven entsprang. Vor allem Präsident James Polk (1845-1849) gilt als erklärter Expansionist, für dessen Bestrebungen das Bild des *„Rising American Empire“*[161] bzw. eines imperialen - panamerikanischen - Plans als Selbstzweck durchaus anwendbar scheint. Dagegen waren die expansiven Bestrebungen, die der Vorstellung vom *„Commercial Empire“*[162]oder Sewards *„Informal Empire“* zugrunde lagen, handelspolitisch motiviert. Seit 1820 bestand die nord-amerikanische Herrschaftsausdehnung über den nördlichen Pazifik als außenpolitisches Ziel, um in Anbetracht wachsender Absatzprobleme auf dem Binnenmarkt neue Handelswege nach China, Japan, Polynesien und Indien zu gewinnen, die es durch Annexionen militärstrategisch abzusichern galt.

Die Amtszeit Theodore Roosevelts (1901-1909) ist unbestritten in die Reihe des US-amerikanischen Expansionismus einzuordnen.[163] Laut Stephan Bierling führte Roosevelt gegen den Widerstand des Kongresses generell eine sehr aktive Außenpolitik und streckte seine Fühler auch nach Europa aus, indem er 1905/06 einige Krisen (Russland/Japan und Deutschland/Frankreich)auf diplomatischem Wege entschärfen konnte, wofür er 1906 den Friedensnobelpreis erhielt. Allerdings demonstrierte er 1903 auch mit militärischen Mitteln die neue Machtposition der Vereinigten Staaten, als er die gesamte amerikanische Flotte mobilisierte, um Deutschland, Großbritannien und Italien von einer gemeinsamen Militäraktion gegen Venezuela abzubringen, das bei den Vereinigten Staaten hochverschuldet war.[164]

Die Motivsuche für die Rooseveltsche Machtausdehnung gestaltet sich hingegen schwieriger. So spiegelt z.B. die unter seiner Präsidentschaft erweiterte Monroe-Doktrin die oft zitierten zwei Seiten einer Medaille wider. Auf der einen Seite ist diese durchaus als willkürlich zu bezeichnende Erweiterung der Doktrin ein Beweis für die imperialen Bestrebungen der Administration Roosevelt, den amerikanischen Einflussbereich gegen Europas Interessen auszudehnen und damit die neue weltpolitische Machtposition der USA zu demonstrieren.[165] Auf der anderen Seite wird leicht übersehen, dass Roosevelt mit diesem Zusatz den lateinamerikanischen Staaten gegen die militärisch erzwungenen Schuldeintreibungen durch die europäischen Mächte zu Hilfe kam. Im Dezem-

161 Wehler (1974), S. 7.

162 Ebd., S. 8f.

163 Im Hinblick auf die imperialen Bestrebungen in der Roosevelt-Ära siehe auch: Gollwitzer (1982), S. 157ff.

164 Vgl. Bierling (2002), S. 31.

165 Vgl. ebd., S. 13f, vgl. Die Vereinigten Staaten von Amerika, Geschichte, Probleme, Perspektiven, (1976), S. 82.

ber 1904 erklärte er, dass die USA sich in Zukunft zur Ausübung einer *„international police power"* verpflichtet fühlen würden[166]womit er ein neues Weltherrschaftsmotiv begründete. Auch die bis dato kaum im politischen Vordergrund stehenden „entwicklungspolitischen" Ambitionen Roosevelts entsprangen mindestens zwei Motiven. Zum einen sah Roosevelt die USA in der *„Verpflichtung gegenüber den in der 'Barbarei' lebenden Menschen, dafür zu sorgen, dass sie von ihren Ketten befreit werden"* [167], was die zivilisierten Nationen (allen voran die USA, d. A.) dazu legitimierte, ihren Einfluss in irgendeiner Form auf die „barbarischen" Nationen geltend zu machen.[168] Zum anderen räumt Williams ein, dass Roosevelt wusste, dass der Erfolg der wirtschaftlichen Expansion der USA in die industriell noch kaum entwickelten Gebiete davon abhängig war, die Armut, den Partikularismus und den Traditionalismus in diesen Staaten aufzuheben, um einen für Amerika adäquaten Markt zu erschafften. Hier gingen aus Sicht W.A. Williams´ ökonomische, religiöse und reformistische, aber auch rassistische Motive ineinander über.[169]

Für die Präsidentschaftszeit von Woodrow Wilson (1913-1921) konstatiert W.A.Williams die Verfolgung eines ideellen *„durchgeistigten Imperialismus"*, der von der Vision getragen war, Amerikas Bestimmung läge in seiner Aufgabe: *„der gerechteste, fortschrittlichste, anständigste und aufgeklärteste Staat der Welt zu sein"*, und Amerika, als *„Treuhänder für die Wohlfahrt des Erdballs"*, müsse bestrebt sein, dieses Ideal weltweit zu übertragen.[170] Williams benennt diesen ideologischen Aspekt als ein häufig unterschwellig wirkendes Expansionsmotiv.[171] Die außenpolitische Strategie der 1920er Jahre, wie sie von der Wilson-Regierung konzipiert wurde, lag für Williams in der Entfaltung der *„Open-door-policy"*. Mit ihr hoffte Wilson, Amerikas Wirtschaftsmacht und seine ideologische Attraktivität so einsetzen zu können, dass die Prinzipien der Monroe-Doktrin auf der ganzen Welt verwirklicht wurden.[172] Schließlich kommt Williams zu dem Ergebnis, dass Wilsons Politik *„den denkbar umfassendsten Imperialismus darstellte"*, in dem sich dessen calvinistische Weltan-

166 Vgl. Guggisberg (2002), S. 166.

167 Williams (1973), S. 69.

168 Vgl. ebd., S. 69.

169 Vgl. ebd., S. 69f.

170 Williams, in: Wehler (1972), S. 423.

171 Ebd., S. 415ff.

172 Vgl. Williams (1973), S. 125.

schauung mit moralisch ambitioniertem Verantwortungsempfinden auf weltweiter Ebene paarte.[173]

Dagegen bringt Heinz Gollwitzer klar zum Ausdruck, dass in Wilsons Bemühungen, nach dem Ende des Ersten Weltkrieges eine weltumspannende internationale Organisation - den Völkerbund - ins Leben zu rufen, sowohl ideell als auch im institutionellen Ansatz das exakte Gegenteil eines imperialistischen Zustandes der internationalen Beziehungen zu sehen sei.[174]

Ungeklärt scheint auch die persönliche Einstellung Wilsons zur Teilnahme am Ersten Weltkrieg. Während W.A.Williams die Entscheidung Wilsons, in den Ersten Weltkrieg einzutreten, als logische Konsequenz des Wilsonschen *„ideellen Imperialismus"* sieht, der die *„Welt zu einer sicheren Heimstätte für die Demokratie"* machen wollte, schreibt Bierling, dass Wilson in den ersten drei Kriegsjahren, die Vereinigten Staaten aus dem europäischen Großmächtekonflikt herauszuhalten versucht hatte. Erst mit wachsenden innenpolitischen Spannungen zwischen den europäischen Einwanderergruppen wuchs die Entscheidung der Wilson-Regierung, dem Krieg beizutreten. Den idealistischen Faktor setzte Wilson, laut Bierling, später vordergründig als Propagandamittel ein, um die politische Mehrheit für die Einwilligung in den Kriegsbeitritt zu erhalten.[175]

Diese unterschiedlichen Interpretationen und Bewertungen sowohl der Politik Wilsons als auch der beschriebenen Expansionsmotive machen deutlich, wie schwierig die Motivsuche und die Bewertung der weltpolitischen Ambitionen der Vereinigten Staaten über Generationen hinweg ist. Bernd Greiner greift diese Problematik auf und kommt ebenfalls zu dem Ergebnis, dass der von Wilson, ebenso wie von Truman geäußerte Anspruch auf die Weltführungsrolle der USA in seiner Bedeutung für die Zeit nach Ende des Zweiten Weltkrieges erst verstanden werden kann, wenn auch die veränderte Qualität internationaler Beziehungen in dieser Zeit den Betrachtungen zugrunde gelegt wird. Greiner stellt die von Krippendorff konstatierte *„ungebrochene"* amerikanische Strategie, die Fortsetzung des weiter oben beschriebenen *„imperialen Jahrhundertplans"* in Frage.[176]

Die unterschiedlichen Interpretationen und Bewertungen der amerikanischen Außenpolitik und die kontroverse Diskussion um diese Bewer-

173 Williams (1973), S. 424.

174 Vgl. Gollwitzer (1982), S. 21.

175 Vgl. Bierling (2002), S. 74.

176 Vgl. Greiner (1980), S. 18.

tung sollte mindestens zur Vorsicht bei der undifferenzierten Übernahme und Übertragung von allzu pauschalen Werturteilen über den US-Imperialismus und ihren hegemonialpolitischen Konzepten auf die internationalen Geflechte, Regime und Institutionen der Nachkriegsära mahnen.

Unterschiedliche Positionen und Bewertungen in der vorliegenden Literatur ergeben sich ebenfalls im Hinblick auf die Bewertung des US-amerikanischen Isolationismus, der nach der Ablehnung des Versailler Vertrages durch den amerikanischen Senat als außenpolitische Wendung verfolgt wurde. Im Kontext eines historisch belegbaren Isolationismus'[177] müsste in logischer Konsequenz dann auch der Gegenbeweis zur These der imperialen Kontinuität bzw. eines Jahrhundertplans zu sehen sein, der in Bretton-Woods angeblich seine Fortsetzung fand. Denn wenn, wie Detlef Junker festhält, auch F.D. Roosevelt während des Zweiten Weltkrieges einer breiten isolationistischen Mehrheit im Kongress gegenüberstand[178], die eine amerikanische Teilnahme am Krieg blockierte, können die bereits 1941 von Harry Dexter White begonnenen Vorbereitungen zur Gründung eines internationalen Regimes nicht von der damaligen mehrheitlich isolationistisch ausgerichteten Kongressmehrheit mit getragen worden sein und somit nicht in die angebliche Kontinuität eines internationalistischen bzw. imperialistischen Konzeptes eingebettet werden.

Doch die Hintergründe und die politische Ernsthaftigkeit des amerikanischen Isolationismus sind umstritten. Die gängige These ist, dass, des Krieges und der außenpolitischen Differenzen mit den europäischen Staaten müde, eine breite innenpolitische Strömung im Rückzug aus der weltpolitischen Verantwortung die besten Chancen für die innenpolitische und ökonomische Entwicklung der USA sah.[179] Der international geplante Völkerbund, dem die USA 1920 nicht beitraten, fiel diesem Isolationismus zum Opfer.[180] Die Wahl des Republikaners Warren Harding

177 Zum Thema „Amerikanischer Isolationismus" siehe auch: Junker (1975), S. 163ff, Duroselle (1963), S. 217ff.

178 Siehe hierzu den Bericht des damaligen Bundesrichter und späteren Jalta-Teilnehmer James F. Byrnes, in dem er die schwierige Position Roosevelts gegenüber seinen Partei- und Kongressmitglieder schilderte, die eine Kriegsbeteiligung der USA ablehnten, vgl. Byrnes (1947), S. 20ff.

179 Vgl, Zeiten und Menschen (1982), S. 100. Die hier dargestellte Auffassung, dass die USA nach 1920 den Rückzug aus der Außenpolitik anstrebten, wird auch vertreten von: vgl. Bierling (2003), S. 76f, vgl. Brzezinski (1999), S. 19f, vgl. Junker (1975), S. 164.

180 Vgl. Blühdorn (1956), S. 241.

dokumentiert für Stephan Bierling diesen Stimmungswechsel gegen ein weiteres engagiertes Mitwirken in der internationalen Politik, wie es Theodore Roosevelt, William H. Taft (1909-1913) und Wilson betrieben hatten. *„Es schien"*, so Bierling, *„als sei die Nation von der Teilnahme am Weltkrieg erschöpft und wolle sich allein auf innenpolitische Probleme konzentrieren"*.[181] Auch in der Amtsperiode von Wilsons Nachfolger Calvin Coolidge (1923-1929) spielte den Untersuchungen Bierlings zufolge, die Außenpolitik nur eine untergeordnete Rolle.[182]

Auch der Historiker Detlef Junker versucht in seiner Studie zur amerikanischen Weltmarktpolitik die Dominanz der isolationistischen Strömung im amerikanischen Kongress detailliert zu belegen, gegen die sich der als Internationalist beschriebene F.D. Roosevelt während des Zweiten Weltkrieges immer noch durchzusetzen versucht hatte.[183]

Dagegen argumentiert Williams, dass die gängige Auffassung vom amerikanischen Isolationismus einer *„Legende"* gleichzusetzen sei und im Rückblick *„zu schweren Irrtümern über die amerikanische Diplomatie führe"*.[184] Dabei sieht Williams im Nicht-Beitritt der USA zum Völkerbund 1920 weniger einen Beweis für das plötzliche weltpolitische Abwenden der ausklingenden Wilson-Ära und der beiden Nachfolge-Präsidentschaften. Vielmehr kommt er zu dem Ergebnis, dass der Isolationismus zu keinem Zeitpunkt ein tatsächlich anvisiertes und von der Breite des Senats getragenes Staatsziel war, sondern lediglich von einer *„Minderheit in der Minderheit"* propagiert wurde.[185] Williams kommt zu dem Schluss, dass der vermeintliche Isolationismus der 20er Jahre lediglich das Ergebnis einer strategischen Denkpause war, in der sich die amerikanische Führung nicht wirklich damit auseinandersetzte, ob Amerika seine Macht und Autorität in der Welt ausbauen sollte, sondern lediglich über das „Wie" debattiert wurde.[186] Die Absage an den Völkerbund ist hiernach nicht als Indiz für den amerikanischen Rückzug auf die innenpolitischen Belange zu interpretieren, sondern resultierte aus der Uneinigkeit der politischen Spitze in der Frage, ob die Vertragspunkte des Völker-

181 Bierling (2002), S. 76.

182 Vgl. ebd., S. 76f.

183 Vgl. Junker (1975), S. 236ff, vgl. Duroselle (1963), S. 254ff.

184 Vgl. Williams (1973), S. 123.

185 Williams geht davon aus, dass die Isolationisten insgesamt eine Minderheit im Senat darstellten. Und unter diesen bildeten diejenigen nochmals eine Minderheit, die aus Überzeugung und langfristig, d.h. auf Dauer, die USA von der weltpolitischen Bühne isolieren wollten, um sich auf die Belange der Innenpolitik zu konzentrieren. Vgl. Williams (1973), S. 123f.

186 Vgl. Williams (1973), S. 123f.

bundes für die, nach wie vor im amerikanischen Senat dominierenden, Expansionsbestrebungen förderlich waren oder eine Machtausdehnung, d.h. die beginnende hegemoniale Sonderstellung der USA gefährdet hätten.

Ohne an dieser Stelle eine fundierte Überprüfung und Bewertung der sich gegenüberstehenden Interpretationen sowohl der Ambitionen der Administration Wilson als auch des amerikanischen Isolationismus erarbeiten zu können, verdeutlicht diese kurze Darstellung, wie auch die anderen beispielhaft herangezogenen Kontroversen, wie schwierig die Beurteilung der amerikanischen Imperialismusgeschichte in all ihren Facetten ist.

Entgegen der häufig anzutreffenden Praxis in den Medien wie auch in der Fachliteratur, eine generelle Pauschalisierung der USA und ihrer imperialistischen Ambitionen über Generationen hinweg zu zeichnen, scheint eine differenziertere Betrachtung der einzelnen imperialen Phasen und insbesondere der jeweiligen Motive und Ambitionen der jeweils amtierenden Administrationen und Präsidenten dringend erforderlich. Ein Erfordernis, das in der wissenschaftlichen Kontroverse zwischen der Realistischen Schule und der Liberalistischen Anschauung innerhalb der Theorie der internationalen Organisationen aufgegriffen wird und hier als Anregung für künftige Untersuchungen sowohl im Hinblick auf die Themenfelder der internationalen Politik wie auch im Hinblick auf die Themenfelder über internationale Organisationen dienen soll.

Wann, zu welchem Zeitpunkt, in welcher Intensität und mit welchem Erfolg expansionistische Strömungen die Außenpolitik bestimmten, ob sie opportun oder in Opposition zur jeweiligen Administration zu wirken suchten, ist ein nur schwer zu entwirrender machtpolitischer Knoten, dessen Festigkeit jedoch immer stark von der Persönlichkeit des jeweils amtierenden US-Präsidenten abhing - ein Aspekt der nur allzu häufig vernachlässigt wird, wenn pauschal von *„dem US-Imperialismus"* gesprochen wird. Die detaillierten Persönlichkeitsprofile der einzelnen US-Präsidenten, die Werner Richter beispielsweise in seiner Geschichte der Vereinigten Staaten darstellt, lassen vermuten, dass auch Richter die amerikanische Imperialismus-Geschichte nicht als einen über Generationen hinweg tradierten Staatsplan begreift, sondern für jede einzelne Präsidentschaftszeit andere weltpolitische Ambitionen definiert.[187]

Aufgrund der vielfältigen, ständig wechselnden machtpolitischen Korrelationen und der teilweise radikalen Wandlungen in der amerikanischen

187 Vgl. Richter (1966).

Nationalgeschichte, die hier nur skizzen- und beispielhaft angeführt wurden, erweist sich eine fundierte Bewertung der in die Globalisierungsdebatte einfließenden These von der Existenz und der Kontinuität eines imperialen Jahrhundertplans der Vereinigten Staaten, der in Bretton-Woods seine Fortsetzung fand als problematisch.

Denn nationales Expansionsbestreben bzw. imperiale Tendenzen erwachsen aus innenpolitischen Interessen, die sich im Verlauf einer Nationalgeschichte zwangsläufig verlagern, insbesondere dann, wenn sich ein Staat im Aufbau befindet, wie seinerzeit das noch relativ junge Amerika. Von einer stetig verfolgten Jahrhundertkonzeption auszugehen, hieße, dass sich die Rahmenbedingungen und innenpolitischen Interessen der USA über Generationen hinweg nicht verändert hätten und trotz veränderter Anforderungen an nachfolgende Regierungen überkommene Expansionsmotive übernommen worden wären.[188] Eine eher unwahrscheinliche Annahme in Anbetracht eines sich gerade emanzipierenden Staates, in dem das Verhältnis und politische Gleichgewicht zwischen den einströmenden Kulturen einem permanenten Wandel unterlag.

Im Rahmen dieser Arbeit sollen daher die besonderen außenpolitischen Motive nach Bretton-Woods wie auch die institutionelle Einflussnahme sowohl einzelner US-Präsidenten als auch der Weltbank-Präsidenten stärkere Beachtung finden, um die Kritik an der Weltbankpolitik von der national- bzw. US-zentristisch geführten Debatte auf eine andere politologische Ebene zu heben.

Die hier in Frage gestellte Einbettung von Bretton-Woods in den Kontext eines amerikanisch-imperialistischen Jahrhundertsplans wird darüber hinaus im Rahmen der allgemeinen Weltbankkritik durch die gleichsam fragwürdige These ergänzt, die Bretton-Woods-Institutionen seien von Beginn an von US-amerikanischer Seite als Baustein ihrer imperialen Pläne konzipiert und instrumentalisiert worden.

Im nachfolgenden Kapitel soll anhand alternativer Betrachtungen auch diese die Globalisierungs- und Weltbank-Debatte maßgeblich bestimmende These hinterfragt werden.

---

188 Die Auffassung von der Beständigkeit bzw. Kontinuität staatlicher Ziele und Interessen findet sich auch bei Rudolf Blühdorns Einführung in die Grundlagen der Aussenpolitik von 1956 wieder. Blühdorn greift ein Zitat von W. Lippmann aus dem Jahre 1943 auf, in dem dieser ein statisches Verhalten des Staates über mehrere Generationen vor allem in Fragen der Außenpolitik konstatiert und dies mit der politischen Beharrlichkeit der Bevölkerungen und der Beständigkeit geographischer Rahmenbedingungen begründet vgl. Blühdorn (1956), S. 267.

2.1.2.2 Alternativbetrachtungen und Fragestellungen zum Vorwurf imperialistischer, hegemonialpolitischer Instrumentalisierungsintentionen der USA in Bretton-Woods

Die Tatsache, dass das in Bretton-Woods gegründete Wirtschaftsregime die Machtposition der USA zweifelsohne manifestieren half, führte in der wissenschaftlichen Aufarbeitung überwiegend dazu, die Weltbankgeschichte im Kontext US-spezifischer Interessenspolitik zu diskutieren. Die geostrategischen und ökonomischen Vorteile, die sich die USA durch die Regimegründung erhofften und die von der politischen Führungselite offen ausgesprochen wurden[189], werden als eine Art Indizienkette zusammengeknüpft, um die imperialistische und hegemonialpolitische Intention und damit auch die Instrumentalisierungspläne der Vereinigten Staaten, die den amerikanischen Bretton-Woods-Entwürfen angeblich vorausgingen, zu belegen. Eine vermeintlich logische Konsequenz dieser Indizienkette ist der zentrale Vorwurf, dass die Weltbankarbeit von Beginn an dem imperialistischen oder hegemonialpolitischen - mindestens jedoch dem nationalzentristischen - Diktat der USA unterstand und von ihm determiniert wurde.

Im Hinblick auf den „Globalismus Trumanscher Prägung" bestärkt Tetzlaff auch für die Nachkriegszeit erneut seine These, dass die USA im Augenblick ihrer absoluten Dominanzposition nach dem Ende des Zweiten Weltkrieges, die Tetzlaff als *„Augenblick maximaler Positionsdifferenz der USA zu allen anderen Konkurrenten und Rivalen"* bezeichnet, den *„jahrzehntelangen imperialen Traum von einer freien, liberal und internationalistisch strukturierten Weltökonomie"* mit Hilfe eines internationalen Regimes nun endlich umsetzen konnten.[190]

Dass die Bretton-Woods-Statuten zum einen die Benennung des Weltbank-Präsidenten durch die US-Administration festlegten, zum anderen Washington als Standort beider Institutionen bestimmten und darüber hinaus den Vereinigten Staaten eine garantierte Stimmenmehrheit im Exekutivrat der Weltbank verschafften, begründete von Anfang an eine amerikanische Vorteilsposition gegenüber allen anderen Teilnehmerstaaten. Dies ist unbestritten. Dass sowohl die ökonomischen Vorstellungen

---

189 Cord Twele führt im Rahmen seiner Dissertation in diesem Zusammenhang die auch von W.A. Williams dokumentierten Äußerungen unter anderem des damaligen stellvertretenden Außenminister Dean Acheson an, wonach in deutlicher Kontinuität mit McKinley 1895 und F.D. Roosevelt 1935, der freie Zugang zu allen Weltmärkten als unabdingbare Voraussetzung für das Überleben der amerikanischen Wirtschaft begriffen wurde. Vgl. Twele (1995), S. 21.

190 Tetzlaff (1980), S. 132.

und politischen Ideale der Amerikaner den weltpolitischen Rahmen der Bretton-Woods-Institutionen definierten, steht ebenfalls außer Frage.

Nicht hinlänglich diskutiert ist bislang jedoch erstens, ob die in der Gründungsphase festgelegte Machtposition der USA sich nach Aufnahme der Bankgeschäfte tatsächlich fortsetzte und zweitens, inwieweit Bretton-Woods tatsächlich von amerikanischer Seite als Forum erdacht worden war, um ihre „imperialistischen" Ideale und Motive global zu katalysieren und ihre Hegemonieposition - quasi durch die Hintertür der internationalen Gemeinschaft - zu manifestieren, wie dies Rainer Tetzlaff zumindest insinuiert.[191]

Aus methodischer Sicht erscheint diese Argumentationslinie ebenso wenig überzeugend wie das vorab diskutierte - und gleichfalls von Tetzlaff unterstützte - Bild eines kontinuierlich verfolgten imperialen Jahrhundertplans, da der Eindruck entsteht, als würde methodisch die Folgewirkung einer politischen Entwicklung mit der Ursache, genauer gesagt mit der unterstellten Intention dieser Entwicklung gleichgesetzt: Weil Bretton-Woods die Machtposition der USA manifestieren half, wurde es zu diesem Zwecke konzipiert und fungierte als weiterer Baustein im amerikanischen imperialen Jahrhundertplan. Etwaige positiv belegte Intentionen der US-Administration zur Begründung einer zukunftsfähigen Weltwirtschaftsordnung finden nur als Randerscheinungen bzw. untergeordnete Motive Zugang in diesem weltpolitischen Betrachtungsansatz.[192]

Um die These von der imperialistischen Strategie zu untermauern, werden die weiter oben skizzierten, in der amerikanischen Geschichte immer wieder auftauchenden, Expansionsmotive, die aber keineswegs als US-spezifisch gelten können, von Tetzlaff in die Argumentationslinie eingeflochten, um in einem ersten Schritt die Kontinuität des US-Imperialismus zu belegen und in einem Folgeschritt seine geplante Neuauflage in Bretton-Woods und seine Fortdauer bis in die Gegenwart abzuleiten.

Bedenklich ist im Rahmen dieser Argumentationslinie neben der methodischen Vorgehensweise vor allem jedoch, dass der allgemein negativ assoziierte Imperialismusbegriff, den Tetzlaff als außenpolitisches Kontinuum der Vereinigten Staaten zeichnet, eine dualistische Betrachtungsweise oder Wahrnehmung der weltpolitischen Ziele der USA und Bretton-Woods hervorruft, die vielleicht eine vorschnelle Benennung der

191 Vgl. Tetzlaff (1980), S. 132.

192 Vgl. ebd., S. 129.

vermeintlichen globalen Akteure, ihrer Handlanger und auch ihrer „politischen Opfer“ zur Folge hat.

Darüber hinaus werden in diesem stereotypen Weltbild wichtige Teilaspekte nur unzureichend ausgeleuchtet. Ein Defizit zeichnet sich beispielsweise darin ab, dass im Rahmen dieses dualistischen Weltbildes, das die heutige Globalisierungsdebatte maßgeblich prägt, selten die Frage der politischen Alternative zu Bretton-Woods, aber auch zur politischen Dominanz der USA während der Verhandlungen wie auch für den Fortbestand dieses internationalen Regimes diskutiert wird. Wer außer der amerikanischen Wirtschaftsmacht hätte die finanziellen Mittel für den Wiederaufbau des vom Krieg zerstörten Europa bereitstellen können und einer neuen Währungsordnung, gleich ob die Leitwährung „Dollar“ oder „Bancor“ heißen würde, zu ausreichendem Vertrauen und damit grundlegender Stabilität verhelfen können? Großbritanniens Potentiale waren bereits im Verlauf des Ersten Weltkrieges und zusätzlich durch die Weltwirtschaftskrise erschöpft. Die einstige Weltmacht bedurfte selber dringender Aufbauhilfe. Die stalinistische Sowjetunion hatte bei weitem noch nicht die finanziellen Möglichkeiten erlangt, um hinreichende Kapitaltransfers ins Ausland abfließen lassen zu können und hoffte zunächst ebenso wie Großbritannien, notwendige Aufbaukredite aus den Vereinigten Staaten erhalten zu können. Wie effektiv hätte eine Nachkriegsordnung sein können, in der sowohl alle währungs- und handelspolitischen Abkommen und alle finanz- und investitionspolitischen Regelungen auf bilateralem Weg, oder, wie in den USA von vielen, u. a. auch von Präsident F.D. Roosevelt favorisiert, durch regionale Organisationen[193], zustande gekommen wären?

In all diesen Punkten war allen Beteiligten klar, dass die Vereinigten Staaten sich beinahe zwangsläufig zum globalen Dreh- und Angelpunkt herauskristallisieren würden, da nur hier das erforderliche Kapital zur Verfügung stand, um allen Belangen eines internationalen Wirtschaftsregimes eine solide Basis zu verschaffen. Diese machtpolitische Vorteilsposition mit politischem Machtkalkül gleichzusetzen, erwächst möglicherweise einer allzu eindimensionalen Betrachtungsweise.

Einer ähnlich einseitigen Betrachtungsweise unterliegt auch der entwicklungspolitische Aspekt der Bretton-Woods-Idee. Die unbestrittene Vorteilsnutzung der amerikanischen Rohstoffpolitik seit Gründung beider Organisationen gegenüber den Entwicklungsländern begründet die These, dass Bretton-Woods bereits als Ausbeutungsinstrument konzipiert wurde. In der Tat scheint die rohstoffpolitisch orientierte Nachkriegs-

193 Vgl. Hull (1948), S. 1644.

entwicklung, die sich zum gravierenden Nachteil für die Entwicklungsländer und zum Vorteil für die Industrienationen entwickelte, das Puzzle vom allzeit imperialistischen Amerika, das mit Bretton-Woods das geeignete Machtinstrument kreierte, zu komplementieren. Umso erstaunlicher ist es, dass Rainer Tetzlaff selber, der die Ausbeutung der „Dritten Welt" in den Kontext bzw. in die Kontinuität des amerikanischen Imperialismus eingliedert und daher zugleich als Motiv für die amerikanische Regimebeteiligung begreift, selber eine Überlegung in den Raum stellt, die er als *„Legitime Spekulation"* bezeichnet. So räumt er im Hinblick auf die heutige Dritte Welt ein, dass die Nachkriegsplaner der USA - wie Harry Dexter White, Henry Morgenthau, Dean Acheson, Leo Pasvolsky, Adolf Berle, Summer Wells -, die unter Außenminister Cordell Hull seit 1941 die Entwürfe für Bretton-Woods vorbereiteten, heute entsetzt darüber wären, wie stark sich Idee und Realität inzwischen auseinanderentwickelt haben[194], d.h. wie wenig das amerikanische Nachkriegskonzept zu einer weltweiten Prosperität beitragen konnte.

Sofern Tetzlaff den Konstrukteuren dieses Wirtschaftsregimes nicht nur eine politische Marionettenfunktion zugesteht, räumt wohl auch er damit ein, dass der „Geist" Bretton-Woods von anderen, positiveren Idealen als denen des amerikanisch-imperialen und zugleich ausbeuterischen Nationalzentrismus getragen war.

So stellt sich beinahe zwangsläufig die Frage, die zugleich auf den eigentlichen Untersuchungsgegenstand dieser Arbeit hinarbeitet, warum fanden diese Ideale offensichtlich keine adäquate Umsetzung in der tatsächlichen Arbeit beider Institutionen? Was ermöglichte das Auseinanderdriften der in Bretton-Woods verankerten globalpolitischen Ideale und der nachfolgenden Realpolitik?

Bevor ich mich in den folgenden Kapiteln dieser Fragestellung zuwende, sei im Hinblick auf die entwicklungspolitische Bewertung Bretton-Woods noch kurz auf einen weiteren Aspekt hingewiesen, der im Rahmen der dualistischen Argumentationskette, wie sie von Tetzlaff mit getragen wird, ebenfalls sehr eindimensional diskutiert wird und sich mit der vermeintlichen Unterdrückung der Entwicklungsländer in Bretton-Woods befasst. Oft wird der Eindruck vermittelt, die Entwicklungsländer hätten als weitgehend ignorierte, machtlose Zaungäste Bretton-Woods beigewohnt, deren Interessen von Anfang an übergangen worden wären. Eine Eindimensionalität dieser Sichtweise ist insofern gegeben, als in der Debatte weitgehend ausgeblendet wird, dass die zum damaligen Zeitpunkt weniger entwickelten Länder ihrerseits ebenfalls

194 Vgl. Tetzlaff (1980), S. 129.

mit einer positiven Erwartungshaltung an das amerikanische Wirtschaftspotential und -ideal an dieser Konferenz teilnahmen. Und zwar mit der vermeintlich berechtigten Hoffnung, am amerikanischen Wohlstandsmodell partizipieren zu können. Tetzlaff erwähnt diesen Aspekt eher beiläufig und im Hinblick auf seinen ansonsten eher Amerikakritischen Ansatz nur aus Gründen der Fairness, wie er selber zum Ausdruck bringt.[195]

Der amerikanische Richtsatz vom gleichberechtigten Zugang aller Nationen zum Weltmarkt versprach zunächst eine tatsächliche wirtschaftliche Perspektive für jene Länder, die durch die britische Kolonialherrschaft und die damit einhergehende einseitige Vorteilsnutzung der Briten, aber auch anderer Kolonialmächte, wirtschaftlich ausgeblutet waren. Die Hoffnung auf finanzielle Unterstützung verband zweifelsohne die Mehrheit der Konferenzteilnehmer miteinander und öffnete den amerikanischen Wirtschaftsprinzipien alle Türen der internationalen Staatengemeinschaft und ihrer Märkte.[196]

Inwieweit das in Aussichtstellen der Finanzierungshilfen und des formal gleichberechtigten Zugangs aller Teilnehmerstaaten zum Weltmarkt lediglich ein außermilitärischer, taktischer Schachzug zum Ausbau der amerikanischen Hegemonie war, wie dies Tetzlaff kritisiert, bleibt spekulativ. Doch müsste nicht zur Bewertung der amerikanischen Hegemonie auch die fehlende weltpolitische Alternative sowie die positive Erwartungshaltung der anderen Teilnehmerstaaten in die Waagschale der politischen Beurteilung geworfen werden? Ein Legitimationsaspekt, der bereits von Antonio Gramsci beleuchtet wurde. Hiernach beruht Hegemonie letztlich darauf, dass auch die Interessen der Beherrschten berücksichtigt und gemeinsame Werte und Ziele auf einander abgestimmt werden.[197] Auch wenn Gramsci diese Überlegungen in erster Linie vor dem Hintergrund der Etablierung einer Klassenhegemonie entwickelte, wurden sie im Zuge des Neo-Gramscianismus[198] weiterentwickelt und zu einem neuen internationalen Hegemoniebegriff ausgearbeitet.[199] Internationale Hegemonie wird nicht als Dominanz eines ökonomisch und

---

195 Vgl. Tetzlaff (1980), S. 141.

196 Nur die kommunistischen Teilnehmerstaaten, allen voran die Sowjetunion unter Stalin, wollten das amerikanische Wirtschaftsmodell nicht als ökonomisches Ideal übernehmen und unterzeichneten die Bretton-Woods-Verträge nicht.

197 Vgl. Gruppi (1976).

198 Neo-Gramscianismus: weiterführende Literatur: Vgl. Cox (1998), vgl. Borg (2001), vgl. Bieling (2000), vgl. Scherrer (1999).

199 Borg (o.J), http://www.sopos.org/aufsaetze/3bbdcd9ea0c9f/1.html.

militärisch übermächtigen Nationalstaats begriffen, sondern als ein *„konsensual abgestützter Modus transnationaler Vergesellschaftung"*.[200] Das heißt, die Geschichte der weltweiten Akzeptanz der USA als künftiger Hegemon kann durchaus mit dem von Gramsci beschrieben Phänomen eines *„aktiven Konsens der Regierten"*[201] mit den Interessen und Zielen des neuen Hegemon erklärt und ggfs. sogar international legitimiert werden.

Im Zuge der Globalisierungskritik wird allein der Tatbestand, dass sich eine Hegemonialmacht etablierte als weltpolitische Fehlentwicklung definiert, die auf die vorsätzliche Unterdrückung der schwächeren Länder aufgebaut werden konnte. Doch die Bewertung der US-Hegemonie kann schließlich nur auf der Grundlage persönlichen Ermessens erfolgen, wobei der Betrachter sich der Frage stellen muss, ob und inwieweit eine neue Weltwirtschaftsordnung ohne das ökonomische und machtpolitische Potential der damals wirtschaftlich erfolgreichsten Nation zukunftsfähig gewesen wäre. Auch stellt sich die Frage, ob es nicht von einer weltfremden Erwartungshaltung zeugt, wenn kritisiert wird, dass eine Nation, an deren Potential, wirtschaftlichem Erfolg und auch an deren Prinzipien und Idealen oder im Sinne Heinrich Triepels an deren *„Werteüberlegenheit"*[202] - das Gros der internationalen Staatenwelt offensichtlich partizipieren wollte, nicht auf diesen Machtvorteil verzichtete und dem neuen Regime nur unter der Voraussetzung Unterstützung zuteilwerden ließ, dass dieses Wirtschaftsregime nach den eigenen Vorstellungen konzipiert und der Sicherung der eigenen Interessen dienen sollte?

Trotz der unbestrittenen Dominanz der USA wurde die Ausgangslage in Bretton-Woods möglicherweise von den Teilnehmerstaaten weitaus paritätischer empfunden als dies heute vor dem Hintergrund der zurecht kritisierten Benachteiligung der „Dritte-Welt-Länder" und der gleichzeitigen Vorteilsnutzung durch die Industrienationen - allen voran durch die USA - nachvollziehbar erscheint.

Dieser vermeintliche Widerspruch wäre dann zu erklären, wenn sich die Ausgangsideale für alle Teilnehmerstaaten in Bretton-Woods vielversprechender dargestellt hätten, als diese von den Bretton-Woods-Institutionen dann später umgesetzt worden sind. Unter der Annahme, dass die gesamte Entwurfsplanung von den Idealen und Lehrmeinungen der maßgeblichen, im marktliberalem Denken verhafteten Wirtschafts-

200 Vgl. Bieling in: Das Argument (1996), S. 729–740, vgl. Borg, in: Das Argument (2001), S 67–78.

201 Vgl. Borg (o.J.), http://www.sopos.org/aufsaetze/3bbdcd9ea0c9f/1.html.

202 Vgl. Triepel (1961), S. 154.

experten geprägt wurden und eben nicht das Produkt lobbyistisch - nationaler Vorgaben vor allem der US-Administration waren, festigt sich die im Mittelpunkt dieser Arbeit stehende These, dass sich erst nach Aufnahme der Weltbankarbeit eine wachsende Diskrepanz zwischen dem „Geist" Bretton-Woods und der nachfolgenden Arbeitsbilanz der Weltbank abzuzeichnen begann, die zu einer übermäßigen Vorteilssicherung für die Industrieländer und insbesondere für die amerikanische Wirtschaft führte.

Den Ausführungen von Mason und Asher wie auch aus den Berichten Harrods über die Konferenzsituation ist zu entnehmen, dass die amerikanischen und britischen Delegierten, die hiernach die Entwürfe in großen Teilen kooperativ und in ständigem Austausch miteinander erarbeiteten[203], sich vor allem an einem globalen Wirtschaftsideal orientierten, von dem alle Teilnehmerstaaten profitieren sollten. Selbst Harrod, der als Brite sicherlich eher eine skeptische Erwartungshaltung gegenüber der amerikanischen Vorteilsposition einnahm, hegt an keiner Stelle seiner Beschreibungen annähernd den Verdacht, dass die amerikanischen Delegierten das Bretton-Woods-Konzept auf der Grundlage eines primär macht- und interessenspolitischen Kalküls durchsetzen wollten, wie von vielen Globalisierungskritikern und vor allem von dem linken Lager zuzuordnenden Wissenschaftlern, wie z.B. Horst Haenisch heute assoziiert wird. Haenisch geht in seiner Argumentation sogar soweit zu konstatieren, dass die US-Administration durch Harry Dexter White Großbritannien zur Durchsetzung der amerikanischen Pläne in Bretton-Woods insofern unter Druck setzte, als sie die Rückzahlung der an Großbritannien gewährten Kredite jederzeit einfordern und damit eine Finanzkrise in London City auslösen könne.[204]

Harrods detaillierte Beschreibungen vor allem auch der zwischenmenschlichen Begegnungen zwischen Keynes und den amerikanischen Delegierten, insbesondere mit Harry Dexter White, untermauern dagegen die Annahme, dass die Verhandlungen nicht von vordefinierten, strengen administrativen Vorgaben und nationalistischer Interessenpolitik, auch nicht durch lobbyistische Einflussnahme bestimmt wurden, wie sie im Rahmen staatlich geplanter Instrumentalisierungsabsichten sicherlich zum Ausdruck gekommen wären, sondern weitgehend in Eigenregie der maßgeblichen Wirtschaftsexperten sowohl auf amerikanischer als auch auf britischer Seite diskutiert und konzeptualisiert wurden und den jeweiligen Ministerien nur mehr zur Bestätigung vorgelegt wurden. Diese Verhandlungssituation bestätigt insgesamt auch der White-Biograph

203 Vgl. Mason / Asher (1973), S. 19ff, vgl. Harrod (1972), S. 636ff.

204 Vgl. Haenisch (1985), S. 2.

David Rees.[205]Harrod greift im Prinzip der Unterstellung, dass es sich vor allem bei Harry Dexter White um einen von der US-Administration instruierten Advokaten handelt, mit seinen deutlichen Respektbekundungen gegenüber den persönlichen Leistungen Whites bei der Entwurfsplanung vor:

> „ (…) the central figure was undoubtedly Harry White. In Britain he is too often thought of as some dim scribe, some kind of robot, who wrote at the behest of that vaguely conceived entity, the American Treasury, an inferior version of the Keynes plan - mainly to vex the British annals! Far different was the real man. He was a very remarkable figure, who should be accorded an honourable place in British annals".[206]

Rees, der sich als White-Biograph ebenfalls in weiten Teilen auf die Schilderungen Harrods bezieht, kommt offensichtlich sogar zu dem Ergebnis, dass Keynes und White in einigen Sachfragen einen lautstarken Disput anzettelten, um den eigenen Kollegen ihre vermeintlich harte Verhandlungstaktik zu demonstrieren.[207] Mögen diese anekdotenhaft verfassten Beschreibungen der zwischenmenschlichen Begegnungen aus wissenschaftlicher Sicht sicherlich eher von marginaler Bedeutung sein, so erhärten sie dennoch die hier erlangte Annahme, dass Bretton-Woods in erster Linie die Signatur ihrer Konstrukteure oder wie Rees ausdrückt, ihrer „Techniker" trug, auch wenn bekannt ist, dass White Abstriche bei seinen ursprünglichen Weltbankplänen machen musste, der er sehr viel weitergehende Funktionen zugedacht hatte als die Roosevelt-Administration mittragen wollte.[208]

Die besondere Bedeutung dieser Experten für die politische Ausrichtung der Bretton-Woods-Entwürfe bestätigt auch John L. Harper in seiner 1994 verfassten Dissertationsschrift „American Visions of Europe", die sich insbesondere mit den internationalen Visionen von F. D. Roosevelt, G.F. Kennan und Dean G. Acheson befasst, der im Hintergrund neben Harry D. White maßgeblich an der Vorbereitung Bretton-Woods beteiligt war. Auch Harper betont die idealistische, friedens- und wohlfahrtspolitische Motivation, insbesondere Achesons, der wie White in einem engen freundschaftlichen Dialog mit Keynes stand und dessen internationale Visionen grundsätzlich teilte.[209] Auch Harpers Ausführungen stützen die

205 Vgl. Rees (1974), S. 221ff.

206 Harrod (1972), S. 636f.

207 Vgl. Rees (1974), S. 2.

208 Vgl. Twele (1995), S. 24f.

209 Vgl. Harper (1994), S. 261ff.

Annahme, dass die Differenzen zwischen Keynes und den amerikanischen Experten White und Acheson keinen machtpolitischen Überlegungen entsprangen, sondern das Ergebnis eines intensiven wirtschaftswissenschaftlichen Diskurs´ zwischen den Experten waren, die natürlich auch die Interessen ihrer jeweiligen Nation zu wahren versuchten.

Bereits die Auswahl der amerikanischen Delegation, die ausschließlich aus Wirtschaftsexperten und ausdrücklich nicht aus Vertretern der Industrie und Finanzwelt bestand, deutet ebenfalls nicht daraufhin, dass die US-Administration Bretton-Woods vorrangig als macht- und interessenpolitisches Sprungbrett installieren und zur Ausnutzung aller rohstoffpolitischen Vorteile instrumentalisieren wollte. Die 24 Experten, die mit der Erarbeitung des US-Konzepts beauftragt wurden, waren in erster Linie Ökonomen und Juristen und nicht, so Alfred E. Eckes, Geschäftsleute und Bankiers. Eckes verweist deutlich auf den Umstand, dass die Auswahl der Experten offensichtlich ein Ergebnis der Erfahrungen in der Weltwirtschaftskrise war und mit der Schablone des New Deal- Konzepts übereinstimmt. Roosevelt und Henry Morgenthau haben hiernach die Erfahrung berücksichtigt, dass den Geschäftsleuten und Bankiers eine Teilschuld an der Weltwirtschaftskrise zukam und haben ihre Lobby deshalb nicht vorrangig an der Entwurfsplanung für ein neues Weltwirtschaftssystem beteiligt.[210]

Die Benennung und umfassende Kompetenzzuweisungen der amerikanischen Experten, die mit den Entwürfen und den Verhandlungen in Bretton-Woods danach weitgehend unabhängig von lobbyistischer Interessenpolitik beauftragt wurden, rütteln an Tetzlaffs Ansatz einer primär machtpolitischen Ausrichtung und Instrumentalisierung des geplanten Weltwirtschaftsregimes durch die Vereinigten Staaten ebenso wie an der Vorstellung eines Jahrhundertplans, der sich über Generationen hinweg tradierte und mit Bretton-Woods fortgesetzt und verankert werden sollte.

Auch die Dokumentation von Mason und Asher bestätigt den Eindruck weitreichender Kompetenzen für die amerikanischen Experten, insbesondere von Harry Dexter White, bei den Entwurfsvorbereitungen und beschreibt die US-Administration Roosevelt in ihrer Beteiligung und Einflussnahme auf die Entwurfsplanung von White insgesamt als reagierend und weniger instruierend[211], wenngleich die Entwürfe natürlich die verschiedenen administrativen Interessen in ihren Grundsätzen wider-

210 Vgl. Eckes (1975), S. 60.

211 Vgl. Mason / Asher (1973), S. 17ff.

spiegeln mussten.[212] Auch dies wird durch die Ausführungen von Rees in weiten Teilen seiner White-Biographie immer wieder bestätigt.[213]

Zusammenfassend erhärten die biographischen Ausführungen von Harrod, Mason und Asher sowie die Darstellungen von Eckes die in dieser Arbeit erworbene Annahme, dass die Bretton-Woods-Institutionen weniger als nationalzentristischer Baustein eines imperialistischen Plans erdacht wurden, als vielmehr auf der Grundlage eines weltwirtschaftlichen Zukunftsideals konzipiert wurden, dessen konstitutioneller Rahmen für den IWF und die Weltbank aus dem wirtschaftstheoretischen Diskurs der Wirtschaftsexperten und insbesondere der beiden Protagonisten White und Keynes hervorging. Die ausführlichen Beschreibungen der Begegnungen und Auseinandersetzungen zwischen den Delegierten, die alle oben angeführten Autoren dokumentieren, beleuchten einen ansonsten oft vernachlässigten Aspekt der Weltbankgeschichte. Es ist dies die besondere Bedeutung und Einflussnahme der amerikanischen und britischen Wirtschaftsexperten, die vor und während Bretton-Woods maßgeblich die Zielsetzungen des neuen Wirtschaftsregimes definierten.

In Anbetracht ihrer Reputationen, die insbesondere John Maynard Keynes weitgehend gegen administrative Bevormundung immunisierte, wankt auch die These von der Instrumentalisierungsstrategie der US-Administration. Zwar musste Keynes große Teile seines Entwurfes, die vor allem die Gründung der Clearing Union betrafen, zugunsten der Whiteschen Konzeption aufgeben, was oft als Beweis für die britisch-nationale Unterlegenheit gegenüber den Vereinigten Staaten gewertet wird, doch aus den Ausführungen Harrods geht hervor, dass Keynes´ Pläne zur Clearing Union auch auf britischer Seite kontrovers diskutiert wurden und Harrod selber mit Keynes über einige ungelöste Probleme innerhalb des britischen Entwurfes debattierte, die Keynes selber auch bewusst als Schwachstellen seiner eigenen Konzeption wahrnahm.[214]

Wären die amerikanischen Entwürfe auf der Grundlage eines offensichtlichen machtpolitischen Kalküls der amerikanischen Delegation ausgehandelt worden, ist anzunehmen, dass Keynes hierzu mindestens eine politische Stellungnahme gegenüber seinem Freund und späteren Biographen Harrod in irgendeiner Form verfasst hätte. Eine derartige Stellungnahme ist in der Keynes-Biographie nicht dokumentiert.

212 Vgl. Eckes (1975), S. 60.

213 Vgl. Rees (1974), S. 137ff, S. 221ff.

214 Vgl. Harrod (1972), S. 642.

In diesem Zusammenhang scheint die Frage gerechtfertigt, ob die Bedeutung der Protagonisten von Bretton-Woods bislang vielleicht unterschätzt wird, wenn sich die wissenschaftliche Diskussion vor allem in einer US-zentristischen Betrachtungsweise der Nachkriegs- und Weltbankgeschichte erschöpft. Die Einbettung von Bretton-Woods in den Kontext eines national-imperialen Jahrhundertplans verliert im Falle einer Aufwertung der Bretton-Woods-Konstrukteure um einen weiteren Aspekt an Glaubwürdigkeit und erlaubt im Hinblick auf das Ausfindigmachen der Verantwortungsträger für die Weltbankarbeit, die oft starre Konzentration auf eine US-zentristische Sichtweise auf die Überprüfung anderer Faktoren und Wirkungsmechanismen auszudehnen. Hierbei ist herauszuarbeiten, was bzw. wer die offensichtliche Abkehr von den in Bretton-Woods angestrebten Idealen, für die White und Keynes einstanden, provozierte oder zuließ und welche politischen oder institutionellen Weichenstellungen die Weltbankarbeit offensichtlich in eine andere Zielrichtung umleiteten und von den einst angestrebten Idealen entfernte.

Die offensichtliche Abkehr von den einstigen Idealen oder ihr ungewollter Verlust spiegelte sich insbesondere auch im Umgang der Bretton-Woods-Institutionen mit den Entwicklungsländern. Die Diskrepanz zwischen der einst angestrebten weltweiten Prosperität, die das neue Wirtschaftsregime begründen sollte und den tatsächlichen entwicklungspolitischen „Errungenschaften" entfachte die wachsende Kritik an den beiden Institutionen, wodurch der entwicklungspolitische - und damit eng verknüpft - auch der ökologische Aspekt unabdingbar als ein zentraler Forschungsgegenstand innerhalb dieser Analyse beleuchtet werden muss.

Ob und inwieweit die Weltbank im Hinblick auf ihre entwicklungspolitische Arbeit eine andere Zielrichtung als die in Bretton-Woods vorgesehenen Aufgaben eingenommen hat, wird im folgenden Kapitel untersucht.

2.1.3 Stellenwert der Entwicklungspolitik in Bretton-Woods

Aufgrund der teilweise fatalen Auswirkungen der Weltbankarbeit auf die Entwicklungsländer, deren internationale Bedeutung sich immer mehr nur auf ihren rohstoffpolitischen Nutzen für die Industrieländer zu beschränken scheint, drängt sich die Frage auf, ob und inwieweit diese in die Kritik geratene Funktion der „Dritten Welt" in Bretton-Woods gesehen und diskutiert wurde und welchen Stellenwert die Anliegen und Bedürfnisse der bereits damals unterprivilegierten Teilnehmerstaaten in den Verhandlungen einnahmen.

Auch in diesem Zusammenhang geben vor allen die Dokumentation von Mason und Asher wichtige Anhaltspunkte, um eine etwaige Diskrepanz zwischen den nach Bretton-Woods verfolgten entwicklungspolitischen Zielvorgaben der Weltbank und der ursprünglichen Intention ihrer Konstrukteure nachzeichnen zu können.

2.1.3.1 Wiederaufbau oder Entwicklung: Prioritätenwechsel

Die Hauptintention in Bretton-Woods war, wie bereits dargestellt, die Schaffung einer Organisation zur Neuregelung und Stabilisierung des internationalen Wirtschafts- und Finanzsystems. Diese Funktion kam dem internationalen Währungsfond zu, auf dessen Gestaltung sich die Verhandlungen in Bretton-Woods in der Hauptsache konzentrierten.

Die Idee, darüber hinaus eine Institution zu schaffen, die sich zudem dem Wiederaufbau der kriegszerstörten europäischen Nationen und der Förderung der weniger industriell entwickelten Länder widmen sollte, konkretisierte sich erst im Verlauf der Bretton-Woods-Tagung. Unter der Federführung der US-Delegierten Dean Acheson, Edward E. Brown und Emilio G. Collado sowie J.M. Keynes für Großbritannien wurde von einem kurzfristig zusammengestellten Expertengremium parallel zu den weiteren, vornehmlich den IWF betreffenden Verhandlungen, die Konzeption für eine künftige Bank zum Wiederaufbau und Entwicklung - kurz „Weltbank" - ausgearbeitet. Als Grundlage für die späteren Verhandlungen bereitete Keynes zusätzlich zu den bereits unterbreiteten US-Vorschlägen auf der Schiffsreise nach Amerika mit einigen europäischen Kollegen einen weiteren Entwurf vor, der als sogenannter „boatdraft" neben dem US-Entwurf in die Bretton-Woods Verhandlungen eingebracht wurde.

Da der Aspekt des Wiederaufbaus ein besonderes Anliegen des vom Krieg zerstörten Europas sein musste, ist die Annahme naheliegend, dass die europäischen Delegierten die Idee zur Gründung einer mit dieser Zielvorgabe beauftragten Institution initiierten. Daher irritieren zunächst die Ausführungen von Mason und Asher, wonach die anfängliche Idee zur Schaffung einer Weltbank nicht von den europäischen oder kolonialisierten Nationen, sondern vom US-Außenminister in seinem Einladungsschreiben zur Teilnahme an der Bretton-Woods-Konferenz unterbreitet und als möglicher Tagungspunkt vorgeschlagen wurde.[215] Laut Mason und Asher waren es in der Hauptsache die amerikanischen Experten, die einen Entwurf zur Gründung einer Weltbank im Vorfeld von Bretton-Woods ausarbeiteten und vorantrieben, während die Betei-

215 Vgl. Mason / Asher (1973), S. 12f.

ligung der anderen Teilnehmerstaaten als eher oberflächlich beschrieben wird.[216] Roy F. Harrod zufolge wurden die amerikanischen Pläne vom britischen Parlament sogar zunächst missbilligend zur Kenntnis genommen („...*the document* (der US-Entwurf, d. A.) *was an uninspiring one...*"), wobei er die Gründe für diese Vorbehalte nicht weiter ausführt.[217]

Eine mögliche und zugleich einfache Erklärung für die britische Zurückhaltung zur Schaffung einer entwicklungspolitisch tätigen und auf den Wiederaufbau Europas ausgerichteten Weltbank ergibt sich im weiteren Verlauf der auf Harrod gestützten Ausführungen von Mason und Asher, wonach es eine Übereinkunft zwischen den britischen und amerikanischen Delegierten gab, dass Großbritannien nicht initiativ in der Weltbankfrage sein sollte, da es wirtschaftlich ohnehin für unabsehbare Zeit nicht in der Position sein würde, einen Beitrag zum Wiederaufbau oder für die entwicklungspolitischen Ziele der künftigen Weltbank beitragen zu können.[218]

Doch als potentiell antragsberechtigt für internationale Kredite zur Rekonstruktion des kriegszerstörten Landes fand die Idee einer Weltbank beim britischen Parlament, unter anderem auch durch Keynes´ Fürsprache, schnell Akzeptanz und Unterstützung[219], wobei ausdrücklich betont wurde, dass der Aspekt des Wiederaufbaus und der Entwicklung mit derselben Gewichtung zu behandeln seien.[220] Die Privilegierung des Wiederaufbaus des kriegszerstörten Europas wurde demnach nicht formal eingefordert. Dennoch fürchteten die Delegierten der weniger wirtschaftlich entwickelten Länder eine Bevorteilung des Wiederaufbauaspektes, zumindest für einen unabsehbar langen Zeitraum bis zur Erholung der europäischen Ökonomien von den Folgen des Krieges.

Die Konstrukteure der Weltbank überließen die Frage der Prioritätenlegung schließlich dem künftigen Weltbankdirektorium. Mason und Asher schreiben: „ *The Articles of Agreement left the question of priority of purposes entirely to the discretion of the Bank.*"[221]

Doch bereits kurz nach Aufnahme der Arbeit der Weltbank zeichnete sich ab, dass nach Beendigung des Zweiten Weltkrieges der Aufgabenbereich des Wiederaufbaus für die Weltbank entfallen würde, da Euro-

216 Mason / Asher (1973), S. 12.

217 Vgl. Harrod (1972), S. 573.

218 Vgl. Mason / Asher (1973), S. 13.

219 Ebd., S. 1.

220 Vgl. ebd., S. 13.

221 Vgl. ebd., S. 23.

pas Rekonstruktion weitgehend durch bilaterale Finanzierungspläne und -abkommen, "*Government-to-government loans*" (z.B. Marshallplan), abgewickelt wurde. Hintergrund dieser Entwicklung war, so Mason und Asher, dass die projektgebundenen Kredite, die die Weltbank durch eine Garantieübernahme für private Investitionen an die europäischen Nationen mobilisieren sollte, den vorgesehenen Bedarfsstrukturen nicht entsprachen. Die Gelder wurden hiernach in der Hauptsache für Aufwendungen benötigt, die nicht im Rahmen einer in Bretton-Woods festgelegten Projekt-Finanzierung durch die Weltbank unterstützt werden konnten (z.B. Einfuhr von Lebensmitteln). Darüber hinaus überstieg das notwendige Finanzvolumen bei weitem das zu erwartende private Investitionspotential, das durch die Weltbank vermittelt werden konnte.[222]

Die Folge der in den *Articles of Agreement* klar definierten Finanzierungsmodalitäten war, dass die USA wirtschaftlich als einzige Nation dazu in der Lage war, die Rekonstruktion Europas auf der Grundlage von „Government-to-government Krediten" unilateral zu finanzieren und den in Bretton-Woods vorbereiteten zentralen Aufgabenbereich der Weltbank im Wesentlichen übernahm. Diese unilateral getragenen Finanzierungsaufkommen durch die USA wurden im Übrigen auf kommunistischer Seite so hingestellt, dass die Vereinigten Staaten sich durch das in Aussichtstellen der Wiederaufbaukredite die Zustimmung der europäischen Delegierten zu den auf hegemoniale Vormachtstellung abzielenden Bretton-Woods-Konzepten sicherten.

Doch ungeachtet des bis heute andauernden wissenschaftlichen Diskurses um die tatsächlichen US-amerikanischen Intentionen für die Finanzierung des Wiederaufbaus Europas hatte diese Wiederaufbaupolitik zur Folge, dass für die Weltbank bereits während ihrer Gründungsphase absehbar wurde, dass einer der beiden maßgeblichen Arbeitsschwerpunkte nicht zum künftigen Aufgabenbereich zählen würde. Die Weltbank konnte und musste sich auf den verbleibenden zweiten Schwerpunkt - die Entwicklungsarbeit - konzentrieren.

---

222 Vgl. Mason / Asher (1973), S. 2.

2.1.3.2 Die entwicklungspolitische Orientierungslosigkeit in Bretton-Woods: Interessensunterschiede der Teilnehmerstaaten

2.1.3.2.1 Die besondere Situation und Erwartungshaltung der „weniger entwickelten Länder"

Dass die Vertreter der industriell „weniger entwickelten" Staaten („Keynes spricht in seiner Einführungsrede zum ersten Treffen der Bretton-Woods Kommission zur Gründung einer Weltbank von den *„less developed countries"*[223]) ein besonderes Interesse an der Gestaltung einer Entwicklungsbank hatten, bedarf sicherlich keiner ausholenden Erklärung. Im Hinblick auf die meist immer noch in kolonialer Abhängigkeit stehenden Länder, deren gesamte Wirtschafts- und Infrastruktur einzig auf den Versorgungsanspruch der jeweiligen Kolonialmacht ausgerichtet worden war, offenbarte sich in Anbetracht ihrer ausgehöhlten und ausgebeuteten Ökonomien ein schier unermesslicher Bedarf an wirtschaftlicher Unterstützung zur Entwicklung einer selbstbestimmten Wirtschaftspolitik. Dass sich hierbei die Hoffnungen auf eine international organisierte Aufbauhilfe konzentrierten, resultierte nicht zuletzt aus der Erkenntnis, dass sich ihre jeweiligen europäischen Besatzungsmächte nach Beendigung des Zweiten Weltkrieges selber in einer desolaten ökonomischen Situation befinden würden. Selbst für den Fall, dass durch den Einfluss der neuen amerikanischen Hegemonialmacht ein Paradigmenwechsel in der Kolonialpolitik, hin zu einer stärkeren Liberalität und Partnerschaftlichkeit von den europäischen Mächten in Erwägung gezogen werden sollte, war in Anbetracht deren erschöpfter wirtschaftlicher Ressourcen keine nennenswerte Aufbauhilfe mehr zu erwarten.

Eine effiziente Hilfestellung bzw. Unterstützung war nur von Seiten der Vereinigten Staaten oder aber von einer internationalen Staatengemeinschaft bzw. Weltorganisation zu erwarten.

Doch über die Form dieser Unterstützung, die ihnen in Bretton-Woods von den führenden Industrienationen zugesichert wurde, lagen offensichtlich noch keine konkreten Vorstellungen vor – weder auf Seiten der Delegierten der Industrieländer noch auf Seiten der Delegierten aus den „weniger entwickelten" Ländern.

Bei Betrachtung der Weltbankgeschichte wird ersichtlich, dass noch zum Zeitpunkt der Bretton-Woods-Konferenz die besondere Problematik der industriell weniger oder auch gar nicht entwickelten Länder unter den Wirtschaftsexperten kaum erfasst und erörtert worden war. Die Vorstel-

---

223 Mason / Asher (1973), S. 1f.

lung, dass die besondere Situation dieser nach politischer und ökonomischer Selbstbestimmung strebenden Länder einer spezifischen Wirtschaftsförderung bedürfen könnte, war auch während der Verhandlungen zur Ausarbeitung der Weltbankstatuten kein wirklicher Gegenstand der Verhandlungsdebatten. Zwar hatten andere Stimmen, wie die des Republikaners Robert Alfonso Taft 1943 in einer Senatsanhörung gegen Bretton-Woods bereits generelle Bedenken gegen ein internationales entwicklungspolitisches Engagement damit begründet, dass hierdurch langfristig nur Abhängigkeiten und Freiräume für lobbyistische Wirtschaftspolitik entstehen würden[224], dennoch ist davon auszugehen, dass zum Zeitpunkt der Bretton-Woods-Verhandlungen noch kein ausgeprägtes Bewusstsein über die spezifischen Probleme der Entwicklungsländer und der anstehenden weltwirtschaftlichen Probleme sowohl auf Seiten der industriell führenden als auch auf Seiten der ökonomisch unterentwickelten Staaten entstanden war. Auch Mason und Asher konstatieren bereits in ihren einleiteten Worten zu ihrer Dokumentation eine mangelnde Sensibilität bzw. ein fehlendes Problembewusstsein für die spezifischen Belange der Entwicklungsländer während der Bretton-Woods Konferenz:

> „Finally, insofar as the Bretton Woods delegates considered the question specifically, they saw no reason to distinguish those policies relating to trade, payments, and capital flows that were considered to be favorable to the growth and prosperity of the developed countries of the world from those favorable to less developed countries. **In fact the distinction between developed and less developed and between north and south - the special problems of the „third world" - had scarcely swum into the ken of postwar planners.**"[225]

Mason und Asher kommen zudem zu der Überzeugung, dass zum damaligen Zeitpunkt offensichtlich niemand vorhersah, wie schnell die weltweite Entkolonialisierung voranschreiten würde und wie gravierend sich dieser Prozess auf die Entwicklung der Arbeit des IWF und der Weltbank auswirken würde:

> „ (...), neither the Bretton Woods delegates nor anyone else foresaw how rapidly the colonial world would disintegrate and what this disintegration would do to the organization of the Fund and the Bank and their relations with their membership. "[226]

224 Vgl. Rich (1998).

225 Mason / Asher (1973), S. 4.

226 Mason / Asher (1973), S. 3.

So dokumentieren Mason und Asher insgesamt, dass zum Zeitpunkt der Bretton-Woods-Verhandlungen noch keine tatsächliche wissenschaftliche oder politische Auseinandersetzung über die spezifischen Belange, Probleme und Perspektiven der „Dritte-Welt-Länder" stattgefunden hatte, die zu einer fundierten entwicklungspolitische Strategie hätte ausformuliert werden können. In Ermangelung eines Problembewusstseins für die besondere wirtschaftliche und politische Situation der industriell unterentwickelten Staaten stellte sich den Experten zum Zeitpunkt der Tagung offensichtlich noch nicht die Frage nach einer differenzierteren, über eine rein finanzielle Unterstützung hinausgehenden Wirtschaftsförderung für diese Regionen. Im vereinfachten Zugang zum Weltkapital sahen die Experten und Delegierten das Allheilmittel für alle wirtschaftsschwachen Länder, ungeachtet ihrer Wirtschaftsgeschichte, die für einen Großteil der später als „Dritte Welt" bezeichneten Nationen von kolonialer Ausbeutung geprägt war.

Der Wirtschaftshistoriker Carl Landauer bringt zum Ausdruck, dass zum damaligen Zeitpunkt der Gedanke einer spezifischen Entwicklungspolitik zwar nicht neu war, doch zum ersten Mal überhaupt auf einem internationalen Podium aufgegriffen wurde, während die wirtschaftliche Entwicklung der Kolonien bis dahin einzig die Angelegenheit der jeweiligen Kolonialmacht war, die in erster Linie ihre eigenen wirtschaftlichen Interessen im Auge behielt. Während Carl Landauer wenigstens ein sekundäres Interesse der Kolonialmächte an einer uneigennützigen Entwicklung ihrer Kolonien in Erwägung zieht[227], geht der Wirtschaftswissenschaftler Fritz Sternberg davon aus, dass die europäischen Kolonialmächte in der Vergangenheit gezielt eine industrielle Entwicklung in ihren Kolonien gehemmt haben - nicht zuletzt, weil sie befürchteten, dass ihre eigenen Industrieprodukte somit weltweiter Konkurrenz ausgesetzt werden könnten. Außerdem war damit zu rechnen, dass an einer stärkeren Industrialisierung der Kolonien gerade die Schichten partizipieren könnten, die die Führerschaft der politischen Unabhängigkeitsbewegungen übernehmen würden.[228] Der Auffassung Sternbergs folgend, ist davon auszugehen, dass auf Seiten der europäischen Kolonialmächte zum damaligen Zeitpunkt kein wirkliches Interesse an einem Entwicklungskonzept für ihre Kolonien bestand. Erst mit der zunehmenden Akzeptanz, dass die Kolonien nicht mehr zu halten waren, mussten sich die Kolonialreiche mit der Frage der politischen und wirtschaftlichen Zukunft der Kolonien befassen - und zwar zu einem Zeitpunkt, zu dem die eigene nationale Krisensituation kaum Raum

227 Vgl. Landauer (1981), S. 220.

228 Vgl. Sternberg (1961), S. 46.

für ein wirkliches politisches Interesse an den Problemen der entfernten Kolonialreiche ließ.

Die Perspektive, dass sich an diesem politischen Desinteresse in absehbarer Zeit nichts ändern würde, zwang die Eliten in den Kolonien, erstmals über die Rahmenbedingungen ihrer künftigen Unabhängigkeit nachzudenken.

In Anbetracht der somit gerade erst beginnenden internationalen Diskussion um die besondere Problematik der Entwicklungsländer ist es nachvollziehbar, dass auch die Delegierten der „unterentwickelten Länder" - trotz ihrer direkten Betroffenheit - zum Zeitpunkt der Verhandlungen noch keine konkretisierten Vorstellungen bzw. Forderungen in Bretton-Woods formulieren und einbringen konnten, außer denen nach finanzieller Aufbauhilfe und gleichberechtigtem Zugang zum Weltmarkt. Fritz Sternberg macht zudem auf die teilweise gravierenden strukturellen Unterschiede zwischen den einzelnen Ländern der pauschal benannten „Dritten Welt" aufmerksam. Zu dieser Welt gehörten die Länder Südamerikas, die bereits untereinander stark differenziert waren sowie die arabischen Länder, Teile Afrikas, Indonesien oder Pakistan, aber auch China und Indien, in denen mehr als ein Drittel der Erdbevölkerung lebte.[229] Die historisch, wirtschaftlich, geografisch oder geopolitisch begründeten unterschiedlichen wirtschaftlichen Anforderungen dieser einzelnen Staaten erschwerten mindestens die Ausarbeitung eines gemeinsam verfassten entwicklungspolitischen Bedarfskonzeptes, das für die gesamt „Dritte-Welt-Region" Gültigkeit haben konnte. Wahrscheinlicher war - und ist es heute noch - dass auf Seiten dieser sogenannten „Dritten Welt" aufgrund ihrer Differenziertheit keine Einigung über einen entwicklungspolitischen General- bzw. Bedarfsplan erzielt werden konnte.

Die wissenschaftliche und wirtschaftspolitische Auseinandersetzung mit der Frage, wie die Ökonomien der industriell unterentwickelten Länder am effizientesten dem Niveau der führenden Industrienationen angeglichen werden können, setzte zeitgleich mit den ersten Entkolonialisierungen nach Bretton-Woods ein. Zum Zeitpunkt der Weltbankgründung jedoch fehlten sowohl detaillierte Analysen über die besondere Problematik der unterentwickelten Länder als auch fundierte wirtschaftliche Gegen- bzw. Förderkonzepte.

229 Vgl. Sternberg (1961), S. 156.

2.1.3.2.2 Die entwicklungspolitischen Interessen der drei Großmächte USA, Großbritannien und Sowjetunion in der Nachkriegsplanung

Das in Bretton-Woods zutage getretene entwicklungspolitische Engagement auf Seiten der führenden Industrienationen leitete sich aus mehreren Motiven ab, wobei insgesamt sicherlich auch eine idealistisch geprägte Aufbruchstimmung zum Tragen kam, in der die Konferenzteilnehmer die Tagungswochen als Geburtsstunde einer besseren und gerechteren Welt begriffen. Dieser Geist spiegelt sich im Pathos einiger von Mason und Asher dokumentierter Redebeiträge der Konferenzteilnehmer, so auch in der Eröffnungsrede von J.M. Keynes. Welches Gewicht dieser idealistischen Motivation beigemessen werden kann, dürfte sich aus wissenschaftlicher Sicht nur schwer erfassen lassen. Dennoch wird dieser Gesichtspunkt hier als ein tatsächliches und nicht nur vorgeschobenes Motiv angenommen, hinter dem sich nicht nur ein rein machtstrategisches oder ökonomisches Kalkül verbarg.

Doch über diesen idealistischen Aspekt hinaus bildeten sicherlich vor allem rationale und insbesondere ökonomische Überlegungen den Hintergrund für das plötzlich aufkeimende entwicklungspolitische Interesse der führenden Industrienationen.

Im Hinblick auf Großbritannien und sein plötzliches Interesse an einem internationalem Entwicklungskonzept und der späteren, erstaunlich raschen Aufgabe seiner kolonialen Vorrechte gegenüber den nach Souveränität strebenden Kolonien erklärt Carl Landauer, dass sich die britische, aber auch andere europäische Kolonialmächte zunehmenden militanten Freiheitsbewegungen in ihren Kolonien gegenübersahen, denen die Kolonialmächte nur mit enormen, militärischen Aufwendungen hätten begegnen können, wozu ihnen in Anbetracht ihrer eigenen wirtschaftlichen Misere die notwendigen Kapazitäten fehlen würden. Auch kann nicht außer Acht gelassen werden, dass eine generelle Kriegsmüdigkeit von erneuten militärischen Aktionen zur Niederschlagung zunehmender Freiheitskämpfe in den Kolonien absehen ließ.[230]

Die Internationalisierung der Entwicklungspolitik eröffnete den europäischen Kolonialmächten eine Möglichkeit, sich den Anforderungen der wachsenden Unruhen in ihren Kolonien zu entziehen, indem sie sowohl die politische wie auch wirtschaftliche Verantwortung für die Kolonien an die internationale Gemeinschaft abgaben, während alle nationalen Kapazitäten auf den Wiederaufbau der eigenen Wirtschaft ausgerichtet werden konnten.

---

230 Vgl. Landauer (1981), S. 218.

Im Falle Frankreichs weist Landauer darauf hin, dass die Regierung unter De Gaulle zudem nach dem Krieg alle nationalen Kräfte auf den Ausbau einer europäischen Politik konzentrieren und somit einen neuen außenpolitischen Schwerpunkt innerhalb der Grenzen Europas legen wollte.[231]

Das nachlassende Interesse der europäischen Kolonialmächte an ihren Kolonien beschleunigte den Entkolonialisierungsprozess in der Nachkriegszeit. Dies kam den amerikanischen Handelsinteressen durchaus entgegen. Mit der Auflösung der kolonialen Handelsstrukturen fielen zugleich die einer wirtschaftlichen Expansion des amerikanischen Marktes entgegenstehenden Handelsbarrieren, die bis dato die europäischen Ökonomien privilegierten und schützten.

Der mit dem Zweiten Weltkrieg einsetzende Auflösungsprozess der Kolonialstrukturen eröffnete der amerikanischen Wirtschaft somit die Aussicht auf einen künftigen ungehinderten Zugang zu den Weltmärkten, ohne dass sich die US-Administration ernsthaft mit der Frage einer militärisch bestimmten Expansionsstrategie auseinanderzusetzen brauchte und ohne in eine offene Rivalität zu den europäischen Kolonialmächten um neue Märkte treten zu müssen. Für die US-Administration stellte sich nunmehr die Aufgabe, die sich entkolonialisierenden Nationen zu adäquaten Handelspartnern zu entwickeln, was unbestritten als ein Hauptmotiv für das entwicklungspolitische Engagement der US-Administration unter F.D. Roosevelt angesehen werden kann.

Inwieweit unterstellt werden kann oder davon auszugehen ist, dass die amerikanische Regierung unter F.D. Roosevelt mindestens billigend in Kauf nehmen wollte, dass die amerikanische Expansions- und Wirtschaftspolitik zu Lasten der „Dritten Welt-Bevölkerungen" vorangetrieben werden sollte, bleibt spekulativ, ebenso wie der weiter oben bereits kritisch hinterfragte, auch von Williams vorgebrachte Ansatz, wonach die US-Administration im Vorfeld und im Verlauf der Bretton-Woods-Konferenz beabsichtigte, die Weltbank für eine derartige Ausbeutungspolitik zu instrumentalisieren.[232] Die Existenz derartiger auf Ausbeutung ausgerichteten administrativen Instrumentalisierungspläne würde den von Mason und Asher dokumentierten Vereinbarungen der Bretton-Woods-Delegierten, alle entwicklungspolitischen Fragen in die Kompetenz des Bankdirektoriums zu legen, allerdings widersprechen.

Im Rahmen des bereits ausführlich dargestellten US-kritischen Ansatzes wird ein ethisch-moralisch motiviertes Interesse der Vereinigten Staaten

231 Vgl. Landauer (1981), S. 218.

232 Vgl. Williams in: Wehler (1972), S. 415ff.

an einem Entwicklungsprogramm für die Länder der „Dritten Welt" negiert und als vorgeschoben erachtet. Diese Auffassung teil Carl Landauer nicht. Er sieht das moralische Motiv als traditionellen Bestandteil des amerikanischen Weltideals und misst ihm auch für die Regentschaftszeit F.D. Roosevelts eine große Bedeutung für das entwicklungspolitische Engagement der US-Administration in der Nachkriegszeit bei. Er betont, dass die Vereinigten Staaten die Länder, die sie unterstützt haben, nicht ´ausgebeutet´ haben und dass das Misslingen der entwicklungspolitischen Konzepte auf Fehler zurückzuführen sei, aber kein Ergebnis ausbeuterischer Absicht war.[233] Auch W.A. Williams´ Begründung des amerikanischen *„idealistischen Imperialismus"* bezeugt ein traditionelles moralisches Pflicht- bzw. Sendebewusstsein, dass immer wieder - abhängig insbesondere auch von den differierenden Idealen der jeweils amtierenden Präsidenten - in die amerikanische Außenpolitik einfloss.

Während die handelspolitisch und moralisch-ethisch fundierten Motive für das entwicklungspolitische Engagement der US-Administration als unstrittig gelten können, bringt Rainer Tetzlaff einen weiteren Aspekt in die Diskussion um die entwicklungspolitische Motivlage der US-Administration ein, dessen Einordnung in die Chronologie der Kriegs- und Nachkriegsgeschichte wie auch der Bretton-Woods-Geschichte Fragen aufwirft.

Tetzlaff stellt das entwicklungspolitische Engagement der USA im Vorfeld und Verlauf der Bretton-Woods-Konferenz in den Kontext der amerikanisch-sowjetischen Spannungen[234], die später im sogenannten „Kalten Krieg" gipfelten und die gesamte Nachkriegsära prägen sollten. In dieser Argumentationslinie resultierte das Interesse der Vereinigten Staaten an den Ländern der Dritten Welt vor allem aus einer antikommunistisch motivierten Strategie, der zufolge die US-Administration verhindern wollte, dass sich die wirtschaftlich unterentwickelten Staaten, deren Lebensstandard ein deutliches Gefälle zur westlichen Welt aufwiesen, die Nähe zur Sowjetunion suchen würden, deren Staatsideologie sowohl zur Gleichberechtigung der Völker als auch zu einer gerechteren Verteilung des Wohlstands aufrief.

Das Inaussichtstellen amerikanischer und internationaler Entwicklungshilfe durch die Weltbank sollte hiernach in erster Linie die Bindung dieser nach Wohlstand strebenden Länder an den Westen, und hier vor allem an die USA gewährleisten und somit dem kommunistischen Ein-

233 Vgl. Landauer (1981), S. 217.

234 Vgl. Tetzlaff (1984), S. 128.

flussbereich entziehen, der einer Ausdehnung des liberalen, kapitalistischen Welthandels möglicherweise Grenzen setzen konnte.

Unbestritten prägte dieses Motiv insgesamt die spätere Entwicklungs- wie auch Weltpolitik der meisten nachfolgenden US-Administrationen. Doch Tetzlaffs Auffassung, dass bereits die Bretton-Woods-Konferenz zum Schauplatz der amerikanisch-sowjetischen Spannungen wurde, steht unter anderem im Widerspruch zu den Aufzeichnungen des damaligen amerikanischen Bundesrichters und Roosevelt-Beraters James F. Byrnes.

Hiernach hat Roosevelt bis zu seinem Tod im April 1945 grundsätzlich versucht, Stalin in den künftigen Globalisierungsprozess bzw. die neue Nachkriegsordnung einzubinden.[235] Zu diesem Ergebnis kommen auch Heinz Gollwitzer, Joachim Peckert und, gemeinsam mit seinem Koautor Carl-Christoph Schweitzer, auch Ernst-Otto Czempiel.[236] Die grundsätzliche Kooperationsbereitschaft der US-Administration galt Byrnes zufolge auch für die Anfangszeit der Truman-Präsidentschaft. Dies bestätigt auch Ekkehart Krippendorff, der darauf verweist, dass Truman beabsichtigte, der Sowjetunion großzügige Kredite anzubieten, mit der Intention, die UdSSR zunächst wirtschaftspolitisch und dann auch gesell-

---

235 Vgl. Byrnes (1947), S. 56ff.

236 Heinz Gollwitzer beschreibt die grundsätzliche Kooperationsbereitschaft der Rooseveltregierung mit der Sowjetunion vor dem Hintergrund, dass eine breite Mehrheit, zu denen auch Roosevelt zählte, davon ausging, dass nur die USA und die Sowjetunion den Krieg als Weltmächte überstehen würden. In Anbetracht dieser absehbaren Entwicklung müssten die Vereinigten Staaten der Sowjetunion entgegenkommen, wenn man langfristig keinen Dritten Weltkrieg riskieren wollte. Nach Gollwitzer meldeten sich während des Krieges in den Vereinigten Staaten nur vereinzelte Stimmen, die den weltpolitischen Akzent weniger auf die bevorstehende Partnerschaft mit der Sowjetunion bei der Neuordnung der Welt legten als auf wahrscheinliche Spannungen mit Moskau und die Notwendigkeit einer Eindämmung der kommunistischen Expansion. Gollwitzer sieht Roosevelt in einem Kreis realpolitisch denkender Strategen, die der Sowjetunion im Rahmen einer neuen Nachkriegsordnung weit entgegenkommen wollten. Vgl. Gollwitzer (1982), S. 390f. Auch Joachim Peckert und Ernst Otto Czempiel konstatieren diese anfängliche Kooperationsbereitschaft, die erst durch die Konfrontation mit vollzogenen Entscheidungen der Sowjetunion desillusioniert und dann aufgegeben wurde. Vgl. Peckert (1961), S. 105, vgl. Czempiel / Schweitzer (1984), S. 23f. Edward S. Mason schreibt in einem Aufsatz in „America´s Foreign Policy, hrsg. von Harold Karan Jacobson, dass selbst zum Zeitpunkt der Potsdamer Konferenz aus amerikanischer Sicht eine Teilung der Welt noch nicht als Faktum galt.: „...We were at that time, however, still a long way from a recognition of the fact that the world was already divided". Mason in: Jacobson (1960), S. 553.

schaftspolitisch zu öffnen.[237] Erst im Anschluss an die Jalta-Konferenz im Februar 1945 - also ein halbes Jahr nach Bretton-Woods! - zeichneten sich laut Byrnes zunehmende Schwierigkeiten im Verhältnis zur stalinistischen Sowjetunion ab, die Roosevelt in seiner letzten Ansprache zur Lage der Nation im Januar 1945 allerdings schon vorausahnte:

> „...Je näher die Niederlage unserer Feinde heranrückt, desto deutlicher werden wir uns der unausweichlichen Differenzen unter den Siegern bewußt (sic!)".[238]

Byrnes begründet diese Entwicklung damit, dass die anfänglichen gemeinsamen Ziele und Entschlüsse der „Großen Drei" (USA, Sowjetunion, Großbritannien), die sich hauptsächlich auf militärische Entscheidungsprozesse zur Bewältigung der deutschen Wehrmacht konzentriert hatten, in Anbetracht des heranrückenden Kriegsendes zunehmend von politischen Fragen verdrängt wurden.[239] Die wachsenden Spannungen

---

237 Vgl. Krippendorff (1970), S. 35.

238 Byrnes (1947), S. 87.

239 Zu einem schwierigen Verhandlungspunkt wurde vor allem die künftige staatsrechtliche Position Rumäniens und Polens, die nach dem Krieg zur russischen Besatzungszone gehören sollten.Neben der rumänisch-polnischen Frage entbrannte Byrnes zufolge zeitgleich eine Auseinandersetzung in einer Sitzung zur Gründung der Organisation der Vereinten Nationen (San Francisco). Mit Kriegsende entstanden weitere Reibungspunkte, beispielweise über die Aufnahme Frankreichs in die Reihe der Großmächte, die Modalitäten zur Wahlbeobachtung in Griechenland sowie in der Frage zur Milderung der italienischen Waffenstillstandsbestimmungen. Eine andere Frage betraf die britischen und amerikanischen Industriebesitze in Rumänien, die zuerst von den Deutschen und nach dem Krieg von Russland beschlagnahmt und teilweise entfernt worden waren. Dazu kamen später die sowjetischen Forderungen, künftig sowohl die Kontrolle über die Meerenge bei den Dardanellen auszuüben als auch die Treuhänderschaft über die italienischen Kolonien an der afrikanischen Mittelmeerküste zu erhalten, was vor allem Churchill für indiskutabel hielt und in die Kompetenz der Vereinten Nationen unterstellen wollte. Differenzen in der Frage der Besatzungspolitik in Deutschland und schließlich die Reparationsfrage erwiesen sich als zunehmend spannungsgeladene Verhandlungsthemen, die dennoch alle in der Konferenz zu Potsdam einer Lösung zugeführt und ratifiziert werden konnten. Den Ausführungen Byrnes´ ist zu entnehmen, dass aus Sicht der US-Administration erst die anschließende Verletzung der Potsdamer Beschlüsse durch die Sowjet-Regierung, deren Aushandlung so schwierig gewesen war, das Verhältnis der Truman Regierung zur sowjetischen Führerschaft nachhaltig trübte. Als dann im Zuge der Entmachtung des ungarischen Premierministers der Verdacht aufkam, dass dieser Gewaltakt auf Befehl der Sowjetregierung erfolgt war, verhärteten sich, so Byrnes, die Fronten. Die US-Administration sah hierin einen weiteren Verstoß gegen das Abkommen in Jalta. Erstmals wurde in diesem Zusammen-

waren, so Byrnes, ein gewichtiger Bewegrund für Roosevelt, die Organisation der Vereinten Nationen noch während des Krieges zu gründen, um den zu erwartenden Spannungen mit einer gefestigten internationalen Gemeinschaft entgegenzuwirken.[240]

Während Roosevelt und Stalin in persönlichen Verhandlungsgesprächen und Korrespondenzen politische Interessensunterschiede und Spannungen zunächst immer wieder beilegen konnten, beschreibt Byrnes ausführlich die diplomatische Abwärtsspirale, die erst nach Roosevelts Tod und insbesondere im Anschluss an das Potsdamer Abkommen im August 1945 - und damit erst ein Jahr nach Ratifizierung der Bretton-Woods-Statuten - einsetzte![241]

Das bereits die Bretton-Woods-Verhandlungen unter dem Vorzeichen eines antikommunistischen Machtkalküls amerikanischer Interessensstrategien standen und die Verdrängung der Sowjetunion aus dem künftigen Globalisierungsprozess bezweckten, bleibt vor dem Hintergrund der von Byrnes detailliert beschriebenen Entwicklung der diplomatischen Abwärtsspirale zwischen der US-Administration und der Stalinistischen Sowjet-Führung fragwürdig. Es ist vielmehr davon auszugehen, dass Stalins Interesse an einer sowjetischen Mitgliedschaft sowohl in der Organisation der Vereinten Nationen als auch in anderen internationalen Institutionen gering war. Zu dieser Einschätzung kommen sowohl die Weltbank-Chronisten Mason und Asher als auch der russische Historiker und Russland-Experte Alexander Dallin.[242]Mason und Asher führen den Rückzug der Sowjet-Regierung darauf zurück, dass sie das von ihr eingeforderte Veto-Recht nicht durchsetzen konnte und dass die Sowjetunion aufgrund der Quoten-Regelung im Hinblick auf ihre Abstimmungskraft lediglich den dritten Platz belegt hätte, nach den Vereinigten Staaten und Großbritannien. Darüber hinaus sehen Mason und Asher ein weiteres Rückzugsmotiv vor dem Hintergrund, dass sich eine dem Kommunismus verschriebene Sowjetunion nicht mit dem generellen Hauptzweck des IWF und der Weltbank identifizieren konnte, der darin bestand, vor allem Privatinvestitionen und -kapital sowie den Ausbau freier Märkte zu fördern. So begründete die sowjetische Regierung 1947 die Nicht-Ratifizierung der *Articles of Agreement* damit, dass die Bretton-Woods-Institutionen die Funktion von *„branches of Wall-Street"* über-

hang über die Frage eines militärischen Vorgehens nachgedacht. Vgl. Byrnes (1947), S. 87–107, S 108ff, S. 122ff.

240 Vgl. ebd., S. 87.

241 Ebd., S. 89 ff.

242 Vgl. Dallin (1962), S. 22.

nommen hätten.[243] Alexander Dallin sieht Stalins Rückzug aus den Bretton-Woods-Vereinbarungen vor allem vor dem Hintergrund, dass Stalin eine uneingeschränkte Souveränität anstrebte, die nicht von internationalen Vereinbarungen beschränkt werden sollte.[244]

Den Ausführungen von Byrnes, Gollwitzer, Peckert ebenso wie Krippendorff und Dallin folgend ist somit nicht davon auszugehen, dass die in Bretton-Woods einfließenden entwicklungspolitischen Ambitionen der Roosevelt-Administration von einem Dualismus zwischen den beiden Großmächten USA und UdSSR determiniert waren.

2.1.4 Zwischenfazit

Im Hinblick auf die Diskussion um die Reformfähigkeit der Weltbank lenkt der generalisierende, historisch oft oberflächlich begründete US-Zentrismus bis heute von der Erfordernis einer expliziten Untersuchung der institutionellen Zusammenhänge und Verantwortlichkeiten innerhalb der Weltbank ab. Daraus resultierte das Anliegen der vorangegangenen Kapitel, gängige US-zentristische Argumentationslinien im Rahmen der Reform-Debatte kritisch zu hinterfragen und zu verdeutlichen, dass die Bretton-Woods-Institutionen zum Zeitpunkt ihrer Gründung nicht in ein historisches Korsett amerikanisch-imperialistischer oder hegemonialer Interessenspolitik eingezwängt waren, aus dem sie sich bis heute nicht hätten befreien können.

Vor dem Hintergrund der hier herausgearbeiteten historischen Fehl- bzw. Alternativinterpretationen der US-Außenpolitik schließt sich beinahe zwangsläufig die Frage an, inwieweit nicht auch im Rahmen der aktuellen Weltbankkritik der US-Einfluss auf die Weltbankarbeit falsch bewertet wird. Dabei wird nicht in Frage gestellt, dass den Vereinigten Staaten aufgrund der in Bretton-Woods ratifizierten Statuten grundsätzlich eine formale Vorteilsposition gegenüber den anderen Teilnehmernationen zuteil wurde. Zu überprüfen ist jedoch, inwieweit dieser formale Machtvorteil von den einzelnen US-Administrationen in der Vergangenheit politisch tatsächlich ausgenutzt wurde, genauer gesagt, ausgenutzt werden konnte und inwieweit die amerikanischen Regierungen tatsächlich an den teilweise desaströsen entwicklungspolitischen Projekten und Strategien der Weltbank beteiligt oder für diese mitverantwortlich waren.

243 Vgl. Mason / Asher (1973), S. 29.

244 Vgl. Dallin (1962), S. 22.

Während sich die bisherigen Kapitel vorrangig mit den Interpretationen der Bretton-Woods-Geschichte befassten, werden die nächsten Kapitel sich explizit mit der Geschichte der Weltbank auseinandersetzen. Hierbei ist das Herausarbeiten der Korrelationen zwischen US-Administration und Weltbank-Management und den möglicherweise wechselnden Akteurs-Funktionen innerhalb dieser globalpolitischen Symbiose ein wesentlicher Bestandteil, um auch hier ggfs. auf allzu pauschalisierende US-zentristische Bewertungen der Weltbankarbeit aufmerksam zu machen. In einem weiteren Schritt wende ich mich dann der zentralen Frage dieser Forschungsarbeit zu, ob und inwieweit die Fehlentwicklungen in der Weltbankarbeit ihre Ursachen nicht vielmehr auf der institutionellen Ebene dieser Organisation als auf der Ebene nationaler Interessensstrategien und Kompetenzzuweisungen haben könnten.

Ohne die amerikanische Dominanz auf die Weltbankpolitik außer Acht zu lassen, wird in den nachfolgenden Kapiteln daher der Forschungsschwerpunkt insbesondere auf die inneren Strukturen der Institution Weltbank gelegt, um hier weitere - vom gängigen US-Zentrismus losgelöste - Ursachen für die Fehlentwicklungen und Reformschwierigkeiten der Weltbank zu diskutieren und abschließend interne wie externe Machtstrukturen und Einflüsse und Verantwortlichkeiten herauszuarbeiten.

2.2 Maßgaben, Kriterien und Konflikte beim Aufbau der Organisations- und Personalstrukturen der Weltbank

Im Hinblick auf die Entwicklung der Organisationsstrukturen der Weltbank sind abermals insbesondere die Ausführungen von Mason und Asher besonders aufschlussreich, da sie auf der Grundlage zahlreicher Interviews mit den Konstrukteuren der Bretton-Woods-Institutionen und anderen namhaften Weltbankmitarbeitern der „ersten Stunde" zum Teil sehr detaillierte Angaben zu den anfänglichen Konflikten und Kompetenzschwierigkeiten der ersten Weltbankdirektorien dokumentieren. Diese Ausführungen lassen zum einen Rückschlüsse auf das Ausmaß und die Entwicklung der Abhängigkeit und Weisungsgebundenheit des Weltbank-Managements gegenüber den US-Administrationen zu. Zum anderen finden sich im Rahmen dieser Ausführungen wichtige Hinweise auf Konflikte und Probleme mit den institutionellen Kompetenzregelungen, deren jeweilige Lösungen den machtpolitischen Rahmen der Institution Weltbank sowohl auf der institutionellen Ebene als auch auf der Ebene des Managements und der die Exekutiv-Direktoren entsendenden Teilnehmerstaaten nachhaltig veränderten.

Die spätere Behebung der von Mason und Asher beschriebenen organisatorischen Startschwierigkeiten des Weltbank-Managements gewichtet nicht zuletzt die bereits diskutierte These, die Weltbank sei in erster Linie das machtpolitische Instrument der führenden Industrienationen, allen voran der USA, ebenfalls neu.

Ein von Mason und Asher lediglich in einer Fußnote angemerkter Briefwechsel zwischen dem ersten amerikanischen Exekutiv-Direktor E.G. Collado und Mason macht die anfängliche Organisationsproblematik der Weltbank nach Aufnahme ihrer Arbeit deutlich. Collado schrieb im Hinblick auf die in Bretton Woods festgelegten Organisationsstrukturen der Weltbank im Sommer 1969 rückblickend an Mason:

> „We spent very little time on organization in the Bank Committee. As a consequence, no serious attempt was made to structure the organization in a different fashion, possibly more appropriate to its purpose".[245]

Unmittelbare Folge dieser von Collado angedeuteten Unzulänglichkeiten in der Frage der Organisationsstruktur waren zwei Konflikte, wobei der erste bereits zu erheblichen Kontroversen beim ersten Treffen des Weltbankdirektoriums im März 1946 in Savannah führte, während der zweite Konflikt sich erst im Verlauf der anfänglichen Geschäftstätigkeit des Weltbank-Managements abzeichnete und letztlich dazu führte, dass der erste Weltbank-Präsident Eugene Meyer bereits nach kurzer Zeit von seinem Amt zurücktrat. Collado selber, in seiner Funktion als amerikanischer Exekutiv-Direktor hatte zu diesem Schritt Meyers erheblich beigetragen. Die Entstehung und die machtpolitischen Folgen dieser ersten Krise der Weltbank werden nachfolgend rekonstruiert.

2.2.1 Aufbau und Kompetenzzuweisung der Weltbankgremien im Bretton-Woods-Abkommen

Die ersten sechs der insgesamt elf *Articles of Agreement* der Weltbankstatuten befassen sich mit den zentralen Aufgaben und Zielen der Organisation. Sie regeln die Mitgliedschaft und die Kapitalausstattung der Bank, klären die Konditionen der Kreditvergabe und Garantieübernahmen. Darüber hinaus legen sie die Suspensions- und Austrittsregelungen von Mitgliedstaaten sowie Status, Immunitäten und Privilegien der Bank fest.

245 Fußn. 43, in: Mason / Asher (1973), S. 29.

In ihnen werden auch Fragen der Organisationsstruktur und Kompetenzzuweisungen innerhalb des Managements grundsätzlich geregelt, die im Rahmen der vorliegenden Machtstrukturanalyse von besonderem Interesse sind. Die Inhalte und Hintergründe der betreffenden Artikel, die die Aufgaben der Weltbankgremien und des Managements formaljuristisch festlegten, sollen zunächst kurz skizziert werden, um hierauf aufbauend herauszuarbeiten, welche realen machtpolitischen Strukturen sich aus diesem formellen Satzungsrecht entwickelten.

Die ersten fünf Paragraphen beschreiben das Zustandekommen und Zusammenwirken der drei wichtigsten Weltbankgremien. Diese sind bis heute, der Gouverneursrat, das Exekutiv-Direktorium und der Präsident.

2.2.1.1 Der Gouverneursrat (Board of Governors)

Das oberste Organ ist der Gouverneursrat (Board of Governors). Formal liegen alle Befugnisse der Bank in diesem Gremium, das aus je einem Gouverneur und je einem Stellvertreter von jedem Mitgliedsstaat für jeweils fünf Jahre bestellt wird. Wenn auch nicht von den Statuten eingefordert, so besetzen traditionell die Gouverneure in ihrem eigenen Land zeitgleich das Amt des Finanzministers oder des Präsidenten der jeweiligen Zentralbank. Jedes Land, unabhängig von seinen Kapitaleinlagen, hat einen Sitz. Da der Gouverneursrat nur einmal jährlich tagt, überträgt er daher dem Exekutiv-Direktorium alle notwendigen Vollmachten zur Ausführung der anstehenden Tagesgeschäfte. Ausgenommen sind hiervon einige Entscheidungen, die die Weltbank in ihrer Substanz betreffen. Diese bleiben der ausschließlichen Kompetenz des Gouverneursrates vorbehalten und dürfen nicht an das Exekutiv-Direktorium übertragen werden:

1. Aufnahme und Suspension von Mitgliedsstaaten
2. Veränderungen des Stammkapitals
3. Verwendung der Nettogewinne
4. Vereinbarungen über die Kooperation mit anderen internationalen Organisationen
5. Wahl der Exekutiv-Direktoren, soweit diese nicht direkt von den Regierungen (fünf Exekutiv-Direktoren werden direkt von den fünf führenden Teilnehmerstaaten USA, Großbritannien, China, Frankreich, Indien delegiert.) benannt werden.

2.2.1.2 Das Exekutiv-Direktorium

Die Bretton-Woods-Statuten sahen ein zwölfköpfiges Direktorium vor, dessen Mitglieder für zwei Jahre vom Gouverneursrat ernannt werden. Allerdings folgte diese Benennung keinem demokratischen Wahlmodus, da die fünf einflussreichsten der zwölf vorgesehenen Exekutiv-Direktoren direkt von den Ländern bestellt wurden, die über die höchsten Kapitalanteile verfügten, während sieben Direktoren von den Gouverneuren der anderen 37 Teilnehmerstaaten gewählt werden sollten. Rainer Tetzlaff weist zu Recht darauf hin, dass somit von Anfang an zwei Klassen von Exekutiv-Direktoren etabliert wurden.[246] Mit dieser Bestimmung wurde folgenden Staaten eine privilegierte Sonderstellung eingeräumt (in der Reihenfolge ihrer finanziellen Aufwendungen für die Weltbank): USA, Großbritannien, Sowjetunion, China, Frankreich. Nach dem Ausstieg der Sowjetunion aus den Bretton-Woods-Verhandlungen rückten China und Frankreich auf und Indien durfte als fünftes privilegiertes Land ebenfalls direkt einen Exekutiv-Direktor delegieren.

Während im Falle des Gouverneurrates eine konkrete Aufgaben- bzw. Kompetenzzuweisung formuliert wurde, beschränkten sich die Statuten im Falle des Exekutiv-Direktoriums darauf, dass das Direktorium für die allgemeine Geschäftstätigkeit verantwortlich sei. Anders als die Mitglieder des Gouverneurrates sollten nach den Vereinbarungen in Savannah 1946 die Exekutiv-Direktoren ständig am Hauptsitz der Weltbank amtieren und in regelmäßigen Sitzungen und so oft, wie es die Geschäfte erfordern, zusammentreten. Neben ihrer Funktion als verantwortliches und damit kontrollierendes Gremium der Bank-Operationen war es – gemäß den Statuten – Aufgabe des Exekutiv-Direktoriums, einen Kandidaten zum Weltbank-Präsidenten zu wählen, der weder aus den Reihen der Gouverneure noch der Exekutiv-Direktoren kommen sollte. Ohne dass die in Bretton-Woods festgelegten Statuten dies vorsahen, beanspruchte die US-Administration dann im Vorfeld der Savannah-Konferenz die Nominierung des Weltbank-Präsidenten für sich, wodurch die Exekutiv-Direktoren den Präsidenten nur noch formal wählen konnten. Die Anspruchshaltung der amerikanischen Regierung im Hinblick gerade auf die Nominierung des Weltbank-Präsidenten ist insofern erstaunlich, als die US-Administration die Nominierung des IWF-Präsidenten den europäischen Delegierten überließ, obwohl der IWF als die bedeutendere der beiden Bretton-Woods-Institutionen betrachtet und auch konzipiert wurde.

---

246 Vgl. Tetzlaff (1980), S. 161.

2.2.1.3 Der Präsident der Weltbank

Nominiert von der US-Administration, formal gewählt vom Exekutiv-Direktorium, sollte der Präsident ohne zeitliche Begrenzung ins Amt berufen werden. Als Präsident der Bank übernahm er gleichzeitig den Vorsitz der Exekutiv-Direktoren. Zwar sollte ihm die Ausführung der laufenden Geschäfte unterstehen, doch sahen die Statuten eine generelle Weisungsgebundenheit des Präsidenten gegenüber dem Exekutiv-Direktorium vor. (Art. 5, Sec. b). Diese Weisungsgebundenheit und die eher diffus formulierten Funktionsbeschreibungen führten nach Aufnahme der Bankgeschäfte unter anderem zu gravierenden Kompetenzstreitigkeiten zwischen dem Weltbank-Präsidenten und einigen Exekutiv-Direktoren, die weiter unten noch näher beleuchtet werden. Auch die Festlegung, dass der Präsident innerhalb des Exekutiv-Direktoriums keine eigene Stimme - außer bei Stimmengleichheit - hatte, sorgte für Konfliktpotential zwischen dem ersten Präsidenten und dem Exekutiv-Direktorium.

Insgesamt fielen Einstellungen und Entlassungen der Weltbank-Angestellten in seinen Verantwortungsbereich. Im Hinblick auf die Einstellungskriterien legten die Statuten ausdrücklich fest, dass der Präsident nicht - wie in einigen anderen UN-Institutionen - durch geographische Quotenregelungen eingeschränkt sei, sondern in erster Linie die Sicherung eines hohen Standards effizienter und technischer Kompetenz seiner Mitarbeiter gewährleisten solle. Den Aspekt einer möglichst breiten, repräsentativen geographischen Basis sollte er lediglich *berücksichtigen* (Art. 5, sec. d).

Gemäß den Statuten (Art. 5, Sec. c) waren der Präsident, die anderen Mitglieder der Geschäftsleitung und die Angestellten zunächst ausschließlich der Weltbank und keiner anderen Institution oder Autorität gegenüber rechenschaftspflichtig. Im Falle der Exekutiv-Direktoren legten die Statuten hingegen nicht fest, wem dieses Gremium verantwortlich sein sollte, ob der Bank oder ihren jeweiligen Regierungen. Über diese Frage entbrannte dann auch im Vorfeld und Verlauf des ersten Treffens der Gouverneure in Savannah 1946 eine Auseinandersetzung insbesondere zwischen John Maynard Keynes und den amerikanischen Delegierten.

2.2.2 Kompetenz- und Loyalitätskonflikte der ersten Führungsgremien und ihre machtpolitischen Folgewirkungen

Die in Bretton-Woods ratifizierten *Articles of Agreement* legten zwar grundsätzlich die Organisationsstruktur und die Kompetenzen innerhalb der Institutionen fest, dennoch blieben einige wesentliche Fragen offen, die zwei Jahre später 1946, im Rahmen des ersten Treffens der Weltbankgouverneure in Savannah im US-Staat Georgia, auf welcher der erste Weltbank-Präsident gewählt werden sollte, sehr kontrovers diskutiert wurden und nur unter schwierigen Verhandlungen einem Kompromiss zugeführt werden konnten.

Erste Differenzen zeichneten sich bereits in der Frage des zukünftigen Sitzes der Weltbank ab. Während vor allem die Delegierten Großbritanniens, Frankreichs und Indiens die Weltbank in der Nähe der Vereinten Nationen in New York ansiedeln wollten, setzten sich die amerikanischen Delegierten für einen Sitz in der Regierungshauptstadt Washington ein.

New York als Hauptsitz der UN hätte zum einen weitaus stärker die politische Unabhängigkeit der neuen Institutionen von den Regierungen symbolisiert und zum anderen auch die künftige Geschäftspraxis der Weltbank vereinfacht, da New York gleichzeitig auch Sitz der internationalen Finanzwelt war. Im Hinblick auf künftige Akquisitionen von internationalen Investoren wurde die örtliche Nähe zur Finanzwelt als ein nicht geringfügiger Vorteil erachtet.

Die von den Amerikanern gewünschte Nähe der Bretton-Woods-Institution zum amerikanischen Regierungssitz spiegelte dagegen gleichzeitig ihre Vorstellung vom politischen Stellenwert der neuen Weltinstitution als eine der amerikanischen Regierung im wahrsten Sinne des Wortes „nahe stehenden" Institution wider. In Anbetracht der ohnehin stark ausgeprägten US-Dominanz rief diese angestrebte Nähe bei den Delegierten anderer Teilnehmerstaaten zunehmendes Unbehagen hervor und löste zusammen mit der strittigen Frage zur Stellung der Exekutiv-Direktoren eine schwierige Verhandlungssituation kurz vor Aufnahme der Weltbankgeschäfte aus.

Aufgrund ihrer hohen Kapitalaufwendungen für die künftige Weltbank war es aus amerikanischer Sicht naheliegend, dass das Weltbank-Management nicht nur in engem Kontakt zum politischen Establishment der Vereinigten Staaten stehen sollte, sondern darüber hinaus sollten die Exekutiv-Direktoren ihren Regierungen gegenüber rechenschaftspflichtig, d.h. verantwortlich sein. Eine Loyalitätsgebundenheit der Exekutiv-Direktoren an ihre Regierungen bedeutete vor allem im Falle des amerikanischen Exekutiv-Direktors einen erheblichen politischen Einfluss der US-Administration auf die Politik und die Geschäftsführung der Weltbank, da aufgrund der anteilsbedingten Stimmgewichtung der amerikanische Exekutiv-Direktor einen besonderen Machtvorteil (37,2% Stimmenanteil) innerhalb des Direktoriums erhalten würde (später reduzierte sich durch die Kapitalaufstockung der anderen Teilnehmerstaaten der US-Stimmenanteil auf unter 20%).

Zwar erachtete Keynes es ebenfalls als sinnvoll, dass die Direktoren wichtige Kontakte zur eigenen Regierung und Wirtschaftswelt aufrechterhielten, dennoch lehnte er eine direkte Weisungsgebundenheit der Exekutiv-Direktoren gegenüber ihren Heimatregierungen ab.

In Anlehnung an die Strukturen der UN-Institutionen propagierte der britische Delegierte Lord Keynes die politische Unabhängigkeit aller Exekutiv-Direktoren von ihren Regierungen.

Im Hinblick auf den politischen Charakter der künftigen Exekutiv-Direktoren, begriff Keynes diese als internationale *„civil servants"*, mit alleiniger Verpflichtung gegenüber der Weltbank[247], so wie die Bretton-Woods-Statuten dies auch im Falle des Weltbank-Präsidenten festgelegt hatten. Die amerikanischen Delegierten verstanden die Exekutiv-Direktoren hingegen vielmehr als Abgesandte bzw. verlängerten politischen Arm ihrer Regierung, dem eine Aufsichts- bzw. Kontrollfunktion sowohl für die alltäglichen Bankgeschäfte als auch des noch zu wählenden Weltbank-Präsidenten und seines Mitarbeiterstabs zukommen sollte.

Aus dieser Uneinigkeit resultierte eine Diskussion darüber, wie groß der Zeitaufwand der Exekutiv-Direktoren zur Ausübung ihres Amtes sein sollte und ob dieses Amt einer permanenten Anwesenheit am Hauptsitz der Weltbank bedurfte. Nach den Vorstellungen von Keynes sollten die Direktoren in erster Linie in ihren Heimatländern ansässig sein und dort wichtige Führungsämter bekleiden, parallel zu ihren eher punktuell auszuübenden Funktionen innerhalb der Weltbank. Nur zu Tagungen und den regelmäßigen Sitzungen sollten sie vor Ort sein. Hiernach wurde also nicht erwartet, dass die Exekutiv-Direktoren ihre gesamte Zeit der Verwaltungsarbeit zu widmen hätten.[248]

Das Amt des Exekutiv-Direktors war nach Keynes Auffassung lediglich als beratende Nebentätigkeit - mit dementsprechender Besoldung - gedacht. Notwendigerweise wäre dieses Konzept mit einer klaren Übertragung aller Kompetenzen und Entscheidungsbefugnisse an den Präsidenten der Weltbank einhergegangen, was auf die strikte Ablehnung der Amerikaner stieß.

Die Frage des erforderlichen Zeitaufwands der Exekutiv-Direktoren für die Weltbankarbeit war unweigerlich mit dem Aspekt ihres politischen Einflusses auf die Geschäftsführung und damit die Ausrichtung der

---

247 Vgl. Mason / Asher (1973), S. 30.

248 Vgl. ebd., S. 38.

Weltbank verbunden. Um diesen politischen Einfluss zu festigen, betrachteten die US-Delegierten es als essentiell, das die Exekutiv-Direktoren ihre gesamte Zeit den Bankgeschäften widmeten und als „full-time-job" wahrnahmen[249], was sich natürlich auch in der Frage der Besoldung spiegelte, die zu weiteren Differenzen führte und sich zu einer Machtfrage zwischen den amerikanischen und britischen Delegierten entwickelte.

Das amerikanische Konzept sah eine Besoldung der Direktoren in Höhe eines Gehaltes bei einer erfolgreichen Privatbank vor, was von den britischen, kanadischen und holländischen Delegierten als weitaus überhöht empfunden wurde, da diese sich an den Vorstellungen von Keynes orientierten, der die künftigen Exekutiv-Direktoren lediglich in einer beratenden Funktion sah.

Im Verlauf der Savannah-Konferenz im März 1946, deren vorrangigster Tagesordnungspunkt die Wahl des ersten Weltbank-Präsidenten war, wurde zu all den strittigen Punkten eine Regelung ausgehandelt, die im Großen und Ganzen deutlich den amerikanischen Vorstellungen entsprach. Diese Einigung trug in erster Linie die Handschrift des aus dem Finanzministerium kommenden Fred M. Vinson, der der amerikanischen Delegation vorsaß und von Roosevelts Nachfolger, Präsident Truman, zunächst als erster Weltbank-Präsident vorgesehen war, dann aber in ein Regierungsamt berufen wurde.

Im Gegensatz zu Harry Dexter White, der während der Bretton-Woods-Konferenz der amerikanischen Delegation vorsaß, strebte Vinson in seiner Verhandlungsstrategie nun plötzlich eine klare Vorteilsposition der US-Administration in der künftigen Weltbank an.

Zur Frage des erforderlichen Zeitaufwands der Exekutiv-Direktoren für ihre Tätigkeit „einigten" sich die Delegierten auf die unklar formulierte Regelung, dass die Exekutiv-Direktoren und ihre Stellvertreter den Bankgeschäften die Zeit und Aufmerksamkeit zu widmen haben, die erforderlich seien und in der Zwischenzeit sollten sie kontinuierlich am Sitz der Bank verfügbar sein.[250] Dies entsprach der amerikanischen Vorstellung von einem full-time-job.

---

249 Vgl. Mason / Asher (1973), S. 38.

250 *„ (...) it shall be the duty of an Executive Director and his Alternate to devote all the time and attention to the business of the Bank that its interests require, and between them to be continuously available at the seat of the Bank."* Bylaws of the International Bank for Reconstruction and Development, Section 14 (d), in: Mason / Asher (1973), S. 38.

Darüber hinaus setzte Vinson ebenfalls durch, dass die beiden Bretton-Woods-Institutionen einer engen Kontrolle durch die Regierungen unterstehen sollten, was diametral zu den britischen Vorstellungen stand, wonach beide Organisationen als stärkere autonome, technokratische Institutionen etabliert werden sollten, unabhängig vom Wandel der nationalen Politik.[251]

Doch vor allem wurde die starke Machtposition der Exekutiv-Direktoren gegenüber dem Weltbank-Präsidenten im Sinne des amerikanischen Konzeptes manifestiert.

Die Ausführungen von Mason und Asher deuten insgesamt darauf hin, dass sich die Stimmungslage in Savannah von jener in Bretton-Woods insofern deutlich unterschied, als dass die oben dargestellten Kontroversen um Detailfragen den noch in Bretton-Woods vorherrschenden Geist des politischen Konsenses auszuhöhlen drohten. Die neuen von Truman benannten amerikanischen Delegierten setzten das Potential ihrer Regierung als größte Kapitalgeberin in politische Dominanz um. Die offensive Demonstration politischer Macht in Savannah bringt auch der von Mason und Asher zitierte Richard N. Gardener zum Ausdruck:

> „The American Treasury, which in these matters seems at present to take the lead over the State Department, massed its voting powers and ran the conference in a rigidly domineering manner. Every proposal put forward by the American delegation was pressed through with steam-roller tactics, and the delegation seems to have made no secret of its belief that the United States, which pays the piper, has a right to call the tune. In fact, the worst fears of those who had always warned us that this was what the United States meant by international economic co-operation were borne out in Savannah." [252]

Dieses Zitat deutet zunächst darauf hin, dass der Machthebel für die Weltbankpolitik aufgrund der in Savannah festgelegten starken Kontrollfunktion der Exekutiv-Direktoren (wobei der amerikanische Exekutiv-Direktor aufgrund der Stimmgewichtung einen überragenden Machtvorteil besaß) von diesem Zeitpunkt an vom amerikanischen Präsidentenhaus betätigt und gesteuert wurde. Die Abläufe in Savannah scheinen somit zunächst den auch heute noch in der Reform-Debatte eingebrachten Vorwurf zu unterlegen und zu begründen, dass die politische Ver-

251 *„Meanwhile, the Vinson view that the Bank and the Fund should be subject to rather close control by national governments had prevailed at Savannah over the British view of the Bank and Fund as more autonomous, technocratic institutions, divorced from the vicissitudes of national politics."* Mason / Asher (1973), S. 40.

252 Gardner in: Mason / Asher (1973), Fußnote 8, S. 39.

antwortung für die Weltbankpolitik stets mittels ihrer jeweiligen Exekutiv-Direktoren bei den amerikanischen Regierungen gelegen habe.

Doch diese Argumentationslinie lässt außer Acht, dass die in Savannah begründete direkte Einflussnahme der Regierungen und somit auch der US-Administration über das Exekutiv-Direktorium nicht von Dauer war. Innerhalb nur weniger Monate nach Aufnahme der Bankgeschäfte unter der Präsidentschaft Eugene Meyers kam es zu einer politischen Kehrtwende innerhalb der Institution, die schließlich eine Einschränkung der Kompetenzen des Exekutiv-Direktoriums zur Folge haben sollte.

Das bei Mason und Asher beschriebene machtpolitische Gerangel zwischen den Exekutiv-Direktoren - insbesondere und bemerkenswerter Weise vom damaligen, amerikanischen Exekutiv-Direktor Emillio G. Collado ausgehend - und dem in seinen Kompetenzen satzungsrechtlich stark eingeschränkten ersten Weltbank-Präsidenten Eugene Meyer, der ebenfalls Amerikaner war, bewogen letzteren, bereits nach einem halben Jahr Amtszeit im Dezember 1946 seinen Rücktritt zu erklären. Mason und Asher halten hierzu fest:

> „The principal frustration of the Bank´s first president was his feeling of having responsibility without authority, of having to battle the U.S.-led executive directors for stewardship of the Institution. "[253]

Mason und Asher zitieren hierzu ebenfalls den damaligen Weltbank-Kolumnisten Walter Lippmann, der im Januar 1947 diesen Konflikt kommentierte:

> „The American executiv-director, Mr. Collado, who owes his appointment to the Administration, is a powerful figure in the bank... The United States has 37 out of 100 votes, the United Kingdom 15, France 5, 5 (...) In reality then, it is Mr. Collado, the American executive-director, and not the president of the bank, who connects the work of the bank with the American government and the American people..."[254]

Der damalige amerikanische Exekutiv-Direktor Collado machte offensichtlich regen Gebrauch von seinem stimmrechtlich legitimierten Machtvorteil und stellte sich gegen Meyers Empfehlungen und Projektbeurteilungen, genauer gesagt setzte er diese mittels seiner Stimmmacht mehrfach außer Kraft. Meyer zog die Konsequenz und legte sein Amt als Weltbank-Präsident nieder.

---

253 Vgl. Mason / Asher (1973), S. 46. Auch Jochen Kraske beschreibt diesen Konflikt, vgl. Kraske (1996), S. 10ff.

254 Lippmann in: Mason / Asher (1973), S. 48.

Die anschließende Suche nach einem Nachfolger gestaltete sich sehr problematisch, da sich von den durch die amerikanischen Regierung auserkorenen Kandidaten niemand in ein Führungsamt wählen lassen wollte, in dem er faktisch kaum Kompetenzen und Handlungsfreiräume besaß. In dieser Situation gelang es dem ebenfalls in Erwägung gezogenen designierten Nachfolger Meyers, John J. McCloy, Verhandlungen zur Neuregelung der Kompetenzfrage durchzusetzen. McCloy forderte eine klare Einschränkung der Kontrollfunktionen und Mitbestimmungsrechte aller Exekutiv-Direktoren, wenn er das Amt des Präsidenten annehmen solle.[255] Damit griff er die bereits in Savannah sehr kontrovers diskutierte Frage nach dem Aufgabenbereich und der Machtbefugnis der Exekutiv-Direktoren wieder auf und setzte im Prinzip nun die britische Vorstellung durch, wonach die Direktoren sich nicht aktiv in die Tagesgeschäfte und Operationen der Institution einmischen, sondern sich auf eine generelle Aufsichts-Funktion beschränken sollten, die durch ihre Zeichnungsbefugnis erst am Ende einer Projektplanung bzw. Kreditbewilligung zum Tragen kommen würde.

McCloy bestand ausdrücklich darauf, dass der Bankpräsident nicht dem Diktat der amerikanischen Exekutiv-Direktoren unterlag.

Welches Mitglied der US-Administration letztlich den Forderungen McCloys die notwendige Unterstützung und Durchsetzungskraft verlieh, geht allerdings weder aus den Ausführungen von Kraske noch von Mason und Asher hervor.

In Anbetracht mangelnder Kandidaten für dieses Amt drängte die Zeit und nach zahlreichen Gesprächen und Verhandlungen seitens der US-Administration mit einzelnen Exekutiv-Direktoren akzeptierte das Direktorium die Forderungen McCloys.

E.G. Collado legte sein Amt daraufhin nieder und wurde durch Eugene Black ersetzt.

Allerdings wurden diese Vereinbarungen den Untersuchungen von Jochen Kraske zufolge niemals in einer formal-juristischen Form festgeschrieben.[256] Lediglich ein Vergleich der Einführungsbriefe aus den ersten beiden Weltbank-Jahresberichten, auf die sich Kraske in seiner Untersuchung stützt, dokumentiert diesen Machtwechsel. Im Vorwort zum Ersten Jahresbericht bestätigt der amtierende Meyer die schwache Position des Präsidenten:

---

255 Vgl. Mason / Asher (1973), S. 50.

256 Vgl. Kraske (1996), S. 50.

„(...) matters of policy determination are the responsibility of the President, subject to the general direction and control of the Executive-Directors. The President is the presiding officer of the Executive-Directors and is entitled to a deciding vote in the case of an equal division."[257]

Im nächsten Jahresbericht dokumentiert der neue Präsident McCloy den Machtwechsel, in dem er seine Begrüßungsrede mit folgenden Worten einleitet:

„The President is the Chief Executive-Director of the Bank. Under him, the Vice President acts as the General Manager with responsibility for assuring the effective operation of other offices and departments. It is the Vice President, too, who directs the formulation of policy recommendations for the President."[258]

Die gewonnene Erweiterung des Handlung- bzw. Machtspielraums für den Weltbank-Präsidenten zu Ungunsten der Exekutiv-Direktoren schränkte den direkten Einfluss aller Regierungen auf die Weltbankgeschäfte ein. Nach der Machtbeschneidung auch ihres Exekutiv-Direktors blieb der Trumanschen Regierung von den beiden in Savannah durchgefochtenen direkten Einflussmöglichkeiten auf die Weltbankarbeit formal nur noch die Nominierung der künftigen Weltbank-Präsidenten.

Die Dominanz der US-Administration in der Anfangsphase der Weltbank determinierte den äußeren und organisatorischen Rahmen der Institution und verschaffte ihr unbestritten zunächst eine formale Vorteilsposition. Dennoch lässt sich aus diesem Umstand und unter besonderer Berücksichtigung des faktischen Machtverlustes durch die von McCloy erwirkten Kompetenzregelungen keine eindeutige Aussage darüber ableiten, ob und inwieweit sich dieses Machtprivileg auch nach Aufnahme der Bankgeschäfte fortsetzte. Wie stark konnte sich der verbliebene machtpolitische Arm der US-Administration in der Folgezeit tatsächlich auf die Politik der Weltbank auswirken?

Rainer Tetzlaff, der in seiner Bewertung der Weltbank tendenziell eher zu einer US-zentristischen Betrachtung neigt, hebt in seiner Monographie diametral zu seinen weiteren Ausführungen hervor, dass der politisch prägende Einfluss, den die Weltbank im Bereich der internationalen Politik seit den 1950er Jahren einnahm, von ihrem Präsidenten (Weltbank-Präsidenten) bestimmt wurde. Tetzlaff greift die Überzeugung M. L. Hoffmans auf, indem er schreibt: „ (...) *dass die Bank die Ambitionen und*

257 IBRD, First Annual Report in: Kraske (1996), S. 52.

258 IBRD, Second Annual Report 1946/47 in: Kraske (1996), S. 52.

Ziele, die Persönlichkeit und die Vorurteile ihrer Präsidenten weit stärker widerspiegelt als die meisten anderen Institutionen."[259]

Im Hinblick auf die Präsidentschaft McCloys bleibt festzustellen, dass die Macht bzw. Einflussnahme der US-Administration offensichtlich erstmalig und vielleicht nachhaltig an Grenzen stieß und sich zumindest punktuell dem Willen des von ihr selbst nominierten Weltbank-Präsidenten fügen musste. Durch McCloy wurden die formal-rechtlichen Einflussmöglichkeiten der USA zugunsten des Weltbank-Managements faktisch eingeschränkt.

Die Machtbeschneidung der Exekutiv-Direktoren als verlängerter Arm ihrer Regierungen veranlasst denn auch dazu, im Rahmen des nächsten Kapitels den bisherigen Blick stärker auf die Entwicklung der innerorganisatorischen Machtstrukturen umzulenken, um differenziertere Erkenntnisse über die tatsächlichen Kompetenzen der Weltbankführung zu erhalten. Auch sind in diesem Zusammenhang eventuelle Abhängigkeiten und Korrelationen mit anderen Weltorganisationen und Regierungen in die Untersuchung mit einzubeziehen.

---

259 Hoffman in: Tetzlaff (1980), S. 167.

3 Formaler Struktur- und Organisationsaufbau der Weltbank unter machtpolitischen Aspekten

3.1 Korrelationen der Weltbank mit anderen Weltorganisationen

3.1.1 Die Weltbank im Institutionenverbund der UNO

Sowohl der IWF als auch die Weltbank- bzw. die Weltbankgruppe sind formal als Sonderorganisationen der Vereinten Nationen, der UNO, zu verstehen. Diese formale Einbindung in das mehr als fünfzig Institutionen umfassende Organisationsgeflecht der Vereinten Nationen lässt zunächst vermuten, der politische und organisatorische Handlungsfreiraum der beiden Bretton-Woods-Institutionen wäre zumindest in Teilbereichen, d.h. in den übergeordneten Zielvorgaben an die Satzungen und Weisungen der Mutterorganisation, die UNO gebunden. Eine derartige Weisungsgebundenheit bzw. Rechenschaftspflicht gegenüber den Vereinten Nationen würde den in dieser Studie zu untersuchenden Kreis der möglichen Verantwortungsträger bzw. Akteure in der Weltbank deutlich ausdehnen, da in diesem Fall auch die Machtstrukturen der UNO detailliert zu überprüfen wären.

Doch kann die Signifikanz der UNO im Hinblick auf ihre politische Verantwortung für die Zielvorgaben und Geschäftsführung der Weltbank vernachlässigt, d.h. gänzlich negiert werden, da es als unstrittig gilt, dass die Vereinten Nationen seit Gründung der Weltbank über kein unmittelbares Weisungsrecht gegenüber ihrer Unterorganisation verfügen. Die Weltbank, wie im übrigen auch der IWF, besitzen im Gegensatz zu den anderen UN-Organisationen seit 1947 einen Sonderstatus innerhalb des Organisationenverbunds der UNO, der ihnen eine uneingeschränkte Autonomie zusichert und sie lediglich anhält, Resolutionen und Empfehlungen des UN-Rates bei ihren Geschäftsentscheidungen zu berücksichtigen.[260]

Im Hinblick auf diese allgemein anerkannte uneingeschränkte Autonomie irritiert jedoch eine 1987 von Rudolf von Hanstein verfasste Studie zum politischen Einfluss der UNO auf ihre Sonderorganisationen.

260 Vgl. Ferber / Winkelmann (1985), S. 73, vgl. Freiberg und Jürgens in: Koll (1988), S 20ff.

Hanstein dokumentiert, dass sich die Weltbank im Fall des UN-Boykottaufrufs gegen Südafrika und Portugal[261] in den 1960er Jahren durch ihre Verweigerungshaltung, diesen Boykottaufruf umzusetzen, angeblich gezwungen sah, vor der UN eine Rechtfertigungsstrategie vorzubringen.[262] In dieser von Hanstein recherchierten Auseinandersetzung zwischen der Weltbank und der Generalversammlung der UN legitimierten die Delegierten der Weltbank die Beibehaltung ihrer Geschäftsbeziehungen zu den von der UNO mit Boykott belegten Ländern durch das Satzungsrecht der Weltbank, das in Artikel IV, Abschnitt 10 eine politisch motivierte Einmischung der Bank in die inneren Angelegenheiten eines Landes nicht vorsieht.[263] In diesem von Hanstein untersuchten Konflikt, in dem die juristische Interpretation des Art. IV Abschnitt 10 der Weltbankstatuten offensichtlich von zentraler Bedeutung in seiner Beweisführung zur Feststellung der faktischen Unabhängigkeit der Weltbank ist, lässt er jedoch außer Acht, dass die Rechtfertigungsstrategie der Weltbank keine wirklich juristische Notwendigkeit war, da sie bereits seit 1947 als autonome Unterorganisation der Vereinten Nationen etabliert war und an keine Weisungen der UN-Generalversammlung gebunden war. Der selbst auferlegte Rechtfertigungsdruck Seiten der Weltbank resultierte allenfalls aus ethischen Erwägungen der Geschäftsleitung.

Auch Artikel 17 der UN-Charta, der die UN-Generalversammlung ausdrücklich autorisiert, alle Finanz- und Budgetvereinbarungen mit den Sonderorganisationen - also auch mit der Weltbank und dem IWF - überprüfen zu dürfen, scheint aufgrund dieser Autorisierung zunächst die Autonomie der Weltbank einzuschränken. Doch dieses formale Recht der UNO wird nach Art. 58, 60 UN-Charta faktisch wieder aufgehoben. Denn hiernach reduziert sich dieses Überprüfungsrecht auf das Aussprechen von Empfehlungen zur besseren Koordination der Tätigkeiten ihrer Organisationen. Detlev Chr. Dicke hält fest, dass die Kompe-

261 Die Vereinten Nationen verfassten eine Resolution, in der sie durch einen internationalen Boykottaufruf Südafrika und Portugal zur Korrektur ihrer Politik der Rassendiskriminierung bzw. der Fortsetzung ihrer Kolonialpolitik zwingen wollten, vgl. Hanstein (1988), S. 51ff.

262 Vgl. Hanstein (1988), S. 51ff.

263 Vgl. ebd., S. 53f. Artikel IV, Section 10 im orginal Wortlaut bei Mason / Asher: *„Political activity prohibited: The Bank and is officers shall not interfere in the political affairs of any member; nor shall they be influenced in their decisions by the political character of the member or members concerned. Only economic considerations shall be relevant to their decisions, and these considerations shall be weighed impartially in order to achieve the purposes, stand in Article I."* Mason / Asher (1973), S. 768.

tenzen der UN allerdings nicht ausreichen, eventuelle rechtliche Schritte gegen die Weltbank einzuleiten, da dies nur mit dem Einverständnis der Sonderorganisation geschehen könnte.[264] Damit wird auch die Kontrollfunktion der UN im Hinblick auf Finanz- und Budgetfragen im Prinzip unterhöhlt und die Autonomie der Weltbank bleibt auch in dieser Hinsicht uneingeschränkt.

Doch wie vollzog sich die Grundsteinlegung zu diesem Sonderstatus?

Noch während der Savannah-Konferenz 1946 hatte die Führung des ECOSOC[265] die Exekutiv-Direktoren der Weltbank eingeladen, an Verhandlungen über die künftige Kooperation zwischen der UNO und der Weltbank teilzunehmen. Obwohl die Weltbank von Anfang an als UN-Institution konzipiert war und es daher nahe lag, dieser Aufforderung noch vor Aufnahme der Geschäftstätigkeit der Weltbank nachzukommen, zögerten die Exekutiv-Direktoren der Weltbank diese Verhandlungen hinaus. Erst unter McCloys Präsidentschaft wurden die Verhandlungen konkretisiert und mit dem Ziel fortgesetzt, einen Sonderstatus für die Weltbank zu erwirken.[266] Die Delegierten der Bank wiesen den von der ECOSOC vorbereiteten Kooperationsvertrag, der die Weltbank an die UNO binden sollte, mit der Befürchtung ab, dass eine Benennung der Weltbank als Unterorganisation der UN und die damit einhergehende enge Koordination zwischen beiden Institutionen, die Bank einer politischen Kontrolle durch die UNO unterwerfe und somit die Kredit- bzw. Glaubwürdigkeit der Bank in der Wall-Street gefährdet sein könnte, da die Bank in diesem Fall ihre Geschäfte nicht nur nach rein ökonomischen Gesichtspunkten zu entscheiden hätte, sondern auch politischen Vorgaben der UNO folgen müsse. Mason und Asher halten hierzu fest:

> „The Bank was very fearful that becoming a specialized agency of the United Nations would subject it to undesirable political control or influence and hurt its credit rating in Wall Street, despite the government guarantee behind its bonds."[267]

Auch wenn die sowjetischen und norwegischen ECOSOC-Teilnehmer vehement gegen einen Sonderstatus der Weltbank argumentierten, willigte die UN-Generalversammlung in das Anliegen der Weltbankdelegation schließlich ein und erklärte sie zur unabhängigen internationalen

---

264 Vgl. Dicke in: Seidel-Hohenveldern (1972), S. 62.

265 Der Economic and Social Council war das von der UN-Generalversammlung bevollmächtigte Organ, die Kooperationsverträge mit den in ihr Ressort fallenden Unter- bzw. Sonderorganisationen auszuhandeln.

266 Vgl. Mason / Asher (1973), S. 56.

267 Ebd., S. 56.

Organisation - ein Status, der auch auf den IWF übertragen wurde. Beide Bretton-Woods-Institutionen erklärten sich im Gegenzug allerdings nur bereit, die politischen Zielvorgaben der UNO in ihren Geschäftsentscheidungen zu berücksichtigen: *„The Bretton Woods institutions agree only to give ´due consideration´ to the inclusion on their agendas of items proposed by the Unitd Nations."*[268]

Die Entstehung dieser Sonderstellung ist im Hinblick auf den Untersuchungsgegenstand dieser Studie insofern bemerkenswert, als das Erlangen dieser Autonomie gegenüber der UNO in Verbindung mit den durch John McCloy bereits erwirkten Kompetenzeinbußen der Exekutiv-Direktoren einen weiteren Machtzuwachs auf Seiten der Weltbankführung entstehen ließ, der zumindest den Rahmen für eine politische Abschottung des Managements gegen externe Einflussnahmen durch die Regierungen der Teilnehmerstaaten einerseits oder durch die UNO andererseits bot, festigte und auch juristisch legitimierte. Gerd Wiegand bemerkt zudem, dass die Weltbank darüber hinaus ein Recht für sich in Anspruch nahm, dass sie der UNO nicht zugestand. Während Vertreter der Vereinten Nationen nur an den Sitzungen des Gouverneursrates teilnehmen dürfen, sind die Vertreter der Weltbank berechtigt, Sitzungen der UN-Generalversammlung, der UN-Ausschüsse, des Wirtschafts- und Sozialrates, des Treuhänderrates und derer Unterorgane beizuwohnen, sofern sie Themen von Interesse für die Weltbank verhandeln.[269]

Vor diesem Hintergrund kann, wie bereits beschrieben, auf eine detaillierte Überprüfung der Abhängigkeiten der Weltbank von ihrer „Mutter-Organisation", der UNO sowie deren Unterorganisationen verzichtet werden. Die hier betonte Feststellung der autonomen Sonderposition der Weltbank steht dabei nicht im Widerspruch zu Günter Unsers und Manfred Ferbers Ausführungen, wonach die Weltbank mit zahlreichen anderen UN-Einrichtungen, beispielsweise mit dem UNDP (United Nations Development Programme), der FAO (Food and Agriculture Organization of the United Nations), der WHO (Worlds Health Organization) und der UNESCO (United Nations Educational, Scientific and Cultural Organization) ebenso der WTO (World Trade Organization), UNIDO (United Nations Industrial Development Organization) in engem Kontakt steht und in Teilgebieten kooperiert.[270] Eine Zusammenarbeit mit diesen und anderen internationalen Organisationen steht trotz der verbrieften Autonomie beider Bretton-Woods-Institutionen außer Frage, auch wenn die Koordinierung sich oft schwierig gestaltet und die Zusammenarbeit

268 Mason / Asher (1973), S. 58.

269 Vgl. Wiegand (1978), S. 309f.

270 Vgl. Unser (2004), S. 231, vgl. Ferber / Winkelmann (1985), S. 73f.

häufig an „traditionellen" Rivalitäten scheiterte, wie Wiegand zumindest für den Zeitraum bis 1978 feststellt.[271]

Einen Überblick über das System der Vereinten Nationen gibt die nachfolgende graphische Abbildung.

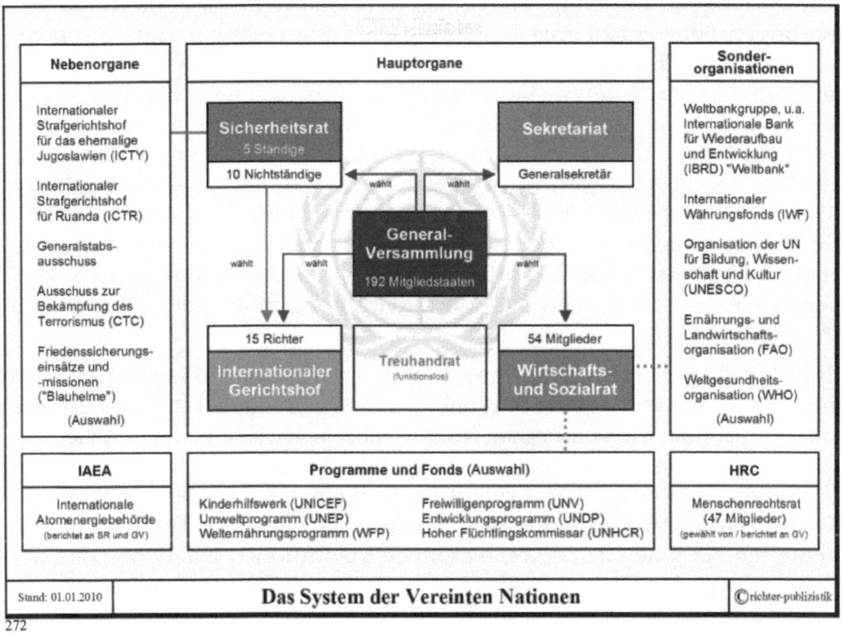

Das System der Vereinten Nationen
[272]

3.1.2 Die Weltbankgruppe

Bis 1960 wurde die Weltbank um zwei Tochterorganisationen erweitert, so dass heute auch die Bezeichnung Weltbankgruppe in den Sprachgebrauch übergegangen ist. Satzungsgemäß können die Mitglieder der Weltbank auf Antrag auch Mitglieder dieser beiden Tochterorganisationen werden.

Als erste Tochterbank wurde 1956 die Internationale Finanz-Corporation (IFC) gegründet. Hintergrund dieser Bankgründung war, dass die Finanzierung einer Reihe von förderungswürdigen Projekten, vor allem in den weniger entwickelten Ländern, über die in den Weltbankstatuten

271 Vgl. Wiegand (1978), S. 311.

272 CRP-Infotech (2010), http://www.crp-infotec.de/06orgs/uno/system.html.

festgelegten Tätigkeitsbereiche hinausging.[273]Die IFC ergänzt die Tätigkeit der Weltbank und der IDA (International Development Association, s.u.) insofern, als sie die Spitzenfinanzierung für bestimmte privatwirtschaftliche Projekte übernimmt.[274] Obschon mit der Weltbank organisatorisch eng verbunden, ist die IFC eine selbstständige juristische Einheit.[275] Während die Weltbank gemäß ihrer Statuten Darlehen nur an Regierungen oder gegen eine Regierungsgarantie vergeben darf, kann die IFC über eine Projektfinanzierung hinaus Kredite auch an private Unternehmen vergeben, ohne die betreffenden Regierungen einzubeziehen. Sie stellt unter anderem gemeinsam mit privaten Kapitalanlegern Finanzierungsmittel ohne Rückzahlungsgarantie einer Regierung in den Fällen zur Verfügung, in denen nicht genügend privates Kapital zu tragbaren Konditionen erhältlich ist.[276] Rainer Tetzlaff hebt hierbei hervor, dass die Geschäftspraxis der IFC, bei einer Kreditvergabe oder bei ihren Investitionsbeteiligungen keine Regierungsgarantien zu erwarten oder zu akzeptieren, zur Folge hat, dass aus- und inländische Investoren ohne staatliche Kontrollen operieren können.[277]

Zur Motivlage für die Gründung der IFC merkt Gerd Wiegand an, dass das Gründungsvorhaben vor allem eine Reaktion der Weltbank-Führung auf wachsende internationale Konkurrenz war. Einerseits wurde von Seiten der US-Administration eine Erhöhung des Kreditvolumens der US-Export-Import-Bank in Erwägung gezogen, die von der Weltbank als Konkurrentin empfunden wurde. Andererseits war die Tendenz in den Vereinten Nationen unverkennbar, neue Institutionen zur Förderung der Entwicklung der Dritten Welt zu schaffen.[278] Weltbank-Präsident Black wollte den Gründungen dieser Konkurrenz-Banken zuvorkommen und unterbreitete dem UN-Generalsekretär den Vorschlag, die Gründung einer International Finance Corporation unter Führung der Weltbank zu unterstützen.[279] Diese Offensive ist wohl auch im Kontext der anfängli-

273 Vgl. Ferber / Winkelmann (1985), S. 70.

274 Vgl. Unser (2004), S. 238.

275 Vgl. ebd., S. 237.

276 Vgl. Internationale Bank für Wiederaufbau und Entwicklung (1963), S. 100.

277 Vgl. Tetzlaff (1980), S. 385.

278 Vgl. Wiegand (1978), S. 203.

279 Diese Darstellung steht in einem vermeintlichen Widerspruch zur Auffassung von Günter Unser, wonach die IFC auf Antrag der UN-Generalversammlung hin gegründet wurde. Vgl. Unser (2004), S. 237. Dieser Widerspruch lässt sich nur so erklären, dass Unser sich auf die Dokumentation des formaljuristischen Vorgangs beschränkt hat. Danach wurde folgerichtig der Antrag von der UN-Generalversammlung gestellt. Wiegand hingegen beschreibt in erster Linie die Ereignisse vor Zustandekommen formaler Abläufe.

chen Etablierungsprobleme der Weltbank zu sehen. Denn nachdem ihre vorrangige Aufgabe, die Finanzierung des Wiederaufbaus Europas in erster Linie durch die US-Administration übernommen wurde, fehlte ihr ein adäquates, neues Aufgabenfeld. Das Entstehen neuer Institutionen, die dieses Aufgabenfeld übernehmen würden, hätte die Notwendigkeit und damit den Fortbestand der Weltbank möglicherweise in Frage gestellt.

Laut Wiegand war die US-Administration wenig begeistert von den Plänen der Weltbank, geriet aber unter starken Druck, da sie ansonsten auch keine Bereitschaft signalisierte, neue Entwicklungshilfeorganisationen zu unterstützen.[280]

1960 wurde infolge des zunehmenden Drängens der Entwicklungsländer die Tätigkeit der Weltbank durch eine zweite Tochterinstitution bzw. Tochterbank ergänzt - die International Development Association (IDA). Ihre Gründung resultierte Ende der 50er Jahre aus der wachsenden Auslandsverschuldung vieler Entwicklungsländer, die weitere Kreditaufnahmen dieser Länder zu den in den Statuten festgelegten üblichen Konditionen bei der Weltbank nicht mehr ermöglichten.[281] Die UN-Generalversammlung entwickelte ein Kreditkonzept, wonach den wirtschaftlich schwächsten Ländern mit sogenannten „weichen Krediten" mehr internationale Unterstützung zuteil werden sollte. Laut Wiegand waren anfänglich sowohl die Weltbank-Führung unter Präsident Black als auch die US-Administration gegen ein derartiges Konzept. Aber wiederum bekam die Weltbank die mögliche Konkurrenz anderer UN-Organisationen zu spüren, und sie musste sich entscheiden, entweder ihren Aufgabenbereich, den Wiegand als "Imperium" umschreibt, zu erweitern oder entscheidende Kompetenzen neuen Organisationen zu überlassen. Gleichzeitig gewannen die Entwicklungsländer in den Reihen der US-Politiker mehrere Fürsprecher, so dass die Opposition gegen eine Gründung der IDA schwand.[282]

Für Rainer Tetzlaff war die Gründung der IDA auch eine Reaktion auf die wachsende Bereitschaft der Sowjetunion, einigen wichtigen Entwicklungsländern und ehemaligen Kolonien Kredite und Waren zu günstigeren Bedingungen zur Verfügung zu stellen, als die westliche Weltgemeinschaft dies bislang tat.[283] Die IDA wurde autorisiert, Darlehen gegen

280 Vgl. Wiegand (1978), S. 204.

281 Vgl. Tetzlaff in: Nohlen (1989), S. 308–309, vgl. Vogler (1994), S. 123, vgl. Ferber / Winkelmann (1985), S. 71.

282 Vgl. Wiegand (1978), S. 206.

283 Vgl. Tetzlaff (1980), S. 260.

geringe bzw. ohne Zinsbelastungen zu vergeben und zudem längere, teilweise auf mehrere Jahrzehnte angelegte Laufzeiten zu gewähren.[284] Wie ihre Schwester, die IFC, kann die IDA ihre Kredite auch an private Unternehmen vergeben und somit die privatwirtschaftliche Investitionstätigkeit direkt fördern.[285] Für IDA-Kredite kommen nur Länder mit einem sehr niedrigen Pro-Kopf-Einkommen in Frage. Die IDA etablierte sich infolge des enormen Entwicklungsbedarfs der durch Kolonialisierung ausgebluteten Ökonomien der Dritten Welt schnell zur wichtigsten und aktivsten Organisation für internationale Entwicklungshilfe.

Im Hinblick auf gemeinsame Verwaltungsarbeiten innerhalb der Weltbankgruppe ist hervorzuheben, dass die von den Mitgliedsregierungen ernannten oder gewählten Direktoren der Weltbank identisch mit den Direktoren der IFC und der IDA sind. Der Präsident der Weltbank ist formell auch Präsident der IDA wie auch der IFC. Die Geschäftsleitung der IFC weist einen geschäftsführenden und einen weiteren Vize-Präsidenten auf. Das Fachpersonal der IFC verfügt über einen eigenen Mitarbeiterstab, während das Fachpersonal der IDA identisch mit dem der Weltbank ist.[286]

Wiegand hält im Hinblick auf die Weltbankgruppe fest, dass sowohl Weltbank und IFC als auch IDA eigenständige Rechtspersönlichkeiten besitzen mit der Befugnis, im eigenen Namen Verträge zu schließen, bewegliches und unbewegliches Vermögen zu erwerben und darüber zu verfügen sowie Rechtsstreitigkeiten führen zu können. Dennoch sieht Wiegand in den drei Institutionen wenig mehr als drei Aspekte *einer* Organisation.[287]

Auch die 1988 gegründete MIGA (Multilateral Investment Guarantee Agency) gehört zur Weltbankgruppe. Sie fördert privatwirtschaftliche Investitionen in den weniger entwickelten Ländern, indem sie Versicherungen gegen nichtkommerzielle Risiken wie Bürgerkriege oder Enteignungen anbietet. Sie berät außerdem die Regierungen von Entwicklungsländern zu Programmen zur Förderung von ausländischen Investitionen und bietet Dienstleistungen in Fragen technischer Hilfe und Investitionsberatung an. Seit einiger Zeit initiiert sie das sogenannte „Small-Investment-Program" (SIP), das sich besonders an kleine und mittlere Investoren richtet.[288]

284 Vgl. Ferber / Winkelmann (1985), S. 71f.

285 Vgl. Unser (2004), S. 238.

286 Vgl. Tetzlaff (1980), S. 258.

287 Vgl. Wiegand (1978), S. 223.

288 Vgl. Breuer (2007), S. 16.

Und schließlich zählt auch das 1966 gegründete, aber in den Medien selten erwähnte Internationale Zentrum zur Beilegung von Investitionsstreitigkeiten (ICSID International Centre for Settlement of Investment Disputes) zur Weltbankgruppe. Das ICSID ist eine unabhängige Einrichtung mit 144 Mitgliedern innerhalb der Weltbankgruppe, die bei Investitionsstreitigkeiten zwischen ausländischen Investoren und Regierungen zu vermitteln sucht.

Die nachfolgende graphische Darstellung der Weltbankgruppe schlüsselt zudem das jeweilige Finanzierungsvolumen der Weltbank-Töchter auf und gibt an, wie viele Projekte 2006 von den einzelnen Instituten finanziert wurden.

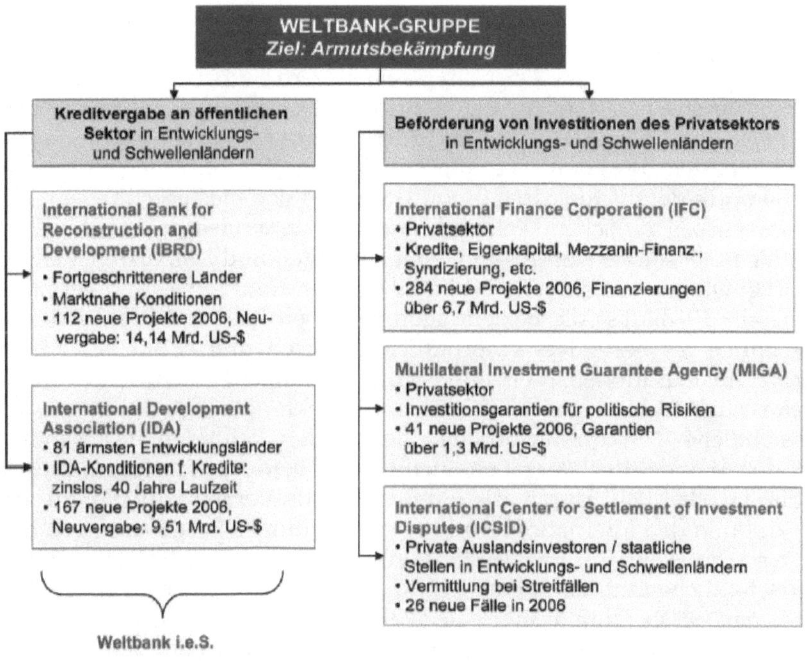

Abb. 4: Die Weltbankgruppe: Zielgruppen, Produkte und Finanzierungsvolumina (2006)

[289]

289 Como-Studie (2007), S. 17.

3.1.3 Weltbank und IWF

Wie viele Autoren weisen auch Manfred Ferber, Ralf Freiberg und Thomas Jürgens darauf hin, dass beide Bretton-Woods- Institutionen durch ihre gemeinsame Entstehungsgeschichte, die sich in Teilbereichen ergänzenden Arbeitsgebiete und den in Bretton-Woods festgeschriebenen organisatorischen Gemeinsamkeiten miteinander verzahnt sind. So ist der Beitritt zum IWF Voraussetzung für eine Mitgliedschaft in der Weltbank. Zudem halten beide Institutionen gemeinsame Jahrestagungen ab. Ferber bringt außerdem ein, dass mehrere Gouverneure und Exekutiv-Direktoren in einer Personalunion sowohl für den IWF als auch die Weltbank gleichzeitig tätig sind.[290]

Ob und inwieweit Ferber mit der Hervorhebung dieser Personalunionen die enge Kooperation zwischen den beiden Schwestern-Institutionen zu untermauern beabsichtigt, kann aus seinen weiteren Beschreibungen nicht abgeleitet werden. Doch im Gegensatz zu Ferbers oder auch Kolls formal-juristischen Ausführungen aus den 1980er Jahren deuten spätestens seit dem Jahr 2002, die von Joseph Stiglitz in seiner Monographie „Die Schatten der Globalisierung" verfassten Vorwürfe gegenüber der IWF-Politik darauf hin, dass die in Bretton-Woods festgeschriebene Zusammenarbeit zwischen Weltbank und IWF zumindest zeitweilig offensichtlich viel stärker von Auseinandersetzungen und Konkurrenzdenken geprägt war als von einvernehmlicher Kooperation.[291] Wiegand vermerkte bereits 1978, dass die Beziehungen zwischen IWF und Weltbank sich manchmal als besonders empfindlich erwiesen und es an der Bereitschaft zur Zusammenarbeit offensichtlich mangelte.[292] Auch der ZEIT-Autor Wilfried Herz greift 2005 diese Entwicklung auf und führt das offensichtliche Konkurrenzverhalten der beiden Behörden insbesondere auf den Wandel der Aufgabenzuteilung für beide Institutionen zurück. Während der IWF durch die Bretton-Woods-Vereinbarungen für die Disziplin in den internationalen Finanzbeziehungen Sorge zu tragen hatte, war die Weltbank konzipiert, konkrete Projekte zu finanzieren, um wirtschaftliche und damit entwicklungspolitische Impulse zu geben. Seit Ende der 1980er Jahre drängte die Weltbank sich mit ihren so genannten „Strukturanpassungsdarlehen", bei denen sie den Schuldnerstaaten konkrete wirtschafts- und finanzpolitische Disziplinierungsmaßnahmen auferlegte, in die Domäne des IWF. Umgekehrt mischte sich der IWF beinahe zeitgleich zunehmend in die Geschäfte der Weltbank ein, indem

290 Vgl. Ferber / Winkelmann (1985), S. 74, vgl. Freiberg/Jürgens in: Koll (1988), S. 23ff.

291 Vgl. Stiglitz (2002).

292 Vgl. Wiegand (1978), S. 311f. Zu diesem Thema siehe auch: Fernandez (2007).

er - wie die Weltbank - unter strengen wirtschaftspolitischen Auflagen, Darlehen an Entwicklungsländer vergab. Herz prangert in seinem Artikel an, dass die jeweiligen Auflagen beider Institutionen teilweise diametral zueinander konzipiert waren. Vor dem Hintergrund dieser zunehmenden Kompetenzangleichungen bzw. -überschreitungen fordert Herz die Fusionierung von IWF und Weltbank, um eine einheitliche Entwicklungsstrategie zu garantieren.[293]

Mit seiner Forderung griff Herz eine seit längerem schwelende Grundsatzdebatte auf, die im Rahmen dieser Untersuchung aufschlussreiche Hinweise auf die zu untersuchenden machtpolitischen Aspekte ergeben dürfte. Aufschlussreich insofern, als zum Zeitpunkt dieser Forschungsarbeit vorsichtig die Prognose gewagt werden kann, dass sich sowohl die IWF- als auch die Weltbankführung trotz internationalen Drucks gegen eine Fusionierung durchsetzen werden, um den damit einhergehenden Machtverlust der beiden Organisationsführungen zu verhindern. Eine Bestätigung dieser Prognose würde die hier bislang historisch gestützte Beobachtung unterstreichen, wonach sich beide Institutionen als weitaus resistenter gegen externe Einflüsse und Forderungen behaupten können, als dies vor allem die US-zentrierte Kritik an der Weltbankpolitik zu belegen versucht. Es bleibt zu beobachten, ob beide Institutionen ihre Tätigkeits- bzw. Geschäftsbereiche wieder voneinander abgrenzen und sich auf ihre ursprünglichen Kompetenzen spezialisieren werden. Doch in Anbetracht der aktuellen Weltwirtschaftskrise deutet einiges darauf hin, dass vor allem der IWF einen Bedeutungszuwachs erfahren könnte und damit wieder einen spezialisierten Tätigkeitsbereich erhalten wird, da weltweit über die Installation eines neuen Wächters über die Finanzmärkte nachgedacht wird.

Neben der Tatsache, dass die von Herz kritisierten, teilweise widersprüchlichen Strukturanpassungskonzepte beider Bretton-Woods-Institutionen die Schuldnerländer zwangsläufig in eine Konfliktsituation brachten, zeugt dieses wirtschaftspolitische und organisatorische Durch- bzw. Gegeneinander aber vor allem von der zumindest punktuell vorhandenen Unfähigkeit oder vom Unwillen beider Institutionen, tatsächlich zu kooperieren. Dies ist umso erstaunlicher, wenn man sich die weiter oben bereits einbezogene Aussage Manfred Ferbers in Erinnerung ruft, wonach einige Exekutiv-Direktoren und Gouverneure in einer Personalunion zeitgleich sowohl für den IWF als auch die Weltbank tätig sind, was im Hinblick auf die mangelnde Kooperation beider Institutionen die machtpolitische Relevanz der Gouverneure und Exekutiv-Direktoren erneut in Frage stellen würde.

293 Vgl. Herz in: Die ZEIT (2005), S. 40.

Denn während Ferber 1985 veröffentlicht, dass lediglich „mehrere" Gouverneure und Exekutiv-Direktoren in einer Personalunion für IWF und Weltbank tätig sind[294], belegt eine für das Jahr 2005 aktualisierte Überprüfung dieser Personalunionen, dass im Falle des Gouverneurrates mehr als 80 Personen (von 183 Teilnehmern), also fast die Hälfte der Gouverneure, sowohl für den IWF als auch Weltbank tätig sind, wobei sich auch die durch die Stimmrechtsregelung privilegierten Nationen wie Frankreich, Indien, Japan, Großbritannien und die Vereinigten Staaten in beiden Gremien von einer Person vertreten lassen. Im Falle des nur 24-köpfigen Exekutiv-Direktoriums lassen sich zwei von den fünf stimmrechtlich privilegierten Teilnehmerstaaten, nämlich Großbritannien und Frankreich, durch ein und dieselbe Person vertreten. Für Frankreich ist dies 2005 Pierre DUQUESNE und für Großbritannien Tom Scholar.[295] Auch 2010 sind 100 Gouverneure von insgesamt 186 Ländern entweder als erster Gouverneur oder als Stellvertreter sowohl für den IWF als auch die Weltbank tätig.[296]

In Anbetracht dieser Personalunionen drängt sich verstärkt die Frage auf, ob der Einfluss der in IWF und Weltbank tätigen Gouverneure und Exekutiv-Direktoren nicht ausreicht oder aber nicht geltend gemacht wird, um eine engere Kooperation zwischen ihren beiden Institutionen voranzutreiben und die entstandene Konkurrenzsituation wieder aufzuheben. Es ist kaum vorstellbar, dass dieselben Personen teilweise diametral zu einander konzipierte Geschäftsstrategien absegnen und politisch unterstützen, befürworten oder hinnehmen.

Eine derartige Passivität ist nur dann nachvollziehbar, wenn die machtpolitische Bedeutung dieser Gremien möglicherweise überschätzt wird und ihr Einfluss nicht ausreicht, um das konkurrierende Gebaren der beiden Institutionen einzudämmen.

Spätestens hier drängt sich die Frage nach der Kooperationsbereitschaft zwischen den beiden Mitarbeiterstäben und / oder den beiden Organisationsführungen in Person ihrer Präsidenten auf.

---

294 Vgl. Ferber / Winkelmann (1985), S. 74.

295 Vgl. Internationalen Währungsfond (2005), http://wwww.imf.org/external/np/sec/memdir/eds.htm, vgl. Weltbank (2005), http://www.siteresorces.worldbank.org/BODINT/Resources/b-eds.pdf.

296 Vgl. Internationaler Währungsfond (2010), http://www.imf.org/external/np/sec/memdir/members.htm, vgl. World Bank (2010), Bankgovernors and Alternates, http://siteresources.worldbank.org/BODINT/Resources/278027-1215526322295/BankGovernors.pdf.

3.2 Die politische Organisation der Weltbank: „Externe" Einflüsse

3.2.1 Die machtpolitische Relevanz der Stimmrechtsregelung, des Veto-Rechts und des Finanzsystems der Weltbank

Die im Grundsatz festgelegten Funktionen und formalen Kompetenzen der einzelnen Gremien, wie Gouverneursrat und Exekutiv-Direktorium, die nachfolgend als „externe Gremien" charakterisiert werden sowie die im Gegensatz dazu „bankintern" fungierenden Verwaltungshierarchien und Verantwortungsträger wurden weiter oben bereits kurz skizziert. Auch wurde bereits auf die anfänglichen Kompetenzstreitigkeiten zwischen dem ersten Weltbank-Präsidenten und den ihren jeweiligen Regierungen verpflichteten Gouverneuren und Exekutiv-Direktoren eingegangen und die machtpolitischen Folgen dieser Auseinandersetzungen zu Lasten der Exekutiv-Direktoren herausgearbeitet.[297]

Dennoch steht trotz dieses faktischen Machtverlustes des Exekutiv-Direktoriums, dieses weiterhin im Zentrum der Weltbankkritik und mit ihm die Regelung des Veto-Rechts, das durch die Exekutiv-Direktoren wahrgenommen werden kann. Allerdings können nur jene Teilnehmerstaaten dieses Recht effektiv umsetzen, die aufgrund ihrer stimmrechtlich privilegierten Position eine Mehrheit hinter ihre Veto-Eingabe vereinen können. Dabei liegt es in der Natur dieses Rechtes, nicht als ein konstruktives, sondern immer nur als Verweigerungs-Instrument am Ende einer Projektentwicklung bzw. Kreditbewilligung eingesetzt zu werden.

Das Veto-Recht basiert auf der Finanzierungsgrundlage von IWF und Weltbank, aus der, kritisch betrachtet, direkte und indirekte Abhängigkeiten der beiden Bretton-Woods-Institutionen gegenüber den Hauptkapitalgebern abgeleitet werden können. Im Mittelpunkt dieses Kritikansatzes stehen die Mitgliederstruktur und die Stimmrechtsverteilung innerhalb des Exekutiv-Direktoriums. Anders als alle anderen Sonderorganisationen der UNO, in denen die Stimmrechtsverteilung nach der Regel „ein Land - eine Stimme" zählt, scheren die beiden Bretton-Woods-Organisationen aus diesem Regelwerk aus und koppeln das Stimmrecht der einzelnen Mitglieder an deren Beitragshöhe.

Dabei gewähren die so genannten Basisstimmen, die jedes Mitgliedsland erhält und mit denen ursprünglich ein Mindestmaß an Mitspracherecht erzielt werden sollte, nur scheinbar eine ausgleichende Abstimmungsgerechtigkeit zwischen den Teilnehmerstaaten, denn zusätzlich zu diesen

297 s. Kapitel 1.4 - 1.4.2

Basisstimmen erhalten die einzelnen Exekutiv-Direktoren je nach Finanzkraft bzw. Finanzeinlage weitere Stimmanteile, die satzungsgemäß nur an die finanzkräftigsten Staaten vergeben werden. Somit richtet sich der formale Einfluss eines Teilnehmerstaates in den Vorständen der Weltbank wie auch des IWF nach seinen Stimmrechten oder Quoten. Diese setzen sich seit jeher zusammen aus 250 Basisstimmen, über die jedes Mitgliedsland in seiner Eigenschaft als souveräner Staat verfügt. Jede weitere Stimme kann für jeweils 100.000 US-Dollar zusätzlicher Kapitaleinlagen hinzu erworben werden. Die Entwicklungsländer, die aufgrund ihrer eingeschränkten Kapitalkraft innerhalb des Weltbankgremiums naturgemäß benachteiligt sind, könnten diesen Nachteil nur durch höhere Kapitaleinlagen ausgleichen, wobei sich dies infolge der generell ansteigenden Kapitalzeichnungen in den letzten Jahren zunehmend schwieriger gestaltete. Durch den absoluten Anstieg der Kapitalaufwendungen, die von den führenden Industrienationen in die Weltbankgruppe geleitet wurden, verloren die Basisstimmen der Entwicklungsländer im letzten Jahrzehnt stetig an Relevanz. Innerhalb von etwa 30 Jahren verringerte sich ihr Basisstimmenanteil in der Weltbankgruppe somit von etwa 10% auf 3%.[298]

Im Hinblick auf die Stimmrechtsregelung ist zu bemerken, dass auch die USA, die seit Beginn der Geschäftstätigkeit der Weltbank größte Kapitalgeberin sind und anfänglich über 37% der Stimmrechtsanteile besaßen, prozentual gesehen Stimmanteile verloren hat (heute nur noch 15,85%), und zwar in dem Maße, wie die zunehmende finanzielle Stärke der anderen Industrienationen anstieg und sie ihre Kapitaleinlagen in der Weltbank erhöhen konnten. Doch kann dies nicht darüber hinwegtäuschen, dass fünf (USA, Frankreich, Japan, Deutschland, Großbritannien) der insgesamt 24 Exekutiv-Direktoren nicht nur stimmrechtlich privilegiert sind, sondern auch aufgrund der Tatsache, dass sie direkt von ihren nationalen Regierungen ernannt werden und nicht aus einer Wahl durch die Gouverneure mehrerer Teilnehmerstaaten hervorgehen, die sich innerhalb der Weltbank zu einer Ländergruppe zusammenschließen müssen. So wählten beispielsweise im Jahr 2005 23 afrikanische Nationen bzw. deren Gouverneure aus ihren Reihen lediglich zwei Exekutiv-Direktoren, die wiederum von jenen Nationen mit den größten Kapitaleinlagen innerhalb dieser Ländergruppe bestimmt werden. Der Vertreter desjenigen Landes, welches über die meisten Stimmrechte, d.h. die höchste Quote innerhalb einer Stimmrechtsgruppe verfügt, wird in der Regel zum Exekutiv-Direktor dieser Gruppe benannt. Die Anzahl

298 Vgl. Horcher (1996), S. 41ff.
Vgl. Lanzet (2004), S. 1.

der Länder in einer Stimmrechtsgruppe ist umso größer, je geringer die Gesamtquote ist, die sie erzielen. Es existieren geographisch, kulturell und ökonomisch sowohl weitgehend homogene Stimmrechtsgruppen als auch völlig heterogene, die teilweise erhebliche interne Interessenskonflikte aufweisen. So steht beispielsweise die ökonomisch starke Schweiz einer Gruppe vor, in der auch Polen sowie einige zentralasiatische Länder vertreten sind. Die Stimmquote der Schweiz innerhalb dieser Ländergruppe übertrifft die der anderen Länder um ein Vielfaches, was ihr das Entsenderecht für den Exekutiv-Direktor dieser Gruppe garantiert.

Der Konsens- und Vetomechanismus:

Formal entscheidet das Exekutiv-Direktorium mittels Quotenregelung beispielsweise über politische Zielvorgaben der Bank, die Kreditwürdigkeit der Länder, Auflagen, die Höhe der Investitionen in die Wirtschaft, über Rückzahlungsbedingungen bei Krediten und Umschuldungen, aber auch über die Bewilligung von Entwicklungshilfeprojekten.

Zwar ist es bei der Unterschiedlichkeit von über 180 Mitgliedsstaaten zunächst kaum nachvollziehbar, aber Entscheidungen bei Weltbank und IWF werden meistens einstimmig getroffen, auch wenn die Entscheidungen in den Vorständen jeweils eine Zustimmung von 70% bzw. 85% der Quoten benötigen. Peter Lanzet veranschaulicht diesen Vorgang: Innerhalb der Stimmrechtsgruppen treffen die Länderrepräsentanten mit den stärksten Quotengewichten die Entscheidung, so z.B. die Schweiz für Polen und einige zentralasiatische Länder, da sie den Exekutiv-Direktor entsendet, der für die gesamte Stimmrechtsgruppe votiert. Resultat dieser Stimmrechtsgruppenregelung sind Beschlüsse, die vorhandene Meinungsunterschiede oder Einwände der quotenarmen Länder weitgehend übergehen können. Denn Länder wie die Schweiz, aber auch Holland oder Belgien, erhalten formal einen größeren Einfluss als beispielweise Indien oder Brasilien, da sie den Exekutiv-Direktor für eine Stimmrechtsgruppe benennen.[299] Hierdurch gewinnt das Exekutiv-Direktorium eine gewisse Homogenität, da in der Regel die Exekutiv-Direktoren aus den Reihen der finanzstärkeren Nationen ihrer Stimmrechtsgruppe entsendet werden.

Bei einer Entscheidung im Exekutiv-Direktorium wird von der Weltbankführung traditionell ein Vorschlag dann nicht weiterverfolgt, wenn absehbar ist, dass mehr als 30% bzw. bei den wichtigen Entscheidungen auch nur 15% der Quoten gegen eine Unterzeichnung stimmen werden. Es wird dann ein neuer Vorschlag zur Abstimmung ausgearbeitet und

299 Vgl. Lanzet (2004), S. 2.

vorgelegt, der auch die 70% bzw. 85% Hürde nehmen kann. Dies belegt, dass bereits im Vorfeld der Entscheidungen das Weltbank-Management in der Regel Wert darauf legt, Differenzen und Abstimmungspleiten zu vermeiden und konsensfähige Projekte zur Unterzeichnung vorzulegen.

Petra Horcher verweist in diesem Zusammenhang auf die Ausführungen von Mason und Asher, denen zufolge erstmalig (!) 1972 eine derartige Konsensfindung im Vorfeld eines Kreditbewilligungsverfahrens von der Weltbankführung nicht berücksichtigt wurde und mit der formalen Verweigerung der USA für die Bewilligung eines Kredites endete.[300] Als weiteres Beispiel zieht Horcher einen Vorfall aus den Anfangsjahren der Weltbankarbeit heran, wonach damals bereits zu Beginn eines Kreditbewilligungsverfahrens dieses seitens der Weltbank zurückgenommen wurde, allein aufgrund der deutlichen Erklärung der USA an das Management, ihr Exekutiv-Direktor würde gegen den Vorschlag, Polen und der Tschechoslowakei Kredite zu gewähren, votieren, falls diese zur Abstimmung in das Exekutiv-Direktorium eingebracht würde. Horcher bezieht sich in ihrer 1996 veröffentlichten Studie auf einen Zeitraum, in dem die USA noch einen Stimmrechtsanteil von über 35% statt der gegenwärtigen 15,85% besaßen.

Obwohl sich die Stimmrechtsanteile der USA um mehr als die Hälfte reduziert haben und somit faktisch einen machtpolitischen Verlust für die USA markieren, besitzen die USA als einzige Nation nach wie vor eine Sperrminorität. Dieser stimmrechtlichen Machtressource steht ein etwa gleich hoher Stimmanteil allein der EU-Staaten Deutschland (4%), Frankreich (4,31%) und Großbritannien (4,31%) entgegen, der gemeinsam mit dem Stimmanteil Japans von 6,8% den amerikanischen Anteil übersteigt.

Wie hoch der formale Einfluss der USA auf das Exekutiv-Direktorium sein wird, hängt also auch davon ab, ob die führenden europäischen Staaten in der Lage sein werden, mit einer gemeinsamen Stimme im Exekutiv-Rat zu votieren, um ggfs. ein Gegengewicht zum amerikanischen Exekutiv-Direktor zu bilden. Allerdings steht die Veränderung der Stimmrechtsregelung zugunsten der Schwellenländer, sowohl im Hinblick auf den IWF als auch auf die Weltbankgruppe, seit 2002 immer wieder auf der Tagesordnung der Jahresversammlungen beider Organisationen, bis 2009 jedoch ohne konkrete Ergebnisse.

Ob nun die Vereinigten Staaten oder die führenden europäischen Nationen stimmrechtlich privilegiert waren, de facto waren wieder einmal die

300 Vgl. Horcher (1996), S. 62.

führenden Vertreter der G8 die unmittelbaren formal-juristischen Nutznießer dieses Veto- und Konsensmechanismus´.

Doch neben dieser unmittelbaren, formalen Einflussmöglichkeit der Regierung auf den Exekutiv-Rat könnte der Veto- und Konsensmechanismus insbesondere durch sein mittelbares, inoffizielles Wirkungspotential für diese Machtstrukturanalyse bedeutsam sein.

Formal betrachtet spiegelt sich der machtpolitische Einfluss der führenden Industrienationen ganz klar in der Stimmrechtsverteilung. Dennoch kann hieraus nicht zwingend abgeleitet werden, dass eine privilegierte Stimmrechtsposition den Exekutiv-Direktoren tatsächlich innerhalb der sehr komplexen Weltbankstrukturen einen realen machtpolitischen Sonderstatus garantiert, d.h. ein allzeit effektives machtpolitisches Instrument zur Umsetzung länderspezifischer Interessen aushändigt. Kritiker der bestehenden Stimmrechtsverteilung hinterfragen und untersuchen beispielsweise nicht, ob und inwieweit der machtpolitische Arm der so privilegierten Exekutiv-Direktoren in der Praxis tatsächlich in die Strukturen, die Autoritätslinien und Entscheidungsprozesse der Weltbank vordringen kann, um dort nationale Interessen durchzusetzen. Auch hier scheint der Pauschalangriff auf die offensichtlichen Ungerechtigkeiten in der Stimmrechtsverteilung als Ursache für alle in der Kritik stehenden Negativbilanzen der Weltbank zwar zunächst durchaus berechtigt, greift aber für eine fundierte Ausarbeitung eines Reformprogramms möglicherweise zu kurz.

Unter anderem ignoriert diese Kritikführung die machtpolitischen Auswirkungen der von John McCloy erwirkten Einschränkungen der Kompetenzen des Exekutiv-Direktoriums, die sich auf der Grundlage des Vetorechts letztlich auf das Absegnen oder Ablehnen der von den Weltbankmitarbeitern entwickelten Projektkonzepte und Kreditbewilligungsvorschläge reduzieren.

Halten wir fest: An dieser Stelle der Untersuchung bleibt noch ungeklärt, ob und inwieweit die Exekutiv-Direktoren tatsächlich konstruktiv sowohl auf die Projektentwicklungen als auch auf die Festlegung der politischen Zielvorgaben der Weltbankführung Einfluss nehmen können.

Die realpolitischen Folgen der durch McCloy erzielten Abdrängung der Exekutiv-Direktoren aus den konstruktiven Entscheidungsprozessen des Weltbank-Managements müssen weitaus umfassender und praxisorientierter berücksichtigt werden als dies die bislang rein formal-juristisch begründete Kritik beleuchtete.

Machtpolitische Aspekte der Finanzierungsgrundlage der Weltbank:

Mit der Kritik an der Stimmrechtsverteilung richtet sich das Augenmerk auf die ihr zugrunde liegende Finanzstruktur der Bank, die, wie weiter oben bereits beschrieben, gleichzeitig als Berechnungsschlüssel für die Stimmrechtsverteilung im Exekutiv-Rat fungiert. Dabei drängt sich neben der Kritik an der Stimmrechtsregelung die Frage auf, ob und inwieweit das Finanzierungskonzept neben der Veto- und Konsensregelung noch weitere machtpolitische Dimensionen beinhaltet.

Einen fraglich logischen Rückschluss im Hinblick auf das bestehende Finanzierungskonzept der Weltbank ziehen u. a. der Globalisierungskritiker und BUND-Mitarbeiter Daniel Unsöld oder der SPIEGEL-Redakteur Klaus Brinkbäumer und artikulieren damit einen in der Weltbank-Debatte weit verbreiteten Argumentationsansatz, wonach die hohen Kapitaltransfers der USA an die Weltbank mit ihrem machtpolitischen Einflusspotential in dieser Organisation gleichgesetzt werden[301]und somit auch künftig keine Reformen zu erwarten sind, die den US-Interessen zuwider laufen. Diese Schlussfolgerung scheint auf den ersten Blick plausibel und resultiert nicht zuletzt auf der simplen Erkenntnis, dass eine durch die Kapitaltransfers seiner Teilnehmer finanzierte Organisation Gefahr läuft, zeitweise oder kontinuierlich dem finanziellen Erpressungsdruck durch die finanzkräftigsten Teilnehmerstaaten zu erliegen. Ob jene Regierungen mit dem finanzpolitisch größten Machtpotential, ihre Dominanz mit ihrer stimmrechtlich privilegierten Position im Exekutiv-Rat unterstreichen, erscheint beinahe von zweitrangiger Bedeutung, wenn es um die Frage geht, ob es sich eine Organisation grundsätzlich leisten kann, den Wünschen und Interessen ihres größten Kapitalgebers ggfs. zuwider zu handeln. Untermauert wird diese Skepsis nicht zuletzt durch die Erfahrungen der UNO, die mehrmals in einen finanziellen Engpass zu geraten drohte, weil ihr Hauptfinanzier, die USA, mit Antritt der Reagan-Administration, aber auch unter Bill Clinton, begann, einen zunehmenden Teil ihrer Pflichtbeiträge zum UN-Haushalt zurückzubehalten und dies als politisches Druckmittel einzusetzen.[302]

---

301 Vgl. Unsöld (2007), http://www.bio100.de/html/body_2_archiv.html, S. 2, vgl. Brinkbäumer (2007), S. 50ff.

302 Die Reagan-Administration begründete ihre Zahlungsverweigerung zunächst mit ihrer Kritik an der UN-Ineffizienz und Geldverschwendung. Den beträchtlich wachsenden Schuldenbetrag setzte die Clinton-Administration dann selber als Druckmittel sowohl zur Reduzierung des prozentualen Pflichtbeitrags der USA ein, als auch zur Durchsetzung in Personalfragen, die z.B. den Generaldirektor der Organisation für das Verbot chemischer Waffen als auch den Generalsekretär Butros Butros-Ghali wie auch die Besetzung anderer UN-

Doch im Gegensatz zur UNO finanziert sich die Weltbank, wie auch der IWF, nicht in erster Linie durch die Kapitaltransfers ihrer Teilnehmerstaaten. Den Recherchen von Klaus Müller zufolge besaßen sie Anfang 2000 zusammen über 600 Milliarden Dollar Einlagen.[303] Somit leiden weder der IWF noch die Weltbank unter der chronischen Geldknappheit anderer UN-Organisationen. Zudem bezieht die Weltbank seit ihrer Gründung ihr Kapital durch unterschiedliche Transfers, die parallel zum Anstieg der weltweiten Finanzgeschäfte, zunehmend aus dem Sektor der Finanz- und Privatmärkte fließen. Dies geschieht

- mittels Anleihen bei öffentlichen Banken;
- in zunehmendem Maße an den Kapitalmärkten[304];
- durch eigenes Stamm- bzw. Grundkapital, bestehend aus den gerade angesprochenen Beitragszahlungen und
- durch Zins- und Tilgungserträge aus den vergebenen Krediten.

Auch in den 1950er und 1960er Jahren bezog die Weltbank den größten Teil ihres Kapitals nicht durch Beitragszahlungen, sondern durch Kreditaufnahmen bei privaten und öffentlichen Banken. Die hohe Bonitätseinstufung, die die Weltbank aufgrund der Bürgschaften ihrer Mitgliedsstaaten für ihre Rückzahlungsverpflichtungen von Beginn ihrer Geschäftstätigkeit bis heute besitzt, öffnete ihr alle Pforten zur Beschaffung von Krediten in jeglicher Höhe und zu bestmöglichen Konditionen.

Hier gilt festzuhalten: Trotz ihres einfachen Zugangs zu den Geldinstituten bezieht die Weltbank heute jedoch den weitaus größeren Teil ihrer finanziellen Ressourcen auf dem internationalen Finanz- und Kapitalmarkt.

Weder die Kreditschöpfung bei den öffentlichen Banken noch die Kapitalbeschaffung auf den Finanzmärkten wird in der Diskussion um finanz- und damit auch machtpolitische Abhängigkeiten der Weltbank in den Mittelpunkt der Kritik gestellt. Die Kritik konzentriert sich in erster Linie auf die Kapitalschöpfung durch Beitragszahlungen, die die Weltbank angeblich finanziell und damit auch politisch von ihren Teilneh-

---

Kommissionen betraf. Auch im Zuge des ersten Golfkrieges verknüpfte die US-Administration ihre weitere Zahlungshaltung mit der Unterstützung der UNO für einen Angriffskrieg gegen den Irak. Vgl.: Zumach (2000), http://bits.de/zumach/2000/281200-2.htm, vgl. Zumach in taz (2001), http://www.bits.de/zumach/2001/120501.html, vgl. Zumach in taz (2006), http://www.bits.de/zumach/200/151206.htm, vgl. Hüfner (o. J), http://www.tu-dresden.de/jfoeffl9/praxishandbuchuno/Media/Inhalt.pdf.

303 Vgl. Müller (2002), S. 88.

304 Vgl. Tetzlaff (1980), S. 155.

merstaaten abhängig machen. Doch wie sieht es mit dieser Abhängigkeit von den Beitragszahlern de facto aus?

In der Anfangsphase der Bank spielten die Kapitaleinzahlungen der Mitgliedsstaaten - insbesondere der USA - eine wichtige Rolle, auch wenn zu keinem Zeitpunkt in der Geschichte der Weltbank die Mitgliedsländer ihren gesamten Pflichtbeitrag jemals einbezahlen mussten. Nur ein relativ kleiner Prozentsatz muss seit jeher von den Beitragszahlern an die Bank transferiert werden. Früher waren dies etwa 20% des Gesamtbetrages. Heute müssen nur noch 10% der Pflichtbeiträge tatsächlich eingezahlt werden, die verbleibenden 90% müssen der Bank nur für den Bedarfsfall (z.B. Begleichung von Garantieverpflichtungen auf dem Kapitalmarkt) von den Ländern zur Verfügung gestellt werden, sollte die Weltbank diese Verpflichtungen nicht aus ihrem realen Kapitalstock alleine begleichen können.[305] Doch in ihrer 60jährigen Geschichte hat die Bank diese Option noch nie eingefordert.

Der faktische Beitrag der Mitgliedsländer am Gesamtkapitalvolumen kann demnach, wie Gerd Wiegand bereits Ende der 1970er Jahre feststellte, nicht als übermäßig bezeichnet werden[306], was die Frage der machtpolitischen Hebelwirkung durch die Kapitalzuwendungen auch der größten Anteilseignerin USA eher marginal erscheinen lässt. Bis heute sind die Alternativen zur Kapitalbeschaffung durch die Öffnung der Finanzmärkte um ein Vielfaches gestiegen und haben die Bedeutung der Kapitaleinlagen durch Beitragszahlungen weiter minimiert. Außerdem fließen immer noch mehrstellige Milliarden-Beträge allein durch die Zinsen für ausgeteilte Kredite jährlich an die Bank zurück.

Finanzpolitisch muss die Weltbank daher als weitgehend unabhängig von ihren Mitgliedsländern bewertet werden - was jenen Argumentationslinien zuwider läuft, die die finanzielle Erpressbarkeit der Weltbank durch ihre größten Anteilseigner betonen.

Ein weiteres finanzielles Standbein der Weltbank besteht, wie bereits erwähnt, in den Erträgen der eigenen Kreditvergaben, den Rückflüssen von Zinsen und Tilgungen ihrer Schuldnerländer. Allerdings drohte diese Finanzierungsgrundlage durch verschiedene Entwicklungen in jüngster Zeit unterhöhlt zu werden, mit dem Ergebnis, dass sich machtpolitische Verschiebungen im internationalen Gefüge abzeichnen, die nicht zuletzt die bisherige Machtposition der Bretton-Woods-Institutionen ins Wanken bringen könnten.

---

305 Vgl. Copur / Schneider (2004), S. 29, vgl. Wiegand (1978), S. 217.

306 Vgl. ebd., S. 29, vgl. Wiegand (1978), S. 217f.

Unter der Präsidentschaft von James Wolfensohn wurde den verstärkten Forderungen der NGOs, die Schuldenspirale der Entwicklungsländer anzuhalten, teilweise Rechnung getragen. Wolfensohn brachte als erster Weltbank-Präsident zusammen mit dem IWF-Präsidenten Horst Köhler, mit der sogenannten HIPC-Initiative, auf die Kapitel 5.1.5 näher eingehen wird, ein Entschuldungskonzept zugunsten der hochverschuldeten, ärmsten Entwicklungsländer auf den Weg. Auf dem G7-Gipfel in Köln 1999 wurde auf Betreiben der deutschen Bundesregierung eine Erweiterung der Schuldeninitiative (HIPC II) beschlossen. Laut *Handelsblatt* profitierten bis August 2007 insgesamt 28 Entwicklungsländer von dieser Initiative. Diese Entlastung für die Entwicklungsländer muss die Bank in ihrer Bilanz als Einnahmeverlust verbuchen. Doch inwieweit man hier von einem tatsächlichen Einnahmeausfall reden kann, ist schwer zu ermitteln, da die betroffenen Entwicklungsländer - vor dem finanziellen Kollaps stehend - ohnehin bereits oder in absehbarer Zeit nicht mehr zahlungsfähig gewesen wären. So wurden beispielsweise Sambia Schulden gestrichen, die es ohnehin nicht mehr hätte abtragen können. Gleiches gilt für Niger und Bolivien.[307] In diesen Fällen stellt sich die Frage, ob man die Einnahmeeinbußen trotzdem als HIPC-Verluste verbuchen kann.

Diese Frage mag auch ein Grund für die variierenden Angaben zu den HIPC-Einnahmeeinbußen für IWF und Weltbank sein, deren Höhe anhand der vorliegenden Medienveröffentlichungen auf den ersten Blick schwer zu beziffern ist. Die Angaben zur Höhe der gesamten Verbindlichkeiten, die der Weltbank und dem IWF insgesamt durch die HIPC-I und II - Initiativen verloren gehen und gingen, werden in einer Spannweite von etwa 50 Mrd. US-Dollar, die von Kathrin Berensmann von DIE ZEIT recherchiert wurden, oder 34 Mrd. US-Dollar, die für eine Studie der AG Friedensforschung an der Universität Kassel ermittelt wurden, über die im *Handelsblatt* veröffentlichten 56 Mrd. US-Dollar bis hin zu den vom Bundesministerium für wirtschaftliche Zusammenarbeit und Entwicklung genannten 70 Mrd. US-Dollar beziffert.[308] In den vorliegen-

---

307 Vgl. Herz in: Die ZEIT (2004).

308 Vgl. Ziener in: Handelsblatt (2007), S. 2 http://wwwhandelsblatt.com/News/printpage.aspx?_p200051&_t=ftprint&_b=1312, vgl. Berensmann in Die ZEIT (2004), http://images.zeit,de/text/2004/18/Forum, S. 1, vgl. AG Friedensforschung (2001), http://www.uni-kassel.de/fb5/frieden/regionen/Afrika/regierungskonzept.html, vgl. Bundesministerium für wirtschaftliche Zusammenarbeit und Entwicklung (o.J), http://www.bmz.de/de/themen/entschuldung/instrumente/hipc_initiative/index.html.

den Untersuchungsergebnissen wird das Entschuldungsvolumen, das durch die HIPC-Initiative entstand, nicht detailliert aufgeschlüsselt, was Raum für Irritationen lässt. So werden beispielsweise in den Angaben des Bundesministeriums für wirtschaftliche Zusammenarbeit und Entwicklung auch die Handelsschulden, die in Folge der HIPC-Initiative an die Regierungen einzelner Länder übergegangen sind - zum Beispiel als Folge einer staatlichen Bürgschaft - einbezogen. In den für die HIPC-Kampagne veranschlagten 70 Mrd. US-Dollar weist das BMZ den Verschuldungen gegenüber Weltbank und IWF *„nur einen begrenzten Umfang"* zu, den das Ministerium jedoch nicht näher beziffert.[309] Laut Informationsdienst für Politik haben die G8 Staaten 2005 einen weitergehenden Schuldenerlass in einem Umfang von weiteren 55 Mrd. US-Dollar beschlossen.[310] In welchem Maße auch dieser Betrag nur zu Lasten von IWF und/oder Weltbank gehen, oder sich auch auf andere Schuldner verteilt, bleibt auch hier ungeklärt.

Inwieweit Wolfensohn oder Köhler die HIPC-Initiative ausschließlich oder vorrangig aus humanitärer Überzeugung politisch umsetzen halfen oder ob sie das Ergebnis äußeren Drucks war, lässt sich gleichsam schwer rekonstruieren. Durchaus denkbar wäre, dass beide Institute mit der Entschuldungskampagne einer Entwicklung vorgreifen wollten, die sich zwar erst fünf Jahre später als neue politische Option abzeichnen sollte aber aufgrund der wachsenden internationalen Kritik an IWF und Weltbank absehbar war und beide Institutionen in eine weitere Legitimationsdefensive zu drängen drohte.

Hintergrund dieser Legitimationskrise bildete die Bankrotterklärung der argentinischen Regierung im Jahr 2001. Argentinien verweigerte als erstes Schuldnerland weitere Rückzahlungen und bat um ein zeitweiliges Aussetzen der Rückzahlungsverpflichtung, bis sich die nationale Ökonomie wieder stabilisiert habe.

Ein derartiges Vorgehen auf Seiten eines Schuldnerstaates war in der IWF- und Weltbankgeschichte noch nie vorgekommen. Bis dato scheute jedes Schuldnerland davor zurück, seinen Rückzahlungsverpflichtungen nicht nachzukommen, da eine offizielle Rückzahlungsverweigerung und die damit verbundene Rückstufung der nationalen Bonität durch eine der beiden Institutionen eine finanzpolitisch desaströse Signalwirkung

309 Vgl. Bundesministerium für wirtschaftliche Zusammenarbeit und Entwicklung (o.J.), http://www.bmz.de/de/themen/entshuldung/instrumente/hipc_initiative/index-html,

310 Vgl. Informationsdienst für Politik (o.J.), http://www.polixea-portal.de/index.php/Lexikon/Detail/id/72558/name/Heavily+Inde...

für die internationale Finanzwelt auslösen konnte. Um diese Negativwirkung und eine nachfolgende finanzpolitische Abwärtsspirale zu vermeiden, waren alle Schuldnerländer stets bemüht, wenigstens die Rückzahlungsverpflichtungen gegenüber der Weltbank oder dem IWF zu begleichen, um von diesen eine positive Bonität attestiert zu bekommen.

Wie zu erwarten, reagierte der IWF auf Argentiniens Aussetzung der Rückzahlungsverpflichtungen mit dem Entzug dieser Bonität, was zu dem befürchteten Vertrauensverlust aller Anleger und privater Kreditgeber führte und Argentinien von sämtlichen kreditbasierten Kapitalschöpfungen abschnitt. Argentinien erklärte dann im November 2002 seinen endgültigen Staatsbankrott und seinen Default auch gegenüber der Weltbank. Über 800 Mio. US-Dollar standen aus. Zwar revidierte der IWF die öffentliche Anprangerung und nahm die Einstufung Argentiniens als „kreditunwürdige" Nation zurück, nachdem der argentinische Präsident wenigstens die Tilgung einer Teilschuld in Aussicht stellte, doch hatten weltweit die Finanzmärkte und die öffentlichen Kreditgeber Argentinien bereits auf ihre rote Liste gesetzt. Das Land musste sich - weitgehend ohne neue Kreditschöpfung - am eigenen Schopfe aus der Krise ziehen. Dies gelang in erster Linie mit hohen Exporterlösen und der Hilfe Venezuelas.

Erst im Frühling 2005 erklärte Präsident Nestor Kirchner die Zahlungskrise als beendet.[311] Ende 2005 konstatierte der IWF, dass Argentinien schneller als erwartet wieder Wachstumsraten zu verzeichnen habe.[312] 2006 zahlte Argentinien seine Gesamtschuld bei IWF und Weltbank vorzeitig zurück. Neben Argentinien zahlten im Übrigen auch Brasilien und Russland ihre Schulden vorzeitig zurück und weitere Schwellenländer wie Algerien und Kamerun haben dieselbe Absicht verkündet.

Der zeitweilige Einnahmeausfall, den die Weltbank durch das einseitig beschlossene Aussetzen der Rückzahlungsbeiträge verbuchen musste, war wirtschaftlich sicherlich durchaus zu verkraften gewesen. Aber aus politischer Sicht haben IWF und Weltbank möglicherweise einen nachhaltigeren Schaden erlitten. Die Tatsache, dass beispielsweise Argentinien trotz IWF-Sanktionen und der darauf folgenden ökonomischen Abwärtsspirale aus eigener Kraft, ohne Hilfe (und ohne Auflagen) des IWF oder der Weltbank seine wirtschaftlichen Probleme bewältigen

311 Vgl. Grüttner in: Handelsblatt (2005), http://www.handelsblatt.com/pshb/fn/relhbi/sfn/cn_artikel_drucken/strucid/200013/pa...

312 Vgl. ebd.

konnte, entfachte eine nachhaltige Initialwirkung und trug zu einer kritischen Auseinandersetzung der Entwicklungsländer mit der Auflagenpolitik beider Organisationen bei. Argentinien wurde zu einem Präzedenzfall, der auch andere Schuldnerländer zu einer Abkehr von IWF und Weltbank auch vor allem in Krisenzeiten ermutigte.

Der Schweizer Ökonom und Vertreter der AG entwicklungspolitischer NRO Schweiz, Bruno Gurtner weist darauf hin, dass seit 1978 kein Industrieland mehr beim IWF um Kredite nachgesucht hat. Mehr und mehr eignen sich ihm zufolge insbesondere seit Beginn der 1990er Jahre, auch die Entwicklungsländer mit mittlerem Einkommen die gleiche Haltung an und wenden sich von IWF und Weltbank und ihren sozial- und wirtschaftspolitischen Diktaten ab. Gurtner zeigt im Fall des IWF auf, dass diesem *„die Kunden davon laufen"*, und die Organisation durch das sinkende Kreditvolumen markante Finanzprobleme habe. Allein Brasiliens vorzeitige Schuldenrückzahlung bringt ihm zufolge den IWF um 60 Millionen US-Dollar. Insgesamt schätze der IWF seinen Einnahmeausfall auf Grund vorzeitiger Rückzahlungen auf über 116 Millionen US-Dollar.[313] Einzig die ärmsten Länder bleiben weiterhin abhängig von IWF- und Weltbankkrediten. Gurtner prognostiziert für den IWF, dass dieser sich faktisch zu einer Agentur der Entwicklungsfinanzierung für zahlungsunfähige Länder wandelt und somit zunehmend das Fundament seiner Finanzierungsgrundlage, die Erträge aus Zinsen und Tilgung, unterhöhlt werden könnte.[314]

Auch wenn die Weltbank auf einer etwas breiteren Finanzierungsgrundlage steht als der IWF, muss sich auch die Bank mit der Entwicklung auseinandersetzen, dass eine wichtige Finanzierungsgrundlage zu bröckeln beginnt, wenn nur noch die ärmsten Länder Kredite nachfragen und sich die Klientel der beiden Institutionen immer weiter reduziert.

Die bisherige Klientel, die aus dem Selbstverständnis der Bank heraus ihre eigentliche Legitimationsgrundlage darstellt, beschafft sich bereits heute zum einen das erforderliche Kapital zunehmend auf den Finanzmärkten und zum anderen fragt sie ihre Kredite verstärkt bei privaten Geldgebern nach oder erhält diese auf bilateralem Weg. Insbesondere China und das ölreiche Venezuela tun sich in Konkurrenz zu IWF und Weltbank als global agierende Gläubigernationen hervor, auch wenn dies, wie Thomas Fischermann in DIE ZEIT festhält, vordergründig mit

---

313 Vgl. Gurtner (2006), http://www.entwicklungspolitik.org/home/13-14-006-01/?type=98, S. 2.

314 Vgl. ebd., S. 2.

dem Ziel geschieht, sich Zugang zu den Rohstoffen der künftigen Kreditnehmer zu verschaffen.[315]

Die zunehmende Abwendung der Dritten Welt von der Weltbank als Kreditgeberin kann als direkte Folge des *„Washington-Consensus"* und der Struktur-Anpassungs-Programme von IWF und Weltbank gesehen werden, die immer wieder im Mittelpunkt der Kritik standen. Eine Kreditaufnahme bei der Weltbank war und ist immer noch verbunden mit der Einhaltung strenger ökonomischer, und zunehmend auch umweltpolitischen Auflagen, die gleichzeitig die politische Souveränität des Schuldnerlandes deutlich einschränken. Die marktwirtschaftlich ausgerichteten Auflagen sind vor allem aus sozialpolitischer Sicht für viele Dritte-Welt-Länder eine schwere - und sehr umstrittene - Belastung. Doch neben etwaigen sozialpolitischen Bedenken einiger Regierungen lassen sich vor allem auch die der Korruption verdächtigten Regierungseliten einiger Entwicklungsländer nur ungern von Weltbank und IWF in die Karten schauen und in irgendeiner Weise - und sei es nur nationalökonomisch oder umweltpolitisch - maßregeln oder bevormunden. Insofern geriet seit Beginn der 1990er Jahre die Weltbank erstmalig durch ihre potentiellen Schuldnerländer unter Druck, entweder ihre Kreditbedingungen zu reformieren oder aber Kompensationsmöglichkeiten für diesen gefährdeten finanziellen Grundpfeiler zu finden.

Laut *Handelsblatt*, DIE ZEIT und Bruno Gurtner hat die gesunkene Nachfrage nach Krediten zumindest im Falle des IWF bereits zur Folge, dass sich die Bretton-Woods-Institution nicht mehr alleine aus den Zinsen finanzieren kann, die sie für ihre Ausleihungen bekommt.[316] Die vorzeitige Rückzahlung von Krediten führt ebenfalls zu Einnahmeverlusten durch geringere Zinseinnahmen.

Eine ähnliche Prognose wie für den IWF stellt der Politologe und stellvertretende Direktor des Global Public Policy Institute in Berlin Thorsten Benner auch im Fall der Weltbank, wobei er mit dem möglichen Ende ihrer Kreditvergaben an zahlungsfähige Länder, ihre wichtigste Kapitalbasis" und damit ihre relative Eigenständigkeit verloren gehen sieht. Benner befürchtet, dass die Bank dann tatsächlich von den Beiträgen ih-

315 Vgl. Fischermann in: Die ZEIT(2006)

316 Vgl. Ziener in: Handelsblatt (2007), http://www.handelsblatt.com/News/printage.aspx?_p200051&_t=ftprint&_b=1312, Vgl. Herz in: Die ZEIT (2004), S. 2, vgl. Gurtner (2006), http://www.entwicklungspolitik.org/home/13-14-006-01/?type=98.

rer Geberstaaten abhängig werden könnte[317], was zum jetzigen Zeitpunkt nach seiner Einschätzung nicht gegeben ist.

Inwieweit die Weltbank und ihre Töchter IDA und IFC in der Lage wären, sich weitgehend durch Gewinne an den globalen Finanzmärkten zu finanzieren, lässt Benner unberücksichtigt. Doch niemand weiß besser als die beiden Bewahrer der Bretton-Woods-Paradigmen, dass eine Finanzierung vornehmlich auf der Grundlage einer Kapitalschöpfung an den globalen Finanzmärkten mit erheblichen Risiken verbunden ist.

Der mögliche Verlust eines Großteils ihrer Klientel zusammen mit dem damit verbundenen Autoritätsverlust sowie den Einnahmeausfällen und den mangelnden Finanzierungsalternativen drohten zu einer existenziell signifikanten Legitimationskrise für die Weltbank zu werden. Nicht zuletzt vor diesem Hintergrund ist die von James Wolfensohn initiierte Reformierung der Weltbank zu einer „Wissensbank" zu verstehen, die neben ihren Kreditgeschäften zunehmend entwicklungs- und wirtschaftspolitisches Know-how zur Verfügung stellen sollte. Kapitel 5.2.6. wird diesen Aspekt näher erläutern.

Zusammenfassend kann im Hinblick auf die bis hier analysierte Globalisierungskritik festgehalten werden, dass der machtpolitischen Hebelwirkung, die den kapitalkräftigsten Teilnehmerstaaten angeblich durch das Finanzierungskonzept der Weltbank an die Hand gegeben wurde, eine zu große Bedeutung beigemessen wird. De facto kann sich die Weltbank der erzwungenen Einflussnahme der Beitragsverweigerungen ihrer Hauptanteilseigner bislang problemlos entziehen. Auch hier zeichnen die Argumentationslinien jener Kritiker, die die Weltbank als Instrument der G8 Staaten sehen, ein eindimensionales Bild, in welchem der finanzielle Erpressungsdruck die Weltbank angeblich zur Gehorsamkeit gegenüber ihrer größten Anteilseignerin, den USA, zwingt.

3.2.2 Machtpolitische Relevanz des Gouverneurrates und des Exekutiv-Direktoriums

Um die Einflusspotentiale der Weltbankgremien und damit der Hauptanteilseigner auf die Entscheidungsfindungen innerhalb der Organisation in ihren realen Ausmaßen abschätzen zu können, mag es im Hinblick auf eine umfassende Machtstrukturanalyse aus den oben beschriebenen Gründen weniger aufschlussreich sein, die formalen Satzungsregelungen

317 Vgl. Benner (2007), http://internationalepolitik.de/archiv/jahrgang2007/mai-2007/hilfe-fur-den-helfer, S. 2, Vgl. Benner in: Die ZEIT-online (2007), http://images.zeit.de/text/news/artikel/2007/05/30/103514.xml, S. 1.

über den Organisationsaufbau oder die tabellarische Stimmrechtsverteilung zur Bemessungsgrundlage zu machen.

Stattdessen bietet es sich vielmehr an, sich verstärkt auf die internen Entscheidungsabläufe und die Differenzierung der Aufgabenfelder innerhalb der Weltbank zu konzentrieren. Formal gesehen ist der Gouverneursrat und danach das Exekutiv-Direktorium die oberste Entscheidungsinstanz. Doch wie hoch ist das Einflusspotential dieser Gremien einzuschätzen, wenn Entscheidungen zwar formal in den jeweiligen Vollversammlungen bzw. Direktoriumssitzungen abgesegnet werden, aber informell an ganz andere Stelle initiiert und konzipiert werden und damit der wesentliche Schritt einer Projektplanung und Geschäftsentscheidung hinter den Kulissen dieser Gremien erfolgt, in denen die machtpolitische Hebelwirkung der Stimmrechtsregelung, des Veto-Rechts oder etwaiger finanzieller Abhängigkeitsmechanismen noch nicht zum Tragen kommen?

3.2.2.1 Der Gouverneursrat

Im Falle des Gouverneursrats kann in Anbetracht der nur einmal jährlich stattfindenden Mammut-Vollversammlungen realistischer Weise ohnehin nicht davon ausgegangen werden, dass Projekte, Kreditpläne oder politische Zielvorgaben konkret diskutiert, geschweige denn konzipiert werden. Diese Großveranstaltung fungiert letztlich nur als medienwirksames Podium, auf dem sich die einzelnen Mitgliedstaaten von ihren Gouverneuren repräsentieren lassen. Dennoch sind die Hauptversammlungen des Gouverneurrates insofern ein politisch relevantes Podium als hier neben den begleitenden Massendemonstrationen der letzten fünfzehn Jahre vor allem auch die Repräsentanten der Entwicklungsländer im Rahmen ihrer Vortragsmöglichkeiten offene Kritik an der bestehenden Weltbankpolitik äußerten und damit ihrem geringen Stimmrecht zuwider, politischen Einfluss ausüben konnten, indem sie die Weltbank auch interner Kritik aussetzten.

Auch wenn Artikel V, Sec. 2a der Weltbankstatuten alle Befugnisse der Bank dem Gouverneursrat überträgt, so fügt Sec. 2b des gleichen Artikels hinzu, dass all diese Befugnisse an die Exekutiv-Direktoren zu delegieren sind.[318] Aus machtpolitischer Sicht bedeutet dies für die Gouverneure zum einen, einem generellen Verzicht auf Kompetenz- und Entscheidungsfreiräume zuzustimmen, doch zum anderen erweist sich insbesondere aus Sicht der Entwicklungsländer das einzige Gremium, in dem alle Mitgliedsstaaten mit einem Repräsentanten vertreten sind, als

318 Vgl. Horcher (1996), S. 49.

machtpolitische Mogelpackung, der per Satzung geschäftsentscheidende Kompetenzen entrissen und an ein Exekutiv-Direktorium übertragen werden, dessen Zusammensetzung in erster Linie die Kapitalkraft der Geberländer spiegelt.

3.2.2.2 Das Exekutiv-Direktorium

Die satzungsrechtliche Übertragung aller die Geschäftsentscheidungen und -abläufe betreffenden Kompetenzen sorgt bereits seit ihrer 1947 verfassten Ausformulierung für erhebliche Unklarheiten.

Ursache für das Fehlen einer juristisch klaren Direktive und Kompetenzregelung für die Exekutiv-Direktoren war der 1946 in Savannah errungene Kompromiss zwischen den britischen und amerikanischen Vorstellungen über die künftigen Funktionen der Exekutiv-Direktoren. Die Auseinandersetzung in Savannah zwischen der britischen Vorgabe, dass die Direktoren nur eine beratende Funktion innerhalb der Weltbank einnehmen sollten, und den Vorstellungen der Truman-Regierung, wonach die Exekutiv-Direktoren maßgeblich die Geschäfte der Weltbank steuern sollten, führte, wie bereits beschrieben, zu einem formal-juristisch unklaren Kompromiss. Artikel V, Sec. 4 (a) der Statuten reduziert sich bis heute auf folgenden Wortlaut:

> „The Executive-Directors shall be responsible for the conduct of the general operations of the Bank, and for this purpose, shall exercise all the powers delegated to them by the Board of Governors."[319]

Unklar bleiben diesen Bestimmungen für Wiegand deswegen, weil z.B. offen bleibt, was *allgemeine Geschäfte* bedeutet und wie weit die *Verantwortlichkeit* reichen soll.[320] Petra Horcher kommt zu dem Ergebnis, dass bislang nicht geklärt, aber von erheblicher Bedeutung ist, ob es sich um eine allgemeine Verantwortlichkeit handelt oder um eine Verantwortlichkeit für einzelne Geschäftsvorgänge, die eine Einbeziehung der Exekutiv-Direktoren beispielsweise in die Projektentwicklung vom Beginn ihrer Planung bis zu ihrem Abschluss unerlässlich machen würde. Eine allgemeine Verantwortung hingegen kann ein Gremium auch dann übernehmen, wenn es am Ende einer Projektentwicklung durch Unterzeichnung lediglich eine nur noch abzeichnende Kontrollfunktion ausübt.

---

319 Art. V, Sec. 4 (a) der Weltbankstatuten in: Mason / Asher (1974), S. 796.

320 Vgl. Wiegand (1978), S. 237f.

Ebenfalls klären die Statuten nicht, ob die Exekutiv-Direktoren eine Verantwortung gegenüber der Organisation oder gegenüber ihren Mitgliedsregierungen haben.

Petra Horcher greift Wiegands Darlegungen auf und verweist auf einen Jahresbericht der Weltbank, wonach die in den Statuten unzulänglich festgeschriebenen Funktionen der Exekutiv-Direktoren 1994 nur minimal konkretisiert wurden, aber weitere Fragen offen ließen:

> „...Durch die Überprüfung der Bewertung abgeschlossener Projekte und die Erfahrung, die die Bank in einzelnen Sektoren mit besonderen Verfahren gemacht hat sowie durch die Beteiligung an der jährlichen Überprüfung der Portfolio-Entwicklung wird das Direktorium aktiv in die Kontrolle der Entwicklung eingeschaltet und stellt damit sicher, dass die Bank ihrer Mitgliedsländer von diesen Erfahrungen profitieren..."[321]

Horcher bemerkt, dass die Formulierung bereits darauf hindeutet, dass die *Bewertung der Projektpolitik* offensichtlich nicht in der Macht des Exekutiv-Direktoriums steht, sondern allenfalls *die Kontrolle (Überprüfung) der Bewertung.* Horcher macht im selben Weltbankbericht eine weitere unklare Funktionsbeschreibung aus, die verdeutlicht, dass die Exekutiv-Direktoren eben nicht in die Projektplanung und -entwicklung einbezogen werden, sondern lediglich zur Überprüfung der Unterlagen konsultiert werden:

> „Durch die Überprüfung spezieller Vorschläge grundsätzlicher Art (beispielsweise der Finanzpolitik der Bank, der Projektrichtlinien, der Kreditkonditionen und der Sektorprioritäten) bestimmt das Direktorium den Kurs der Bankpolitik. Außerdem überwacht das Direktorium durch die Bewilligung von Kredittransaktionen und die Überprüfung länderspezifischer Hilfsmaßnahmen das Kreditprogramm der Bank."[322]

Offen bleibt hiernach für Horcher, an welcher Stelle die Vorschläge konzipiert werden und wer die Modalitäten der Kredittransaktionen, die als fertiges Paket zur Bewilligung an das Direktorium geleitet werden, bestimmt.[323] Unter informationspolitischen Aspekten gesehen, ist nachvollziehbar, dass nur an derjenigen Stelle, an der die Vorschläge und Projekte initiiert und konzipiert werden, alle Informationsflüsse zusammentreffen müssen und damit dort ein klarer Informationsvorteil gegenüber den nur kontrollierenden Gremien liegen muss.

---

321 Weltbankbericht 1994, in: Horcher (1995), S. 51.

322 Weltbankbericht, 1994, in: Horcher (1995), S. 51.

323 Vgl. Horcher (1995), S. 51.

Auch wenn die formal-juristische Übertragung aller Kompetenzen des Gouverneursrates zunächst darauf hindeutet, dass im Exekutiv-Direktorium die Fäden der Organisationsleitung zusammenkommen, geben die von Horcher aufgegriffenen Anmerkungen Gerd Wiegands weiteren Anlass zu fragen, inwieweit diese Machtübertragung über eine ebenfalls rein formal-rechtliche Machtübertragung hinausgeht oder ob sich die Funktion des Exekutiv-Direktoriums auf eine begrenzte Kontrollfunktion reduziert, die erst am Ende einer Projektplanung greifen kann. Wenn die Exekutiv-Direktoren erst am Ende einer Projektentwicklung vor der Unterzeichnung der Kreditbewilligung über die Modalitäten der Bankkonzepte informiert werden, wären sie von der Informationsbereitschaft des Mitarbeiterstabs bzw. des Bankmanagements abhängig. In diesem Fall ist zu überprüfen, ob die Exekutiv-Direktoren in dieser informativ benachteiligten Position realistischer Weise sowohl ihre Kontrollfunktion hinreichend ausüben und tatsächlich eine Machtposition aufrechterhalten können, die es ihnen ermöglicht, eine Organisation zu dirigieren und zu bestimmen.

Dieser Aspekt ist von zentraler Bedeutung im Rahmen dieser Untersuchung und greift somit erneut den weitverbreiteten Vorwurf jener Weltbankkritiker skeptisch auf, die die Exekutiv-Direktoren und damit die sie entsendenden Nationen als hauptsächliche Verantwortungsträger für die Weltbankpolitik begreifen.

Zweifel an einer starken Machtposition der Exekutiv-Direktoren begegnen uns nicht zuletzt auch in der von Susan George und Fabrizio Sabelli verfassten Publikation „Kredit und Dogma", in der sie auf die entwicklungspolitischen Fehlstrategien der Weltbank aufmerksam machen und drastische Reformen in der Organisationsführung und den Entwicklungsstrategien einfordern.[324] Auch wenn Susan George mit dem 2001 fiktiv verfassten „Lugano-Report" ihrem Ansehen als seriöse Weltbank- und Globalisierungskritikerin möglicherweise eher geschadet hat[325], da sie hier eine Affinität zu Verschwörungstheorien mutmaßen läßt, bietet sie als Vize-Repräsentantin der NGO *attac* dennoch ein vorherrschendes Meinungsbild und legitimiert daher ein Aufgreifen ihrer früheren, unter anderem in „Kredit und Dogma" erarbeiteten Weltbankinterpretationen, die allgemein als zitierfähig in den wissenschaftlichen Diskurs immer wieder einfließen.

In „Kredit und Dogma" zeichnen George und Sabelli zunächst das Bild eines äußerst kompetenten Exekutiv-Direktoriums, dessen einzelne Mit-

324 Vgl. George/Sabelli (1995), S. 189ff.

325 Vgl. Huhn in: Die ZEIT (2001).

glieder die Strukturen und machtpolitischen Kanäle bzw. Kalküle innerhalb der Weltbank genau abschätzen und sich diese strategisch zunutze machen könnten, um ihre Vorstellungen in der Weltbank mit hoher Durchsetzungskraft einzubringen. Allerdings bezweifeln Sabelli und George im weiteren Verlauf ihrer Untersuchung, dass die Exekutiv-Direktoren die Politik und Arbeit der Bank initiieren und steuern[326], und zu den tatsächlichen Akteuren in dieser Organisation zählen.

Insgesamt bieten die Bewertungen von George und Sabelli in Bezug auf das Einflusspotential der Exekutiv-Direktoren ein eher ambivalentes Bild.

Einerseits beschreiben sie die Exekutiv-Direktorien als äußerst kompetente Gremien und Verantwortungsträger, die durch ihre ausschließliche Zeichnungsbefugnis bei allen Entscheidungen über Ausgaben, Kredit- und damit über Projektbewilligungen eine gravierende Kontrollfunktion gegenüber dem Mitarbeiterstab der Bank ausüben und somit eine zentrale Entscheidungsinstanz bilden.

Andererseits jedoch unterstellen Sabelli und George, dass die Direktoren häufig an formale wie auch informationsbedingte Grenzen stoßen, die sie immer wieder gegenüber dem Mitarbeiterstab in eine machtpolitisch benachteiligte Außenseiterposition drängen.

Ferner legen Sabelli und George einerseits dar, dass alle Mitglieder des Exekutiv-Direktoriums, auch diejenigen, die aus den so genannten Schuldner- bzw. Dritte-Welt-Staaten kommen, aufgrund ihrer meist in den Vereinigten Staaten absolvierten, hochgradigen akademischen Ausbildung und aufgrund meist langjähriger Arbeitserfahrungen in einer der beiden Schwester-Institutionen, sich insgesamt an den Werten und Zielen der westlichen Industriewelt ausrichten bzw. von ihnen geprägt wurden, was die beinahe zwangsläufige Loyalität des Exekutiv-Direktoriums gegenüber der westlich orientierten Institution Weltbank unterstreicht. So recherchierten sie für die neunziger Jahre, dass alle damaligen Exekutiv-Direktoren ihre Ausbildung an westlichen und insbesondere amerikanischen Hochschulen absolvierten, dort zum Teil promovierten oder habilitierten und zudem im Vorfeld ihrer Amtsausübung die Hälfte von ihnen zuvor Erfahrungen in einer der beiden Bretton-Woods-Institutionen sammeln konnte.[327] George und Sabelli sehen hierin die Gewährleistung für eine grundlegende Konformität der Exekutiv-Direktoren mit den politischen Paradigmen und Strategien der Welt-

326 Vgl. George/Sabelli (1995) S. 189ff.

327 Vgl. ebd., S. 192f.

bank.[328] Hiernach arbeiten und entscheiden die Exekutiv-Direktoren und der Mitarbeiterstab bzw. das Management der Weltbank in der Regel kooperativ. Die Machtressourcen der Exekutiv-Direktorien und damit der sie entsendenden Regierungen werden in diesem Ansatz als sehr hoch eingeschätzt und stimmen mit der allgemeinen Kritik überein, die Weltbank sei ein machtpolitisches Instrument v. a. der stimmrechtlich privilegierten Teilnehmerstaaten.

Andererseits jedoch steht dieses Bild von der loyalen Kooperation beider Akteursgruppen diametral zu Georges und Sabellis weiteren Rechercheergebnissen, die sie plakativ als *„Pilzzuchtprinzip"* zusammenfassen, und damit die informative Abdrängung des Exekutiv-Direktoriums aus dem institutions-internen Entscheidungsprozess meinen. Nach der angeblich weltbankinternen Arbeitsstrategie bzw. *„Pilzzuchtprinzip"* werden, so George und Sabelli, die Exekutiv-Direktoren vom Mitarbeiterstab informativ *„mit Mist gefüttert und im Dunkeln gehalten"*[329] und sind einer gezielten Desinformationsstrategie des Weltbank-Managements und -mitarbeiterstabs ausgesetzt. Hiernach käme eine Berufung ins Exekutiv-Direktorium einer Positionierung aufs informative und damit auch machtpolitische Abstellgleis gleich.

Auch wenn aufgrund der teilweise widersprüchlichen und nicht durch Quellen abgesicherten Aussagen beider Autoren zunächst eher die Veranlassung besteht, ihren Ausführungen keine größere Aufmerksamkeit zu widmen, drängt spätestens die Monographie von Bruce Rich, Ende der neunziger Jahre auf stärkere Beachtung und eine weitergehende Untersuchung dieses Ansatzes. Denn auch Rich, der selber in den neunziger Jahren als Projekt- und Fachberater für die Weltbank tätig war und daher Einblick in die internen Abläufe der Bankorganisation erhielt, verweist auf diese Desinformationsstrategie, die sowohl zwischen den verschiedenen Ebenen der Bankhierarchie als auch gegenüber den Exekutiv-Direktoren ausgeübt wird:

> „Innerhalb der Bank selbst wird der freie Informationsfluß zwischen den verschiedenen Ebenen der Hierarchie ebenfalls stark eingeschränkt.(...), denn das Bankmanagement enthält selbst den Exekutiv-Direktoren (...) die meisten Dokumente vor, die im Laufe der Vorbereitung von Projekten von den Mitarbeitern und Beratern der Bank erarbeitet werden. Obwohl die Vorbereitung eines Projektes mehr als zwei Jahre dauern kann, erhalten die Di-

328 Vgl. ebd., S. 192.

329 Vgl. ebd., S. 189.

rektoren die Projektgutachtens-Berichte erst zwei Wochen vor dem Termin, an dem sie den Kredit bewilligen sollen."[330]

Dass dies keine Entwicklung erst der jüngeren Vergangenheit ist, dokumentiert Rich mit einem Bericht darüber, dass bereits McNamara den Exekutiv-Direktoren die Einsicht in vertrauliche Planungsdokumente verweigerte, die brisante wirtschaftspolitische Analysen einzelner Länder beinhalteten.[331]

Welche Bedeutung könnten diese Beobachtungen für den weiteren Verlauf des Weltbank-Diskurses haben?

3.2.3 Zwischenfazit und weitere Untersuchungsaspekte

Bestätigen sich die Ausführungen von Sabelli und George, die weitgehend mit den Beobachtungen Bruce Richs übereinstimmen, als alltägliche bankinterne Arbeitsstrategie bzw. Arbeitspraxis, wäre dies unter machtpolitischen Aspekten in mehrerlei Hinsicht von erheblicher Aussagekraft.

Erstens würde dies im Hinblick auf das Ausfindigmachen der Verantwortungsträger die Exekutiv-Direktoren, und mit ihnen die sie entsendenden Teilnehmerstaaten, in logischer Konsequenz aus der Schusslinie der Weltbankkritiker ziehen. Die eigentlichen Verantwortungsträger müssten der These vom *„Pilzzuchtprinzip"* zufolge weitaus stärker auf der innerorganisatorischen Ebene zu suchen sein, die sich aus Mitarbeiterstab, Management und Präsident zusammensetzt. Dies würde den in dieser Untersuchung bislang herausgearbeiteten Ansatz bekräftigen, dass sich die Weltbank seit der durch Präsident McCloy erwirkten Machtbeschneidung des Exekutiv-Direktoriums sukzessive sowohl von diesem Gremium als auch den Teilnehmerstaaten emanzipierte.

Parallel zu dieser Schlussfolgerung käme zweitens die US-zentristische Kritik weiter ins Wanken, da der nationale und damit auch der US-amerikanische Einfluss auf die Weltbank mittels ihrer jeweiligen Exekutiv-Direktoren in der Arbeitspraxis nicht in dem Maße umgesetzt werden kann, wie immer wieder unterstellt wird.

Eine Verifizierung dieser Beobachtung könnte der immer wieder neu aufkeimenden Reform-Debatte, in der vor allem die überalterte Stimmrechtsregelung als Hauptkritikpunkt diskutiert wird, einen entscheidenden Richtungswechsel geben, indem sie die Bank weniger als fremdbestimmtes Instrument und dafür stärker als eigenständige Akteurin be-

330 Rich (1998), S. 202f.

331 Vgl. Rich (1998), S. 94.

greift, wie in Kapitel 1.2. und 1.3.3. bereits theoretisch in Erwägung gezogen wurde.

Allerdings darf selbst im Falle einer Verifizierung der *„Pilzzuchttheorie"* nicht übersehen werden, dass auch diese These wiederum Gefahr läuft, zu pauschalen, politischen Fehlinterpretationen zu verleiten. Eine Entkräftung bzw. Schwächung der Kritik an den Exekutiv-Direktoren der Hauptanteilseigner der Weltbank ist nicht gleichbedeutend mit einer gänzlichen Verneinung ihrer Verantwortung und ihrer Einflussmöglichkeiten auf die Weltbank.

Es kann in dieser Untersuchung, in der das Bemühen im Vordergrund steht, gängige, undifferenzierte Pauschalbeurteilungen und Kritikführungen in der wissenschaftlichen Diskussion der Bretton-Woods-Geschichte aufzuzeigen und ggfs. zu entkräften, nicht darum gehen, mit erneuten Pauschalisierungen aufzuwarten, indem beispielsweise der Einfluss der Exekutiv-Direktoren und damit ihrer Regierungen vollkommen negiert würde.

Wenngleich sich im Verlauf der bisherigen Untersuchungen der anfängliche Verdacht zunehmend zu verhärten scheint, dass dem Einflusspotential der Exekutiv-Direktoren allgemein zu viel Gewicht beigemessen wird, ist dieser Aspekt dennoch auch in den nachfolgenden Untersuchungsschritten weiterhin zu berücksichtigen. Davon ausgehend, dass das weltweit kritisierte machtpolitische Einflusspotential der Exekutiv-Direktoren und damit der führenden Teilhaberstaaten nicht gänzlich unbegründet sein kann, wird der Frage nachzugehen sein, wo genau, das heißt in welchem bankinternen Kompetenzfeld und mit Hilfe welcher innerorganisatorischen Mechanismen sich das Einflusspotential der Exekutiv-Direktoren entfalten könnte.

Um das machtpolitische Geflecht, das sich in und um die Bretton-Woods-Institute gebildet hat in seiner Komplexität zu erfassen ist es neben den bereits genannten externen Einflussfaktoren grundsätzlich erforderlich, den Aspekt unternehmerischer Einflussnahme auf die Weltbankpolitik in dieser Machtstrukturanalyse einzubeziehen. Allerdings zeichnete sich im Zuge der bisherigen Recherchen, vor allem im Zusammenhang mit der noch darzustellenden Projektarbeit der Weltbank bereits ab, dass industrielle Interessenpolitik, insbesondere multinational agierender Großunternehmen, im Zuge der Globalisierung längst nicht mehr den Umweg über eine nationale Interessensvertretung durch die Exekutiv-Direktoren nehmen muss, um in den Entwicklungsländern geschäftlich tätig zu werden. Mit Blick auf die Weltbank ist daher der häufig formulierte Kritikansatz, demzufolge die Exekutiv-Direktoren in erster Linie die Interessen ihrer Großkonzerne vertreten würden kritisch zu hinterfragen. Aufschluss soll in diesem Zusammenhang unter anderem Kapitel 4 ff geben in welchem die Projektarbeit der Weltbank näher beschrieben und bilanziert wird.

Ziel dieser Arbeit ist es jedoch vor allem auf die Frage zuzusteuern, ob und inwiefern sich neben den externen Einflussgrößen weitere, vielleicht gewichtigere machtstrategische Entscheidungs- und Kompetenzmuster bzw. Verantwortungsträger hinter den umstrittenen Weltbankprojekten und -paradigmen herausarbeiten lassen. Um in dieser Frage klarere Trennlinien zwischen innerorganisatorischen und internationalen Einflussfaktoren zu ziehen, ist zu überprüfen, ob insbesondere die über Jahrzehnte wechselnden national- und personalpolitischen Konstellationen auch jeweils neue, politisch nicht kalkulierbare Machtstrukturen, Einfluss- und damit auch Reformmöglichkeiten innerhalb der Bank hervorbrachten.

Ferner ist die Reformgeschichte der Weltbank auf interne machtpolitische Konstante hin zu durchleuchten, die ggfs. trotz - oder gerade aufgrund - wechselnder nationalpolitischer Machtkonstellationen, dem Mitarbeiterstab oder dem Management einen machtstrategischen Vorteil verschafften, wie er in der These vom *„Pilzzuchtprinzip"* als Annahme zugrunde gelegt wird, was ggfs. den Blick auf den Kreis der Weltbankmitarbeiter als maßgebliche Verantwortungsträger umlenken helfen könnte. Dieser Aspekt wird im Zusammenhang mit der Darstellung der einzelnen Präsidentschaftsphasen (siehe Kapitel 5 ff) und etwaigen innerorganisatorischen Macht- und Kompetenzasymmetrien (siehe Kapitel 6.4.2.) näher ausgeleuchtet.

Aufgrund der Ergebnisse, die in den vorangegangenen Kapiteln herausgearbeitet werden konnten, sehe ich mich darin bekräftigt, die wissenschaftliche Auseinandersetzung mit der Weltbank-Debatte an dieser Stelle von der Untersuchung der US-zentristischen Pauschalbewertungen, die sich v. a. auf die Stimmrechtsregelung und vermeintliche finanzielle Abhängig der Bank von den USA begründen, auf eine differenziertere Betrachtung der internen Weltbankentwicklungen bzw. Bankstrukturen auszudehnen.

Im Mittelpunkt der nun folgenden Kapitel steht somit nicht mehr primär die Untersuchung der externen Einflussfaktoren auf die Weltbankstrukturen, sondern der Blick richtet sich zunehmend auf die internen Organisationsstrukturen und auf die Arbeitsabläufe in und zwischen den Ebenen des Mitarbeiterstabs sowie auf die Kooperation zwischen den Angestellten und dem Führungsgremium im direkten Umfeld des Weltbank-

Präsidenten, der ebenfalls verstärkt ins Zentrum dieser Machtstrukturanalyse rückt.

Um die innerorganisatorischen Kooperations- und Machtstrukturen besser verständlich zu machen ist zunächst eine Skizzierung der internen Hierarchiestrukturen sowie der Projektbewilligungsverfahren sinnvoll, da sich hieraus mögliche Aspekte zur Frage der Verantwortung der Weltbankmitarbeiter für die in der Kritik stehenden Projektförderungen ableiten lassen, die in Kapitel 4 ff beschrieben werden.

Auf der Grundlage dieser Skizzierungen kann dann eine schrittweise bilanzierende Analyse der bankinternen Arbeitsstrukturen unternommen werden, in der ggfs. herauszuarbeiten ist, inwieweit die formal festgelegten Arbeits- und Organisationsstrukturen Freiräume und Nischen schufen, innerhalb derer es dem Mitarbeiterstab möglich war interne Reformvorhaben oder politische Zielvorgaben der Weltbankführung und / oder des Exekutiv-Direktoriums zu unterhöhlen.

In diesem Zusammenhang nimmt auch die Bedeutung des in Kapitel 1.3. angesprochenen *Leadership-Aspektes* zu. In Kapitel 5 ff werden mit Hilfe der Ausführungen zu den einzelnen Präsidentschaftsphasen etwaige neue Aspekte herausgearbeitet, die zur Klärung der Frage beitragen können, welchen machtpolitischen Stellenwert der Weltbank-Präsident in der von ihm geleiteten Organisation tatsächlich einnimmt.

Die Überprüfung des tatsächlichen Verhältnisses zwischen Weltbank-Präsident und Mitarbeiterstab steht dabei im Mittelpunkt der Untersuchungen dieses Forschungsabschnitts. Im Hinblick auf die Rolle des Präsidenten ist zudem kritisch zu hinterfragen, inwieweit die allgemein angenommene Funktion des Weltbank-Präsidenten als Handlanger der US-Administration, tatsächlich die Weltbankarbeit im Sinne der jeweiligen US-Administration determiniert (siehe Kapitel 6.3.).

3.3 Formale „interne“ Organisationsstruktur: Kompetenzfelder, Projektbewilligungsverfahren und Autoritätslinien

3.3.1 Anmerkungen zur Methode und zum Forschungsstand

In Anbetracht des andauernden weltweiten politischen wie auch wissenschaftlichen Diskurses über die machtpolitischen Fehlentwicklungen der Bretton-Woods-Institutionen überrascht der unzureichend aktualisierte und sich auf wenige Monographien beschränkende und weitgehend auf dem der 1970er und 1980er Jahren basierende Forschungsstand zur Frage der Organisationsstruktur der Weltbank. Es sind hier vor allem die Ausführungen zu erwähnen von Gerd Wiegand, der Ende der 1970er Jahre eine Organisationsanalyse internationaler Institutionen, darunter auch der Weltbank, erarbeitete, sich jedoch, wie die meisten Untersuchungen, auch auf Mason und Asher bezieht. Daneben ist es vor allem die Studie von Bettina Hürni, die sich Ende der 1970er Jahre mit der Kreditvergabepolitik der Bretton-Woods-Institutionen befasste[332], wobei Hürni sich vornehmlich auf politische Zielvorgaben der damaligen Kreditvergabe konzentrierte und sich nur am Rande mit den formellen Abläufen der Vergabeverfahren beschäftigte.

Obwohl diese drei Jahrzehnte zurückliegenden Untersuchungsergebnisse keine Basis mehr sein können, um die aktuelle Kritik an den Bretton-Woods-Organisationen zu diskutieren, müssen im Rahmen dieser Untersuchung auch die Beschreibungen der „alten" Organisationsstrukturen und bankinternen Entscheidungsverfahren bis etwa Anfang der 1980er Jahre einbezogen werden und ggfs. gegenüber den „neuen" , reformierten Verwaltungsstrukturen abgegrenzt werden. Ein Zurückgreifen auf diese weitgehend veraltete Fachliteratur ist insofern methodisch angemessen, da sich auch die in dieser Untersuchung zu analysierende Weltbankkritik zum Teil auf diesen zurückliegenden Zeitraum bezieht.

Aus methodischer Sicht ergibt sich aufgrund der schwierigen Literaturlage sowohl hinsichtlich der „alten" wie auch der „neuen" Organisationsstrukturen zudem zwangsläufig das Problem, keine befriedigende Grundlage für eine detaillierte und fundierte Gegenüberstellung der unterschiedlichen Verwaltungsepochen zu haben. Hier mangelt es vor allem in der jüngeren wissenschaftlichen Auseinandersetzung mit der Weltbankgeschichte und insbesondere mit den organisatorischen Machtstrukturen deutlich an Differenziertheit. Lediglich Hürni und Wiegand haben die einzelnen Verwaltungsstrukturen für die Jahre 1952, 1971 und 1973 jeweils in einem Organigramm bildlich erfasst.[333] Für die Folgejahre sind detaillierte Darstellungen und Interpretationen der Entwicklung der Verwaltungsstrukturen nicht vorhanden.

Aufgrund dieser Forschungslücken gestaltete sich insgesamt die Recherche zu Fragen des Organisationsaufbaus und der Arbeitsstrukturen, die über die vereinfachende Aufschlüsselung von Gouverneursrat, Exekutiv-Direktorium und Weltbank-Präsident hinausgehen sollte, als unerwartet mühsam.

---

332 Vgl. Hürni (1980), S. 112ff.

333 Vgl. ebd., S. 120f, vgl. Wiegand (1978), S. 224ff.

Die unzureichende Differenziertheit in der Weltbank-Debatte zeichnet sich auch in anderer Hinsicht ab. Denn nach Sichtung des aktuellen wissenschaftlichen Materials ist weiter zu bemerken, dass im Rahmen der Weltbankkontroverse selten ausdrücklich zwischen der Kritik an den politischen und wirtschaftlichen Zielvorgaben (grundsätzliche Kreditverweigerung gegenüber vermeintlich kommunistischen Ländern in der Zeit des Kalten Krieges, neoliberal geprägte Strukturanpassungsprogramme, *Washington Consensus* etc.) und den organisatorischen Aspekten der Projektbewilligungsverfahren unterschieden wird, was zu erheblichen Ungereimtheiten und Fehlinterpretationen in der Reform-Debatte führt, die hier schrittweise aufzuklären sind. Im Bemühen um diesbezügliche Aufklärung grenze ich daher zwei bankinterne Kompetenzfelder voneinander ab, die zum einen die politischen und wirtschaftlichen Zielvorgaben und Paradigmen und zum anderen die Projektarbeit betreffen, wobei jedoch die Analyse der politischen Einflussnahme auf die Projektbewilligungsverfahren besondere Berücksichtigung erfährt, da sich hier der in der Weltbank-Debatte weitgehend vernachlässigte Aspekt des machtpolitischen Potentials des Mitarbeiterstabs herausarbeiten lässt.

Im Hinblick auf die Projektkritik fällt zudem auf, dass in den Medien und in der Fachliteratur die Ausführungen zum strukturellen Aufbau der Bank meist auf die bereits weiter oben nachgezeichnete Skizzierung von Gouverneursrat, Exekutiv-Direktorium und Weltbank-Präsident reduziert werden. Die „Analyse" der Entscheidungsprozesse und -ebenen zur Bewilligung der in der Kritik stehenden Weltbankprojekte bzw. -kredite bleibt, wie bereits dargelegt, oft nur auf eine kritische Analyse der Endphase dieser Entscheidungsabläufe, die in der Bewilligung oder Ablehnung einzelner Projekte durch das Bankmanagement und den Exekutiv-Rat besteht, beschränkt, wodurch mindestens assoziativ der Eindruck entsteht, dass diese beiden Führungsgremien die in der Kritik stehenden Weltbankprojekte hauptverantwortlich initiieren. Im Übrigen wird diese Argumentationslinie ohne Berücksichtigung der bereits angesprochenen Verwaltungsreformen sowohl für die 1970er und -80er Jahre als auch für die derzeitige Epoche vertreten.

Innerhalb der Fachliteratur zu Themen des organisatorischen Aufbaus der Weltbank finden sich zudem nur wenig detaillierte Aufschlüsselungen über den Ablauf der Projektentwicklungen und der Ausschreibungsverfahren.

Wie und in welcher Organisationsebene bzw. Abteilung Projektideen initiiert oder aufgenommen, wohin weitergeleitet und nach welchen Kriterien sie geprüft werden, welche bürokratischen Hürden ein Projektantrag durchlaufen muss, um dem Exekutiv-Rat überhaupt zur Abstimmung vorgelegt zu werden, bleibt in den meisten Publikationen weitgehend unberücksichtigt. Wie bereits erwähnt, wird das gesamte Prozedere der Projekt- und Kreditbewilligungsverfahren in der wissenschaftlichen Auseinandersetzung zur Frage der Verantwortlichkeit für die Weltbankprojekte weitgehend ausgeklammert.

Dies ist umso erstaunlicher, als so die Arbeitsbilanz und damit die Verantwortung von heute etwa 10.000 Mitarbeitern offensichtlich kaum einer wissenschaftlichen Analyse unterzogen werden.

Bemerkenswert und gleichzeitig methodisch richtungsweisend ist die Herkunft der für dieses Kapitel hauptsächlich verwendbaren Informationen über das aktuelle, bankinterne Prozedere einer Projektbewilligung. Detaillierte Einblicke verschaffte nämlich insbesondere eine Consulting-Studie, die im Zusammenhang mit der Eröffnung des ersten deutschen Weltbankbüros in Berlin im Oktober 2007 vom Bundesministerium für Wirtschaft und Technologie herausgegeben wurde, um mittelständischen deutschen Unternehmen einen Leitfaden zur Verbesserung der Beteiligung an weltbankfinanzierten Projekten zu vermitteln.

Diese Studie informiert projektinteressierte mittelständische Unternehmen unter anderem über den Ablauf der Projektbewilligungsverfahren und die maßgeblichen Gesprächspartner innerhalb der Weltbank. Aufgrund ihrer ausschließlich praxisorientierten Ausführungen bewegt sich diese Studie außerhalb des politisch motivierten Weltbank-Diskurses. Dies macht sie im Hinblick auf eine machtpolitische Analyse zu einer relativ objektiven Informationsquelle, die wichtige Rückschlüsse auf den Organisationsaufbau, die Projektinitiierung und -entwicklung und die Mitarbeiterkompetenzen ermöglicht.[334]

Die besondere Berücksichtigung des weiter unten deskriptiv erfassten Projektbewilligungsverfahrens (Projektzyklus) soll helfen, weitere Aspekte und Interpretationsansätze in die Debatte um die machtpolitische Verantwortung für die Projektbilanz der Weltbank einzubringen.

3.3.2 Die Organisationsstruktur

Die Organisationsstruktur der Weltbank steht im Ruf, im Wesentlichen von zwei Merkmalen geprägt zu sein. Zum einen durch eine formale starke hierarchische Gliederung der Verwaltungsebenen mit einem autoritären und omnipotenten Weltbank-Präsidenten an der Spitze und zum anderen durch die Konzentration aller Kompetenzen auf die Zentrale in

334 Vgl. Como-Studie (2007).

Washington. Bettina Hürni weist bereits für die siebziger Jahre auf die enorme Aufgliederung der Organisation in unzählige Ressorts, Regional-, Projekt- und Sektorabteilungen hin[335], die zwar zwischenzeitlich im Verlauf mehrerer Reorganisationen angeblich vereinfacht wurde, doch gleichzeitig sowohl in der Mitarbeiterzahl drastisch vergrößert als auch durch einige bankinterne Kontrollinstanzen und zusätzliche Regionalbüros erweitert wurde. Die oft kritisierte zentralistische Organisationsstruktur der Weltbank entstand während der Präsidentschaft von Robert McNamara, der Washington zur absoluten Macht- und Entscheidungszentrale ausbaute. Allerdings wurden diese zentralistischen Verwaltungsstrukturen im Verlauf der nachfolgenden Präsidentschaften zunehmend von dezentraleren Strukturen abgelöst, wobei insbesondere James Wolfensohn eine gezielte Dezentralisierungspolitik betrieb, auf die noch näher einzugehen sein wird.

Das nachfolgende Organigramm verschafft einen Überblick über die aktuelle, formal festgelegte Verwaltungsstruktur, die nach vorübergehender Neustrukturierung unter Paul Wolfowitz[336] sich weitgehend an den

335 Vgl. Hürni (1980), S. 112ff.

336 Im Gegensatz zur Organisationsstruktur unter James Wolfensohn und auch Robert Zoellick, unterstanden beispielsweise die 6 Vice-Presidenten der Länderregionen: Latein Amerika / Karibik, Naher Osten / Nordafrika, Ostasien / Pazifik, Europa / Zentralasien, Afrika und Südafrika während der Präsidentschaft von Paul Wolfowitz nicht 3 Manager-Direktoren sondern einem einzigen Manager-Direktor (Graham Wheeler). Insgesamt arbeiteten nur 5 Manager der obersten Hierarchielinie direkt unter Präsident Wolfowitz, während im aktuellen Organisationsaufbau 9 Manager direkt unter Präsident Zoellick arbeiten. Außerdem standen der dritten und vierten Hierarchielinie zur Amtszeit von Wolfowitz nur zwei Manager vor, während aktuell vier obere Manager der dritten und vierten Hierarchieebene vorstehen. Die Umstrukturierungen unter Paul Wolfowitz wurden in der Öffentlichkeit kaum beachtet, so dass zu dieser Phase der Weltbankgeschichte keine Analysen oder Diskussionen über die machtpolitische Relevanz dieser Neustrukturierung vorliegen, wenngleich sich aus diesen Umstrukturierungen wichtige Aspekte im Hinblick auf die von Kritikern und Bankangestellten geäußerten Verdachtsmomente ableiten ließen, wonach Wolfowitz angeblich versuchte, die Weltbank zunehmend mit Top-Managern zu besetzen, die vornehmlich Rückhalt in der BUSH-Administration besaßen. Das entsprechende Organigramm für die Präsidentschaftsphase von Paul Wolfowitz findet sich bei Menzel (2006/07), http://www-public.tu-bs.de:8080/~umenzel/inhalt/lehre/Vorlesung_2007-02-06.pdf, S. 24. Außerdem existierte während der Präsidentschaft von Paul WOLFOWITZ das sogenannte Direktorium für *Operational Policies and Country Services (OPCS)*, in dem mehrere Abteilungen für Umweltfragen zusammengefasst und neu strukturiert wurden und das dem damaligen Managing Director WHEELER unterstand. Vgl. epo (2006),

reformierten Verwaltungsstrukturen orientiert, die bereits während der Präsidentschaft von James Wolfensohn bestanden. Allerdings lassen sich hieraus nur die oberen Hierarchielinien ablesen, die mit Hilfe der erwähnten Consulting-Studie später näher aufzuschlüsseln und zu interpretieren sind. Das folgende Bankorganigramm wird halbjährig aktualisiert und ist auf der offiziellen Internetseite der Bank eingestellt. Die genaue Anzahl und hierarchische Zuordnung von *manager-directors, vice-presidents* und sogenannten *network heads* wechselt relativ häufig und ist abhängig von den Initiativen des jeweils amtierenden Weltbank-Präsidenten.[337]

---

http://www.epo.de/index.php?option=com_content&task=view&id=1717&Itemid=33, vgl. Menzel (200607), http://www-public.tu-bs.de:8080/~umenzel/inhalt/lehre/Vorlesung_2007-02-06.pdf, S. 24.

337 Vgl. Weaver (2008), S. 49.

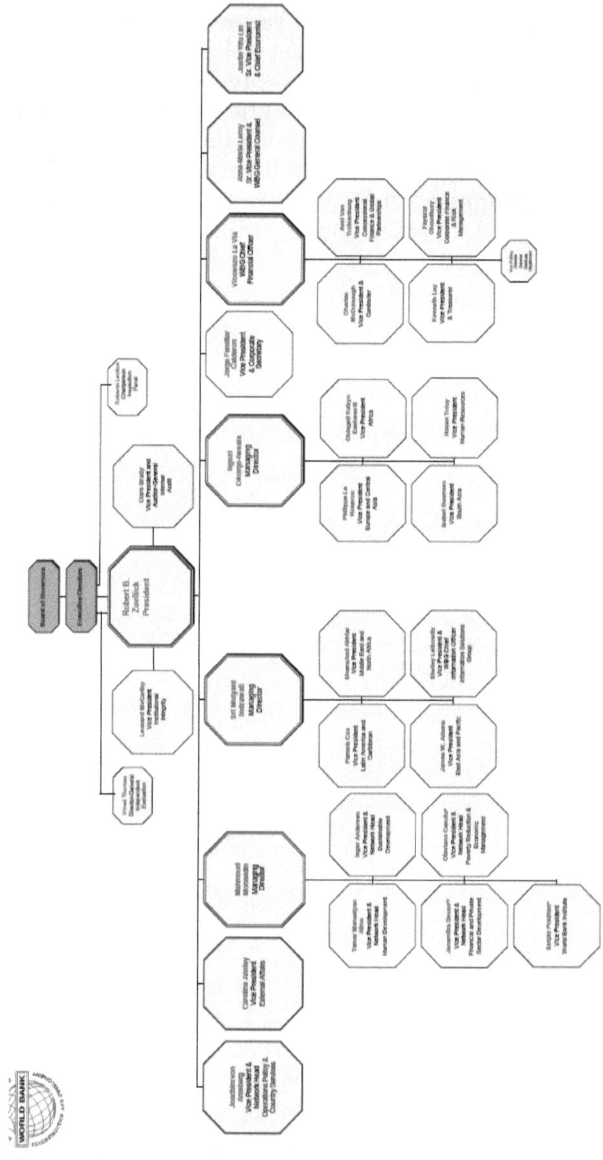

Abbildung: Organization Chart of the World Bank (December 2010),
http://web.worldbank.org/WBSITE/EXTERNAL/EXTABOUTUS/0,,contentMDK:20040580~menuPK:1696997~pagePK:51123644~piPK:329829~theSitePK:29708,00.html

Das Organigramm stellt dabei die jeweilig nochmals untergliederten oberen Hierarchielinien des ersten Banksegments dar, das im weiteren Verlauf dieser Studie aus Gründen der besseren Verständlichkeit, als *oberes Hierarchiefeld* bzw. *obere Kompetenzebene* bezeichnet wird. Diese obere Ebene setzt sich aus Weltbank-Präsident, Vize-Präsidenten, Direktoren und Management-Direktoren zusammen, die unterschiedlichen Abteilungen in weiteren nachgeordneten Hierarchielinien vorstehen.

Alle Verwaltungseinheiten sind, vergleichbar dem Bürokratiemodell Max Webers, formal dem Präsidenten unterstellt. Formal-juristisch gibt es hier keine Interpretationsansätze und Ermessensspielräume, die beispielsweise die Kompetenz des Präsidenten gegenüber seinen Mitarbeitern einschränken würden. Inwieweit dieses formal-juristisch verankerte Kooperationsgebot zwischen Weltbank-Präsident und Mitarbeiterstab in der Praxis Bestand hat, wird im fünften Kapitel dieser Studie zu untersuchen sein. Die Position des Präsidenten ist vergleichbar einer Schnittstelle zwischen Verwaltung und dem Exekutiv-Direktorium, an der die Informationsflüsse des gesamten Apparates zusammenlaufen und weitergeleitet werden.[338] Der Präsident entscheidet und beeinflusst zudem, welche Informationen seiner Mitarbeiter an das Exekutiv-Direktorium und damit an die Teilnehmerstaaten weitergeleitet werden.

Dem Weltbank-Präsidenten direkt zur Seite gestellt sind der Vize-Präsident[339] der Abteilung *Institutional Integrity*[340], die unter anderem als bankinternes Kontrollorgan gegen Korruption (sowohl im Falle bankinterner als auch externer Verdachtsmomente) fungiert sowie der Vize-Präsident der Abteilung für *Internal Audit*, die die Bankleitung in allen Fragen der Organisationsleitung, Rechnungsprüfung, Transparenz, Wirtschaftlichkeit etc. unterstützt. Auch die beiden Direktoren der bankinternen Kontrollorgane *Independent Evaluation* und *Inspection Panel* arbeiten formal in dieser obersten Hierarchielinie.

Die der obersten Hierarchielinie untergeordnete zweite Ebene setzt sich aktuell zusammen aus drei Managing-Directors und drei Senior Vice-

---

338 Vgl. Horcher (1996), S. 66.

339 Bei Erklärungen des Organisationsaufbaus werden hier die amerikanischen Titel, z.B. *Vice-President* statt *Vize-Präsident*, weitergeführt, da diese Titel in deutscher Sprache keine adäquate Übersetzung haben und hier meist auch als Anglizismen in den Sprachgebrauch übergegangen sind. Den Titel Weltbank-Präsident verwende ich hingegen durchgängig.

340 Das während der Präsidentschaft von James Wolfensohn gegründete Department of Institutional Integrity überpüft Irregularitäten in der Vertragsvergabe, Verletzungen der Beschaffungsrichtlinien sowie Korruptionsverdacht und ähnliche Unregelmäßigkeiten. Vgl. Como-Studie (2007), S. 33.

Presidents, ferner einem Vice-President für External Affairs, einem Acting-Vice-President sowie einem Chief Financial Officer.

Den Managing-Directors untersteht wiederum eine dritte Ebene, die insgesamt aus 17 Abteilungen besteht. Vier dieser Abteilungen arbeiten dem Finanzressort zu und unterstehen dem ebenfalls in der zweiten Hierarchielinie arbeitenden Chief Financial Chief. Zu den restlichen 13 Abteilungen zählen die Abteilung für Human Development, Financial and Private Sector Development, World Bank Institute, Sustainable Development, Poverty Reduction&Economic Management, Information Solution Group, Human Resources sowie die 6 Länderbüros bzw. Regionalbüros. Zu den ebenfalls in der zweiten Ebene wirkenden Vice-Presidenten zählen zudem auch der Chef-Ökonom, der Vice-President and Network Head sowie der Senior Vice-President für External Affairs.

Insgesamt gliedern sich die Abteilungen der dritten Hierarchielinie wie folgt auf:

6 regionalen Einheiten (Regional Vice Presidencies), d.h. jeweils ein Vice-President für:

- Ost-Asien und Pazifik,
- Europa und Zentralasien,
- Lateinamerika und Karibik,
- Naher Osten und Nordafrika,
- Südasien und
- Nordafrika.

Die Installierung dieser Regionalabteilungen ist ein markanter Punkt in der von Wolfensohn initiierten Reorganisation der Weltbank, da er damit die seit McNamaras Präsidentschaft beibehaltenen zentralistischen Strukturen aufbrach und einen Öffnungs- und Dezentralisierungsprozess einleitete.

5 thematische Netzwerke (Network Vice Presidencies) für übergreifende oder „Querschnittsfelder", beispielsweise Privatsektorentwicklung, Nachhaltigkeit etc.

10 operative Einheiten (Finanzen, Controlling, Rechtsabteilung, etc.).[341] Diese Einheiten befassen sich ausschließlich mit Vorgängen und Abläufen, die den bankinternen Verwaltungsapparat betreffen.

341 Vgl. Como-Studie (2007), S. 20.

Den Hierarchielinien des gerade beschriebenen oberen Banksegments steht das in dieser Studie als *untere Hierarchieebene* bezeichnete *Kompetenzfeld* gegenüber, zu der die Mitarbeiter zählen, die insbesondere die Projekt- und Kreditanträge bearbeiten. Die obere Managementlinie steht in vielen Fragen und Informationstransfers zwischen dem Mitarbeiterstab des *unteren Kompetenzfeldes* und dem Präsidenten, wobei in dieser Ebene nicht selten Informationstransfers zwischen Mitarbeiterstab und Präsident selektiert werden, was nicht immer im Sinne der von Wolfensohn angestrebten Transparenz und Offenheit abläuft.

Insgesamt erschwert die in der Literatur sehr unübersichtliche und nicht systematisch erfasste Begriffsvielfalt (Deutsch: Vize-Präsidenten, Senior-Vize-Präsidenten, Management-Direktoren, Direktor, Länder (Country)-Direktor, Senior Manager, Regional-Vize-Präsident etc.) in der Benennung der einzelnen Vorsitzenden in erheblichem Maße die Zuordnung der Abteilungen in das bankinterne Hierarchiemodell. Nur nach eingehender Recherche lassen sich die einzelnen Vorsitze gegeneinander abgrenzen und einer Hierarchielinie zuordnen.

Während aus dem von der Weltbank veröffentlichten, aktuellen Organigramm (Stand 2010) etwas weniger als dreißig Verantwortungsträger im oberen Banksegment benannt werden, erwähnt Bruce Rich 300 hochrangige Weltbank-Manager, vor denen Weltbank-Präsident James Wolfensohn am 12. März 1996 eine Ansprache hielt.[342] Diese große Differenz erklärt sich daraus, dass in dem offiziellen Organigramm die übergeordneten Abteilungen, beispielsweise die Regionalabteilungen für Afrika, Asien, Lateinamerika usw. nicht weiter aufgeschlüsselt werden.

So arbeiten beispielsweise weitere 20 Country-Direktoren, Direktoren, Sektor-Direktoren, Administrativ-Officer und Manager allein für die derzeitige, der dritten Hierarchielinie zuzuordnenden Vize-Präsidentin Obiageli Katryn Ezekwesili, die der Regionalabteilung Afrika vorsteht.[343] Diese ihr untergeordneten Abteilungs- oder Ressortleiter gehören formal immer noch zum Bank-Management. Doch ohne dies fundiert belegen zu können, tendiere ich dazu, sie aufgrund ihrer unmittelbaren Nähe und Mittlerfunktion zum unteren Banksegment, dem unteren Mitarbeiterstab bzw. Kompetenzfeld zuzuordnen, was sich jedoch anhand der vorliegenden Quellen formaljuristisch nicht ableiten und begründen lässt.

342 Rich (1998), S. 330.

343 Vgl. World Bank (2009), People, Obiageli Katryn, Ezekweseli, Vice President, http://web.worldbank.org/WBSITE/EXTERNAL/COUNTRIES/AFRICAEXT/0,,contentMDK:20246200~menuPK:509503~pagePK:146736~piPK:226340~theSitePK:258644,00.html.

In Anbetracht der hier rekonstruierten Skizzierung einer *formal* stark vertikal strukturierten Hierarchiepyramide erscheint die Bekundung einiger Insider, unter diesen beispielweise der ehemalige deutsche Exekutiv-Direktor Eckhard Deutscher, zunächst widersprüchlich, da sie die offene, kollegiale und eher horizontale Arbeitsstruktur innerhalb der Organisation betonen.[344] Dieser vermeintliche Widerspruch lässt sich zum einen damit erklären, dass sich beispielsweise Deutscher auf einen Erfahrungszeitraum bezieht, der die Zeit nach der von Präsident Wolfensohn initiierten Dezentralisierung der Bank erfasst, deren Hintergründe und Auswirkungen weiter unten noch zu erläutern sind. Zum anderen lässt sich dieser Widerspruch ggfs. auflösen, wenn man der hier zunächst beschriebenen *formalisierten* Hierarchiestruktur eine im Arbeitsalltag weitgehend praktizierte Kollegialität gegenüberstellt, in der sich die *formale* Hierarchiestruktur scheinbar aufzulösen scheint, d.h. eine eher horizontale Struktur von den Mitarbeitern subjektiv erfahren wird. Ob und inwieweit diese wahrgenommene Kollegialität sich bei tiefgreifenden Interessens- und Zielkonflikten zwischen den Hierarchieebenen letztlich im Arbeitsalltag, d.h. in den Entscheidungsfindungen des Managements spiegelt, wird ein zentraler Aspekt in dieser Forschungsarbeit sein.

3.3.2.1 Kompetenzfelder und Hierarchielinien

Bei einer genauen Betrachtung der Weltbank-Debatte erschließen sich zwei Kritikfelder, die zwei Hierarchielinien bzw. *Kompetenzfeldern* innerhalb der Organisationsstruktur zugeordnet werden können. Zum einen betrifft diese Kritik, wie bereits erwähnt, die politischen und ökonomischen Zielvorgaben und Paradigmen der Bank und zum anderen die Projektarbeit. Im Hinblick auf die in der Reform-Debatte häufig unterstellte Reformresistenz sind die sich gegenüber stehenden Kompetenzfelder differenziert zu bewerten. Beide Kompetenzbereiche bzw. Arbeitsfelder waren in der Vergangenheit von diversen Reforminitiativen in unterschiedlichem Maße betroffen. Dennoch wird in der wissenschaftlichen Auseinandersetzung über die Reformschwierigkeiten der Weltbank allgemein nicht weiter zwischen diesen beiden Kompetenzfeldern ausdifferenziert[345], so dass bislang keine Untersuchungsergebnisse darüber vor-

344 Vgl. Interview Deutschland Radio Kultur (2007), http://www.dradio.de/dkultur/sendungen/interview/626763/

345 Eine Ausnahme stellt hier Catherine Weaver dar, die ebenfalls zwei Ebenen in der Bank erfasst, die sie zum einen als *„Intellectual Culture"* und zum anderen als *„Operational Culture"* gegeneinander abgrenzt. Vergleichbar mit der von mir beschriebenen oberen Kompetenzebene umfasst Weavers *„Intellectual Culture"* die Ebene, in der die Ziele, Paradigmen und Philosophien der Bank erar-

liegen, wo und aufgrund welcher Mechanismen die Reformschwierigkeit am stärksten zum Tragen kommen.

3.3.2.1.1 Die wirtschaftlichen und politischen Zielvorgaben im oberen Kompetenzfeld: Strukturanpassungsprogramme und Washington Consensus

Prinzipiell entwickelte sich die Weltbank erst unter Robert McNamara (1968 bis 1981) zu einer langfristig und strategisch denkenden Entwicklungsorganisation. McNamara reformierte die Institution in mehrerlei Hinsicht. Insbesondere entwickelte er eine im Keynesianismus anzusiedelnde Wirtschaftsstrategie, die nicht mehr nur in akuten Finanzengpässen mit Krediten aushalf, sondern durch eine langfristig angelegte Entwicklungs- und Verteilungsstrategie vor allem bezweckte, die Existenz der ärmeren Bevölkerungsschichten in den Entwicklungsländern zu sichern. Ihre gezielte Einbindung in die Subsistenzwirtschaft sollte mittel- bis langfristig alle Bevölkerungsteile am wirtschaftlichen Fortschritt partizipieren lassen. Er etablierte damit als einziger Weltbank-Präsident ein Verteilungsparadigma, das auf den sogenannten *Trickle-up-Effekt*[346] vertraute. Auch erklärte McNamara als erster Präsident die Bekämpfung der weltweiten Armut explizit als übergeordnete politische Zielvorgabe. Dieser Zielvorgabe hat sich die Weltbank bis heute offiziell verpflichtet.

Die wirtschaftspolitischen Zielvorgaben, mit denen die Bank seit Anfang der 1980er Jahre versucht, ihren entwicklungs- und wirtschaftspolitischen Ansatz potentiellen Kreditnehmern aufzuerlegen, sind im Gegensatz zu McNamaras Wirtschaftsansatz, dem sich damals zunehmend durchsetzenden neoliberalen Wirtschaftsverständnis der führenden Industrienationen entnommen. Ob sich die Weltbank, wie auch der IWF, für eine Projektförderung bzw. Kreditbewilligung entscheidet, hing seither davon ab, ob der betreffende Antragsteller sich zur Umsetzung der wirtschaftspolitischen Konditionen, die ausschließlich Weltbank und IWF definierten, verpflichtet. Dabei wurden maßgebliche Elemente des neoliberalen Wirtschaftskonzeptes anscheinend zu unumstößlichen

---

beitet werden, während die hier als *untere Kompetenzebene* bezeichnete Hierarchielinie, in der vornehmlich die konkrete Projektarbeit stattfindet sich mit der von Weaver beschriebenen Ebene der „*Operational Culture*" vergleichen lässt, wobei Weaver diese beiden Kulturen bzw. Ebenen weder im Hinblick auf etwaige Reformresistenten noch hinsichtlich ihrer unterschiedlichen Entscheidungs- und Arbeitsstrukturen untersucht. Vgl. Weaver (2008), S. 73ff.

346 Hiernach stärken Wohlstandssteigerungen in den ärmeren Bevölkerungsschichten die allgemeine Kaufkraft, eröffnen dadurch Marktperspektiven, die in der gesamten Volkswirtschaft Investitionsanreize auslösen und damit Wachstums initiieren. Siehe auch Kapitel 5.1

Dogmen etabliert, die kaum Freiräume für eine differenzierte und dem jeweiligen Entwicklungsland angepasste Wirtschaftshilfe zuließen.

Der sogenannte *„Washington Consensus“*[347] und die in der Kritik stehenden *„Strukturanpassungsprogramme“* (SAP), die weiter unten im Zusammenhang mit dem Paradigmenwechsel der Weltbank näher erläutert werden, zählen zu den umstrittensten Umsetzungskonzepten dieser Wirtschaftsstrategie, die auf die konsequente Anwendung marktwirtschaftlicher Prinzipien setzen.

Die Festlegung solcher entwicklungs- und globalisierungspolitischer Strategien fällt bankintern ausschließlich in die Zuständigkeit bzw. Kompetenz der obersten Hierarchielinie, die sich aus Bankvorstand und Präsident zusammensetzt und hier als *„oberes Kompetenzfeld“* bezeichnet wird.

In diesem Kompetenzfeld werden die politischen Zielvorgaben von nur wenigen ranghohen Direktoren erarbeitet und beraten und dem Exekutiv-Direktorium direkt zur Abstimmung vorgelegt und von diesem wiederum dem formal obersten Weltbankgremium, dem Gouverneursrat, unterbreitet.

Aufgrund der geringen Anzahl der Beteiligten an der Ausarbeitung und Besprechung dieser Leitlinien ist ein persönlicher Austausch bzw. die Wahl des viel zitierten „kleinen Dienstweges“ zwischen Bankleitung und Exekutiv-Direktorium sehr wahrscheinlich.

Konsensfindungen zu Fragen politischer Leitlinien und ökonomischer Paradigmen sind zwischen den Exekutiv-Direktoren und dieser Kompetenzebene einfacher zu erzielen als bei der weiter unten zu analysierenden Projektbewilligung, da sie keiner intensiven Einarbeitung in die Materie entwicklungspolitischer Strategien bedürfen, sondern letztlich „nur“ dem übergeordneten wirtschaftspolitischen Ideal der jeweiligen Exekutiv-Direktoren und dem Weltbank-Präsidenten obliegen.

Neben den in der Kritik stehenden wirtschaftspolitischen Maximen der Weltbank existierten zumindest zeitweise auch rein politische Zielvorgaben, die beiden Bretton-Woods-Institutionen harsche Kritik einbrachten und ihr Image äußerst negativ belasteten. Gemeint sind ihre jahrelange wirtschaftliche Unterstützung totalitärer Regime (z.B. Chile unter Pinochet, Philippinen unter Marcos etc.) und die gleichzeitige Kredit-

347 Der Begriff geht auf den Ökonomen John Williamson zurück, der 1989 die gemeinsame, neoliberale Grundeinstellung der unterschiedlichen in Washington ansässigen Finanzinstitute feststellte. Diese Gemeinsamkeiten entwickelten wurden in der Folgezeit von führenden Wirtschaftsinstituten zu einem globalen wirtschaftspolitischen Standardprogramm ausgearbeitet.

verweigerung für Länder, denen eine Annäherung an den Kommunismus unterstellt wurde (z.B. das sandinistische Nicaragua). Diese Politik rückte die hier zum Teil in Frage gestellte Schablone des US-Zentrismus bzw. der US-imperialistischen Einbindung der beiden Institutionen vehement in den Mittelpunkt der beginnenden Globalisierungskritik, da sich in diesen - aus entwicklungspolitischer Sicht - sehr fragwürdigen Protektionen bzw. Sanktionen offensichtlich die außenpolitischen Ambitionen der jeweiligen US-Administrationen während der Zeit des Kalten Krieges spiegelten.

Diese Form der politischen Einflussnahme der US-Administrationen auf die Weltbank, und über diese auf die Entwicklungsländer, wird hier in keiner Weise in Frage gestellt. Da die Bank bis dato keinen diesbezüglichen Kurswechsel bzw. Reformankündigung öffentlich bekannt machte oder sich sonst offiziell von dieser Politik insbesondere in den 1980er Jahre distanzierte, kann dieser Aspekt im Rahmen dieser Studie jedoch vernachlässigt werden, da sich hieraus keine Anhaltspunkte für eine Bilanzierung der Reformankündigungen seitens der Weltbankführungen ergeben.

Sowohl im Fall der wirtschaftlichen wie auch der gerade beschriebenen politischen Zielvorgaben deutet vieles darauf hin, dass diese vornehmlich als Direktive für das *obere Kompetenzfeld* fungieren und das Einflusspotential der Exekutiv-Direktoren hier sehr groß ist und ihnen daher - neben dem Bankmanagement - eine hohe Verantwortung bei der Festlegung der wirtschaftlichen und politischen Zielvorgaben der Weltbank zugewiesen werden kann.

Die im Mittelpunkt der Kritik stehende Stimmrechtsregelung für den Exekutivrat greift in diesem Kompetenzfeld unbestritten und begünstigt die politischen und wirtschaftspolitischen Ideale der führenden Industrienationen, die sich im Falle der Wirtschaftspolitik eindeutig in den erwähnten Strukturprogrammen widerspiegeln.

Doch neben dem Wirken der Exekutiv-Direktoren ist es vor allem die Person des Weltbank-Präsidenten, die eine Neuorientierung der politischen Zielvorgaben und Strukturreformen in der Vergangenheit initiierte und somit im Zentrum dieses *Kompetenzfeldes* steht. Nicht zuletzt die hohe Erwartungshaltung vieler Weltbankkritiker an die Reformankündigungen des oft als „charismatisch" bezeichneten Wolfensohn belebte zeitweilig die These, der Weltbank-Präsident sei das machtpolitisch signifikanteste Organ innerhalb der Institution. Auch die reformintensive Ära McNamara untermauert rückblickend zunächst diese Annahme. Inwieweit diese These jedoch haltbar ist, wird abschließend, auch unter

Einbeziehung der Auseinandersetzungen mit dem im *unteren Kompetenzfeld* agierenden Mitarbeiterstab überprüft.

3.3.2.1.2 Die Projektbearbeitung im unteren Kompetenzfeld

In gleichem Maße umstritten wie die im *oberen Kompetenzfeld* entwickelten politischen und ökonomischen Paradigmen sind die Weltbankprojekte, die in die Zuständigkeit von mittlerweile mehr als 10.000 Mitarbeitern fallen.

Der gesamte Ablauf der Projektentwicklung entsteht in einem anderen, hier als *unteres Kompetenzfeld* bezeichneten Zuständigkeitsbereich, dessen Strukturen sich weitaus komplexer darstellen als im *oberen Kompetenzfeld.* Aufgrund dieser deutlich komplexeren Strukturen und Einflussnischen im *unteren Kompetenzfeld* bedarf es im Hinblick auf eine aussagekräftige Machtstrukturanalyse einer weitaus detaillierteren und differenzierteren Untersuchung, als dies in der oft allzu pauschal formulierten Kritik an der Weltbank bislang geschah.

Die Kritik an der Weltbank differenziert, wie bereits erwähnt, weder ausdrücklich zwischen diesen beiden Wirkungsfeldern noch unterscheidet sie zwischen den einzelnen Hierarchielinien in den jeweiligen *Kompetenzfeldern.* Doch darüber hinaus macht sie ebenfalls keine Unterschiede zwischen den einzelnen Epochen bzw. Präsidentschaften, die zum Teil mit erheblichen innerorganisatorischen Umstrukturierungen einhergingen. Die meist anzutreffenden Pauschalierungen erschweren aufgrund dieser unzureichenden Differenzierung jedoch zum einen eine Analyse der Machtstrukturen und zum anderen begründen sie den Boden für zahlreiche hier noch herauszuarbeitende Unzulänglichkeiten in den bisherigen Reformoffensiven, die an die Weltbank herangetragen wurden.

Diese Unzulänglichkeiten spiegeln sich beispielsweise in der bereits thematisierten Forderung nach einer Änderung der Stimmrechtsregelung als Allheilmittel zur Neuausrichtung und Umstrukturierung der Weltbank. Eine durch die Änderung der Stimmrechtsregelung erzielte Demokratisierung würde zunächst jedoch nur auf der *oberen Kompetenzebene* eine Wirkung erzielen können. Ob diese formal-juristische Änderung zwangsläufig auch auf der *unteren Kompetenzebene* die erhoffte Wirkung erzielen kann, d.h. hier die Projektbilanz verbessern helfen könnte, ist fraglich.

Um die machtpolitische Relevanz auch der *unteren Hierarchielinien* bzw. des *unteren Kompetenzfeldes* besser zu erfassen, werden zunächst sowohl das Verhältnis und die formal geregelte Zusammenarbeit beider *Kompetenzfelder,* wie auch die Rekonstruktion des Projektprozedere mit Blick auf die später herauszuarbeitenden möglichen Reformbarrieren seitens der Mitarbeiter zu untersuchen sein.

3.3.2.2 Zentralismus und Handlungsautonomie der neuen Regionalabteilungen

Im Rahmen der bereits erwähnten „Studie zur Verbesserung der Beteiligung deutscher Unternehmen an weltbankfinanzierten Projekten“ von 2007 werden als *„wichtigste Anknüpfungspunkte für Unternehmen“* die regionalen Einheiten oder auch Länderbüros der Weltbank herausgestellt.[348] Diese Regional-Abteilungen sind für die Projektbearbeitung zuständig und somit auch im Rahmen dieser Forschungsarbeit von zentraler Bedeutung. Das Arbeitsprozedere der Regionalabteilungen und ihre Positionierung im machtpolitischen Gefüge bzw. der Hierarchie der Weltbankführung sind daher näher zu beschreiben.

Die 6 Regionalabteilungen unterteilen sich weiter in *Country Management Units (CMU)* die jeweils von einem *Country Director* geleitet werden. Die *CMUs* sind verantwortlich für den Kontakt mit dem Partnerland und die Ausarbeitung und Implementation der *Country Assistance Strategy (CAS),* die mittelfristige Basis für die Arbeit der Weltbank in einem Land. Falls der *Country Director* direkt vor Ort ansässig ist, d.h. in dem Gebiet oder Land, das ein Projektvorhaben an die Bank heranträgt, gibt es in Washington D.C. meist noch einen *Program Coordinator,* der als Schnittstelle zur Zentrale fungiert.

Verantwortlich für die Beurteilung und Durchführung einzelner Programme und Projekte sind die Sector Units, die jeweils von einem *Task Team Leader (Task Manager)* geleitet werden. Laut Studie sind die *Task Team Leader* die wichtigste Informationsquelle für interessierte Unternehmen, da sie spezifische Anfragen zu einem einzelnen Projekt beantworten können.[349] Dies deutet darauf hin, dass hier auch alle Informationen über etwaige Projektprobleme, wie umwelt- und sozialpolitische Folgewirkungen, vorliegen sollten.

In Ländern mit umfassenden Weltbankaktivitäten gibt es zusätzlich noch *Country Operations Division Chiefs,* die den *Country Directors* unterstellt sind und jeweils mehrere *Sector Units* leiten.

348 Como-Studie (2007), S. 20.

349 Ebd., S. 21.

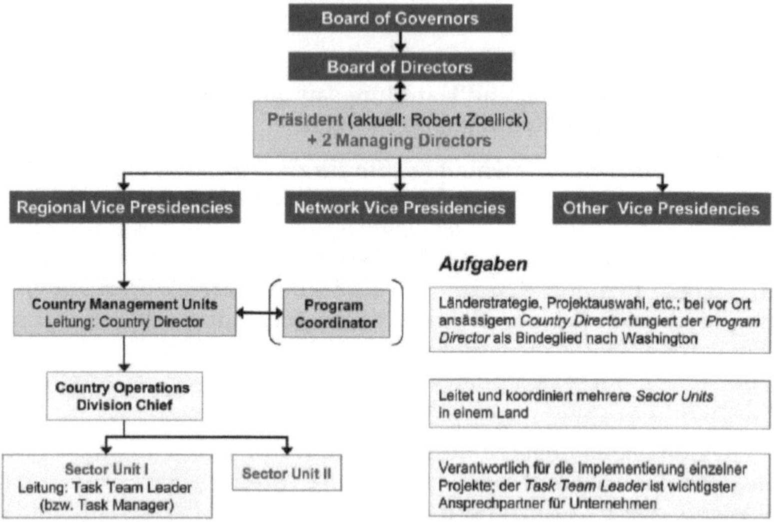

Abb. 6: Vereinfachte Darstellung der Organisationsstruktur in den regionalen Einheiten der Weltbank

[350]

Ausdrücklich weist die Studie die deutschen Unternehmen auf die zunehmende organisatorische Dezentralisierung der Weltbank hin, die zugunsten eines Ausbaus der *Country Management Units* und mehr Kompetenzen für die *Country Directors* eingeleitet wurde.

Damit widerspricht die Studie der immer noch verbreiteten Auffassung einer extrem zentralistisch arbeitenden Weltbank, die alle Kompetenzen in Washington behält. Laut Studie sind über 50 *CMU* und *CD* mittlerweile direkt in den über 100 Länderbüros der Weltbank in den Entwicklungs- und Schwellenländern angesiedelt. Von den insgesamt 10.000 Mitarbeitern arbeiten heute über 3000 vor Ort, d.h. in den Antragsländern, weit ab vom Washingtoner Hauptsitz. Laut Studie wird der Trend zur Dezentralisierung auch dadurch deutlich, dass in der Zwischenzeit drei Viertel der ausstehenden Kredite nicht von der Geschäftszentrale in Washington, sondern von den *Country Directors* in den jeweiligen Partnerländern verwaltet werden.[351]

Diese Entwicklung zeichnet sich erst seit der Ära Wolfensohn ab und stellt eine klare Kehrtwende für die Weltbank dar. Denn obwohl die Bankstatuten von Anfang an die Möglichkeit vorsahen, die Weltbank zu

350 Como-Studie (2007), S. 21.

351 Vgl. ebd., S. 21.

einer dezentralisierten Organisation mit mehreren Regionalbüros auszubauen, war bis zum Amtsantritt von Wolfensohn die Organisation stark zentralistisch strukturiert und die wichtigsten Entscheidungen wurden im Washingtoner Hauptsitz getroffen. Diese zentralistische Verwaltungsstruktur war ein immer wieder vorgetragener Kritikpunkt der Weltbankgegner, die vor allem die geographische und sozialpolitische Unausgewogenheit der weltbankfinanzierten Großbauprojekte auf die räumliche Entfernung der Entscheidungsträger zu den Großprojekten zurückführten. Unter der Führung Wolfensohns wurde diesem Kritikpunkt zunehmend Rechnung getragen.

3.3.2.3 Die Projektpolitik: Zyklus und Kreditbewilligungsverfahren; „Alte“ und „Neue“ Entscheidungsverfahren

3.3.2.3.1 Das derzeitige Vergabeverfahren

Die vom Bundesministerium für Wirtschaft und Technologie in Auftrag gegebene Studie der Consulting für Projektmanagement und Organisation (COMO), versucht den Unternehmen eine Art Leitfaden zu vermitteln, um den bestmöglichen Zeitpunkt abzupassen, ihr Interesse an einem weltbankfinanzierten Projekt anzumelden und sich an einer Projektausschreibung zu beteiligen. Vor diesem Hintergrund schlüsselt diese Studie die einzelnen Projektetappen sehr detailliert und anschaulich auf, so dass ihre Ausführungen für die Darstellung der formalen Ablaufsregelung hier übernommen werden können.

Kurzbeschreibungen des Projektzyklus, die die Ausführungen der COMO-Studie bestätigen, finden sich auch auf den Homepages der Bundesagentur für Außenwirtschaft (bfai), und der Deutschen Industrie- und Handelskammer (DIHK).[352]

Laut Studie folgt eine Projekt- bzw. Kreditbewilligung einem sechsstufigen Projektzyklus. Diese sechs Stufen lassen sich in vier Hauptphasen unterteilen (vgl. Abbildung).

---

352 Vgl. Bundesagentur für Außenwirtschaft (o.J., http://www.bfai.de/DE/Navigation/Datenbank-Recherche/Entwicklungsprojekte/Welt..., vgl. Deutsche Industrie- und Handelskammer (o.J.), http://www.dihk.de/inhalt/download/Infos_Weltbankgruppe.doc.

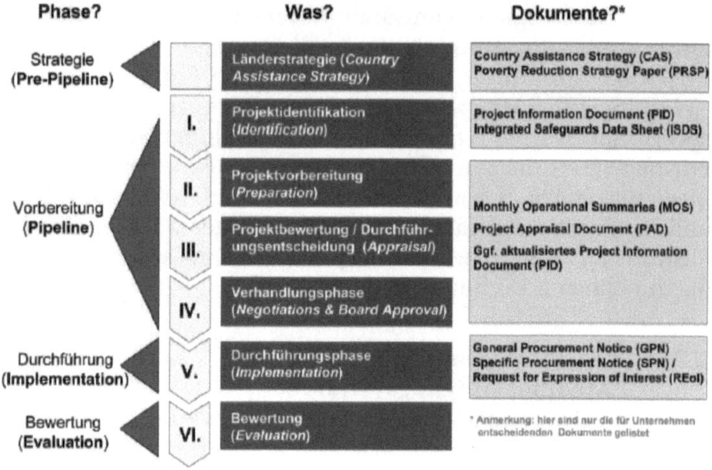

353

In der Regel entsteht die Idee zu einem nationalen Großprojekt in den betroffenen Ländern selber. Dennoch kann auch die Weltbank selbst Projektideen entwickeln und auf der Grundlage von Machbarkeitsstudien an Länder herantragen.

Der Prozess der Projektplanung beginnt mit der grundlegenden Länderstrategie, *Country Assistance Strategy (CAS)* in der eine auf das Land bezogene Entwicklungsstrategie in Kooperation von Weltbank und Kreditnehmerland formuliert wird. Das zur Finanzierung erwogene Projekt muss sich in diese *CAS* einbetten lassen. Die in der *CAS* formulierten strategischen Ansätze, z.B. entwicklungspolitische Zielvorgaben, sind zentraler Ausgangspunkt für die spätere *Identifikation* (s. unten), d.h. Prüfung auf Machbarkeit konkreter Projekte.

Die frühe Phase der Projektkonzipierung gehört im eigentlichen Sinne nicht zum bankinternen Bewilligungsverfahren, da sie Sache der jeweiligen Regierungen ist.

Die COMO-Studie weist ausdrücklich darauf hin, dass in dieser frühen Phase der Projektentwicklung noch keine konkreten Geschäftschancen bestehen bzw. Kontaktaufnahmen erfolgen.[354] Das heißt, zu diesem Zeitpunkt sind - laut Studie - noch keine offiziellen Vertragspartner für die Durchführung des Bauvorhabens festgelegt. Auch wird in dieser Studie darauf hingewiesen wird, dass die spätere Auftragsvergabe, bzw. Betei-

353 Como-Studie (2007), S. 29.

354 Vgl. ebd., S. 30.

ligung internationaler wie auch vor Ort ansässiger Unternehmen an den Bauvorhaben fast vollständig in der Hand des Kreditnehmerlandes liegt. Allerdings nimmt die Weltbank hierauf insofern Einfluss, als sie die sogenannten *Procurement Guidelines* (Beschaffungsrichtlinien) vorgibt, mit denen sichergestellt werden soll, dass die bewilligten Mittel ausschließlich für den vorgesehenen Zweck verwendet werden und die Beschaffungsverfahren (Ausschreibungen) den Kriterien Effizienz, Chancengleichheit (für alle interessierten Anbieter) und Transparenz genügen. Ausdrücklich wird heute auch das Ziel der Förderung der lokalen Privatwirtschaft formuliert.[355]

Das bankinterne Bearbeitungsverfahren umfasst anschließend den Prozess von der Identifikation eines Projektes, in der auf der Grundlage der *CAS* der Bedarf des Projektes ermittelt wird, bis zu seiner Bewilligung oder Ablehnung durch das Exekutiv-Direktorium.

Die Konzipierung der Projektidee und die spätere Implementation fallen in die alleinige Zuständigkeit des Projekt- bzw. Kreditantragstellers. Auf die in der Zuständigkeit der Weltbank stehenden Phasen wird nachfolgend näher eingegangen. Insgesamt kann sich das bankinterne Bewilligungsverfahren über mehrere Jahre hinziehen. Die Projekte werden in dieser Zeit von den Weltbankmitarbeitern als *„in der Pipeline"*, d.h. in der Vorbereitungsphase befindlich, bezeichnet.

Ist das Projekt vom Exekutiv-Direktorium bewilligt worden, wird die erste Kreditauszahlung getätigt und die Durchführungsphase (Implementation) beginnt. Diese Implementation liegt wieder in der alleinigen Zuständigkeit des Kreditnehmerlandes. Die Weltbank hat jedoch noch eine Überwachungsfunktion, in der sie dafür sorgen muss, dass der vereinbarte Projektrahmen eingehalten wird. Verstößt ein Land gegen die Vereinbarungen, werden weitere Kreditauszahlungen einbehalten. In dieser Phase werden laut Studie die großen Auftragswerte generiert, wenn die für das Projekt benötigten Waren und Leistungen beschafft werden.

In der abschließenden Phase, die wiederum in der Zuständigkeit der Weltbank liegt, wird das fertig gestellte Projekt einer Bewertung (Evaluation) hinsichtlich seiner Ergebnisse und Folgen unterzogen.[356]

355 Vgl. Como-Studie (2007), S. 34.

356 Vgl. ebd., S. 29.

3.3.2.3.1.1 Projektidentifikationen

Auf der Grundlage der *CAS* sowie seit Anfang 2000 der *Poverty Reduction Strategy Papers (PRSPs, Strategiepapiere zur Armutsminderung,* s. Kap. 5.1.5*)* werden im Rahmen eines kontinuierlichen Austausches mit dem Empfängerland die eingereichten Projekte identifiziert. Das heißt, grundsätzlich muss ein Projekt aus finanzieller, wirtschaftlicher, ökologischer und sozialer Sicht sinnvoll sein. Was sinnvoll ist, formuliert die Weltbank gemeinsam mit den Regierungen der Entwicklungsländer, weiteren Geldgebern sowie zivilgesellschaftlichen und privatwirtschaftlichen Akteuren in den oben erwähnten *CAS* und *PRSPs,* in denen die langfristige Entwicklungsstrategie des Landes festgelegt wird. Das Konzept der *PRSPs* haben Weltbank und IWF 1999 mit der Zielvorgabe der weltweiten Armutsbekämpfung entwickelt und es sieht vor, dass die ärmeren Länder selbst Strategien für die Entwicklung ihrer Wirtschaft und ihres Sozialsystems erarbeiten und die Verantwortung für die Umsetzung übernehmen. Obwohl die Länder diese Verantwortung selber tragen sollen, legen die *PRSPs* den Rahmen fest, innerhalb dessen sich das geplante Projekt einfügen muss.

Eine erste Sondierung oder *Screening* der Projektplanung im entsprechenden *Country Management Unit* entscheidet darüber, ob sich die vorgestellten und konzipierten Projekte erst einer weiteren Umweltbewertung (*Environmental Assessment*) unterziehen müssen oder ob, wenn alle von der Weltbank aufgestellten Kriterien erfüllt wurden, das Bewilligungsverfahren eröffnet wird, d.h. das Projekt in die „Pipeline" übernommen wird.[357]Folgende drei Dokumente spielen, laut COMO-Studie, für die Weiterbearbeitung des Projektverfahrens während und nach der Phase der Projektidentifikation eine zentrale Rolle:

1. **Das Project Information Document (PID):** Dieses Dokument wird nach Abschluss der Projektidentifizierungsphase durch den Weltbank *Task Team Leader* verfasst. Es enthält eine Beschreibung der Ziele, der einzelnen Komponenten, des Finanzierungskonzepts und der Risikobewertung sowie die Kontaktdaten der jeweiligen Ansprechpartner.

2. **Die Integrated Safeguards Data Sheets (ISDS):** Hierin die Berührungspunkte des Projektes mit den Weltbank-Vorgaben im Hinblick auf soziale und ökologische Standards überprüft und Vorschläge unterbreitete, wie diese Standards im konkreten Fall der Projektimplementation umgesetzt werden sollten.

357 Vgl. Como-Studie (2007), S. 30.

3. **Der Environmental Assessment Report (EA):** In ihm werden mögliche Umweltauswirkungen des Projekts und zu ergreifende Gegenmaßnahmen diskutiert.[358]

Liegen alle drei Dokumente vor, kann die Projektidentifikation abgeschlossen und die eigentliche Projektvorbereitung begonnen werden.[359]

3.3.2.3.1.2 Projektbewertung und Verhandlung

Die Projekte durchlaufen innerhalb der Bank anschließend die Phasen der Projektbewertung und -verhandlung:

Die Zuständigkeit für die Projektbewertung bzw. -einschätzung liegt alleine bei der Weltbank. *Sektor- und Länderexperten* aus den entsprechenden *Country Management Units* werten hierbei die *Feasibiltiy-Studien (Machbarkeitsstudien)* des Kreditnehmers aus, was meist einen längeren Aufenthalt vor Ort erfordert. Die Ergebnisse dieser Bewertung, einschließlich eines Projektzeit- und Kostenplans sowie erster Beschaffunglisten, werden für ein Bauprojekt in einem zentralen Bewertungsbericht, dem *Project Appraisal Document; PAD*[360]*)* und für ein Strukturvorhaben (structural operations) in einem *Program Document (PGD)* sowie einem Darlehensentwurf, *Loan Proposal,* zusammengefasst.

Auf der Basis aller Bewertungsberichte beginnen die Weltbank und das Kreditnehmerland mit den Verhandlungen über Kreditkonditionen, Garantien des Kreditnehmers für den Schuldendienst sowie ggf. weitere Bedingungen für die Kreditvergabe, die beispielsweise zeitweilig im *Washington Consensus* und in den *Strukturanpassungsprogrammen* festgelegt sind.

Die erreichten Vereinbarungen werden im *Project Appraisal Document (PAD)* ergänzt, danach dem Weltbank-Management übermittelt und zusammen mit einer Stellungnahme des Weltbank-Präsidenten dem Gremium der Exekutiv-Direktoren zum Beschluss vorgelegt.

Erst nach der Zustimmung der Exekutiv-Direktoren unterzeichnen der Weltbank-Präsident und das Kreditnehmerland die entsprechenden Verträge und das Projekt geht in die Phase der Implementation über.[361] Do-

---

358 Vgl. Como-Studie (2007), S. 30.

359 Vgl. ebd., S. 30, vgl. Internationale Entwicklungsbanken (2004), S. 6.

360 Das Project Appraisal Document (PAD) beinhaltet eine umfassende Beschreibung des Vorhabens und enthält auch einen Beschaffungsplan mit den vorgesehenen Beschaffungsmethoden. Das PAD wird meist nach der Zustimmung des Exekutiv-Direktoriums zur Finanzierung des Projektes, veröffentlicht.

361 Vgl. Como-Studie (2007), S. 31.

kumente, die mit dem *PAD* bzw. *PGD* vorgelegt werden, sind auch der *Staff Appraisal Report* und ein *Technical Annex*.

Laut COMO-Studie sind insbesondere auch die sogenannten *Monthly Operational Summaries (MOS)* wichtige Dokumente in der Bewilligungsphase. Die *MOS* geben einen monatlich aktualisierten kurzen Überblick über die von der Weltbank derzeit zur Finanzierung erwogenen Projekte. D.h. dieses Dokument ist dazu vorgesehen, auch neue Erkenntnisse über das geplante Projekt festzuhalten. Diese Zusammenfassung enthält regelmäßige Statusberichte über den aktuellen Stand sämtlicher laufender Projekte *„in der Pipeline."*[362]

3.3.2.3.1.3 Implementation (Durchführungsphase) und Supervision

Obwohl die eigentliche Durchführung des Projektes wieder in die alleinige Zuständigkeit des Kreditnehmerlandes fällt, obliegt der Weltbank dennoch eine Kontrollfunktion, und zwar in der Person des *Task Team Leader*.

Wie sieht diese Kontrollmöglichkeit aus?

Der Kreditnehmer bereitet die Aufschlüsselungen für die Beschaffung von Materialen und Dienstleistungen im Rahmen des Projektes vor (Ausschreibungen) und evaluiert die vorliegenden Angebote. Diese Vorbereitungen werden dann von dem *Task Team Leader* im Hinblick auf ihre Vereinbarkeit mit den *Procurement Guidelines* geprüft. Erst nach einer positiven Stellungnahme seinerseits wird die Auszahlung des Kredites angewiesen. Allerdings werden nicht alle Vergabeentscheidungen des Kreditnehmers von der Weltbank überprüft, nur die so genannten zustimmungspflichtigen Verträge.

Nach Auszahlung der Mittel setzt sich die Überwachung durch die Bank mittels Monitoring, Evaluierung und Bestandsberichte fort. Das Projekt wird am Ende dieser Phase, die bis zu zehn Jahre dauern kann, durch den *Implementation Completion Report* dokumentiert.[363]

3.3.2.3.1.4 Evaluation

Nach Fertigstellung des Bauprojektes erarbeitet die Evaluationseinheit der Weltbank (*Independent Evaluation Group; IEG* – früher *OED;* Operati-

362 Vgl. Como-Studie (2007), S. 31.

363 Vgl. ebd., S. 33.

ons Evaluation Department) einen kritischen Bericht hinsichtlich der eingetretenen Folgewirkungen des Projektes.

Diese Ergebnisse sollen bei der Identifikation neuer Projektanträge im Projektzyklus berücksichtigt werden. Der Bericht wird dem Kreditnehmerland und dem Exekutiv-Direktorium der Bank vorgelegt, ist jedoch in seiner detaillierten Form nicht öffentlich zugänglich.

Der Vorsitzende der *IEG* - Director General - arbeitet im Übrigen, wie aus dem weiter oben eingefügten Organigramm der Weltbank hervorgeht, zwar im direkten Umfeld des Weltbank-Präsidenten, untersteht jedoch dem Exekutiv-Direktorium. Dieses Evaluierungsgremium existiert seit über 30 Jahren.[364]

3.3.2.3.2 Das „alte" Bewilligungsprozedere

In einem 2007 veröffentlichten Beitrag in der *Zeitschrift für Internationale Beziehungen,* unterscheiden die Politikwissenschaftler Thomas Gehring und Michael A. Kerler in „alte" und „neue" Projektvergabeverfahren. Sie skizzieren ein nur auf zwei Stufen basierendes, Entscheidungsverfahren bis zum Ende der 1980er Jahre, wobei in der ersten Stufe das Weltbanksekretariat mit seinen, nach Angaben von Gehring und Kerler zu hoch geschätzten, 10 000[365] Angestellten die Projekte vorbereitet, während in der zweiten Stufe die Staatenvertreter im Exekutiv-Direktorium als Verantwortungsträger die Finanzierung bewilligen.[366]

Inwieweit sich die einzelnen Abteilungen und Hierarchielinien des Mitarbeiterstabes, die ohne nähere Differenzierung zusammenfassend als *„Sekretariat"* bezeichnet werden, beteiligen, in welcher Phase des Prozedere sich ihre jeweiligen Einflussmöglichkeiten ergeben, wer die Kontakte und Zusammenarbeit mit den Kreditnehmern koordiniert etc., alles dies wird nicht aufgeschlüsselt.

Hürni, deren Ausführungen deutlich detaillierter ausfallen, weist darauf hin, dass sich im Zuge der bereits damals schon wachsenden Komplexität der Weltbankprojekte der formal festgelegte Entscheidungsprozess sukzessive vielschichtiger gestaltete. Hürni beschreibt das Bewilligungsverfahren damals als einen sich zunehmend verästelnden *„Entschei-*

---

364 Vgl. Como-Studie (2007), S. 33.

365 Vgl. Gehring / Kerler (2007), S. 228. Gehring / Kerler übersehen jedoch, dass die angegebene Zahl von 10.000 Mitarbeitern den aktuellen Beschäftigtenstand wiedergibt. Ende der 1980er Jahre bis Anfang der 1990er Jahre zählten nur etwa 6000–7000 Beschäftigte zum Mitarbeiterstab.

366 Vgl. Gehring / Kerler (2007), S. 228.

dungsbaum"[367], in den sich immer mehr Abteilungen und Regionalbüros integrierten und integriert wurden. Hürni untergliedert den Verfahrensablauf in vier aufeinanderfolgende Phasen und benennt sechs parallel laufende Zweige von Entscheidungsträgern. Die Phasen unterteilen nach Hürni das Prozedere in eine Ursprungsphase der Entscheidungsbildung, in das Entstehen des Konsenses über eine Projektförderung, in die Phase der endgültigen Billigung eines Darlehens und danach in die Phase der Durchführungsentscheidungen.

Die sechs parallelen Zweige von Entscheidungsträgern untergliedert Hürni in die Vertreter der Kreditnehmer und Projektträger, der praktisch arbeitenden Landes-, Regional- und Sektorabteilungen der Weltbank sowie der Verantwortlichen für die Entwicklungspolitik der Bank, der Evaluierungsabteilung (OED; Operations Evaluation Department - später *IEG; Independent Evaluation Group*) und die oberste Geschäftsleitung und schließlich die Kreditgeber, wobei sie zur Seite der Kreditgeber neben diversen privaten Geldinstituten auch die Exekutiv-Direktoren zählt.[368]

Im Hinblick auf die einzelnen Phasen des Bewilligungsprozesses geht Hürni von Folgendem aus:

In der ersten Phase sind die Entscheidungsträger im Kreditnehmerland ausschlaggebend und formal allein für die Konzipierung des Projektes verantwortlich.

In dieser frühen Phase beschränkt sich der Mitarbeiterstab auf die Regionalabteilungen der Weltbank, die bis in die 90er Jahre weitgehend auch in Washington ansässig waren. Erst mit der Präsidentschaft Wolfensohns wurden, wie bereits erwähnt, die Regionalbüros von der Washingtoner Zentrale zunehmend in die Regionen potentieller Kreditnehmer ausgelagert und mit erheblichen Entscheidungsbefugnissen autorisiert. Mit dieser Dezentralisierung reagierte Wolfensohn insbesondere auf die Kritik, die in Washington ansässigen Mitarbeiter hätten aufgrund der räumlichen Entfernung zu wenig Ortskenntnis, um die Komplexität der Folgen eines geplanten Projektes ermessen zu können.

Laut Hürni übt der Stab vom Zeitpunkt der Projektfindung an einen formal zwar nur beratenden dennoch aber einen bedeutenden Einfluss auf alle weiteren Ebenen der Projektbetreuung aus.[369]

---

367 Vgl. Hürni (1980), S. 112f.

368 Vgl. ebd., S. 113.

369 Vgl. ebd., S. 115.

Auch Hürni bekundet damit, dass zwar laut Kreditvergabekriterien in den Satzungen formal der Kreditnehmer allein die Verantwortung für die Projektfindung und das Darlehensgesuch trägt, doch da der Mitarbeiterstab die Projektfazilität beurteilt und ggfs. auch Verbesserungsvorschläge unterbreitet, von einer geteilten Verantwortung auszugehen ist.

In der zweiten Phase involvieren sich die Projekt- und Sektorabteilungen der Weltbank zunehmend in den Bewilligungsprozess. Die Zusammenarbeit zwischen den Weltbankmitarbeitern und den Vertretern der Kreditnehmer wird zum Zwecke einer Konsensbildung intensiviert, und die Projektidee mit den allgemeinen Richtlinien für eine Kreditbewilligung in Einklang gebracht. Die Länderabteilungen der Weltbank sind laut Hürni verantwortlich für die gesamtstaatlichen Länderwirtschaftsanalysen, welche ihrerseits die Projektwahl und -evaluierung sowie die endgültige Darlehensgenehmigung in der dritten Phase beeinflussen.

In der dritten Phase wird über die Kreditgenehmigung im Exekutiv-Direktorium entschieden.

In der vierten Phase ist es erneut der Kreditnehmer, der die formale Hauptverantwortung für die Entscheidungen trägt, wobei nach Abschluss des Projektes die Evaluierungsabteilung der Bank wieder aktiv wird. Während der Projektdurchführung ist die Bank weiter als Beraterin dem Kreditnehmer zur Seite gestellt.[370]

Insgesamt weisen die Ausführungen von Bettina Hürni zum Vergabeverfahren bis Ende der 70er Jahre keine erheblichen Abweichungen zu dem in der COMO-Studie dargestellten Prozedere auf, das 2007 veröffentlicht wurde.

Allerdings benennt die COMO-Studie konkreter die beteiligten Abteilungen und jeweiligen Hierarchielinien und kommt durch eine differenziertere Aufschlüsselung der Verfahrensbeschreibung auf sechs Phasen, die aber in etwa dem gröber skizzierten Vier-Phasen-Modell bei Hürni entsprechen.

Eklatante Unterschiede im Verfahrensablauf lassen sich im Hinblick auf die nachfolgende machtpolitische Bewertung zwischen dem „alten" und „neuen" Bewilligungsverfahren nicht ableiten, bis auf die Tatsache, dass die Regionalbüros unter Wolfensohn zunehmend dezentral organisiert wurden und das mehrere Evaluierungsabteilungen zwischengeschaltet wurden, auf die später näher eingegangen wird.

---

370 Vgl. Hürni (1980), S. 117f.

3.3.2.3.3 Bewertung des formalen Vergabeverfahrens im Hinblick auf die machtpolitische Ausgangsthese der Weltbankkritik

Gehring und Kerler konstatieren im Hinblick auf das „alte" Bewilligungsverfahren, dass die Entscheidungsfindung im Exekutiv-Direktorium vom Vergabevorschlag des Sekretariats, also dem Weltbankmitarbeiterstab, geprägt wird[371], womit sie die weiter oben bereits dargestellte These von George, Sabelli und Rich zunächst zu stützen scheinen. Allerdings gehen Gehring und Kerler weniger davon aus, dass der Mitarbeiterstab seinen Informationsvorsprung hinsichtlich der Projektidentifikation gezielt manipulierend gegen das Exekutiv-Direktorium einsetzt, um anstehende Projektbewilligungen abzeichnen zu lassen („Pilzzuchttheorie"), sondern sie nehmen an, dass die Bankmitarbeiter von Anfang an nur solche Projektideen forcieren, die konform mit dem voraussichtlichen Interesse der Exekutiv-Direktoren sind.

Weiter betonen Gehring und Kerler, dass bis Ende der 80er Jahre das Exekutiv-Direktorium zu einer umfassenden inhaltlichen Kontrolle der vom Mitarbeiterstab vorgelegten Projekte nicht in der Lage war. Den Direktoren fehlten geeignete Maßstäbe zur Bewertung der Projekte und darüber hinaus mangelte es ihnen auch an Kapazitäten, um den Inhalt der unterbreiteten Entwicklungsprojekte detailliert analysieren zu können.[372]

Anhand dieser Ausführungen wird zwar zunächst nicht ersichtlich, inwieweit Gehring und Kerler das Exekutiv-Direktorium nun als manipulierten Spielball der Weltbankmitarbeiter einschätzen oder aber als vom Mitarbeiterstab tatsächlich ernst genommenes Gremium betrachten. Dennoch wird deutlich, dass sie den Mitarbeitern einen gewaltigen Informationsvorteil gegenüber den Exekutiv-Direktoren zusprechen.

Auch Bettina Hürni geht auf das Verhältnis zwischen Stab und Exekutiv-Direktorium ein und kommt ebenfalls zu dem Ergebnis, dass die Exekutiv-Direktoren der „qualifizierten Technostruktur", wie sie den Mitarbeiterstab bezeichnet, großes Vertrauen entgegenbringen und dass die verantwortlichen Stabmitglieder mehr sachkundige Argumente zur Beeinflussung der Genehmigungsentscheidung vorbringen können als ein einzelner Exekutiv-Direktor, der zudem seine Stellung oft nicht sehr lange inne hat, und somit ´per definitionem´ mit dem Projekt weniger vertraut ist als die für die praktische Arbeit Verantwortlichen.[373] Mit der rasanten Zunahme der Projektinitiierungen und der technisch diversifi-

---

371 Vgl. Gehring / Kerler (2007), S. 229.

372 Vgl. Gehring / Kerler (2007), S. 230

373 Vgl. Hürni (1980), S. 116f.

zierteren Projekte nach 1970 konstatiert Hürni somit ein deutlich höheres Einflusspotential seitens der „Technostruktur", des Mitarbeiterstabes[374] auf die Projektbewilligung.

Mit den Verwaltungsreformen ab Mitte der 90er Jahre, die in erster Linie mehr Kontrollgremien und Richtlinien für die Projektidentifikation und Evaluierung einführten, sehen Gehring und Kerler eine Zunahme der Einflussmöglichkeiten auf Seiten des Exekutiv-Direktoriums, da die zur Unterzeichnung vorgelegten Projekte einem seither klar formulierten Richtlinienkatalog entsprechen müssen und weniger dem subjektiven und manipulierbaren Ermessen der Unterzeichner unterliegen.

(Die Hintergründe und Konsequenzen dieser Verwaltungsreform werden weiter unten näher erläutert.)

Nach Aussage der COMO-Studie liegt die Durchführung der derzeit bestehenden Projektplanung offiziell vollständig in der Hand des Kreditnehmerlandes. Zwei Möglichkeiten bieten sich hiernach der Bank formal zur Einflussnahme.

Laut Studie besteht die eine Einflussmöglichkeit darin, dass die Weltbank vor allem die Richtlinien (*Procurement Guidelines*) für das Vergabeverfahren vorgibt und deren Einhaltung von ihren Mitarbeitern überwachen lässt.[375]

Außerdem stehen die Mitarbeiter in den Regionalbüros den antragstellenden Ländern als ständige Berater für die Projektplanung zur Verfügung. Vor dem Hintergrund dieser Beratungstätigkeit empfiehlt die Studie interessierten Unternehmen, bereits in der frühen Phase der Projektentwicklung Kontakt zu den zuständigen Weltbankmitarbeitern aufzunehmen, um von diesen für die Aufnahme auf die Prioritätenliste des Landes und für erste Kontakte mit den Projektplanern des Landes Unterstützung zu erhalten.[376] In dieser Kontaktvermittlung liegt eine weitere Möglichkeit zur Einflussnahme der Weltbankmitarbeiter, wenn auch weder die Beratungen noch mögliche Firmenvorschläge für den potentiellen Kreditnehmer bindend sind, d.h. keine formal-juristische Konsequenz haben.

---

374 Vgl. Vgl. Hürni (1980), S. 117.

375 Vgl. Como-Studie (2007), S. 34. Die Beschaffungsrichtlinien der Weltbank in der aktuell gültigen Fassung können abgerufen werden unter: Guidelines: Procurement under IBRD Loans and IDA credits (für Waren/Güter und Bauleistungen) http://go.worldbank.org/ZSLCNHVRPO und unter: Gudidelines: Selection and Employment of Consultants by World Bank Borrowers: http://go.worldbank.org/5GOU2GVSZO.

376 Vgl. Como-Studie (2007), S. 31.

Die in der Studie herausgearbeitete formale Begrenzung der nur in den unteren Hierarchie- bzw. *Kompetenz*linien angesiedelten Einflussmöglichkeiten der Weltbankmitarbeiter widerlegt im Prinzip der weiter oben beschriebenen allgemeinen Auffassung, wonach die oberen Hierarchielinien der Weltbank, zu denen der Exekutivrat wie auch das Bankmanagement zählen, die maßgeblichen Initiativen für die Entstehung und Unterstützung einer Projektidee treffen und somit eine formal verankerte Disposition zur effektiven Einflussnahme auf die Projektdurchführung und damit auf eine nationalorientierte, wirtschaftliche Nutznießung besäßen.

Der in der COMO-Studie beschriebene Ablauf der Projektentwicklungen weist darauf hin, dass eine direkte Einflussnahme durch das Management oder den Exekutiv-Direktoren formal nicht vorgesehen ist, da auch die für die Projektrealisierung notwendigen Firmenausschreibungen in die Kompetenz der Antragssteller fallen.

Insbesondere das Exekutiv-Direktorium, das, wie bereits erwähnt, von Kritikern meist als Mittler nationaler Wirtschafts- und Unternehmensinteressen benannt wird, ist hiernach in seiner formalen Einflussmöglichkeit auf die Beteiligung bestimmter Unternehmen oder Wirtschaftslobbys als sehr eingeschränkt zu betrachten, da ihm die komplette Projektplanung, inklusive Einflussnahme auf die Unternehmensbeteiligungen erst ganz zum Schluss des Projektzyklus de facto nur noch zur Unterzeichnung vorgelegt wird. Dies gilt sowohl für das „alte" Projektprozedere wie auch für das „aktuelle".

Dieser Aspekt wird im Rahmen der Weltbankkritik nicht adäquat berücksichtigt. Denn die auch heute immer wieder dringlich vorgebrachte Forderung nach einer Neuregelung der Stimmrechtsregelung ist nur dann sinnvoll, wenn tatsächlich die formalen Einflussmöglichkeiten der Exekutiv-Direktoren ursächlich für die in der Kritik stehenden Fehlentwicklungen bei den Projektimplementierungen der Bank wären. Doch auf der formalen Ebene ist diese Form der Einflussnahme nicht gegeben. Daher sind meines Erachtens auch die Erwartungen, die an eine Änderung der Stimmrechtsregelung geknüpft werden überhöht. Insbesondere die Projektarbeit der Weltbank lässt sich nach meiner Einschätzung nicht effektiv auf dieser formal-juristischen Ebene korrigieren.

Bevor im fünften Kapitel die Diskussion um die interessengebundene sowie machtpolitische Einflussnahme auf die im Zentrum der Weltbankkritik stehenden politisch-strategischen Entscheidungen und Projektentscheidungen erneut aufgegriffen wird, soll zum besseren Verständnis der Argumentationslinien zunächst sowohl die Projektarbeit der Weltbank wie auch die Projektkritik dargestellt werden, um im Anschluss daran jene Reforminitiativen zu bilanzieren, die auf eine Verbesserung der Projektqualität ausgerichtet wurden. Hierbei wird insbesondere der Staudammpolitik der Weltbank größere Aufmerksamkeit gewidmet, da sich gerade am Beispiel dieser Projektkategorie in mehrfacher Hinsicht Hinweise und Indizien herausarbeiten lassen, die Rückschlüsse auf die sehr komplexen organisatorischen informellen Netzwerke und auch auf die Interessendivergenzen zwischen den Hierarchieebenen ermöglichen, die in ihrer Summe einen wichtigen Erklärungsrahmen für die Reformproblematik der Weltbank bilden könnten.

4 Ökonomische Hintergründe und Auswirkungen der welt-bankfinanzierten Entwicklungsprojekte auf Mensch und Natur anhand von Praxisbeispielen

Weltbankfinanzierte Projekte werden mit der Zielvorgabe gefördert, die Entwicklung des jeweiligen Landes voranzutreiben, indem unterschiedliche Infrastrukturvorhaben im Bildungs-, Gesundheits- und Verwaltungswesen, beim Aufbau der Landwirtschaft, der Energie- und Wasserversorgung, des Transportwesens bis hin zur Rohstoffgewinnung initiiert und unterstützt werden. Klassische Beispiele sind hierfür die Förderung landwirtschaftlicher Großplantagen, der Bau von Großprojekten wie Großstaudämmen, Straßenbauprojekten, Flughäfen, Bergwerken, Pipelines und Industrieanlagen, die in die Kategorie der sogenannten Investment Lendings (Investitionsdarlehen) fallen.

Auslöser für weltweite Kritik an weltbankfinanzierten Entwicklungsprojekten wurden hierbei die Förderung zahlreicher landwirtschaftlicher Monokulturen, insbesondere in Regenwaldgebieten, die Errichtung von Mega-Staudämmen und umweltbelastenden Elektrizitätswerken, allen voran Kohlekraftwerken, sowie der Ausbau von Transportwegen, die einzig der Förderung und Abfuhr von Rohstoffen, wie beispielsweise des Tropenholzes und fossiler Brennstoffe dienen.

Bis weit in die 1980er Jahre schien die Weltbank größtenteils taub gegenüber der weltweiten Kritik an den von ihr mitgetragenen Projekten. Doch die sozial-, wirtschafts- und umweltpolitischen Negativfolgen der Großprojekte, die sich in Zwangsumsiedelungen, Umweltzerstörung sowie Raubbau und dem daraus resultierenden vorzeitigen Ausverkauf entwicklungsökonomisch gewinnträchtiger Ressourcen sowie in der unangepassten Oktroyierung westlicher Industriestrukturen offenbarten, zwangen die Bank in eine Rechtfertigungsposition, in der sie sich mehrmals gezwungen sah, einen Richtungswechsel anzukündigen.

Zu diesem Themenkomplex gibt es zwischenzeitlich einen unermesslichen Fundus an Artikeln, Aufsätzen und Monographien, die sich mit den Auswirkungen dieser Großprojekte befassen. Diese Ergebnisse sind in großem Umfang im Internet zugänglich. Um die hier im Mittelpunkt stehenden Aspekte vor allem hinsichtlich der interessenspolitischen Einflussnahmen auf die Projektausschreibungen herauszuarbeiten, ist eine so umfangreiche und detaillierte Beschreibung und Auswertung der Projekte jedoch nicht erforderlich. Es kann sich daher in dieser Untersuchung darauf beschränkt werden, einen exemplarischen Einblick in die Umwelt- und Sozialproblematik der jeweiligen Projektkategorien (Großplantagen, Staudammbau, Energiepolitik, Straßenbau und Rohstoffabbau) zu geben, indem nur einige der bekanntesten Projektbeispiele vorgestellt werden.

Die Darstellung der ökologischen und sozialen Folgewirkungen der einzelnen Projektkategorien orientiert sich dabei weitgehend an den Ausführungen der unten genannten Autoren. Ihren Angaben und Ausführungen werden an geeigneter Stelle lediglich weiterführende Aspekte hinzugefügt. Ein kritisches Ausleuchten dieser Beschreibungen ist darüber hinaus nicht erforderlich, da selbst die Weltbank im Wesentlichen keine Gegenpositionen zu diesen Darstellungen bezieht, was sich in ihren jeweiligen Reformankündigungen, die als Reaktion auf diese Darstellungen verstanden werden können, dokumentiert.

Im Vordergrund der Projektauswahl steht das Bestreben, die Hintergründe der an späterer Stelle zu beschreibenden bankinternen Reformbestrebungen, aber auch Interessendivergenzen, zu verdeutlichen.

4.1 McNamaras „Grüne Revolution" und Siedlungspolitik

Mit der Präsidentschaft von Robert McNamara (1968–1981) wurde die weltweite Armutsbekämpfung erstmals zur vorrangigen politischen Zielvorgabe der Weltbank erhoben. Neben dem übergeordneten und langfristig anvisierten Ziel, den Ländern der Dritten Welt zu mehr Wirtschaftswachstum und damit zur Armutsminderung zu verhelfen, initiierte McNamara ein landwirtschaftliches Sofortprogramm, mit dessen Hilfe er kurzfristig den Nahrungsmangel in den Entwicklungsländern bekämpfen wollte und gleichzeitig eine wachstumsfördernde Industrie in Form einer Agrarindustrie aufbauen wollte, die sowohl Nahrung für die eigene Bevölkerung der zu entwickelnden Länder als auch für den Export produzieren sollte.

Dieses Konzept ging als sogenannte *„Grüne Revolution"* in die Geschichte ein. Seit den 1960er Jahren stellte sich die Landwirtschaft, auch in den Industrieländern, zunehmend auf moderne Agrartechnologien um, zu denen insbesondere der Ausbau von Monokulturen und die gezielte Züchtung ertragssteigernder und schnellwachsender Getreide- und Reissorten (Hybridzüchtungen) zählte. Die Weltbank förderte die Einführung dieser Methoden und der neuen Pflanzungen in zahlreichen Entwicklungsländern, allen voran in Indien und in den Amazonas-Staaten, wobei die Folgewirkungen dieser Technologie in den betroffenen Ländern beinahe identisch waren.

Sehr bald zeichnete sich ab, dass diese Förderprogramme vielfältige Negativfolgen für die Entwicklungsländer mit sich brachten. Schnell offenbarte sich ein wesentliches Merkmal der Hybrid-Pflanzen, nämlich ihre begrenzte Fortpflanzungsfähigkeit. Im Gegensatz zu herkömmlich befruchteten Getreidearten fiel der Ertrag aus den Samen der Hybridpflanzen deutlich geringer aus als bei der jeweils vorherigen Pflanzgeneration, so dass die Bauern jedes Jahr neues Saatgut kaufen mussten, um gleichbleibende Erträge zu erzielen.

Zudem stellte sich bald heraus, dass die neuen Züchtungen enorme Zugaben von Dünger und Wasser benötigten, um eine rentable Ertragssteigerung zu erzielen. Außerdem waren die Pflanzen weitaus anfälliger gegen Krankheiten und Schädlingsbefall, so dass die Bauern mit hohem Kostenaufwand Pestizide und Herbizide einsetzen mussten. Verstärkt wurde diese Anfälligkeit zusätzlich durch die Umstellung auf Monokulturen, wodurch sich Schädlings- oder Krankheitsbefälle meist rasch ausbreiten konnten. Die Bauern gerieten durch den unumgänglichen Einsatz von Herbiziden, Fungiziden, Pestiziden und Düngemitteln in zunehmende Abhängigkeit gegenüber multinationalen Chemie- und Agrarkonzernen.

Diese Abhängigkeit manifestierte sich in der Erkenntnis, dass die regelmäßige Zufuhr von Düngemitteln die Auszehrung der Böden beschleunigte und eine weitere Intensivierung der Düngung erforderlich machte, um den Ertragsstand erhalten zu können. Der wachsende Einsatz von Schädlingsbekämpfungsmitteln führte in der Folge zu nachhaltigen Kontaminierungen sowohl der Trinkwassersysteme als auch der umliegenden Natur. Für die Landwirtschaft nützliche Insekten wurden dezimiert und führten zu neuen Ertragsverlusten. Auch litt die Bevölkerung zunehmend an Erkrankungen, die auf Kontaminierungen zurückzuführen waren.

Die hohen Kosten für die Chemikalien konnten von den kleineren und mittelständischen Bauern nicht getragen werden, so dass die landwirtschaftliche Produktion nur noch in Form der anfälligeren Großplantagen bzw. Monokulturen, die meist im Besitz von Großgrundbesitzern waren, die nötigen Rentabilitätsraten erzielte.

Die Ausdehnung der Monokulturen führte aufgrund der Bedürfnisse der neuen Produktionspflanzen zudem zu einem enormen Anstieg des Wasserbedarfs, so dass sich innerhalb weniger Jahre in einigen Anbaugebieten eine drastische Süßwasserverknappung abzeichnete.

In jenen Anbaugebieten, die den Regenwaldgebieten entrissen wurden, offenbarte sich eine erneute ökologische Abwärtsspirale. Nicht nur, dass für das Anlegen riesiger Plantagen gewaltige Regenwaldgebiete brandgerodet und damit unwiederbringlich zerstört wurden, darüber hinaus stellte sich bald heraus, dass die Böden der Regenwälder wegen Nährstoffmangels kaum geeignet für die landwirtschaftliche Nutzung sind. Zwar verhalf die Brandrodung den Böden für ein bis zwei Jahre zu einer fruchtbareren Erdoberfläche, aber der Boden an sich war wenig fruchtbar. Daher mussten gerade diese Böden sehr bald mit enormen Düngemitteln bearbeitet werden, was zu weiteren Kostensteigerungen und Abhängigkeiten führte. Bauern, die diese Kosten umgehen wollten, ließen ihre Felder nach kurzer, düngefreier Produktionszeit brach liegen und rodeten das nächste Gebiet ab. Insbesondere Kleinbauern sahen sich zu dieser Vorgehensweise gezwungen, konnten aber den Wettlauf zwischen Ertragssicherung, Neurodungen und Preissteigerungen für Saatgut und Düngemitteln nicht gewinnen.

Die Hauptprofiteure dieser *„Grünen Revolution"* waren unbestritten westliche Chemiekonzerne und Saatgutproduzenten. Einer Studie von Wilhelm F. Engdahl zufolge war die US-amerikanische Rockefeller-Stiftung treibende Kraft im Zustandekommen der für die Verbreitung dieser Technologien notwendigen politischen und wirtschaftlichen Verbindungen, zu denen auch Robert McNamara zählte.[377] Engdahl nennt im Rahmen dieser Verbindungen zwei Firmen als Hauptprofiteure der *„Grünen Revolution"*: Die amerikanische *DuPonts Pioneer Hi-Breed,* weltweit größter Entwickler von Anbaupflanzen und Saatgut, und den amerikanischen Chemiekonzern *Monsanto Dekalb.*

Neben den Chemie- und Saatgutproduzenten profitierten insbesondere die Erwerber der Großplantagen, die durch eine effiziente, intensive Agrarproduktion höhere Erträge und damit größere Gewinnspannen erzielen und wiederum in neue Großplantagen investieren konnten. Sukzessive wurden die Länder, in denen diese Projekte weitläufig greifen konnten, zunehmend auf die Großgrundbesitzer aufgeteilt, da die Kleinbauern aufgrund der höheren Gewinnspannen der exportorientierten Riesenmonokulturen einen drastischen Preisverfall für ihre Produkte erlebten und in Folge weder die Pachtgebühren für ihre Länder noch ihre Kreditraten für angeschaffte Produktionsmittel zahlen konnten. Sie verloren ihren Besitz und ihre existenzielle Grundlage.

Im Falle Brasiliens offerierte die brasilianische Militärdiktatur der Weltbank das Siedlungsprojekt Polonoroeste, mit dessen Hilfe den so entwurzelten Menschen eine neue Existenz durch den Anbau der Exportprodukten Kaffee und Kakao geboten werden sollte. Das Projekt, das die

377 Vgl. Engdahl (2006), S. 72–90.

Weltbank daraufhin 1981 mit etwa 84 Millionen US-Dollar finanziell unterstützte, wurde zum Paradebeispiel einer fehlkonzipierten Entwicklungsstrategie. Allein bis 1984 wurden im Rahmen dieses Folge-Programms über 40.000 Familien im Bundesstaat Rondônia angesiedelt. Bruce Rich geht sogar davon aus, dass zwischen 1981 und 1986 etwa eine halbe Million neue Siedler in das Amazonasgebiet einströmten. Auch die Anbauversuche dieser Siedler scheiterten aufgrund der mageren Böden, die ebenfalls nach ein bis zwei Jahren erschöpft waren. Das so abgewirtschaftete Land fiel wiederum in den Besitz von Großgrundbesitzern, die es als Weideland nutzen konnten. Schätzungsweise 400.000 km^2 Regenwald wurden diesem Projekt geopfert. Insbesondere der Bau einer 1500 Kilometer langen Autobahn zur Anbindung dieses Gebietes gab den Startschuss für den Ausbau eines Straßennetzes, das immer weiter in die Gebiete des Regenwaldes vordrang und fortan für einen schnelleren Abtransport der Tropenhölzer zur Verfügung stand und außerdem die Zunahme unkontrollierter Neubesiedlungen forcierte. Das Ausmaß der Zerstörung kann mit folgenden Zahlen verdeutlicht werden: Der Anteil der entwaldeten Fläche stieg nach Rich von 1,7% in 1978 auf 16,1% in 1991.[378]

Dabei waren die gefällten Tropenhölzer zunächst eher ein Nebenprodukt der Rodungen, deren Wirtschaftlichkeit erst nach und nach realisiert wurde und die zu einer Exportindustrie ausgebaut wurden.

Auch aus sozialpolitischer Sicht fiel die Bilanz des Projektes äußerst negativ aus. Neben den Folgen unkontrollierter Landnahme, die keine Infrastrukturprogramme im Bereich Gesundheit, Bildung und Versorgung (Wasser/Elektrizität/Nahrung) flankierten, wurden die in den Regenwäldern ansässigen indigenen Völker durch die plötzlich auf sie einwirkenden *„Errungenschaften"* moderner Zivilisation in ihrer Existenz bedroht. Sowohl eingeschleppte Krankheiten als auch wachsende Gewalteinwirkung und Nahrungsmangel dezimierten die indigenen Völker.

Das brasilianische Polonoroeste war nicht das einzige landwirtschaftliche Siedlungsprojekt, dem Tropenwälder ungeheuren Ausmaßes zum Opfer fielen. Bruce Rich dokumentiert in seiner Monographie das Projekt, „Indonesia Transmigration", das die Weltbank zwischen 1976 und 1986 mit 630 Millionen US-Dollar unterstützte. Geplant war die Umsiedlung von mehreren Millionen Bewohnern der dichtbevölkerten Inseln Indonesiens (Java, Lobok, Bali, Madura) auf die weniger besiedelten äußeren Inseln (Kalimantan/Borneo, Irian, Jaya, Sumatra), auf denen sich 10 % der weltweit verbliebenen Regenwälder befanden. Diese Regen-

378 Vgl. Rich (1998), S. 37f, 122ff.

wälder sollten gerodet und die Böden urbar gemacht werden, anschließend sollte nach den Plänen der indonesischen Militärregierung unter Suharto den neuen Siedlern im Rahmen neuer Projekte Unterstützung für den Anbau von Exportwaren wie Baumfrucht, Kakao, Kaffee und Palmöl geboten werden, um ihnen eine Existenzgrundlage zu bieten .

Abgesehen von den politisch äußerst fragwürdigen Aspekten dieses Projektes[379] entwickelte sich auch die Transmigrasi zu einer ökologischen Tragödie. Laut Rich sind nach Angaben der Weltbank 15.000–20.000 Quadratkilometer Wald vernichtet worden, wobei Rich das Zwei- bis Dreifache als wahrscheinlicher annimmt.[380]

Aus sozial- und wirtschaftspolitischer Sicht stellte sich schnell heraus, dass eine exportorientierte Intensiv-Landwirtschaft undenkbar war, da die Böden übersäuert waren und durch regelmäßige Überschwemmungen immer wieder abgetragen wurden und damit unbrauchbar waren. Da ähnlich wie im Fall Polonoroeste keine begleitenden Infrastrukturmaßnahmen eingeleitet worden waren, blieben die Zuwanderer sich weitgehend selbst überlassen. Nachdem keine Agrarindustrie entstehen konnte, versuchten sie, sich durch eine aussichtslose Subsistenzlandwirtschaft eine Überlebensmöglichkeit zu schaffen, der wie in Brasilien, weitere Waldgebiete zum Opfer fielen, ohne dass sich hierdurch eine langfristige Perspektive für die Umgesiedelten hätte ergeben können.

Zur Ära McNamara hält Bruce Rich fest, dass dessen Zielvorgabe, die weltweite Armut mit Hilfe technologischer Fortschritte insbesondere in der Agrarwirtschaft und durch Bereitstellung landwirtschaftlicher Nutzflächen zu bekämpfen, sich in der Praxis ins Gegenteil verkehrte.[381] Dabei bezweifelt Rich nicht ausdrücklich die moralische Intention McNamaras bei der Formulierung und Umsetzung dieses Ziels. Doch schuf McNamara nach Ansicht Bruce Richs mit seiner technokratischen Vorstellung, wonach alle existierenden und noch entstehenden Probleme technisch zu lösen seien, die Voraussetzungen für eine stetig wachsende Projekt- und Kreditspirale, in der ein Projekt weitere Projekte zur Behebung der Negativfolgen vorangegangener Projekte nach sich zog. Parallel zu dieser Spirale stieg das Kreditvolumen und kumulierten sich die Verschuldungen der kreditnehmenden Länder, die aufgrund des Scheiterns dieser

379 Das wahrscheinliche Motiv dieses Umsiedlungsprojektes war ein machtstrategisches Kalkül Suhartos der mit Hilfe dieses Programm die politisch unbequeme Bevölkerung Irian Jayas mit politisch zuverlässigeren Neusiedlern zu unterwandern suchte, vgl. Rich (1998), S. 44.

380 Vgl. Rich (1998), S. 45.

381 Vgl. ebd., S. 96f.

Großprojekte nie in die Lage gerieten, die Projekte wirtschaftlich rentabel umzusetzen und die Darlehen zurückzuzahlen.

Zwar ist davon auszugehen, dass McNamara über die Negativfolgen und Unzulänglichkeiten seiner Entwicklungsprojekte im Bilde war, was sich darin dokumentiert, dass noch unter seiner Leitung erste Umwelt- und Sozialstandards für die Kreditbewilligungen formuliert wurden, allerdings wurden diese Standards während seiner Präsidentschaft nicht zur Anwendung gebracht. Hierin begründet sich auch die Annahme, dass die als ignorant empfundene Projektförderung der Weltbank nur vor dem Hintergrund der Auftragssicherung für die westlichen Großkonzerne zu sehen sei. Diese Annahme wurde auch von den Kritikern nachfolgender Weltbankprojekte übernommen.

4.2 Energiewirtschaftliche Großprojekte

4.2.1 Staudammprojekte

Weltweit wurden insgesamt etwa 45.000 Groß-Staudämme[382] (ab 15 Metern Höhe und 3 Millionen Kubikmetern Speichervolumen) gebaut. Etwa zwei Drittel aller Dämme wurden in Entwicklungsländern gebaut. Von den insgesamt 45.000 Dammprojekten hat die Weltbank zwischen 1948 und 1994 in 93 Ländern etwa 600 Dammprojekte finanziert.[383]

Mitte der 1990er Jahre zog sich die Weltbank unter der Amtsführung von James Wolfensohn aufgrund der zunehmenden Proteste für etwa zehn Jahre aus dieser Projektkategorie zurück.

382 Vgl. Brensell (2002), http://radiokonkret.de/brensell/texte/megastaudämme.htm.

383 Vgl. Greenpeace (2004b), http://www.greenpeace.de/themen/umwelt_wirtschaft/wto/artikel/weltbank_und_internationaler_waehrungsfonds/. Zu den weltweit bekanntesten Staudammprojekten, von denen sich einige noch in Planung oder im Bau befinden, zählen: Sardar Sarovar Staudamm im Narmada-Tal in Indien, Arun in Nepal, Kedung Ombo-Staudamm auf Java, Drei-Schluchten-Staudamm am Yangtse in China, Hasan Keyf- Staudamm bzw. Ilisu in der Türkei, Yacyretà an der argentinisch-paraguayischen Grenze, Pak Mun Staudamm in Thailand, Nam Theun in Laos, Chixoy in Guatemala, Katse in Lesotho, Balbina-Damm, Itaipu und Rio Xingu in Brasilien, Bio-Bio-Damm in Chile, Akosombo-Damm in Ghana, Merowe im Sudan und nicht zu vergessen der Assuan-Damm in Ägypten. Um die Dimension dieser Projektliste besser zu verdeutlichen, muss man sich vergegenwärtigen, dass sich hinter diesen Namen in der Regel ganze Stausysteme verbergen, die sich aus mehreren sogenannten „Mega-Staudämmen" zusammensetzen können.

Soziale und wirtschaftliche Entwicklung, Hochwasserschutz, Energiegewinnung und eine gesicherte Wasserversorgung sind die Ziele, die die jahrzehntelange weltweite Staudammpolitik der Weltbank legitimieren sollten. Die Effizienz der Staudammprojekte wird jedoch sehr kontrovers diskutiert. Einerseits sind sie aus den genannten Gründen wichtige Hoffnungsträger, andererseits betonen ihre Kritiker die nachteiligen Wirkungen wie Verschuldung, ungerechte Verteilung von Kosten und Nutzen, Zwangsumsiedlungen sowie die Zerstörung wichtiger Ökosysteme und Fischereiressourcen. Insgesamt überwiegen bis dato die kritischen Stimmen.[384]

Heffa Schücking, Geschäftsführerin der Umweltorganisation „urgewald" fasste 1996 die verschiedenen Aspekte dieser Baufolgen zusammen.

Unter anderem weist sie auf die Problematik der geologischen Gutachten hin, die bei Einreichung einer Projektidee vorliegen müssen. Diese Gutachten wurden und werden in der Regel von weltweit aufgestellten Ingenieursfirmen verfasst. Zu den in den Gutachten häufig nicht erwähnten Risiken von Großstaudämmen zählen beispielsweise die drohenden Erderschütterungen (reservoir induced seismicity), kurz RIS genannt. Obwohl man, so Schücking, die ursächlichen Zusammenhänge noch nicht erklären kann, lässt sich ihren Angaben zufolge empirisch nachweisen, dass bis etwa Mitte der 1990er Jahre bereits 120 Staudammprojekte Erdbewegungen auslöst haben. Fünf von neun starken Erdbeben, die in den achtziger Jahren auf dem indischen Subkontinent registriert wurden, waren angeblich durch Staudämme verursacht worden. Die stärksten Beben scheinen hiernach von Dämmen ausgelöst worden zu sein, die die Hundert-Metermarke überschritten.[385] Über diese von den Staudämmen selbst verursachten Erderschütterungen hinaus, stellen anderweitig ausgelöste Erdbeben zudem in Anbetracht nachgewiesener fehlerhafter geologischer Gutachten bis heute ein hohes Risiko für die betroffenen Staudämme dar.

Eine weitere Problematik liegt in den oft unzureichenden Kapazitäten der Staudämme, um große, unwetterbedingte Wassermassen zurückzuhalten.

384 Dennoch darf im Rahmen dieser Projektkritik nicht vergessen werden, dass zu den weltweit 45.000 Staudämmen auch jene zählen, die nie in das Visier der Kritik gerieten. Viele davon bildeten die Grundlage für wirtschaftliches Wachstum z.B. im europäischen oder nordamerikanischen Raum, also in wirtschaftlich und technologisch entwickelteren Regionen.

385 Vgl. Schücking (1996), http://www.urgewald.de/_media/_docs/stauen_um_jeden_preis.pdf.

Die hydrologischen Gutachten wiesen zudem oft Fehlprognosen im Hinblick auf die Rentabilitätserwartungen auf, da ihnen keine zuverlässigen Daten über tatsächlich anfallende Wassermengen, Regenfälle, Trockenzeiten und konkurrierende Wassernutzung zugrunde lagen. Die Konsequenz war, dass viele Staudämme die errechnete Leistung nicht erreichten, mit den entsprechenden Negativfolgen für die Gesamtwirtschaftlichkeit der Projekte.[386]

Völlig außer Acht gelassen wurde darüber hinaus zudem die Tatsache, dass die kleinbäuerliche Subsistenzwirtschaft in Trockenzeiten durch die Dammbauten von der Wasserzufuhr des Flusses abgeschnitten wurden, was im Übrigen auch für die mit ausländischem Kapital eingerichteten Großplantagen galt.

Die Wirtschaftlichkeit eines Stauprojektes hängt wesentlich davon ab, wie lange der Staudamm mit welcher Speicherkapazität betrieben werden kann. Die von Flüssen mitgeführten Sedimente, Schlamm- und Geröllmengen lagern sich im Stausee ab und beeinträchtigen seine Speicherkapazität.[387] Auch diese Probleme wurden unterschätzt und meist zu optimistisch berechnet, mit der Folge, dass vorzeitige Versandungen die Wirtschaftlichkeit der Wasserkraftwerke stark reduzierten. Allein im Hinblick auf die ökonomischen Gewinnerwartungen legt Schücking dar, dass die Staudämme sich als wirtschaftliche Belastung und mitnichten als dauerhafte staatliche Einnahmequelle erwiesen.

Zu den ökologischen Negativfolgen sind neben der Versandung des Staubeckens vor allem die Erosionsprozesse unterhalb des Dammes zu zählen sowie die veränderten Strömungsverhältnisse und die Uferbeschaffenheit. Im chinesischen Drei-Schluchten-Damm erodieren bis heute ganze Berghänge aufgrund der bis in die oberen Bergregionen aufsteigenden Bodenaufweichungen. Zahlreiche Ortschaften drohen abzurutschen. Nur teilweise wurden den betroffenen Menschen von der chinesischen Regierung adäquate Umsiedlungen angeboten.

---

386 Am Beispiel des Pangani-Damms in Tansania verdeutlich Schücking die Problematik hydrologischer Gutachten. Die in dieser Region regelmäßig auftretenden Dürreperioden und das damit einhergehende verminderte Wasservolumen des Flusses wurden von den Projektplanern nicht ausreichend berücksichtigt, so dass mehrere Monate im Jahr der Wasserstand zu niedrig war, und das Kraftwerk nur weit unterhalb des berechneten Ertragsziels betrieben werden konnte. Vgl. Schücking (1996), http://www.urgewald.de/_media/_docs/stauen_um_jeden_preis.pdf.

387 Vgl. Schücking (1996), http://www.urgewald.de/_media/_docs/stauen_um_jeden_preis.pdf.

Mit dem veränderten Wasserstand des Flusses verändern sich auch die Flusstemperaturen, was wiederum zu Veränderungen der chemischen Zusammensetzung und des Nährstoffgehalts führt. Je niedriger der Wasserstand in Trockenperioden ist, desto höher die Temperatur und desto höher die Gefahr von Sauerstoffmangel, was wiederum direkte Auswirkungen auf den Fischbestand und die Artenvielfalt hat. Biologen bezeichnen diesen Prozess auch als „Umkippen" des Gewässers. Dieser Prozess beginnt bereits mit der Flutung der Täler gleich nach der Fertigstellung des Baus. Sind von dem sich anstauenden Wasser große Waldgebiete wie beispielsweise im Amazonasgebiet betroffen, beeinflussen die entstehenden Fäulnisprozesse (Methanproduktion) in erheblicher Weise das globale Klima.

Darüber hinaus steht das so kontaminierte Wasser den Flussanrainern, aber auch dem Vieh- und Wildbestand als Trinkwasser nicht mehr zur Verfügung. Durch die Flutungen sterben zudem zahlreiche Tierpopulationen aus, die ihre Territorien nicht mehr rechtzeitig verlassen können. Dagegen breiten sich die Populationen seuchenübertragender Insekten meist schnell aus.

Die drastische Verminderung des Wasserflusses in Trockenperioden, die oft mehrere Monate dauern können, führt zur Senkung des Grundwasserspiegels und damit zur Landschaftsverödung und zur Reduzierung des Fischbestands. Laut Schücking hat *„keine menschliche Aktivität sich so stark auf Fischbestände in Fließgewässern ausgewirkt wie der Bau von Staudämmen."*[388]

Mit dem Verlust der Fischbestände verloren die vom Fischfang lebenden Menschen ihre wichtigste Lebensgrundlage. Nicht nur die Reduktion der Fischbestände wirkte sich bei fast allen implementierten Projekten für eine breite ländliche Bevölkerungsgruppe existenzbedrohend aus, sondern auch der Verlust von Ländereien und Waldgebieten, die zuvor insbesondere indigenen Bevölkerungsteilen in vielfacher Hinsicht eine Lebensgrundlage sicherten. Für diese Völker bedeutete der Verlust ihres Landes aufgrund ihrer starken spirituellen und kulturellen Bindung an das Land meist auch den Verlust ihrer Identität und die Auslöschung ihrer Kultur.

Nicht zuletzt die mit dem Bauprojekt einhergehenden Vertreibungen und Zwangsumsiedelungen schürten den weltweiten politischen Protest. Nach Schätzungen der NGO *International Rivers Network* mussten bis Mitte der 1990er Jahre etwa achtzig Millionen Menschen großen Stau-

388 Vgl. Schücking (1996), http://www.urgewald.de/_media/_docs/stauen_um_jeden_preis.pdf

dammprojekten weichen, vorwiegend in der Dritten Welt. Der Weltbank-Umsiedlungsexperte Michael Cernea schätzte 1994, dass jährlich etwa 300 Großstaudämme, die in die Bauphase gelangten, zur Vertreibung von vier bis viereinhalb Millionen Menschen führten, wobei Projekte in Indien bis 1996 zwischen 14 und 22 Millionen Menschen vertrieben und in China bis 1985 allein zehn Millionen.[389] Dies sind nur offiziell bestätigte Zahlen. Die Dunkelziffer dürfte weitaus höher liegen. Dabei muss ausdrücklich darauf hingewiesen werden, dass die Zahl der Vertriebenen nicht gleichbedeutend mit der Zahl der nach offiziellen Angaben zwangsumgesiedelten Bewohner ist. Einer Studie der Weltbank zufolge lag von rund 200 untersuchten Projekten nur in der Hälfte der Fälle ein Umsiedlungsplan vor. Nicht selten wurden die Betroffenen lediglich darüber informiert, dass sie ihre Wohnorte zu verlassen hätten, ohne dass ihnen neue Ansiedlungsmöglichkeiten angeboten wurden. Rechtssicherheit ist bis dato keine Normalität in vielen Ländern der Dritten Welt.

Oft waren die Berechnungen zu anstehenden Zwangsumsiedlungen von den antragstellenden Regierungen bewusst niedrig angesetzt, um die Kostenkalkulation ebenfalls niedrig anzusetzen. Viele Projekte wären vielleicht von vornherein als unwirtschaftlich von der Weltbank abgelehnt worden, wäre der volle Umfang notwendiger Umsiedlungen bekannt gewesen. Laut Weltbank stellte sich nach Ende der Bauphasen häufig heraus, dass die tatsächlichen Umsiedlungen im Durchschnitt 54 % höher lagen als ursprünglich veranschlagt.[390]

In weiten Teilen werden die Darstellungen Schückings im Bericht der *World Commission on Dams* (WCD) 2001 bestätigt. Die WCD wurde im Jahr 1998 auf Initiative der Weltbank gegründet und erhielt den Auftrag, die Vor- und Nachteile von Großstaudämmen auf eine wissenschaftliche Grundlage zu stellen, ohne sich an den aktuellen politischen Auseinandersetzungen um solche Großprojekte zu orientieren. Unterstützt wurde die WCD sowohl von Befürwortern als auch Gegnern der Dammprojekte. Während die WCD abschließend zu dem Ergebnis kommt, das die Kosten-Nutzen-Bilanz der von ihr untersuchten Staudammprojekte tendenziell negativ zu bewerten ist, differenziert diese Studie die Staudamm-Debatte weiter aus und vermittelt einen ambivalenten Einblick in die Problematik.[391] Sie bestätigt zwar weitgehend die auch von Schücking recherchierten Negativfolgen der untersuchten Projekte, versucht

389 Vgl. Schücking (1996).

390 Vgl. ebd.

391 Vgl. World Commission on Dams (2000), http://www.dams.org/report/wcd_uberblick.htm, vgl. Dams and Development (2001).

darüber hinaus jedoch Möglichkeiten aufzuzeigen, künftige Projekte umwelt- und sozialverträglicher zu planen, um somit eine positivere Kosten-Nutzen-Bilanz zu erzielen. Bis heute werden die Ergebnisse dieser unabhängigen Expertengruppe trotz weltweiter wissenschaftlicher Anerkennung weder von den führenden Staudammbauern (China, Indien, Brasilien, Türkei) noch von der Weltbank adäquat umgesetzt, die sich aufgrund des angeblichen hohen wirtschaftlichen Potentials dieser Projektkategorie seit 2004 und insbesondere während der Präsidentschaft von Paul Wolfowitz wieder verstärkt an entsprechenden Bauvorhaben beteiligt.

Nationale und wirtschaftliche Interessen der Antragsteller

Prestigeträchtige Großstaudammprojekte symbolisieren für die Entwicklungsländer bzw. für ihre Regierungen und Eliten nicht zuletzt eine Art Aufbruchsstimmung und Fortschrittlichkeit, die einen wichtigen *offensichtlichen* Schritt zur Industrialisierung und damit zur Entwicklung dokumentieren sollen. Von der Einführung westlicher Technologien erwarten sich die Entwicklungsländer hohe Wachstumsimpulse. Die Förderung regionaler Entwicklung, zu der vor allem eine energiewirtschaftlich ausreichende Infrastruktur zählt, soll die Ansiedlung von Industrieunternehmen stimulieren. Neben der Ansiedlung von Industrien wird oft auch die Umstellung von Subsistenzlandwirtschaft auf eine bewässerungsintensive, exportorientierte Landwirtschaft anvisiert, um ausreichend Kapazitäten für den Export von Agrargütern bereitzustellen. Auf diese Weise soll das Einkommensniveau der örtlichen, meist ländlichen Bevölkerung gesteigert und das dringend benötigte Wachstum zur Überwindung der Entwicklungsdefizite initiiert werden. Die wirtschaftliche Ausrichtung auf eine exportorientierte Landwirtschaft geht dabei meist mit der Ausweitung der Plantagenwirtschaft einher, deren Hauptprofiteure selten kleinere bis mittelständische Landwirte sind, sondern in der Regel Großgrundbesitzer.

Die Steigerung der Energieproduktion durch Wasserkraftwerke ist somit ein nachvollziehbares Motiv zur Implementierung eines entsprechenden Dammprojektes. Man könnte dieses Ziel auch als Schlüsselmotiv in der Staudammpolitik der Antragsteller bezeichnen, da es zum einen dem steigenden Energiebedarf im Lande Rechnung tragen und damit die Voraussetzung für Wachstum schaffen soll, zum anderen auch dem deviseneinbringenden Export von Strom zweckdienlich ist.[392]

---

392 Vgl. Forum Umwelt und Entwicklung (2005), S. 15.

Dabei ist aus entwicklungspolitischer Sicht von erheblicher Bedeutung, ob die Gewinne aus der Stromerzeugung durch staatliche Betreiber in die regionale Entwicklung reinvestiert werden oder aber auf das Konto privater Betreiber aus dem In- oder Ausland verbucht werden. Eine hohe Beteiligung privater und fremder Investoren birgt dabei die Gefahr, dass die Gewinnabschöpfungen meist auf Auslandskonten abfließen, ohne den Entwicklungsökonomien als wachstumsförderndes Reinvestitionskapital wieder zur Verfügung gestellt zu werden.

Ähnliche Tendenzen lassen sich auch mit Blick auf die Gewinnerträge im Zuge der Wasserversorgung beobachten, die als zweites Schlüsselmotiv der Förderungspolitik benannt wird. Mit Hilfe der Stauseen soll neben der Energieerzeugung eine kontinuierliche, von Dürreperioden unabhängige, Bewässerung der landwirtschaftlichen Anbaugebiete gewährleistet werden, womit die Grundvoraussetzungen für die Entwicklung einer Agrarindustrie geschaffen werden sollen. Hier jedoch kritisieren Beobachter, dass viele Bauern Wasser, das ihnen der ungestaute Fluss kostenlos zur Verfügung stellte, nach Fertigstellung eines Damms den Investoren teuer bezahlen müssen und darüber hinaus das Wasser oft direkt in riesige Plantagen geleitet wird, die wiederum in erster Linie von ausländischen Investoren oder Großgrundbesitzern betrieben werden. Die Gewinne dieser Plantagen werden meist nicht regional reinvestiert, sondern ebenfalls ins Ausland transferiert.

Trotz dieser Bedenken beharren die Befürworter dieser Projektkategorie darauf, dass die Großstaudämme einen signifikanten Beitrag für die wirtschaftliche Entwicklung vieler Länder leisten können und dass keine andere Projektkategorie gegenwärtig vergleichbar effiziente Wachstumsimpulse stimulieren kann.

Im Hinblick auf das Energieproblem der Entwicklungsländer sehen sich die Gegner der Großstaudämme mit einem gewichtigen Argument konfrontiert, das im Zuge der Klimadebatte zusätzliches Gewicht erhielt. In dieser Argumentationslinie wird betont, dass solange regenerative Energieprogramme noch nicht in ausreichendem Maße zur Verfügung stehen, die einzig effiziente Alternative zur hydroelektrischen Stromerzeug immer noch die fossile Energieerzeugung ist. Die fossile Energieerzeugung sei jedoch mit den bekannten klimaschädlichen Emissionsrisiken verbunden, die durch eine hydroelektrische Stromgewinnung vermieden werden können. Fakt ist, dass ein Drittel aller Länder mehr als die Hälfte ihres Energiebedarfs durch Wasserkraft deckt. Weltweit decken Großstaudämme etwa 18% bis 20% des gesamten Strombedarfs.[393] Brasilien,

393 Vgl. Energie-Evolution (2010), http://www.energie-evolution.de/wasser/wasser.htm.

Kongo, Sambia und Norwegen erzeugten zu Beginn dieses Jahrtausends über 90 Prozent ihres Strombedarfs mit Wasserkraft.[394]

In dieser energiepolitisch begründeten Argumentationslinie finden sich die im Zusammenhang mit den organisationssoziologischen Theorien bereits erläuterten ideellen Entscheidungselemente der Weltbank, sich weiterhin in dieser umstrittenen Projektkategorie zu engagieren.

Ein weiteres ideelles Motiv, das eine Beteiligung der Weltbank an den Staudammprojekten rechtfertigen soll, resultiert aus der Erfahrung, dass sich bei einem Rückzug der Weltbank aus umstrittenen Bauprojekten meist andere, private und staatliche Investoren fanden, die eine Finanzierung sichern konnten. So finanzierte Bauprojekte wurden dann in der Regel ohne die weltbanküblichen sozialen und ökologischen Auflagen implementiert.

Eine Beteiligung der Weltbank ist längst keine unerlässliche Voraussetzung für die Umsetzung der Bauvorhaben mehr. In Anbetracht alternativer Finanzierungsoptionen ist die Weltbank faktisch gesehen zu einem verzichtbaren Rädchen in den internationalen Bau-Netzwerken geworden, die sich aus den projektplanenden Regierungen, den weltweit agierenden Kreditsicherungsgesellschaften[395], privaten und staatlichen Inves-

394 Vgl. Baur (2001).

395 Hierzu zählen z.B. die deutsche Euler Hermes AG, die Italienische SACE, die Schweizer Exportkreditagentur ERG, die 2007 durch die *schweizerische Exportrisikoversicherung (Serv)* abgelöst wurde und die Exportkreditagentur OeKB für Österreichs Wirtschaft. Großbritanniens führende Exportkreditagentur ist die Export Credits Guarantee Depart ECGD. Die führende Exportsicherungsagentur Frankreich ist die Campaigne Francaise d´ Assurance du Commerce Exterieur (COFACE). Für die Vereinigten Staaten garantiert unter anderem die staatliche Garantiegesellschaft OPIC und die US-amerikanische Export-Importbank (EXIM). Zu den international operierenden Gesellschaften gesellt sich seit 1994 mit wachsender Tendenz auch die chinesische Außenhandelsbank, die China Export-Import Bank, was weltweit die Befürchtung weckt, dass die umwelt- und sozialpolitisch desaströse Staudammpolitik der chinesischen Regierung nun in viele Länder der Dritten Welt exportiert wird, da keinerlei Umwelt- oder Sozialstandards für die Projektunterstützung nachgefragt werden. Vgl. Walden (1998), S. 153.

toren[396] sowie den international aufgestellten Baukonsortien zusammensetzen.[397]

396 Zu den Investoren bei Großstaudammprojekten zählen insbesondere die deutsche WestLB, Dresdner Bank, die amerikanische Lehman Brothers, C.S. First Boston, J.P. Morgan, Morgan Stanley, Smith Barney, Bank American Corporation, Asian Development Bank, Bank Austria, Erste Österreichische und Bank Austrian Vranitzky. Vgl. Schücking und Jörg (2004).

397 Zu den weltweit führenden Baukonsortien zählen: *ABB*, Schweiz (incorporating Alstom): *ABB* und die fränzösiche Alstom bauen Übertragungsstationen für Stromnetze sowie Wasserkraftturbinen. Sie sind beteiligt an den Dämmen Ataturk, Bakun, Batang Ai, Bhumiphol, Cabora Bassa, Ciechoncinek, Curui, Drei-Schluchten,Guavio, Houay Ho, Ilisu, Itaipu, Karakya, Maheshwar, Muela, Pangani, Pangue, Salto Caxias, Song Hinh, Tarbela, Theun Hinboun, Xingo, Zimapan. *AES-Corporation (Applied Energy System):* US-amerikanischer Stromproduzent, in 26 Ländern agierend, im ausländischen Sektor bevorzugt in Lateinamerika, aber auch beteiligt an der Planung von Bujagali, Drei-Schluchten-Damm. *Balfour Beatty, Großbritannien*: Baut elektromechanische Teile für Wasserkraftanlagen und ist beteiligt an den Projekten Kainji, Lesotho Highlands, Pergau, Samanalawewa, Victoria. *Coyne et Bellier*: Frankreich; Traditionsunternehmen im Talsperrenbau, fertigt heute auch Machbarkeitsexpertisen an; war beteiligt am Bau von: Ban Mai, Birecik, Bui, Daniel Johnson, Ita, Kariba, Kedung Ombo, Lesotho Highlands, Malpasset, Manantali, Ruzizi II. *Electrowatt*: Awash II, Bakun, Glougo, Gourbassi, Houay Ho, Khao Laem, Manatali, Nathpa Jhakri, Pangue, Ralco, Samanalawewa, Theun Hinboun, Xe Pian, Xe Nam Noi, Yali Falls. *Elin AG:* Ging in die 1994 gegründete *VATech AG* (s. dort und unter Siemens) über, die die Tochter *VA Tech Hydro* gründete. 2006 Übernahme des *VA Tech-Konzerns* durch Siemens. Die *HYDRO* ist jetzt im Besitz der österreichischen Anlagenbaufirma *Andritz AG*. Vgl. Dams Corporated (o.J.). *Impregilo, Italien*: Die italienische Firma COGEFAR, die später dem Firmenkonsortium IMPREGILO eingegliedert wurde und heute dem FIAT-Konzern angehört, bewarb sich erfolgreich bei über zwanzig Staudammausschreibungen. Darunter der: Sardar Sarovar- Staudamm und Bio-Bio-Fluß in Chile, Akosombo, Bakolori, Caruachi, Chixoy, Dez, El Cajon, Ertan, Ghazi Barotha, Itezhitezhi, Kainji, Kariba, Kihansi, Lesotho Highlands, Lower. Vgl. Illisu Dam Organisation (2000), vgl. Gesellschaft für bedrohte Völker (o.J.), S. 12. *Kvaerner Energy, Norwegen*: Aus dem norwegischen Unternehmen Kvaerner Energy wurde 1999 der Turbinenhersteller *GE Hydro* und Anfang 2008 die *Rainpower Company*, an der auch die österreichische *Andritz AG* beteiligt ist. Das Unternehmen erhielt den Zuschlag für die folgenden Projekte: Bakun, Bhumibol, Caruachi, High Aswan, Kaptai, Lesotho Highlands, Naptha Jhakri, Pangue, Song Hinh, Zimapan). *Lahmeyer International, Deutschland*: Das Ingenieursbüro bietet weltweit Planungs- und Beratungsleistungen für technische und wirtschaftliche Projekte in den Bereichen Energie, Wasser und Transport an. Diese Planungs- und Beratungsleistungen umfassen unter anderem Machbarkeitsstudien, Projektkonzepte, Genehmigungsplanungen, Detailplanungen, Ausschreibungen, Bau-, Montage- und Inbetriebnahmeüberwachungen, Betriebsberatungen, Projektsteuerungen und –treuhänderschaften. Lahmeyer ist

In Anbetracht dieser seit längerem zu verzeichnenden Abkopplungstendenzen in der Projektfinanzierung stellt sich die Frage, inwieweit projektinteressierte, multinational operierende Baukonsortien tatsächlich noch der aktiven Vermittlung durch die Weltbank bedürfen, um den Regierungen der Entwicklungsländern als potentielle Baupartner vermittelt zu werden. Diese Frage ist im Hinblick auf die häufig formulierte Kritik, die Weltbank bediene mit ihren Projektbeteiligungen in erster Linie die Baukonsortien der G-8 Staaten, von besonderem Interesse. Die bereits erwähnte COMO-Studie lässt in diesem Zusammenhang zwar durchblicken, dass projektinteressierte Unternehmen sich an die entsprechenden Weltbankmitarbeiter (Task-Manager) wenden sollen, damit diese die Kontakte zu den antragstellenden Regierungen vermitteln können.[398]

---

in mehr als 50 Ländern niedergelassen und erhielt laut Aktieninformation knapp 12 % der weltweiten Kraftwerksverträge und erreichte damit eine Spitzenposition im Wasserkraft- und Staudammsektor. 2007 fusionierte das Unternehmen mit dem deutschen Energieversorger RWE. 2006 wurde das Unternehmen von der Weltbank von sämtlichen künftigen Projektbeteiligungen ausgeschlossen, da man dem Unternehmen Korruption nachweisen konnte (s. weiter unten). Anteile an Lahmeyer besitzen laut *Latein-Amerika-Nachrichten*auch die Deutsche Bank und die Dresdner Bank. Beteiligt war Lahmeyer an den Wasserkraftprojekten: Arun III, Bakun, Birecik, Chico, Chixoy, Chulac, Kinda, Lesotho Highlands, Nam Leuk, Nam Theun 2, Sentani, Tasang, Yacyreta. Vgl. Latein Amerika Nachrichten (2006).
Siemens (incorporating Voith Siemens Hydro), Deutschland: Im Jahr 2000 entstand *Voith Siemens Hydro Power Generation*, eine Joint Venture der beiden führenden Hersteller von Turbinen- und Generatorentechnik. *Siemens Voith Hydro Power Generation* haben zusammengenommen für gut ein Drittel der auf der Erde installierten Wasserkraftkapazität die Turbinen und Generatoren geliefert. Außerdem übernahm Siemens 2006 den österreichischen Konzern *VA TECH* (s. unten). Projektbeteiligung an:Drei-Schluchten, Itaipu, Maheshwar, Nathpa Jhakri, Xingo, Yacyreta. *Skanska*: schwedischer Baukonzern; Projektbeteiligungen an: El Guavio, Ilisu, Kishen Ganga, Kotmale, Pergau, Uri, Urra I, Yali Falls. *Sogreah*: Französisches Ingenieur- und Dienstleistungsbüro. Ähnlich der deutschen Lahmeyer International bietet das Büro Unterstützung bei der Projektentwicklung, Bauaufsicht etc. an. Bisherige Projekte: Dai Ninh, Lesotho Highlands, Nam Leuk, Pak Mun, Turkwell. *VA Tech, Österreich, (incorporating Sulzer Hydro)???1999*: Beteiligt an den Projekten: Bhumiphol, Cirata, Ertan, Ilisu, Nathpa Jhakri, Pangue, San Roque, Three Gorges, Urra I. *Voith Hydro siehe Siemens*: (s. Siemens), *Voist Alpine, Österrreich* (s. VA TECH und Siemens) sowie *Ed. Züblin AG* ist eines der großen deutschen Bauunternehmen mit Niederlassungen und Tochtergesellschaften im In- und Ausland. Beteiligt an: Xiao-Landi in China, Ilisu, Ghazi Barotha in Pakistan, Lesotho.

398 Vgl. Como-Studie (2007), S. 31, vgl. Industrie- und Handelskammer Karlsruhe (2005), http://www.karlsruhe.ihk.de/prduktmarken/international/intausschreibungen/Weltbank.jsp.

Doch richtet sich diese Empfehlung in erster Linie an mittelständische Unternehmen, die versuchen, international zu expandieren und die in der Regel noch nicht in die globalen Netzwerke eingebunden sind und somit auf keine bestehenden Kontakte zu den antragstellenden Regierungen zurückgreifen können.

In dieser Hinsicht kann im Ergebnis festgehalten werden, dass die Vermittlungsaktivitäten der Weltbank und damit auch ihre Einflussnahme auf die späteren Ausschreibungsverfahren im Zuge der zunehmenden Abkopplungstendenzen deutliche Einschränkungen erfahren haben. Diese interessenpolitisch relevanten Entwicklungen müssen in der Kritik an der Projektarbeit der Weltbank neu bewertet werden, bevor ihr grundsätzlicher Ausstieg aus den brisanten Großbauprojekten gefordert wird.

Im Zusammenhang mit der Firmenakquise und den Ausschreibungsverfahren ergibt sich zudem ein weiterer Aspekt, der sich jedoch in erster Linie mit dem Einflusspotential der Weltbankmitarbeiter auf die Projektplanung und auf die Ausschöpfung ihres formalen Handlungsspielraums bezieht.

Grundsätzlich geht aus der COMO-Studie hervor, dass die gesamte Firmenakquise und Auftragsvergabe für weltbankfinanzierte Projekte offiziell ausschließlich Sache der Antragsteller ist.[399] Anders als die multinational aufgestellten Großkonzerne ist die Zielgruppe der Studie, die mittelständischen deutschen Unternehmen, in Ermangelung bereits bestehender Netzwerke und Kontakte zu den Antragstellern informell auf eine Vermittlung durch die Weltbank angewiesen.

Diese Vermittlung ist insofern als *informeller* Vorgang zu bezeichnen, als zum einen keine formale Grundlage für diese Listenführung festgeschrieben wurde und zum anderen den zuständigen Weltbankmitarbeitern ein nicht definierter Ermessensspielraum zugestanden wird, innerhalb dessen sie über die Aufnahme einer projektinteressierter Firma in eine sogenannten Firmen-Positiv-Liste eigenständig entscheiden können, die den Regierungen als Empfehlungsliste ausgehändigt wird.[400]

399 Vgl. World Bank (2010), Procurement Guidelines Procurement Guidelines: http://web.worldbank.org/WBSITE/EXTERNAL/PROJECTS/PROCUREMENT/0,,contentMDK:20060840~menuPK:93977~pagePK:84269~piPK:60001558~theSitePK:84266~isCURL:Y,00.html

400 Inwieweit in diesen Firmenlisten die multinationalen Baukonsortien mit den mittelständischen Unternehmen konkurrieren, geht aus der Studie nicht hervor.

Dabei ist die Kritik, dass, in erster Linie nur westliche, Bau- und Zulieferunternehmen statt regionaler Unternehmen bei den Ausschreibungen durch die Antragsteller berücksichtigt werden, durchaus berechtigt, täuscht aber darüber hinweg, dass technisches Know-how und die technischen sowie logistischen Voraussetzungen gerade im Bereich der Großstaudämme de facto bei nur bei wenigen weltweit führenden Unternehmen vorhanden sind. Insofern muss das Argument von der ungerechtfertigten Privilegierung westlicher Großunternehmen differenzierter betrachtet werden.

Im Hinblick auf die Staudammpolitik der Weltbank sei abschließend noch auf einen weiteren Aspekt hingewiesen, der für Irritationen innerhalb der Weltbankkritik sorgt. Einige Kritiker betonen häufig, dass die stimmrechtlich privilegierten Exekutiv-Direktoren, zu denen in erster Linie auch der amerikanische Exekutiv-Direktor zählt, als Hauptverantwortungsträger die Projektpolitik beeinflussen und im Falle der Staudammprojekte vorrangig westlichen Großunternehmen wirtschaftliche Vorteile zukommen lassen. Dabei wird übersehen, dass im Fall der Staudammprojekte amerikanische Firmenbeteiligungen eine sehr untergeordnete Bedeutung haben. Es sind hier insbesondere europäische Länder bzw. Unternehmen (siehe Fußnote 397), allen voran Österreich, die Schweiz, Deutschland und, durch häufige Beteiligung der Firma *Impregilio,* auch Italien, die als Hauptprofiteure an diesen Projekten partizipieren. Die stimmrechtlich fundierte Einflussnahme Österreichs, der Schweiz und Italiens im Exekutiv-Direktorium ist jedoch nicht als besonders hoch einzustufen. Auch kann im Rahmen eines solchen Argumentationsaufbaus nicht ignoriert werden, dass mehrfach gerade amerikanische Exekutiv-Direktoren sich auf die Seite der Projektkritiker stellten und sich im Exekutiv-Direktorium engagiert für einen Rückzug der Bank aus den umstrittenen Großprojekten einsetzten (siehe Kapitel 6.2ff).

4.2.2 Entwicklungsprojekte im Bereich „Fossile Energieförderung": Kohle-, Erdöl- und Erdgas

Jenseits der Staudammprojekte ist die Weltbank auch in die Baufinanzierung zur Förderung und Nutzung fossiler Energieträger involviert. Dazu zählen Kohle, Erdöl und Erdgas.

Nach Angaben der *Weed*-Mitarbeiterin Daniela Setton hat die Weltbank ihre Finanzierung für die Entwicklung fossiler Energien (Öl und Gas) von 2005 bis 2006 um 93 Prozent (von 450,8 auf 869 Millionen US-Dollar) erhöht. Allein die IFC hat hiernach einen Zuwachs ihrer Investitionen in die Ölwirtschaft um 77 Prozent zu verzeichnen. Das Gesamtportfolio für die Rohstoffförderung belief sich, laut Setton, 2006 auf 1,096 Milliarden

US-Dollar, was einen Zuwachs von 45 Prozent im Verhältnis zum Vorjahr ausmacht (755,3 Millionen US-Dollar).[401] Die Weltbank betont zwar seither ihr Umdenken in der Energiepolitik und verweist für das Fiskaljahr 2008 darauf, dass sie 3,3 Milliarden US-Dollar, d.h. 40 % ihres Energieportfolios, in erneuerbare Energie und Energie-Effizienz investiert habe. Allerdings bemerkt die NGO-Aktivistin und Vorsitzende der Heinrich-Böll-Stiftung, Barbara Unmüßig hierzu, dass die Weltbank in dieser Erfolgsbilanz auch die ebenfalls umstrittene hydroelektrische Stromgewinnung und jene technologisch verbesserten Fossilkraftwerke mit ihren geringfügig niedrigeren CO_2-Werten einbezieht[402], so dass bis Anfang 2009 noch Zweifel an einer tatsächlichen energiepolitischen Reform bestehen.

Das Gesamtpaket „fossile Energieförderung" fächert sich dabei vorrangig in drei ökonomisch relevante Teilbereiche auf:

- Förderung bzw. Abbau und Transport der Energieträger
- Rohstoffexport
- Kraftwerkbau zur Stromerzeugung aus fossilen Brennstoffen.

4.2.2.1 Abbau und Transport fossiler Energieträger

4.2.2.1.1 Kohle

Die größten Kohleproduzenten sind China, die USA, Kolumbien, Indien, Indonesien, Russland, Südafrika und Australien, wobei der mit Abstand größte Kohle-Exporteur Australien ist. Für die Energieversorgung spielt Kohle nach wie vor in den meisten Ländern eine signifikante Rolle. Polen produzierte im Jahr 2005 insgesamt 92 Prozent seines Stroms mit Kohle, Deutschland 49 Prozent, die USA 50 Prozent. Gegenwärtig wird Kohle weltweit für mehr als 35% der Stromerzeugung verwendet.[403] Schätzungen des WCS zufolge sind in der Kohleproduktion weltweit etwa 7 Millionen Menschen beschäftigt, wobei 90% in den Entwicklungsländern tätig sind.[404]

401 Vgl. Setton in: Inkota-Brief (2007), http://www.weed-online.org/publikationen/657554.html.

402 Vgl. Unmüßig (2009), http://www.boell.de/internationalepolitik/aussensicherheit/aussen-sicherheit-7578.html.

403 Vgl. World Coal Institute (o.J.), http://www.worldcoal.org/assets_cm/files/PDF/coal_mining_german_2.pdf

404 Vgl. ebd. und World Coal Institute (o.J.): http://www.worldcoal.org/assets_cm/files/PDF/global_coal_market_german_3.pdf

Laut Fokus Money wird der Großteil der Produktion in den Förderländern selbst zur Stromerzeugung eingesetzt, vor allem in China und den USA. In China übersteigt der Bedarf mittlerweile die Fördermenge, auch Indien tritt zunehmend als Käufer in Erscheinung.[405] Es ist absehbar, dass infolge der expandierenden Volkswirtschaften Chinas und Indiens das internationale Interesse an diesem Brennstoff weiter wächst und es nur eine Frage des Preises werden wird, ab wann die kohlefördernden Entwicklungsländer den Energieträger dem heimischen Energiemarkt entziehen und dem internationalen Markt zuführen.

Die Hauptprofiteure sind neben den Bergbaubetreibern die internationalen großen Stromerzeuger. Der Markt liegt in der Hand weniger Konzerne. Zu den Minengiganten zählen BHP Billiton, Xstrata oder Rio Tinto, für die Kohle nur einen Bruchteil des Geschäfts ausmacht. Zu den tatsächlichen Kohleverwertern gehören die US-Konzerne Drummond und Peabody.

Seit Anfang der 1990er Jahre wurden knapp 30 Kohlebergwerke mit finanzieller Unterstützung der Weltbank ausgebaut. Im Zuge der weltweiten Klimadebatte steht der Abbau, aber vor allem die Nutzung der Kohle als Energieträger aufgrund der hohen CO_2-Emissionen der Kohlekraftwerke zunehmend unter Beschuss. Auch die enormen Sicherheitsrisiken beim Kohlebergbau insbesondere in den Entwicklungsländern sind starke Kritikpunkte. Weltweit kamen im Jahr 2005 mehr als 10.000 Menschen in den Minen ums Leben, heißt es beim WCI.[406] Abgesehen von den Sicherheitsmängeln und der klimarelevanten Negativbilanz haften der Kohleförderung weitere Makel an, die sie auch für die Evaluierungsabteilungen der Weltbank zu einer Projektart mit negativen Vorzeichen machen, wie das nachfolgende Beispiel verdeutlicht.

In einer 2007 vom *Evangelischen Entwicklungsdienst (eed)* herausgegebenen Studie von Ute Hausmann und Rolf Künnemann recherchierten die beiden Autoren unter anderem im Fall des indischen Kohleabbauprojektes *Parej East,* dessen Negativbilanz Mitte der 1990er Jahre öffentlich wurde.[407] Parej East ist eine von den 30 Minen weltweit, die von der Weltbank finanzielle Unterstützung erhielt. Der erste Kredit wurde 1997 in Höhe von 530 Millionen US-Dollar bewilligt, zusätzlich vergab die

405 Vgl. Bloed (2006), http://www.focus.de/finanzen/boerse/der-oelpreis-anstieg-und150-profiteur-kohle-und150-kohlebergbau-voll-auf-koks_aid_257573.html.

406 Vgl. World Coal Institute (o.J.), http://www.worldcoal.org/assets_cm/files/PDF/coal_mining_german_2.pdf

407 Vgl. Hausmann / Künnemann (2007), http://www.eed.de//fix/files/doc/eed_fian_bfdw_extraterritorial_sechs_Faelle_07_deu.pdf, S. 32f

Weltbanktochter IDA weitere 63 Millionen US-Dollar für das Projekt. Bereits 2000 wurde die Zusage für die zweite Hälfte des Kredits storniert, da die halbstaatliche Minenbetreiberin Coal India Limited (CIL), die 90% der indischen Tagebauten betreibt, wesentliche Auflagen der Bank nicht erfüllt hatte. So hatte die Gesellschaft gegen mehrere Umsiedlungsstandards verstoßen, da sie zahlreiche Menschen entweder gewaltsam aus ihren Häusern vertrieben hatte oder mit dubiosen Methoden deren Zustimmung zur Umsiedlung erworben und erzwungen hatte. Die angebotenen Umsiedlungsdörfer erwiesen sich aufgrund nicht ausreichende Infra- und Versorgungsstrukturen als unzumutbar. Außerdem wurde den vorher landwirtschaftlich tätigen Menschen meist kein Ersatzland angeboten und die Entschädigungssummen waren unzureichend.

Nachdem im Jahr 2001 die durch die Mine geschädigten Menschen, mit Unterstützung der NGO *Chotanagpur Adivasi Sewa Samati (CASS)* eine Beschwerde bei der weltbankinternen Beschwerdestelle *„Inspection Panel* (s. weiter unten) eingereicht hatte, bestätigte diese die unzureichende Umsetzung der Weltbankstandards.

Das Projekt hatte insgesamt über 1000 Quadratkilometer Land und Wälder und etwa 200 Dörfer zerstört. Zweihunderttausend Menschen verloren schätzungsweise ihre Lebensgrundlage, in der Mehrzahl waren dies indigene *Adivasi*. Insbesondere den indigenen Bevölkerungsteilen stehen infolge ihrer naturnahen Lebensweise nach einer Umsiedlung erfahrungsgemäß keine realistischen alternativen Einkommensmöglichkeiten zur Verfügung, so dass ein soziales Abgleiten vorhersehbar ist. Die Auswirkungen des sozialen Einbruchs werden häufig dadurch verstärkt, dass mit der Zerstörung der alten Wohngebiete auch die heiligen Stätten der Indigenen verloren gehen.

Neben der Zerstörung der Waldgebiete gefährden die Tagebauten zwangsläufig immer auch die Grundwasserversorgung.[408]. Durch das Abpumpen und folgende Absinken des Grundwasserspiegels trocknen die Wasserquellen und Brunnen aus. Der hohe technische Aufwand, der betrieben werden muss, um diesen Problemen entgegenzuwirken, ist selbst für hiesige Tagebaubetreiber ein teures Unterfangen. In Indien war die *CIL* nicht bereit oder in der Lage, diese *„Nebenkosten"* aufzubringen.[409]

---

408 Dies ist kein spezifisches Problem in den Entwicklungsländern. Grundwasserprobleme entstehen auch bei den Tagebauten in der Bundesrepublik. Allerdings sind hier die technologischen und wirtschaftlichen Voraussetzungen gegeben, den Risiken vorzubeugen.

409 Vgl. Hausmann / Künnemann (2007), http://www.eed.de//fix/files/doc/eed_fian_bfdw_extraterritorial_sechs_Faelle_07_deu.pdf S. 32 ff.

4.2.2.1.2 Erdölförderung

Die weltweite Erdölförderung liegt in den Händen weniger privater und staatlicher Ölgesellschaften. In privater Hand liegen die US-amerikanischen Konzerne *Exxon Mobil, Chevron Texaco, Enron* und *Unocal*. Auf europäischer Seite sind dies die britische *BP*, die britisch-niederländische Shell, die französische *TotalFinaElf* und die italienische *Eni* sowie die britisch-australische *BHP Billiton*.

Zu den staatlichen Ölgesellschaften zählen die *Saudi Aramico*, die *National Iranian Oil Company*, die mexikanische *Pemex*, die *Petrólas Venezuela*, die brasilianische *Petrobras*, die chinesische *Petrochina*, die russische *Lukoil* sowie die *Kuweit Petroleum Corporation*, um die wichtigsten zu nennen.

Zu den größten Erdölförderstaaten zählen unter anderem die USA, Saudi-Arabien, Norwegen, Russland und zunehmend auch China. Aufgrund des hohen wirtschaftlichen Potentials dieser Staaten werden die Erdölförderstaaten insgesamt schnell mit wirtschaftlicher Prosperität und gesellschaftlichem Wohlstand assoziiert. Doch das entwicklungspolitische Engagement der Weltbank in diesem Sektor macht deutlich, dass neben diesen wirtschaftlich starken, offenbar auch ökonomisch benachteiligte Ölförderländer existieren, die internationale Unterstützung beim Aufbau von Förderanlagen benötigen, wie sie beispielsweise die Weltbank bewilligt. Hierzu zählen insbesondere Mexiko, Ecuador, Peru, Indonesien, Jemen, Algerien, Libyen, Sudan, Angola, Nigeria Kongo und der Tschad.

Immer deutlicher tritt in einigen dieser Länder zu Tage, dass die Unterstützung der Weltbank ein weiteres Mal eben nicht zur Verbesserung der allgemeinen Lebensgrundlagen in diesen Ländern geführt hat, sondern dass nur einzelne Regierungsmitglieder und die internationalen Ölkonzerne an den Gewinnen aus der Erdölproduktion partizipieren und zwar zu Lasten der restlichen Bevölkerung und der Umwelt.

Christine Eberlein von der Organisation *„Erklärung von Bern"* erläutert in ihrer Studie zu den Auswirkungen der Erdölförderung in den Entwicklungsländern, warum sich in vielen dieser Länder Erdöl eher als Fluch denn als Segen gestaltet. Nach eigenen Angaben wurden ihre Ergebnisse sowohl vom Internationalen Währungsfonds, der UNO als auch der Weltbank bestätigt. Eberlein bezieht sich mit ihren Auswertungen vor allem auf die Förderproblematik in Nigeria.

Im Hinblick auf das Entwicklungs- und Demokratisierungsmotiv, mit dem die Weltbank diese Projektkategorie in den in Frage kommenden Ländern unterstützt, hält Eberlein fest, dass in allen durch Erdöl reich gewordenen Entwicklungsländern der allgemeine Lebensstandard der Bevölkerung dramatisch sank. Einer Studie des IWF zufolge wuchsen Länder ohne Erdölvorkommen zwischen 1970 und 2000 viermal rascher als Länder, die Erdöl fördern. Als Beispiel verweist Eberlein auf Nigeria.

Nigerias Haushalt finanziert sich zu 80% aus Öleinnahmen und 95% der Exporte sind Erdöl, das sind rund 350 Mrd. US-Dollar . Die Öleinnahmen sind pro-Kopf gerechnet von 1965 bis heute von 33 US-Dollar auf 325 US-Dollar gestiegen. Trotzdem leben über 70% der 130 Mio. Einwohner von 1 US-Dollar pro Tag. 43% der Nigerianer haben keinen Zugang zu Trinkwasser, die Kindersterblichkeit ist eine der höchsten der Welt.[410]

Da Regierungsvertreter in wenig demokratisierten Ländern ihre Machtposition in einigen Fällen ausnutzten und die Gewinne aus dem Erdölsektor sich selbst, ihren Verwandten und politischen Freunden zukommen ließen, bildete sich eine, wie Eberlein ausdrückt, „*Öl-Oligarchie*", die zur Stabilisierung ihrer Machtposition die eigenen Militärs aufrüstete, wovon vor allem westliche Waffenhersteller profitierten. Laut Eberlein geben erdölexportierende Länder nachweislich deutlich mehr Geld für den Aufbau von Armeen und Rüstung aus als rohstoffarme Länder.[411] Aus volkswirtschaftlicher und damit auch gesellschaftspolitischer Sicht könnte die Herausbildung einer solchen „*Öl-Oligarchie*" zwar theoretisch infolge des sogenannten „*trickle-down-Effekts*"[412] langfristig positive Wirtschaftsentwicklungen für die allgemeine Bevölkerung nach sich ziehen, doch die Erfahrungen der letzten Jahre zeigen, dass die Regierungscliquen ihre Einnahmen nicht volkswirtschaftlich produktiv investieren, indem sie beispielsweise Unternehmen gründen oder Infrastrukturen im Bildungs- und Gesundheitssektor schaffen, sondern vor allem für Konsumgüter ausgeben, die zudem im Ausland produziert wurden.

Hier schließt sich die nächste volkswirtschaftliche Abwärtsspirale an, die mit der höheren Kreditwürdigkeit der Regierungen einhergeht. Aufgrund ihrer hohen Ölgewinne werden den Regierungen problemlos hohe Kredite gewährt. Doch oftmals können diese Kredite nicht zurückgezahlt werden, weil sie unproduktiv eingesetzt wurden und auf die Privatkonten der Oberschicht flossen. Insbesondere Nigeria, Tschad und

410 Vgl. Eberlein (2004a), http://www.evb.ch/cm_data/public/Erdoel.pdf.

411 Vgl. ebd.

412 Der **Trickle-down-Effekt** besagt, dass Reichtum in der Oberschicht nach und nach durch deren Konsum- und Investitionstätigkeiten in die unteren Schichten der Gesellschaft durchsickere und somit zur allgemeinem Wohlstandssteigerung beiträgt.

der Sudan gerieten in diese Kredit- und damit auch Schuldenfalle. Die Folgen dieser Verschuldungsspirale trägt die Bevölkerung.[413]

Ein weiteres Problem vieler erdölfördernder Länder ist die unverhältnismäßig große Konzentration auf dieses Kerngeschäft. Die einseitige Ausrichtung aller wirtschaftlichen Kapazitäten auf die Erdölförderung schafft zum einen eine gefährliche Abhängigkeit von international festgelegten Ölpreisentwicklungen, zum anderen werden wichtige Investitionen in anderen Bereichen vernachlässigt, so dass sich keine weiteren volkswirtschaftlich relevanten Industriezweige und Unternehmenslandschaften sowie Agrarstrukturen entwickeln, die eine effizientere und damit kostengünstigere Produktion heimischer Produkte ermöglichen würden. Diese Entwicklung wird auch als *„Paradox of Plenty"* bezeichnet. So ist Ekuador beispielsweise heute auf den Abbau der Erdölvorkommen angewiesen, um seine Schulden abzutragen, da es keine andere relevante Einnahmequelle besitzt. Auch Nigeria, Angola und Kongo erlagen diesem *„Paradox of Plenty Effekt"*.[414]

Die so entstehende Abhängigkeit von Importen gefährdet langfristig eine ausgeglichene Zahlungsbilanz, was weitere volkswirtschaftliche und währungspolitische Risiken nach sich zieht.[415]

Erdölförderung und Wahrung der Menschenrechte sind ein weiteres Thema, das die Weltbank Anfang 2001 zu Untersuchungen veranlasste. Diese wurden 2004 mit dem Ergebnis veröffentlicht, dass gewalttätige und entschädigungslose Landnahme an der Tagesordnung waren. Wieder einmal waren insbesondere die indigenen Völker und die landwirtschaftlich tätige Bevölkerung, die rund um die Bohrstellen, Raffinerien und Erdölcamps lebten, die Hauptgeschädigten. Entschädigungsverträge zwischen Erdölkonzernen und den von den Bohrungen betroffenen Einwohnern waren eher die Ausnahme.

---

413 Vgl. Eberlein (2004a), http://www.evb.ch/cm_data/public/Erdoel.pdf.

414 Nigeria ist der größte Erdölerzeuger der Region im Golf von Guinea und siebtgrößter der Welt. Obwohl Nigeria in den letzten 30 Jahren ca. 280 Mrd. US-Dollar aus der Erdölförderung erhalten hat, müssen etwa 2/3 der Bevölkerung von weniger als einem Dollar pro Tag leben. Seit Beginn der Ölförderung ist Nigeria auf dem Entwicklungsindex des UN-Entwicklungsprogrammes (UNDP) noch abgestiegen und lag 2003 auf Platz 158 (von 177 bewerteten Ländern). Angola, der zweitgrößte Erdölproduzent der Region nach Nigeria, lag auf Platz 160. Eines von vier Kindern stirbt, bevor es fünf Jahre alt wird. Angola hat 2005 mehr als 10 Mrd. US-Dollar an Erdöleinnahmen zu verzeichnen, und über 900 Mill. aus dem Diamantenhandel. Das Bruttosozialprodukt lag 2005 bei über 2.000 US-Dollar pro Kopf der Bevölkerung. Aber mehr als 68 % der Bevölkerung musste von weniger als 1 US-Dollar / Tag leben.

415 Vgl. Eberlein (2004a), http://www.evb.ch/cm_data/public/Erdoel.pdf.

Die verbliebenen Menschen, die mangels alternativer Siedlungsmöglichkeiten an den Randbezirken der Produktionsanlagen leben, haben zudem oft mit erheblichen gesundheitlichen Gefährdungen zu kämpfen. So sterben viele der vormals weitgehend isoliert lebenden Indigenen an eingeschleppten Krankheiten. Die Nichteinhaltung von bautechnischen Umweltschutzmaßnahmen, in deren Folge es zum unkontrollierten Austritt von Rohöl oder auch kontrolliert austretenden Ölgasen kommt, führt zu weiteren gesundheitlichen und ökologischen Risiken, da Böden und Gewässer kontaminiert werden. Nach Angaben Eberleins läuft allein in Russland Rohöl im Wert von 3,3 Milliarden Euro pro Jahr aus, was dem jährlichen Ölbedarf von Österreich entspricht.[416] Durch das ständige Abbrennen der Ölgase entsteht ein schwerer Ruß, der zu Reizungen und schweren Erkrankungen der Haut, Schleimhäute und Atemwege führt. Außerdem gilt das hierbei entweichende Methangas als wichtigster Verursacher des Treibhauseffektes.[417] Mit Blick auf die Umwelt bleibt im Fall der Ölbohrungen und Raffinerien kritisch festzuhalten, dass um diese Produktionsstätten ein gigantisches Netz von Straßen entsteht, in teilweise unberührte Natur vordringt und diese sukzessive zurückdrängt (zu den Problemen des Straßenbaus s. Kapitel 4.3).

Abgesehen von Kontaminierungen durch auslaufendes Rohöl ähneln die Folgewirkungen der Erdölproduktion in weiten Teilen denen der Gasförderung.

4.2.2.1.3 Pipelinebau

Der Transport sowohl von Erdöl als auch von Gas erfolgt über weite Entfernungen in der Regel mittels Pipelines, da sie trotz hoher Bau- und Instandhaltungskosten wirtschaftlicher sind als Tanklastzüge. Weltweit existieren zurzeit etwa drei Millionen Kilometer Pipelines für Gas und Öl. Jährlich kommen etwa 25.000 km neue Leitungen hinzu.

Zwei der weltweit drei umstrittensten Pipelines wurden mit Mitteln der Weltbankgruppe gefördert. Diese sind zum einen die etwa 1700 km lange *Baku-Ceyhan*-Ölpipeline in die Türkei und zum anderen die *Tschad-Kamerun* Ölpipeline. Die Pipelines transportieren das Erdöl von der Förderstelle ans Meer, um von dort weltweit verschifft zu werden. Eine Förderung zu inländisch genutzten Raffinerien oder Kraftwerken ist eher die Ausnahme, wodurch die Förderländer in der Regel keinen di-

---

416 Vgl. Eberlein (2004a), http://www.evb.ch/cm_data/public/Erdoel.pdf.

417 Vgl. Dietrich (o.J.), http://www.uni-muenster.de/PeaCon/wuf/wf-98/9830501m.htm.

rekten energiewirtschaftlichen Nutzen durch diese Projektkategorie erzielen.

Sowohl die *Baku-Ceyhan*-Pipeline als auch die *Tschad-Kamerun*-Pipeline sind Konsortialprojekte unter der Leitung privater transnationaler Ölkonzerne. Obwohl die Umsetzung dieser Projekte, ähnlich dem Fall der Staudammbauten, nicht auf die finanzielle Unterstützung durch die Weltbankgruppe angewiesen ist, war die Beteiligung der Bank ein großes Anliegen der Konsortien. Zum einen, da die Zusage der Weltbank einem Gütesiegel gleichgesetzt wird und dadurch der Verbesserung des Konsortien-Images dient, und zum anderen, weil ihre politische Unterstützung und Handlungsfähigkeit sowie ihre Investitionssicherungsgarantien gerade in politisch instabilen Regionen mit politisch schwer einschätzbaren Regierungen deutlich effektiver greifen als die der privaten Investoren, was im Fall der *Tschad-Kamerun*-Pipeline dokumentiert werden kann.

Bei dieser über 1000 Kilometer lange Pipeline handelt es sich um eines der größten Investitionsprojekte Westafrikas. Das von der Weltbank unterstützte Investorenkonsortium setzt sich zusammen aus *Exxon Mobil, Chevron* und der staatlichen malaysischen Erdölgesellschaft *Petronas*. Ursprünglich befanden sich auch *Shell* und *TotalElfFina* im Konsortium. Diese zogen sich jedoch 1999 aus dem Vorhaben zurück, da sie aufgrund der totalitären Regime in beiden Ländern ähnliche Konflikte wie in Nigeria erwarteten, wo sich aufgrund anhaltender Rebellenangriffe sowohl auf die Pipelines als auch auf die Produktionsanlagen erhebliche Probleme ergeben hatten. Nach dem Ausstieg *Shells* und *TotalElfFinas* stiegen *Petronas* und *Chevron* ein.

Die damalige entwicklungspolitische Sprecherin der GRÜNEN Ute Koczy MdB bereiste im Januar 2007 die beiden Länder Tschad und Kamerun mit dem Ziel, sich ein Bild darüber zu machen, inwieweit das Engagement der Weltbank bei der Finanzierung der *Tschad-Kamerun*-Pipeline dazu beigetragen hat, dass die Erdölförderung im Tschad der nachhaltigen Entwicklung der beiden Länder und damit der Bevölkerung zugute kommt. Ihr Bericht deckte vor allem die problematische politische Entwicklung im Hintergrund des Pipelinebaus auf, was sich jedoch auch auf andere Projekte (z.B. Staudammbau) übertragen lässt, wenn korrupte Regierungsstrukturen unterschätzt werden.

Die Weltbankgruppe hatte ihrem Bericht zufolge im Vorfeld des Projektes berechnet, dass der Tschad an direkten Einnahmen etwa 2 Milliarden US -Dollar (im Durchschnitt 80 Mio. US-Dollar pro Jahr) erhalten würde und sich die Gewinne für Kamerun in der 25-jährigen Laufzeit der Pipeline auf insgesamt 500 Millionen US-Dollar (durchschnittlich 20 Millionen US-Dollar pro Jahr) belaufen würden. Tatsächlich erhielt der Tschad bis Ende 2006 bereits 1,175 Milliarden US-Dollar an direkten und indirekten Einnahmen. Die Weltbank sah in ihrer Beteiligung an der Finanzierung des Pipeline-Projektes eine Chance, dem Tschad zu einem Richtungswechsel in seiner wirtschaftlichen Entwicklung zu verhelfen, indem trotz geopolitisch begrenzter Ressourcennutzung und Wachstumssaussichten eine langfristige Einnahmequelle entstehen würde.

Aufgrund von Erfahrungen, wonach die Gewinne aus der Erdölförderung oftmals von den Regierungscliquen zweckentfremdet, d.h. nicht wachstumsfördernd, reinvestiert[418] oder zum alleinigen Zwecke der persönlichen Bereicherung abgeschöpft wurden, stellte die Weltbank der Regierung des Tschad eine Kreditbewilligung nur unter der Bedingung in Aussicht, dass sie einen transparenten Rahmen zur Verwaltung der Einkommen unterbreitete und einhielt. Darüber hinaus musste sich die Regierung unter Staatspräsident Idriss Deby verpflichten, einen Teil der Einnahmen auf ein Treuhandkonto zu buchen, das für soziale und wirtschaftliche Belange des Landes zu Verfügung stehen sollte. Dieses sogenannte *Petroleum Revenue Management Program* musste, so die Forderung der Weltbank, gesetzlich verankert werden. Danach sollten 72% der direkten Einnahmen in Maßnahmen für prioritäre Sektoren fließen (Gesundheit, Bildung, soziale Dienste etc.), 4,5% direkt an gemeindeorientierte Projekte in der Ölförderregion und 10% in einen Fonds für zukünftige Generationen, auf den der Zugriff erst nach dem Ende der Ölförderung erlaubt sein sollte. Zur Überwachung der Zuteilung der Gelder wurde das unabhängige "*Collège de Contrôle et de Surveillance de la Gestion des Ressources Pétrolières*" gegründet, das die Ausgaben für jedes einzelne Projekt bewilligen muss.

Anfang 2006, vor dem Hintergrund der Gefährdung seines Machterhalts durch zunehmende Rebellenaktivitäten, setzte der Machthaber Idriss Deby eine Gesetzesänderung durch. Er löste den Zukunftsfonds auf, um die Aufstockung des Militärs zu finanzieren und kündigte damit den Vertrag mit der Weltbank über die Verwendung der Erdöleinnahmen auf. Außerdem forderte er ESSO (unter diesem Namen firmiert Exxon-Mobil im Tschad) auf, alle Zahlungen, die ihm aus der Gewinnbeteiligung an den Öleinnehmen zustanden, nicht weiter auf das Treuhandkonto einzuzahlen, sondern auf ein von ihm benanntes Konto. Bei Nicht-

418 Der autokratische und allgemein als sehr korrupt geltende Staatspräsident des Tschad Idriss Deby nutzt die Gewinne aus den Öleinnahmen insbesondere zur Sicherung und zum Ausbau seiner Militärmacht.

Akzeptanz seiner Bedingungen drohte er, weitere Öltransporte zu unterbinden.[419]

Die Weltbank reagierte mit einem Aussetzen aller Weltbank-Kredite an den Tschad und sperrte das Treuhand-Konto der Öleinnahmen in London und setzte dann Neuverhandlungen zur Klärung der Beziehungen zwischen der Tschader Regierung und der Weltbank an. Hier einigte man sich jedoch nur auf ein kaum verbindliches "Memorandum of Understanding", das seit Juni 2006 gilt. Der innovative und für die nächsten Generationen ausgerichtete Zukunftsfonds wurde abgeschafft und eine neue, erweiterte Definition dessen eingeführt, was "prioritäre Sektoren" sind.

Damit ist nach Auffassung Koczys die Weltbank eingeknickt, denn letztlich wurden auf der Grundlage dieses Memorandums der tschadischen Regierung Ausgaben zur Sicherung ihrer Macht ermöglicht. Die Weltbank begründete die Finanzierung des Projektes von Anfang an mit der Hebelwirkung, die sie auf die tschadische Regierung haben würde. Doch dieser Plan schlug fehl. Der Begriff *„Bad Governance"* fand nicht zuletzt im Fall des Tschad häufige Anwendung. Ohne die Beteiligung der Weltbank wäre allerdings aus Sicht Koczys nie ein Gesetz über die Verwendung der Öl-Einnahmen erlassen worden. Und ohne die Beteiligung der Weltbank wäre hiernach vermutlich kein westliches Erdölunternehmen bereit gewesen, das Risiko des Pipelinebaus einzugehen. Klar ersichtlich ist für Koczy, dass im Fall der Tschad-Kamerun-Pipeline die Weltbank in der falschen Reihenfolge vorgegangen ist. Nachdem die Pipeline fertiggestellt war, hatte die Weltbank keinerlei Möglichkeiten mehr, Druck auf die Regierung des Tschads auszuüben. Die Hoffnungen der Opposition auf einen demokratischen Regierungswechsel haben sich durch den militärischen Machtausbau Debys seit 2006 endgültig zerschlagen. Die Öleinkünfte nützen dem autokratischen Präsidenten und ermöglichen ihm seinen durch Waffengewalt unterstützten Machterhalt.[420]

Im Gegensatz zum Tschad erhält Kamerun, durch das der größte Teil der Tschad-Kamerun-Pipeline verläuft, lediglich Durchleitungsgebühren, die sich nicht am Ölpreis, sondern an der Menge des transportierten Rohöls bemessen (41 US-Cent pro Barrel). Monatlich ergeben sich bei einer Durchleitung von 4,53 Millionen Barrel etwa 1,8 Mio. US-Dollar. Doch da das Land für das tschadische Öl nur Transitgebiet ist, halten

419 Vgl. Oulatar (2006), in: Wochenzeitung Schweiz (woz).

420 Vgl. Koczy (2007), http://ute-koczy.de/cms/fefault/dok/165/165314.tschad_und_kamerun.html. Die Beobachtungen Koczys werden weitgehend durch den Journalisten Martin Zint bestätigt. Vgl. Zint (2006), http://www.zintweb.de/art_eins_0609.pdf.

sich die Einnahmen sehr in Grenzen. Zudem werden aufgrund der ebenfalls korrupten Strukturen des Landes die Einnahmen kaum für eine effektive Armutsbekämpfung eingesetzt. Beide Länder stehen auf dem Korruptions-Perzeptionsindex von Transparency International weit oben.

Die sozialpolitischen und ökologischen Folgen der meisten Pipeline-Projekte in Entwicklungs- oder Schwellenländern gleichen einander, wobei die ökologischen Risiken auch in den Industrieländern gegeben sind, wenngleich hier meist bessere Wartungsmöglichkeiten und Zugriffsmöglichkeiten gewährleistet sind, sobald sich technische Probleme, wie beispielsweise eine Leckage ergeben. Für die Erschließung der Ölfelder wurden oftmals ansässige Bauern von ihrem Land vertrieben, denen höchstens unzureichende Entschädigungsgelder gezahlt wurden. In Kamerun führt die Pipeline parallel zu den großen Flüssen durch Urwald, der noch Lebensraum von Waldvölkern wie den Pygmäen ist. Unter sozialpolitischen Aspekten zeigte sich hier sehr bald, dass die in Kamerun verlaufende Pipeline, die in großen Strecken durch die Lebensräume dieser indigenen Völker führt, deren Verdrängung und nicht deren wirtschaftliche Partizipation in Form von Arbeitsbeschaffung an diesem Projekt nach sich zog. Darüber hinaus haben sich seit Baubeginn im Oktober 2000 die Preise für Lebensmittel infolge der Zuwanderung von Fremdarbeitern mehr als verdoppelt. Tschadische und kamerunische Unternehmer klagen, dass alle Aufträge an ausländische Firmen vergeben wurden. Da auch eine umfassende Steuerfreiheit eingeräumt wurde, haben die beiden Länder in dieser Phase fast keine Einnahmen aus dem Projekt.[421]

Der Pipelinebau wird zudem kritisiert, weil ihm wichtige archäologische Stätten zum Opfer fallen. Aus ökologischer Sicht führen die massiven Staubentwicklungen während der Bauphase zu erheblichen Problemen sowohl für die Wasserversorgung und die Vegetation als auch für die in unmittelbarer Nähe lebenden Menschen und Tiere. Das größte Risiko geht jedoch von den Pipelines im Falle einer Beschädigung durch terroristische Anschläge oder auch Öldiebstähle aus, die in Anbetracht der Armut der Bevölkerung keine Seltenheit darstellen. Das hierbei austretende Öl gelangt oft unbemerkt und über längere Zeiträume direkt und ungeschützt in den Boden und in das Trinkwasser. Zudem drohen bei Leckagen immer auch unkontrollierbare Explosionen.

Wie die *Tschad-Kamerun*-Pipeline wird auch die *Baku-Ceyhan*-Pipeline von Umwelt- und Menschenrechtsorganisationen kritisiert; sie ist mit

421 Vgl. Zint (2006), http://www.zintweb.de/art_eins_0609.pdf.

etwa 1700 Kilometern die zurzeit längste Pipeline weltweit und wurde 2006 in Betrieb genommen. Sie beginnt an der aserbaidschanischen Küste des Kaspischen Meeres in Sangachal bei Baku, durchquert Aserbaidschan, führt weiter durch Georgien und durch die Türkei, um schließlich im türkischen Verladehafen Ceyhan am Mittelmeer zu enden. Der strategische Zweck dieser Pipeline ist, das kaspische Öl nach Westen zu transportieren, ohne dabei russisches oder iranisches Gebiet zu überqueren.

Kontrovers diskutiert werden unter anderem die Wirtschaftlichkeit und die strategischen Auswirkungen dieser Pipeline, die mehrere ethnisch hoch brisante und politisch instabile Regionen (Aserbaidschaner - Armenier, Georgier - Russen, Kurden - Türken) durchläuft, in denen politisch motivierte Anschläge auf die Pipeline erhebliche Sicherheitsrisiken bedeuten.

Ein weiteres politisches Konfliktpotential sieht die ZEIT-Redakteurin Cerstin Gammelin auch darin, dass nach Angaben der Antikorruptionsorganisation *Transparency International* Aserbaidschan zu den weltweit korruptesten Ländern zählt[422] und somit unkalkulierbare Entwicklungen wie im Tschad oder Vertragsbrüche anderer Art nicht auszuschließen sind.

Umweltschützer kritisieren, dass diese Pipeline unzählige, zum Teil große Flüsse und Bäche passiert und ein fragiles Wüstenökosystem durchläuft sowie mehrere besonders geschützte Nationalparks durchquert, die zu den tektonisch besonders aktiven Gebieten des Kaukasus zählen. Eine Leckage hätte katastrophale ökologische Auswirkungen in Anbetracht der Gefährdungen für das Wasser. Zudem liegen längs der Pipeline bedeutsame Waldgebiete mit seltenen und bedrohten Tierarten, die allein durch Bau- und spätere Wartungsmaßnahmen empfindlich gestört würden.

Die ökonomische Kontroverse ist vor dem Rentabilitätsaspekt des Ölvorkommens zu sehen. Den Ölvorräten dieser Region wird keine ausreichende wirtschaftliche Relevanz zugesprochen. Auf der Liste der Erdölproduzenten rangiert diese Region lediglich auf dem 17. Platz. Der Anteil an den weltweiten Reserven wird unterschiedlich eingeschätzt, aber übersteigt in keiner Erwartung die 3% Marke, was lediglich einem Zehntel der globalen Ölreserven entspräche. Als unrentabel wird dieses Projekt vor allem aufgrund des hohen Kostenaufwands für den gigantischen

422 Vgl. Gammelin in: Die ZEIT (2003), http://zeit.de/2003/46/Aserbaidschan.

Pipelinebau gewertet.[423] Dennoch wurde das Projekt, unter anderem auch mit Unterstützung der damaligen deutschen Entwicklungsministerin Wieczoreck-Zeul von der Weltbank befürwortet, was insbesondere mit der Hoffnung begründet wurde, den umliegenden Regionen zu mehr Arbeitsplätzen zu verhelfen.

Das Konsortium bestand aus BP (Großbritannien 30,1%), SOCAR (der staatlichen Ölgesellschaft Aserbaidschans, 25,5%), TPAO (Türkei, 6,53%), Statoil (Norwegen, 8,7%), Unocal, durch Chevron übernommen (USA, 8,9%), Itochu (Japan, 3,4%), Amerada Hess (USA, 2,36%), Eni/Agip (Italien, 5%), INPEX (Japan, 2,5%), TotalFinaElf (Frankreich, 5%) und ConocoPhillips (USA, 2,5%).[424]Die maßgeblich beteiligten Baufirmen waren *Siemens* und *Salzgitter*.

Der Umstand, dass sowohl in der Erdölförderung wie auch beim späteren Transport des Rohstoffs zunächst immense Investitionen in Großanlagen fließen müssen und dass nur wenige Firmen bis heute über das technische Know-how verfügen, die Anlagen zur Förderung und Nutzung fossiler Energiequellen zu bauen, bedingte weltweit die Herausbildung weniger finanzkräftiger Großkonzerne, die als Monopolisten diesen Markt beherrschen. Es sind insbesondere auch die finanziellen Kapazitäten dieser Konzerne, die eine Beteiligung der Weltbank an diesen Projekten aus Sicht vieler Kritiker fragwürdig macht. Die Liste der beteiligten Konsortien an den *Tschad-Kamerun-* und *Baku-Ceyhan-* Projekten, verdeutlicht zweifelsohne, dass keines der Projekte wirklich die finanzielle Unterstützung der Weltbank benötigen würde, so dass die Weltbank im Hinblick auf diese Projektkategorie unter erheblichen Rechtfertigungsdruck steht.

4.2.2.1.4 Fossilbrennstoff-Kraftwerke

Zwischen 1992 und 2008 hat die Weltbank 58 Kohle-, Öl- und Gaskraftwerke mitfinanziert.[425] Insbesondere im Zuge der globalen Klimadebatte gab es weltweit an dieser Projektkategorie zunehmende Kritik, da allein diese Kraftwerke im Laufe ihrer Betriebszeit rund 38 Milliarden Tonnen des Treibhausgases Kohlendioxid (CO_2) ausstoßen werden.[426] Trotz ihrer

423 Vgl. Halbach in: OSZE- Jahrbuch (2004), S. 292, vgl. Gammelin in: Die ZEIT (2003), http://zeit.de/2003/46/Aserbaidschan.

424 Vgl. Wikipedia

425 Vgl. Unmüßig (2009), http://www.boell.de/internationalepolitik/aussensicherheit/aussen-sicherheit-7578.html.

426 Vgl. Greenpeace (2004b), http://www.greenpeace.de/themen/umwelt_wirtschaft/wto/artikel/weltbank_und_internationaler_waehrungsfonds/.

Beteuerungen, sich verstärkt für den Ausbau regenerativer, klimafreundlicher Energiesysteme zu engagieren, bewilligte die Weltbank gemeinsam mit der Asiatischen Entwicklungsbank 2008 einen weiteren Kredit in Höhe von 850 Millionen US-Dollar für den Bau eines Kohlekraftwerkes im indischen Gujarat (das sog. Tata Munda-Projekt). Dieses Kraftwerk ist das erste von neun in Indien geplanten Kohlekraftwerken und steht als größte neue Quelle für CO_2-Emissionen mit einem Ausstoß von 26,7 Millionen Tonnen CO_2 pro Jahr in der Kritik.[427]

Die Weltbank steckt in einer politischen Zwickmühle. Denn ein wesentlicher Baustein ihres entwicklungspolitischen Gesamtkonzeptes zur weltweiten Armutsbekämpfung sind der Ausbau und die Verbesserung der Energieversorgung, wozu bis dato die Finanzierung der kritisierten Fossilbrennstoff-Kraftwerke zählt. Eine flächendeckende Energieversorgung gilt als unabdingbare Voraussetzung für wirtschaftliches Wachstum und wird damit ebenfalls als Voraussetzung für eine effektive Armutsbekämpfung betrachtet.

Dieser Zielvorgabe stehen die jüngsten Erfahrungen mit den Folgewirkungen des Klimawandels gegenüber, der ja vor allem auch das Ergebnis der bisherigen fossilen Energiewirtschaft mit ihren enormen CO_2-Emissionen ist. In den Entwicklungsländern verursachte der gerade erst beginnende Klimawandel bisher die größten Schäden mit der Konsequenz, dass hier, im Gegensatz zu den reicheren Industrienationen, kaum finanzielle Mittel zur Verfügung standen, insbesondere den Ärmsten in den betroffenen Gebieten zu einer neuen Existenz zu verhelfen.

Sollten sich die Prognosen einiger Klimaforscher bestätigen und Dürreperioden, Überschwemmungen, Stürme und andere Unwetter weiterhin zunehmen, würde das Festhalten an der bisherigen fossilen Energieerzeugung der politischen Zielvorgabe der Armutsbekämpfung eindeutig zuwiderlaufen.

Die Tatsache, dass die Industrieländer für den größten Teil der Treibhausgase in der Atmosphäre verantwortlich sind, macht es natürlich schwierig, in den Entwicklungsländern eine kostenintensive Umstellung auf eine energiepolitische Alternative durchzusetzen, zumal ein Ausstieg aus der fossilen Energieerzeugung selbst in den Industrieländern immer noch kontrovers diskutiert und noch lange nicht konsequent eingeleitet wird.

---

427 Vgl. Unmüßig (2009), http://www.boell.de/internationalepolitik/aussensicherheit/aussen-sicherheit-7578.tml.

4.3 Entwicklungsprojekte zur Nutzung natürlicher Rohstoffe

Eine letzte große Projektkategorie der Weltbank umfasst die Förderung nicht-fossiler Bodenschätze wie Gold, Silber, Kupfer, Eisenerz etc. sowie vor allem die Vermarktung von Tropenholz.

Die wirtschaftliche Strategie hinter der Förderung nicht-fossiler Bodenschätze ist vergleichbar mit den Strategien der Förderung fossiler Rohstoffe. Im Fall der Minenprojekte fließen dem Staat, sofern er Eigentümer der Minen ist, durch die weltweite Vermarktung der Bodenschätze direkt Devisen zu, oder er partizipiert indirekt an den Exportgewinnen, beispielsweise durch die staatliche Vergabe von Förderkonzessionen an private Minenbetreiber.

Ein wesentliches Motiv für die Nutzung und Vermarktung der Ressourcen liegt im Falle der Entwicklungsländer in dem Zwang, internationale Schulden begleichen zu können, die häufig in erheblichem Maße bei einer oder beiden Bretton-Woods-Institutionen gemacht wurden. Oft genug gerieten die Entwicklungsländer nicht zuletzt durch die Kreditbewilligungen der Weltbank in einen ökonomischen Teufelskreis. Zur Abtragung ihrer Schulden sahen und sehen sich die Kreditnehmer gezwungen, ihren Ressourcenabbau zu beschleunigen. Dadurch vergrößert sich jedoch das Angebot der jeweiligen Rohstoffe auf dem Weltmarkt, was in der Regel zu einem Preisverfall führt und wiederum die Ausdehnung der Rohstoffproduktion erfordert, um die durch den Preisverfall verursachten Gewinneinbußen zu kompensieren. Dies ist auch im Fall der Öl-, Gas- und Kohlevermarktung zu beobachten. Hierin begründet sich zu Recht der Vorwurf an die Weltbank, dass diese durch ihre großzügigen Projektfinanzierungen zur Verschuldungsspirale und zu einem beschleunigten Raubbau an den weltweiten Ressourcen erheblich beiträgt.

Philipp Hersel, Geschäftsführer der *attac*-zugehörigen Organisation *BLUE21* (Berliner Landesarbeitsgemeinschaft Umwelt und Entwicklung) weist darauf hin, dass die Hauptabnehmerländer der Exporte aus den Schuldnerländern von diesem Teufelskreislauf stark profitiert haben, indem die Industrieländer aufgrund der ökonomischen Zwangssituation der Entwicklungsländer dauerhaft billig Rohstoffe einkaufen.[428] Diese Kausalkette (Projektfinanzierung, Schuldenspirale, Preisverfall für Rohstoffe und Profitmaximierung der Rohstoffimporteure) wird im Rahmen der Weltbankkritik als offensichtliches Indiz für die Instrumentalisierung

428 Vgl. Hersel (2005), http://www.prokla.de/Volltexte/139Hersel.rtf.

der Weltbank durch die Hauptprofiteure dieser Rohstoffvermarktung - die westlichen Industrienationen - gewertet.

Aus entwicklungspolitischer Sicht kann festgehalten werden, dass sich sowohl im Falle der fossilen wie auch der nicht-fossilen Rohstoffgewinnung durch die Projektunterstützungen keine Garantien für wirtschaftliches Wachstum auf Seiten der rohstoffbesitzenden Länder ableiten lassen, obwohl dies von der Weltbank als vorrangiges Motiv für ihre Fördergelder angegeben wird. Unter der Einwirkung von Verschuldung und Preisverfall haben sich in der Vergangenheit unverhältnismäßig oft wirtschaftliche Abwärtsspiralen ergeben, die zu immer stärkerer Verschuldung und Raubbau an den vorhandenen Rohstoffen führten und die Entwicklungsländer in ein wirtschaftliches, gesellschaftliches und ökologisches Desaster führten.

Im Hinblick auf die ökologischen Folgen der Rohstoffförderung beschreibt Hersel den Zusammenhang zwischen der Nutzung und Verwertung natürlicher Ressourcen und der Zerstörung großer Waldgebiete, wie sie auch im Fall der anderen Projektkategorien zu beobachten sind.

In der Zerstörung der Regenwälder sehen Umweltschützer das größte Folgeproblem der meisten Projektbeteiligungen der Weltbank, wobei nach Ansicht Hersels die Vernichtung der Regenwälder nicht nur auf den weltweiten Handel mit Tropenholz zurückzuführen ist, sondern auch auf die zunehmende Förderung des Minenbaus.[429]

Um Zugang zu diesen Minen zu erhalten, werden gerade in den Gebieten des Amazonas, Indiens, Indonesiens und des tropischen Afrika fast immer weitflächige Rodungen großer Waldgebiete durchgeführt, da der Minenbau und der Abtransport nur gewährleistet werden kann, wenn entsprechende Infrastrukturen vorhanden sind. Zu diesen Infrastrukturen zählen Verkehrswege und Siedlungen für die Minenarbeiter. Die ökologische und soziale Problematik ist vergleichbar mit den Folgewirkungen der weiter oben beschriebenen *„Grünen Revolution"* und den damit einhergehenden Umsiedlungs- und Straßenbauprojekten.

Hersel verweist in diesem Zusammenhang auf eine Kontroverse, die sich auf die Wechselwirkung zwischen Verschuldungskrise und Entwaldung bezieht. Befürworter einer expandierenden Tropenholzwirtschaft argumentieren, dass die Erlöse aus den Holzexporten und aus den sich angliedernden Wirtschaftszweigen den Entwicklungsländern helfen können, aus der Schuldenspirale auszuscheren. Kritiker betonen neben den

---

429 Hersel ist jedoch überzeugt, dass der kommerzielle Holzeinschlag weniger zur Vernichtung der Wälder beigetragen hat als der Ausbau der Agrarflächen und Minen, vgl. Hersel (2005), http://www.prokla.de/Volltexte/139Hersel.rtf.

ökologischen Negativfolgen, dass die wachsenden Schulden der Entwicklungsländer mit Tropenwäldern das Ergebnis fehlkalkulierter, einseitiger Investitionsprogramme sind. In diesen Kalkulationen wurde hiernach weder berücksichtigt, dass die Marktpreise für Tropenholz durch ein künstlich entfachtes Überangebot verfallen, noch wurde bedacht, dass die Konzentration auf diesen Wirtschaftszweig, der weitgehend in den Händen multinationaler Großkonzerne liegt, potentielle regionale Wachstumsbranchen verdrängt, die für die Entwicklung eines Binnenmarktes größere Bedeutung haben könnten.

Meines Erachtens überzeugen in dieser Frage die Beobachtungen, dass mit steigendem Schuldendienst die Schuldnerländer ihre Rohstoffe und damit auch ihre Wälder *„zu Geld machen"*, wie die von Hersel zitierte Katharine Inman 1993 als Ergebnis einer Untersuchung von über 100 Entwicklungsländern belegen konnte.[430]

Auch wenn diese Frage hier nicht abschließend geklärt werden kann, so rechtfertigt die Tatsache, dass auch die Weltbank einen Zusammenhang zwischen diesen Prozessen sieht (was sich in ihren Schutzprogrammen zur Rettung der Tropenwälder dokumentiert), diese Korrelationen als gegeben anzuerkennen.

Nachdem die Bank Anfang der 1990er Jahre aufgrund zunehmender Kritik weiteren kommerziellen Abholzungen tropischer Regenwälder ihre Unterstützung entzog, setzt sie diese Projektkategorie seit Anfang 2000 fort, zunächst mit der Vorgabe, dass sich der Einschlag an ökologischen Standards auszurichten habe.

Diese Kehrtwende stößt in Anbetracht des bereits eingeleiteten Rückzuges der Bank aus der Tropenholzprojektförderung auf Unverständnis bei den Kritikern, deren Kritik anhält, obwohl die Weltbank sich einem nach ökologischen Standards ausgerichteten Zertifizierungsverfahren anschloss, das die Holzindustrie aufgrund der weltweiten Proteste und des damit verbundenen Nachfrageausfalls bereits 1993 initiierte. Mit dem sogenannten „FSC-Siegel" (Forest Stewardship Council) vermarktete sie die Idee einer ökologisch vertretbaren Holznutzung. Mit diesem Siegel attestieren die staatlichen Forstministerien, dass die Holzfirmen die eingeschlagenen Bäume nicht aus weitflächigen Abholzungen ganzer Waldgebiete entnommen haben, sondern nach forstwirtschaftlichen Kriterien der Nachhaltigkeit nur einzelne Bäume auf besonders schonende Weise aus dem Wald entnommen werden. Außerdem soll das FSC-Siegel garantieren, dass ein Großteil des Holzangebotes aus Plantagenanbauten kommt, die eigens zum Zwecke der Holzvermarktung ange-

430 Vgl. Hersel (2005), http://www.prokla.de/Volltexte/139Hersel.rtf.

legt werden. Mit diesem mittlerweile ebenfalls in die Kritik geratenen Zertifizierungsverfahren rechtfertigt die Weltbank seither die Förderung des kommerziellen Holzschlags damit, dass das Anlegen von zertifizierten, forstwirtschaftlich genutzten Holzplantagen letztlich die Regenwälder schützen helfen würde und dass durch die Zertifizierungen in den betroffenen Ländern erstmals ein grundsätzliches Verständnis für eine Kultur der forstwirtschaftlichen Nachhaltigkeit entstehen würde.

Folge dieser angepriesenen Zertifizierung ist jedoch auch, dass sich bei vielen Verbrauchern das Bewusstsein durchsetzt, man könne mit gutem Gewissen wieder Tropenholz kaufen. Die Nachfrage wächst und damit steigt auch der Preis für diese Hölzer, was wiederum dazu führt, dass sich nun der Holzeinschlag als ein äußerst rentables Geschäft erweist, dem zu widerstehen gerade den finanzschwachen Entwicklungsländern schwer fällt. Dies spiegelt sich insbesondere in einer sehr lockeren Handhabung des FSC-Siegels, das schnell im Verdacht stand, äußerst inflationär und unkontrolliert vergeben zu werden.

Mit dem Anstieg der Preise blühte auch der illegale Holzeinschlag und -handel massiv auf. Ignoranz, Hilflosigkeit und Korruption auf Seiten der Regierungen und/oder der für die Konzessionen zuständigen Verwaltungsbeamten bestimmten die halbherzigen Abwehrmaßnahmen gegen die illegale Holzwirtschaft.

Aus volkswirtschaftlicher Sicht sind die Folgen des illegalen Holzeinschlags kaum zu beziffern.

Zusätzliche Brisanz erhält diese Problematik durch die Gegebenheiten auf dem internationalen Holzmarkt, dessen Hauptakteure sich den Auflagen der Weltbank völlig entziehen. Dabei spielt es nur noch eine untergeordnete Rolle, inwieweit die Tropenhölzer in den Entwicklungsländern durch einheimische illegale oder legale Holzeinschlagfirmen dem Weltmarkt zugeführt werden. Ausschlaggebend ist vielmehr, dass die wirklichen Nutznießer und Hauptprofiteure dieses durch die Weltbank mit aufgebauten Wirtschaftszweigs international aufgestellte Tropenholzhändler sind, meist mit Sitz in Europa. Die Handelsstrukturen des Weltmarktes für Tropenholz stehen dabei insgesamt stark unter Verdacht, von Korruption durchdrungen zu sein.[431]

---

431 Zu den großen Tropenholz-Importeuren in Deutschland zählen die Firmen, *Danzer* (Reutlingen), *Feldmeyer (*Bad Essen*), Wijma* (Drensteinfurt), Fritz *Offermann (*Oldendorf, NRW*)* oder *Treemex,* Sägewerk Max *Wagner* (Bremen).Eng verwoben mit der *Danzer*-Gruppe sind die schweizer Firmen *ANBE-AG* und ihrer Firmentochter *Interholco,* deren Handelsschwerpunkt in Afrika liegt. Weitere Mitglieder der Firmengruppe sind *Siforco* und *IFO*. Die *Danzer-Gruppe*

Auch in dieser Projektkategorie zeigt sich, ähnlich wie im Falle der Staudammprojekte, dass sich die Zerstörung der Regenwälder kaum durch den Ausstieg der Weltbank aus dieser Projektkategorie aufhalten lässt, da namhafte multinationale Firmen diesen Sektor auch ohne Unterstützung der Weltbank bedenkenlos und ohne umwelt- und sozialpolitische Standards kommerzialisieren. Doch kann diese Entwicklung kaum als Rechtfertigung dafür dienen, dass sich die Weltbank, nach Jahren der selbstauferlegten Zurückhaltung, seit 2000, aber vor allem seit der Präsidentschaft Paul Wolfowitz´ wieder in diesem Sektor engagiert. Mit ihrem erneuten Engagement in dieser Projektkategorie scheint die Bank ihre eigenen Reformen hinsichtlich schärferer Kontrollen in den Projektbewilligungsverfahren zu ignorieren und untermauert damit den Vorwurf der Reformunfähigkeit.

4.4 Zwischenfazit

Die hier skizzierten Fallbeispiele der ökologisch wie auch politisch vielschichtigen Negativfolgen und Kettenreaktionen, die sich durch den Bau der umstrittenen Großbauprojekte in den betroffenen Entwicklungsregionen abzeichneten, verdeutlichen in mehrfacher Hinsicht die komplexe Projektproblematik. Das Rechtfertigungsmuster der Weltbank, mit dem die Organisationsleitung auf die zunehmende Kritik an ihrem Projektmanagement reagierte, verweist nicht zuletzt auf diese Vielschichtigkeit, die insofern als mitursächlich für das Scheitern einiger Entwicklungsprojekte bewertet wird, als sie viele nicht immer vorhersehbare Spielräume für unbeabsichtigte Entwicklungen schuf. Meist endete diese Rechtferti-

besitzt seit den 1960er Jahren Einschlagkonzessionen in Afrika. Tätig war sie zunächst an der Elfenbeinküste, gegenwärtig in Liberia, Kamerun und Kongo u sowie Südamerika. Laut der Umweltschutzorganisation *Rettet den Regenwald* pflegte *Danzer* Ende der 1990er Jahre zur Weltbank und zur damaligen Bundesregierung enge Beziehungen. Die DEG, Deutsche Investitions- und Entwicklungsgesellschaft mbH, in Köln, war hiernach direkt an der Danzer-Unternehmung im Kongo beteiligt. Der Danzer -Gruppe wird die Beteiligung an illegalen Holzkäufen nachgesagt. Illegale Geschäfte, wie auch die permanente Nicht-Beachtung ökologischer Standards, werden auch der weltweit agierende *Feldmeyer-Gruppe* nachgesagt, die ihre Hölzer aus Kamerun, Kongo, Gabun und Elfenbeinküste bezieht. Auch die nordrheinwestfälische *Fritz Offermann* reiht sich in diese Verdachtsliste ein .Die Liste der internationalen Tropenholzhändler lässt sich fortsetzen. Österreichs größter Holzimporteur ist die *Holzland Österreich*, die Firma Bernard *Bourquin SA* steht in der schweizer Importliste ganz oben, *Lapeyre* in Frankreich usw. Vgl. Greenpeace (2004a), http://www.illegal-logging.info/uploads/Danzer2_German.pdf, vgl. Amman (1998), http://www.regenwald.org/regenwaldreport.php?artid=111.

gungsstrategie mit dem Versprechen, dass die Bank aus diesen Fehlentwicklungen gelernt habe und diesen in künftigen Projekten vorbeugen werde.

Im Hinblick auf die Komplexität der Projektpolitik untermauern die Beispiele zunächst die von den NGOs diskutierte Unfähigkeit der Weltbank, angemessen und rechtzeitig auf die beschriebenen Fehlentwicklungen zu reagieren. Obwohl die Projektproblematik hier weitgehend aus Sicht der NGOs dargestellt wurde, die meist interessenpolitische Motive im Hintergrund des Projektengagements der Weltbank annehmen, lassen sich gerade in der Vielschichtigkeit und in den damit einhergehenden Ambivalenzen der Projektarbeit durchaus auch idealistisch basierte Motive erkennen, die das Engagement der Weltbank in diesem Arbeitsfeld erklären können und die gleichzeitig die etwaigen Zielkonflikte bei der Entscheidungsfindung für oder gegen weitere Unterstützungen einer Projektkategorie aufzeigen (siehe Kapitel 6.3). Inwieweit innerorganisatorische Sachzwänge diesbezügliche Entscheidungsfindungen zusätzlich beeinflussten, wird unter anderem in den folgenden Kapiteln herauszuarbeiten sein.

Mit Blick auf die Analyseansätze der NGOs und die daraus resultierenden Reformforderungen verdeutlicht die komplexe Projektproblematik zudem, dass auch die geforderten Korrektivstrategien sich dieser Vielschichtigkeit anpassen und über die bisherigen, weitgehend macht- und interessenpolitisch ausgerichteten Reformkonzepte hinausgehen müssen.

5 Reaktionen der Weltbank auf die Projekt-Kritik

Die Projektpolitik der Weltbank macht einen wesentlichen und vor allem öffentlichkeitswirksamen Teilbereich der entwicklungspolitischen Arbeit der Weltbank aus. Speziell die Negativbilanzen der weltbankunterstützten Großprojekte zwangen die Organisation immer wieder in jene Rechtfertigungspositionen, aus denen heraus die Bankführung glaubte, auf die anhaltende Kritik entsprechend reagieren zu müssen. Die im Rahmen der Weltbank- bzw. Reform-Debatte häufig anzutreffende grundsätzliche Behauptung, die Bank habe sich bis dato als reformunfähig erwiesen[432], ist allerdings in dieser pauschalen Betrachtungsweise nur bedingt haltbar. Denn insbesondere die letzten zwei Dekaden der Weltbankgeschichte warteten mit einigen grundlegenden innerorganisatorischer Reformen auf, die zum Teil als Reaktionen auf die Missstände in den Entwicklungsländern zu sehen sind.

Doch reagierte die Bank hierbei nicht nur auf die zunehmende Kritik an ihrer Projektpolitik. Seit Anfang der 1990er Jahre entfachte sich eine weltweit insbesondere von den NGOs geführte Diskussion zu den dogmatischen, neoliberal geprägten Rahmenbedingungen der Weltbank, die die Bewilligungsstandards bzw. Kreditkonditionen für die Projektförderungen determinierten und seit den 1980er Jahren zu den heftig umstrittenen *Strukturanpassungsprogrammen* führten.

Die Weltbank sah sich einerseits mit wachsenden umwelt- und sozialpolitisch begründeten Vorwürfen gegen ihre Projektförderungen konfrontiert, andererseits wuchs auch die grundsätzliche Kritik an ihren wirtschaftspolitischen Paradigmen, deren Erfolgsbilanz weit hinter den von der Weltbank selbst gesetzten Zielvorgaben zurückblieb. Die Weltbank versprach in beiden Fällen Kurskorrekturen und unterbreitete der Weltöffentlichkeit mehrere Reformpakete.

Trotz mehrfach signalisierter Reformbereitschaft ließ die Umsetzungsbilanz der Reformankündigungen offensichtlich zu wünschen übrig, was sich in der erneut aufkeimenden Kritikphase zum 60-jährigen Bestehen der Bretton-Woods-Organisationen dokumentierte. Wie bereits zehn Jahre zuvor wurde abermals die Kritik formuliert, die Bank engagiere sich unbeirrt in fragwürdigen Projekten und ignoriere ihre eigenen reformierten Projektstandards in den Bewilligungsverfahren und halte zudem an ihren im Neoliberalismus verankerten Paradigmen fest. Vor allem beweise sie ihre Reformresistenz dadurch, dass sie ihr postuliertes Ziel der

432 Vgl. George / Sabelli (1995), S. 14, vgl. Hoering (2007), S. 91ff.

weltweiten Armutsbekämpfung durch ihre Projektbeteiligungen und ökonomischen Vorgaben für die kreditbeantragenden Länder selbst konterkarriere.

Um sich der Frage der Reformfähigkeit der Weltbank anzunähern, werden nachfolgend die politischen und entwicklungsstrategischen Hintergründe bei der Entstehung neuer Leitlinien und Reformansätze im Kontext der jeweiligen Präsidentschaftsphase beschrieben und später bilanziert.

Im Rahmen dieser Bilanzierung ist zunächst eine grundsätzliche Differenzierung zwischen den weiter oben bereits gegeneinander abgegrenzten bankinternen *Kompetenzfeldern* vorzunehmen, da sich im Rahmen dieser Untersuchung die Annahme verhärtete, dass eine pauschale Reformbilanz - ohne ausdrückliche Unterscheidung zwischen den Kompetenzfeldern - zu Missverständnissen und Fehlinterpretationen in der Weltbank-Debatte führte.

Daher folgt zunächst eine kurze Skizzierung der wesentlichen Zielvorgaben und Paradigmen, die weitgehend im oberen Banksegment, d.h. im *oberen Kompetenzfeld,* entwickelt wurden.

Im Anschluss daran werden die Reformvorgaben, die sich im unteren Banksegment, d.h. im *unteren Kompetenzfeld,* auswirken, dargestellt und bilanziert.

5.1 Politische Zielvorgaben, ökonomische Paradigmen und entwicklungspolitische Strategien im oberen Kompetenzfeld

Die entwicklungspolitische Strategie der Weltbank kann nicht als konsistent bezeichnet werden. Im Wesentlichen kam es zu drei Neuausrichtungen bzw. Paradigmenwechseln:

1. Robert McNamara konkretisierte erstmalig das Postulat der weltweiten Armutsbekämpfung,
2. Während der Präsidentschaft von Alden Clausen etablierte sich der *Washington Consensus* und
3. James Wolfensohn konzeptualisierte den *Post-Washington Consensus.*

Die einzelnen Paradigmenwechsel wurden jeweils von der Weltbankspitze als maßgebliche Zielvorgabe für alle Bankaktivitäten formuliert. Parallel dazu brachten einzelne Präsidenten Ansätze und Strategien ein, die in der allgemeinen Konzentration auf die überragenden Paradigmen (*Grüne Revolution*, *Washington Consensus* und die Abkehr von ihm sowie die sogenannte *HIPC-Initiative oder* die *Poverty Reduction Strategy*), kaum als Paradigmenwechsel wahrgenommen wurden und die dennoch die Aktivitäten der Bank nachhaltig beeinflussten.

In den nachfolgenden Kapiteln (5.1.1–5.1.7), die einen Überblick über die Entwicklung der entwicklungspolitischen Strategien der Weltbank geben, werden diese Leitlinien im Kontext der jeweiligen Präsidentschaftszeiten dargestellt und in Kapitel 5.1.8 im Hinblick auf ihr tatsächliches Reformpotential bilanziert. In diesem Kapitel ist ferner herzuausarbeiten, ob und inwieweit die Paradigmenwechsel, die meist mit der Neubesetzung des Präsidentenamtes einhergingen, eine Reaktion auf externe Kritik an der Politik der Bank waren und aufgrund eines externen Reformdrucks eingeleitet wurden oder ob andere Faktoren größeren Einfluss auf die politischen und wirtschaftlichen Zielsetzungen nahmen.

5.1.1 McNamaras Postulat der Armutsbekämpfung; Erste und Zweite Phase der Entwicklungsstrategie

Die ersten entwicklungspolitisch relevanten Zielvorgaben wurden mit der Präsidentschaft Robert McNamaras (1968–1981) formuliert. Bis zu seinem Amtsantritt hatte die Weltbank kaum klar umrissene entwicklungspolitische Zielvorgaben bzw. Paradigmen entwickelt. Ohne eine Differenzierung zwischen den ökonomischen Erfordernissen industriell entwickelter und nicht entwickelter Volkswirtschaften erarbeitet zu haben, setzte die Bank bis zur Ära McNamara einzig auf die Gleichung: „Wachstum gleich Entwicklung". Der Mangel an Investitionskapital war im Verständnis der Bank das bedeutendste Entwicklungshemmnis. Die Lösung und einzige Strategie lag in der Zufuhr von ausreichend Kapital in die zu fördernden Entwicklungsregionen. Die Hoffnung, über den sogenannten und bereits erläuterten *„trickle-down-Effekt"* alle Bevölkerungsschichten an den Kapitalimporten partizipieren zu lassen und dadurch die jeweilige Volkswirtschaft langfristig auf eine breite Basis zu stellen, war das zentrale Konzept der Weltbank. Ihre entwicklungspolitischen Ansätze reduzierten sich weitgehend auf die banküblichen Kreditvergaben, wenn auch mit der Vorgabe, den Antragstellern, die vornehmlich aus den Entwicklungsländern kamen, besonders wohlwollend zu begegnen. Allgemein wird diese Zeit als die *Erste Phase* der entwicklungspolitischen Strategiefindung bezeichnet.

Mit dem Amtsantritt McNamaras, der die *Zweite Entwicklungspolitische Phase* der Bank einläutete, wurde die Verringerung der weltweiten Armut erstmals als zentrales Ziel postuliert. Diese Zielvorgabe, die McNamara 1973 in seiner berühmten Nairobi-Rede vor den Gouverneuren der Weltbank vor allem ethisch begründete, stand bis heute nie im Fokus der Kritik und unterlag zu keinem Zeitpunkt einer Reformoffensive.

Heftige Kontroversen lösten hingegen die meisten dieser politischen Zielvorgabe untergeordneten Wirtschaftsstrategien aus, wozu sowohl die seine Amtszeit prägende Strategie der *„Grünen Revolution"* (s. auch Kap. 4.1.1) als auch die späteren *Strukturanpassungsprogramme* und der *Washington Consensus* gehören, die sich fundamental von McNamaras anfänglichem Ansatz unterschieden.

Im Gegensatz zum vorherigen Wachstums-Paradigma der Weltbank war McNamara davon überzeugt, dass Wirtschaftswachstum zwar unabdingbar für die Entwicklungsländer sei, jedoch als alleiniger Entwicklungsmotor für diese unterentwickelten Volkswirtschaften bei weitem nicht ausreichte. Ein Hauptproblem der Entwicklungsländer sah er in der unzureichenden Grundbedürfnisbefriedigung. Aus dieser Beobachtung heraus entwickelte er das Konzept der *„Grünen Revolution"*, deren zentrales Anliegen die Produktivitätssteigerung in der Landwirtschaft war, um zunächst die Ernährung der unteren Bevölkerungsschichten zu sichern (Grundbedürfnisstrategie), Arbeitsplätze in der Agrarwirtschaft zu schaffen und mittel- bis langfristig eine exportorientierte Agrarindustrie aufzubauen, die Kapital und Investoren ins Land bringen sollte.

Während die Bank bis dahin auf den *„trickle-down-Effekt"* vertraut hatte, setzte McNamara vielmehr auf den nachfrageorientierten *„trickle-up-Effekt"*, wonach Wohlstandssteigerungen in den ärmeren Bevölkerungsschichten die allgemeine Kaufkraft stärken, dadurch Marktperspektiven eröffnen und Investitionen auch in anderen Wirtschaftssektoren rentabel machen und Wachstum initiieren sollen. Der Politikwissenschaftler und Entwicklungsforscher Ulrich Menzel bezeichnet diese Dekade als *„Entwicklungskeynesianismus"*.[433]

Neben ersten anfänglichen Erfolgen zeichneten sich bald die bereits beschriebenen umwelt- und sozialpolitischen Negativfolgen dieser Strategie ab, die bis heute im Mittelpunkt der Projektkritik stehen. Obwohl die weltweit geführte Kontroverse suggeriert, dass erst aufgrund der ökologischen Negativfolgen der Projekte und des dadurch entstehenden vehementen Drucks der sich etablierenden NGOs die Bankführung begann, sich mit umweltpolitischen Fragen auseinander zu setzen, verwies McNamara bereits 1970 vor dem UN-Rat auf den Zusammenhang von Unterentwicklung und Umweltproblemen. Er plädierte dafür, dass die

433 Vgl. Menzel (o.J.), http://www-public.tu-bs.de:8080/~umenzel/inhalt/dienstleistungen/veroeffentlicht/dekaden.pdf.

Weltgemeinschaft helfen müsse, diese Umweltprobleme durch wirtschaftliche Entwicklung zu bekämpfen. Auch richtete er die bankinterne Abteilung für Umweltfragen unter der Leitung von James A. Lee [434] ein. In seiner Rede auf der ersten UNO-Umweltkonferenz in Stockholm 1972 begründete er diese Zielvorgabe erneut, sah sich jedoch hier bereits mit den Befürchtungen konfrontiert, dass eventuelle Umweltauflagen den Entwicklungsländern zusätzliche Kosten aufbürden würden. Die mit den Umweltauflagen verbundene Kostenfrage entwickelte sich nach Auffassung von Catherine Weaver in den Folgejahren zu einem zentralen Streitpunkt innerhalb der Weltbank, wobei insbesondere das senior management und die kreditnehmenden Regierungen die Umweltbedenken als *„luxuries of the rich countries"* bewerteten.[435]

Im Hinblick auf seine umweltpolitisches Engagement stellt sich die Frage, warum McNamara, obwohl er selber diesbezügliche Zielvorgaben formulierte, in den nachfolgenden Jahren die Umweltproblematik vernachlässigte und die Augen davor verschloss, dass die von ihm initiierte Entwicklungsstrategie in zunehmendem Maße Teil einer Umweltkatastrophe in den Entwicklungsregionen wurde. Viele Kritiker mutmaßen, dass die Zielvorgaben Umweltschutz und Armutsbekämpfung letztlich dem Druck westlicher Lobbys unterlagen.

Die Erfahrung, dass sich die Entwicklungsländer in Folge der *„Grünen Revolution"* tief verschuldeten und sie in die Abhängigkeit von westlichen Agrarmittelherstellern und Chemiekonzernen trieben, begründete in linken Kreisen bald den Vorwurf, dass sowohl die Schulden- als auch die Abhängigkeitsspirale von Beginn an bezweckt waren, da sie den westlichen Industrien und Kreditanstalten hohe Gewinne und Renditen garantierten.

Hiernach werden die Folgen des Konzeptes als beabsichtigtes Ziel angenommen. In abgemilderter Form gehen Kritiker dann davon aus, dass die Weltbankführung diese Folgen zwar möglicherweise nicht beabsichtigt habe, aber sie billigend in Kauf nahm und unbeirrt an ihrem Kurs festhielt, um die Gewinne der westlichen Profiteure nicht zu gefährden.

Obwohl es im Rahmen dieser Untersuchung irrelevant ist, ob und inwieweit diese These den Verschwörungstheorien zugeordnet werden kann, so verdeutlicht diese Kritik zumindest das bis heute existierende

---

434 Nach Auffassung von Bruce Rich nahm Lee seine Arbeit zwar sehr ernst, kämpfte aber offensichtlich bankintern in den Reihen einiger Vice-Präsidenten permanent gegen Windmühlen an, worauf weiter unten näher einzugehen sein wird Rich (1998), S. 152f.

435 Weaver (2008), S. 21.

Erklärungsdefizit im Hinblick auf die Frage, warum sich McNamaras Strategien beinahe diametral entgegengesetzt zu den von ihm postulierten Zielvorgaben entwickelten. Dieser Aspekt wird im Zusammenhang mit den Erklärungsansätzen für die negativen Reformbilanzen nochmals aufgegriffen, da sich hieraus wichtige Rückschlüsse auf die bankinternen Wirkungsmechanismen ableiten lassen.

5.1.2 Von McNamara zu Alden W. Clausen (1981–1986): Strukturanpassung und die Dritte Phase der Entwicklungsstrategie

Als direktem Nachfolger McNamaras, und von diesem dem US-Präsidenten Jimmy Carter vorgeschlagen[436], war es für Alden W. Clausen kein leichtes Unterfangen, seinem Amt, das er im Juni 1981 antrat, eine eigene Prägung zu verleihen. In überragender Weise hatte McNamara die Weltbank nachhaltig geprägt. Innerhalb eines Jahrzehnts hatte er sie aus ihrem entwicklungspolitischen Schattendasein in den Mittelpunkt der internationalen Entwicklungspolitik geführt, indem er unter anderem die Darlehen für die Entwicklungsprojekte von 935 Millionen Dollar auf 12,4 Milliarden Dollar aufgestockt hatte und weltweit die Existenz des Armutsproblems ins politische Bewusstsein der internationalen Gemeinschaft gebracht hatte.

McNamara hatte die Arbeitskultur innerhalb der Bank so organisiert, dass er als Weltbank-Präsident alle Zügel in der Hand hielt, wobei er die Mitarbeiterzahl mehr als verdreifachte. Clausen, war sich, so Jochen Kraske, dieses Vorzeichens bewusst. Prinzipiell hielt er an der von McNamara postulierten Zielvorgabe der Armutsbekämpfung fest.[437] Allerdings änderte er den wirtschaftspolitischen Kurs, mit dem dieses Ziel erreicht werden sollte. Er reaktivierte, nicht zuletzt bedingt durch seine bisherige Tätigkeit als langjähriger Chef der *Bank of America,* die vor McNamaras Präsidentschaft bestehenden wirtschaftspolitischen Ansät-

436 Sebastian Mallaby schreibt in seiner Monographie „The World´s Banker“, dass McNamara als seinen direkten Nachfolger bereits James Wolfensohn auserkoren hatte und die Regierung Carter diesen Vorschlag zunächst unterstützte. Als ersichtlich wurde, dass es in den Vereinigten Staaten zu einem politischen Machtwechsel kommen würde, entschied Präsident Carter sich für die Nominierung Clausens, dem er eine größere Akzeptanz bei der republikanischen Folgeregierung einräumte. Seitdem hoffte Wolfensohn, so Mallaby, für das Amt desWeltbank-Präsidenten nomininert zu werden. Vgl. Mallaby (2004), S. 42.

437 Vgl. Kraske (1996), S. 215.

ze. Zudem galt sein Augenmerk vor allem einem verbesserten Finanzmanagement der Bank.

Im Hinblick auf die entwicklungspolitischen Strategien und Konzepte vertraute er gänzlich auf seine Mitarbeiter[438], denen er - anders als McNamara - weitgehende Kompetenzen übertrug. Clausen selber hatte bis zu seinem Amtsantritt keinerlei Erfahrungen im Bereich der internationalen Entwicklungspolitik.[439]

Im Gegensatz zu McNamara war Clausen weniger davon überzeugt, dass die Volkswirtschaften der Entwicklungsländer anderer Wirtschaftskonzepte bedurften als die der industrialisierten Länder. In beiden Fällen sah er Wachstum als das Allheilmittel, womit er sich dem *Trickle-down-Ansatz* wieder annäherte. Insgesamt entsprangen seine wirtschaftspolitischen Vorstellungen den marktliberalen Ansätzen. Dazu zählte auch das Prinzip der Privatisierung wirtschaftlicher Sektoren und Entwicklungsprojekte. Beim Grundsatz der Privatisierung sah Clausen jedoch eine Ausnahmeregelung vor; Er initiierte, nicht zuletzt vor dem Hintergrund der Erfahrungen aus den Ölkrisen der 1970er Jahre, ein Förderprogramm zum Ausbau des Energiesektors in den Entwicklungsländern.[440] Hier setzte er vor allem auf die hydroelektrische Energieerzeugung und legte damit den Grundstein für die später kritisierte Staudammpolitik. Mit dieser Initiative provozierte Clausen einige Auseinandersetzungen mit dem US-Präsidenten Ronald Reagan, der als Verfechter und Wegbereiter eines weltweiten neoliberalen Wirtschaftskurses auch diesen Sektor ausschließlich dem Wirken privater Investoren überlassen wollte.[441]

Clausens Amtszeit war insgesamt stark geprägt von den neoliberalen Leitlinien, die seit den 1980er Jahren sowohl die Politik der Bretton-Woods-Institutionen als auch den allgemeinen Globalisierungsprozess zu dominieren begannen. Die im Neoliberalismus verankerten Paradigmen hielten, als Antwort auf die weltweite Rezession im Zuge der Präsidentschaft Ronald Reagans und der Regentschaft der britischen Premierministerin Margareth Thatcher, verstärkt Einzug in das politische und wirtschaftliche Denken und Handeln der führenden Industrienationen und der von ihnen unterstützten Organisationen. Die Gegenkonzepte der Administration Reagan gegen die nationale Rezession im eigenen Land waren zwar keynesianischer Herkunft, da die Regierung massiv in die militärische Aufrüstung investierte und somit den Nachfragemangel

438 Vgl. Kraske (1996), S. 222 f.

439 Vgl. Mallaby (2004), S. 42f.

440 Vgl. Kraske (1996), S. 226.

441 Vgl. ebd., S. 226.

in den USA kompensieren konnte. Dennoch propagierte die US-Administration unter dem Einfluss des Ökonomen Milton Friedman vor der internationalen Gemeinschaft unbeirrt ihr Festhalten an den Prinzipien der neoliberalen Wirtschaftstheorie, unter deren Banner sie auch die Weltbank und den IWF aufstellen wollte.

Die internationale Schuldenkrise, die sich Ende der 1970er Jahre zuspitzte, begrenzte schnell die zur Verfügung stehenden Mittel und die Bereitschaft der Bretton-Woods-Staaten zur Finanzierung einer effizienten Entwicklungshilfe, deren Notwendigkeit ohnehin im Verständnis der sich ausbreitenden neoliberalen Wirtschaftsauffassung fragwürdig erschien, da sie die permanente Intervention des Staates voraussetzte und somit den grundlegenden Maximen der neoliberalen Fürsprecher zuwider lief. Ulrich Menzel weist darauf hin, wie der Entwicklungskeynesianismus in die Defensive geriet und die neoliberalen Wirtschaftsprinzipien auch die Entwicklungsstrategie zunehmend determinierten.[442]

Vor dem Hintergrund dieser Entwicklungen wurde es Clausens Hauptaufgabe, die Bank den neuen neoliberalistischen Rahmenbedingungen anzupassen, was einer Quadratur des Kreises gleichkam, da jegliche Entwicklungshilfe dem Paradigma der reinen Privatwirtschaftlichkeit widerspricht. Obwohl Clausen aufgrund seiner eigenen beruflich bedingten Überzeugung kaum Berührungsängste mit den neuen neoliberalen Paradigmen haben konnte und grundsätzlich konform ging mit den neuen politischen Zielvorgaben der größten Teilnehmerstaaten, beschreibt Kraske, dass unter seiner Präsidentschaft die Bank zunehmend mit Akzeptanzproblemen bei ihren Anteilseigner zu kämpfen hatte. Insbesondere die US-Administration unter Ronald Reagan brachte dies vehement dadurch zum Ausdruck, dass sie die Zahlungen an die Weltbank bereits 1982 drastisch einschränkte.[443]

Nicht zuletzt in Anbetracht dieser sich zunehmend schwieriger gestaltenden Arbeitsbedingungen sah Clausen 1985 von einer Verlängerung seiner Präsidentschaft ab.

Darüber hinaus lastete insbesondere die Zuspitzung des Konflikts mit den Exekutiv-Direktoren über das Finanzmanagement und den zur Bewilligung anstehenden Haushaltsplan auf den letzten Wochen seiner Amtszeit. Die Exekutiv-Direktoren warfen der Bank weiterhin mangeln-

442 Vgl. Menzel (o.J.), http://www-public.tu-bs.de:8080/~umenzel/inhalt/dienstleistungen/veroeffentlicht/dekaden.pdf, S. 5.

443 Vgl. Kraske (1996), S. 234.

de Effizienz und einen aufgeblähten Verwaltungsapparat vor, den sie in dieser Form nicht weiter zu finanzieren bereit waren.[444]

Im Vergleich der beiden Präsidentschaften lässt sich rückblickend festhalten, dass Clausen sich aufgrund der beschriebenen externen Einflussfaktoren zu einer Neuausrichtung der wirtschaftlichen Zielvorgaben gezwungen sah, während McNamara vielmehr aufgrund eines persönlichen Erkenntnisgewinns sowohl zu Beginn seiner Amtszeit als auch gegen Ende seiner Präsidentschaft eine Neuausrichtung der Bank konzipierte. In der Endphase seiner Präsidentschaft kam McNamara nicht zuletzt aufgrund der Erfahrung, dass die weltweite Schuldenkrise die Entwicklungsländer an den Rand der Zahlungsunfähigkeit trieb, zu der Erkenntnis, dass seine *Trickle-up*-Strategie in den 70er Jahren nicht ihr Ziel erreicht hatte.[445]

Vor dem Hintergrund seines Scheiterns kann auch seine Initiative zur Einberufung der sogenannten *Brandt-Kommission*[446](auch *Nord-Süd Kommission genannt*) verstanden werden, mit deren Hilfe McNamara einen Ausweg aus der Nord-Süd-Problematik finden wollte. Die Einberufung dieser Kommission kann einem Zugeständnis gleichgesetzt werden, dass seine bisherigen Konzepte die Entwicklungsprobleme nicht hatten lösen können. Der im Februar 1980 vorgestellte Bericht dieser Kommission (Brandt-Bericht oder Brandt-Report) zog eine Bilanz der vergangenen Entwicklungspolitik und forderte, mit Hilfe von Aktionsprogrammen und Projekten dem Bevölkerungswachstum, der wachsenden Umweltproblematik und der Ressourcenknappheit entgegen zu wirken. Wäh-

444 Vgl. Kraske (1996), S. 242.

445 Vgl. Tepe (2008), http://www.ifeas.uni-mainz.de/workingpapers/AP86.pdf , S. 8.

446 Die von Robert S. McNamara noch unter US-Präsident Jimmy Carter angeregte Einrichtung einer 'Unabhängigen Kommission für Internationale Entwicklungsfragen', nahm im September 1977 ihre Arbeit auf. Auf Initiative McNamaras übernahm Willy Brandt den Vorsitz dieser Kommission. Der Kommission gehörten Vertreter aus insgesamt 20 Staaten - die Hälfte davon Entwicklungsländer - an. Zu den Teilnehmern zählten namhafte Persönlichkeiten wie der ehemalige britische Premier Edward Heath und der ehemalige Ministerpräsident Schwedens, Olaf Palme. Ihre Hauptaufgabe sah die Kommission darin, "*die ernsten Probleme von globalen Ausmaßen zu untersuchen, wie sie sich aus den wirtschaftlichen und sozialen Ungleichgewichten der Weltgemeinschaft ergeben und Wege dafür aufzuzeigen, wie angemessene Lösungen für die Entwicklungsprobleme (...) und Armut vorangetrieben werden können.*"Vgl. Lexikon der Nachhaltigkeit (letzte Änderung Nov. 2009), http://www.nachhaltigkeit.info/artikel/geschichte_10/Der_Weg_von_Stockholm_nach_Rio_47/brandt_report_1980_519.htm, vgl. Hofmann (2001), http://globalsouth.info/issues/topical/michael_hofmann.htm.

rend McNamara die Armutsbekämpfung mit den Maßstäben der industrialisierten Länder anging, wurde von der Brandt-Kommission - eine gleichberechtigte Zusammenarbeit der Nord- mit den Südstaaten angeregt, die den spezifischen Bedürfnissen der einzelnen Entwicklungsländer angepasst werden sollten. Das vorgeschlagene Sofortprogramm forderte unter anderen die gezielte Erhöhung der Entwicklungshilfe, den Ausbau einer internationalen Energiestrategie, die die weltweite Energieversorgung sicherstellen sollte, die künftige Berücksichtigung von Umweltbelangen sowie die Förderung eines weltumspannenden Nahrungsmittelprogramms. Zudem plädierte die Kommission für den Abbau von Handelshemmnissen[447], was im Sinne der neoliberalen Denkweise auch als Handelsliberalisierung begriffen wird. Das vorrangige Ziel der Brandt-Kommission war in diesem Zusammenhang jedoch, dass insbesondere den Produzenten der Entwicklungsländer der Zugang zu den Märkten der Industriestaaten erleichtert werden sollte.[448] Insgesamt gilt die Arbeit der Brandt-Kommission als gescheitert, da ihre Ergebnisse in ihrer Gesamtheit nirgendwo institutionell oder politisch realisiert wurden. Die Regierungen der Industrienationen lehnten in Anbetracht der weltweiten wirtschaftlichen Krisenstimmung ein stärkeres finanzielles Engagement ab. Allerdings fällt auf, dass sich einige der erarbeiteten Ansätze in den Folgejahren in neu formulierten Zielvorgaben einiger Weltbank-Präsidenten wiederfanden. Dies betrifft beispielsweise die Themen „Abrüstung und Entwicklung", „nachhaltige und umweltschonende Entwicklung", „Rolle der Frauen in der Entwicklungspolitik" und „Förderung der weltweiten Energieversorgung".[449]

Letzterem Aspekt widmete Weltbank-Präsident Alden Clausen während seiner Amtszeit seine besondere Aufmerksamkeit, indem er sich für den Ausbau der hydroelektrischen Energieerzeugung, d.h. des Staudammbaus engagierte und damit die Forderung der Kommission nach einer internationalen Energiestrategie umsetzte.

In Anbetracht der wachsenden Umweltproblematik, die auch der *Brandt-Report* aufgegriffen hatte, wurde 1985, im letzten Amtsjahr von Alden Clausen, unter maßgeblicher Beteiligung der Weltbank der sogenannte *Tropical Forest Action Plan* (TFAP), ausgearbeitet, mit dem die weitere Zerstörung des Regenwaldes eingedämmt werden sollte. Mit der Be-

447 Vgl. Lexikon der Nachhaltigkeit (Letzte Änderung Nov. 2009) http://www.nachhaltigkeit.info/artikel/geschichte_10/Der_Weg_von_Stockholm_nach_Rio_47/brandt_report_1980_519.htm, vgl. Der Brandt-Report (1981).

448 Hofmann (2001), S. 3.

449 Vgl. Brandt-Report (1981), S. 149-160, S. 145-148, S. 77-83 und S. 201-216.

gründung, dass eine industrielle Nutzung des Regenwaldes dessen höhere „Wertschätzung" nach sich ziehen würde und ihn dadurch für die Entwicklungsländer schützenswerter machen würde, wurden mehrere Milliarden US-Dollar bereitgestellt, um vor allem ein effizienteres, auf Nachhaltigkeit ausgerichtetes Forstmanagement zu unterstützen, was schließlich, wie Bruce Rich ausführt, zum „ökologischen Bankrott" des Plans führte[450], da die industrielle Nutzung nicht zu einer „Wertschätzung", sondern zu einer Ausschöpfung dieser natürlichen Ressource führte.

Anhand der vorliegenden Materialien lässt sich nicht rekonstruieren, ob und inwieweit Clausens Engagement in der Staudammentwicklung und in den Tropenwaldprojekten auf den *Brandt-Report* zurückzuführen sind.

Clausens Amtsperiode wird allgemein gleichgesetzt mit der Abwendung der Bank von McNamaras neokeynesianischen Ansätzen hin zu den weltweit aufstrebenden neoliberalen Paradigmen. Die Hinwendung zum Neoliberalismus wird dabei in der Regel mit der Einführung der ersten *Strukturanpassungskredite* (*Structural Adjustment Lendings*) in Verbindung gebracht, mit denen die Bank die kreditnehmenden Länder verpflichtete, bestimmte makroökonomische Auflagen einzuhalten. Doch führte nicht Clausen den ersten *Strukturanpassungskredit* ein, sondern bereits McNamara, der 1979/80, also ein Jahr vor Clausens Amtsantritt, einen Kredit an den Senegal nur dann bewilligen wollte, wenn sich die Regierung verpflichtete, bestimmte Auflagen zu erfüllen. Es war der erste Kredit, der konditional als sogenannter *Strukturanpassungskredit* (Structural Adjustment Loan, SAL) vergeben wurde.

Die Entscheidung der Weltbankführung, künftige Kreditbewilligungen an die Einhaltung bestimmter von der Bank festgelegter, makroökonomischer Konditionen zu knüpfen, war vor allem eine Reaktion auf die enormen Zahlungsbilanzdefizite der Entwicklungsländer, deren *terms of trade* sich infolge der Weltwirtschaftskrise rasant verschlechtert hatten. Die Ökonomin und Mitarbeiterin am Institut für Entwicklung und Frieden der Universität Duisburg-Essen Bettina Führmann zeichnet in ihrer Studie: *„Abkehr vom Washington Consensus?"* die besondere ökonomische Abwärtsspirale der Entwicklungsländer aufgrund der weltweiten Rezession nach. Hiernach brachen die Exporteinnahmen der Entwicklungsländer infolge des globalen Nachfragerückgangs ein, während gleichzeitig die Kosten für viele Importgüter stiegen. Außerdem wirkte sich die Hochzinspolitik der USA nachteilig aus, da diese zur Konsequenz hatte, dass sich die Kredite der Entwicklungsländer verteuerten und die

450 Vgl. Rich (1998), S 170ff.

Schuldendienstforderungen der Gläubiger deutlich höher ausfielen als kalkuliert. Diese Effekte führten dazu, dass die Auslandsschulden für viele Länder unbezahlbar und sie dadurch zahlungsunfähig wurden.[451]

Vor dem Hintergrund dieser Zahlungsunfähigkeit änderte die Bank noch unter McNamara die Bedingungen der Kreditvergabe, mit der Intention, die Länder trotz und auch aufgrund ihrer Zahlungsunfähigkeit, zu einer Konsolidierung ihres Haushaltes zu zwingen. Es setzte sich die Auffassung durch, eine konsequente Konsolidierung sei die unbedingte Voraussetzung dafür, die Länder mittelfristig wieder zahlungsfähig und damit wirtschaftlich handlungsfähig zu machen. Mit der künftigen Vorgabe strikter Haushaltskonsolidierung, die eine grundsätzliche Abkehr vom ausgabefreudigeren keynesianischen Ansatz war, sah das neue Kreditfinanzierungskonzept in Annäherung an die aufkommenden neoliberalen Auffassungen zudem vor, der Konsolidierung durch Privatisierungen, allgemeine Verkleinerung des Staatssektors und Deregulierungen einen festen Strukturrahmen zu geben, dem künftige Förderungen zugrunde gelegt würden.

Strukturanpassung:

Unter der Leitung von Alwin Clausen gewann dieses Konzept zunehmend an Bedeutung und aus den anfänglich noch unklar festgeschriebenen Strukturanpassungs*krediten* wurde ein umfassendes *„Strukturanpassungsprogramm"* das zum neuen Paradigma der Weltbank wurde.

Das Konzept sah zwar die spezifische Anpassung des Kreditrahmens für das einzelne Entwicklungsland vor, doch im Wesentlichen folgten die nachfolgenden Kreditvergaben einem eher einheitlichen Maßgabenkatalog. Ökonomische Stabilität und Wirtschaftswachstum sollten und sollen durch die konsequente Einhaltung marktwirtschaftlicher Prinzipien erreicht werden. Der Maßgabenkatalog schlüsselt sich in mehrere Einzelschritte bzw. Programmpunkte auf:

- Abbau staatlicher Subventionen;
- effiziente Nutzung der Entwicklungsressourcen;
- strikte Haushaltskonsolidierung (was die Regierungen zu Einsparungen im Sozial- Bildungs- und Gesundheitssektor zwingt) sowie
- Stellenabbau im öffentlichen Sektor;
- Rückzug des Staates aus Infrastrukturmaßnahmen;

451 Vgl. Führmann (2003), http://inef.uni-due.de/page/documents/Report71.pdf , S. 8

- uneingeschränkte Öffnung der Märkte, was als Handelsliberalisierung umschrieben wurde;
- restriktive Geldpolitik, die insbesondere seitens des IWF überwacht wurde;
- Erhöhung des Zinsniveaus, um befürchteten Inflationsgefahren entgegen zu wirken und gleichzeitig Anreize für vermehrte Sparaufkommen zu geben, die mittelfristig als Kapitalstock zur Verfügung stehen sollten, wobei die Bekämpfung der Inflationsgefahr zum einen das Risiko der Kapitalflucht eindämmen und zum anderen auch die Position der Gläubiger gegenüber dem Schuldnerland absichern sollte;
- Senkung der Reallöhne, insbesondere der unteren Einkommensgruppen, auch diese Maßnahme wurde mit der Eindämmung der Inflationsgefahr begründet.

Das *Strukturanpassungsprogramm* ist somit als ein Bündel verschiedener ökonomischer Maßnahmen zu verstehen, die vor allem darauf abzielen, die dringlichsten Probleme vieler Entwicklungsländer, nämlich Zahlungsbilanzdefizite, d.h. hohe Verschuldungsraten und kostenintensive Staatsausgaben sowie übersteigerte Inflationsraten und geringes Wirtschaftswachstum zu beheben.

Zwar wurde die von McNamara postulierte politische Zielvorgabe der Armutsbekämpfung nicht verworfen, trat jedoch zeitgleich mit den ersten *Strukturanpassungskrediten* deutlich hinter das Wachstums-Paradigma der neoliberalen Schule zurück. Der Politikwissenschaftler und Mitarbeiter am Institut für Entwicklung und Frieden der Universität Essen-Duisburg, Thomas Siebold, greift die Auffassung auf, dass die Weltbank ursprünglich davon ausging, dass *Strukturanpassung* und ihre Finanzierung als eine vorübergehende Aufgabe betrachtet werden konnte, mit deren Hilfe nach drei bis fünf Jahren die Anpassung der Entwicklungsländerökonomien abgeschlossen sein werde. Die Rahmenbedingungen für produktive und effektive Entwicklungspolitik wären dann soweit hergestellt, dass die Weltbank sich in vollem Umfang erneut auf die Projektfinanzierung konzentrieren könnte. Nach einigen Jahren der *Strukturanpassung* wäre die Schuldenkrise überwunden, Privatkapital wäre in ausreichendem Maße in die angepassten Ökonomien geflossen und so die Gefahr dauerhafter Abhängigkeit von Entwicklungshilfe gebannt. Im Kontext eines solchen Szenarios war es aus Sicht des Bankmanagements durchaus zu rechtfertigen, das Ziel der Armutsbekämpfung zeitweilig hintanzustellen.[452]

---

452 Vgl. Siebold in: INEF-Report (1995), http://inef.uni-due.de/page/documents/Report13.pdf, S. 4

5.1.3 Barber B. Conable (1986–1991) und die *Vierte Phase* der Entwicklungsstrategie

Nachdem Clausen signalisiert hatte, dass er von einer Verlängerung seiner Amtszeit absah, gestaltete sich die Nachfolgeregelung zunächst schwierig. Der 1985 von US-Präsident Reagan ernannte Finanzminister James Baker offerierte schließlich mit Barber B. Conable einen Kandidaten, der nach Angabe Jochen Kraskes weder im Kreise der Exekutiv-Direktoren der Weltbank noch beim US-Präsidenten bekannt war. Trotz dessen Unbekanntheit nominierte US-Präsident Reagan den graduierten Jurist und früheren republikanischen Abgeordneten als neuen Präsidenten der Weltbank. Conable verfügte weder über Erfahrungen im Bankwesen noch hatte er zuvor jemals Berührungen mit der Weltbank und brachte auch keine Erfahrungen im internationalen Bereich mit sich.[453] Auch im Hinblick auf entwicklungspolitische Fragen konnte Conable, wie bereits sein Vorgänger Clausen, nicht auf Vorkenntnisse zurückgreifen.[454]

In seiner ersten Rede vor der Weltwährungskonferenz legte er die von ihm anvisierten Ziele dar, die dem bisherigen Einheitspaket Entwicklung, Wachstum und Armutsbekämpfung[455] im Wesentlichen entsprachen. Jochen Kraske hebt allerdings hervor, dass Conable die Armutsbekämpfung als maßgebende Zielvorgabe erneut in den Fokus der Weltbankpolitik rücken wollte, nachdem sie unter seinem Vorgänger aus den Augen verloren gegangen sei:

> „He thought that during the Clausen years the Bank, in its emphasis on structural adjustment, had lost sight of the importance of fighting poverty."[456]

Conable strebte zudem die Stärkung des Umweltschutzes und der Frauenförderung in den Entwicklungsländern an und erwog Förderprogramme zur Eindämmung des rapiden Bevölkerungswachstums.[457] Damit griff er einige wesentliche Vorschläge der Brandt-Kommission auf.

Die Präsidentschaft Conables wird meist mit der verstärkten Ausrichtung der Bank im Sinne der neoliberalen Paradigmen in Verbindung gebracht, da im Verlauf seiner Amtsführung der im Neoliberalismus verankerte *Washington Consensus* zur allgemeingültigen wirtschaftspoliti-

---

453 Vgl. Kraske (1996), S. 248f.

454 Vgl. Mallaby (2004), S. 43f.

455 Abendblatt (1986), Seite 39.

456 Kraske (1996), S. 250.

457 Vgl. ebd., S. 250.

schen Zielvorgabe sowohl für den IWF als auch für die Weltbank wurde. Dennoch setzte Conable, der kein Ökonom war, im eng begrenzten Rahmen dieses Paradigmas neue Akzente und reanimierte einige, im Zuge der Reagan-Ära abgedrängte Themen, wie die bereits erwähnte Konzentration auf die Bekämpfung der weltweiten Armut.

In diesem Zusammenhang erkannte, d.h. anerkannte Conable das Problem der sich verschärfenden Schuldenspirale für die Entwicklungsländer, in deren Verlauf die Abtragung allein der Zinsen für erhaltene Kredite die finanziellen Möglichkeiten der Länder überstieg und diese zunehmend veranlasste, teure Umschuldungskredite aufzunehmen, nur um die Zins-Schulden zu begleichen.[458] Durch Conables enge Verbindungen zur zwischenzeitlich neu gebildeten US-Administration unter George Bush Senior erhielt Conable politische Unterstützung in seinem Anliegen, dem Verschuldungsproblem der Entwicklungsländer stärker entgegen zu treten. Nachdem vier Jahre zuvor, 1985, sein Freund und damaliger US-Finanzminister James Baker bereits schon einmal ein Konzept zur Lösung der internationalen Schuldenkrise erarbeitet hatte (Baker-Plan) [459], dieses aber im Sande verlaufen war, initiierte der neue US-Finanzminister Nicholas F. Brady 1989 unter Mitwirkung Conables und des IWF ein neues Entschuldungskonzept. Allerdings, ähnlich dem Konzept Bakers, zielte auch Bradys Vorschlag nicht auf einen Schuldenerlass für die hochverschuldeten Länder ab. Durch eine freiwillige Vereinbarung aller beteiligten Banken und Schuldnerländer sollte lediglich ein sukzessiver, für die Entwicklungsländer gesamtpolitisch verträglicher Abbau der Schuldendienste bewerkstelligt werden, indem je nach finanzpolitischer Ausgangslage eine Umschuldungsstrategie mittels Verbriefung von Problemschulden oder mittels Neukrediten (längere Laufzeiten, niedrigere Zinsen oder Zinsgarantien) festgelegt wurde. Auch hier war die Umsetzung eines von IWF und Weltbank festgelegten *Strukturanpassungsprogramms* verpflichtend für die partizipierenden Entwicklungsländer.

---

458 Vgl. Kraske (1996), S. 262f.

459 James Baker (Oktober 1985, Seoul), schlug zur Lösung der internationalen Schuldenkrise vor, den 15 Hauptschuldenländern zusätzliche Kredite durch öffentliche (Weltbank, IWF) und private Gläubiger (Geschäftsbanken) bereitzustellen, um so ihre Schuldendienstfähigkeit wiederherzustellen bzw. zu steigern. Gebunden waren diese Kredite an die Verpflichtung der Schuldnerländer, weitreichende Strukturreformen ihrer Wirtschaft nach marktwirtschaftlichen Prinzipien umzusetzen. Der Plan sah keinen Erlass der Schulden vor, sondern ein Umschuldungsprogramm. Die Initiative stieß bei Schuldnern und vor allem bei den privaten Gläubigern auf Skepsis und wurde 1988 nur im Fall Mexiko berücksichtigt.

Im Hinblick auf die Schuldenentwicklung der Dritten Welt brachte Conable einen weiteren Faktor ein, den bereits die *Brandt-Kommission* herausgearbeitet hatte und den Conable für die Entstehung des Schuldenaufkommens der Entwicklungsländer mitverantwortlich machte. In seiner Rede zur Jahrestagung von IWF und Weltbank im Herbst 1989 appellierte er an alle Staaten, ihre Rüstungsausgaben zu reduzieren, da diese zum einen auf Seiten der Industrieländer finanzielle Mittel abschöpften, die ansonsten in produktivere Industrie- und Entwicklungsförderung fließen könnten, zum anderen wies er darauf hin, dass insbesondere die Auslandsverschuldung der Entwicklungsländer oft hauptursächlich in deren hohen Rüstungsausgaben begründet liege. Nach seinen Angaben machten die Rüstungskosten 30% oder mehr der gesamten Auslandsschulden aus.[460] Auf der Frühjahrstagung der Weltbank 1991 schlug der scheidende Weltbank-Präsident sogar vor, den Aspekt der Rüstungsausgaben künftig zu berücksichtigen, wenn das Maß an Unterstützung definiert wird, das den Entwicklungsländern gegeben werden soll.[461] Später fand dieser politisch zunächst kaum beachtete Ansatz in der Zielvorgabe der *Good Governance Politics* eine Neuauflage.

In derselben Rede versprach Conable, dass die Weltbank im kommenden Jahrzehnt vermehrt Konzepte zum Ausbau des weltweiten Umweltschutzes, eines sparsameren Energieverbrauchs und der Reduzierung der Kohlendioxid-Emissionen umsetzen wolle.[462]

Das Thema Umweltschutz, das ebenfalls bereits von der *Brandt-Kommission* aufgegriffen worden war, ist nach Ansicht Kraskes ein zentrales persönliches Anliegen Conables gewesen.[463] Bruce Rich sieht dieses neue Engagement der Weltbank als Ergebnis bzw. Konsequenz der sich verstärkenden Defensive, in der die Bank insbesondere durch die wachsenden Proteste gegen das Projekt Polonoroeste geraten war.[464]

Die Reforminitiativen Conables, mit denen er auf die zunehmenden Proteste gegen das Projekt Polonoroeste reagierte, zielten zunächst vornehmlich auf den Ausbau bankinterner Umweltabteilungen, zu deren Aufgaben neben der Entwicklung umweltverträglicher Projekte auch deren Überwachung gehören sollte. Die nun folgende ökologische Neuausrichtung, die den Startschuss zu weiteren tiefgreifenden innerorganisatorischen Umstrukturierungen gab, betraf in erster Linie die im *unteren*

460 Vgl. Abendblatt (1989), S. 31.

461 Vgl. Hanke in: Die ZEIT (1991).

462 Vgl. Abendblatt (1989), S. 31.

463 Vgl. Kraske (1996), S. 266ff.

464 Vgl. Rich (1998), S. 155.

Kompetenzfeld arbeitenden 7000 Mitarbeiter der Bank und wird in Kapitel 5.2.3 intensiver besprochen.

Neben diesen innerorganisatorischen Umstrukturierungen wird, wie bereits erwähnt, Conables Präsidentschaft in erster Linie mit der Verankerung bzw. Etablierung des *Washington Consensus* in Verbindung gebracht.

Washington Consensus:

Die neoliberalen Weichenstellungen, die mit Hilfe der *Strukturanpassungsprogramme* die wirtschaftspolitischen Leitlinien der Bank seit Anfang der 1980er Jahre umrahmten, überlagerten auch Conables Zielvorgaben, sowohl die der Armutsbekämpfung als auch die des Umweltschutzes. Unter dem Einfluss der noch von Clausen eingesetzten Chef-Ökonomin Anne Krueger[465] zementierten sich die neoliberalen Ansätze, indem sie 1990 im sogenannten *„Washington Consensus"* (auch *Washington-Konsens)* neu verankert wurden. Der Rahmenplan des *Washington Consensus* wurde zum wirtschaftspolitischen Korsett, in das sich auch die übergeordnete Zielvorgabe der Armutsbekämpfung einzwängen lassen musste. Nach Auffassung Bettina Führmanns war die Armutsbekämpfung in dieser Strategie zwar nicht explizit erwähnt, dennoch unterstellt sie, dass diese Zielvorgabe als implizierter Bestandteil auch weiterhin bestand.[466] Damit unterstützt Führmann die These, dass die Zielvorgabe „Armutsbekämpfung" trotz wechselnder wirtschaftspolitischer Paradigmen nie außer Kraft gesetzt wurde.

Die Armutsbekämpfung nahm hiernach zwar in der Entwicklungstheorie einen übergeordneten Stellenwert ein, wurde aber nach McNamaras Scheitern, in der Weltbankpraxis den neoliberalen Strategien mehr oder weniger als rhetorische Zielformulierung untergeordnet. Im weiteren Vertrauen auf den *Trickle-down-Effekt* erhielten die Paradigmen *Struktur-*

---

465 Anne Krueger war zwischen 1959 und 1982 Professorin für Volkswirtschaft an der Universität von Minnesota. Von 1982 bis 1987 arbeitete sie als *Vice President of Economics and Research* für die Weltbank, wo sie 1985, ein Jahr vor CONABLEs Nominierung, eine Studie über die wirtschaftliche Erfolgsstrategien der asiatischen Ökonomien erstellt hatte und zu dem Ergebnis gekommen war, dass deren Erfolge maßgeblich auf die Beschneidung der wirtschaftspolitischer Aktivitäten der einzelnen Staaten, einer deutlichen Exportorientierung, offenen Kapital- und Gütemärkten sowie auf der Flexibilisierung der Arbeitsmärkte, d.h. dem Aufbrechen von Kartellen und Gewerkschaften, basierten.

466 Vgl. Führmann (2003), S. 11.

anpassung und *Washington Consensus* Vorrang vor der langfristigen Zielvorgabe der Armutsbekämpfung.

Dabei besteht ein direkter Zusammenhang zwischen *Strukturanpassung* und *Washington Consensus*. Die *Strukturanpassungsprogramme*, die in der Vergangenheit für jedes Land entsprechend der jeweiligen Ausgangslage festgelegt wurden, basierten letztlich auf einer Reihe von Maßnahmen, die sich in fast jedem Programm wiederfanden. Für diese „Standardelemente" der *Strukturanpassungsprogramme* prägte der Ökonom John Williamsen 1989 den Begriff „*Washington Consensus*", was im Rahmen der entwicklungspolitischen Debatte oft dazu führt, dass er als Synonym für die *Strukturanpassungsprogramme* verwendet wird.[467].

Doch während die *Strukturanpassungskredite* vornehmlich den Zahlungsbilanzdefiziten und den drohenden Inflationsgefahren in den Entwicklungsländern entgegenwirken sollten, sollte das Maßnahmenbündel des *Washington Consensus* darüber hinaus helfen, die Volkswirtschaften zu stabilisieren und verstärkt wachstumsorientiert wirken[468]. Dabei legt das neoliberal begründete Paradigma prinzipiell zugrunde, dass staatliche Eingriffe in die wirtschaftlichen Abläufe eines Staates zum einen für dessen finanzielle Probleme verantwortlich sind und zum anderen eine Stabilisierung der markteigenen Kräfte bzw. eine Entwicklung stabiler Marktmechanismen verhindern. Der *Washington Consensus* steht für ein politisches Konzept, das nicht nur von den beiden Bretton-Woods-Institutionen, sondern auch von Organisationen der Politikberatung, der US-Administration und international arbeitender Finanzinstitute propagiert und angewendet wird.

Bettina Führmann skizziert das 1990 verfasste Konzept des *Washington Consensus*, dessen Darstellung hier um einige Erläuterungen ergänzt wird:

1. **Herstellung fiskalischer Disziplin:** Entstandene Haushaltsdefizite sollen durch die Reduzierung staatlicher Ausgaben verringert werden. Diese Maßnahme unterstellt, dass ein staatlich induzierter Nachfrageüberhang nach inländischen und ausländischen Gütern entstanden ist. Die gesamtwirtschaftlichen Ausgaben überragen die verfügbaren Ressourcen und wirken daher inflationsfördernd und beeinflussen mittel- bis langfristig die Absatzerwartungen negativ, was zu wachstumshemmenden Investitionsverzögerungen führen kann. Das vorrangige Ziel dieser Maßnahme ist die Eindämmung steigender Inflationsraten, denen die Zentralbanken mit

467 Vgl. Führmann (2003), S. 10.

468 Vgl. ebd., S. 11.

hohen und damit investitions- d.h. wachstumshemmenden Zinserhöhungen entgegenarbeiten.

2. **Umstrukturierung der öffentlichen Ausgaben:** Auch diese Maßnahme zielt auf den Rückzug des Staates aus dem Marktgeschehen, auf eine Kürzung der Staatsausgaben und eine Anpassung der gesamtwirtschaftlichen Ausgaben an die verfügbaren Ressourcen. Hierbei sollen Kürzungen der Ausgaben für Militär, Subventionen und öffentliche Verwaltung zugunsten ökonomisch produktiver Bereiche vorgenommen werden. Zu den ökonomisch produktiven und daher unterstützenswerten Bereichen zählen vor allem die Gesundheitsfürsorge, das Bildungssystem und die Infrastruktur.[469] Dies ist insofern bemerkenswert, als gerade der *Washington Consensus* dafür kritisiert wird, dass seine Maßnahmen durchgängig den Rückzug des Staates aus eben diesen Bereichen nach sich zogen und somit verantwortlich für die sozialpolitische Negativbilanz der Weltbankpolitik sei. Dieser Widerspruch lässt sich damit erklären, dass die Auflagen zur Haushaltskonsolidierung mit diesem Punkt der staatlichen Förderung sozialer Belange konkurrierten.

3. **Steuerreform:** Ziel dieser Reform ist eine generelle Kürzung der Steuersätze, wobei diese soweit ausbalanciert werden müssen, dass sie die staatlichen Einnahmen nicht gefährden. Das Steuersystem soll Anreize zur Aufnahme unternehmerischer Aktivitäten schaffen, beispielsweise durch Senkung der gewerblichen Steuern. Die Verankerung der Steuergerechtigkeit wird ausdrücklich betont, was unter anderem wettbewerbspolitische Hintergründe hat.

4. **Bildung marktgerechter Zinssätze:** Grundsätzlich wird eine generelle Liberalisierung der Finanzmärkte angestrebt. Hierzu zählt auch die Einschränkung staatlicher Einflussnahme auf die Zinspolitik, die ausschließlich marktliberalen Prinzipien folgen und damit eine effiziente Ressourcenallokation sicherstellen soll. Oberste Priorität hat jedoch zunächst die Vermeidung von Kapitalflucht bei gleichzeitiger Schaffung von Anreizen für Kapitalimporte, was durch eine Erhöhung der Zinssätze bewerkstelligt werden kann. Allerdings ist die Erhöhung des Zinssatzes mit dem Risiko behaftet, produktivitätswirksame Kredite (Investitionen) zu verteuern und somit die unternehmerischen Investitionstätigkeiten wachstumshemmend einzudämmen.

5. **Schaffung stabiler, wettbewerbsfähiger Wechselkurse:** Auch die Wechselkurse sollen dem staatlichen Einfluss entzogen werden.

469 Vgl. Führmann (2003), S. 12, vgl. Copur / Schneider (2004), S. 40.

Insgesamt basiert diese Maßnahme auf der Annahme, dass zu Beginn der 1980er Jahre die nationalen Währungen der meisten Entwicklungsländer überbewertet waren. Dies begünstigte zwar importierende Gewerbe, hemmte aber den Aufbau eines exportinduzierten Industrialisierungsprozesses, der als wirksamster Wachstumsmotor angesehen wird. Eine marktkonforme Abwertung der Währung verbessert hiernach die internationale Wettbewerbsfähigkeit inländischer Produzenten.

6. **Handelsliberalisierung:** Formuliertes Ziel der Abschaffung aller Handelsbarrieren (Zölle) ist die Integration in den Weltmarkt als unabdingbare Voraussetzung zur Aktivierung der wachstumssteigernden - und damit auch wohlstandssteigernden - Effekte des Außenhandels.
7. **Abbau von Barrieren gegenüber ausländischen Direktinvestitionen:** Hiermit soll den Anpassungsländern ausländisches Kapital zugeführt und gleichzeitig produktiv umgesetzt werden. Die Gleichbehandlung inländischer und ausländischer Unternehmen ist eine zentrale Vorgabe.
8. **Privatisierung:** Diese Maßnahme folgte der Annahme, dass ein wirtschaftliches System mit Privateigentum effizienter operiert und sich expansiver, d.h. wachstumssteigernd, gestaltet.
9. **Deregulierung:** Marktwidrige Eingriffe des Staates in die Ökonomie in Form von Regulierungen, Vorschriften und Auflagen blockieren im Verständnis des neoliberalen Denkens das schnelle und flexible Reagieren und Operieren der Marktteilnehmer und hemmen damit expansive Unternehmen.
10. **Schutz der Property Rights (Privateigentum):** Der Schutz des Eigentumsrechts soll der Bevölkerung und den potentiellen Fremdinvestoren ausreichend Anreize bzw. Sicherheit geben, unternehmerische Tätigkeiten gewinnbringend aufzunehmen und damit die Leistungsfähigkeit des Landes erhöhen.[470]

Offiziell dienen die Anpassungsmaßnahmen, die in diesem Konsens neu verankert wurden, als Wegbereiter der nach wie vor übergeordneten politischen Zielvorgabe der Armutsminderung und werden als unabdingbare Voraussetzung für eine effektive Wirtschaftsentwicklung betrachtet.

Weltbankkritiker bestreiten jedoch immer wieder die Ernsthaftigkeit dieser Zielvorgaben. Ihre Kritik ist maßgeblich von der These bestimmt, die

470 Vgl. Führmann (2003), S. 12f, vgl. Copur / Schneider (2004), S. 40, vgl. Wolter (o.J.), S. 12.

Paradigmen der Bank hätten weniger die weltweite Armutsminderung zum Ziel, sondern seien in erster Linie darauf ausgerichtet, den Handels- und Wirtschaftsinteressen der führenden Industrienationen zuzuarbeiten, indem die Entwicklungsländer zu günstigen Rohstofflieferanten und reinen Absatzmärkten ohne gleichberechtigten Zugang ihrer Produkte zu den Weltmärkten ausgestaltet werden.[471] Aus dieser einseitigen Interessenspolitik resultiere, so die Argumentation, letztlich auch das Scheitern der Zielvorgabe Armutsminderung, da diese meist den Paradigmen der eigentlichen Nutznießer des *Washington Consensus*, den wirtschaftlich expandierenden Industrienationen und Großkonzernen, geopfert würde.

Auch wenn sich unbestritten eine Vielzahl plausibler Begründungen und Indizien für diese Thesen vorbringen lassen, so zeugt dieser Argumentationsaufbau von einer methodisch fragwürdigen Vereinfachung, die der Komplexität des Sachverhaltes nicht gerecht wird. Daher wird diese stark im Schwarz-Weiß-Denken verhaftete Betrachtung der Weltbankpolitik hier zunächst weitgehend ausgeblendet werden. Denn diese Studie wird mit der Zielsetzung verfasst, *neue* Erklärungsperspektiven im Hinblick auf das Entstehen der negativen Folgewirkungen der *Strukturanpassungspolitik* der Bank aufzuzeigen. Zudem entbehrt dieser stark vereinfachte Argumentationsaufbau einer reflektierten Logik insofern, als die Folgewirkungen des *Washington Consensus* als Beweise dafür vorgebracht werden, dass diese Folgen beabsichtigtes Ziel dieser Entwicklungsstrategie gewesen sei: weil der *Washington Consensus* die Bereicherung der Industriestaaten, d.h. die Ausbeutung der Entwicklungsländer beschleunigte, war dies auch das anvisierte Ziel dieser Strategie. Die Zielvorgaben „Armutsminderung" wie auch „Umweltschutz" werden hiernach als rhetorische Ablenkungsstrategie abgewertet, die die internationale Rohstoff- und Absatzpolitik in den Deckmantel der Entwicklungshilfe hüllt.

Eine ausschließliche, stringente Verfolgung dieses Ansatzes hat politisch zur Konsequenz, dass sich daraus ableitende Reformforderungen einzig auf die Aushebelung außerorganisatorischer, lobbyistischer Einflussfaktoren beschränken und damit ein weiteres Mal die Chance vertan wird, im innerorganisatorischen Bereich Fehlerquellen zu finden, die ggfs. erheblich dazu beitragen, dass ökonomisch fundierte und ethisch begrün-

471 Vgl. Interview mit dem Ökonomen und Globalisierungskritiker Michel Chossudovsky: Internationaler Währungsfond (IWF) und Weltbank; Zwei Instrumente zur Zerstörung von Nationen, http://emperors-clothes.com/editors.html

dete Zielvorgaben nicht oder unzureichend umgesetzt werden und sich zum Teil sogar ins Gegenteil verkehren.

Ohne die interessenspolitisch fundierten Ansätze aus den Augen zu verlieren, folgt diese Untersuchung methodisch der Annahme, dass die von der Bankführung jeweils formulierten Strategien *„ehrlich"* im Sinne der übergeordneten Zielvorgaben „Armutsminderung" und „Umweltschutz" konzipiert wurden und keine rhetorisch aufbereitete Täuschungsmanöver der Bankspitze zur Beruhigung der Kritiker waren, wie auch Catherine Weaver in weiten Teilen ihrer Studie annimmt.[472]

Nur unter dieser Annahme ist eine weitere Bilanzanalyse der bankinternen Umsetzung der Paradigmen und Zielvorgaben sinnvoll.

Good Governance:

Ende der 1980er Jahre etablierte sich unter der Leitung von Weltbank-Präsident Conable eine neue politische Zielvorgabe, deren Ausformulierung und Umsetzung bis heute kontrovers diskutiert wird, die sich aber als unabdingbares Kriterium zur Bewilligung neuer Weltbankkredite etabliert hat. Kurz nach der Verankerung der *Strukturanpassungskredite* hatte die Bankleitung begonnen, neben den ökonomischen Erklärungsansätzen für die Entwicklungsdefizite ihrer Klientel auch den Stellenwert und die Bedeutung von Staat und Verwaltung als grundlegend für eine positive wirtschaftliche Entwicklung wahrzunehmen. Doch erst mit der Studie *„Sub-Saharan Africa: From Crisis to Sustainable Growth. A Long-Term Perspective Study"*[473], die die Weltbank 1989 veröffentlichte, wurde die Bedeutung einer wirtschaftlich effizienten Regierungsführung hervorgehoben. Die Studie, die unter Mitwirkung afrikanischer Wissenschaftler und auf Druck afrikanischer Mitarbeiter der Weltbank initiiert wurde[474], untersuchte die Entwicklungsfortschritte in Subsahara-Afrika mit dem Ziel, neue Strategien für eine verbesserte Entwicklungspolitik zu entwickeln. Sie kam zu dem Ergebnis, dass vielen Entwicklungsproblemen Afrikas eine *„Governance-Krise"* zugrunde lag, die aus der schlechten Beziehung zwischen Staatsführung und Gesellschaft resultierte.

Der Leiter des *United Nations Research Institute for Social Development (UNRISD)* in Genf, Thandika Mkandawire, betont ausdrücklich, dass es afrikanische Wissenschaftler waren, die erstmals die Idee eines *Gover-*

---

472 Vgl. Weaver (2008).

473 Vgl. World Bank (1989).

474 Vgl. Mkandawire, in: E&Z (2004), http://www.inwent.org/E+Z/content/archiv-ger/10-2004/trib_art1.html.

nance-Konzeptes einführten, das dann von der Weltbank modifiziert wurde.

Mkandawire zufolge lag die größte Herausforderung für die afrikanischen Experten 1989 darin, die Beziehungen zwischen Staat und Gesellschaft so zu gestalten, dass sie:

- die allgemeine Entwicklung fördern und eine politische Steuerung der Wirtschaft ermöglichen; demokratische Strukturen schaffen und die Bürgerrechte respektieren sowie
- die politische Integration aller Bevölkerungsgruppen fördern, den Menschen zu einem menschenwürdigen Leben verhelfen und ihre volle Beteiligung in politischen Angelegenheiten garantieren.[475]

Das erweiterte Prinzip „***Good*** *Governance*" sollte, so Mkandawire, kennzeichnen, inwieweit eine Regierung diese drei zusammenhängenden Ziele verwirklicht. Mit diesem Ansatz reagierten die Verfasser der Studie auf das Versagen der autoritären Regime in Afrika, Menschenrechte und Entwicklung zu gewährleisten.[476]

Nachdem die Weltbank bis zur Veröffentlichung der Subsahara-Afrika Studie *offiziell* eine Kreditvergabe stets nach rein ökonomischen Gesichtspunkten entschieden hatte, machte sie, nachdem Lewis Preston die Präsidentschaft übernommen hatte, ab 1992 künftige Kreditvergaben *offiziell* auch von der Einhaltung politischer Kriterien abhängig.

Entwicklungsstaaten, die die Kriterien nicht umsetzten, wurden bald allgemein als sogenannte Staaten mit „Bad Governance" kategorisiert. In der deutschen Begriffsfindung setzten sich die Begriffe „*schlechte*" oder „*verantwortungslose*" Regierungsführung durch während der „Good Governance-Begriff" mit „*verantwortliche Regierungsführung*" übersetzt wurde. Der Politologe Siegmar Schmidt weist darauf hin, dass die Weltbank sich nach 1992 auf den Begriff „*Governance*" unter Auslassung des von Conable zugefügten „*Good*" konzentrierte, was sich mit der Rücksichtnahme auf die Bankstatuten erklärt, die die Bank zur politischen Neutralität und Konzentration auf ökonomische Aspekte verpflichten.[477]

---

475 Vgl. Mkandawire in E&Z (2004), http://www.inwent.org/E+Z/content/archiv-ger/10-2004/trib_art1.html.

476 Vgl. ebd.

477 Vgl. Schmidt (2006), S. 110. Nach Auffassung Franz Nuschelers lag das offizielle Gebot zu a-politischen Bewilligungsentscheidungen nicht nur in den Statuten begründet, die die Weltbank zur politischen Neutralität anhielten und sie z. B. daran hinderten, die ihr bekannten Korruptionspraktiken von Regierungen offen zu kritisieren, sondern auch an der vom Ost-West-Konflikt

Die *Governance-Kriterien*, die die Bank seit 1992 als politische Voraussetzung für eine Kreditbewilligung einfordert, fasst Schmidt in vier Punkten zusammen:

- Verbessertes Management des öffentlichen Sektors;
- Verantwortlichkeit staatlichen Handels (Accountability) zur effektiven Kontrolle staatlichen Handelns auf allen Ebenen, hierzu zählt auch die regelmäßige demokratische Legitimierung der Regierungen;
- klarer rechtlicher Rahmen für wirtschaftliche Aktivitäten (Rechtssicherheit, Rechtsstaatlichkeit (*rule of law*);
- Information und Transparenz, um Korruption zu verhindern und die Entwicklungsorientierung staatlichen Handelns zu verbessern.[478]

Insgesamt zielten diese Kriterien darauf, zum Zwecke der Korruptionsbekämpfung die Einbeziehung der Zivilgesellschaft in alle politischen Entscheidungen zu gewährleisten und darüber hinaus ein freies Unternehmertum mit verlässlichen rechtlichen Rahmenbedingungen zu etablieren.

Aus Sicht vieler Kritiker versuchte die Weltbank mit der Hervorhebung der besonderen Verantwortung der Regierung für das Gelingen einer effizienten Entwicklungsförderung ihre eigene Verantwortung für das bisherige entwicklungspolitische Scheitern auf die Regierungseliten der Dritten Welt abzuwälzen und sich somit aus der politischen Verantwortung zu ziehen. Franz Nuscheler schreibt 2009 dazu:

> „Die Weltbank lieferte mit ihrer 1989 veröffentlichten Studie über die Entwicklungskrise im subsaharischen Afrika einen Neuansatz in der Krisendiagnose, indem sie die Fehlentwicklungen, aber auch das Scheitern vieler ihrer eigenen kostenintensiven Projekte, vor allem einer „crisis of governance" bzw. einer „poor governance" anlastete. Sie erschwerte damit nicht nur den afrikanischen Regierungen den üblichen Versuch, die Ursachen der Misere den Hypotheken des Kolonialismus und weltwirtschaftlichen Benachteiligungen anzulasten, sondern entlastete auch die westliche Gebergemeinschaft vom Vorwurf der Dependenz- und Imperialismustheoretiker, die Misere verschuldet zu haben. Die Welt-

---

diktierten und korrumpierten Haltung vieler Geberländer, die mit einer Politik der „doppelten Standards" auch kleptokratische Regime von Kritik oder gar dem Entzug von Subsidien verschonten, wenn sie sich in der geostrategischen Systemkonkurrenz als „Freunde des Westens" gerierten. Vgl. Nuscheler (2009), S. 12.

478 Vgl. Schmidt (2006), S. 110.

> bank identifizierte nun in ihrer Krisendiagnose eine Reihe von hausgemachten politischen Fehlentwicklungen im institutionellen Umfeld von Staat und Verwaltung, welche die wirtschaftliche, soziale und politische Entwicklung in vielen afrikanischen Ländern behinderten."[479]

Susan George und Fabrizio Bello unterstellen der Weltbank sogar eine *traditionelle Form der Selbstrechtfertigung durch Beschuldigung der Opfer* ihrer Politik.[480] Diese Schlussfolgerungen mögen zunächst naheliegend erscheinen, doch besteht die Gefahr, dass es sich auch bei diesem Argumentationsaufbau um eine allzu vereinfachte und eindimensionale Sichtweise der Weltbankproblematik handelt, die eine Überprüfung anderer entwicklungspolitische Einflussfaktoren außerhalb der Weltbank ausblendet, die möglicherweise auch dann zum Tragen kämen, wenn sich IWF und Weltbank aus der Entwicklungspolitik zurückzögen.

Die Tragweite und die möglichen Wechselwirkungen zwischen der sogenannten verantwortungslosen Regierungsführung (*Bad Governance*) und den entwicklungspolitischen Strategien der Weltbank und ihrer Projektpolitik, werden im Zusammenhang mit den Aspekten informeller Strukturen nochmals aufgegriffen.

5.1.4 Lewis Thompson Preston (1991-1995)

Lewis Thompson Preston übernahm die Leitung der Weltbank im September 1991 bis zu seinem Tod im Mai 1995, ohne zunächst neue Akzente setzen zu wollen. Wie Clausen gehörte auch Preston vor seiner Präsidentschaft der Finanzwelt an und leitete als Vorstandschef die US-Bank *J.P. Morgan*. Wie seine letzten drei Amtsvorgänger fühlte sich auch Preston politisch den Republikanern verbunden.

Eng angelehnt an den von Conable auf den Weg gebrachten *Washington Consensus*, wurde der Ausbau des Privatsektors in den Entwicklungsregionen ein zentrales Anliegen Prestons, was sich darin spiegelte, dass er bereits1993 eine sogenannte Privatisierungsabteilung unter der Leitung des Weltbank-Vize-Präsidenten Jean Francois Rischard einführte. Die vornehmliche Aufgabe dieser Abteilung bestand darin, den Entwicklungsländern Hilfestellungen für den Ausbau eines wettbewerbsfähigen Privatsektors zu geben. Preston ging im Sinne der neoklassischen Wirtschaftsauffassung davon aus, dass die Länder der Dritten Welt nur dann ausreichende Wachstumsraten erreichen könnten, wenn sie die verlust-

479 Nuscheler (2009), S. 12.

480 Vgl. George / Sabelli (1995), S. 131.

geplagten staatswirtschaftlich organisierten Ökonomien einschränken und den Privatsektor im Gegenzug intensivieren. Insbesondere die Länder des ehemaligen Ostblocks sollten mit Hilfe dieser Abteilung an das westliche Marktsystem herangeführt werden.[481]

Nicht zuletzt auf Druck der US-Administration sah sich Preston, wie sein Vorgänger Clausen, abermals vor die Herausforderung gestellt, die Bank insgesamt ökonomisch effizienter zu gestalten. Zu diesem Zweck führte er erstmalig Kosten-Nutzen-Analysen im Hinblick auf die Kreditpolitik der Weltbank ein. Er macht zudem zur Vorgabe, dass in künftigen Kreditbewilligungsverfahren neben den bisherigen ausschließlich quantitativ zu beziffernden ökonomischen Fundamentaldaten und Rentabilitätsberechnungen künftig die Bereiche Ausbildung, Umwelt und Gesundheitswesen einen höheren Stellenwert für die Beurteilung eines Projektantrages erhielten. Eine Vorgabe, an die sein Nachfolger James Wolfensohn später anknüpfen sollte.

Die nur vier Jahre dauernde Amtszeit von Lewis Preston wurde massiv von den zunehmenden Protestbewegungen gegen die Politik der Bretton-Woods-Institutionen und einer sich verstärkenden Legitimationskrise der Weltbank überlagert.

Im Zuge der weltweiten Protestbewegungen im Vorfeld des fünfzigjährigen Bestehens von IWF und Weltbank wurde Preston vehement mit den Folgewirkungen der *Strukturanpassungsprogramme* seit Beginn der 80er Jahre und den ökologischen Folgen der mit Hilfe der Weltbank gebauten Großprojekte konfrontiert, die seine Amtsvorgänger McNamara, Clausen und Conable auf den Weg gebracht hatten.

Die den Kreditnehmern auferlegten Spar- und Umstrukturierungsprogramme hatten erhebliche sozialpolitische Einschnitte für die Bevölkerung zur Folge mit dem Ergebnis, dass sich die zentrale politische Zielvorgabe der Armutsminderung in eklatanter Weise in einigen Ländern ins Gegenteil dessen verkehrt hatte[482], was der *Washington Consensus* eigentlich hätte bewirken sollen. Die Armut nahm in den von IWF und Weltbank unterstützten Ländern als Ergebnis aufgezwungener Haushaltskonsolidierung zu. Obwohl im *Washington Consensus* ausdrücklich *keine* Kürzungen der Staatsausgaben im Bereich der Gesundheits- und Bildungspolitik vorgesehen waren, zwang die vorrangig eingeforderte Disziplinierung der Haushaltsausgaben die Länder schließlich dennoch

481 Vgl. Brüggemann in: welt-online (1996), http://www.welt.de/print-welt/article649399/Privatisierungen_in_den_Entwicklungslaendern_foerdern.html.

482 Vgl. Rich (1998), S. 42ff.

zum Rückzug aus dem Sozialbereich, was die ständige Kritik der NGOs hervorrief.

Auch in punkto Umweltschutz stand die Weltbank trotz Conables ökologischer Neuausrichtung weiterhin im Fokus der Kritik.[483] Nach wie vor zogen ihre Projekte verheerende Umweltzerstörungen nach sich, insbesondere im Bereich Tropenholzabbau und Staudammprojektförderung.[484] Preston wurde bereits in den ersten Monaten seiner Amtszeit mit wachsenden Protesten gegen den Sardar-Sarovar-Staudamm konfrontiert, mit dessen Untersuchung Barber Conable 1991 Bradfort Morse beauftragt hatte (siehe Kapitel 5.2.4).[485] Laut Rich wurde der Abschlussbericht von Bradfort Morse, der erst nach dem Amtsaustritt Conables fertig gestellt wurde, zunächst vom Management der Bank - und unter dessen Einfluss stehend - vom gerade erst ins Amt einberufenen Preston unterdrückt und zurückgewiesen. Preston ließ in einem seiner ersten öffentlichen Statements zu diesem Thema durchblicken, dass die Bank weitere Mittel für das Projekt bereitstellen werde. Erst auf Druck einiger Exekutiv-Direktoren, die persönlich von Morse aufgefordert worden waren, diesem Projekt die weitere Unterstützung zu entziehen, zog das Bankmanagement sich aus dem Projekt zurück und schließlich ließ die indische Regierung durchblicken, dass sie keine weiteren Fördergelder beantragen werde.[486]

In Anbetracht des erheblichen Image-Schadens, den die Bank durch das Sardar-Sarovar-Projekt vor der Weltöffentlichkeit erfahren hatte, beauftragte Preston im Frühjahr 1992 seinen Berater Willi Wapenhans, sowohl nach bankinternen Ursachen für die insgesamt sich abzeichnenden Negativbilanzen der Projektarbeit zu forschen als auch die Rentabilität der Kreditgeschäfte zu überprüfen. Die als *Wapenhans-Bericht* bekannt gewordene Untersuchung schockierte zum einen mit dem Ergebnis, dass der vorangegangene Morse-*Bericht* nur die Spitze des Eisbergs offengelegt hatte und entlarvte innerorganisatorische Abläufe als ursächlich für übereilte und fragwürdige Projektbewilligungen.[487] Ferner konnte Wapenhans aufzeigen, dass der überwiegende Teil aller Bankkredite sich außerhalb jeglicher Rentabilitätserfolge bewegte. Wapenhans führte diese Negativbilanzen auf insgesamt unzureichende, oberflächliche Projektplanungen und Bonitätsüberprüfungen zurück.

483 Vgl. Rich (1998), S. 257.

484 S. Projektbilanz in Kompetenzfeld II, weiter unten.

485 Vgl. Rich (1998), S. 258.

486 Vgl. ebd., S. 311.

487 Vgl. ebd., S. 263.

Nachdem beide Berichte, sowohl der von Morse als auch der von Wapenhans, übereinstimmend die Kritik der NGOs prinzipiell bestätigt hatten, suchte Preston aktiv den Kontakt zu NGOs und "alternativen" Entwicklungshilfe-Organisationen und versprach, die Arbeit der Weltbank transparenter und umweltverträglicher auszurichten. Während dieses Versprechen im Raum stand, musste sich Preston dann jedoch aufgrund seiner schweren Erkrankung als Präsident der Weltbank vertreten lassen, so dass rückblickend sein persönlicher Reformkurs kaum zu bilanzieren ist.

Neben den entstandenen Image-Schäden, die durch die katastrophalen Auswirkungen der Großbauprojekte ausgelöst worden waren und die sich zu einer ernsthaften Legitimationskrise zu entwickeln drohten, wurde die Bank mit Beginn der 1990er Jahre in eine weitere existenzbedrohende Krise manövriert. Das wachsende bilaterale Engagement Chinas, Indiens, Venezuelas und auch der früheren Sowjetunion in einzelnen marktrelevanten Entwicklungsländern drängte die Weltbank zunehmend als Hauptfinanzier in der Entwicklungspolitik zur Seite. Mit der Intention, die lateinamerikanischen Staaten wirtschaftlich vor allem von den USA abzukoppeln, übernahm das ölreiche Venezuela die Rolle des Kreditgebers für seine Nachbarstaaten, die bis dahin zur Stammkundschaft von IWF und Weltbank zählten. Andere Finanzinstitute (s. Fußnote 396) drängten sich ebenfalls in den traditionellen Zuständigkeitsbereich der Weltbank, da die weltweit hohe Nachfrage nach Krediten sich nahezu als unerschöpfliche Einnahmequelle für Privatinvestoren und Kreditanstalten abzeichnete. Den Entwicklungsländern bot sich durch die Alternative zu den Weltbankkrediten die Möglichkeit, Kredite zu erhalten, die nicht an wirtschafts- sozial- oder umweltpolitische Auflagen gebunden waren.

Insgesamt stand Prestons Präsidentschaft somit unter enormen von außen auf die Bank einströmenden Turbulenzen. Darüber hinaus stellten allein der Zerfall der Sowjetunion und die anschließende Integration der sich nun emanzipierenden ehemaligen Sowjetstaaten höchste Anforderungen an die Weltbank, letztlich auch mit dem Ergebnis, dass die Regierungen der Entwicklungsländer befürchteten, im Zuge dieser verstärkt auf die Ostblockstaaten ausgerichtete Integrationspolitik vernachlässigt zu werden. Unter großem Zeitdruck musste die Bank ein ökonomisch effizientes Konzept entwickeln, um zu verhindern, dass die ehemaligen Sowjetstaaten in eine weltweite wirtschaftspolitische Isolation und Perspektivlosigkeit abdrifteten und ebenfalls auf das Niveau eines Entwicklungs- oder Schwellenlandes absanken und schließlich in die politische Instabilität getrieben wurden. Die Integration der 15 ehemaligen

Sowjetstaaten in das westliche Wirtschaftssystem gehörte nach dem Zusammenbruch der Sowjetunion zu den wohl größten Herausforderungen an die Präsidentschaft von Lewis Preston. Diese völlig unerwartete Situation mag unter anderem eine Erklärung dafür sein, dass die Weltbank ihre entwicklungspolitischen Ambitionen zu Lasten der traditionellen Entwicklungsstaaten verlagerte. Ulrich Menzel bezeichnet diese entwicklungspolitische Phase als „verlorenes Jahrzehnt *„für die Entwicklungs- und Schwellenländer"*.[488]

Entwicklungspolitisch reduzierte sich die Bank in dieser Phase insgesamt auf eine nur noch reagierende und kaum noch konstruktiv vorgehende Entwicklungsinstitution. Nicht zuletzt auch aufgrund seiner Erkrankung konnte Preston selber keine innovativen Strategien initiieren, die einen Ausweg aus der neuen entwicklungspolitischen Talsohle hätten vorgeben können. Diese Aufgabe oblag seinem Nachfolger James Wolfensohn.

5.1.5 James Wolfensohn (1995–2005): Die Fünfte entwicklungspolitische Phase der Weltbank

Die weltweiten Protestbewegungen zum 50-jährigen Bestehen von IWF und Weltbank Mitte der 1990er Jahre erforderten eine umgehende Neuausrichtung bzw. Präsentation beider Institutionen, zumal die Proteste nicht mehr nur aus den Reihen der NGOs kamen, sondern auch zunehmend von den Exekutiv-Direktoren wichtiger Anteilseigner der Bank aufgegriffen wurden. Die weltweiten Erwartungen, die an die Präsidentschaft von James Wolfensohn geknüpft wurden, resultierten insbesondere aus den sich dramatisch abzeichnenden Verschuldungsspiralen der Entwicklungsländer, von denen einige kurz vor der Zahlungsunfähigkeit standen. Das Scheitern der bisherigen im *Washington Consensus* verankerten Konsolidierungsstrategie war nicht mehr wegzudiskutieren.

Die zunehmende Beteiligung der NGOs am internationalen Entwicklungsdiskurs verschob zudem sukzessive die wirtschaftspolitische Ausrichtung der bisherigen Entwicklungsstrategien, da die NGOs sowohl die Entwicklungsprojekte als auch die *Strukturanpassungsprogramme* in erster Linie aus Sicht der direkt Betroffenen analysierten. Das Ausblenden vermeintlich notwendiger, rein wirtschaftstheoretisch begründeter Strategien und makroökonomischer Zusammenhänge verhalf ihnen zu einer regional eingegrenzten Bewertungsgrundlage, die vor allem die sozialen und ökologischen Negativfolgen der bisherigen ökonomischen Paradigmen „*offen*-sichtlich" machten. Für die NGOs war es unwesent-

488 Menzel (o.J.) S. 7.

lich, ob beispielweise das Konsolidierungspostulat aus wirtschaftstheoretischer Sicht als unerlässlicher makroökonomischer Baustein zur Entwicklung und Stabilisierung einer Volkswirtschaft erachtet wurde. Vor Ort erlebten die NGOs, in welchem Maß die Einforderung dieses Postulats den staatlichen Rückzug aus den ohnehin kärglich ausgebildeten Sozialnetzen und Bildungsangeboten bedeutete.

Unterstützung erhielten die Proteste der NGOs auch durch Joseph Stiglitz, der zwischen 1993 und1995 als Ökonom Mitglied im Beratungsteam des amerikanischen Präsidenten Bill Clinton (Council of Economic Advisers) war und der das unbeirrte Festhalten von IWF und Weltbank am *Washington Consensus* als „Marktfundamentalismus"[489] kritisierte. James Wolfensohn stellte Stiglitz 1997 als Chefökonom der Weltbank ein, womit er die Diskussion um eine Abkehr vom *Washington Consensus* direkt in die Führungsebene der Weltbank holte und damit die sogenannte „*fünfte Phase*" der bankinternen Entwicklungsstrategien einleitete.

Zusammen etablierten Wolfensohn und Stiglitz eine neue Diskussions- und Informationskultur innerhalb der Weltbank mit dem Ziel, künftig die NGOs, externe Experten und die Transformationsländer selber stärker in die Entwicklungsarbeit einzubeziehen.[490] Joseph Stiglitz initiierte das *global development network*, das über 120 anerkannte Entwicklungsorganisationen in 80 Ländern zu einem informativen Netzwerk zusammenführte.

Wolfensohns Präsidentschaft wird in der öffentlichen Wahrnehmung eng verknüpft mit der von ihm und Stiglitz eingeleiteten *„Abkehr vom Washington Consensus"*, der Entschuldungsinitiative *HIPC* (Heavily Indebted Poor Countries) und den damit verbundenen *Armutsstrategiepapieren PRSP* (Poverty Reduction Strategy Process). Wichtigster Kern dieser *Abkehr vom Washington Consensus* bzw. des *Post Washington Consensus* ist neben der Distanzierung von einer rein wirtschaftstheoretischen Armutsauffassung vor allem die Hervorhebung und Stärkung staatlicher Institutionen.[491]

---

489 Vgl. Südwind (2004), http://www.suedwind-magazin.at/start.asp?artid=2932&ausg=200406&b=0&artart.

490 Vgl. Wolfensohn (1997), http://www.worldbank.org/html/extdr/am97/jdw_sp/jwsp97g.htm.

491 *Institution*: Auf Dauer angelegte Einrichtungen (z.B. Parlamente, Verwaltungen etc.), aber auch soziale Verhaltensregeln (z.B. verlässliche Vertragsregelungen) und Normen zur Koordination menschlichen Verhaltens und zur Herstellung oder Durchführung bestimmter Zwecke.

Insgesamt initiierte James Wolfensohn eine entwicklungstheoretische Wende, weg von der Dominanz neoklassischer Wirtschaftsparadigmen (makroökonomische Stabilität, Konsolidierung, Minimierung der Rolle des Staates und Liberalisierung der Märkte als zentrale Voraussetzungen für Wachstum) hin zu einem neoinstitutionalistischen Ansatz.

Abkehr vom Washington Consensus / Post Washington Consensus:

Der Weltentwicklungsbericht 1997[492], der die Bedeutung des Staates und der Institutionen in der Entwicklungsökonomie hervorhob, deutet auf einen wichtigen Teilaspekt des bank*internen* Paradigmenwechsels hin. Anstelle des bisherigen neoliberalen Leitgedankens, der Staat solle sich weitgehend aus den Marktabläufen heraushalten und auf Deregulierung und Privatisierung setzen, um eine optimale, wachstumsorientierte Marktentwicklung bzw. Ressourcenallokation zu gewährleisten, begründete Joseph Stiglitz eine andere Auffassung: Ihm zufolge kam dem Staat und seinen Institutionen eine wesentliche regulative und strukturelle Bedeutung beim Aufbau gewünschter Gesellschafts- und Wirtschaftsstrukturen zu. Eine zentrale Aufgabe des Staates sah Stiglitz vor allem in der Vermeidung von Verteilungsungleichgewichten, die eine effektive Entwicklung behindern würden.[493]

Stiglitz versuchte zu verdeutlichen, dass der Punktekatalog des *Washington Consensus*, der sich vornehmlich auf Stabilisierung, d.h. Inflationsbekämpfung durch restriktive Fiskal- und Geldpolitik, auf Privatisierung, Deregulierung, Liberalisierung, Gewährleistung von Eigentumsrechten und auf die Förderung wirtschaftlichen Wachstums beschränkte, zu kurz griff[494] und wichtige gesellschaftsrelevante Aspekte ausblendete. Er kritisierte beispielsweise, dass die vornehmliche Konzentration auf Wirtschaftswachstum zu einem Selbstzweck geworden sei und den ursprünglichen Stellenwert eines reinen Instrumentes zur Verbesserung eines breiten Wohlstands eingebüßt habe. Anders als in dem bisher postulierten *Trickle-down-Ansatz* angenommen, sei Wachstum allein eben kein Garant für die Partizipation der breiten Bevölkerung an den erzielten Gewinnen.

Bereits in seiner Antrittsrede zum Jahrestreffen der Weltbank offerierte Wolfensohn einen auf Joseph Stiglitz zurückgehenden neuen Strategieansatz, der die bisherige Fokussierung der Weltbank auf steigende

492 Vgl. Weltbank , Weltentwicklungsbericht (1997), S. 21–32.

493 Vgl. Stiglitz (1998), http://siteresources.worldbank.org/CDF/Resources/prebisch98.pdf, S. 9.

494 Vgl. Stiglitz (1998), S. 9.

Wachstumsraten in den Entwicklungsländern als alleinigen Indikator für eine erfolgreiche Entwicklungspolitik erstmalig in Frage stellte.

> "We must learn more about the why and the how of income distribution. We must measure progress not only in gross domestic product per capita but also in social and environmental benefit per capita, as we are seeking to do in some of our most recent work."[495]

Stiglitz ergänzte diesen Ansatz weiter, indem er die Bedeutung staatlicher Institutionen für eine effektivere und gerechtere Verteilung und Weiterleitung wirtschaftlicher Gewinne hervorhob. Nur in Verbindung mit einer staatlich kontrollierten Verteilungspolitik und Marktaufsicht könne wirtschaftliches Wachstum an die ärmeren Bevölkerungsschichten weitergeleitet werden und zur allgemeinen Armutsminderung beitragen. Er begründete seine Auffassung mit den Erfahrungen im ostasiatischen Raum, insbesondere in den sogenannten „Tigerstaaten", die zwar 1997/98 am Rande des wirtschaftlichen Zusammenbruchs standen, deren beispiellose wirtschaftliche Erfolgsgeschichte bis dahin aber nicht in das neoliberale Muster des *Washington Consensus* passte, denn in ihrem Wirtschaftsmodell hatte der öffentliche Sektor, laut Stiglitz, eine besonders wichtige Funktion gehabt. Die asiatischen Regierungen hatten ihm zufolge nicht allein auf freie, unregulierte Märkte vertraut, wie dies der *Washington Consensus* forderte. Stiglitz beschreibt die asiatischen Regierungen als Marktkatalysatoren, mit deren Hilfe erforderliche physische und institutionelle Infrastrukturen bereitgestellt wurden, die bei Marktversagen aushalfen und Sparaktivitäten und Technologien förderten und somit eine breite zukunftsfähige ökonomische Basis schufen.[496]

Im Hinblick auf die Stabilitäts-Vorgabe unterstellte Stiglitz insbesondere dem IWF eine übersteigerte Angst vor inflationären Entwicklungen und Haushaltsdefiziten[497], deren tatsächliche Effekte auf die Volkswirtschaft immer noch strittig seien, die Auswirkungen der strikten Einhaltung von Haushaltsdisziplin und Deflation hingegen klar erkennbar zu einem sozialen Abbau und unzureichendem Ausbau von Infrastrukturen in den Bereichen Bildung und Gesundheit geführt hätten.

---

495 Wolfensohn (1995), http://web.worldbank.org/WBSITE/EXTERNAL/EXTABOUTUS/ORGANIZATION/EXTPRESIDENT2007/EXTPASTPRESIDENTS/PRESIDENTEXTERNAL/0,,contentMDK:20025722~menuPK:232083~pagePK:159837~piPK:159808~theSitePK:227585,00.html.

496 Vgl. Stiglitz / Charlton (2006), S. 25f.

497 Vgl. Stiglitz (2002), S. 41.

Wolfensohn und Stiglitz brachten den Aspekt länderspezifisch angepasster Entwicklungsprogramme in ihre Kritik am *Washington Consensus* ein, der mit seinen festgelegten Zielvorgaben eine Einheitsstrategie für alle Volkswirtschaften vorsah, ohne die besonderen Rahmenbedingungen der Transformationsländer zu berücksichtigen. In seiner Antrittsrede betonte Wolfensohn: „*Our programs have to be part of a comprehensive development strategy that is rooted in a country's individual needs.*"[498]

Während Wolfensohn vor allem die hohe Komplexität der Entwicklungsproblematik als Grund für eine Abkehr von den bisherigen neoliberalen Standardprogrammen hervorhob, unterbreitete Stiglitz ergänzend dazu das von ihm herausgearbeitete Problem *asymmetrischer Marktinformationen* in den Entwicklungsökonomien, das in den bisherigen Strategien der Bank völlig außer Acht geblieben war. Nach seiner Auffassung reagieren insbesondere unterentwickelte Märkte, die häufig durch erhebliche Informationsasymmetrien zwischen den Marktteilnehmern gekennzeichnet sind, auf die neoliberalen Strategien nicht mit den erhofften wirtschaftlichen Effizienzsteigerungen. Stiglitz' Ansatz geht davon aus, dass jeglichem volkswirtschaftlichen Handeln ein Vertragsabschluss zugrunde liegt und dass jeder Vertragspartner nur mit Hilfe der ihm zur Verfügung stehenden Informationen die Kostenrisiken und Rentabilität eines Geschäftsabschlusses abschätzen kann. Je höher das Risiko erscheint, dass der Vertragspartner einen etwaigen Informationsvorteil besitzt, den er in den Vertragsverhandlungen verschweigt und somit für sich gewinnbringend ausnutzen kann, desto geringer ist die Bereitschaft für Vertragsabschlüsse. Volkswirtschaften, deren Strukturen von ausgeprägten Informationsasymmetrien bestimmt sind, wie sie beispielsweise in stark zentralistischen oder auch von Korruption betroffenen Ländern zu beobachten sind, schaffen grundsätzlich ein hohes Geschäftsrisiko, was sich negativ auf die volkswirtschaftlich erforderliche Vertragsbereitschaft aller Wirtschaftssubjekte auswirkt und potentielle wirtschaftliche Initiativen oft im Keim erstickt. Insbesondere ausländische Privatinvestoren reagieren daher oft zurückhaltend in ihrem wirtschaftlichen Engagement.

Aber vor allem Finanzmärkte funktionieren in Ermangelung gesicherter und transparenter Fundamentaldaten nicht optimal. Banken müssen unter diesen Bedingungen meist höhere Risikoprämien in Form höherer Zinsen bei der Vergabe von Krediten einfordern, was sich in einer Verteuerung der Kredite auswirkt. Infolgedessen werden Kredite für die ärmeren Bevölkerungsschichten unzugänglich, so dass deren wirtschaftliche Aktivitäten sehr verhalten bleiben und damit kaum wirtschaftliches

498 Wolfensohn (1995).

Wachstum initiiert wird. Stiglitz plädiert somit dafür, dass sich die Zielvorgaben der Weltbank nicht wie bisher auf eine Liberalisierung und Deregulierung der Finanzmärkte beschränken, sondern vor allem auf die Herstellung funktionsfähiger, informationssymmetrischer Finanzmärkte.[499]

Diese Bedingungen seien nur durch eine gezielte Intervention des Staates und seiner Institutionen zu schaffen, die unter anderem dafür Sorge zu tragen haben, dass wichtige Informationen für alle Wirtschaftssubjekte transparent und zugänglich sind.

Die politischen und ökonomischen Schlussfolgerungen, die auf der Grundlage dieser Analysen während der Präsidentschaft von James Wolfensohn als sogenannter *Post-Washington Consensus* einen signifikanten Paradigmenwandel der Weltbank einläuteten, werden von Bettina Führmann beschrieben und hier ergänzend skizziert:

Das neue Konzept des Post-Washington Consensus:

Zur umfassenden Zielsetzung des Post-Washington Consensus zählte vor allem, dass mit einer Erhöhung des Wirtschaftswachstums auch die Erhöhung des Lebensstandards der Bevölkerung einhergehen müsse. Oberste Priorität erhielt abermals die Zielvorgabe der Armutsbekämpfung. Eingefordert wurde zudem eine gerechte, nachhaltige und demokratische Entwicklung: Gerecht durch eine weitgehende Partizipation der Bevölkerung am wirtschaftlichen Fortschritt; nachhaltig im Sinne einer ressourcenschonenden und umweltverträglichen Wirtschaftsentwicklung und demokratisch in dem Sinn, dass die Bürger auf vielfältige Weise an den politischen und wirtschaftlichen Entscheidungen ihres Landes beteiligt werden. Führmann weist darauf hin, dass das letztgenannte Ziel eine klare Abwendung von der Konditionalität der Strukturanpassungspolitik der Weltbank bedeutete, da den Ländern kein Strukturkonzept mehr aufgezwungen werden sollte, sondern ein solches Konzept unter umfassender Mitwirkung der Bevölkerung und von den Regierungen selber entwickelt werden sollte. Die Begriffe participation und ownership kennzeichnen die geforderte Eigenverantwortung der Zielgruppen und Partnerorganisationen bei der Entwicklungszusammenarbeit. Sie gelten als wichtige Vorbedingungen für die Effizienz, die Nachhaltigkeit und den Erfolg von Entwicklungsmaßnahmen.

Die Zielvorgaben des Post-Washington Consensus:

499 Vgl. Führmann (2003), S. 23.

1. **Stabilisierung des gesamtwirtschaftlichen Outputs und Vermeidung von Arbeitslosigkeit**: In klarer Abgrenzung zum Washington Consensus standen nun nicht mehr die Inflationsbekämpfung und die Haushaltskonsolidierung im Vordergrund der Kreditpolitik der Weltbank, die nach Stiglitz´ Auffassung ein Hauptgrund für die wachsende Armut und Arbeitslosigkeit in den Entwicklungsländern waren, sondern die Stabilisierung des gesamtwirtschaftlichen Outputs und die Vermeidung von Arbeitslosigkeit erhielten Priorität.
2. **Finanzmarktregulierung:** Um funktionsfähige Finanzmärkte herzustellen, galt es, eine Finanzmarktregulierung und Finanzaufsicht gesetzlich so zu verankern, dass sie insbesondere die wirtschaftliche Vorteilsnutzung aus bestehenden Informationsasymmetrien eindämmen konnte. Ziel der Regulierung des Finanzsystems war es darüber hinaus, Sicherheit und damit Vertrauen in die Finanzsysteme zu schaffen, Wettbewerb zu fördern, die Verbraucher zu schützen und den Kapitalzugang auch für finanziell schwächere Gruppen zu ermöglichen.
3. **Wettbewerbspolitik:** Ganz im Sinne der ordoliberalen Wirtschaftsauffassung hatte der Staat im Konzept des *Post-Washington Consensus* für die Aufrechterhaltung des Wettbewerbs Sorge zu tragen, indem er beispielsweise wettbewerbswidriges Verhalten (z.B. Monopolbildung) verhindern sollte.
4. **Förderung des Humankapitals:** Durch die Verbesserung der staatlichen Bildungsangebote sollten die für eine wirtschaftliche Weiterentwicklung notwendigen Fachkräfte zur Verfügung gestellt werden.
5. **Technologieförderung:** Neben der Ausbildung von Fachkräften sollte der Staat vor allem die Ausbildung im Hochschulbereich fördern, um technologisches Wissen in den Entwicklungsländern zu verbreiten. Staatlich finanzierte Hochschulen sollten daher eine Schlüsselfunktion zur Förderung notwendiger Technologietransfers übernehmen.
6. **Sequencing** wurde als Gegenkonzept zu den radikalen und sofortigen Privatisierungs- und Liberalisierungsauflagen entwickelt, die den Ländern im Rahmen der Strukturanpassungsprogramme aufgezwungen wurden. So war Privatisierung eingeführt worden, bevor ein ausreichender Wettbewerb durch eine angemessene Wettbewerbsordnung gesichert werden konnte, und die Finanz- und Kapitalmärkte wurden liberalisiert, bevor entsprechende Finanz-

marktinstitutionen zur Vermeidung von Marktversagen existierten. Die Einhaltung einer angemessenen Abfolge (sequencing) sollte helfen, entwicklungspolitische Fortschritte, die auch Stiglitz sich von der Privatisierung, Deregulierung und Liberalisierung grundsätzlich erhoffte, auf ein solide gewachsenes wirtschaftspolitisches Fundament zu stellen.

7. **Stärkung der Effizienz staatlicher Institutionen :** Von entscheidender Bedeutung im *Post-Washington Consensus* war die Zielvorgabe, dass fortan die staatlichen Stellen in der wirtschaftspolitischen Strategie der Weltbank nicht weiter zur ökonomischen Neutralität verpflichtet wurden, sondern ihre ökonomischen wie auch gesellschaftspolitischen Funktionen gestärkt und ausgebaut wurden. Staatliche Korrekturmaßnahmen bei Marktversagen und bei Verteilungsungleichgewichten sowie staatlich festgelegte Strukturförderungen wurden nicht länger als Staatsinterventionismus tabuisiert. Der Staat sollte als Komplement des Marktes fungieren und die Funktionsfähigkeit der Märkte sichern. Die Erfahrungen mit Korruption und der Ineffizienz staatlicher Stellen hatten gezeigt, dass hieraus nicht nur ein signifikantes Investitionshemmnis entstanden war, sondern dass insbesondere die Partizipation der ärmeren Bevölkerung an potentiellen Wirtschaftserfolgen verhindert wurde und somit die Formel „Wachstum = Wohlstand für alle" ohne eine politische Kontrolle weiterhin unterhöhlt wurde. Die bereits unter Conable formulierte Zielvorgabe der Good Governance erhielt verstärkte Aufmerksamkeit. Die Korruptionsbekämpfung wurde zu einem zentralen Anliegen der Weltbank. Stiglitz sah es als erwiesen an, dass die Qualität der staatlichen Institutionen die wirtschaftliche Leistungsfähigkeit einer Volkswirtschaft bestimmt. Es sollte darauf hingewirkt werden, dass die staatlichen Institutionen ausreichend Anreize erhielten, ihr Handeln stärker am Gemeinwohl auszurichten und Korruption zu verhindern. Eine stringente Gewaltenteilung mit einer unabhängigen Justiz sowie eine effektive Aufsicht in den Institutionen wurden hierbei als unerlässliche Grundvoraussetzung begriffen.[500]

Mit den im *Post-Washington Consensus* formulierten Zielvorgaben, beispielsweise der Einführung der Gewaltenteilung und eines Demokratisierungsprozesses (participation), sah sich die neue Weltbankführung nicht länger auf die Funktion einer nur nach ökonomischen Kriterien bewertenden Institution begrenzt, sondern übernahm auch die Funktion einer politisch beurteilenden Institution. Das bisherige rein makroöko-

500 Vgl. Führmann (2003), S. 26f.

nomisch fundierte Entwicklungsparadigma wurde explizit um die Aspekte der Lebensqualität, sozial gerechter und ökologisch nachhaltiger Entwicklung, Demokratie und Rechtsstaatlichkeit erweitert und verankerte damit ein holistisches Entwicklungsverständnis.

Allerdings standen und stehen diese Zielvorgaben im Widerspruch zu den Vorgaben der Bankstatuten, die eine politische Einmischung der Bretton-Woods-Institutionen nicht vorsehen.[501] In seiner Ansprache zur Jahreskonferenz von IWF und Weltbank 1997 begründete James Wolfensohn diese politische Kehrtwende, wies jedoch gleichzeitig darauf hin, dass den Entwicklungsländern eine bestimmte politische Entwicklung nicht von außen auferlegt werden könne.[502] In seiner Rede bleibt jedoch unklar, wie er das neue holistische Entwicklungsverständnis in die Praxis umzusetzen und den Balanceakt zwischen der Förderung von Good Governance, Demokratieentwicklung, Rechts- und Sozialstaatlichkeit mit der Vorgabe politischer Nichteinmischung in Einklang zu bringen gedachte.

Comprehensive Development Framework (CDF):

Anfang 1999 stellte Wolfensohn das Konzept des *Comprehensive Development Framework (CDF)* vor, mit dem die in seiner Rede vorgetragenen neuen Zielsetzungen untermauert wurden. Das *Comprehensive Development Framework* steht, wie der *Post-Washington Consensus*, für die neue holistische Entwicklungsstrategie, die den betreffenden Ländern, anders als die von außen auferlegten Konditionalitäten der Strukturanpassungsprogramme, das alleinige Entscheidungs- und Bestimmungsrecht über ihre weiteren Entwicklungsschritte zugesteht. Das *Comprehensive Development Framework* basiert auf der Idee der nationalen *ownership* und betont stärker als der ökonomisch fundierte *Post-Washington Consensus* die Förderung von Partnerschaften zwischen allen beteiligten Akteuren. Erklärtes Ziel war es, durch mehr Transparenz, Kooperation und Koordination die Kompetenzen und Aktivitäten der einzelnen Akteure, zu denen staatliche Institutionen, Unternehmer, Investoren, Verbraucher wie auch Kreditinstitutionen zählen, offen zu legen.

Grundsätzlich vertraut dieses Konzept darauf, dass durch engere Partnerschaften zwischen den Vertretern der Entwicklungsländer, der Geberländer und Institutionen, den NGOs und dem Privatsektor die Effizienz von Entwicklungsanstrengungen – insbesondere im Hinblick auf

---

501 Artikel IV, Absatz 10, Article of Agreements, Worldbank.

502 Vgl. Wolfensohn (1997), http://www.worldbank.org/html/extdr/am97/jdw_sp/jwsp97g.htm.

die Zielvorgabe „Armutsminderung" - erhöht wird und gleichzeitig die gewünschten Demokratisierungsprozesse *(participation)* gefördert werden, die den Kampf gegen Korruption maßgeblich unterstützen sollen.

Folgende Leitlinien fasst die *Deutsche Gesellschaft für Technische Zusammenarbeit (gtz)* zusammen, die auch die Basis für die *CDF*- Entwicklungsstrategie bilden:

- Alle Entwicklungsziele und -programme werden von den betroffenen Ländern selbst bestimmt und nicht von den Entwicklungsorganisationen der Geberländer *(ownership by the country)* vorgegeben.
- Die Identifizierung des Entwicklungsbedarfs und der entsprechenden Programme erfolgt in Partnerschaft zwischen Regierung, Zivilgesellschaft, Entwicklungsagenturen und Privatsektor.
- Es ist eine langfristige Entwicklungsperspektive zu erarbeiten, die dauerhaft nationale Zustimmung und Unterstützung findet.
- Strukturelle und soziale Faktoren sind gleichrangig in die ökonomischen und finanziellen Betrachtungen des Entwicklungserfolges einzubeziehen und zu fördern.[503]

Poverty Reduction Strategy Papers (PRSP) und Heavily Indebted Poor Countries (HIPC):

Kurz nach der Veröffentlichung der *CDF* initiierte die Weltbank unter Beteiligung des IWF die sogenannten *Poverty Reduction Strategy Papers (PRSP)*[504], mit deren Hilfe die Zielvorgaben des *CDF* konzeptionell umgesetzt werden sollten.

---

503 Vgl. gtz (Gesellschaft für Technische Zusammenarbeit) (1996): Pilotprogramm Gender, http://www2.gtz.de/gender_project/deutsch/weiterfuehrend/glossar/glossar.htm.

504 Die PRSP fächern sich dabei in mehrere Politikdokumente auf, die aber aus Gründen der besseren Verständlichkeit hier nicht durchgehend ausdifferenziert werden.

Interim-PRSP: Länder, deren Entscheidung für einen Schuldenerlass unmittelbar bevorsteht, müssen ein provisorisches I-PRSP erstellen. Im Vergleich zu einem vollen PRSP enthält ein I-PRSP nur folgende Elemente: - eine erste Analyse der Armutssituation nach dem gegenwärtigen Wissensstand, - Beschreibung der derzeitigen Armutsbekämpfungsstrategie, - Beschreibung der Strategie für die Formulierung des endgültigen PRSP, -Beschreibung des geplanten Konsultationsprozesses. Die Beteiligung der Zivilgesellschaft ist für die Erstellung eines I-PRSP nicht erforderlich. Bei Vorlage eines I-PRSP kann ein so genannter Interim-Debt-Relief erfolgen, der dann nach Fertigstellung und

Die Festlegung der *PRSPs* beruhte unter anderem auf konkreten Forderungen der G 7-Staaten, die diese im Rahmen der erweiterten *HIPC-Initiative (HIPC II)* formulierten. Bereits 1996 initiierte Wolfensohn zusammen mit dem damaligen IWF-Präsidenten Horst KÖHLER eine erste Entschuldungsinitiative. Das als *HIPC-Initiative* bekannt gewordene Konzept sollte die am höchsten verschuldeten Entwicklungsländer *(**Hea**vily **I**ndebted **P**oor **C**ountries = HIPC)* durch einen Teilerlass auf ein tragfähiges Schuldenniveau bringen. Seit der Einführung dieser Entschuldungs-Initiative ist die Erarbeitung eines *PRSP* Voraussetzung für einen Schuldenerlass und für konzessionelle Kredite der internationalen Finanzinstitutionen. Mit Hilfe der *PRSP* wollten die Geber sicherstellen, dass die durch die Entschuldung freigewordenen Gelder auch tatsächlich in die direkte Armutsbekämpfung umgeleitet und investiert werden.[505]

Auf Initiative Norwegens, Großbritanniens, der Niederlande und der deutschen Bundesregierung wurde im Juni 1999 auf dem G8-Treffen[506] in Köln diese Initiative ausgedehnt, damit mehr Länder daran partizipieren können. Die in Köln gefassten Beschlüsse kamen in wesentlichen Fragen

---

Verabschiedung des vollständigen PRSP definitiv gestellt wird. Vgl. Strickner / Vögel (2003), S. 4.

PRGF: Im Rahmen des von IWF und Weltbank gemeinsam erstellten PRSP legte der IWF die Poverty Reduction and Growth Facility (PRGF) auf, womit die Zielvorgabe wirtschaftlichen Wachstums im Rahmen seiner Kreditbewilligungsverfahren stärker betont wird und insbesondere makroökonomische Reformen, z.B. in der Steuer, Finanz- und Wechselkurspolitik als in der Inflationsbekämpfung und Haushaltskonsolidierung notwendig unterstützt werden sollen. Damit werden die typischerweise im Washington Consensus fokussierten, und dem neoliberalen Denkansatz entnommenen, Paradigmen in die PRSP transportiert, von denen sich der Post-Washington Consensus eigentlich abwenden wollte , vgl. Siebold (2008), S. 13.

PRSC: Poverty Reduction Support Credits sind die Kredite, mit denen die Ausführung der Reformen, die in den PRSP festgelegt werden, finanziert werden.

PSIAS: Zu den Neuerungen der PRGF gehören auch die sogenannten *Poverty and Social Impact Analyses* (PSIAs), mit deren Hilfe mögliche Verteilungseffekte der Programme bestimmt und im Falle unerwünschter Wirkungen Ausgleichsmaßnahmen entwickelt werden sollen, vgl. Siebold (2008), S. 17. Die PSIAS sind sozusagen ein neuer Baukasten der Weltbank, der aus großenteils bekannten Instrumenten besteht. Er dient der Sozialfolgenabschätzung wesentlicher Strukturreformen in Entwicklungsländern, vgl. Asche (2005), http://www.gtz.de/de/dokumente/en-prsp-4p-2005.pdf.

505 Vgl. Siebold (2008), S. 11.

506 seit 1997 offiziell G8, da Russland in den Kreis aufgenommen wurde.

den Forderungen der NGOs nach, die die erste *HIPC-Initiative* als unzulänglich kritisiert hatten, da nur die wenigsten Länder von dieser Initiative Gebrauch machen konnten.

Das neue Entwicklungsparadigma folgte der Annahme, dass eine nachhaltige Wirtschaftspolitik nur dann aufgebaut werden kann, wenn die hierzu notwendigen Konzepte von den Regierungen und von der Zivilgesellschaft entwickelt und mitgetragen werden, d.h. die Bevölkerung weitgehend an der Ausarbeitung einer Landesstrategie partizipiert.

Karin Küblböck fasst die fünf Kernprinzipien des *PRSP*-Ansatzes zusammen:

- Die PRSP sollen von den Regierungen der betroffenen Länder in Eigenverantwortung (*ownership*) unter umfassender Beteiligung der Zivilgesellschaft und der Betroffenen (*participation*) erarbeitet werden.
- Die PRSP sollen ergebnisorientiert sein und sich auf die Maßnahmen konzentrieren, die den Armen zu Gute kommen.
- Die PRSP sollen umfassend sein und damit der multidimensionalen Natur von Armut Rechnung tragen, d.h. sowohl soziale als auch makroökonomische, strukturelle und sektorale Politikmaßnahmen umfassen.
- Die PRSP sollen auf Zusammenarbeit ausgelegt sein, so dass sowohl bi- und multilaterale Geber als auch NGOs an dem Prozess beteiligt und eingebunden werden können.
- Die PRSP sollen auf einer langfristigen Perspektive der Armutsreduzierung basieren.[507]

Das Armutsstrategiepapier *(PRSP)* fordert demnach als Zugangsvoraussetzung für ein Entschuldungsprogramm, dass die Schuldnerländer in nationaler Eigenverantwortung ein Konzept zur Bekämpfung der Armut erarbeiten und dass die Regierungen sich verpflichten, die Zivilgesellschaft an der Erstellung dieses Strategiepapiers zu beteiligen. Außerdem sind die durch die Entschuldung freigewordenen Mittel in direkter Form für die Armutsbekämpfung zu verwenden.

Zwischen 2004 und Herbst 2006 haben rund 70 Länder einen PRS-Prozess initiiert, 49 davon ein endgültiges *PRSP* verabschiedet[508], 27 Länder wurden in das Entschuldungsprogramm *HIPC* aufgenommen

---

507 Küblböck (2006), S. 7, vgl. auch http://siteresources.worldbank.org/INTPRS1/Resources/PRSP-Review/2005_Review_Final.pdf, S. 15.

508 Vgl. Küblböck (2006), S. 5.

und etwa 20 weitere sollen bis 2010 auf ihre Voraussetzungen überprüft werden.[509]

Die eigentliche Abkehr von allen früheren Weltbankparadigmen ist neben der offiziellen Verwerfung einiger neoklassischer Wirtschaftsansätze jedoch vor allem darin zu sehen, dass mit den *PRSPs* den Entwicklungsländern keine von Weltbank-Mitarbeitern ausgearbeiteten Konditionalitäten und Strukturanpassungen mehr auferlegt werden sollten, sondern dass diese von den Ländern selber unter Einbeziehung der Zivilgesellschaft auszuarbeiten sind. *Ownership* und *participation* waren die zentralen Schlüsselbegriffe der neuen Weltbankpolitik.

IWF und Weltbank fungieren seither offiziell zwar nur noch beratend bei der Ausformulierung der Entwicklungsstrategien, die die jeweiligen Länder eigenständig konzeptualisiert haben, aber zuletzt müssen beide Organisationen das Entwicklungskonzept durch den Exekutivrat bewilligen lassen.[510] Eine Ablehnung oder Genehmigung durch den Exekutivrat wird nach wie vor auf der Grundlage der Empfehlungsschreiben der zuständigen Weltbankmitarbeiter entschieden, die die *PRSP* in dem sogenannten *Joint Staff Assessment (JSA)* bewerten und auf mögliche Schwächen hinweisen, damit einzelne Aspekte von den Antragstellern verstärkt herausgearbeitet werden können.[511]

Mit der Einführung des *JSA* hat sich die Weltbank die Möglichkeit offengehalten, ihren Einfluss auf die Entwicklungsstrategien und -prämissen weiterhin geltend zu machen. Die Prinzipien *ownership* und *participation* können auf diese Weise prinzipiell von der Weltbank ausgehöhlt, d.h. ausgehebelt werden, was zu einem Hauptkritikpunkt in der Bilanzierung des *Post-Washington Consensus* (siehe weiter unten) wurde.

---

509 Vgl. Copur / Schneider (2004) S. 92f, vgl. World Bank (o.J.): The Enhanced HIPC Initiative - Overview: http://web.worldbank.org/WBSITE/EXTERNAL/TOPICS/EXTDEBTDEPT/0,,print.Vgl. Bundesministerium für wirtschaftliche Zusammenarbeit und Entwicklung (o.J.),

http://bmz.de/themen/entschuldung/instrumente/hipc_initiative/index.html, vgl. weed (2003), http://www.koehler-iwf.de/gescheiterte_politik/hipc.html, vgl. Herz in: Die ZEIT(2004), http://images.zeit.de/text/2004/42/IWF-Tagung. Laut Thomas Siebold haben einige Länder bis 2008 sogar mehrfach PRSCs erhalten. An der Spitze steht Burkina Faso (7 PRSCs), gefolgt von Uganda (6) und Ghana und Tansania (je 5) (Stand Juli 2007). Im Juli 2007 waren seinen Angaben zufolge 18 PRGF-Abkommen für subsaharische Länder in Kraft. Vgl. Siebold (2008), S. 12.

510 Vgl. Führmann (2003), S. 35.

511 Vgl. Sehring (2003), S. 52.

Dass die PRSP im Gegensatz zu den früheren *Strukturanpassungsprogrammen* (SAP) kein Einheitsprogramm mehr vorgeben und auferlegen können, begründet sich logischerweise durch die Prinzipien *ownership* und *participation.* Dennoch verlangen IWF und Weltbank die Umsetzung einiger von ihnen festgelegter Punkte, um ein *PRSP* anerkennen zu können.

In weitgehender Übereinstimmung mit Bettina Führmanns Skizzierungen erläutert die Politikwissenschaftlerin Jenniver Sehring diese Elemente.

- **Armutsanalyse:** Im Rahmen der *PRSP* sind die makroökonomischen, strukturellen, sozialen und institutionellen Hindernisse von Wachstum und Armutsreduzierung herauszuarbeiten. Hierzu ist eine mit Daten und Forschung fundierte Beschreibung der Armutssituation erforderlich. Neben ökonomischen Datenerhebungen sind auch regionale, demographische, ethnische, ökologische und geschlechtsspezifische Aspekte der Armut zu beschreiben. Auch müssen Angaben zur armutsrelevanten Anfälligkeit des Landes gegenüber externen Risiken einbezogen werden.
- **Zielsetzung:** In den *PRSP* sind mittel- und langfristige Ziele der Armutsbekämpfung festzulegen, die auf einer realistischen Einschätzung der Bedingungen des Landes basieren. Auch sind Indikatoren zur Messung von Entwicklungsfortschritten (Wachstumsraten, Einschulungsraten etc.) zu erarbeiten.
- **Strategieentwicklung**: Ferner ist die Ausarbeitung einer Strategie erforderlich, die makroökonomische, strukturelle und soziale Politikmaßnahmen umfasst und im Gesamthaushalt berücksichtigt und erfasst. Diese Maßnahmen können Strukturreformen mit Handelsliberalisierung, Privatisierung u.ä. sein.
- **Partizipationsprozess:** Mit Hilfe der PRSP ist die Partizipation von Armen am ökonomischen Wachstum durch die Identifizierung ihrer Schwierigkeiten und darauf ausgerichtete prioritäre Maßnahmen gezielt zu fördern, z.B. durch spezielle Programme zur Stärkung ihrer Kapazitäten und Möglichkeiten oder zu ihrer Absicherung gegenüber Risiken. Ein *Poverty and Social Impact Assessment* (PSIA) soll die Auswirkungen von politischen und wirtschaftlichen Entscheidungen auf die Armutsentwicklung abschätzen.
- **Überwachung und Auswertung:** Ein Monitoring des Entwicklungsprozesses soll die Zusammenhänge von Politikmaßnahmen und gesamtgesellschaftlichen Veränderungen dokumentie-

ren. Die Ergebnisse des Monitoring sollten von der Regierung regelmäßig veröffentlicht werden.[512]

Nach der Fertigstellung eines *PRSP* soll jedes Jahr ein *Progress Report* die Umsetzungsbilanz der Entwicklungsstrategie dokumentieren. Das *PRSP* soll einen Zeitrahmen von 15 Jahren umfassen, wobei der Policy-Zyklus drei Jahre beträgt, das heißt, alle drei Jahre soll nach einem Monitoring und einer eingehenden Evaluierung der Projekt-Implementierung das *PRSP* aktualisiert werden.[513]

Das *PRSP*-Konzept wurde infolge bankinterner Evaluierungsstudien im letzten Amtsjahr von James Wolfensohn einer Korrektur unterzogen, die als *PRSP II* bezeichnet wurde (Näheres hierzu siehe weiter unten).

Neben dieser umfassenden programmatischen Reforminitiative steht James Wolfensohns Präsidentschaft auch für eine mindestens ebenso umfassende Reformoffensive im innerorganisatorischen Bereich. In seiner Ansprache zur Jahreskonferenz von IWF und Weltbank 1997 begründete und erläuterte Wolfensohn diese innerorganisatorische Neuausrichtung, mit deren Hilfe er hoffte, die Projektverfahren effizienter und vor allem sozial- und umweltverträglicher zu gestalten. Die Hintergründe und Auswirkungen dieser Reorganisation werden an anderer Stelle (Kapitel 5.2.6) dargestellt.

5.1.6 Paul Dundes Wolfowitz (2005–2007)

Die Präsidentschaft von Paul Wolfowitz wurde wissenschaftlich bislang kaum reflektiert. In den Medien wurden vornehmlich im Vorfeld seiner Präsidentschaft Spekulationen über seine zu erwartende Führungsstrategie diskutiert, während später die skandalumwitterten Hintergründe seines vorzeitigen Amtsaustritts eingehend thematisiert wurden. Doch über den Verlauf seiner Präsidentschaft und über etwaige entwicklungs- oder wirtschaftspolitische Strategien, die Wolfowitz anvisierte, finden sich kaum fundierte Untersuchungen, so dass seine Arbeit und sein Einfluss auf die weitere Entwicklung der von Wolfensohn initiierten Reformen hier nur mit Hilfe weniger Materialien und Anhaltspunkte rekonstruiert werden können.

Beinahe zeitgleich mit dem Ausscheiden von James Wolfensohn aus der Weltbank ebben auch die Debatte und öffentliche Auseinandersetzung mit seinen Reforminitiativen deutlich ab. Insgesamt bricht die Informationsvielfalt zum Thema Weltbank in bemerkenswerter Weise auch auf

512 Vgl. Führmann (2003), S. 35, vgl. Sehring (2003) S. 41.

513 Vgl. Sehring (2003), S. 41.

Seiten der NGOs mit Ablauf des Jahres 2007 deutlich ein. Dies ist umso bedauerlicher, als eine intensive Weiterführung der Reformbeobachtungen bzw. -evaluierungen nach einem derart politisch motivierten Führungswechsel von dem durch die Demokraten aufgestellten Wolfensohn zu dem dem republikanischen Lager zugehörigen Wolfowitz weitere wichtige Rückschlüsse auf die machtpolitischen Wirkungsmechanismen innerhalb der Weltbank erlauben könnten.

Nachdem Paul Wolfowitz zuvor politischer Berater von George W. Bush und stellvertretender Verteidigungsminister der USA unter Minister Donald Rumsfeld gewesen war, überschattete seine politische Nähe zur Bush-Administration seine gesamte Präsidentschaft zwischen 2005 und 2007. Wolfowitz galt als Wunschkandidat von George W. Bush, was seit längerer Zeit auch dem noch amtierenden James Wolfensohn bekannt war, dessen spannungsgeladenes Verhältnis zur Bush-Administration auch in den Medien thematisiert wurde. Nachdem die Bush-Administration für eine weitere Legislaturperiode legitimiert wurde, sah Wolfensohn davon ab, sich für eine dritte Präsidentschaftsphase zur Wahl zu stellen.

Anfang März 2005 wurde Wolfowitz dann offiziell nominiert. Seine Nominierung führte sowohl bankintern als auch auf internationaler Ebene zu heftigen Debatten, insbesondere da Wolfowitz als Mitinitiator des Irak-Krieges nicht als der ideale Kandidat erschien. Es wurde befürchtet, dass Wolfowitz die Weltbank zu sehr im Sinne der republikanischen Interessenlobby und der unilateralen Weltanschauung der Bush-Administration leiten und umformen könnte[514] und die gerade erst neu postulierten und weltweit einhellig begrüßten Zielvorgaben der Bank zugunsten der weltweiten Armutsbekämpfung wieder verwerfen oder zumindest in ihrem Stellenwert schwächen könnte.[515] Zudem konnte auch Wolfowitz auf dem Gebiet der Entwicklungspolitik keinerlei Erfahrungen vorweisen.

Die ZEIT-Redakteure Thomas Fischermann, Christiane Greffe und Wolfgang Uchinatos äußerten ihre skeptische Erwartungshaltung im Vorfeld seines Amtsantritts und stellten die Überlegung in den Raum, ob der

514 Vgl. Schoeller in: Berliner Zeitung (2005), http://www.berlinonline.de/berliner-zeitung/archiv/.bin/dump.fcgi/2005/0321/tagesthema/0012/index.html.

515 Vgl. Mildner in: Weltpolitik.net, http://www.weltpolitik.net/Sachgebiete/Weltwirtschaft%20und%20Globalisierung/Institutionen%20und%20Akteure/IWF%20und%20Weltbank/Analysen/Taube%20oder%20Falke%3F%20Der%20neue%20Weltbankpr%C3%A4sident%20stellt%20sich%20vor.html.

neokonservative, neoliberale Wolfowitz beispielsweise die Entwicklungsländer zum Abbau von Handelsbarrieren zwingen werde, bevor sie Kredite erhalten oder ob er sich mit afrikanischen Diktatoren und chinesischen Technokraten anlegen werde, die nicht der Demokratie westlichen Musters folgen, um so den Weg für die neokonservative Denkvorstellung der Bush-Administration zu ebnen und die Weltbank zu diesem Zwecke zu instrumentalisieren.[516]

In beinahe ironisch anmutender Weise schreibt das Internet-Lexikon Wikipedia zur Person Wolfowitz, dass es ihm gelungen sei, die Bedenken zu zerstreuen, indem er in Brüssel europäischen Entwicklungspolitikern sein Programm für den Fall seiner Präsidentschaft erläuterte, die ein Novum in der Geschichte der Weltbank darstellt. Dieses Novum bestand darin, keine eigene politische Agenda zu verfolgen und die Weltbank im Sinne aller Mitglieder führen zu wollen. Dass er ohne Reformabsichten sein Amt antrat, betonte Wolfowitz in einem ZEIT-Interview vom 08.06.2009.[517]

Damit war Wolfowitz der erste Weltbank-Präsident, der bei seinem Amtsantritt keine Reforminitiative ankündigte. Dies lässt prinzipiell viel Raum für Spekulationen offen, die aber bis dato kaum Einzug in die Weltbankdebatte fanden. So drängt sich meines Erachtens in Anbetracht der politischen Spannungen, die sein Amtsvorgänger Wolfensohn mit der Bush-Administration ausgetragen hatte, die Frage auf, warum der als erzkonservativ geltende und dem neoliberalen Lager zuzuordnende Paul Wolfowitz nicht mit einer ausdrücklichen Kurskorrektur der Wolfensohn-Politik sein Amt antrat. Denn immerhin waren die Spannungen zwischen seinem Vorgänger Wolfensohn und der Bush-Administration mehrfach von zentralen Meinungsunterschieden über die Finanzierung und vor allem den generellen Einsatz von Weltbank-Hilfen sowie über Veränderungen bei der Kreditvergabe aufgeladen worden.[518]

Möglicherweise, aber dies bleibt spekulativ, befürchtete die Bush-Administration, dass ein allzu offensichtliches In-Frage-Stellen der Reformen Wolfensohns in Anbetracht der großen Zustimmung zu dessen Reforminitiativen weltweite Konfrontationen mit den europäischen Teilhaberstaaten provoziert hätte. Im Hinblick auf die ohnehin bereits sehr kritisch aufgenommene Nominierung von Paul Wolfowitz als Präsident-

516 Vgl. Fischermann / Greffe / Uchinatus in: Die ZEIT (2005), http://www.zeit.de/2005/13/Weltbank.

517 Vgl. Fischermann / Heuser in: Die ZEIT (2006), http://pdf.zeit.de/2006/24/Interv_-Wolfowitz_xml.pdf.

518 Vgl. manager-magazin.de (2005), http://www.manager-magazin.de/koepfe/artikel/0,2828,335282,00.html.

schaftskandidat erschien eine anfängliche Zurückhaltung daher sicherlich empfehlenswert. Die Möglichkeit einer rein rhetorischen oder strategischen Zurückhaltung von Wolfowitz in der politischen Ausrichtung der Weltbank ziehen offensichtlich auch Fischermann, Greffe und Uchinatus in Betracht, indem sie den außenpolitischen Druck hervorheben, der auf dieser Präsidentschaft lastete. So kündigt beispielsweise die deutsche Entwicklungsministerin Wieczorek-Zeul an, ihre Zustimmung zur Wahl von Paul Wolfowitz von dessen Versprechen abhängig zu machen, die Reforminitiativen fortzuführen, die James Wolfensohn auf den Weg gebracht hatte.[519]

Aus den wenigen vorliegenden Berichten und Artikeln zur Präsidentschaft von Paul Wolfowitz geht insgesamt hervor, dass er in seinem ersten Präsidentschaftsjahr offiziell an dem von Wolfensohn eingeschlagenen Reformkurs im Rahmen der *HIPC*-Schuldenerlassinitiative festhielt, was beispielweise von der deutschen Entwicklungsministerin Wieczorek-Zeul und Peter Wolff vom Deutschen Institut für Entwicklungspolitik mit Erleichterung lobend erwähnt wurde.[520] Dennoch bekundeten einige Beobachter weiterhin ihre Skepsis und mutmaßten, dass Wolfowitz eine auf Konfrontation hinauslaufende Reformoffensive zu umgehen versuche und stattdessen sukzessive eine Reformierung im Sinne der neokonservativen und neoliberalen Weltanschauung der Bush-Administration einleitete.

Doch bleiben dies und die Mutmaßungen, ob politisch-strategische Überlegungen den Hintergrund für Wolfowitz´ Zurückhaltung bildeten, im Bereich des Spekulativen, zumal aufgrund seiner sehr kurzen Präsidentschaft ein langfristig angelegter Kurs nicht klar erkennbar wurde, aus dem diesbezügliche Thesen ableitbar wären.

Trotz der kurzen Präsidentschaft, in der Wolfowitz wenig Zeit blieb, neue Strategien zu verankern, setzte er dennoch politische Prioritäten. Seine Konzentration auf Afrika wurde von den meisten Anteilseignern ebenso unterstützt wie seine Strategien zum Aufbau eines effizienteren Gesundheitssystems in den Entwicklungsländern.

Breite Unterstützung fand zunächst auch sein äußerst energischer Kampf gegen Korruption und Vetternwirtschaft, die bereits von Wolfensohn als *„Krebsgeschwür"*[521] für die Wirtschaft eines Landes bekämpft wurden. So

---

519 Vgl. Fischermann / Greffe/ Uchinatus in: Die ZEIT (2005), S. 37.

520 Vgl. Seith in: Spiegelonline (2006), http://www.spiegel.de/wirtschaft/0,1518,418002,00.html.

521 Vgl. ebd.

stoppte Wolfowitz im Tschad, in Kenia und Indien[522] sowie im Kongo, in Äthiopien, Bangladesch[523] und Usbekistan wegen massiver Korruptionsvorwürfe, die auch von Transparency International bestätigt wurden, bereits zugesagte Finanzierungshilfen.

Sein kompromissloses und äußerst konsequentes Vorgehen in diesen Fällen wurde jedoch bald von den Anteilseignern der Bank als überzogen kritisiert. Sie forderten die Weltbank auf, diesen extremen Anti-Korruptions-Kurs zu entschärfen[524] und die ausgeprägte Eigenmächtigkeit, mit der Wolfowitz diesbezügliche Entscheidungen traf, einzuschränken.

Auf Kritik stieß in diesem Zusammenhang vor allem, dass andere Länder, beispielsweise Afghanistan, Irak, Libanon und Pakistan, in denen Korruption ebenso an der Tagesordnung war, die aber für die US-Administration eine strategische Bedeutung besaßen, keinen Kreditstopp erfahren hatten, womit sich nicht zuletzt das Bild zu bestätigen schien, die Weltbank als machtpolitisches Instrument der US-Administration zu betrachten. Insbesondere die plötzliche Kündigung der Kreditzusagen an Usbekistan 2005 sorgte weltweit für Argwohn, da Usbekistan die weitere Nutzung der in ihrem Land liegenden militärischen US-Stützpunkte verboten hatte. Auch der ZEIT-Redakteur Thomas Fischermann erwähnt in diesem Zusammenhang die These von der „Weltbank als verlängerter Arm des Pentagon" - wenn auch nur als vorsichtig formulierte Fragestellung.[525]

Darüber hinaus ist wenig reflektiert worden über die Ziele und Strategien von Paul Wolfowitz. Die Soziologin und Entwicklungsexpertin Stormy Mildner weist lediglich darauf hin, dass Wolfowitz im Zusammenhang mit der Vorbereitungsphase auf die UN-Konferenz über die Verwirklichung der Millenniumsziele angeblich noch einen erheblichen Handlungsbedarf sah und eine diesbezügliche umfangreiche Revision der Weltbanktätigkeit vorsah, wobei vor allem geprüft werden sollte, ob sie zukünftig eher als Kreditgeberin oder technische Beraterin agieren sollte. Auch die Vergabe von Krediten und Entwicklungszuschüssen wollte Wolfowitz, so Mildner, erneut überprüfen. Ebenso strebte er ihren

522 Seith in: Spiegelonline (2006), http://www.spiegel.de/wirtschaft/0,1518,418002,00.html.

523 Vgl. Zawadzky in: DW-World.DE (2006), http://www.dw-world.de/dw/article/0,,2174827,00.html

524 Vgl. FAZNet (2007), http://www.faz.net/s/RubDDBDABB9457A437BAA85A49C26FB23A0/Doc~E5A1BF726149B4820B2FE47DE18387D5F~ATpl~Ecommon~Scontent.html.

525 Vgl. Fischermannn in: Die ZEIT (2007), S. 43.

Angaben zufolge eine bessere Balance zwischen diesen beiden Hilfsarten an: Länder, die sich auch auf den privaten Finanzmärkten finanzieren können (wie z.B. China, Indien oder Russland), sollten weniger Kredite und dafür mehr technische Hilfe erhalten, arme Entwicklungsländer sollten hingegen mehr Entwicklungszuschüsse erhalten, damit ihre Schuldenlast nicht durch neue Kredite weiter ansteigt.[526] Allerdings beschrieb Mildner diese Strategien gleich zu Beginn von Wolfowitz´ Amtsantritt und formulierte somit eher eine Erwartungshaltung an seine Präsidentschaft als einen Rückblick.

Öffentlich kritisiert wurde Wolfowitz noch während seiner Amtsphase, als er erneut die in den neunziger Jahren erheblich reduzierte Beteiligung der Weltbank in der Großprojektförderung wieder ausdehnen wollte.[527] Den geplanten Wiedereinstieg der Bank in die Finanzierung dieser umstrittenen Großbauprojekte bestätigte Wolfowitz in einem ZEIT-Interview vom 08.06.2006.[528]

Während unter James Wolfensohn nur noch etwa 40% aller Kredite in dieses Banksegment geflossen waren und er stattdessen mehr Gelder in Bildung, Gesundheitsfürsorge und andere Sozialprojekte transferierte[529], bauten Wolfowitz, wie auch sein Nachfolger Robert Zoellick, die finanzielle Unterstützung der Infrastrukturprojekte mit dem Argument aus, verstärkte Investitionen in die Energie- und Wasserversorgung seien für eine wirtschaftliche Entwicklung in den ärmsten Ländern unerlässlich, da nur so eine wachstumsfördernde Industrialisierung gewährleistet werden könnte. Damit fand die Weltbank zu ihrer früheren Befürwortungsstrategie zurück.

Gleichzeitig jedoch rückte Wolfowitz, den Angaben Anne Seiths zufolge, unter dem Schlagwort *Clean Energy* bei der Frage nach der weltweiten

---

526 Vgl. Milder (o.J.), http://www.weltpolitik.net/Sachgebiete/Weltwirtschaft%20und%20Globalisierung/Institutionen%20und%20Akteure/IWF%20und%20Weltbank/Analysen/Taube%20oder%20Falke%3F%20Der%20neue%20Weltbankpr%C3%A4sident%20stellt%20sich%20vor.html.

527 Vgl. Fischermann / Greffe / Uchinatos in: Die ZEIT (2005), S. 36. Allerdings muss in diesem Zusammenhang darauf hingewiesen werden, dass bereits James WOLFENSOHN erste Schritte zur Wiederbelebung der Großprojektförderung einleitete.

528 Vgl. Fischermann / Heuser in: Die ZEIT (2006), http://pdf.zeit.de/2006/24/Interv_-Wolfowitz_xml.pdf, S. 45.

529 Vgl. Solomon (2007), S. 147.

Energieversorgung sogar das in der Bush-Administration äußerst unbeliebte Thema Klimaschutz ins Rampenlicht.[530]

5.1.7 Robert Bruce Zoellick: Entwicklungspolitische Visionen und die neue Weltwirtschaftskrise

In Anbetracht dessen, dass die Präsidentschaft von Robert Zoellick voraussichtlich den Zeitpunkt der Fertigstellung dieser Studie überdauern wird, kann hier keine abschließende Zusammenfassung seiner Amtszeit erarbeitet werden. Daher konzentriert sich diese Untersuchung im Wesentlichen auf die Beobachtung der anfänglichen Initiativen und Strategieänderungen, die Zoellick auf den Weg gebracht hat. Dabei zeichnete sich allerdings schnell ab, dass seine Amtsphase maßgeblich von den neuen internationalen Rahmenbedingungen überschattet werden würde. Die entwicklungspolitischen Konsequenzen dieser weltweiten Wirtschaftskrise, deren Verlauf und Ende zum jetzigen Zeitpunkt noch nicht absehbar sind, werden zweifelsohne auch auf den von Zoellick angekündigten entwicklungspolitischen Kurs und damit auch auf die hier angesteuerte Bilanzierung der Reformgeschichte der Weltbank erheblichen Einfluss haben.

Obwohl auch Robert Zoellick[531], wie sein Vorgänger Paul Wolfowitz, zum engsten Beraterkreis von US-Präsident George W. Bush zählte und obwohl die Beziehungen zwischen der US-Administration und den europäischen Staaten aufgrund der im Alleingang beschlossenen Angriffe der USA auf den Irak erheblich angespannt waren, löste Zoellicks Nominierung keine Kontroversen aus. Besonders in Europa, und hier vor allem in der Bundesrepublik, fand diese Nominierung von Anfang an breite Zustimmung, sicherlich auch aufgrund Zoellicks Bemühungen Anfang der 1990er Jahre, die deutsche Einheit voranzubringen. Er avancierte schnell zum Favoriten sowohl der Europäer als auch der Entwicklungsländer, denen er durch sein früheres konsequentes Eintreten für die

---

530 Vgl. Seith in spiegel-online (2006), http://www.spiegel.de/wirtschaft/0,1518,418002,00.html.

531 Robert Zoellick war seit der Präsidentschaft Ronald Reagans in mehreren Positionen im amerikanischen Finanzministerium tätig gewesen. Unter der Regierung Bush Senior wurde er Staatssekretär für wirtschaftliche und landwirtschaftliche Angelegenheiten und Anfang der 1992 stellvertretender Stabschef und persönlicher Berater des Präsidenten für wirtschaftliche Fragen. 1993 verließ der den Staatsdienst und war bis 1997 Vize-Präsident einer Hypothekenbank. 1997- 1998 übernahm eine Professur für nationale Sicherheit. Außerdem forschte er am Belfer Center for Science und International Affairs und war Berater für die Investmentbank Goldman Sachs.

Aufhebung aller protektionistischen Handelsschranken auf Seiten der USA gegen die Exporte der Entwicklungsländer große Sympathien abgerungen hatte. Selbst Weltbank-Kritiker sahen in seiner Nominierung ein positives Signal, wie der *Spiegel*-Redakteur Marc Pitzke festhält. An dieser breiten Zustimmung änderte, so Pitzke, auch die allgemein bekannte Überzeugung Zoellicks von der Vormachtstellung Amerikas als einzig berufene Weltmacht nichts.[532]

Pitzke wertet die Nominierung von Robert Zoellick als Versöhnungsgeste von US-Präsident Bush, der durch die Nominierung von Paul Wolfowitz bei den meisten Anteilseignern der Weltbank wie auch bei den Weltbankmitarbeitern für erhebliche Irritationen gesorgt hatte.

Während Wolfowitz unter anderem auch aufgrund einer unzureichenden, ja sogar fehlenden langfristig angelegten Strategie zunehmend kritisiert wurde, legte Zoellick wenige Wochen nach seiner Amtsübernahme ein neues Rahmenprogramm mit zusätzlichen Schwerpunkten fest.

Anders als James Wolfensohn, der sich gleich zu Beginn seiner Präsidentschaft kritisch zu dem bisherigen Kurs der Weltbank äußerte und seine neuen Strategien als Reaktion auf die entwicklungspolitischen Fehlentwicklungen der Weltbank begründete, sprach Zoellick in seiner Antrittsrede nicht im eigentlichen Sinne von einem neuen Reformkurs oder von einer Umkehr, die sich ja zwangsläufig auf die von Wolfensohn eingeleiteten Reforminitiativen bezogen hätte. Im Großen und Ganzen finden sich in seiner Rede keine Indizien dafür, dass er die von Wolfensohn etablierten Paradigmen aufzuheben beabsichtigte. Im direkten Vergleich zwischen den Reforminitiativen Wolfensohns und den angekündigten nächsten Arbeitsschritten Zoellicks zeichnete sich eine weitgehende Kontinuität in der entwicklungspolitischen Ausrichtung der Weltbank ab, wenngleich Zoellick einige ergänzende Schwerpunkte formulierte. So ergab sich ein neuer Schwerpunkt aus der zunehmend wahrnehmbaren und wahrgenommenen Klimaproblematik, die insbesondere im Bereich der weltbankunterstützten Energieprojekte Konsequenzen haben sollte und die Zoellick mit der Zielvorgabe *„nachhaltige Globalisierung"* umschrieb. Zoellick unterbreitete das künftige Rahmenprogramm in seiner Ansprache zum Jahrestreffen der Weltbankdirektoren 2007.[533]

---

532 Vgl. Pitzke in: spiegel-online (2007), http://www.spiegel.de/wirtschaft/0,1518,485569,00.html.

533 Vgl. Zoellick (2007), http://web.worldbank.org/WBSITE/EXTERNAL/NEWS/0,,contentMDK:21520625~pagePK:34370~piPK:42770~theSitePK:4607,00.html.

Erläuterungen zu den Six Strategic Themes

Punkt 1: Förderung von nachhaltigem Wachstum durch Infrastrukturmaßnahmen, insbesondere bei der Energie- und Wasserversorgung; Ausbau lokaler Finanzmärkte; Finanzierung von Mikrokrediten in der Landwirtschaft mittels einer erneuten, nachhaltigen und produktivitätssteigernden *Grünen Revolution*; eine konsequente Öffnung der Märkte, insbesondere der Industrienationen; Förderung einer guten Regierungsführung durch Maßnahmen zur Korruptionsbekämpfung, um Wachstum zu initiieren und auf Dauer zu stabilisieren.

Wie seine Vorgänger sieht auch Robert Zoellick die Hauptaufgabe der Weltbankgruppe in der Überwindung der Armut, betont aber in seiner Antrittsrede die Förderung nachhaltigen Wachstums in den ärmsten Ländern, vor allem in Afrika. Die IDA betrachtet er, wie auch Wolfensohn, als das zentrale Finanzierungsinstrument, dessen finanzielle Aufstockung er dringend bei den Exekutiv-Direktoren der Teilhaberstaaten einfordert. Das Ziel, nachhaltiges Wachstum zu initiieren, gedenkt Zoellick über den verstärkten Ausbau neuer Infrastrukturen anzukurbeln, vor allem in der Energieversorgung und bei Einrichtungen, die der regionalen Integration förderlich sind. Außerdem strebt Zoellick den verstärkten Aufbau lokaler Finanzmärkte, auch zur Finanzierung von Mikrokrediten, an, um die wenigen vorhandenen afrikanischen Ersparnisse für das Wachstum Afrikas mobilisieren zu können. Als unabdingbaren, maßgeblichen Wirtschaftsmotor begreift Zoellick, ähnlich wie Robert McNamara, die Ausweitung und Effizienzsteigerung in der Landwirtschaft. Er begründet diese Neuauflage der landwirtschaftlichen Projektintensivierung durch die jüngsten im Weltentwicklungsbericht festgehaltenen Erkenntnisse, wonach das BNP-Wachstum aus der Landwirtschaft den Ärmsten viermal mehr nutzt als Wachstum in anderen Sektoren. Ohne diesen neuen, wiederbelebten Kurs zu konkretisieren, plädiert Zoellick für eine neue *Grüne Revolution im 21. Jahrhundert,* die auf die besonderen und vielfältigen Bedürfnisse Afrikas ausgerichtet ist. Er setzt hierzu auf verstärkte Investitionen in Forschung und in die Verbreitung von Technik, nachhaltigen Landbau, landwirtschaftliche Lieferketten, Bewässerungssysteme, Mikrokredite für die Landbevölkerung sowie Politikmaßnahmen, die Marktchancen stärken. Darüber hinaus wiederholt Zoellick, die von ihm seit Jahren vertretene Auffassung, dass mehr bzw. alle Länder ihre Märkte für Landwirtschaftsexporte insbesondere aus den Entwicklungsländern öffnen müssen. Wie auch seine Vorgänger betont Zoellick die Notwendigkeit zur Förderung guter Regierungsführung und Maßnahmen zur Korruptionsbekämpfung sowie zur Ausweitung der Kapazitäten auf dem öffentlichen Sektor, damit die künftig erzielten Umsätze aus den Ressourcen eine nachhaltige Zukunft für alle Bürger schaffen können.

Punkt 2: Besondere Hilfestellung für Staaten in Konfliktregionen und Konfliktfolgezeiten.

Im Hinblick auf die besonderen Probleme von Staaten in Konfliktfolgezeiten hebt Zoellick hervor, dass diese künftig mit Hilfe der Weltbank vor einem wirtschaftlichen und damit auch politischen Zusammenbruch bewahrt werden sollen, zumal sich in der Regel nationale Konflikte auch auf die Nachbarstaaten übertragen und diese in Mitleidenschaft ziehen. Trotz seines neuen Hilfsangebotes gesteht Zoellick, dass sich die Weltbankführung noch nicht darüber im Klaren ist, wie in Zukunft mit diesen Konfliktregionen verfahren werden soll und wie die Hilfestellungen aussehen sollen.

Punkt 3: Differenziertes Geschäftsmodell für die Länder mit mittlerem Einkommen, z.B. China und Indien, da hier trotz hoher Wachstumsraten die Armen wenig an den positiven wirtschaftlichen Entwicklungen partizipieren.

Zoellicks Plädoyer für ein stärker differenziertes Geschäftsmodell für die Länder mit mittlerem Einkommen begründet er mit der Erfahrung, dass in Ländern wie Indien und China, die enorme wirtschaftliche Wachstumsraten zu verzeichnen hatten, weiterhin etwa 70 Prozent der Armen leben, so dass sich deutlich abzeichnet, dass in diesen Fällen die Armen nicht am raschen Wirtschaftswachstum partizipieren konnten. Obwohl in diesen Ländern die wirtschaftlichen Kapazitäten vorhanden sind, bleiben soziale Dienste unterfinanziert, Umwelt- und Energieprobleme akut. Zoellick stellt diesen Ländern in Aussicht, dass die Weltbankgruppe künftig ein vielfältiges Menü aus Entwicklungslösungen anbieten möchte und parallel dazu weitaus flexiblere und günstigere Bankdienstleistungen mit weniger Hürden und kürzeren Bereitstellungszeiten anbieten wird, um individuelle schnelle Informationen und Beratungsdienste zu erarbeiten. Zoellick lässt dabei nicht unerwähnt, dass bei der Konzeption von Lösungen dem Ausbau des Privatsektors eine zentrale Bedeutung zukommen soll. Im Hinblick auf die Ausarbeitung stärker differenzierterer Geschäftsmodelle für Länder mit mittleren Einkommen deutet Zoellick die Verankerung eines weiteren neuen Schwerpunktes in der Weltbankarbeit an, der darin bestehen soll, künftig vermehrt Dienstleistungen bzw. Beratungen in den Bereichen Risikomanagement und Anwendung von globalem Know-how anzubieten. Das heißt, die bereits unter Wolfensohn diskutierte Ausrichtung der Weltbank hin zu einer

„Dienstleistungs- und Wissensbank" erfährt eine Neuauflage bzw. Wiederbelebung. Als Beispiele nennt Zoellick Beratungen für qualitative Verbesserungen von Kreditengagements, Kreditsicherung und Beratungen mit Blick auf eine sinnvolle und wachstumsorientierte Vermögensverwaltung. Auch im Hinblick auf währungspolitische Fragen will Zoellick sich verstärkt als Beratungsinstitution engagieren, womit die Weltbank allerdings erneut in die Domäne des IWF eindringen würde. Auch denkt er über die Entwicklung von Möglichkeiten auf dem Versicherungs- und Kapitalmarkt nach, um eine ausreichende und rasche Verfügbarkeit von Kapital im Falle von Naturkatastrophen zu garantieren.

Punkt 4: Förderung regionaler und globaler öffentlicher Güter, wie z.B. Klimaschutz, Bekämpfung von AIDS und Malaria.

Im Hinblick auf die zunehmende Wahrnehmung weltweiter Klimaveränderungen, Umweltprobleme und grenzüberschreitender Massenerkrankungen, die vor allem die Ärmsten in den Entwicklungsländern treffen, kündigt Weltbank-Präsident Zoellick eine aktivere Rolle der Weltbankgruppe bei der Förderung *„regional and global public goods"* an, womit er ein verstärktes Engagement der Weltbank im Hinblick auf Klima- und Umweltschutz sowie Krankheitsprophylaxe und Behandlungsmöglichkeiten bei Erkrankungen wie AIDS und Malaria meint. Ein Kernpunkt innerhalb dieses Vorhabens ist die Ausarbeitung einer Strategie, in der Entwicklung und Wachstum bei gleichzeitig geringerem Kohlenstoffausstoß möglich sein sollen. Erklärtes Hauptziel soll sein, Ländern bei der Erarbeitung von Plänen für die Energiegewinnung, Landwirtschaft und Landnutzung beratend zur Seite zu stehen, um eine kohlenstoffarme Energie- und Ressourcenförderung zu konzipieren. Hierbei setzt Zoellick vor allem auf die Wirtschaftskraft des Privatsektors, der beim raschen Aufbau umwelt- und klimafreundlicher Infrastrukturen helfen soll.

Punkt 5: Stärkung progressiver Prozesse im arabischen Raum.

Erstmalig in der Weltbankgeschichte plädiert Zoellick für die besondere Unterstützung der Kräfte, die in der arabischen Welt Entwicklung und Chancen fördern wollen. Dabei hebt er das Potenzial dieser Länder hervor, die in der wichtige Handels- und Lernzentren waren. Ihnen soll künftig verstärkt Unterstützung auf dem Weg zu Wachstum und sozialer Entwicklung gewährleistet werden. Das Motiv dieser neuen geopolitischen Ausrichtung begründet Zoellick mit der Befürchtung, dass sich ohne eine Verbesserung des Geschäftsklimas in diesen Ländern kein ausreichendes Wachstum einstellen wird und sich so die sozialen Spannungen in diesen Ländern weiter verschärfen werden. Dringlichstes Ziel muss dabei sein, die Regionen zu befrieden. Skeptiker nehmen jedoch die im arabischen Raum vorhandenen Ölreserven als primäres Motiv für eine engere Kooperation mit den arabischen Staaten an.

Punkt 6: Ausbau der Weltbank als „Wissensbank", d.h. als beratender multilateraler Organisation.

Letzter Programmschritt ist die Fortsetzung des von Wolfensohn initiierten Ausbaus der Weltbank zur Wissensbank. Mit dieser Ausrichtung reagiert Zoellick wie auch bereits Wolfensohn nicht zuletzt auf die sich seit den späten 1980er Jahren abzeichnende Legitimationskrise bzw. den Klientelverlust der Weltbank, die durch das wachsende entwicklungspolitische Engagement privater oder staatlicher Großinvestoren zu verzeichnen sind. Trotz der aktuellen Weltwirtschaftskrise, in deren Folge sich vor allem die privaten Kreditinstitute aus der Projektfinanzierung und der bilateralen Kreditpolitik zurückgezogen haben, will Zoellick daran festhalten, die Weltbank auf ein zweites sicheres Standbein zu stellen, indem die Dienstleistung „Wissenstransfer" weiter in den Mittelpunkt der Weltbankarbeit rückt.[534]

Neben diesen *„Six Strategic Themes"* betont Zoellick, wie auch bereits seine beiden Amtsvorgänger Wolfensohn und Wolfowitz, dass die Unterstützung Afrikas zu den dringlichsten Aufgaben zählen muss. Auch die von Zoellick angestrebte besondere Unterstützung von Frauen, unter anderem durch die Bereitstellung günstiger Mikrokredite im landwirtschaftlichen Bereich, steht in Kontinuität zur Auffassung sowohl Prestons als auch Wolfensohns, die in der wirtschaftlichen und bildungspolitischen Stärkung der Frauen eine der wesentlichen Grundlagen für eine langfristig erfolgreiche Entwicklungspolitik sahen.[535]

Wie bereits James Wolfensohn Jahre zuvor, so drängte auch Robert Zoellick in seiner Rede 2007 die Anteilseigner, den Kapitalstock der IDA deutlich zu erhöhen, um die Anstrengungen zur Bekämpfung von Hun-

---

534 Vgl. Zoellick (2007), http://web.worldbank.org/WBSITE/EXTERNAL/NEWS/0,,contentMDK:21520625~pagePK:34370~piPK:42770~theSitePK:4607,00.html.

535 Vgl. Wolfensohn (1995), http://web.worldbank.org/WBSITE/EXTERNAL/EXTABOUTUS/ORGANIZATION/EXTPRESIDENT2007/EXTPASTPRESIDENTS/PRESIDENTEXTERNAL/0,,contentMDK:20025722~menuPK:232083~pagePK:159837~piPK:159808~theSitePK:227585,00.html

ger und Armut vor allem im subsaharischen Raum effizienter gestalten zu können.[536]

Inwieweit die Anteilseigner dieser Forderung in Anbetracht der aktuellen weltweiten Krise künftig nachkommen können und werden, ist gegenwärtig noch nicht absehbar. Doch bereits jetzt sind die Befürchtungen groß, dass die finanziellen Mittel für die Entwicklungspolitik der Weltbank deutlich eingeschränkt werden könnten, auch vor dem Hintergrund, dass sich die Weltbank nicht mehr in dem Maße wie vor einigen Jahren auf den Finanzmärkten refinanzieren kann, da auch die Kapazitäten dieses Sektors gegenwärtig deutlich reduziert sind und nicht absehbar ist, wann sich dieser Markt erholt.

Damit steht Robert Zoellick gegenwärtig vor eine der größten Herausforderungen in der Weltbankgeschichte, deren weitere Entwicklung jedoch hier nicht mehr einbezogen werden kann.

5.1.8 Bilanz der Paradigmenwechsel und Reforminitiativen

5.1.8.1 Robert McNamara und der Beginn einer Tradition des Scheiterns

Robert McNamara und seine Nachfolger traten jeweils mit dem ausdrücklich formulierten Ziel ihr Amt an, *erneut* den Fokus auf die Bekämpfung der weltweiten Armut auszurichten. Diese übergeordnete Zielvorgabe wurde seitdem als eine Art Kontinuum in der Weltbankgeschichte in jede neue Präsidentschaftsphase tradiert, während die entwicklungspolitischen Strategien im Verlauf der einzelnen Präsidentschaften mehrfach wechselten und dabei zeitweilig die übergeordnete Zielvorgabe der Armutsminderung in den Hintergrund drängten. Am Ende jeder Präsidentschaft jedoch konstatierte die weltbankkritische Öffentlichkeit - stets in Neuauflage - das eklatante Scheitern sowohl der Zielvorgaben „Armutsbekämpfung“ und „Umweltschutz“ als auch der diversen Strategien, mit denen diese Ziele hätten erreicht werden sollen.

Dabei dokumentiert sich das Scheitern der Ziele und Paradigmen nicht nur in der öffentlichen Kritik, sondern schließlich auch indirekt in der Tatsache, dass die jeweils ins Amt berufenen Präsidenten sich durch erneut postulierte Zielvorgaben und Paradigmen in gewisser Weise von der negativen Bilanz ihrer Vorgänger zu befreien und zu distanzieren schienen.

---

536 Vgl. ebd.

Insgesamt lässt sich aus diesen indirekt oder auch direkt formulierten Eingeständnissen der Präsidenten, die bisherigen Zielvorgaben und Strategien der Bank hätten nicht den erhofften Erfolg erbracht, ein weiteres Kontinuum der Weltbankgeschichte herauslesen, auf das die öffentliche Kritik nicht selten mit dem Vorwurf reagierte, die Weltbank sei grundsätzlich reformunfähig. In ihrer radikalsten Ausformulierung wurde zudem unterstellt, die Bank sei aus interessenspolitischen Motiven sogar unwillig, ihre Konzepte und Strategien zum Wohle der Entwicklungsländer zu reformieren. Die entwicklungspolitische Strategien McNamaras wirkten sich in so vielfältiger Weise negativ für die Kreditnehmerländer aus, dass daraus schnell die These abgeleitet wurde, McNamaras Strategien hätten einzig den westlichen Industrienationen und den multinationalen Konzernen sowie den Großgrundbesitzern wirtschaftliche Vorteile verschaffen sollen, während die Ausbeutung menschlicher Arbeitskraft und der natürlichen Ressourcen der Entwicklungsländer, Bestandteil eines westlichen Gewinnkonzepts waren.[537] Das faktische Scheitern der entwicklungspolitischen Strategien wäre diesem Argumentationsaufbau entsprechend eher programmatisch und vorhersehbar, also keine unvorhersehbare Fehlentwicklung, gewesen. Im Rahmen dieser Kritik wird die Analyse des zu Recht negativ bilanzierten Entwicklungsparadigmas meist auf diese interessenpolitischen Aspekte reduziert und die ethisch begründeten Zielvorgaben als bloße rhetorische Makulatur bewertet, wie auch Catherine Weaver mehrfach insinuiert, indem sie bereits im Titel ihrer Monographie den Begriff „Hypocrisy" im Hinblick auf die Weltbank anwendet. [538] Insgesamt steuern diese Argumentationsmuster meist auf das Fazit zu, grundsätzlich von einer fehlenden Reformbereitschaft der Weltbank auszugehen.

Doch wie realitätsnah kann diese Annahme in Anbetracht der Reformen McNamaras tatsächlich sein, insbesondere wenn man berücksichtigt, dass durch Robert McNamara erstmalig ein bankinternes Entwicklungsparadigma etabliert wurde, das über bloße Kapitaltransfers hinausging.

McNamara reformierte den wirtschaftspolitischen Ansatz der Bank, indem er nicht länger darauf vertraute, dass die durch die Weltbank mit initiierten Investitionen in den Entwicklungsländern über einen theoretisch angenommenen *trickle-down-effect* die Armut in diesen Ländern reduzieren würde. Dem gegenüber forcierte er solche Entwicklungskonzepte und -projekte, die den ärmeren Bevölkerungsschichten unmittelbar

537 Vgl. Eberlein (2004b), http://www.evb.ch/cm_data/public/Votum%20CE.pdf, S. 2, vgl. urgewald (2005), https://www.urgewald.de/_media/_docs/IFC_12_web.pdf, S. 8.

538 Weaver (2008).

Arbeit verschaffen und ihre Existenz dauerhaft sichern sollten. Mit seinem neokeynesianischen Ansatz wandte er sich von der bisherigen angebotsorientierten Wirtschafts- und Entwicklungspolitik ab, die auch in seiner Wahrnehmung in der Vergangenheit zuallererst die Interessen der bereits unternehmerisch aktiven, meist wohlhabenden Bevölkerungsgruppen gewahrt hatten.

Folgen wir der Kritiklinie, dass McNamara tatsächlich in erster Linie die Interessen der westlichen Großkonzerne bedienen wollte, so stellt sich die Frage, warum er sich bemühte zunächst ein Verteilungsparadigma zu etablieren, das über einen ökonomischen Umweg an erster Stelle die ärmeren Bevölkerungsschichten wirtschaftlich zu stärken versuchte und erst mittel- bis langfristig die wohlhabenden, unternehmerisch tätigen Gruppierungen erreichen würde, die wiederum für die westlichen Großkonzerne bessere, da wirtschaftliche potentere Vertragspartner darstellten?

Gemessen an dem von ihm formulierten Ziel, eine deutliche Minderung der weltweiten Armut in nur wenigen Jahren zu erreichen, ist McNamara unbestreitbar gescheitert. Dieses Bilanzergebnis trifft letztendlich auch auf das von ihm eingeführte Verteilungsparadigma zu, das er vergeblich mit dem Ziel initiierte, die Ernährungsgrundlage vor allem der ärmeren Bevölkerungsschichten zu sichern und gleichzeitig die Massenarbeitslosigkeit gerade in den ländlichen Gebieten zu reduzieren. Stattdessen löste er im Rahmen der *Grünen Revolution* unkontrollierte, d.h. unkontrollierbare Massenumsiedlungen aus, die in gewaltigem Ausmaße zur Vernichtung der Regenwälder beigetragen haben und letztendlich den potentiellen neuen Bauern bereits mittelfristig unfruchtbares Land und damit im doppelten Sinne verbrannte Erde hinterließen und vor allem dem Großgrundbesitz Türen und Tore geöffnet haben.

Sein Entwicklungskonzept basierte auf der Annahme, dass die Förderung einer exportorientierten Plantagenwirtschaft dringend notwendiges Kapital in die Entwicklungsländer bringen würde, um dort investiv und damit wachstums- und wohlstandssteigernd eingesetzt zu werden. Im Ergebnis war dieses Konzept jedoch in jeder Hinsicht gescheitert, unter anderem da die Rohstoffe zu billig veräußert wurden, die Umwelt zerstört wurde und das einfließende Kapital bestenfalls an die oberen Bevölkerungsschichten floss. Die breite Bevölkerung partizipierte nicht an dem kurzzeitig erzielten Wirtschaftswachstum. Die Armut nahm zu, während die natürlichen Ressourcen unter Wert ins Ausland flossen und dort in der Tat vor allem Großkonzernen und Investoren zu enormen Gewinnsteigerungen verhalfen. Zwar ist anzunehmen, dass er mit dieser Politik nicht ausschließlich oder primär die Großunternehmen der Industrieländer zu fördern beabsichtigte, aber insbesondere durch die vorrangige Einbeziehung der Wirtschaftselite bzw. der Großunternehmen der Entwicklungsländer erreichte sein als Entwicklungshilfe konzipiertes Wirtschaftsprogramm nicht die Armen.

Die hieraus gezogene Schlussfolgerung, McNamara habe mit seinem Entwicklungskonzept eine gezielte Klientelpolitik betrieben, kann letztendlich nur auf der Grundlage einer lückenhaften Indizienführung bestätigt oder widerlegt werden. In diesem Zusammenhang möchte ich an dieser Stelle betonen, dass die methodisch sehr eingegrenzte Fokussierung der weltweiten Reformdebatte auf diese These, die auch im Zusammenhang mit den anderen Präsidentschaftsphasen diskutiert wird, eine umfassendere Ursachenfindung für das Scheitern der Entwicklungsparadigmen bislang mit verhindert hat. An diesem Punkt soll der eigentliche Untersuchungsansatz dieser Studie ansetzen.

Im Gegensatz zu allzu eindimensionalen Schlussfolgerungen soll nach komplexeren Erklärungsmodellen für die entwicklungspolitischen Fehlentwicklungen gesucht werden, um somit letztendlich dazu beizutragen, effektivere Reformkonzepte zu entwickeln und weitere ineffektive, reformpolitische Irrwege zu vermeiden, wie sie meines Erachtens auch die weiter oben diskutierte formal-juristische Neuaufstellung der Weltbank darstellt, mittels derer Kritiker hoffen, den lobbyistischen Einfluss der führenden Anteilseigner auf die Weltbankkonzepte einzudämmen. Nach meiner Einschätzung ist die in erster Linie eingeforderte Demokratisierung beider Bretton-Woods-Institutionen zugunsten der Entwicklungsländer zwar aus ethischen Motiven durchaus wünschens- und unterstützenswert, aber die hier besprochenen entwicklungspolitischen Fehlentwicklungen lassen sich mit den bisherigen von den NGOs geforderten Reformpaketen, die in erster Linie auf eine Entmachtung der Hauptanteilseigner abzielen, kaum verhindern. Die erkennbare Tradition des Scheiterns der bankinternen Reforminitiativen resultiert meines Erachtens nicht in erster Linie aus der formalen, undemokratischen Organisationsstruktur, in die die Weltbank eingebunden ist.

Vielmehr gilt: Der bisherige Reformansatz übersieht die sehr viel komplexeren Strukturen der Weltbank- und Entwicklungsproblematik, zu denen nicht zuletzt auch das Verhalten der Konzerne, der internationalen Finanzinstitute und der beteiligten Regierungseliten der Entwicklungsländer zählen, die von einer formal-juristischen Neuaufstellung der Weltbank weder direkt noch indirekt betroffen wären. Auch blendet dieser Ansatz die Wirkungsmechanismen informeller Strukturen (siehe Kapitel 6.3ff) aus, zu denen unter anderem auch die Korruption zählt, deren strategische Bekämpfung seit der Präsidentschaft Conables zunehmende Bedeutung in der Entwicklungspolitik der Weltbank erhielt und die in der Zielvorgabe der *Good Governance* sowie der Prinzipien *ownership* und *participation* als wichtiger Bestandteil eines neuen Problemverständnisses eingebunden wurde.

Das eigentlich Bemerkenswerte an der Aufstellung dieser politischen Zielvorgaben und Prinzipien ist, dass damit auch auf Seiten der Weltbank erstmalig erkannt und anerkannt wurde, dass offenkundig vielschichtigere Korrelationen als die rein ökonomisch begründeten und angenommenen Wirkungsmechanismen existieren, die für eine erfolgversprechende Entwicklungspolitik berücksichtigt werden müssen. Die alleinige Konzentration auf die Paradigmen *Strukturanpassung* und *Washington Consensus* war in höchstem Maße eindimensional und blendete andere entwicklungspolitische Einflussfaktoren außerhalb eines rein ökonomischen Kontextes gänzlich aus.

Auch McNamaras Entwicklungskonzept war durch eindimensionale Vorstellungen gekennzeichnet, wenngleich diese unter neokeynesianischem Vorzeichen entwickelt wurden. Das Vertrauen auf den *trickle-up-effect* blendete letztlich ebenso andere Einflussfaktoren auf die volkswirtschaftliche und gesellschaftspolitische Entwicklung aus wie das neoklassische Vertrauen auf den *trickle-down-effect.* Allerdings signalisierte McNamara gegen Ende seiner Präsidentschaft die Fähigkeit zur Selbstkritik, was sich unter anderem auch in der Initiierung der *Brandt-Kommission* ausdrückte.

Im Hinblick auf die meist negativ bilanzierten Strategien unter der Leitung McNamaras darf jedoch nicht übersehen werden, dass bis zu seiner Amtsübernahme weltweit kaum oder keine Erfahrungswerte über umfassend angelegte Entwicklungskonzepte vorlagen. Erste Erfahrungswerte offenbarten sich sowohl für die weltweite Öffentlichkeit als auch für die Weltbank selber erst nach und nach und dienten noch in der späten Amtszeit McNamaras als Grundlage für ein Überdenken der bisherigen Strategie, das sich sowohl in effizienzorientierten Reforminitiativen (siehe Kapitel 5.2ff) als auch in der Einführung der ersten *Strukturanpassungsprogramme* dokumentierte, die unter neoklassischem Vorzeichen die Politik der Weltbank fast zwanzig Jahre uneingeschränkt festlegen sollten.

5.1.8.2 Zur Frage der Reformfähigkeit der Weltbank während der Präsidentschaft von Alden Clausen, Barber Conable und Lewis Preston

Für die durch Alden Clausen eingeleitete neue entwicklungsstrategische Phase ist die häufig formulierte Kritik, die Weltbank habe sich seit McNamara als reform*unfähig* erwiesen nicht haltbar. Wie Alden Clausen verpflichteten sich auch Barber Conable und Lewis Preston dem neoklassischen, neoliberalen Wirtschafts- und Entwicklungsparadigma, wenngleich sie an der ethisch begründeten Zielvorgabe der Armutsminderung festhielten. Für diese drei Präsidentschaftszeiten ist der Vorwurf der Reform*unfähigkeit* im Hinblick auf den von außen eingeforderten ökonomischen Paradigmenwechsel gegenstandslos, da während dieser Phase weder auf Seiten der Weltbankleitung noch auf Seiten der Anteilseigner eine Abkehr von den neoliberalen Leitsätzen auch nur in Erwägung gezogen wurde. Diese Phase ist hinsichtlich eines Paradigmenwechsels vielmehr von einer *mangelnden* Reform*bereitschaft,* genauer gesagt einem Reform*unwillen* gekennzeichnet, deren Ursachen vor einem anderen politischen Hintergrund zu diskutieren sind als im Falle einer diagnostizierten Reform*unfähigkeit.*

Dennoch trugen auch die Präsidenten Clausen und Conable zur Reformierung der Weltbank bei, wenn diese auch nicht im Sinne eines Paradigmenwechsels ausfiel. Ihre Reformen zielten in erster Linie auf eine effizientere Umsetzung und Verankerung der neoliberalen Leitlinien, die mit Hilfe der *Strukturanpassungsprogramme* konsequent und sogar erfolgreich umgesetzt wurden. Weniger erfolgreich gestaltete sich hingegen weiterhin die Umsetzung der Zielvorgaben *Armutsbekämpfung* und *ökologische Nachhaltigkeit,* die aber bis heute nie einer Reformabsicht unterlagen. Die mangelnde Umsetzungsbilanz dieser übergeordneten Zielvorgaben löste dann in den 1980er Jahren eine weltweit geführte Kontroverse über die Effizienz der neoliberalen Paradigmen aus und manövrierte die Weltbank, wie auch den IWF, in die bereits erwähnte Legitimationskrise.

Nicht zuletzt, um sich aus dieser Defensive zu befreien, brachte Präsident Conable, immer noch unter Beibehaltung der im *Washington Consensus* verankerten Wirtschaftsstrategien, innerorganisatorische Reformen (Reorganisationen) auf den Weg, die vor allem die Effizienz und die ökologischen und sozialen *safeguards* der Projektbewilligungsverfahren verbessern sollten. Im Gegensatz zur mangelnden Reformbereitschaft hinsichtlich eines Paradigmenwechsels signalisierte die Bankführung durch ihre organisatorischen Umstrukturierungen, die in erster Linie die Kompetenzen des Mitarbeiterstabs (*unteres Kompetenzfeld*) betrafen, durchaus Reformbereitschaft. Inwieweit sich die für dieses *Kompetenzfeld* konzipierten Reformen dann tatsächlich umsetzen ließen, wird später näher zu untersuchen sein (siehe Kapitel 5.2ff).

Zusammenfassend kann also im Hinblick auf einen ökonomischen Paradigmenwechsel für die Präsidentschaftszeiten von Alden Clausen, Barber Conable und Lewis Preston aus wissenschaftlicher Sicht keine Reformbilanz oder auch Reformkritik erarbeitet werden, da der *Washington Consensus* als Paradigma keiner Reformabsicht unterlag.

5.1.8.3 Bilanz der Reforminitiativen von James Wolfensohn unter Einbeziehung ihrer Fortführung durch Paul Wolfowitz und Robert Zoellick

Anders sieht dies im Falle der unter James Wolfensohn angekündigten Abkehr vom *Washington Consensus* aus, die sich im Konzept des *Post-Washington Consensus* und den mit ihm verknüpften *Poverty Reduction Strategy Papers (PRSP)* und der *HIPC*-Entschuldungsinitiative dokumentierte. Mit der Einführung dieser neuen Paradigmen leitete Wolfensohn auch nach Auffassung der meisten Weltbankkritiker einen fundamentalen Kurswechsel ein und gab ein klares Startsignal für ein umfassendes Reformpaket. Inwieweit die signalisierte Bereitschaft von James Wolfensohn, die bis dahin vorherrschenden neoklassischen Paradigmen der Weltbank zu verwerfen, sich letztendlich in einer positiven Umsetzungsbilanz spiegelt, wird seither trotz aller Zustimmung zu diesem Reformansatz kritisch beobachtet. Dabei formulieren jene Beobachter, die dem Reformpaket eine deutlich negative Umsetzungsbilanz attestieren, erneut den Verdacht, die Bank sei reform*unfähig* oder -*unwillig*[539] und alle Reformankündigungen seien bloße Rhetorik bzw. *„alter Wein in neuen Schläuchen"*, wie Uwe Hoering, Walter Eberlei und Thomas Siebold zu bedenken geben.[540] Auch Catherine Weaver, die die Divergenz zwischen Reformankündigung und -umsetzung als taktisches Vorgehen der Bank interpretiert und den Begriff *„Hypocrisy"* anwendet, ist offenbar ähnlicher Ansicht in dieser Frage, wenn sie festhält, dass *„the rhetoric of change (has moved) faster than the reality"*.[541] Die Bedenken der Autoren resultieren nicht zuletzt aus den ersten Erfahrungen, die wenige Jahre nach Ein-

539 Vgl. Schneider (2002), http://www2.weed-online.org/uploads/we_sd_7_2002.pdf.

540 Vgl. Hoering (2007), S. 84, vgl. Eberlei / Siebold in: INEF-Report (2002), http://www.prsp-watch.de/laenderprofile/kenia/report64.pdf.

541 Vgl. Weaver (200), S. 7.

führung der *PRSPs* in einigen Ländern beobachtet und in mehreren Studien dokumentiert wurden.[542]

Mit unterschiedlicher Gewichtung fällt die Bilanz der Reformoffensive Wolfensohns zwar dahingehend positiv aus, dass sie ein wichtiger Schritt in die richtige Richtung sei, doch wurde bislang kein durchschlagender Erfolg für die Umsetzung der neuen Entwicklungsparadigmen konstatiert. Zu wenige Länder profitieren nach Auffassung der Kritiker von den neuen Strategien.

Während Hoering in seiner 2007 veröffentlichten Monographie die *PRSPs* im Ergebnis als völlig gescheitert bewertet[543], sehen Bettina Führmann, Karin Küblböck (Politikwissenschaftlerin und Mitbegründerin von Attac Österreich) sowie Alexandra Strickner und Monika Vögel, die beide, wie auch Karin Küblböck, für die *Österreichische Forschungsstiftung für internationale Entwicklung* publizieren, durchaus wichtige und grundlegende Erfolge, wenngleich sie in der Umsetzung der *PRSPs* ebenfalls noch *„beträchtliche Schwächen"* erkennen. Die genannten Studien beziehen sich dabei alle auf den Zeitraum bis zum Rücktritt von James Wolfensohn.[544]

5.1.8.3.1 Die Umsetzungsbilanz der Prinzipien *„ownership"* und *„participation"*:

Die im Rahmen dieser Untersuchung einbezogenen Studien rekonstruieren in weitgehender Übereinstimmung gravierende Umsetzungsschwächen unter anderem bei den im *PRSP-Konzept* verankerten Prinzipien *„ownership" und „participation"*, wobei die Studien von Sehring, Strickner und Vögel ausdrücklich auf die spezifischen nationalen Unterschiede in dieser Bilanzierung hinweisen und vor allem Uganda als Positivbeispiel und Reformmusterland (Veröffentlichungsjahr ihrer Studien: 2003) für eine weitgehend erfolgreiche Umsetzung der neuen Weltbankparadig-

542 Vgl. Eberlei / Siebold in: INEF-Report (2002), http://www.prsp-watch.de/laenderprofile/kenia/report64.pdf, vgl. Eberlei (2005), http://www.venro.org/publikationen/archiv/PRSP%20WEB%20Dt.pdf, vgl. Führmann (2003), vgl. Sehring (2003), vgl. Walther (2002),0 vgl. Küblböck/2006,vgl. (2003), http://www.eurodad.org/articles/default.aspx?id=458, vgl. Strickner / Vögel (2003), http://öfse.at/download/prsp_informationen.pdf, vgl. World Bank Operations Evaluations Departmend (OED (2004), http://lnweb90.worldbank.org/oed/oeddoclib.nsf/24cc3bb1f94ae11c85256808006a0046/6b5669f816a60aaf85256ec1006346ac/$FILE/PRSP_Evaluation.pdf.

543 Vgl. Hoehring (2007), S. 84.

544 Vgl. Küblböck (2006), vgl. Führmann (2003), vgl. Strickner / Vögel (2003).

men hervorheben.[545] Insgesamt wird die unzureichende Umsetzung der im *PRSP*-Konzept eingeforderten *participation* der Zivilgesellschaft an der Erstellung eines nationalen Entwicklungskonzeptes kritisiert. Sowohl in quantitativer als auch in qualitativer Hinsicht ist nach kritischer Meinung das Prinzip *participation* kaum zutreffend. Zum einen werden oft nur sehr wenige zivile Gruppierungen an der Entwicklung der Strategiepapiere beteiligt und zum anderen wird kritisiert, dass die Partizipation sich oft nur auf regierungskonforme Organisationen beschränkt. Marginalisierte Gruppen, zu denen auch Frauen, Besitzlose, alte Menschen, Kinder und geographisch isolierte, im ländlichen Raum lebende Menschen zählen, werden in der Regel nicht einbezogen. Die Ausgrenzung der letzten Gruppierung erklären Alexandra Strickner und Monika Vögel damit, dass der Konsultationsprozess primär in den städtischen Zentren der jeweiligen Entwicklungsländer stattfand. Dies führte dazu, dass oftmals nur ausgewählte und bereits gut organisierte NGOs die Gelegenheit hatten, ihre Anliegen einzubringen. Insgesamt war die besitzlose, d.h. arme Bevölkerung, die die zentrale Zielgruppe der *PRSPs* ist, kaum an den Konsultationsprozessen beteiligt.[546]

Als ursächlich für die unzureichende Zivilbeteiligung wird dabei eine mangelhafte Ausarbeitung der *PRSP*-Maßgaben kritisiert. Beispielsweise sei von der Weltbank nicht festgelegt worden, in welchem Maße die Zivilgesellschaft in Vertretung von NGOs und CSOs (Civil Society Organizations) einzubinden sind, so dass die Regierungen hier einen außerordentlich großen Ermessensfreiraum erhalten haben, der in einer Bandbreite von minimaler Partizipation in Form einer bloßen Informierung der betroffenen Bevölkerung, über etwas weitergehende Konsultationen einiger weniger NGOs oder CSOs bis hin zu deren direkten Beteiligung an der Entwicklung des Strategiepapiers reicht.[547]

Allerdings muss in diesem Zusammenhang auch festgestellt werden, dass große Teile der Bevölkerung oft nur schwierig an der sehr komplexen Entwicklung eines Strategiepapiers zu beteiligen sind, da sie wichtige makroökonomische und gesellschaftspolitische Zusammenhänge aufgrund mangelnder Schulbildung häufig nicht verstehen können.

Insgesamt kristallisiert sich heraus, dass die politische Stärke der Zivilgesellschaft eng mit dem Bildungsgrad der Bevölkerung verknüpft bleibt, der sich wiederum an der allgemeinen Armut spiegeln lässt. Die enge Verknüpfung von Armut, Bildung und Partizipation birgt auch die

545 Vgl. Küblböck (2006), vgl. Führmann (2003), vgl. Strickner / Vögel (2003).

546 Strickner / Vögel (2003), S. 14.

547 Vgl. Sehring (2003), S. 84f.

Gefahr, dass eine Vernachlässigung des Bildungs- und sozialen Sicherungssystems in totalitären Regimen durchaus für die jeweilige Regierung von Vorteil sein kann, wenn so eine effektive Beteiligung der Bevölkerung ausgeklammert wird. Da auf Seiten der Weltbank keine klar umrissenen Vorgaben für die Beteiligungsintensität und die Qualität der Beteiligung formuliert wurden, unterliegt die Vorgabe zu mehr Partizipation unbestreitbar in erheblichem Maße dem guten Willen der jeweiligen Regierung. Oppositionelle Gruppierungen, deren Einwände gegen eine etwaige Entwicklungsstrategie problematisch sein könnten, können ohne Rechtfertigungszwang umgangen werden. Jenniver Sehring fand heraus, dass beispielsweise in Bolivien über einhundert CSOs eine Resolution mit der Forderung verabschiedet hatten, die Weltbank solle das betreffende *PRSP* aufgrund des unzureichenden Partizipationsprozesses ablehnen - ohne Erfolg.[548] Doch auch auf Seiten der Weltbank vermutet die Weed-Aktivistin Ann-Kathrin Schneider, dass die Bank durchaus eine Art Positiv-Liste für bevorzugte zivile Gruppierungen pflegt und oft zögert, starke Gewerkschaften oder oppositionelle Gruppen zu akzeptieren, die „Entwicklung" vielleicht nicht im Sinne der Weltbank definieren.[549]

Karin Küblböck weist zudem darauf hin, dass die *PRS-Prozesse* insgesamt in den meisten Ländern keine breite institutionelle und parlamentarische Verankerung erfahren.[550] Den Angaben Sehrings zufolge blieb in acht vom Overseas Development Institute (ODI) untersuchten afrikanischen Ländern die Entwicklung eines Strategiekonzeptes auf einen kleinen Kreis hochrangiger Regierungsangestellter in den betroffenen Ministerien beschränkt. Beamte in anderen Ministerien und insbesondere auf regionaler und lokaler Ebene wurden nicht hinzugezogen.[551]

Dies wird von Karin Küblböck auch noch für das Jahr 2006 bestätigt. Hiernach sind außerhalb des sogenannten *„eisernen Dreiecks"*, d.h. Regierungsbeamte, international vernetzte NGOs und Geberorganisationen, kaum weitere Akteure einbezogen worden.[552]

Auch im Hinblick auf die technokratische und institutionelle Ebene der *ownership* bemerkt Sehring, dass die Erwartungen, die an die Einführung der *PRSPs* geknüpft wurden, kaum in Erfüllung gingen, da den Regie-

548 Vgl. Sehring (2003), S. 86.
549 Vgl. Schneider (2002), S. 2.
550 Vgl. Küblböck (2006), S. 3.
551 Vgl. Sehring (2003), S. 87.
552 Vgl. Küblböck (2006), S. 8.

rungen und Verwaltungen, aber auch den Parlamenten, so sie politisch überhaupt eine Relevanz besaßen, die notwendigen Kapazitäten für eine umfassende Landesstudie mit fundierter Datenerhebung und der anschließenden Erstellung eines national angelegten Entwicklungskonzeptes fehlten. Insbesondere fehlte es an wissenschaftlichen Experten, die die makroökonomischen und politischen Zusammenhänge und Auswirkungen der im Lande erstellten Strategiepapiere beurteilen konnten.[553]

Abschließend zu diesem Punkt sei an dieser Stelle angemerkt, dass die NGOs insgesamt davon ausgehen, die unzureichende Umsetzung des Partizipationsprinzips sei in erster Linie auf ein Fehlverhalten oder auf strategische Fehleinschätzungen der politisch verantwortlichen Hauptakteure (Weltbank und Regierungen) zurückzuführen.

Die Frage, ob und inwieweit sich die Vorstellungen von Demokratie und *participation,* wie sie die Weltbank in weitgehender Übereinstimmung mit den international aufgestellten NGOs begreift, überhaupt auf die Gesellschaften der nach ihren Maßstäben zu entwickelnden Länder übertragen lassen, wird meist unzureichend reflektiert.[554]

5.1.8.3.2 Das PRSP-Konzept als bankinterne Hintertür zur politischen Einflussnahme

Uwe Hoering, die österreichische Ökonomin Alexandra Strickner und ihre Koautorin Monika Vögel weisen darauf hin, dass die Weltbank bei der Ausarbeitung der *PRSPs* den Regierungen bankinterne Experten zur Verfügung stellte und immer noch stellt und dadurch erheblichen Einfluss auf die Ausrichtung der Strategiepapiere und damit auf das nationale Entwicklungskonzept nehmen kann.[555] Das sich hieraus ergebende Einflusspotential wird insgesamt - auch auf Seiten einiger bankinterner Evaluierungsgremien - kritisch bewertet.

Eine weitere Möglichkeit der Einflussnahme hat sich die Bank durch die Vorgabe erhalten, dass die fertiggestellten *PRSPs* von den Mitarbeitern der Weltbank evaluiert und mit einem Empfehlungsschreiben dem Exekutiv-Direktorium zur Bewilligung vorgelegt werden. Hiermit nimmt die Weltbank weiterhin das Recht in Anspruch, die Entwicklungsziele der potentiellen Kreditempfänger zu beurteilen und ggfs. abzulehnen.

---

553 Vgl. Sehring (2003), S. 87.

554 Diesen Aspekt hebt auch die Politikwissenschaftlerin und zeitweilig in der Entwicklungshilfe tätige Anne-Lena Heiland in ihrem Vortrag: Zivilgesellschaft in Afrika, Chimäre, Mythos oder Realität? zum Forschungstag des Instituts für Politische Wissenschaft der RWTH-Aachen, 18.11.2009 hervor.

555 Vgl. Hoering (2007), S. 86, vgl. Strickner / Vögel (2003), S. 13.

Die im *ownership*-Prinzip verankerte nationale Eigenverantwortung wird damit erheblich eingeschränkt, wenn nicht sogar ausgehebelt.[556] Um ein zügiges Kreditbewilligungsverfahren zu erzielen, sind die Empfängerländer zudem geneigt, ihre eigenen Vorstellungen von Entwicklungspolitik hinten anzustellen, und ihre Strategiepapiere den erwartungsgemäßen Vorstellungen der Weltbank anzupassen, die die Einhaltung der im *PRSP* festgeschriebenen wirtschafts-, sozial- und umweltpolitischen Maßnahmen in regelmäßigen Zeitabständen kontrolliert, um über weitere Kredittransfers zu entscheiden.

Konformität bzw. finanzielle Abhängigkeit auf Seiten der Entwicklungsländer und das selbst zuerkannte Recht auf Evaluierung auf Seiten der Weltbank sind denn auch die maßgeblichen Hintertüren, durch die die Konditionalitäten, die mit der Abkehr von den im *Washington Consensus* verankerten *Strukturanpassungskrediten* eigentlich verworfen werden sollten, weiterhin Zugang in die Entwicklungspolitik der Weltbank fanden.

Dabei waren es vor allem die standardisierten Konditionalitäten der Weltbank, die den Entwicklungsländern im Rahmen der *Strukturanpassungsprogramme* fremdbestimmt aufgezwungen worden waren und die von Stiglitz und Wolfensohn als eine wesentliche Ursache für das Scheitern der Entwicklungsstrategie der Weltbank bewertet wurden. Diese Fremdbestimmung sollte durch die dem *PRSP-Konzept* zugrunde gelegte Eigenverantwortung der Entwicklungsländer aufgehoben werden. Für 2006 bemerkt Küblböck jedoch, dass sich die Empfängerländer nach wie vor mit detaillierten, expliziten und implizierten Konditionalitäten konfrontiert sehen und dass sich diese sogar, anders als in den Zeiten des *Washington Consensus*, auf Bereiche ausgedehnt haben, die über die traditionellen ökonomischen Indikatoren hinausgehen, die ursprünglich von Bedeutung für die Weltbank waren.[557]

Insbesondere in der Beibehaltung der Konditionalitäten sehen Kritiker denn auch den Beweis dafür, dass die versprochene Abkehr von den Leitlinien des *Washington Consensus* nicht erfolgt ist. Die Konditionalitäten werden ihren Befürchtungen zufolge als Hintertüren der alten neoliberalen Paradigmen in die vermeintlich reformierte Entwicklungsstrategie der Weltbank kritisiert. Privatisierung, Haushaltsdisziplin, Handelsliberalisierung und Wachstumsdogma schleichen sich hiernach erneut unter dem Deckmantel des *Post-Washington Consensus* und der abermals fokussierten Armutsminderung in die angeblich neue Phase der Entwicklungspolitik der Weltbank.

556 Vgl. Eberlei (2005).

557 Vgl. Küblböck (2006), S. 9f.

Bezugnehmend auf eine Studie des in Brüssel ansässigen EURODAD (European Network on Debt and Development) wurde den Recherchen Sehrings zufolge beispielsweise Honduras Anfang 2001 dazu verpflichtet, die Privatisierung der Elektrizitätsversorgung als Bestandteil ihres *PRSP* aufzunehmen. Auch Tansania und Benin mussten für die Bewilligung ihres *PRSP* jeweils über 100 zusätzliche Konditionalitäten akzeptieren.[558] Küblböck weist darauf hin, dass vor allem die Vorgabe zu Privatisierungen weiterhin eine zentrale Konditionalität für die Kreditbewilligung bleibt. Als Beispiel führt sie Malawi an, das speziell im Telekommunikations-, Energie- und Wassersektor zur vollständigen Privatisierung angehalten wurde.[559] Auch Uwe Hoering verweist auf Untersuchungen durch EURODAD aus dem Jahre 2006, denen zufolge sich die Privatisierungs-Konditionen zwischen 2002 und 2005 mehrten. So wurden ihm zufolge allein 2005 konditionalisierte Kreditzusagen an Burkina Faso, Vietnam, Mosambik, Ruanda, Bangladesch, Mali, und Uganda vergeben.[560] Strickner und Vögel ziehen die Beispiele Honduras und Bolivien heran, um zu verdeutlichen, dass der IWF und die Weltbank ihre Einflusskanäle über wirtschaftspolitische Auflagen bei der Kreditvergabe geltend gemacht haben.

Strickner und Vögel stellen daher die Frage, inwieweit alternative Entwicklungsstrategien - jenseits der Vorstellungen von IWF und Weltbank - überhaupt eine Chance auf eine positive Bewertung seitens der Weltbankmitarbeiter haben, die für eine abschließende Bewilligung durch das Exekutiv-Direktorium unerlässlich ist.[561]

Doch sowohl die Weltbank als auch der IWF kamen 2004 aufgrund eigener Evaluierungen zu dem selbstkritischen Ergebnis, dass sie im Rahmen der *PRSP* die *country ownership* unterminierten. Die Verfasser dieser Evaluierungs-Studie, Mark Allan (IMF-Mitarbeiter) und Gobind Nakani (Weltbankmitarbeiter) empfahlen daraufhin beiden Institutionen, die Rolle und Kompetenzen des *Joint Staff Assessment* (*JSA*) neu zu regeln.

> "The OED and IEO evaluations found that the PRS approach is relevant, but recommended changes to the architecture aimed at: reducing the perception of the BWIs' "signing-off" on the PRSP which undermines country ownership; enhancing the clarity/transparency of the link between the PRS and Bank and IMF assistance programs; clarifying the role of the Joint Staff Assess-

558 Vgl. Sehring (2003), S. 64f.

559 Vgl. Küblböck (2006), S. 9.

560 Hoering (2007), S. 89f. Hoering stützt seine Angaben auf: Eurodad: World Bank and IMF Conditionality, A Development injustice, 2006.

561 Vgl. Strickner / Vögel (2003), S. 13.

ment (JSA) and its audience, in order to enhance its quality and candor; and increasing the focus on improving underlying country processes rather than on producing documents".[562]

Beide Verfasser kommen somit zu dem Ergebnis, dass in den Evaluierungsprozessen durch die *JSA* das Prinzip der nationalen *ownership* in der alltäglichen Arbeitspraxis der Weltbank ausgehöhlt wird.

Auch die unzulängliche Umsetzung des Prinzips *participation* wurde von Allan und Nakani [563] und mehrfach auch in bankinternen Evaluierungsstudien kritisiert. Die Homepage der Weltbank bietet auch zu dieser Thematik einen weltweiten Zugriff auf zum Teil äußerst selbstkritische Studien, die ebenfalls zu einem deutlich negativen Bilanzergebnis im Hinblick auf die Umsetzung des *Post-Washington Consensus* und der *PRSP*-Initiative gelangen.[564]

Hierin begründet sich ein weiteres Mal der Verdacht vieler Weltbankkritiker, die Weltbank ziehe trotz ihres Erkenntnisgewinns keine Konsequenzen und zeige sich weiterhin reformresistent, indem sie bestenfalls den bereits zitierten *„alten Wein in neue Schläuche"*[565] fülle. Sie signalisiere zwar Reformbereitschaft, doch ihre Reformankündigungen zögen keine effektiven Veränderungen in den Entwicklungsländern nach sich. Mit Blick auf die bankinternen Strukturen kritisieren Beobachter zudem, dass trotz der vorliegenden Expertisen keine tatsächliche Korrektur der Kreditbewilligungs- und Evaluierungsverfahren erfolgt sei und die Weltbankmitarbeiter nach wie vor die alten Paradigmen des *Washington Consensus* in die neuen Entwicklungskonzepte einschleusten.

---

562 Vgl. World Bank and International Monetary Fund (2004), http://www.imf.org/external/np/prspgen/2004/092004.pdf, S. 43.

563 Vgl. World Bank and International Monetary Fund (2004), S. 18f.

564 Über 100 Studien werden auf der Homepage der Weltbank allein zu den PRSP zum kostenfreien Download angeboten: http://extsearch.worldbank.org/servlet/SiteSearchServlet?q=Prsp, bzw. www.worldbank.org/prsp, oder http://poverty.worldbank.org/library/topic/3373/ ,Darüber hinaus werden auf der Homepage der Weltbank auch die Evaluierungsergebnisse des bankinternen, aber formal vom Management unabhängigen, Kontrollorgans *Operation Evaluation Department* (*OED*) bzw. der Independent Evaluation Group (IEG) unter http://www.worldbank.org/ieg/ ins Internet gestellt. (Stand: Juni 2010)

565 Hoering (2007), S. 91unter Verweis auf eine ähnliche Formulierung der britischen Entwicklungsorganisation World Development Movement, aus ihrer 2006 veröffentlichten Studie: Out of time, The case for replacing the World Bank and IMF, S. 44,

Die Divergenzen zwischen der Ausformulierung bzw. Festlegung neuer Paradigmen und ihrer unzureichenden Umsetzung in der alltäglichen Geschäftspraxis der Weltbank werden im Hinblick auf die Frage nach der *Ehrlichkeit* der Reformankündigungen zum kontinuierlichen Angriffspunkt vieler weltbankkritischer Ansätze, wie sie durch Hoering im Grundsatz ebenso vertreten werden, wie auch in weiten Teilen der internationalen und nationalen NGO/NSO-Gemeinschaft, wobei beispielsweise die CARITAS zugehörigen CIDSE (Caritas International Cooperation for Development and Solidarity) die *PRSP* nur noch als reines „Theater“ abqualifiziert .[566] Auch das von Catherine Weaver publizierte Buch *„Hypocrisy Trap“* beschreibt letztlich diese Kluft zwischen der Außendarstellung, d.h. der Rhetorik der Bank und ihren tatsächlichen Entscheidungen und Handlungen, wenngleich Weaver diese Kluft nicht nur im Hinblick auf die Reformrhetorik herausarbeitet sondern als allgemeines, sich auf vielen Ebenen auswirkendes Merkmal der Organisationskultur erkennt.[567]

Im Hinblick auf die *PRSP*, die erst 1999 als neue Entwicklungsstrategie konzipiert wurden, beruht die in den Kritiken zum Ausdruck gebrachte Enttäuschung jedoch möglicherweise auch auf einer zu hohen Erwartungshaltung vieler Beobachter, die ihre Bilanzierung der Ära Wolfensohn bereits im Zeitraum von 2003–2005 veröffentlichten. Wenn bereits drei bis fünf Jahre nach Einführung dieses sehr komplexen, im Ansatz gänzlich reformierten Entwicklungsmodells, seine schlechte Umsetzungsbilanz als erneuter Beweis für die Reformresistenz der Weltbank herangezogen wird, verliert der Vorwurf leicht an Kontur. Auch Hans-Joachim Spanger und Jonas Wolff räumen ein, dass die Umsetzung des *PRSP-Konzeptes* zwar noch erhebliche Mängel aufweise, sich daraus jedoch nicht per se ein mangelnder Reformwille der Weltbank ableiten lässt, sondern dass diese Defizite durchaus auch im Kapazitätenaufbau der jeweiligen Länder begründet liegen können.[568] Bei aller berechtigten Kritik an der unzulänglichen Umsetzung der neuen Strategien dürfen die Bedeutung und das Einflusspotential anderer Akteursgemeinschaften (Regierungen, Kreditinstitute, multinationale Konzerne etc.) in der Bilanzierung weltbankunterstützter Entwicklungsprogramme nicht ausgeblendet werden.

Zudem entspricht es auch faktisch nicht den Tatsachen, dass die Weltbankführung unter der Leitung von James Wolfensohn die Kritik an den

566 Vgl. CIDSE (2005), http://www.trocaire.org/uploads/pdfs/policy/cidse_prsreviewsubmissionapril05.pdf , S. 12.

567 Vgl. Weaver (2008), S. 19.

568 Vgl. Spanger / Wolff (2003), S. 35.

PRSP ignoriert und unbeirrt an ihrem Anfangskonzept festgehalten habe, was durch die zum Teil sehr pauschal und plakativ formulierte Kritik (*„alter Wein in neuen Schläuchen")* hingegen suggeriert wird.

Nachdem auch die bankinternen Evaluierungen zu dem Ergebnis kamen, dass die *PRSP* in ihrer Umsetzung erhebliche Mängel aufwiesen, insbesondere da die Länder zu wenig in eine effektive Armutsminderung investierten, initiierte Präsident Wolfensohn 2004 eine zweite Generation der *PRSP* (*PRSP II*). Hiernach sollten die Kreditantragsteller, unter verstärkter Einbeziehung der NGOs, in ihren Strategiepapieren künftig ein deutlich größeres Gewicht auf die Steigerung produktiver Investitionen in der Landwirtschaft und der verarbeitenden Industrie legen, um vor allem den ärmeren Bevölkerungsteilen zu mehr Einkommen zu verhelfen. Die zweite *PRSP-Generation* orientierte sich dabei an den Zielvorgaben der bereits im Herbst 2000 von den Vereinten Nationen auf den Weg gebrachten *Millennium Development Goals* (*MDG*)[569] und konzentrierte sich verstärkt auf die Verknüpfung von Wachstum und Armutsminderung.

Die Weltbank bzw. Präsident Wolfensohn reagierte mit den *PRSP II* Vorgaben erneut auf die Kritik, die durch bankinterne Studien bestätigt worden war, und veranlasste die Überarbeitung des ersten *PRSP-Konzeptes*, deren Umsetzung er jedoch aufgrund seines Rücktritts nicht mehr überprüfen konnte.

---

569 Eine Arbeitsgruppe aus Vertretern von UNO, Weltbank und OECD erarbeitete 2001 eine Liste mit 8 entwicklungspolitischen Zielvorgaben, die bis zum Jahre 2015 erreicht werden sollen. Um die Erreichung dieser Ziele messbar zu machen, legten die Verfasserinnen und Verfasser der Erklärung 18 Unterpunkte und 48 Indikatoren sowie 1990 als Basis- und 2015 als Zieljahr fest. Die 8 Ziele sind: 1. Bekämpfung extremer Armut und Hunger, 2. Grundschulbildung für alle Jungen und Mädchen weltweit, 3. Förderung und Gleichstellung der Geschlechter und Stärkung der Rolle der Frauen, 4. Reduzierung der Kindersterblichkeit, 5. Verbesserung der Gesundheitsfürsorge für Mütter, 6. Bekämpfung von AIDS, Malaria und anderen schweren Krankheiten , 7. Förderung der ökologischen Nachhaltigkeit und 8. Aufbau einer globalen Entwicklungspartnerschaft. Vgl. No Excuse 2015 Milleniumskampagne (2008), http://www.un-kampagne.de/index.php?id=6. Auf dieser Internetseite sind unter anderem folgende weiterführende Links aufgeführt:

- Pressemitteilung der UN-Millenniumkampagne zum „MDG Report 2008",
- UNRIC-Pressemitteilung zum „MDG Report 2008",
- „MDGs at Midpoint"-Report der EU (englisch),
- UN-Notfallgipfel zu den Millenniumszielen am 25.09.08 in New York (englisch),
- UN-Millenniumsziele und die Menschenrechte (englisch).

Ähnliches gilt auch für die weitere Entwicklung der von Wolfensohn initiierten und 2004 durch die bankeigene Evaluierung kritisierte Umsetzung der *country ownership*[570], die durch die konditionale Kreditvergabe der Weltbank weiterhin unterlaufen wurde. Im Hinblick auf die *country ownership* hält der Wirtschafts- und Politikwissenschaftler Helmut Asche, der als Afrika-Experte für die Deutsche Gesellschaft für technische Zusammenarbeit *(gtz)* tätig war, jedoch fest, dass die in der Genehmigungspraxis verankerten Konditionalitäten, die der nationalen *ownership* zuwiderliefen, 2004/2005 noch von James Wolfensohn formal abgeschafft wurden.[571] Eine diesbezügliche formale Änderung - keine Abschaffung (!) - konstatieren auch Daniela Setton von *Weed*, Rainer Falk und Eckhard Deutscher.[572] Falk und Deutscher nehmen hierbei Bezug auf ein Anweisungsschreiben des Weltbank-Managements, wonach die Mitarbeiter seit dem 1. September 2004 zur Umsetzung neuer Leitlinien für die Vergabe nicht projektgebundener Kredite angewiesen wurden.

Diese neuen Leitlinien, die auf der Homepage der Weltbank als *OP 8.60* dokumentiert sind, sehen zwar eine generelle Lockerung der bisherigen Konditionalitäten-Praxis insofern vor, als die Empfängerländer an der Entwicklung und Festlegung der Konditionalitäten stärker beteiligt werden sollen, dennoch sehen sowohl Falk als auch Deutscher hierin keinen grundsätzlichen Verzicht der Weltbank auf diese Form der Einflussnahme. Falk verweist auf Absatz 3 dieser Leitlinien, wonach die Angemessenheit der Bereitstellung einer entwicklungspolitischen Unterstützung für ein Land weiterhin im Kontext der bankeigenen Länderstrategie *(CAS)* und der politischen und institutionellen Rahmenbedingungen des Landes zu beurteilen ist.[573] Hiernach behält sich die Bank nach wie vor

---

570 Vgl. World Bank and International Monetary Fund (2004), http://www.imf.org/external/np/prspgen/2004/092004.pdf, S. 43.

571 Vgl. Asche (2005), http://www.gtz.de/de/dokumente/en-prsp-4p-2005.pdf.

572 Vgl. Falk (2005), http://www.weltwirtschaft-und-entwicklung.org/cms/wearchiv/50018895920e74b0b.php, vgl. Deutscher in: Ihne / Wilhelm (2006), S. 226ff, vgl. Setton in: Südwind (2007), http://www2.weed-online.org/uploads/0706_konditionalitaeten_suedwind.pdf , S. 2.

573 Vgl. Falk (2005), http://www.weltwirtschaft-und-entwicklung.org/cms/wearchiv/50018895920e74b0b.php, "Abs. 3. Lending Criteria and Selectivity: *The appropriateness of providing development policy lending to a country is determined in the context of the Country Assistance Strategy (CAS). The Bank's decision to extend development policy lending is based on an assessment of the country's policy and institutional framework – including the country's economic situation, governance, environmental/natural resource management, and poverty and social aspects. The Bank considers the strength of the program and the country's commitment to and ownership of the program against its track record.*
It also assesses the country's institutional capacity and ability to implement effectively

das Evaluierungs- und Prüfungsrecht sowohl hinsichtlich der *PRSPs* als auch der Projektentwürfe vor und hält an ihrer konditionalen Kreditpolitik fest. Über die Bewertung der Kreditwürdigkeit im Rahmen der *CAS* und des bankeigenen, jährlich durchgeführten *„Country Policy and Institutional Assessment"* (*CPIA*) bringt die Weltbank wie gehabt ihre Konditionalitäten in die Bewilligungsverfahren ein und unterhöhlt weiterhin das selbst postulierte Ziel, die *national ownership* ihrer Kunden zu stärken.

Hierin begründet sich ein weiteres Mal der Verdacht, dass es sich auch bei diesen Reformkorrekturen Wolfensohns um rein rhetorische Ankündigungen handelte[574], deren Umsetzung nicht mit der notwendigen Ernsthaftigkeit versucht wurde, da die alten ökonomischen Paradigmen aus den Zeiten des *Washington Consensus* ihre Priorität behielten und den Entwicklungsländern weiterhin aufoktroyiert werden sollten.[575]

Aufgrund des Verzichts von James Wolfensohn, seine Präsidentschaft eine weiteres Mal zu verlängern, ist eine endgültige Bilanzierung bzw. Beurteilung seiner Reformabsichten insofern problematisch, als er sich durch seinen Rücktritt selber der Möglichkeit beraubte, die Umsetzung seiner initiierten Korrekturen zu betreuen und ggfs. erneut zu überarbeiten. Überprüft werden kann daher nur noch, ob trotz des anschließenden politischen Führungswechsels zwischen Wolfensohn und dem republikanisch orientierten Paul Wolfowitz auch die gerade erst reformierten Paradigmen und Strategien Bestand hatten und weiterhin haben, oder ob tatsächlich mit dem Austausch des Präsidenten die Bank in ihre alten Denkansätze zurückfiel, zumal die neoliberalen Leitlinien nach wie vor weltweit die ökonomischen Rahmenbedingungen dominieren.

Statt den von Wolfensohn initiierten Reformkurs auf seine Ehrlichkeit hin zu durchleuchten, können lediglich die Aspekte Zuverlässigkeit, Verbindlichkeit und Konsistenz in der Politik der Weltbank überprüft werden. Da die politische und juristische Kontinuität einer Organisation trotz eines Führungswechsels gewahrt bleibt, ist es zwar politisch legitim, die Beibehaltung bzw. weitere Umsetzung einer vom Vorgänger bereits initiierten Reformstrategie einzufordern und damit deren Umset-

---

the program to be supported and describes the country's capacity-building efforts", WorldBank: 2004 Annual Report on operations evaluation, Operational manuel OP 8.60 Development Policy Lending, http://lnweb90.worldbank.org/oed/oeddoclib.nsf/24cc3bb1f94ae11c85256808006a0046/8e49d9d2a5f86e7a85256fc500565a1e/$FILE/2004_aroe.pdf, Absatz 3.

574 Vgl. Setton (2007d), S. 2.

575 Vgl. Schneider (2002), http://www2.weed-online.org/uploads/wc_sd_7_2002.pdf

zung zu bilanzieren. Doch inwieweit daraus Rückschlüsse auf die Intentionen bzw. Ehrlichkeit einer Reformankündigung abzuleiten sind, ist fraglich, da diese grundsätzlich nur mit Blick auf den Initiator der Reform überprüft und bilanziert werden können. Hier stellt sich letztlich die Frage, inwieweit die Reformpolitik die Handschrift des jeweiligen Weltbank-Präsidenten trägt und inwieweit er die politische Kontinuität, d.h. die tatsächliche Umsetzung seiner Reforminitiativen beeinflussen kann.

Eine Bilanzierung dieser Reform-Kontinuität erwies sich im Hinblick auf die Fortsetzung der von Wolfensohn initiierten Reformen dann in mehrfacher Hinsicht als unerwartet schwierig. Während die Präsidentschaft von Paul Wolfowitz aufgrund seines vorzeitigen Rücktritts nach nur zweijähriger Amtszeit kaum Anhaltspunkte für eine fundierte Bilanzierung insbesondere im Hinblick auf die *PRSP*-Debatte bot, ergeben sich hinsichtlich der Präsidentschaft von Robert Zoellick Bilanzierungsschwierigkeiten vor allem vor dem Hintergrund der aktuell noch bestehenden Weltwirtschaftskrise. Diese stellt in logischer Konsequenz auch das Thema Entwicklungspolitik in vielerlei Hinsicht vor neue Herausforderungen, die ggfs. die Reformziele Wolfensohns, wenn auch nicht in Frage stellen, so doch zumindest vorübergehend in den Hintergrund drängen.

Paul Wolfowitz bezog im Verlauf seiner kurzen Amtszeit kaum Stellung zu den Reforminitiativen von James Wolfensohn, mit Ausnahme der oben bereits erwähnten, von Kritikern skeptisch vernommenen Absichtserklärung, alles so zu belassen, wie Wolfensohn es auf den Weg gebracht habe. Offiziell kam es weder unter Wolfowitz noch unter Zoellick zu einer Revision oder erneuten Korrektur der Reformvorgaben von Wolfensohn. So informiert die Weltbank im Hinblick auf die *PRSPs* offiziell auch heute noch regelmäßig über jene Länder, die aktuell ein Entwicklungskonzept erarbeiten und veröffentlicht ihre Ergebnisse aus den jeweiligen Monitorings über diese Länder, die in Folge eines fertiggestellten und bewilligten *PRSP* bereits Kredite erhalten haben und ihre jeweiligen Entwicklungsfortschritte festhalten.[576]

576 Vgl. Worldbank: Country papers and JSANs (2009), http://web.worldbank.org/WBSITE/EXTERNAL/TOPICS/EXTPOVERTY/EXTPRS/0,,contentMDK:20200608~menuPK:421515~pagePK:148956~piPK:216618~theSitePK:384201,00.html, vgl. Worldbank: Poverty Reduction Strategy Papers (2009), http://web.worldbank.org/WBSITE/EXTERNAL/TOPICS/EXTPOVERTY/

Eine mögliche Erklärung für die politisch überraschende Kontinuität zwischen den politisch eher gegensätzlichen Weltbank-Präsidenten ergibt sich sicherlich nicht zuletzt daraus, dass sich die Weltbank während der Präsidentschaft von James Wolfensohn als Mitunterzeichnerin sowohl der *Millenniumsdeklaration* im September 2000 (siehe weiter oben)[577] als auch der *Pariser Erklärungen* im März 2005[578] gemeinsam mit anderen Entwicklungsorganisationen und Geber- wie auch Entwicklungsländern auf einen entwicklungspolitischen Rahmen geeinigt hat, in dem sie unter anderem darauf verpflichtet wurde, auf die Souveränität und Eigenverantwortung, aber auch auf eine effektive, gute Regierungsführung aller Länder hinzuwirken. Damit wurden die in dem *PRSP-Konzept* von Wolfensohn festgeschriebenen Leitlinien im Wesentlichen bekräftigt.

Einen Kurswechsel von diesen institutionell übergreifend vereinbarten Vorgaben einzuleiten, wäre in Anbetracht der ohnehin immer noch nicht beigelegten Legitimationskrise der Weltbank nach wie vor nicht unproblematisch. Daher ist kaum zu erwarten, dass sich die aktuelle Weltbankführung von diesen Leitlinien offiziell distanziert.

Doch welchen tatsächlichen Stellenwert Wolfensohns Reforminitiativen in der Entwicklungsstrategie von Robert Zoellick einnehmen, bleibt bisher auch in den weltbankkritischen Medien weitgehend unreflektiert und ist kaum noch Gegenstand der Debatte. Die Debatte insgesamt und die kritische Überwachung der Reforminitiativen von James Wolfensohn sind, wie bereits erwähnt, seit 2007 auffallend verebbt, wodurch viele Fragen offen bleiben. So fehlen beispielsweise Informationen darüber, in welchem Maße die Weltwirtschaftskrise sich auf die Politik und die Reforminitiativen der Weltbank auswirkt.

Davon ausgehend, dass zwischenzeitlich kaum nennenswerte Fortschritte in der Entwicklungshilfe zu verzeichnen waren, stellt sich die Frage, ob das zu beobachtende Desinteresse an den entwicklungspolitischen Strategien der Weltbank auf Resignation auf Seiten der NGOs beruht oder ob die Weltbank tatsächlich eine weniger kritikanfällige Entwicklungspolitik betreibt.

Für den Zeitraum nach der Präsidentschaft von James Wolfensohn fehlen unter anderem weitreichende, fundierte und kritische Informationen

---

EXTPRS/0,,menuPK:384207~pagePK:149018~piPK:149093~theSitePK:384201,00.html.

577 Vgl. United Nations (2000), http://www.gtz.de/de/dokumente/Milleniumsdeklaration.pdf.

578 Vgl. Erklärung von Paris (2005), http://www.oecd.org/dataoecd/37/39/35023537.pdf.

über den weiteren Verlauf des noch unter seiner Leitung initiierten *PRSP II Konzeptes*. Auch die seit 1995 in Deutschland politisch etablierte Organisation VENRO (Verband Entwicklungspolitik deutscher Nichtregierungsorganisationen) erstellte nur bis einschließlich 2006 regelmäßig, aussagekräftige Länderprofile (*prsp-watch*), in denen untersucht wird, welche Rolle die Staaten und die Zivilgesellschaften in den Schwellenländern im *PRS*-Prozess eingenommen haben.[579] Im Hinblick auf die unter Wolfensohn auf den Weg gebrachte und in der *Pariser Deklaration* von allen Unterzeichnern bekräftigte Absichtserklärung, den Empfängerländern in Zukunft mehr Eigenverantwortung zuzugestehen, bemängelten führende NGOs lediglich, dass weder unter Wolfensohn noch unter Robert Zoellick die konditionale Kreditpolitik der Weltbank zugunsten der *nationalen ownership* aufgehoben wurde.[580]

Allerdings erweist sich in diesem Zusammenhang der Vorwurf, die Bank untermauere durch die Fortsetzung der konditionalen Kreditvergabe erneut ihre Reform*unfähigkeit,* als nur bedingt zutreffend, da den obigen Ausführungen Falkes und Deutschers zufolge Wolfensohn zu keinem Zeitpunkt eine grundsätzliche Aufhebung der Auflagenpolitik beabsichtigt hatte. Es ist fraglich, ob Wolfensohn jemals so weit in seiner Reformkorrektur gehen wollte, diese Form der effektiven Einflussnahme aufzugeben, oder ob Wolfensohn von Anfang nicht vielmehr nur eine Überarbeitung und ggfs. Lockerung der konditionalen Rahmen anvisiert hatte.

Auch im Hinblick auf die umstrittene Förderung des Privatsektors in den Entwicklungsländern und die Öffnung ihrer Märkte begleiteten die NGOs den Reformkurs von Wolfensohn offenbar mit einer zu hohen Erwartungshaltung. Denn trotz seiner grundsätzlichen Infragestellung des *Washington Consensus* war auch Wolfensohn von der ökonomischen Notwendigkeit dieser Faktoren überzeugt. Bis heute fließen diese Vorgaben in die konditionale Kreditvergabe ein und wurden in seinem Reformpaket nie zur Disposition gestellt.

Durch diese Divergenz zwischen der Erwartungshaltung der NGOs[581] und den Reformvorstellungen Wolfensohns waren Enttäuschungen und damit erneute Kritik auf Seiten der NGOs vorprogrammiert.

579 Vgl. VENRO, http://www.venro.org/home.html.

580 Vgl. Niggli (2008), http://www.alliancesud.ch/deutsch/files/T_EkWe.pdf, vgl. Setton, (2008a), http://text.weed-online.org/themen/uue/892667.html.

581 Akzeptabel aus Sicht beispielsweise der NGO *„alliance süd"* wäre einzig die Beibehaltung allein solcher Konditionen, die einen *„...verantwortlichen Umgang mit den Mitteln, die demokratische Eigenverantwortung und die Rechenschaftspflicht*

Bei der Antwortsuche auf die Frage, warum die Weltbank sich offensichtlich nicht von den wirtschaftspolitischen Auflagen lösen kann, reduzieren einige NGO-Vertreter ihre Analysen abermals auf monokausale Argumentationsketten, in denen vor allem die besonderen Vorteile für die Industrieländer hervorgehoben werden, die sich ergeben, wenn sich die Empfängerländer zur Öffnung der Märkte und zur Verbesserung des Investitionsklimas in den Entwicklungsländern verpflichten müssen.

Zwar kann und sollte das fehlende Einlenken der Bank in dieser Hinsicht durchaus kontrovers diskutiert werden, doch fehlt auch auf Seiten der NGOs im Zuge ihrer kritischen Auseinandersetzungen mit der Weltbankpolitik eine konstruktive Antwort darauf, in welchem wirtschaftspolitischen Rahmenmodell sich künftige Entwicklungshilfe einbetten sollte. Bis heute haben auch die NGOs noch keinen entwicklungspolitisch effizienten Fahrplan entwickelt, mit dem sie *schnell und effizient* weltweit Armut, Hunger, Arbeitslosigkeit und den weltweiten CO_2-Ausstoß reduzieren könnten. Aber vor allem blieb ungeklärt, wie ein solcher Entwicklungsplan den Entwicklungsländern nahegelegt werden könnte, wenn nicht konditional.

Nach wie vor fehlt sowohl auf Seiten der Weltbank als auch bei den NGOs und den internationalen Wirtschaftsforen und Forschungsinstituten eine umfassend durchdachte Entwurfsplanung für ein alternatives Wirtschafts- und Entwicklungsmodell.[582]

Bleibt zu hoffen, dass die gegenwärtige Krise als Chance genutzt werden kann, weltweit grundsätzlich über alternative Wirtschaftsmodelle nachzudenken, in denen sich auch die Entwicklungsökonomie neu aufstellen müsste. Doch vor allem könnte die Krisensituation dazu beitragen, nach über dreißig Jahren *Washington Consensus* das Wachstums- und Marktdogma in Frage zu stellen, das als angeblich unerlässliches Entwicklungsziel von keinem der Bankpräsidenten zu keinem Zeitpunkt in Fra-

eines Landes betreffen" also die der Leitlinie der *guten Regierungsführung* zuzuordnen sind. Vgl. Niggli (2008), http://www.alliancesud.ch/deutsch/files/T_EkWe.pdf.

582 In diesem Zusammenhang empfiehlt es sich, noch einmal die ursprünglichen Keynes-Entwürfe vor bzw. während der Bretton-Woods-Verhandlungen auf ihre Aktualität bzw. auf ihre nahezu prophetischen wirtschaftspolitischen Erwartungen hin zu überprüfen. Insbesondere die von John Maynard Keynes konzipierte und von Harry Dexter White abgelehnte *Clearing Union* beinhaltete wichtige Kontrollfunktionen, die sowohl eine Überschuldung einzelner Länder (Schuldenspirale) als auch eine künstliche Stabilisierung der Leitwährung (auch mitverursacht durch die in US-Dollar abzutragenden Schuldlasten der Entwicklungsländer) verhindern und eine Kontrolle des Kapitalverkehrs gewährleisten sollte, vgl. Harrod (1972).

ge gestellt wurde. Die jetzige Krise trifft ins Zentrum der wirtschaftspolitischen Kontroverse um alle wachstumsfixierten und marktgläubigen Strategien, die mit Hilfe der strittigen konditionalen Vorgaben bislang in die Entwicklungsländer implantiert wurden. Die Vorgaben für eine investitionsfreundliche Regierungsführung, für den Ausbau von Finanzmärkten und für die Förderung privatwirtschaftlich organisierter Strukturen sind Bestandteile dieser wachstumsfixierten Wirtschaftsstrategie, die vor allem das Interesse der Privatinvestoren auf die Entwicklungsländer lenken soll.

Wie sich der Verlauf der Krise auf die Weltbankpolitik auswirken wird, bleibt abzuwarten. Es ist anzunehmen, dass sich die Weltbank in Anbetracht der sich seit 2008 weltweit zuspitzenden finanziellen Situation abermals strategisch neu ausrichten wird. Insofern erscheint es nach meiner Einschätzung zum gegenwärtigen Zeitpunkt wenig sinnvoll, gerade die Präsidentschaft von Robert Zoellick im Hinblick auf eine bankinterne Reformkontinuität zu überprüfen oder eine diesbezügliche Prognose zu erstellen.

5.1.8.4 Zwischenfazit

Zur Frage der Reform*fähigkeit* im oberen Banksegment, in dem die Zielvorgaben und Paradigmen entwickelt und konzipiert werden, nach denen sich die Mitarbeiter der Weltbank auszurichten haben, kann folgendes Fazit gezogen werden.

Der Vorwurf, die Weltbank sei grundsätzlich reform*unfähig*, ist in dieser pauschalen Betrachtung nicht haltbar. Wie in den Kapiteln 5.1.1 - 5.1.8 herausgearbeitet werden konnte, leiteten alle hier einbezogenen Präsidenten, bis auf Paul Wolfowitz, signifikante Reformen ein, die entweder auf einen wirtschaftspolitischen Paradigmenwechsel hinausliefen oder aber auf innerorganisatorische Veränderungen abzielten, die vor allem den Mitarbeiterstab, d.h. das *untere Kompetenzfeld* betrafen, dessen Reformverhalten nachfolgend zu rekonstruieren sein wird. Jede Reform war eine Reaktion auf benannte gravierende entwicklungspolitische Fehlentwicklungen, die entweder mit wachsendem politischen Druck von außen an die Weltbank herangetragen oder aber aufgrund bankinterner Lernprozesse initiiert wurden, wobei ein Reformbedarf in der Regel von den jeweils amtierenden Weltbank-Präsidenten ausformuliert wurde.

Die weiter oben bereits angesprochene Frage, welche machtpolitische Relevanz den Weltbank-Präsidenten zugewiesen werden kann, kann im

Hinblick auf die im *oberen Kompetenzfeld* vollzogenen Paradigmenwechsel daher als signifikant hervorgehoben werden.

Damit rückt das Nominierungsverfahren für die Präsidentschaft, das angeblich den jeweiligen US-Administrationen einen erheblichen Einflusskanal in die Weltbank sichert, beinahe zwangsläufig in den Vordergrund der Reform-Debatte. Doch mehrfach konnte begründet werden, dass die hohe Erwartungshaltung an eine Demokratisierung der Präsidentschaftswahl zugunsten der Entwicklungsländer aus reformpolitischer Sicht zwar wünschenswert ist, jedoch in seiner Effizienz für einen weiteren Reformprozess überschätzt wird. Da sich im Exekutiv-Direktorium ausschließlich von den Regierungen benannte Delegierte befinden, denen weitgehende Systemkonformität (das System des *Washington Consensus*) unterstellt werden kann, sind signifikante Impulse zu wesentlichen Paradigmenänderungen auch aus den Reihen der Entwicklungsländer nicht zwangsläufig vorprogrammiert. Bis dato haben sich auch die Delegierten aus den Entwicklungsländern kaum als Initiatoren neuer Paradigmen profilieren können. Auch in den Entwicklungs- und Schwellenländern hat sich bislang kein dem Neoliberalismus und dem Wachstumsdogma abgewandter Wirtschaftsansatz herausgebildet, der im Hinblick auf die ökonomischen Paradigmen der Weltbank eine Alternative bereitstellen würde. Dies gilt gleichermaßen für die Vertreter der Entwicklungsländer wie für die der Industrienationen und nicht zuletzt auch für die NGOs / CSOs.

Im Hinblick auf das zu Recht in Frage gestellte Privileg der USA, den Weltbank-Präsidenten zu nominieren und damit einen signifikanten machtpolitischen Einflusskanal in die Weltbank zu sichern, wird im Verlauf dieser Studie noch ein Aspekt näher herauszuarbeiten sein, der die machtpolitische Relevanz dieses von den NGOs immer wieder in den Fokus ihrer Reformforderungen gestellten Kritikpunktes möglicherweise neu ausleuchtet (siehe Kapitel 6.3).

Selbst wenn im Ergebnis hier die Feststellung getroffen wird, dass dem Weltbank-Präsidenten durchaus eine herausragende machtpolitische Relevanz zugewiesen werden kann, zeichnen sich dennoch genügend Anzeichen auch dafür ab, dass sich einigen, von den Weltbank-Präsidenten initiierten Reformoffensiven massiver Widerstand entgegenstellte und zwar aus den Reihen des Mitarbeiterstabs, was sich letztendlich negativ in der Reformbilanz niederschlug. Dieser Aspekt wird nachfolgend ausführlicher besprochen.

Während im Hinblick auf das gerade untersuchte *obere Kompetenzfeld*, Reformen als Paradigmenwechsel und als Neuformulierungen politischer Zielvorgaben herausgearbeitet werden konnten, sind die nachfolgend beschriebenen Reformen im *unteren Kompetenzfeld* gleichzusetzen mit bankinternen Reorganisationen und Umstrukturierungen, die zu einer verbesserten wirtschafts-, aber vor allem sozial- und umweltpolitischen Bilanz der Projektarbeit der Weltbank führen sollten. Das heißt, während sich die Reformen im *oberen Kompetenzfeld* auf vornehmlich theoretisch begründete Neuausrichtungen der Bankparadigmen konzentrierten, wirkten sich die Reformen im *unteren Kompetenzfeld* dagegen direkt auf die Geschäftspraxis der Bank, die Weaver als *„operational culture"*[583] umreißt, aus und beeinflussten somit in erster Linie den Arbeitsalltag von heute etwa 10.000 Mitarbeitern.

5.2 Reformanweisungen im unteren Kompetenzfeld: Hintergründe und Umsetzungsbilanz bankinterner Safeguards und Reorganisationen

Zahlreiche bankinterne Evaluierungsgremien, Safeguards[584] und zwischenzeitlich zusätzlich in die Organisationsstruktur eingefügte Abteilungen lassen erkennen, dass ihre Einführung *offen-sichtlich* gewordene Fehlentwicklungen korrigieren sollte. Ob diese Korrekturen nur aufgrund einer verbesserten Außendarstellung bzw. Rhetorik der Weltbank initiiert wurden oder mit der glaubhaften Absicht, die Arbeit der Weltbank zugunsten einer effizienteren Entwicklungspolitik neu auszurichten, sei zunächst dahingestellt. Um diese Frage fundiert beantworten zu können, ist eine Aufarbeitung der Reorganisations-Hintergründe in Kombination mit ihrer jeweils diskutierten Umsetzungsbilanz hilfreich und wird hier in chronologischer Abfolge dargestellt.

Im Hinblick auf die Reformchronologie der Weltbank seit der Präsidentschaft McNamaras bis einschließlich der Anfangsphase der Präsidentschaft Wolfensohns bilden die Ausführungen von Bruce Rich eine wichtige Informationsquelle. Rich recherchierte unter anderem zahlreiche Fallbeispiele, die einen Rückschluss auf die hier im Mittelpunkt stehenden Aspekte der innerorganisatorischen Kooperationsdefizite im unteren Kompetenzfeld ermöglichen.

583 Weaver (2008), S. 83ff.

584 Der Begriff Safeguards wird von internationalen Organisationen für sozial- und umweltpolitische Absicherungsmaßnahmen verwendet, die insbesondere bei Kredit- und Projektbewilligungsverfahren zu berücksichtigen sind und den Antragstellern zur Auflage gemacht werden.

5.2.1 Robert McNamara: Auftakt zur ersten großen Reorganisation der Weltbank

Ende der 1960er Jahre, als Robert McNamara die Präsidentschaft für die Weltbank übernahm, war das weltweite entwicklungspolitische Problembewusstsein - auch zwanzig Jahren nach Bretton-Woods - gering. Daraus erklärt sich nicht zuletzt das Legitimationsproblem der Weltbank, mit dem sie bereits seit den 1950er Jahren zu kämpfen hatte, da ihr primäres Kerngeschäft - der Wiederaufbau Europas - weitgehend bilateral und damit ohne ihre Unterstützung erfolgt war. In den Entwicklungsländern selber hatte sich bis zu McNamaras Präsidentschaft ein kreditfinanzierter Wirtschaftsaufbau politisch noch nicht etabliert, so dass die weltweite Nachfrage nach Weltbankkrediten äußerst gering war. Internationale Bestätigung und Unterstützung und damit eine Existenzberechtigung, konnte die Weltbank jedoch langfristig nur erhalten, wenn ihre Dienste bzw. ihre Darlehen in angemessener Weise auch nachgefragt würden. McNamara versuchte unter anderem, diesem Legitimationsverlust entgegenzusteuern. Doch neben der Hoffnung, mit Hilfe einer Erhöhung des Kreditvolumens die Weltbank aus ihrer Legitimationskrise hinauszuführen, spielten vor allem wachstumspolitische Gründe eine Rolle für den von McNamara initiierten Kreditvergabezwang.

Um die Weltbank grundsätzlich neu aufzustellen, initiierte McNamara die wohl tiefgreifendste Reorganisation, die die Weltbank bis dahin durchlebt hatte. McNamara verfasste neue entwicklungspolitische Zielvorgaben und konzipierte die erste entwicklungsspezifische Wirtschaftsstrategie der Weltbank. Zeitgleich erhöhte er den Mitarbeiterstab von 1500 auf etwa 5200 Mitarbeiter,[585] was mit erheblichen organisatorischen Veränderungen einherging. Die Bank wurde Schritt für Schritt hierarchisch organisiert und alle Befugnisse auf die Person des Präsidenten konzentriert. Zentralismus und Hierarchiedenken determinierten denn auch bis in die 1990er Jahre die Arbeitskultur der Weltbank.

Mit der erklärten Absicht, in den wirtschaftlich unterentwickelten Ländern möglichst schnell die versprochenen Wachstumsraten durch investive Kreditzusagen zu erzielen, übte McNamara erheblichen Druck auf den Mitarbeiterstab aus, möglichst viele Kreditanträge an das Bankmanagement und darüber an das Exekutiv-Direktorium weiterzuleiten, damit dieses die Kreditanträge zügig bewilligte. McNamara veranlasste die Standardisierung der bestehenden meist an Rentabilitätskriterien

585 Vgl. Rich (1998), S. 90.

ausgerichteten Bewilligungsverfahren. Er definierte und katalogisierte leicht zu quantifizierende Ziele als Fortschrittsindikatoren und reduzierte die komplexen sozialen Realitäten auf Daten und Ziffern von Zielgruppen, Nutznießern, Wachstumserträgen, Verbesserungen in der Produktivität, Einkommensveränderungen etc.[586] Mit Hilfe dieser primär statistischen Erfassung der Entwicklungsproblematik und mit dem neuen standardisierten Kriterienkatalog sollten die Bankangestellten schneller ihre Entscheidung für oder gegen eine weitere Unterstützung des Kreditantrages treffen können. Damit minimierte er die fachlichen Anforderungen an den Mitarbeiterstab und zugleich ihren Ermessensspielraum zugunsten einer Arbeitskultur, in der Leistung und Prestige der Mitarbeiter am Umfang des mit ihrer Hilfe vergrößerten Kreditvolumens und nicht an ihrer fachlichen Kompetenz bemessen waren. Vorrangiges Ziel dieser Politik war die Erhöhung des Kreditvolumens.

In nur wenigen Jahren und unter dem Zwang, die Bank als zukunftsweisende, multilaterale Entwicklungsinstitution zu legitimieren, erstellte McNamara ein umfassendes und in seinem Wirtschaftsansatz grundlegend innovatives Entwicklungskonzept. Nicht zuletzt aufgrund der legitimationspolitisch begründeten Vorgabe an die Bankangestellten, möglichst viele Kredite zu unterstützen, wurde die Projekt- und Kreditpolitik in großen Teilen übereilt und unreflektiert forciert und entwickelte sich bereits in den ersten Jahren nach ihrer Etablierung zu einer regelrechten Welle von unausgereiften Projektimplementierungen, deren umwelt- und sozialpolitische Negativfolgen massive Proteste auslösten, die auch von der Weltbankspitze nicht länger ignoriert werden konnten.

5.2.2 Das Operation Evaluation Department (OED)

Die Gründung der bankinternen Evaluationsabteilung, des so genannten *Operation Evaluation Department* (*OED*), wird meist als eine Reaktion der Bankführung auf die wachsenden Proteste Ende der 1980er Jahre zurückgeführt. Doch das *OED* wurde nicht erst auf dem Höhepunkt dieser weltweiten Protestbewegungen gegründet, sondern bereits 1971! Die Abteilung wurde 2002 umbenannt in *Independent Evaluation Group (IEG)*, womit zum einen die oft bezweifelte bankinterne Unabhängigkeit der Abteilung betont werden sollte und zum anderen namentlich hervorgehoben wurde, dass es sich um eine in mehrere Unterabteilungen aufgegliederte Abteilung handelt. Da nachfolgend insbesondere die Probleme in der Anfangsphase des *OED* dargestellt werden sollen, wird die Namensgebung *OED* hier beibehalten.

---

586 Vgl. Rich (1998), S. 97.

Den Ausführungen des damaligen Department Directors Christopher Willoughby zufolge resultierte die Gründung des *OED* aus Erfahrungen mit mehrfachen Fehlkalkulationen in früheren Projekten der 1960er Jahren, die McNamara veranlassten, eine Abteilung für *Programming and Budgeting (P&B)* zu gründen, deren Aufgabenbereich in der Kostenkontrolle der Projektdurchführungen lag.[587] Dieser Aufgabenbereich wurde dann aber auf eine generelle Überwachung der Projektimplementierungen ausgedehnt und so wurde 1973 das *OED* offiziell als bankinterne, aber unabhängige Abteilung für Operationsbewertung eingeführt.[588] Das *OED* sollte für das Exekutiv-Direktorium und das Bankmanagement unabhängige Evaluationsberichte über abgeschlossene Weltbankprojekte erstellen. Das Ziel dieser Evaluierungen war neben dem informativen Auftrag für die Exekutiv-Direktoren, die Erfahrungen aus den Projektimplementierungen in Verbesserungsvorschläge umzuwandeln, um künftigen Problemen bei Projektbeteiligungen vorzubeugen.[589]

Während die *P&B-Abteilung* einzig auf die Initiative McNamaras hin gegründet wurde, entstand ihre Nachfolgerin, das *OED,* nach Angaben Bruce Richs wohl auch aufgrund des zunehmenden Drucks aus dem US-Kongress, der Anfang der 1970er Jahre darauf drängte, in allen internationalen Organisationen interne Kontrollabteilungen zu installieren. Diese Einflussnahme der US-Regierung bestätigt auch Willoughby.[590]

Rich, der sich auf eine Fußnote in der von Aart van de Laar verfassten Weltbankstudie bezieht, beschreibt die damalige Situation des neu gegründeten, der Weltbank quasi aufoktroyierten, *OED* als äußerst schwierig. Die ersten Abteilungsleiter Christopher Willoughby und Mervyn Weiner (First Director-General, 1970–1976) sahen sich ständigen Konfrontationen mit den Weltbankmitarbeitern ausgesetzt, die sich mit der Kontrollfunktion des *OED* schwer anfreunden konnten.[591]

Während Patrick Grasso, Sulaiman Wasty und Rachel Weaving in der von ihnen herausgegebenen Jubiläumsschrift zum dreißigjährigen Bestehen des *OED* zunächst betonen, dass das *OED* eine bemerkenswerte Unabhängigkeit („*considerable independence*“) entwickelte und eine zentrale Funktion innerhalb der Organisation ausübte[592], bilanziert Bruce Rich ihre Einflussnahme auf die Bankoperationen als weitaus weniger

587 Vgl. Grasso / Wasty (2003), S. 3.

588 Vgl. ebd., S. 1.

589 Vgl. ebd., S. 0.

590 Vgl. Rich (1998), S. 180, vgl. Willoughby in Grasso / Wasty (2003), S. 6.

591 Vgl. ebd., S. 180.

592 Vgl. Grasso / Wasty (2003), S. 1, S. 4ff.

erfolgreich. Seiner Einschätzung nach war das *OED* eine der *„ohnmächtigsten und am meisten marginalisierten Bestandteile der Bank"*.[593] Seine durchaus kritisch verfassten und unbestritten sehr fundierten Evaluierungs-Reporte, die sowohl die Projektbewilligungsverfahren als auch deren Implementierungen kritisierten, fanden den Angaben Richs zufolge innerhalb der Weltbank kaum Gehör und wurden geflissentlich überhört.[594] Die Berichte wurden zum Teil von Bankangestellten mit der Absicht zurückgehalten, die Exekutiv-Direktoren eben nicht umfassend über die katastrophalen Auswirkungen der Projekte zu informieren und damit die prestigeträchtigen Kredite zu gefährden.

Zu diesen von Rich beschriebenen Problemen des *OED* finden sich auch in der Jubiläumsschrift zum dreißigjährigen Bestehen des Gremiums markante Hinweise. Zum einen deutet der damalige Department Director Christopher Willoughby nur an, dass das *OED* in seiner Anfangsphase mit dem Problem zu kämpfen hatte, seine Evaluationsergebnisse dem Mitarbeiterstab besser zugänglich zu machen:

> „But a major concern was to find ways of making the reports more usefully accessible, so that the Bank staff member could quickly identify what past lending experience indicated about any issue that arose."[595]

Ob und inwieweit sich hierin eine höfliche Umschreibung für den von Rich unterstellten Boykott des Mitarbeiterstabs gegenüber den Evaluierungen des *OED* hineininterpretieren lässt, bleibt zwar in Ermangelung weiterer Ausführungen Willoughbys spekulativ, doch finden sich in der Festschrift einige Seiten weiter weniger interpretative Angaben, die der First Director-General Mervyn L. Weiner in diesem Zusammenhang macht.

Über seine anfänglichen Erfahrungen als Leiter des *OED* zwischen 1975 und 1984 schreibt er im Hinblick auf die Unterbreitung der Evaluierungsentwürfe, die den Mitarbeitern der Projektabteilungen vorgelegt wurden, bevor sie an das Exekutiv-Direktorium weitergeleitet wurden:

> „But what I recall most were the reactions of colleagues who had been asked to comment on draft-reports concerning operations in which they had been directly involved. They were deeply bothered by the way differences in views were handled. (...) So staff who had been involved in these operations often challenged an OED observation. But they found that while some comments

593 Rich (1998), S. 180.

594 Vgl. ebd., S. 180.

595 Willoughby in: Grasso / Wasty (2003), S. 8.

were accepted, those that were not accepted were simply disregarded in the final reports to the board.

This absence of countervailing operational voice in Boardreporting was not appreciated! From where I sat, the resulting friction undercut the feedback benefits of OED´s good work…"[596]

Damit bestätigt Weiner die Darstellungen Richs über die problematische Beziehung zwischen dem *OED* und dem Mitarbeiterstab. Mit der Kritik des *OED* an den Projektplanungen standen zwangsläufig auch die für die Projektplanung verantwortlichen Mitarbeiter in der Kritik. Die Angaben Weiners sind als wichtiges Indiz für den im weiteren Verlauf dieser Studie noch stärker herauszuarbeitenden Aspekt der machtpolitischen Signifikanz des Mitarbeiterstabs zu berücksichtigen.

Im Zusammenhang mit der Frage nach dem grundsätzlichen Einflusspotential der US-Administration erhärtet sich auch im Hinblick auf das *OED* zunächst die These der amerikanischen Dominanz. Doch obwohl die US-Regierung die Gründung dieser Abteilung veranlasste, konnte dieses so implantierte Kontrollorgan nicht als zusätzlicher Einflusskanal entwickelt werden. Dies scheiterte nicht zuletzt an der mangelnden Akzeptanz und Kooperationsbereitschaft der Weltbankangestellten mit dem *OED*.

Weiner hoffte durch eine stärkere Einbeziehung des *operational staff*, der an der Projektplanung beteiligten Mitarbeiter, in den Evaluierungsprozess, die Kooperationsbasis zwischen dem *OED* und den Mitarbeitern zu verbessern[597], dennoch berichtet er von weiteren Begebenheiten, die verdeutlichen, dass die Arbeit des *OED* durch die mangelnde Akzeptanz der Bankmitarbeiter wie auch einiger Manager weiterhin stark beeinträchtig wurde.[598] Auch Yves Rovani, der von 1986 bis 1992 Director-General des *OED* war, geht hart ins Gericht mit der damals vorherrschenden Kooperationskultur:

„We also had a management problem, because the department (das OED, d. A.) as such existed only on paper."[599]

Zudem spricht Rovani auch Probleme innerhalb des *OED* an, die er auf die unmotivierte Arbeitseinstellung einiger zum Teil zwangsversetzter Mitarbeiter ins *OED* zurückführt.[600] Diese Problematik betont auch sein

596 Weiner in: Grasso / Wasty (2003), S. 18f.

597 Vgl. Weiner in: Grasso / Wasty (2003), S. 19.

598 Vgl. ebd., S. 23f.

599 Vgl. Rovani in: Grasso / Wasty (2003), S. 32f.

600 Ebd., S. 32 ff.

Mitarbeiter Graham Donaldson mehrfach, der die Abteilung von 1984 bis 1994 leitete und rückblickend ebenfalls den anfänglich mangelnden Teamgeist im *OED* beklagt.

"The OED staff in 1984 were very alienated. There was no team spirit. Many had been transferred to OED against their will."[601]

Seinen Ausführungen zufolge bedurfte es einiger großer Anstrengungen, diesen Teamgeist zu entwickeln.

Die kritischen Anmerkungen der damaligen *OED*-Direktoren, die umso bemerkenswerter sind, da sie in einer Jubiläumsschrift niedergeschrieben wurden, untermauern die Einschätzungen Bruce Richs zum Stellenwert des *OED* und bestätigen die zumindest phasenweise offenkundigen, eklatanten Kooperationsdefizite zwischen den Mitarbeitern der Weltbank. Rich rekonstruiert ähnliche Boykottmuster der Bankangestellten gegenüber bankinternen Projektkontrollen bis weit in die 1990er Jahre hinein (siehe Kapitel 6.2). Hierzu zählen auch die Projektplanungen im brasilianischen Carajás[602] und Polonoroeste[603], die sich zu den gravierendsten Projektkatastrophen der Weltbank entwickelten, obwohl im Vorfeld ihrer Implementierung mehrfach auf die Risiken aufmerksam gemacht wurde.

---

601 Vgl. Donaldson in: Grasso / Wasty (2003), S. 45ff.

602 Carajás: Das Bauprojekt wurde bereits in den 1970er Jahren konzipiert und ab 1982 offiziell von der Weltbank unterstützt. Ziel des Projektes war, Minen zur Förderung von Kupfer, Eisen, Nickel, Mangan, Gold und Bauxit zu errichten. Das Hügelland von Carajás besitzt die reichsten Eisenerzlager der Welt. 1980 genehmigte die brasilianische Regierung mit der finanziellen Unterstützung der Weltbank, das Großprojekt "Gran Carajás". Damit erhoffte sich die Regierung hohe Geldeinahmen und somit auch die Verringerung der Auslandsschulden. Mit weiteren Krediten auch von Europa, Deutschland und Japan wurde bis 1986 die Eisenerzmine "Ferro Carajás" eröffnet, eine 890 km lange Bahnlinie mit einem Bahnkorridor von 100km Breite, und ein Hafen für den Export wurden errichtet. Die Energieversorgung für die Industrialisierungsprozesse sollte mit Hilfe gigantischer Hydro-Kraftwerke (Staudämme) sichergestellt werden. Sowohl für den Bau dieser Staudammprojekte als auch für die Verhüttung und für den Bau der Bahnlinie wurden große Areale des brasilianischen Regenwaldes gerodet. Außerdem vergifteten die Förderungen das umliegende Land und das Grundwasser. Dadurch, dass die Minen und die Bahnlinie in unmittelbarer Nähe zu den Siedlungen indigener Stammesvölker lagen und Konflikte vorprogrammiert waren, kam es in den 1980er Jahren zu heftigen Übergriffen der Minenarbeiter auf die indianische Bevölkerung. Dabei wurde etwa die Hälfte der noch vorhandenen Stämme ausgerottet. Der erhoffte wirtschaftliche Nutzen blieb darüber hinaus aus, da vor allem die weltweiten Preise für die Rohstoffe in den Folgejahren drastisch fielen.

603 Polonoroeste, s. Kapitel 4.1.1.

Auch das *OED* dokumentierte 1990 dieses Boykottverhalten und schrieb im Falle der Projektimplementierungen Polonoroeste und Carajás, dass die Projektmitarbeiter und das Management der Bank die Abteilung daran hinderten, die weitergehenden widrigen regionalen ökologischen und sozialen Folgen der Vorhaben zu überprüfen.[604]

5.2.3 Das zweigleisige Reformprogramm von Barber Conable

Im Mai 1987 räumte Präsident Conable erstmals ein, dass die Bank in Polonoroeste gescheitert sei und umriss zugleich ein konkretes Programm für weitere ökologische und sozialpolitische *Safeguards*, die die Bank künftig zu berücksichtigen habe. Ferner gab er zu, die Weltbank sei im Hinblick auf die Negativfolgen ihrer Projektbeteiligungen in der Vergangenheit *„Teil des Problems"* gewesen[605] und habe nicht, wie bis dahin beteuert, lediglich Schadensbegrenzung betrieben.

Er versprach eine weitreichende Reorganisation zugunsten einer stärkeren Berücksichtigung ökologischer Kriterien. Graham Donaldson beschreibt die nun folgende Reorganisation als *„golden opportunity"*, die sein Chef Yves Rovani zugunsten einer besseren bankinternen Positionierung des *OED* zu nutzen wusste.[606]

Insgesamt stockte Conable den Mitarbeiterstab für Umweltfragen von den bisherigen 6 Mitarbeitern auf etwa 100 auf, die künftig alle Projekte auf ihre ökologische und soziale Verträglichkeit hin überprüfen sollten. Doch vor allem richtete er vier regionale Umweltabteilungen (Asien, Afrika, Lateinamerika/Karibik und Europa) ein, die jedes Projekt überwachen sollten. Diese Veränderungen und das Versprechen, dass die Bank künftig vermehrt Studien zu Umweltthemen sowie Aktionspläne (hierzu zählte der später aufgelegte Tropenwaldaktionsplan)[607] erstellen würde, erweckten zwar zunächst den Eindruck, dass es sich bei dieser Reorganisation in erster Linie um eine ökologisch motivierte Reform handelte, doch lag dieser Reorganisation in erster Linie eine andere Zielsetzung zugrunde, die von der Reagan-Administration mit erheblichem Druck in die Weltbank getragen wurde.

---

604 Vgl. Rich (1998), S. 181. Rich zitiert hierzu den Berichtentwurf des. OED, vgl. Weltbank, Abteilung für Projektbewertung, Environmental Aspects of Selected Bank-Supported Projects in Brazil, Environmental Aspects and Consequences of the Carajas Iron Ore Project, Entwurf eines geheimen Berichts, 21. März 1990, S. XIV (vom Original übernommene Zitierweise).

605 Vgl. Rich (1998), S. 155.

606 Vgl. Donaldson in Grasso / Wasty (2003), S. 50.

607 Vgl. Rich (1998), S. 155.

Hintergrund dieser zweiten Zielsetzung der Reorganisation waren die bereits erwähnten Auseinandersetzungen zwischen Conables Vorgänger Clausen und dem amerikanischen Exekutiv-Direktor, der der Bank damals bereits mangelnde Effizienz bei der Umsetzung der neuen, bürokratisch sehr aufwändigen *Strukturanpassungsprogramme* vorgeworfen hatte. Laut Conable sah er sich bereits zwei Tage nach seinem Amtsantritt mit der Weigerung der größten Anteilseignerin konfrontiert, ihre Zustimmung zum Haushalt der Weltbank zu geben, wenn die Bank nicht auf mehr Effizienz im Sinne eines verbesserten globalen Strukturanpassungskonzeptes hin ausgerichtet werden würde.[608] Nicht zuletzt durch die Stärkung der Umwelt- und Evaluierungsabteilung hoffte Conable die Arbeitseffizienz der Bank steigern zu können.

Neben den neu eingerichteten Umweltabteilungen, deren Kontrollfunktion bei den meisten Mitarbeitern bereits auf Unmut stieß, erfolgten weitere, das Arbeitsverhältnis deutlich stärker belastende Umstrukturierungen, die den Recherchen von George und Sabelli zufolge die bankinterne Kooperations- bzw. Arbeitskultur nachhaltig negativ beeinflussen sollten.[609]

Unter dem Vorsitz von Edward K. Jaycox, der 1993 Weltbank-Vize-Präsident für Afrika wurde, wurde ein Organisationsausschuss zur weiteren Planung und Durchführung der Reorganisation einberufen.[610] Die bankinternen Entscheidungsfindungen sollten dezentralisiert und die hierarchischen "*Stränge*" verkürzt werden, damit die Bank im Hinblick auf die ökonomisch begründeten Zielsetzungen wirkungsvoller arbeiten konnte.[611]

Den Empfehlungen dieses Gremiums folgend wurden schließlich über 500 Mitarbeiter entlassen, drei Topmanager verließen die Bank freiwillig, 4 zusätzliche Senior-Vize-Präsidenten wurden eingestellt. Mehrere Wochen lebten die Angestellten in Ungewissheit darüber, welches neue Aufgabengebiet ihnen zugeteilt würde und in welcher Hierarchieebene sie künftig arbeiten würden. George und Sabelli recherchierten, dass, mit Ausnahme der Manager und Direktoren in der obersten Hierarchielinie,

608 Vgl. Meyer-Larsen / Baron in: Spiegel-Wissen (1988), http://wissen.spiegel.de/wissen/dokument/dokument-druck.html?id=13529706&top=SPIEGEL, S. 100–108,

609 Vgl. George / Sabelli (1995).

610 Unter anderen gehörte auch Robert McNamara zu diesem Gremium. Vgl. George / Sabelli (1995), S. 115.

611 Vgl. Meyer-Larsen / Baron in: Spiegel-Wissen (1988) http://wissen.spiegel.de/wissen/dokument/dokument-druck.html?id=13529706&top=SPIEGEL, S. 100 - 108,

jeder Angestellte von seiner Position zunächst suspendiert wurde, um dann den Abteilungen der neu aufgestellten Senior-Vize-Präsidenten zugeteilt bzw. von den Vize-Präsidenten für ihre Abteilung ausgewählt zu werden.[612]

George und Sabelli unterstellen in diesem Zusammenhang, dass die Auswahlkriterien der Senior-Vize-Präsidenten für ihre neuen Untergebenen sich dabei weniger an der Qualifikation der Mitarbeiter ausrichteten, sondern dass mehr danach entschieden wurde, inwieweit sich Mitarbeiter in der Vergangenheit durch opportunistische Loyalitätsbekundungen ausgezeichnet hatten. Querdenker und kritische Mitarbeiter hatten nach Ansicht von George und Sabelli im Hinblick auf die Neuverteilung von Aufgabenfeldern und Positionen das Nachsehen, was letztendlich zu Polarisierungen und Spannungen innerhalb des Mitarbeiterstabes geführt haben mag.[613] Auch wenn George und Sabelli ihre Rechercheergebnisse nicht hinreichend belegen und ihre Angaben somit nur als subjektives Stimmungsbild wiedergegeben werden können, spiegeln sich ihre Schilderungen jedoch tendenziell in den Ausführungen von Bruce Rich, die im Zusammenhang mit der Frage innerorganisatorischer Kooperationsdefizite in Kapitel 6.2 näher besprochen werden.

Im Wesentlichen bestätigt auch Nikolaus Piper, der in dieser Frage für die ZEIT recherchierte, dass die durchgeführten Reorganisationsmaßnahmen den gesamten Mitarbeiterstab, inklusive vieler Top-Manager, massiv gegen den neuen Weltbank-Chef aufbrachten.[614] Dies mag sich durchaus auch auf die Bereitschaft der Mitarbeiter ausgewirkt haben, die von Conable angestrebten ökologischen Reformziele adäquat umzusetzen. Ein Aspekt, der in Kapitel 6.3ff nochmals thematisiert werden wird.

Obwohl auch Bruce Rich annimmt, dass Conable ernsthaft einen umweltfreundlicheren Kurs anstrebte, kommt er zu einer diesbezüglichen negativen Beurteilung der Umsetzungsbilanz von Conables Reformschritten.[615] Um die mangelnde Umsetzung der ökologischen Reformankündigungen zu verdeutlichen, verweist Rich auf die Fortsetzung bzw. Weiterfinanzierung ökologisch bedenklicher Projekte, wie den Kedung-Ombo-Staudamm in Java[616] und das Sardar-Sarovar-Projekt.

---

612 Vgl. George / Sabelli (1995), S. 119.

613 Vgl. ebd., S. 119.

614 Vgl. Piper in: Die ZEIT (1987), http://pdf.zeit.de/1987/41/Heilsame-Unruhe.pdf, vgl. Weaver (2008), S. 38.

615 Vgl. Rich (1998), S. 154.

616 Der Bau wurde 1985 mit einem Weltbankbankkredit finanziert und im Januar 1989, obwohl CONABLE im Mai 1987 in Washington seine ökologischen Re-

Im Falle des Beispiels Sardar-Sarovar recherchierte Rich, dass die Bank, trotz bereits bestehender ökologischer und sozialer *Safeguards,* auch 1989 weitere Kredite für das Projekt bewilligte. Zwar legte die Weltbank, laut Rich, zwischen November 1988 und Oktober 1989 mehrere ultimative Termine fest, zu denen spezifische Umsiedlungs- und Umweltfragen von der indischen Regierung gelöst sein sollten, doch wurden ihre Auflagen offenbar von Termin zu Termin reduziert, ohne dass die geforderten Maßnahmen getroffen worden waren.[617] Die ZEIT schreibt dazu 1992, dass die indische Regierung äußerst brüskiert auf die von der Weltbank gestellten Forderungen reagiert habe und verkündet hätte, dass sie das Projekt ohne weitere Unterstützung in Eigenregie fertigstellen würde, wenn sie weiterhin wegen angeblicher Menschenrechtsverletzungen und Missachtung der ökologischen *Safeguards* an den internationalen Pranger gestellt würde.[618]

Hierin begründet sich aus Sicht der Weltbank ein ernstzunehmendes Motiv für die weitere Unterstützung des Projektes, da sie sich vor die Wahl gestellt sah, das Projekt und damit jegliche Kontrolle gänzlich an die indische Regierung abzutreten oder aber durch eine weitere Beteiligung die schlimmsten Entwicklungen bzw. Verstöße gegen die vereinbarten *Safeguards* noch abfangen zu können. Ein Motiv, das die Weltbank im Übrigen mehrfach gegenüber Kritikern anführte, wenn diese ihr unbeirrtes Festhalten an fragwürdigen Projekten vorwarfen.

Dieses vorgebliche oder tatsächliche Motiv der Weltbank als rhetorische Ausrede zu werten, kennzeichnet abermals eine vereinfachte Betrachtungsweise der Rechtfertigungslinien der Weltbank. Erfahrungen mit anderen Projekten, aus denen sich die Weltbank zurückzog, belegen durchaus, dass die meisten dieser Projekte auch ohne Unterstützung der Weltbank zu Ende geführt wurden, wobei andere Investoren ihre Kapitaltransfers in der Regel nicht von der Einhaltung multinational vereinbarter *Safeguards* abhängig machten.

Mit dem Fortschreiten der Bauarbeiten am Sardar-Sarovar-Projekt wuchs die weltweite Kritik. Nach einer Anhörung Betroffener im Oktober 1989

---

formen angekündigt hatte, dennoch - trotz bestehender Bedenken - geflutet. Diesen Staudamm als Beispiel für die mangelnde Umsetzung der Reformen heranzuziehen, ist allerdings insofern problematisch, als sich der Damm 1987 bereits zwei Jahre im Bau befand und aus den Darstellungen Richs nicht hervorgeht, ob die Bank nach 1987 nochmals eine Unterstützung zur Fertigstellung des Baus gewährte.

617 Vgl. Rich (1998), S. 159f.

618 Vgl.Venzky in: Die ZEIT (1992), http://pdf.zeit.de/1992/46/Politik-per-Bulldozer.pdf.

vor dem US-Kongress setzten sich mehrere Teilnehmerstaaten bei Conable dafür ein, dass dieser eine unabhängige Kontrollkommission zur Überprüfung der bisherigen Projektplanung einrichten solle. Bemerkenswert in diesem Zusammenhang ist die Anmerkung von Rich, Conable habe zu diesem Zeitpunkt begonnen, dem Wahrheitsgehalt der Informationen seiner Mitarbeiter zu misstrauen, die, wie spätestens durch die Anhörung nun deutlich geworden war, allzu optimistische Projektberichte verfasst und an die Weltbank-Spitze weitergeleitet hatten.[619] Richs Anmerkung ist zu entnehmen, dass er grundsätzlich davon ausgeht, dass es durchaus ein ehrliches Anliegen Conables war, die neuen Paradigmen „Umweltschutz" und „soziale Verantwortung" in der Institution Weltbank zu verankern, dass die Umsetzung dieser Zielvorgaben von den Mitarbeitern jedoch offensichtlich unterlaufen wurden.

Während Rich sich in seiner Bilanzierung im Wesentlichen auf die Umsetzung der von Conable installierten ökologischen und sozialen Richtlinien konzentriert, bewerten die Spiegelredakteure Meyer-Larson und Baron das gesamte Reorganisationskonzept. Im Schlusssatz ihres im *Spiegel* veröffentlichten Artikels über Barber Conable fassen die beiden Redakteure im Ergebnis zusammen, dass Conable durch die tiefgreifende Neuorganisation die Weltbank an den Rand einer Krise gebracht habe, insbesondere da das Institut zu lange mit Personalfragen beschäftigt war und das eigentliche Geschäft, die Vergabe von Entwicklungskrediten, in den Hintergrund getreten sei.[620] Auch Catherine Weaver schreibt, dass Conables Versuch, die Organisation zu reformieren, dem Versuch gleichkam einen Eisberg zu bewegen. Dabei unterscheidet auch Weaver offenbar zwischen dem formalen Reformerfolg und der tatsächlichen Umsetzungsbilanz der angewiesenen *Safeguards,* wenn sie zusammenfasst:

> „(...) one (Reform, d.A.) can change the visible formal structures and rules that make up the small tip of the iceberg, but little can be done to strategically and quickly transform the hidden assumptions, incentives structures, and habits that inform that majority of decisions and actions that happen ´beneath the surface´".[621]

Diese Darstellungen, sowohl die von Rich als auch die der *Spiegel*-Redakteure, wie auch die von Weaver, untermauern das Einflusspotenti-

619 Vgl. Rich (1998), S. 258.

620 Vgl. Meyer-Larsen / Baron in: Spiegel-Wissen (1988), http://wissen.spiegel.de/wissen/dokument/dokument-druck.html?id=13529706&top=SPIEGEL,S. 100–108,

621 vgl. Weaver (2008), S. 38.

al des Mitarbeiterstabs, das sich vor allem gegen die geplanten Kontrollgremien und gegen einen weiteren Ausbau kreditgefährdender *Safeguards* richtete.

Nachdem sich trotz weitreichender Reformierung der bankinternen Strukturen zugunsten einer umwelt- und sozialverträglicheren Projektarbeit die weltweite Kritik an der Projektpolitik, und hier insbesondere an der Fortsetzung des Sardar Sarovar Staudamms nicht abbrach, bat Conable 1991 kurz vor seinem Rücktritt, gegen den Widerstand der bankinternen Indienabteilung, seinen Freund Bradford Morse, eine unabhängige Untersuchung über die ökologischen und sozialen Folgewirkungen des Sardar-Sarovar- Projektes zu leiten.[622]

5.2.4 Morse- und Wapenhans-Berichte erzwingen weitere Umstrukturierungen

Die sogenannte Morse-Kommission erstellte die bis dahin fundierteste und detaillierteste Untersuchung über die von der Weltbank mitfinanzierten Großprojekte, wobei das Projekt Sardar-Sarovar besondere Beachtung fand. Die im Juni 1992 vorgestellten Ergebnisse der Kommission waren alarmierend. Nicht nur, dass sie die katastrophalen ökologischen und sozialen Negativfolgen aufzeigten, die von allen Beteiligten billigend in Kauf genommen worden waren. Den Weltbankmitarbeitern, dem *operational staff* selber stellte die Kommission ein vernichtendes Urteil aus, indem sie rekonstruierte, wie wenig die Mitarbeiter auf die Einhaltung vereinbarter Standards sowohl hinsichtlich des Umweltschutzes als auch im Hinblick auf die von der indischen Regierung versprochenen sozialverträglichen Umsiedlungskonzepte geachtet hätten.[623]

Im Hinblick auf das Sardar-Sarovar-Projekt konstatierte die Kommission, dass ein zufriedenstellender Abschluss in Anbetracht der bereits deutlich zu Tage getretenen Negativfolgen nicht mehr zu erwarten sei und empfahl der Weltbank dringend, sich aus diesem Projekt zurückzuziehen.[624]

Das Bank-Management reagierte auf diesen Bericht lediglich mit Verbesserungsvorschlägen, die der indischen Regierung unterbreitet werden sollten[625] und empfahl dem Exekutiv-Direktorium, weitere Kredite zu

622 Vgl. Rich (1998), S. 258.

623 Vgl. Morse (1992), Kapitel 17.

624 Vgl. Tjardes (2003), S. 45.

625 Vgl. ebd., S. 45.

bewilligen.[626] Bruce Rich recherchierte, dass Morse daraufhin den neuen Weltbank-Präsidenten Lewis Preston persönlich anschrieb und Kopien dieses Schreibens an alle Exekutiv-Direktoren verschickte. Hierin drängte Morse erneut darauf, die in seiner Untersuchung festgestellten Fakten zur Kenntnis zu nehmen und das Projekt nicht weiter zu fördern. Rich zufolge wehrte Preston die Eingaben Morses ab[627], wurde aber von einigen Exekutiv-Direktoren unter Druck gesetzt, ein permanentes, unabhängiges Kontrollgremium einzurichten, das die Qualität der Projektpolitik der Weltbank genauer untersuchen sollte.[628] Innerhalb des Exekutiv-Direktoriums zeichnete sich zudem eine Kontroverse ab, in deren Rahmen die Vertreter aus Kanada, Deutschland, Australien und Japan sich der amerikanischen Meinung anschlossen, sich aus dem Sardar-Sarovar-Projekt zurückzuziehen.[629] Doch trotz der durch den Morse-Report entstandenen Vorbehalte stimmte das Exekutiv-Direktorium mehrheitlich einer Projektförderung für weitere sechs Monate zu, um dem indischen Staat eine letzte Chance für Korrekturmaßnahmen in der Projektimplementierung zu geben.

Während Rich gerade im Zusammenhang mit dem Sardar-Sarovar-Projekt den zurücktretenden Weltbank-Präsidenten Conable als einen von seinen Mitarbeitern hintergangenen Präsidenten beschreibt[630], stellte sich der neue Weltbank-Präsident Preston offensichtlich zunächst vor den Mitarbeiterstab und wehrte die Kritik von Morse am *operational staff* ab.

Lewis Preston, der vor seinem Eintritt in die Weltbank im privaten Bankensektor Karriere gemacht hatte, interessierte sich bei seinem Amtsantritt insbesondere für die finanzielle Aufstellung der Weltbank. In diesem Kontext war für ihn von besonderem Interesse, ob die Bank bei den derzeit üblichen Darlehenszusagen ausreichend gut vorbereitete Qualitätsprojekte für weitere Kreditgeschäfte finden würde[631] und damit genügend Renditen die Finanzierungsgrundlage der Bank sicherstellen würden. Sein Vize-Präsident und Berater Willy Wapenhans wurde beauftragt, eine diesbezügliche Untersuchung zu leiten. Diese Studie, die etwa zeitgleich mit der Veröffentlichung des Morse-Berichts im Juni 1992 abgeschlossen wurde, brachte, obwohl sie sich in erster Linie mit der

626 Vgl. Rich (1998), S. 311.

627 Vgl. ebd., S. 311

628 Vgl. Tjardes (2003), S. 45f.

629 Vgl. Rich (1998), S. 311.

630 Vgl. ebd., S. 258.

631 Vgl. ebd., S. 263.

Rentabilität der Bankgeschäfte befassen sollte, ebenfalls zu Tage, dass die Entdeckungen der Morse-Kommission nur die „Spitze des Eisbergs“ darstellten.[632]

Die Einhaltung von rechtsgültigen Kreditkonditionen durch die Kreditnehmer war „alarmierend niedrig“. Nur 22% der Finanzverträge von Darlehens- und Kreditabkommen wurden eingehalten[633], d.h. die errechnete Rendite, die die Weltbank als Refinanzierung bzw. Einnahmequelle kalkuliert hatte, blieb aus. Ina Tjardes, die sich im Zusammenhang mit dem Inspection Panel dieser Thematik aus einem rechtswissenschaftlichen Blickwinkel nähert, greift die Darstellung des Wapenhans-Berichtes auf, wonach bis zu 37% der bankgeförderten Projekte nicht zufriedenstellend umgesetzt worden waren und als mangelhaft oder fehlgeschlagen eingestuft werden mussten.[634] Rich weist darauf hin , dass in einigen Projektkategorien, wie z. B. der Wasserversorgung und Landwirtschaft, der Wapenhans-Bericht auflistete, dass 42% der fortschreitenden Projekte in den späteren Jahren ihrer Realisierung vor schweren ökonomischen Problemen standen. Die Rentabilität vieler Projekte war von den Bankmitarbeitern viel zu optimistisch und damit falsch berechnet worden, mit dem Ergebnis, dass den Entwicklungsländern oft nicht die in Aussicht gestellten Gewinneinnahmen durch die Betreibung der Projektanlagen zur Verfügung standen und somit die Kredittilgungen erschwert wurden.[635]

Kernaussage der Untersuchung war, dass die unter den Mitarbeitern seit der Ära McNamara vorherrschende *„approval culture“*, d.h. die Tendenz, bei Vergabe eines Kredites allein die Erhöhung des Gesamtkreditvolumens der Bank im Auge zu haben[636], ursächlich für die negative Bilanz war. Die von Wapenhans geleitete Untersuchung forderte im Ergebnis einen Wandel in der Vergabepolitik und eine Kontrolle der Projektimplementierungen sowie eine künftige Kosten-Nutzen-Analyse der einzelnen Projekte.

Ina Tjardes weist in ihrer Studie über das *Inspection Panel* der Weltbank darauf hin, dass sich aufgrund der erneuten Aufdeckungen durch die Wapenhans-Kommission eine zumindest moralische Stärkung des *OED* abzeichnete, das bis 1993 nach wie vor das einzige bankinterne Kontroll-

---

632 Vgl. Rich (1998), S. 263.

633 Vgl. ebd. (1998), S. 264.

634 Vgl. Tjardes (2003), S. 46.

635 Vgl. Rich (1998), S. 244.

636 Vgl. Tjardes (2003), S. 46.

organ darstellte.[637] Das *OED* hatte ihr zufolge die Ergebnisse sowohl der Morse-Kommission als auch der Wapenhans-Kommission im Wesentlichen bereits Jahre zuvor herausgearbeitet, die jedoch aus den bekannten Gründen weitgehend ungehört geblieben waren.

Als direkte Konsequenz aus dem Wapenhans-Report folgte die Gründung eines weiteren Kontroll- bzw. Revisionsgremiums, das die Vorwürfe der Wapenhans-Kommission gegen die Weltbank abermals überprüfen sollte. Dies kam einer Überprüfung der Prüfungskommission gleich und dokumentiert letztendlich die Hilflosigkeit und Orientierungslosigkeit des neuen Weltbank-Präsidenten Lewis Preston im Umgang mit dieser Konfliktsituation.

In Anbetracht der erneuten Aufdeckungen entwarf das Bank-Management im Juli 1993 notgedrungen einen Aktionsplan, der eine strengere Überwachung sowohl der Arbeits- und Geschäftsprinzipien als auch eine stärkere Beteiligung der regionalen CSOs bzw. der NGOs vorsah. Vor allem sollte den von den Projekten betroffenen Gruppen, Regierungen und auch Konzernen ein Gremium zur Verfügung gestellt werden, an das sie sich bei Fragen und Problemen wie auch Protesten wenden konnten, um besser von außen auf die Projektplanungen Einfluss nehmen zu können.

Letztere Idee stieß laut Tjardes zunächst auf Ablehnung bei einigen Weltbankdirektoren, die durch die Einrichtung eines unabhängigen Kontrollgremiums einen signifikanten Kompetenzverlust ihrer Bankangestellten befürchteten. Doch insbesondere das US-Repräsentantenhaus, das vor der Entscheidung der Vergabe neuer Mittel an die IDA stand, machte schließlich die Einführung eines Kontrollgremiums, des *Inspection Panel*, zur Bedingung.[638]

5.2.5 Das Inspection Panel der Weltbank

Am 22. September 1993 entschied das Exekutiv-Direktorium über die Installation des *Inspection Panel* und im April 1994 nahmen die ersten drei Mitglieder des neuen Gremiums ihre Arbeit auf. Im Gegensatz zu den Mitarbeitern des *OED* sollten die Mitarbeiter des *Panel* nicht vom Bank-Management eingestellt, sondern von diesem lediglich vorgeschlagen und vom Exekutiv-Direktorium gewählt werden.[639] Der Öffentlichkeit

637 Vgl. Tjardes (2003), S. 46.

638 Vgl. ebd., S. 47.

639 Vgl. ebd., S. 47.

steht das *Panel* seit September 1994 als Projekt-Beschwerdestelle zur Verfügung.

Aufgabe des *Panel* ist es sicherzustellen, dass bei der Implementierung der von der Weltbank mitfinanzierten Projekte die ökologischen und sozialen Richtlinien eingehalten werden. Durch den Wapenhans-Bericht war ersichtlich geworden, dass viele Negativfolgen der Projekte noch in der Implementierungsphase hätten korrigiert werden können, wenn die Bedenken der Betroffenen ernst genommen worden wären und ihnen adäquate Ansprechpartner in den Reihen der Weltbankmitarbeiter zur Verfügung gestanden hätten. Doch die vermeintlichen Ansprechpartner waren in erster Linie Länderdirektoren und Manager, die wenig Kritikbereitschaft signalisierten d.h. *„zur Selbstkritik nur in begrenztem Maße fähig waren"*, wie die Rechtswissenschaftlerin Ina Tjardes formuliert.[640]

Mit der Einsetzung des *Inspection Panel* sollte allen Betroffenen die dauerhafte Möglichkeit geboten werden, Projektentscheidungen und -durchführungen auf ihre Vereinbarkeit mit den bankinternen Vorgaben überprüfen zu lassen.[641] Dies stellte insofern eine Innovation dar, als bis dahin externe Kritik nur dann auf Seiten der Weltbank aufgegriffen wurde, wenn eine diesbezügliche interne Bereitschaft bestand. Zwar hatte Präsident Conable eine Öffnung der Weltbank gegenüber den NGOs angekündigt, allerdings konnte eine konstruktive Zusammenarbeit aufgrund des Freiwilligkeitsprinzips an keiner Stelle formal eingefordert werden.

Dies änderte sich mit der Einsetzung des *Inspection Panel,* welches eine offizielle Untersuchung der Projektimplementierungen auch gegen mögliche Vorbehalte aus den Reihen der Bankangestellten und des Bankmanagements anberaumen konnte.

Dem *Panel,* dem nur wenige Mitarbeiter angehören[642], sitzen drei Inspektoren vor, die nach einer Beratung zwischen dem Weltbank-Präsidenten und den Exekutiv-Direktoren formell vom Präsidenten nominiert und dann vom Exekutiv-Direktorium gewählt und ernannt werden. Eine wesentliche Voraussetzung für eine Ernennung als Inspektor ist, dass die Kandidaten innerhalb mindestens der letzten zwei Jahre weder Mitarbei-

640 Vgl. Tjardes (2003), S. 50.

641 Vgl. ebd., S. 51.

642 Aktuell 10 Mitarbeiter, vgl. Inspection Panel (2010), Panel Secretariat, http://web.worldbank.org/WBSITE/EXTERNAL/EXTINSPECTIONPANEL/0,,contentMDK:20173250~menuPK:64129466~pagePK:64129751~piPK:64128378~theSitePK:380794,00.html.

ter der Weltbankgruppe oder des Exekutiv-Direktoriums gewesen sind noch dass sie in irgendeiner anderen Form für die Weltbankgruppe gearbeitet haben. Ferner dürfen die Inspektoren nach Ablauf ihres Mandates für weitere fünf Jahre nicht erneut ins *Panel* berufen werden und keine andere Tätigkeit für die Weltbankgruppe aufnehmen.[643] Die übrigen Mitarbeiter des *Panels* werden von den Inspektoren eingestellt.

Durch die Auslagerung der Einstellungskompetenzen aus dem Bank-Managementkreis hoffte man, die Beurteilungsfähigkeit des Gremiums gegenüber den Bankmitarbeitern, dem *operational staff*, auf eine objektive und unabhängige Basis stellen zu können. Diese Hoffnung resultierte nicht zuletzt aus der Erfahrung, dass bisherige Evaluierungsabteilungen, wie beispielsweise das *OED*, mit erheblichen Loyalitätskonflikten gegenüber den anderen Bankmitarbeitern zu kämpfen hatten, da ihre Mitarbeiter meist aus den Reihen des *operational staff* akquiriert worden waren.

Obwohl den Mitarbeitern des Gremiums der gleiche Beamtenstatus eingeräumt wird wie den anderen Bankangestellten und sie sich ebenfalls verpflichten, der Weltbank gegenüber Loyalität zu wahren, sind sie, im Gegensatz zu den anderen Weltbankmitarbeitern, nicht in die Hierarchielinien der Bank eingebunden und unterstehen damit nicht dem Management. Sie sind vom gesamten Bankmanagement unabhängig und sind weder weisungsgebunden noch unterliegen sie einer Rechenschaftspflicht.[644] Sie unterstehen einzig dem Exekutiv-Direktorium.

Nachdem das *Inspection Panel* vier Jahre tätig war und insgesamt 14 Beschwerden untersucht und 12 davon dem Exekutiv-Direktorium mit der Empfehlung vorgelegt hatte, weitere Untersuchungen anzuordnen, sah sich das Gremium insbesondere auf Seiten einiger Entwicklungs- und Schwellenländer mit zunehmender Kritik konfrontiert. Auf Drängen dieser Länder wurde 1998 schließlich eine Revision des noch jungen Gremiums entschieden. Zu den Kritikern des *Panel* zählten vor allem Indien und Brasilien[645], deren Projekte durch die Empfehlungen des Gremiums mehrfach gefährdet und in zwei Fällen nicht weiter von der Bank unterstützt worden waren. Insgesamt zielten solche Reformforderungen wie die Brasiliens und Indiens auf eine weitgehende Entmachtung des Gremiums ab. Die vom Exekutiv-Direktorium beschlossene Revision führte zu einer Kompromisslösung, die zwar die Reformvorschläge Indiens

643 Vgl. Tjardes (2003), S. 53f.

644 Vgl. ebd., S. 54f.

645 Vgl. Fox (1999), S. 13.

und Brasilien entschärfte, aber dennoch zu erheblichen Kompetenzverlusten auf Seiten des *Panel* führten.

Die wesentliche Änderung bestand darin, dass sich das Bank-Management und das Kreditnehmerland künftig darauf einigen konnten, den Beschwerdepunkten in einem gemeinsam erarbeiteten „actionplan" entgegenzuwirken und die Fehlentwicklungen - ohne weitere Kontrolle bzw. unter Ausschluss des *Panel* - zu korrigieren. Seither darf das Gremium über die Einhaltung der in diesem actionplan ausgehandelten Korrekturen der Projektdurchführung keine weiteren Untersuchungen mehr vornehmen und keine weiteren öffentlichen Statements abgeben, sobald sich Management und Kreditnehmerland auf einen actionplan einigen können. D.h., wenn ein actionplan zu einem Projekt vorgelegt oder in Aussicht gestellt worden ist, hat das *Panel* die betreffenden Akten zu schließen. Ferner sind dem *Inspection Panel* weitere Besuche im Kreditnehmerland nicht mehr erlaubt, außer mit ausdrücklicher Zustimmung des Landes.[646] Die dann einzige noch verbleibende Einflussmöglichkeit des *Panel* besteht darin, die Einbeziehung der Betroffenen bei der Ausarbeitung eines solchen actionplan zu überwachen.

Das Untersuchungsverfahren des *Panel* gliedert sich seit 1998 in zwei Abschnitte. Im ersten Verfahrensabschnitt verfasst das *Panel* eine Art Bestandsaufnahme der eingereichten Beschwerde. Hier werden die Argumente der Beschwerdeführer dargestellt und mit der Aufforderung zu einer Stellungnahme an das Bankmanagement, *als so genanntes Management Response,* und an den Präsidenten weitergeleitet. Nach Erhalt dieser Stellungnahme prüft das *Panel,* ob es unter Berücksichtigung eigener Recherchen und der *Management Response* dem Exekutiv-Direktorium eine intensivierte Untersuchung der Beschwerde empfehlen soll. Bei einer positiven Empfehlung muss das Exekutiv-Direktorium entscheiden *(Board Approval),* ob das *Panel* autorisiert wird, weitergehende Untersuchungen einzuleiten. Erst nach einem zweiten Untersuchungsverfahren *(Investigation Report),* zu der wiederum eine Stellungnahme des Bank-Managements *(Management Report)* vorzulegen ist, diskutiert das Exekutiv-Direktorium *(Board Discussion)* abschließend, ob die Weltbank tatsächlich gegen bankinterne *Safeguards* und Richtlinien verstoßen hat und inwieweit welche Korrekturmaßnahmen einzuleiten sind *(Follow up & Progress Report)* oder ob sich die Bank im Extremfall aus einem Projekt zurückziehen sollte.[647]

---

646 World Bank (1999), Conclusions of the Board's second Review of the Inspection Panel, http://www.worldbank.org/html/extdr/ipwg/secondreview.htm, zitiert in: Marinscheck (1999).

647 Vgl. Tjardes (2003), S. 58.

Wie ist es nun um die Erfolgsbilanz des *Inspection Panel* seit seiner Gründung 1994 bestellt? Eine positive Bilanz wäre dann zu verzeichnen, wenn das Exekutiv-Direktorium in einem überragenden Teil der Projektfälle, in denen das *Panel* auch im zweiten Untersuchungs-Verfahren gravierende Fehlentwicklungen konstatiert hat, sich für einen Ausstieg der Bank aus dem Projekt entschieden hätte oder wenn im Sinne der Beschwerdeführer die Projektimplementierung tatsächlich effektiv korrigiert worden wäre.

Um letztendlich eine Aussage im Hinblick auf die Arbeits- bzw. Erfolgsbilanz des *Panel* treffen zu können, werden in der folgenden Tabelle alle Beschwerdeanträge, die zwischen 1994 und 2009 an das *Inspection Panel* herangetragen wurden, aufgelistet. Jene Anträge, deren Beschwerdepunkte auch im zweiten Untersuchungsverfahren bestätigt und mit der entsprechenden Empfehlung an das Exekutiv-Direktorium weitergeleitet wurden sind in der Tabelle grau unterlegt. Dunkelgrau gekennzeichnet sind dabei die Fälle, in denen das Exekutiv-Direktorium aufgrund der Empfehlung des *Panels* nach dem zweiten Untersuchungsverfahren signifikante Projektkorrekturen oder den völligen Rückzug aus der Projektförderung anordnete.

Die Fälle, in denen das *Panel* keine weiteren Untersuchungen empfahl oder in denen der Beschwerdeantrag nach oder noch vor dem ersten Untersuchungsverfahren eingestellt oder abgelehnt wurde (farblich nicht gekennzeichnet), haben für die Bilanzierung des *Panel* keine weitere Aussagekraft und werden daher nicht weiter in diese Bilanz einbezogen.

Die Ablehnung eines Antrages erfolgt meist aufgrund formaler Kriterien. Beispielsweise, wenn eine Beschwerde schon einmal vorgebracht wurde und in einem früheren Entscheidungsverfahren vom Exekutiv-Direktorium abgelehnt wurde oder wenn die Beschwerdepunkte nicht in die Zuständigkeit des *Panel* fallen.

Ferner wird dem Exekutiv-Direktorium keine weitere Untersuchung empfohlen, wenn das *Panel* keine hinreichenden Belege für signifikante Verstöße gegen die bankinternen *Safeguards* oder *Procurement Guidelines* erkennt oder wenn die Beschwerdeführung formal nicht korrekt ist, beispielsweise wenn die Beschwerdeführer nicht legitimiert sind, gegen das Projekt Beschwerde einzulegen.

In einigen Fällen kam das *Panel* zu keinem Empfehlungsergebnis und gab an, zunächst weitere Entwicklungen abzuwarten.

In der Regel ist davon auszugehen, dass eine positive Empfehlung des *Inspection Panel* und der damit einhergehende Antrag auf Autorisierung zu weiteren Untersuchungen nur dann ausgesprochen wird, wenn die Indizien aus Sicht des *Panel* ausreichend erscheinen und die Weltbank aus seiner Sicht zu Recht in der Kritik steht. Meist ist diese Ersteinschätzung bereits so fundiert erarbeitet, dass sich die Ergebnisse üblicherweise in einem etwaigen zweiten Untersuchungsverfahren bestätigen.

Der Verlauf aller bisherigen Beschwerdeverfahren sowie die entsprechenden Untersuchungsberichte, *Management Responses* und die Beschlussfassungen des Exekutiv-Direktoriums können auf der Homepage des *Inspection Panel* eingesehen werden.[648]

Übersicht der Beschwerdeanträge an das *Inspection Panel* 1994–2009

Land / Region	Projekt / Jahr	Empfehlung des Panel	Weiterer Projektverlauf, Konsequenzen
1. Nepal	Arun III Proposed Hydroelectric Project and Restructuring of IDA-Credits, 1994	Untersuchung empfohlen	Exek.-Direkt. beschließt 1995 Ausstieg.[649]
2. Äthopien	Compensation for Expropriation and Extension of IDA-Credits, 1995	Panel nicht zuständig	
3. Tanzania	Power IV Project, 1995	Keine weitere Untersuchung empfohlen	
4. Brasilien	Rondônia Natural Resources Management, 1995	Untersuchung empfohlen	Das Exek.-Direkt. lehnt zwar weitere Untersuchungen ab, fordert jedoch einige Projektverbesserungen.[650]
5. Chile	Hydroelectric Dams in the Bio-Bio River, 1995	Panel nicht zuständig.	
6. Bangladesch	Jamuna Multipurpose Bridge Project, 1996	Keine weitere Untersuchung empfohlen	
7. Argentinien / Paraguay	Yacyretá Hydroelectric, 1996	Untersuchung empfohlen	Die Dammhöhe wird reduziert, die Privatisierung des Wasserkraftwerkes untersagt. Andere von den NGOs geforderte Umwelt- und Sozialauflagen erfolgen nicht.[651]
8. Bangladesch	Jute Sector Adjustment Credit, 1996	Keine weitere Untersuchung empfohlen	

648 Vgl. The Inspection Panel (o.J), http://siteresources.worldbank.org/EXTINSPECTIONPANEL/Resources/Summary_of_Inspection_Panel_Cases_%5Bupdated%5D.pdf.

649 Vgl. Fox (1999), S. 13.

650 Vgl. Fox (1999), S. 13, vgl. Fox (2004), http://escholarship.or/uc/item/5wr1m1dj.pdf, S. 9.

651 Vgl. Fox (2004), http://escholarship.or/uc/item/5wr1m1dj.pdf, S. 9.

Land / Region	**Projekt / Jahr**	**Empfehlung des Panel**	**Weiterer Projektverlauf, Konsequenzen**
9. Brasilien	Itaparica Resettlement and Irrigation Project, 1997	Untersuchung empfohlen	Das Exek.-Direkt. lehnt weitere Untersuchungen ab.
10. Indien	NTPC Power Generation, 1997	Untersuchung empfohlen	Das Exek.-Direkt. erlaubt dem Bank-Management 1998 einen actionplan. Ein Monitoring wird eingesetzt.[652] 1999 ist das Projekt abgeschlossen.
11. Indien	Eco-Development Project, 1998	Untersuchung empfohlen	Das Exek.-Direkt. lehnt weitere Untersuchungen ab.[653]
12. Süd-Afrika	Lesotho Highlands Water, 1998	Keine weitere Untersuchung empfohlen	
13. Nigeria	Lagos Drainage and Sanitation Project, 1998	Keine weitere Untersuchung empfohlen	
14. Brasilien	Land Reform Poverty Alleviation Project, 1998	Keine weitere Untersuchung empfohlen	
15. Süd-Afrika	Lesotho Highlands Water Project 1999 (zweite Eingabe)	Keine weitere Untersuchung empfohlen	
16.China	Western Poverty Reduction Project, 1999	Untersuchung empfohlen	China verzichtet auf die weitere Unterstützung der Weltbank und entzieht sich damit weiteren Auflagen.[654]
17. Argentinien	Special Structural Adjustment Loan, 1999	Keine weitere Untersuchung empfohlen	
18. Brasilien	Land Reform Poverty Alleviation Project, Second Request, 1999	Keine weitere Untersuchung empfohlen	
19. Kenia	Lake Victoria Environmental Management Project, 1999	Untersuchung empfohlen	2007 Wiedereinstieg der Weltbank in das Projekt[655]
20. Ekuador	Mining Development and Environmental Control Technical Assistance Project, 1999	Untersuchung empfohlen	Das Exek.-Direkt. erlaubt 2001 die Ausarbeitung eines actionplan und möchte weitere Entwicklungen abwarten.[656]
21. Indien	NTCP Power Generation Project, 1999	Keine weitere Untersuchung empfohlen	

652 Vgl. Shihata (1999), S. 133.

653 Vgl. Fox (1999), S. 13, vgl. Shihata (1999), S. 136.

654 Vgl. Fox (2004), http://escholarship.or/uc/item/5wr1m1dj.pdf, S. 9.

655 Vgl. Oneplanetmedia (2007), Weltbank-Geld bedroht Victoriasee, 30.04.2007, http://oneplantmedia.de/2007/04/weltbank-geld-bedroht-vicoriasee.html.

656 Vgl. Inspection Panel (2001), S. 20.

Land / Region	Projekt / Jahr	Empfehlung des Panel	Weiterer Projektverlauf, Konsequenzen
22. Tschad	Petroleum Development and Pipeline Project, 2001	Untersuchung empfohlen	Erst 2008 zieht sich die Weltbank aus dem Projekt zurück, weil die Regierung des Tschads Gewinne aus dem Projekt nicht zur Armutsbekämpfung investiert[657]
23. Indien	Coal Sector Environmental and Social Mitigation Project and coal Sector Rehabilitation, 2001,	Untersuchung empfohlen	Unterstützung wurde fortgesetzt. Allerdings leitete das Management bei 27 von 37 bestätigten Beschwerdepunkten erhebliche Korrekturen ein.[658]
24. Uganda	Third Power Project, (Bujagali Hydropower), 2001	Untersuchung empfohlen	2007 erfolgte ohne nennenswerte Projektkorrekturen die Grundsteinlegung. Die Weltbank war eine der Hauptfinanziers.[659]
25. Papua-Neuguinea	Governance Promotion Adjustment Loan, 2001	Keine weitere Untersuchung empfohlen	

657 Vgl. Bündnis 90/Die Grünen (2008), http://www.gruene-bundestag.de/cms/entwicklungszusammenarbeit/dok/255/255176.fiasko_der_weltbank_im_tschad.html

658 Evangelischer Entwicklungsdienst (2005), http://www.eed.de/fix/files/doc/eed_Fallstudien_WSKRechte_05_deu.pdf

659 World Bank (2007), Ugandas President, the Aga Khan, Cut Ribbon and Bujagali Dam Projekt, http://web.worldbank.org/WBSITE/EXTERNAL/COUNTRIES/AFRICAEXT/0,,contentMDK:21450929~menuPK:258657~pagePK:2865106~piPK:2865128~theSitePK:258644,00.html

Land / Region	Projekt / Jahr	Empfehlung des Panel	Weiterer Projektverlauf, Konsequenzen
26. Paraguay / Argentinien	Reform Project for the Water and Telecommunication Sectors, SEGBA V Power Distribution Yacyretá, 1996/2002 (erneuter Antrag)	Untersuchung empfohlen	Nachdem trotz Untersuchungsempfehlung das Exek.-Direkt. keine weitere Untersuchung anberaumte, wurde 2002 ein Monitoring beschlossen. Doch zu diesem Zeitpunkt war der Bau bereits fertiggestellt.[660]
27. Kamerun	Petroleum Development and Pipeline Project, 2002	Untersuchung empfohlen	Das Exekutiv-Direktorium erlaubt 2003 die Ausarbeitung eines actionplan.[661] Gänzlich zurück zog sich die Weltbank erst 2008 (s. Tschad)
28 Philippinen	Manila Second Sewerage Project, 2003	Aus formalen Gründen Antrag abgelehnt	
29. Kamerun	Petroleum Development and Pipeline Project, 2003 (zweite Eingabe)	Keine weitere Untersuchung empfohlen	
30. Mexiko	Indigenous and Community Biodiversity Project (COINBIO), 2004	Panel sieht keinen unmittelbaren Handlungsbedarf und wird weitere Entwicklungen abwarten.	
31 Kolumbien	Cartagena Water Supply Sewerage and Environmental Management Project, 2004	Untersuchung empfohlen	Im Juli 2004 stimmt das Exek.-Direkt. weiteren Untersuchungen zu.[662]
32/33 Indien	Mumbai Urban Transport Project, 2004	Untersuchung empfohlen	Weltbank setzt Kreditzahlungen unter der Bedingung fort, dass Indien die Auflagen zu beachten habe. Indien setzt Projekt ohne Einschränkung fort. Kurz darauf setzt Weltbank Kreditzahlungen erneut fort.[663]

660 Vgl. Inspection Panel (2004b), Investigation Report, Paraguay – Reform Project for the Water and Telecommunications Sector (Loan No. 3842-PA); Argentina – SEGBA V Power Distribution Project (Loan 2854-AR), 24.02.2004, Report Nr. 27995, http://siteresources.worldbank.org/EXTINSPECTIONPANEL/Resources/FullInvestigationReport.pdf, vgl. Internationale Bank für Wiederaufbau und Entwicklung, IBRD (2002), Management Response to the Inspection Panel Request, INSP/RQ02/1, Argentinia/Paraguay, Yacreta Hydrolectric Project (currently supported by IBRD Loan 2854-AR), July 10, 2002, http://siteresources.worldbank.org/EXTINSPECTIONPANEL/Resources/paraguayMgmtResponseEnglish.pdf

661 Vgl. Inspection Panel (2004a), S. 46.

662 Vgl. ebd.,. S. 29.

663 Vgl. Randeria (2006), S. 252.

Land / Region	Projekt / Jahr	Empfehlung des Panel	Weiterer Projektverlauf, Konsequenzen
34. Burundi	Public Works and Employment Creation Project,2004	Keine weitere Untersuchung empfohlen	
35. Pakistan	National Drainage Program Project, 2004	Untersuchung empfohlen	Trotz der Ausarbeitung eines actionplan erfolgten bis 2009 noch keine Korrekturen des Projektes, das erst durch den Rückzug der pakistanischen Regierung gestoppt wurde.[664]
36. Kambodscha	Forest Concession Management and Control Pilot Project, 2005	Untersuchung empfohlen	Im November 2005 stoppt die Bank weitere Kreditzahlungen für dieses Projekt.[665]
37. Demokr. Republik Kongo	Transitional Support for Economic Recovery Credit Operation (TSERO) and Emergency Economic and Social Reunification Support Project (EESRSP), 2005	Untersuchung empfohlen	Im Oktober 2008 erneute Protestschreiben. Die Weltbank war drei Jahre nach der Involvierung des Panels immer noch in das Projekt involviert.[666]
38. Honduras	Land Administration Project, 2006	Untersuchung empfohlen	Im April 2007 erlaubt das Exek.-Direkt. die Ausarbeitung eines actionplan und stimmt einer kontinuierlichen, halbjährigen Projektüberwachung zu.[667]
39. Rumänien	Mine Closure and Social Mitigation Project January, 2006	Panel sieht keinen unmittelbaren Handlungsbedarf und möchte weitere Entwicklungen abwarten.	

664 Vgl. forgotten diaries(2009), http://forgottendiaries-india-and-pakistan.blogspot.com/2009/02/drainage-scheme-failed-due-to-lack-of.html, vgl. Schneider (2007), http://www.suedasien.info/analysen/1770.

665 Vgl. Bretton-Woods Project (2006a), http://www.brettonwoodsproject.org/art-538498

666 Vgl. Greenpeace (2008), http://www.greenpeace.ch/de/themen/wald/wald-news-single/archive/2008/october/article/42000-unterschriften-fuer-den-regenwald-im-kongo/, vgl. epo (2007), http://www.epo.de/index.php?option=com_content&view=article&id=3119:weltbank-inspection-panel-rgt-bank-wegen-rolle-im-kongo&catid=43&Itemid=96.

667 Vgl. Inspection Panel (2008), S. 56.

Land / Region	Projekt / Jahr	Empfehlung des Panel	Weiterer Projektverlauf, Konsequenzen
40. Nigeria	West Africa Gas Pipeline Project, 2006	Untersuchung empfohlen	Zwar stoppt die Weltbank weitere Kreditzahlungen, allerdings nicht aufgrund der Empfehlungen des Panels sondern aufgrund wachsender politischer Instabilitäten im Niger-Delta.[668]
41. Brasilien	Paraná Biodiversity Project, 2006	Keine weitere Untersuchung empfohlen	
42. Brasilien / Argentinien	Santa Fe Road infrastructure Project, 2006	Keine Empfehlung empfohlen	
44. Uganda	Private Power Generation Project (Bujagali Hydropower), 2007	Untersuchung empfohlen	Nachdem sich die Weltbank aufgrund nachgewiesener Korruptionsfälle zunächst aus dem Projekt zurückzog, bewilligte das Exek.-Direkt. 2007 weitere Unterstützungsgelder unter der Auflage, dass ein actionplan erarbeitet wird, dessen Umsetzung halbjährig überprüft wird.[669]
45. Indien	Uttaranchal Decentralized Watershed Development Project, 2007	Panel sieht keinen unmittelbaren Handlungsbedarf u. möchte weitere Entwicklungen abwarten.	
46. Albanien	Power Sector Generation and Restructuring Project, 2007	Kein endgültiger Beschluss	
47./48. Albanien	Integrated Coast Zone Management and Clean-Up Project, 2007	Aus formalen Gründen darf das Panel nicht erneut involviert werden	
49. Ghana	Second Urban Environment Sanitation Project, 2007	Aus formalen Gründen darf das Panel nicht erneut involviert werden	
50. Kamerun	Urban Development Project and Douala Infrastructure Development Project, 2007	Antrag wurde nicht angenommen	
51. Argentinien	Santa Fe Infrastructure Project, 2007		Management legt vor dem ersten Untersuchungsbericht einen action-plan vor.

668 Vgl. Setton (2007c), http://www.weed-online.org/themen/iwf/657554.html.

669 Vgl. Oneplanetmedia (2007), http://www.oneplanetmedia.de/2007/04/weltbank-geld-bedroht-victoriasee.html, vgl. Bank Information Center (2009), http://www.bicusa.org/en/Article.11594.aspx.

Land / Region	Projekt / Jahr	Empfehlung des Panel	Weiterer Projektverlauf, Konsequenzen
52. Kolumbien	Bogota Urban Sevices Project, 2007	Aus formalen Gründen darf das Panel nicht erneut involviert werden	
53. / 56. Panama	Land Administration Project, 2009	Untersuchung empfohlen	Die Ergebnisse des zweiten Untersuchungsverfahren stehen noch aus (Stand: Juni 2010)
54./55./63. Demokr. Republik Kongo	Private Sector Development. And Competitiveness Project, 2009	Endgültige Empfehlung steht noch aus	
57. Jemen	Institutional Reform Development. Policy Financing, 2009	Empfiehlt Entscheidung über Untersuchung aufzuschieben	
58. Indien	Mumbai Urban Transport Project, 2009 (dritte Eingabe)	Aus formalen Gründen darf das Panel nicht erneut involviert werden	
59 Kenia	Export Development Project, 2009	Antrag nicht angenommen	
60. Kambodcha	Land Management and Administration Project, 2009	Untersuchung empfohlen	Die Ergebnisse des zweiten Untersuchungsverfahren stehen noch aus (Stand: April 2010)
61. Peru	Lima Transport Project, 2009	Untersuchung empfohlen	Die Ergebnisse des zweiten Untersuchungsverfahren stehen noch aus (Stand: April 2010)
62. Papua Neuguinea	Smallholder Agriculture Development Project, 2009	Entscheidung steht noch aus (Stand: März 2010)	

[670]

Die Tabelle zeigt, dass das *Inspection Panel* im Zeitraum von 1994 bis 2009 in 25 Fällen von insgesamt 62 Beschwerdefällen weitere Untersuchungen empfahl. In 7 Fällen steht ein Empfehlungsbeschluss noch aus (Stand Nov. 2009). Der größte Teil der an das *Panel* herangetragenen Beschwerden wurde vom *Inspection Panel* abgewiesen. Dies geschah entweder aus

670 Allgemeine Angaben von 1994 bis 1998, vgl. Fox (1999), S. 12ff, Zwischen 1998 und 2009 vgl. The Inspection Panel: Summary of Inspection Panel Cases (2008), http://siteresources.worldbank.org/EXTINSPECTIONPANEL/Resources/Summary_of_Inspection_Panel_Cases_%5Bupdated%5D.pdf, vgl. Inspection Panel: Cases by Request Number (2010), http://web.worldbank.org/WBSITE/EXTERNAL/EXTINSPECTIONPANEL/0,,contentMDK:20221606~menuPK:64129250~pagePK:64129751~piPK:64128378~theSitePK:380794,00.html.

den beschriebenen formalen Gründen, beispielsweise weil die Beschwerdekriterien nicht in den Zuständigkeitsbereich des Gremiums fielen oder weil die Beschwerdeführer die formal erforderliche Preisgabe ihrer Identität aus politischen Gründen verweigerten oder auch weil das Management im Zuge der obligatorischen Stellungnahme zum ersten Untersuchungsbericht des *Panel* entsprechende Maßnahmen ankündigte, die nach Einschätzung des Exekutiv-Direktoriums eine weitere Einbeziehung des *Panel* formal erlässlich machten.

In nur 7 Beschwerdefällen wurden vom Exekutiv-Direktorium nach dem zweiten Untersuchungsverfahren konkrete, signifikante Projektkorrekturen infolge der Empfehlungen des *Panel* angeordnet. Nur in zwei der Fälle entschied sich das Exekutiv-Direktorium für einen Ausstieg aus dem Projekt, wobei der Ausstieg aus Arun III in erster Linie aufgrund der festgestellten wirtschaftlichen Ineffizienz des Projektvorhabens erfolgte.[671]

Nach der Revision des *Panel* 1998 führten die Untersuchungen in der Regel zu dem Direktions-Beschluss, das jeweilige Projekt in einem kontinuierlichen Monitoring hinsichtlich der vom *Inspection Panel* festgestellten Mängel gezielt zu beobachten, wobei das Management im Vorfeld dieser Entscheidungen einen actionplan erarbeiten konnte, der unter anderem die Überwachungskriterien des anschließenden Monitoring festlegte Darunter auch solche Projekte (unter anderem Rondonia / Brasilien, Yacyretá / Argentinien / Paraguay, Itaparica / Brasilien), die trotz Korrekturvorgaben weiterhin massiv im Mittelpunkt der internationalen Kritik zahlreicher NGOs standen, so dass in diesen Fällen nicht von signifikanten Projektverbesserungen auszugehen ist, die zu einer positiven Erfolgsbilanz des *Panel* beigetragen hätten.

Im Ergebnis ist die Einführung des *Inspection Panel* in Anbetracht der hohen Erwartungshaltung an dieses Gremium zunächst kaum als durchschlagender Erfolg im Hinblick auf die erhoffte Projektverbesserung zu bewerten. Diese Auffassung vertritt unter anderen auch Jonathan Fox, der in seinen Publikationen zur Arbeit des *Inspection Panel* vor allem versucht, die sukzessive Machtbeschneidung und die politische Ohnmacht dieses Gremiums nachzuzeichnen. Die signifikanteste Schwachstelle des Gremiums ist dabei seine fehlende Sanktionsfähigkeit. Das *Panel* muss sich darauf beschränken, Verstöße gegen die bankeigenen *Safeguards* und Standards zu benennen und Empfehlungen für die weitere Vorgehensweise des Managements auszusprechen. Werden diese vom Exekutiv-Direktorium abgewiesen oder durch die Erstellung eines actionplan

671 Vgl. Inspection Panel (1998), S. 18ff.

formal aufgegriffen, verfügt das *Panel* über keine formalen Möglichkeiten, die Beschwerdeführung weiter zu unterstützen. Auch das in der Regel aufgrund seiner Untersuchungsberichte vom Exekutiv-Direktorium entschiedene Monitoring eines Projektes und / oder die Überwachung des vom Management und dem Kreditnehmer ausgearbeiteten action-plan fallen nicht mehr in die Zuständigkeit des *Panel*.

Die machtpolitische Einschränkung des *Panel* die durch die Revision 1998 durchgesetzt wurde, drohte sich in den Folgejahren sogar fortzusetzen. Dies geht unter anderem aus einem Schreiben führender NGO-Vertreter und auch einiger Exekutiv-Direktoren vom 17. April 2008 an den jetzigen Weltbank-Präsidenten Robert Zoellick hervor. Hintergrund dieses Schreibens war die Ankündigung, dass die Benennung der Mitarbeiter des *Inspection Panel* nicht mehr unabhängig vom Bank-Management geschehen sollte, sondern dass das Management in die Mitarbeiterauswahl einbezogen werden sollte.

"Dear President Zoellick:

We are writing to express our deep concerns regarding the existing procedure for choosing new members of the World Bank's Inspection Panel, and, in particular, with the recently constituted Selection Committee. We believe the process and composition of the Selection Committee potentially threaten the Panel's independence. We respectfully request that the current Selection Committee be reconstituted and the selection procedure be revised, as proposed below.

The current 'Selection Procedures for the Selection of Members of the Inspection Panel' articulate important principles but fail to ensure that these principles are secured. More specifically, we support the statement: ´[t]he process to select members of the Inspection Panel, should be orderly, timely and transparent, and protect the independence of the function of its professionalism.´ The procedures, however, fail to uphold these principles by ascribing a significant role to Bank management in selecting panel members. Because activities of Bank management are often the subject of the Panel's review, involvement of management in the selection of the Panel's independent investigators creates inevitable conflicts of interest. For example, the recently constituted Selection Committee presents a glaring and significant conflict of interest by the inclusion of a Regional Vice President whose region includes projects that are the subject of Panel claims."[672]

672 Vgl. Bank Information Center und Center for International Environmental unter anderem (2008), http://www.ciel.org/Publications/Zoellick_InspectionPanel_17Apr08.pdf, Die Unterzeichner sind: Oscar Rivas, General Coordinator, Sobrevivencia / Amigos de la Tierra (Paraguay), Mushtaq Gaadi, Chashma Lok Sath, (Paki-

Mit dem offensichtlich angestrebten Mitbestimmungsrecht des Bank-Managements bei der Besetzung des Gremiums drohte die bei der Gründung ausdrücklich angestrebte Unabhängigkeit des *Panel* vom Bank-Management ausgehebelt zu werden, was erneut den Blick auf die Frage der bankinternen Kooperationsbereitschaft lenkt. Jonathan Fox, der das *Panel* in dem Zeitraum von 1993 bis etwa 2005 analysierte, beschreibt ein Arbeitsverhältnis, das von Misstrauen und Opposition gekennzeichnet war, die insbesondere das Bank-Management gegenüber dem *Inspection Panel* an den Tag legte.[673] Dies dokumentiert sich unter anderem darin, dass das Management, bis auf wenige Ausnahmen, alle Empfehlungen und kritischen Bewertungen dem *Panel* nach dem ersten Untersuchungsverfahren in seiner Stellungnahme ablehnend beantwortet hat.[674] Fox fasst das offenkundig übliche Reaktionsmuster des Bank-Managements auf die kritischen Untersuchungsberichte des *Panels* zusammen:

> "In the vast majority of cases, the World Bank's management and legal department responded by denying they had violated any policies, challenging the eligibility of claimants and / or by contesting the claimants' allegations of harm."[675]

Sowohl der wenig konstruktive Umgang des Bank-Managements mit der Arbeit des *Inspection Panel* als auch die insgesamt eher bescheidene Erfolgsbilanz des Gremiums sind insofern bemerkenswert, als dieses Gremium sich im Wesentlichen während der Präsidentschaft von James Wolfensohns etablierte, dessen Reformankündigungen im Sinne des *Panel*-Auftrags ebenfalls auf eine Verbesserung der Projektqualität und eine größere Offenheit gegenüber den Eingaben und Kritiken der von den Weltbankprojekten betroffenen Menschen abzielten. Hier stellt sich die

---

stan), Chhith Sam Ath, NGO Forum (Cambodia), Korinna Horta, Environmental Defense Fund (USA), Peter Bosshard, Policy Director, International Rivers (USA), Antonio Tricarico, Coordinator, Campagna per la riforma della Banca mondiale (Italy), Tom Griffiths, Coordinator, Responsible Finance Programme, Forest Peoples Programme (UK), Simon Counsell, Director, The Rainforest Foundation (UK), Lucy Baker, Bretton Woods Project (UK), Knud Voecking, Urgewald (Germany), Sébastien Godinot, Les Amis de la Terre (France), Eli Whitney Debevoise, Executive Director (USA).

673 Vgl. Fox (2004), http://escholarship.or/uc/item/5wr1m1dj.pdf, S. 6.

674 Vgl. Inspection Panel (2010), Cases by Request Number, http://web.worldbank.org/WBSITE/EXTERNAL/EXTINSPECTIONPANEL/0,,contentMDK:20221606~menuPK:64129250~pagePK:64129751~piPK:64128378~theSitePK:380794,00.html.

675 Fox (2004), http://escholarship.or/uc/item/5wr1m1dj.pdf, S. 6.

Frage, warum trotz der weitgehenden umwelt- und sozialpolitischen Übereinstimmungen zwischen der von Wolfensohn initiierten Neuausrichtung der Bank und den Zielen des *Panel* sich das Bankmanagement in fast allen Fällen ablehnend gegenüber den kritischen Untersuchungsberichten des *Inspection Panel* verhielt und die dort begründeten Verletzungen der bankeigenen *Safeguards* und Richtlinien abwiegelte oder abstritt.

Beinahe zwangsläufig drängt sich die Frage auf, ob James Wolfensohn, der in seiner Funktion als Präsident dem Management vorsaß, eine Kontrolle seiner Mitarbeiter durch das *Panel,* entgegen seiner auf Öffnung abzielenden Rhetorik, konterkarierte? Im Falle einer Bejahung lässt sich allerdings kaum erklären, warum Wolfensohn aus seinem persönlichen Budget das *Inspection Panel* in einer finanziell angespannten Situation unterstützte, wie aus dem Interview mit dem Exekutiv-Sekretär des *Panel,* Eduardo Abott, hervorgeht:

> *„The resolution establishing the Panel ensures that the Panel will be given sufficient budgetary resources to carry out its activities. Only once has our annual budget allocation run out. However, in that year, we received an increase from Wolfensohn's private budget."*[676]

Wenn einerseits das Bankmanagement die Arbeit des *Panel* offensichtlich nicht unterstützte, andererseits jedoch der Präsident durch seine private finanzielle Hilfe seine Wertschätzung des *Inspection Panel* über eine bloße Rhetorik hinausgehend deutlich zum Ausdruck brachte, erhärtet dies zunächst den Verdacht, dass sich die Bankspitze zumindest zeitweilig polarisierte und der Weltbank-Präsident innerhalb des Managements zeitweilig isoliert und handlungsunfähig war.

Die von Fox konstatierten Spannungen und offenkundigen Polarisierungen zwischen Management, Präsident und *Inspection Panel,* die sich auch aus den *Annual Reports* des *Inspection Panel* herauslesen lassen, sind im Hinblick auf die hier herauszuarbeitende Machtstrukturanalyse von besonderem Interesse, da sie ein weiteres Mal die von der Öffentlichkeit meist angenommene Geschlossenheit der Bank in Frage stellen und die oft erheblichen bankinternen Interessens- und Machtkonflikte verdeutlichen.

Inwieweit die Arbeit des *Panel* trotz der bankinternen Widerstände dennoch einen positiven Einfluss auf die Arbeit der Weltbankangestellten genommen hat, lässt sich auf der Grundlage der Projektbilanzen allein

---

676 Bretton-Woods Project (2006b), http://www.brettonwoodsproject.org/art.shtml?x=531832.

kaum ermitteln. So dokumentiert die tabellarisch erfasste Bilanz beispielsweise nicht, in welchem Maße die Bankabteilungen und -angestellten durch die ausführlichen und öffentlich zugänglichen Untersuchungsberichte nachhaltig zu größerer Sorgfalt bei der Konzipierung und Ausführung der Projekte veranlasst wurden.

Insgesamt erwies sich die Rekonstruktion der Arbeitsbilanz des *Panel* als äußerst mühsam und oft in nicht zufriedenstellender Weise als lückenhaft, insbesondere im Hinblick auf den weiteren Projektverlauf und die konkrete Beteiligung der Weltbank an der Fertigstellung eines Projektes. Auch lässt sich selbst mit Hilfe der von den NGOs erstellten Projektbeobachtungen oft der genaue Verlauf einer Projektimplementierung nicht rekonstruieren, was zum Teil auf einen oberflächlichen Umgang mit der genauen Datierung eines Projektverlaufs und auch auf widersprüchliche Darstellungen zurückzuführen ist. Diese Widersprüche lassen sich sicherlich zum Teil damit erklären, dass die Bilanzierung eines Projektverlaufs vornehmlich nach subjektiven Kriterien erfolgt. Oft beschränken sich die Beobachtungen der NGOs zudem auf die Darstellung der zu Recht kritisierten Fehlentwicklungen, die letztendlich die Anrufung des *Inspection Panel* ausgelöst haben. Inwieweit die Umsetzung eines actionplan, der grundsätzlich als Verbesserungsvorschlag zu begrüßen ist, jedoch dann tatsächlich im Sinne der Beschwerdeführung verlief, wird auch von den NGOs kaum dokumentiert.

Problematisch ist eine abschließende Bilanzierung der Arbeit des *Panels* zudem, da viele der gelisteten Projekte nur bis einschließlich 2007 weiterverfolgt wurden. Ab 2008 sind diesbezügliche Publikationen auch auf Seiten der NGOs deutlich reduziert. Viele Projekte befanden sich jedoch auch 2009 noch in der Implementierungsphase. Die Verwendung der frei zugänglichen Untersuchungs- und Verfahrensberichte des *Inspection Panel* auf der Internetseite der Weltbank erwies sich ebenfalls als wenig zufriedenstellend, um den tatsächlichen Verlauf einer Implementierung zu rekonstruieren. Dies zum einen, da sich das *Panel* seit der Reformierung 1998 aus der Projektbeobachtung dann zurückziehen muss, wenn sich das Management nach dem ersten Untersuchungsbericht mit dem Kreditnehmer auf die Erstellung eines actionplan einigt. Da ein solcher Plan in den meisten Fällen vom Management vorgestellt wurde und wird, fehlen weitere Projektevaluierungen seitens des *Panel*. Zum anderen sind die spezifischen Untersuchungsberichte sowohl des *Inspection Panel* als auch die Antwortschreiben des Bank-Managements wie auch die Entscheidungsbegründungen des Exekutiv-Direktoriums zu den einzelnen Projekten außerordentlich ausführlich, so dass je Projekt manchmal mehrere hundert Schriftseiten zustande kommen, die auf der Homepage der

Weltbank zwar alle ungekürzt abgerufen werden können, deren Überprüfung jedoch den für dieses Kapitel vorgesehenen Untersuchungsrahmen erheblich überschreiten würde.

Trotz aller Ausführlichkeit lässt sich zudem auch anhand dieser Dokumente nicht rekonstruieren, mit welchem Erfolg beispielsweise die in den actionplan vorgeschlagenen Korrekturen im Falle einer weiteren Projektförderung umgesetzt wurden. Die Dokumentationen enden mit der Entscheidungsbegründung des Direktoriums, unter welchen Bedingungen ein Projekt weiter unterstützt werden soll. Hinzu kommt, dass insbesondere die Projekte, die nach Auffassung des Exekutiv-Direktoriums lediglich einem verbesserten Monitoring unterstellt werden sollen, grundsätzlich schwierig zu bilanzieren sind, da sich hier die Frage stellt, wann gilt diese Auflage als gescheitert, wann als erfolgreich umgesetzt?

Zusammenfassend lässt sich im Hinblick auf die in diesem Kapitel untersuchte Umsetzungsbilanz bankinterner Reorganisationen, zu denen letztendlich auch die Einführung des *Inspection Panel* zu zählen ist, feststellen, dass ihnen oft erheblicher Widerstand insbesondere aus den Reihen des Bank-Managements entgegen gestellt wurde. Dennoch hat vor allem das *Inspection Panel* durch seine ausführlichen Evaluierungsberichte erheblich dazu beigetragen, die Arbeit der Weltbank transparenter zu machen.

Transparenz war denn auch ein zentrales Anliegen der Reforminitiativen von James Wolfensohn.

5.2.6 „Kultureller Wandel", „Dezentralisierung" und „Wissens-Management: Wolfensohns Rahmenprogramm zur Reorganisation der Weltbank

Wie im Zusammenhang mit den machtpolitischen Aspekten der Finanzierungsgrundlage der Weltbank bereits angedeutet wurde, sahen sich beide Bretton-Woods-Organisationen seit den frühen 1990er Jahren zunehmend mit Legitimationsproblemen konfrontiert, da viele Entwicklungsländer auf bilateralem Weg Kredite erhielten oder aber ihr Kapital an den wachsenden internationalen Finanzmärkten abschöpften. Insbesondere die Weltbank musste in ihrer bisherigen Form als ausschließliches Kreditinstitut um ihre Zukunftsfähigkeit fürchten.

Zusätzliche Brisanz in die Legitimationsdebatte brachten die Untersuchungsberichte der Wapenhans-Kommission und des *Inspection Panel* mit sich, die im Ergebnis erkennen ließen, dass rund ein Drittel aller

Weltbankprojekte nach den eigenen Maßstäben ihre Ziele verfehlt hatten und gravierende Mängel sowohl bei der Planung als auch in der Durchführung aufwiesen.

Nicht zuletzt um der sich anbahnenden ernsthaften Legitimationskrise auszuweichen, stellte Wolfensohn im Verlauf seines ersten Amtsjahres drei innerorganisatorische Reformziele vor, die vor allem die bankinterne Arbeitskultur zugunsten einer besseren Kooperation zwischen den *Kompetenz-* bzw. Hierarchielinien verändern sollte. Die Schlüsselwörter innerhalb dieses Reformprogramms waren *„Kultureller Wandel"*(womit vor allem eine Veränderung des Bankmanagements gemeint war), *„Dezentralisierung"* und *„Wissens-Management"*.

In einer Ansprache vor 300 Top-Managern der Weltbank am 12. März 1996, deren Hintergründe und Folgen im Zusammenhang mit der Frage innerorganisatorischer Reformblockaden näher zu erläutern sein werden, offenbarte Wolfensohn mit deutlichen Worten seine Unzufriedenheit mit der Kooperations- und Arbeitskultur zwischen den Mitarbeitern und gegenüber seiner Person. Er stellte daraufhin einen Reorganisationsplan vor, der die auch von Morse und Wapenhans aufgedeckten innerorganisatorischen Defizite beheben helfen sollte. "Wandel" (*„change"*) wurde zum Schlüsselwort und Wolfensohn richtete zwei Arbeitsstäbe ein, mit deren Hilfe er sowohl eine Verbesserung der Projektqualität" als auch einen grundsätzlichen „Wandel der Bürokratiekultur bzw. des Managements" vorantreiben wollte.[677] Dies war die *Change Management Group*. Fünf Jahre wurden zur Umsetzung der geplanten Reorganisation einkalkuliert. 700 Mitarbeiter wurde gekündigt. Etwa ein Drittel der etwa 10.000 in Washington ansässigen Weltbankmitarbeiter sollte sich in die ungefähr 100 neu einzurichtenden Regionalbüros weltweit versetzen lassen, die in den Partnerländern vor Ort errichtet werden sollten. Diese Regionalbüros sollten weitreichende Kompetenzen sowohl im Hinblick auf die Projektarbeit als auch im Hinblick auf einen eigenständig zu verwaltenden Etat für die Arbeit und Projektplanung erhalten. Künftig sollten nicht mehr alle Entscheidungen ausschließlich in Washington getroffen werden, sondern zunehmend vor Ort in den Länderabteilungen.[678]

Diese Reorganisation war gleichbedeutend mit einem Dezentralisierungsprogramm, mit dessen Hilfe Wolfensohn zum einen bewirken wollte, dass Projektentscheidungen von Weltbankmitarbeitern getroffen

677 Vgl. Rich (1998), S. 368.

678 Vgl. zeit-online (1997), http://www.zeit.de/1997/30/Die_Armen_als_Kunden.

wurden, die über tatsächliche Ortskenntnisse verfügten, zum anderen hoffte Wolfensohn, die auch von Morse und Wapenhans herausgearbeiteten Probleme der stark zentralistisch, vertikal geprägten Hierarchiestrukturen der Bank aufbrechen zu können.

Wolfensohns Überzeugung, dass sozial- und umweltpolitisch tragbare Projektentscheidungen nur auf der Grundlage fundierter Ortskenntnisse erfolgen können, begründete unter anderem auch seinen Vorstoß zum Umbau der Weltbank als *„Wissensbank"*.

In der Eröffnungsrede zum Jahrestreffen der Weltbank im Oktober 1996 stellte Wolfensohn ein Rahmenprogramm vor, das der Weltbank zu einer neuen Legitimationsgrundlage und zu einem weiteren Standbein verhelfen sollte. Er erläuterte die Idee der *Knowledge Bank*, die dem Washington-Post Redakteur Sebastian Mallaby zufolge von einem Mitarbeiter der Weltbank (Steve Denning) erdacht und an Wolfensohn herangetragen worden war.[679] In seiner Ansprache hob Wolfensohn die Bedeutung von „Wissen" für den Entwicklungsprozess hervor.[680]

Neben ihrem bisherigen Kerngeschäft als Kreditbank sollte die Institution zu einer *Wissensbank* umstrukturiert werden, wobei neben dem Legitimationsaspekt vor allem auch die Zielvorgabe, die entwicklungspolitische Bilanz der Projektarbeit deutlich zu verbessern, ein weiteres maßgebliches Motiv für die neue Ausrichtung der Bank war. *Wissens-Management* hieß das neue Rahmenprogramm, innerhalb dessen Wolfensohn die Weltbank reorganisieren wollte

In der von Thomas Edeling, Werner Jann und Dieter Wagner herausgegebenen Monographie zum Thema Wissensmanagement in Politik und Verwaltung rekonstruieren Harald Fuhr und Johannes Gabriel[681] diesen Weg von der *Lending Bank* zur *Knowledge Bank*.[682]

Den Ausführungen Fuhrs und Gabriels zufolge knüpfte Wolfensohn an die neue Ausrichtung der Bank mehrere Ziele:

---

679 Vgl. Mallaby (2004), S. 158f.

680 Vgl. Fuhr / Gabriel in: Edeling / Jann (2004), S. 197.

681 Autoren: Harald Fuhr arbeitete 1993-1997 als Senior Public Sector Management Specialist in der Lateinamerika-Abteilung und beim Weltentwicklungsbericht der Weltbank in Washington D.C. und ist seit 1997 Professor für Internationale Politik an der Universität Potsdam. Diplom Verwaltungswisenschaftler. Johannes Gabriel arbeitet seit 2001 für die Carl Duisberg Gesellschaft (ab Sept. 2002: Internationale Weiterbildung und Entwicklung – InWEnt), Fachgruppe Umwelt und Ressourcenschutz, Berlin. Vgl. Fuhr / Gabriel in: Edeling / Jann (2004), S. 189.

682 Vgl. Fuhr / Gabriel in: Edeling / Jann (2004), S. 189–217.

Er strebte an, die Entwicklungsländer künftig verstärkt am bankinternen entwicklungsrelevanten Wissen partizipieren zu lassen, um letztendlich auch die *„Wissensasymmetrien"*, zwischen den Industrie- und den Entwicklungsländern auszugleichen.[683]

Der Aspekt der Wissensasymmetrie spiegelt sich hierbei sicherlich nicht zufällig in dem von Joseph Stiglitz herausgearbeiteten wirtschaftstheoretischen Ansatz der *„Informationsasymmetrie"* wider, der in der Kapitel 5.1.5 bereits erläutert wurde. Obwohl Stiglitz das Phänomen der Informationsasymmetrien in erster Linie vor dem Hintergrund der ökonomischen Notwendigkeit nationaler Institutionenpolitik beschrieb, kann dieser Ansatz auch auf die internationale Ebene übertragen werden. Auf dieser Ebene ist zu beobachten, dass die sich vertiefende Wissenskluft bzw. Wissensasymmetrie zwischen den Industrie- und Entwicklungsländern mit ursächlich für die unzureichende Partizipation der Entwicklungsländer an den Weltmärkten ist. Solange diese Länder keinen uneingeschränkten Zugang zum weltweiten technologischen Wissen haben, sind ihren ökonomischen Entfaltungsmöglichkeiten an den Weltmärkten weiterhin enge Grenzen gesetzt und ihre Chancen auf Überwindung der Armut bleiben gering.[684]

Die Weltbank als „Knowledge-Bank" neu aufzustellen und so die Wissensasymmetrien zwischen den Staaten schrittweise auszugleichen, war das übergeordnete Ziel der von James Wolfensohn initiierten Reorganisation, die er gleich zu Beginn seiner Präsidentschaft in Angriff nahm. Um die Bankmitarbeiter auf diesen neuen Arbeitsschwerpunkt vorzubereiten, bedurfte es weitreichender innerorganisatorischer Umstrukturierungen, zu denen auch eine weitreichende Fortbildung der Angestellten in entwicklungspolitischen Fragen zählte.

Zwar hatte die Weltbank im Verlauf ihrer fünfzig-jährigen Geschichte als Entwicklungsbank einen unermesslichen Fundus an Daten, Statistiken, Expertisen, Gutachten und Evaluationsberichten angesammelt, doch da sich die Mitarbeiter in erster Linie als Bankangestellte definierten, die für die geschäftliche Abwicklung der Kreditanträge allenfalls die Einhaltung festgelegter Standards zu beachten hatten, verlangte die bisherige Bankpraxis von ihren Mitarbeitern nur bedingt Expertenwissen im Hinblick auf eine umwelt-, sozial- und wirtschaftspolitische Risiko- und Chancenabwägung etwaiger Projektanträge. Auf eine weitreichendere, effektive Nutzung und entwicklungspolitisch relevante und sinnvolle Interpreta-

683 Vgl. ebd., S. 192.

684 Vgl. Fuhr / Gabriel in: Edeling / Jann (2004), S. 191.

tion der Daten waren viele Mitarbeiter der Bank fachlich nicht vorbereitet.

Hieran knüpfte sich der nächste Reformschritt. Neben einer neuen Ausrichtung nach außen als Wissensbank suchte Wolfensohn nach einem Konzept, wie künftig ein kompetenter, qualifizierter Umgang der Mitarbeiter mit dem vorhandenen und noch zu erstellenden Datenmaterial gewährleistet werden könne, um letztendlich eine deutliche Verbesserung der Projektarbeit zu bewirken. Wolfensohn strebte, wie Jahre zuvor auch Lewis Preston, an, die Bank effizienter, entscheidungsschneller und schlanker zu gestalten.[685] Laut Harald Fuhr und Johannes Gabriel sahen Wolfensohns Restrukturierungspläne vor allem vor, den wachsenden Anforderungen, die durch die beständige Aufnahme neuer Themen auf die Bank einströmten, mit einer fundierten und umfassenden Ausbildung der Mitarbeiter und ihrem vereinfachten Zugriff auf alle Daten künftig effektiver entgegentreten zu können.[686] Zu diesen Themen zählten beispielsweise der Umweltschutz und die neuesten Erkenntnisse zur Klimaproblematik, darüber hinaus alle Fragen eines entwicklungspolitisch geeigneten Bildungs- und Genderkonzeptes, Strategien zur Bekämpfung von Epidemien wie Malaria und HIV sowie Governance-Aspekte und Fragen zum Umgang mit Menschenrechtsverletzungen. Ein vereinfachter Zugriff auf das bankinterne Wissen sollte mit Hilfe sogenannter *„Help Desks"*, die man auch als „Wissensarbeiter" klassifizieren könnte, das mühsame Einarbeiten in diese Themenbereiche bei künftigen Projektplanungen vereinfachen.

Wolfensohn konzipierte die Entwicklung bzw. Systematisierung von sektoralen Datenbanken (mit Statistiken, Projektberichten, Expertenverzeichnissen etc.) sowie den Ausbau von `knowledge bases`, die als Datenspeicher für internes und externes Erfahrungswissen über erfolgreiche Entwicklungspraktiken angelegt werden sollten. Die Mitarbeiter der *Help Desks* sollten in allen Geschäftseinheiten und Abteilungen als zentrale Anlaufstellen für Auskünfte über die jeweiligen Wissensressourcen zur Verfügung stehen und die zügige Bereitstellung von projektrelevanten Informationspaketen gewährleisten.[687]

Die damit einhergehende informationstechnologische Optimierung der Organisation bzw. Vernetzungsdichte innerhalb der Weltbank war eine grundlegende Voraussetzung für den nächsten – vielleicht wichtigsten – innerorganisatorischen Reformschritt: Die Dezentralisierung der Welt-

685 Vgl. Wolfensohn (2005), S. 55.

686 Vgl. Fuhr / Gabriel in: Edeling / Jann (2004), S. 196.

687 Vgl. ebd., S. 198.

bank, d.h. die Auslagerung der Regionalabteilungen aus der Hauptzentrale in Washington zu den heutigen weltweit ansässigen Regionalbüros. Rund ein Drittel der etwa 10.000 Mitarbeiter arbeitet infolge dieser Umstrukturierung inzwischen nicht mehr im Hauptquartier in Washington, sondern in den Entwicklungsländern vor Ort. Ohne den insbesondere von Wolfensohn forcierten Ausbau modernster Kommunikationsnetzwerke wäre die Einrichtung der mittlerweile über 100 Regionalbüros nicht praktizierbar gewesen.

Auch die Schaffung dieser Regionalbüros kann als Bestandteil des neuen Rahmenprogramms „Wissens-Management" oder „Knowledge Bank" verstanden werden. Bereits in den 1980er Jahren erhoben Kritiker den Vorwurf, die Bankmitarbeiter entschieden ohne profundes Wissen der örtlichen Situation über Projektförderungen, deren oft fatale Auswirkungen sie von Washington aus nur unzureichend beurteilen könnten. Die Einrichtung der Regionalbüros sollte den Mitarbeitern die Möglichkeit geben, aus nächster Nähe weiteres „Wissen" über die örtlichen Rahmenbedingungen zu erwerben und bei ihren Entscheidungen zu berücksichtigen.

Die Mitarbeiter der Regionalbüros wurden zudem instruiert, den Kontakt zu den vor Ort ansässigen CSOs bzw. NGOs aufzunehmen und zu intensivieren. Die Zusammenarbeit und der Erfahrungsaustausch mit diesen Gruppierungen waren wesentliche Bausteine im Rahmenprogramm der sich nach außen öffnenden „Wissensbank". Wolfensohn kreierte den Begriff des *„New Knowledge Partnership"*[688], der den Zusammenhang zwischen partnerschaftliche Kooperation und institutsübergreifendem Wissensaustausch bzw. -transfer, und damit die Herstellung der angestrebten internationalen *Wissenssymmetrie* umreißt.

Zugleich hoffte Wolfensohn durch die Ansiedlung der Regionalbüros in den Entwicklungsländern dem seit langem diskutierten Problem der Korruption in den betroffenen Ländern besser begegnen zu können. Auch für sein Vorhaben, in den Entwicklungsländern verstärkt Privatisierungsprozesse von Staatsunternehmen zu organisieren sowie komplexe nationale Finanzmärkte aufzubauen, war die Arbeit vor Ort unabdingbar.

Allerdings bedurften derart signifikante Umstrukturierungen einer weitreichenden Autorisierung der Mitarbeiter bzw. der *Vize Präsidenten*, die den Regionalabteilungen vorgestellt wurden. Die durch McNamara eingeführte Praxis, wichtige Entscheidungen ausschließlich in der Washing-

688 Wolfensohn (2005), S. 52f.

toner Zentrale zu treffen, wurde zugunsten einer dezentralisierten Arbeits- bzw. Entscheidungskultur in weiten Teilen aufgehoben.

Im Hinblick auf die Frage, inwieweit die Neuausrichtung der Weltbank zu einer „Wissensbank“ eine breite Zustimmung beim Mitarbeiterstab fand und inwieweit darauf ausgerichtete Umstrukturierungen konstruktiv unterstützt wurden, fehlen fundierte Anhaltspunkte in der öffentlichen Darstellung der Ära Wolfensohn. Diesbezüglich liegen auch keine mir bekannten Äußerungen von James Wolfensohn vor, der sich ansonsten nicht mit kritischen Anmerkungen zur internen Arbeitskultur zurückhielt. So wird nach meiner Einschätzung die Bedeutung der auf Transparenz und auf einen global gerechteren Wissenstransfer ausgerichteten Reforminitiative von James Wolfensohn wissenschaftlich bislang nicht ausreichend beleuchtet.

Öffentlich dokumentierte Auseinandersetzungen zwischen dem Mitarbeiterstab und James Wolfensohn beziehen sich meist auf andere Aspekte seines Reformkurses und auf die von Wolfensohn problematisierte Kooperationskultur zwischen den Hierarchielinien. Wolfensohn strebte neben der thematischen Neuausrichtung gleichzeitig die Umstrukturierung des Managements an. So sehr sich Wolfensohn auch darum bemühte, das obere Management für seine Reformpläne zu gewinnen, so zeichnete sich gerade diese Hierarchielinie darin aus, Reforminitiativen im eigenen *Kompetenzfeld* zu konterkarieren.[689]

5.2.7 Die Personalpolitik von Paul Wolfowitz: Antikorruptionskampagne als Reorganisationsversuch durch die Hintertür?

Im Zusammenhang mit der Reformgeschichte der politischen und wirtschaftlichen Zielvorgaben und Paradigmen wurde bereits angemerkt, dass mit Blick auf die Präsidentschaftsphase von Paul D. Wolfowitz nur wenig fundierte Materialien vorliegen, die eine gesicherte Auswertung und Bewertung seiner Strategien und Vorhaben gewährleisten könnten. Dies gilt auch im Hinblick auf einige in der Öffentlichkeit diskutierte Reorganisationspläne, die das *untere Kompetenzfeld* betrafen. Auch hier kann aufgrund seines vorzeitigen Ausscheidens aus dem Amt und aufgrund mangelnder Materialen nicht gesichert rekonstruiert werden, ob er tatsächlich eine weitere Reorganisation anstrebte.

689 Die Umsetzung dieser Neustrukturierung, die bis heute weitgehend beibehalten wurde, wurde in den Kapiteln 3.3.2.2 und 3.3.2.3 bereits ausführlich dargestellt.

Auch wenn er bei seinem Amtsantritt offiziell verkündete, er beabsichtige keine Reformierung bzw. Restrukturierung der Bank, zeichneten sich dennoch wenige Monate nach seiner Amtsübernahme sehr umstrittene Umstrukturierungen im oberen Management ab, die sowohl bankinterne als auch externe Skepsis an seiner angekündigten organisatorischen und politischen Kontinuität der Bank auslösten und abermals erhebliche Irritationen nach sich zogen.

Etwa die Hälfte der 29 Spitzenpositionen (*Managing Directors, Vice Presidents*) wurde von Wolfowitz neu besetzt.[690] Den Recherchen des entwicklungspolitischen Beobachters und Friedensaktivisten Jürgen Hübschen zufolge gehörten zu den neuen Gesichtern der Weltbank unter anderem:

- Robin Cleveland, Direktor des *„Office of Management und Budget" (OMB)*, der für das Weiße Haus die Finanzierung der Kriege in Afghanistan und im Irak durch den US-Kongress organisierte,
- Kevin Kellems (früher Pressesprecher von US-Vice-President Dick Cheney) sowie
- Suzanne Rich Folsom (Ehefrau von George Folsom, dem amerikanischen Vizedirektor des „Iraq Reconstruction Management Office").

Laut Hübschen stellte der Leiter der „World Bank Staff Association", d.h. der Repräsentant aller Mitarbeiter der Weltbank, Allison Cave, zur Personalpolitik von Wolfowitz fest, dass dieser eindeutig mehr einer kleinen Gruppe von Quereinsteigern aus der Republikanischen Partei als erfahrenen Experten in der Bank vertraue.[691] Der Unmut über den neuen Weltbank-Präsidenten wuchs. Die Irritationen wurden verstärkt, als bekannt wurde, dass Suzanne Rich Folsom die Abteilung *„Institutional Integrity"* leiten sollte, mit deren Hilfe Wolfowitz eine konsequentere Bekämpfung der Korruption sowohl auf Seiten der Vertragspartner aber auch in den eigenen Reihen ansteuerte. Aufgrund der Vehemenz, mit der Wolfowitz den Kampf gegen Korruption antrat, wird die Einrichtung dieser Abteilung irrtümlicherweise oft mit seiner Präsidentschaft in Verbindung gebracht. Doch gegründet wurde diese Abteilung bereits 1999 von James Wolfensohn[692], der wie Wolfowitz, die weltweite Kor-

---

690 Vgl. Hübschen (2007), http://www.solon-line.de/wolfie-die-weltbank-der-irak.html.

691 Vgl. ebd., http://www.solon-line.de/wolfie-die-weltbank-der-irak.html.

692 Vgl. World Bank(2005), World Bank takes further step in Anti-corruption fight, http://web.worldbank.org/WBSITE/EXTERNAL/NEWS/0,,contentMDK:20368613~enableDHL:TRUE~menuPK:34467~pagePK:34370~piPK:34424~theSitePK:4607,00.html.

ruption als eine der größten Hürden für eine erfolgreiche Entwicklungspolitik verstand. Der Wolfowitz-Biograph Lewis D. Solomon wertet die von Wolfensohn etablierte Abteilung jedoch als weitgehend ineffektiv, da beim Amtsantritt Wolfowitz´ die angeblich nur 22 Mitarbeiter mit der Untersuchung von angeblich 400 aufgenommenen Verdachtsfällen bereits im Rückstand waren und die Abteilung insgesamt unterfinanziert war.[693] Wolfowitz stockte den Etat für diese Abteilung um 5 Mio. US-Dollar auf und stellte weitere Mitarbeiter ein. Obwohl er prinzipiell die Ausrichtung und Vorgehensweise der Abteilung nicht veränderte und auch Wolfensohn bereits bankinterne Verdachtsmomente von dieser Abteilung hatte überprüfen lassen, fühlten sich die Weltbankmitarbeiter erst von Wolfowitz unter Generalverdacht gestellt und protestierten öffentlich gegen die neue Personalpolitik von Wolfowitz.

Die von Wolfowitz getroffenen Personalentscheidungen zu Gunsten regierungsnaher Freunde bekräftigten die anfänglichen Befürchtungen, George W. Bush hätte mit der Nominierung von Wolfowitz die Weltbank wieder verstärkt unter den Einfluss der US-Administration gebracht, womit sich ein weiteres Mal die These jener Kritiker zu beweisen schien, dass die Weltbank bzw. der Weltbank-Präsident ohnehin stets der verlängerte Arm der jeweiligen US-Administration sei.

Unter formalen Gesichtspunkten kann die von Wolfowitz vollzogene personelle Umbesetzung nicht als innerorganisatorische Umstrukturierung begriffen werden, da es hierfür keiner formal-juristischen Änderungen bedurfte. Personalentscheidungen obliegen laut Statuten der alleinigen Entscheidungsfreiheit des Präsidenten. Diese formal zugesicherte Freiheit schöpfte Wolfowitz lediglich unerwartet eigenständig aus.

Ein formeller Akt hingegen war die Auflösung der *Abteilung für Ökologische und Soziale Nachhaltige Entwicklung (ESSD, Environmental, Social and Sustainable Development)*, die Wolfowitz im Sommer 2006 einleitete. Diese Abteilung wurde als eigenständiger Bereich aufgelöst und mit der Infrastrukturabteilung zusammengelegt, die unter anderem zuständig für die Projektfelder Straßen-, Kraftwerk- und Staudammbau sein sollte. Künftig sollte die neue Abteilung unter *„Nachhaltige Entwicklung"* firmieren. Die bisherige Infrastruktur-Vize-Präsidentin Katherine Sierra übernahm die Leitung, doch das gesamte Personal der früheren Umweltabteilung wurde in eine andere Abteilung mit einem völligen neuen Themenbe-

---

693 Vgl. Solomon (2007), S. 143. Laut offizieller Homepage der Weltbank umfasste diese Abteilung allerdings im Februar 2005 etwa 50 Mitarbeiter, vgl. World Bank(2005), World Bank Takes Further Step in Anti-Corruption Fight, http://web.worldbank.org/WBSITE/EXTERNAL/NEWS/0,,contentMDK:20368998~menuPK:34467~pagePK:34370~piPK:34424~theSitePK:4607,00.html.

reich *(Operational Policies and Country Services)* versetzt, was von den NGOs als offensichtlich angestrebte Schwächung des Umweltschutzes in der Weltbank begriffen wurde.[694]

Mit dieser Entscheidung, die Wolfowitz weder mit dem Exekutiv-Direktorium noch mit dem Bank-Management abgesprochen hatte, stieß er sowohl bei der Weltbankbelegschaft als auch beim Exekutiv-Direktorium massiv auf Ablehnung.[695] Denkbar ist, dass sein diesbezügliches Vorpreschen gegen die bestehende Organisationsstruktur erheblich dazu beitrug, den Mitarbeiterstab gegen seine Amtsführung aufbegehren zu lassen, mit den bekannten Folgen für seine Weltbank-Karriere.

5.2.8 Robert Zoellick

Nach der turbulenten Präsidentschaft von Paul Wolfowitz zog der Amtsantritt von Robert Zoellick wenig öffentliche Aufmerksamkeit und Kritik nach sich. Offiziell kündigte er zunächst keinen grundsätzlichen Kurswechsel im Hinblick auf den von Wolfensohn initiierten Reformweg. Seine „*Six Strategic Themes*" griffen im Wesentlichen die Reformziele Wolfensohns auf, wenn auch mit anderer und neuer Schwerpunktlegung. Inwieweit die von Wolfensohn eingeleiteten Reformen zum gegenwärtigen Zeitpunkt den politischen Alltag der Weltbank noch bestimmen und ob Zoellick seine „*Six Strategic Themes*" eher als Kontrastprogramm oder als Ergänzung zu Wolfensohns Reforminitiativen konzipiert hat, wird in Anbetracht der durch die Weltwirtschaftskrise überlagerten anderwärtigen Themenbereiche weder medial noch von den NGOs beobachtet.

Im Hinblick auf die bereits angesprochene Frage der politischen Kontinuität zwischen den wechselnden Präsidentschaftsphasen hätten sich aus wissenschaftlicher Sicht möglicherweise wichtige Erkenntnisse aus der Präsidentschaft von Robert Zoellick ableiten lassen. Doch die spätestens im Sommer 2008 weltweit spürbare Wirtschaftskrise determinierte Robert Zoellicks Arbeit bereits ein Jahr nach seiner Amtsübernahme und drängte etwaige Reformabsichten oder Neuausrichtungen in den politischen Hintergrund. Mit Beginn der Weltwirtschaftskrise werden die Weltbank und ihr neuer Präsident in den Medien meist im Zusammen-

---

694 Vgl. epo (2006), http://www.epo.de/index.php?option=com_content&task=view&id=1717&Itemid=33, vgl. Vöcking (2006), http://www.forum-ue.de/fileadmin/userupload/rundbriefe/200603.pdf, S. 32.

695 Vgl. epo (2006), http://www.epo.de/index.php?option=com_content&task=view&id=1717&Itemid=33.

hang mit währungspolitischen Fragen in Verbindung gebracht. Fragen zu möglichen neuen entwicklungspolitischen Zielen werden gegenwärtig kaum diskutiert. Die zu beobachtende mangelnde öffentliche Aufmerksamkeit gegenüber der Weltbank spiegelt sich auch auf den Internet-Plattformen der NGOs, auf denen beispielsweise keine Hinweise und Diskussionsbeiträge auf die im Frühjahr 2009 von Zoellick eingesetzte *High Level Governance Commission* zu finden sind, die unter der Leitung des Ökonomen und ehemaligen mexikanischen Präsidenten Ernesto Zedillo beauftragt wurde, Modernisierungsvorschläge für die Weltbank auszuarbeiten. Ende Oktober 2009 legte die Kommission ihre Untersuchungsergebnisse vor. Auch dieser Report blieb von der Öffentlichkeit weitgehend unbeachtet. Insgesamt konzentriert sich der Report in weitgehender Übereinstimmung mit den bisherigen von den NGOs vorgetragenen Reformpaketen auf eine Demokratisierung der Governance-Strukturen. D.h. sie empfehlen eine größere Mitsprache der Entwicklungs- und Schwellenländer im Exekutiv-Direktorium, wie auch eine insgesamt größere Einbeziehung des Exekutiv-Direktoriums in die Entscheidungsfindungen der Bank und sie plädieren für eine Demokratisierung des Nominierungsverfahrens hinsichtlich künftiger Weltbankpräsidenten.

> "Together, the five components of the governance reform that the Commission proposes—rectifying imbalances in voice and participation; restructuring the World Bank Group's governing bodies; reforming the leadership selection process; strengthening Management accountability, and augmenting the resource base—would go far in addressing the institutional weaknesses identified in this report. The proposed reform would position the Group as a more effective, accountable, and legitimate vehicle for international cooperation in the coming decades. Because the proposed measures are interdependent, they will only have their intended effect if they are adopted and implemented as a single package.[696]

Vor dem Hintergrund der bereits herausgearbeiteten Kritik am Management fällt zudem die Empfehlung hinsichtlich der *Management Accountability* ins Auge. Diese Kommissions-Empfehlung kann nur dahingehend zu interpretieren sein, dass das Management stärker als bisher in die Verantwortung gezogen werden, d.h. verstärkt Rechenschaft über seine Arbeit ablegen soll, was tendenziell meine Annahme untermauert, dass das Management entgegen der formalen Regelung weitgehend unkontrolliert und auf eigene Verantwortung operiert.

---

696 Repowering the World Bank for the 21st Century (2009), http://www.ycsg.yale.edu/center/forms/WorldBank.pdf, Vgl. Messner (2009), http://www.dw-world.de/dw/article/0,,4502175,00.html.

Auch das hier bereits beleuchtete Kooperationsdefizit zwischen Bank-Management und Exekutiv-Direktorium wird von der Kommission zur Sprache gebracht.

> "Without a co-managerial role, the Board will no longer face a conflict of interest when overseeing managerial performance. With support from the Council of Representatives, the reoriented Board will be better able to focus its time and resources on oversight. However, the body must also have at its disposal more effective, professional, and independent instruments to oversee the institution and hold Management to account."[697]

Im Hinblick auf die bankinterne Evaluierungsabteilung (*IED*) wird empfohlen:

> "The Board should revise the terms of reference of the Independent Evaluation Group (IEG) to (1) require that a majority of IEG staff be recruited from outside the World Bank Group; (2) introduce cooling off periods of appropriate length to end the "revolving door" dynamic between regular IEG staff and World Bank staff; and (3) ensure that the IEG Director General no longer functions as a member of the Group's senior Management." [698]

Dieser Empfehlung ist zu entnehmen, dass die Kommission offensichtlich Kompetenzprobleme zwischen den Mitarbeitern und dem *IED* feststellen konnte, die sie dadurch aufzulösen hofft, dass künftig die *IED*-Mitarbeiter außerhalb des bankinternen Mitarbeiterstabs rekrutiert werden sollen. Darüber hinaus lässt auch ihr Anraten, das Exekutiv-Direktorium solle sich künftig verstärkt bankextern erarbeitete Expertisen einholen, erahnen, dass man die bereits früher festgestellte Informationspolitik innerhalb der Weltbank kritisch bewertet.

> „The Board should make more extensive use of external evaluations to assess critical aspects of the Group's activities, processes, strategies, and performance. Also, Board committees should have access to outside legal, accounting, and other expertise as appropriate to fulfil their fiduciary duties." [699]

Insgesamt untermauern diese Empfehlungen die in dieser Untersuchung bereits herausgearbeiteten bankinternen Konflikte. Die Kommission hofft mit einer primär *formal-juristisch* ausgerichteten Governance-

---

697 Repowering the World Bank for the 21st Century (2009), http://www.ycsg.yale.edu/center/forms/WorldBank.pdf.

698 Repowering the World Bank for the 21st Century (2009), http://www.ycsg.yale.edu/center/forms/WorldBank.pdf.

699 Repowering the World Bank for the 21st Century (2009), http://www.ycsg.yale.edu/center/forms/WorldBank.pdf.

Reform offensichtlich kontraproduktive Kompetenzstreitigkeiten auflösen und damit die Effizienz der Weltbank-Arbeit zu steigern. Zwar werden in diesem Report mehrfach auch die *„informal structures"* angesprochen, die in einer etwaigen Reform einzubeziehen sind, doch werden eben diese *informalen Strukturen* nicht weiter herausgearbeitet, so dass sie letztendlich leere Worthülsen bleiben. Der Report geht nicht auf konkrete Aspekte der bankinternen Kooperationskultur ein.

Sowohl die Untersuchungsergebnisse selber, wie auch die Tatsache, dass Robert Zoellick erneut die Einsetzung eines Untersuchungskomitees anordnete, dokumentieren zugleich, dass sich hinsichtlich der bereits von James Wolfensohn kritisierten Governance-Probleme zwischenzeitlich wohl keine grundlegenden Veränderungen vollzogen haben.

Welche Konsequenzen der Report, aber auch die Weltwirtschaftskrise für den weiteren entwicklungspolitischen Kurs der Weltbank haben werden, ist zum gegenwärtigen Zeitpunkt (Stand Januar 2010) nicht absehbar und kann daher in diese Untersuchung nicht mehr einbezogen werden.

5.3 Weltbank-Präsidenten als Verbündete der US-Administrationen? Neue Aspekte zur Reform des Nominierungsverfahrens

Im Zusammenhang mit der Frage, welchen Anteil die einzelnen Weltbank-Präsidenten am Reformkurs der Weltbank hatten, möchte ich einen weiteren Aspekt thematisieren, der im Rahmen des Weltbank-Diskurses häufig zur Sprache kommt und eng mit der hier besprochenen Instrumentalisierungsthese verknüpft ist.

Hierbei geht es um die Frage, ob sich das Amt des Weltbank-Präsidenten tatsächlich bislang in dem Maße als interessenspolitischer Einflusskanal der USA in die Entscheidungsstrukturen der Weltbank geeignet hat, wie viele Kritiker annehmen. Auch hier dominiert der Pauschalverdacht, dass die Weltbank-Präsidenten in erster Linie im Interesse der USA und als deren Mittelsmänner bzw. Verbündete die Politik der Weltbank gestalten. Die USA würden hiernach ihre bereits durch die Stimmrechtsregelung angeblich gesicherte machtpolitische Dominanz zusätzlich dadurch absichern, dass sie einen aus ihrer Sicht geeigneten Kandidaten informell für das Amt des Weltbankpräsidenten vorschlagen und auch festlegen können. Um diese vermeintliche machtpolitische Kontinuität aufzubrechen, werden die Forderungen immer eindringlicher, das Nominierungsverfahren grundlegend zu reformieren, genauer gesagt zu demokratisieren und damit die Weltbank aus dem interessenpolitischen Windschatten der US-Regierungen zu ziehen.

Doch inwieweit konnte sich die USA in der Vergangenheit tatsächlich durch das bisherige Nominierungsverfahren einen kontinuierlichen, machtpolitischen Einfluss auf die Politik der Weltbank sichern, indem die jeweiligen US-Administration politisch opportune Kandidaten in das Amt des Weltbank-Präsidenten brachte?

Um diese Frage zu untersuchen, empfiehlt sich zunächst ein zeitlicher Abgleich zwischen den Amtsphasen der Weltbank-Präsidenten und den Legislaturphasen der US-Administrationen. Hier fallen zunächst sowohl die zeitlichen Verschiebungen zwischen neu gewählten US-Administrationen und den Neunominierungen der Weltbank-Präsidenten auf als auch die mehrmaligen parteipolitischen Machtverschiebungen in den USA während fast aller Präsidentschaftszeiten. Aus diesen zeitlichen Verschiebungen ergeben sich im Hinblick auf das Verhältnis zwischen Weltbankspitze und US-Administration durchaus wechselnde machtpolitische Freiräume bzw. auch Spannungen, die ggfs. bestehende politische Kontinuitäten und Konformitäten zwischen US-Administration und Weltbankführung aufbrachen.

Diese Verschiebungen bzw. das zeitliche Auseinanderdriften erklärt sich aus dem Umstand, dass die Wahl einer neuen US-Administration nicht zeitgleich mit den Nominierungen und Wiederwahlen der Weltbank-Präsidenten stattfindet. Steht im Verlauf einer Regierungsperiode keine Neuwahl des Weltbank-Präsidenten an, hat die neu gewählte US-Administration keinerlei Möglichkeiten, den gerade amtierenden, noch von der Vorgänger-Regierung ins Amt gehobenen Weltbank-Präsidenten durch einen Kandidaten eigener Wahl zu ersetzen, auch wenn die ideologische oder strategische Ausrichtung der Weltbankspitze den Vorstellungen der neuen US-Administration zuwiderläuft. Zwar kann die jeweilige US-Administration den Weltbankpräsidentschaftskandidaten auf der Grundlage einer nicht formalisierten Übereinkunft mit den Gründungsstaaten der Bretton-Wood-Institutionen nominieren, doch formal kann sie ihn nicht wieder aus dem Amt heben.

Hier stellt sich die Frage, ob eine denkbare bestehende politische Geschlossenheit zwischen dem Weltbankpräsidenten und der ihn nominierenden US-Administration auch nach einem machtpolitischen Wechsel im Weißen Haus fortbestand.

Seit McNamaras Präsidentschaft, die selber vier US-Präsidentschaften (Lyndon B. Johnson, Richard Nixon, Gerald Ford und Jimmy Carter) überdauerte, haben alle Weltbank-Präsidenten nach einem Regierungswechsel in den USA noch mehrere Jahre ihr Amt bekleidet und tangierten somit jeweils mindestens zwei US-Präsidentschaftszeiten, mit Ausnahme von Paul Wolfowitz, der aufgrund seines vorzeitigen Rücktritts keinen parteipolitischen Machtwechsel in der US-Politik im Verlauf seiner Präsidentschaft erlebte. Barber Conable bildet insofern ebenfalls eine Ausnahme, als seine Präsidentschaft unter zwei Kabinettsbildungen verlief, die sich jedoch beide aus dem republikanischen Lager konstituierten.

Folgende Tabelle stellt die Amtsphasen der Weltbank-Präsidenten den Legislaturzeiten der US-Präsidenten gegenüber.

Weltbank-Präsidenten	**Präsident-schaftszeiten**	**Regierende US-Partei**	**regierender US-Präsident**	**Regierungs-zeiten**
McNamara	seit April 1968	Demokraten **machtpolitischer WECHSEL USA**	L.B. Johnson	Nov. 1963 – Jan. 1969
McNamara	___	Republikaner	R.M. Nixon	Jan. 1969 – August 1974
McNamara	___	Republikaner **machtpolitischer WECHSEL USA**	G.R. Ford	August 1974 – Jan. 1977
McNamara	Bis Juni 1981	Demokraten	J.E. Carter	Jan. 1977 – Jan. 1981
Clausen	Juli 1981 – Juni 1986	Demokraten / **machtpolitischer WECHSEL USA** Republika-ner	J. E. Carter / R. Reagan	Seit Januar 1981
Conable	seit Juni 1986	Republikaner	R. Reagan	Bis Januar 1989
Conable	Bis August 1991	Republikaner (**kein** politischer Machtwechsel in den USA)	G. H.W. Bush	Jan. 1989 – Jan. 1993
Preston	Aug. 1991 – Mai 1995	Republikaner / **machtpolitischer WECHSEL USA** Demokraten	G.H.W. Bush / B. Clinton	seit Jan. 1993
Wolfensohn	seit Juni 1995	Demokraten / **machtpolitischer WECHSEL USA** Republikaner	B. Clinton / G. W. Bush	Bis Jan. 2001 seit Jan. 2001
Wolfensohn	Bis Mai 2005	Republikaner	G. W. Bush	
Wolfowitz	Juni 2005 – Juli 2007	Republikaner (**kein** politischer Machtwechsel in den USA)	G. W. Bush	
Zoellick	seit Juli 2007	Republikaner / **machtpolitischer WECHSEL USA** Demokraten	G. W. Bush / B. Obama	Bis Jan. 2009 seit Jan. 2009

Robert McNamaras Präsidentschaft stellt in mehrererlei Hinsicht einen herausragenden und einmaligen Sonderfall in der Weltbankgeschichte dar. Er wurde unter dem Demokraten Lyndon B. Johnson für das Amt des Weltbank-Präsidenten vorgeschlagen, erlebte ein Jahr später den parteipolitischen Wechsel hin zu dem republikanischen US-Präsidenten Richard Nixon und die im Zuge der Watergate-Affäre erforderlich gewordene Amtsübernahme durch dessen Parteikollegen Gerald Ford sowie den machtpolitischen Wechsel und die Amtsübernahme durch den Demokraten Jimmy Carter.

Insbesondere die Präsidentschaft McNamaras scheint den US-zentristisch argumentierenden Weltbankkritikern zunächst genügend Anhaltspunkte für ihre These zu bieten, die über 13 Jahre andauernde Ära McNamaras sei in erheblichem Maße von den US-Administrationen beeinflusst worden. Bestätigt sehen sich die Befürworter dieses Ansatzes vor allem dadurch, dass McNamaras entwicklungspolitische Strategie vor allem den amerikanischen, lobbyistisch sehr einflussreichen Agrarkonzernen und Rohstoffimporteuren zu erheblichen Gewinnen verhalf, während die entwicklungspolitischen Effekte eher negativ ausfielen. Dabei wird die politische Einflussnahme der US-Administrationen auf die Weltbankführung als Kontinuum während seiner gesamten Präsidentschaft angenommen.

Doch dieser Annahme steht die Auffassung der amerikanischen Weltbank- und Entwicklungsexpertin Catherine Gwin entgegen, die zu dem Ergebnis kommt, dass es zu erheblichen Verstimmungen zwischen der Regierung Nixon und McNamara kam, die sich eher in oppositionellem statt opportunem Verhalten auf Seiten McNamaras dokumentierten. Gwins Recherchen zufolge lagen die Gründe für diese Spannungen vor allem darin, dass sich McNamara als weniger beeinflussbar erwies, als sich einige Regierungsmitglieder von seiner Person versprochen hatten. Gwin stützt sich dabei auf die Aussagen des unter McNamara amtierenden *Vice President for External Relations* der Weltbank, William Clark: McNamara *„had irritated many important leaders in the Nixon administration. They had thought that, as an American, McNamara should be responsive to policy nudges, but over and over again he proved to be unnudgeable."*[700]

Laut Gwin beabsichtigte die Regierung Nixon sogar, die Wiederwahl McNamaras als Weltbank-Präsident zu verhindern, was aber am Willen der europäischen Mitgliedstaaten scheiterte, die eine Alternative zu McNamara nicht akzeptieren wollten[701] und somit erstmalig das tradierte,

700 Clark in: Gwin (1997), S. 215.

701 Vgl. Gwin (1997), S. 215.

aber nie formalisierte „Recht" der Amerikaner, den Weltbank-Präsidenten zu bestimmen, in Frage stellten. Gwin schreibt weiter, dass das Verhältnis zwischen Weltbankspitze und US-Administration im Anschluss an McNamaras Wiederwahl von mehrmaligem Boykottverhalten des amerikanischen Exekutiv-Direktors belastet wurde. Mehrfach machte die US-Administration Gebrauch von ihrem Veto-Recht und blockierte wichtige Entscheidungen im Exekutivrat.[702] So wurde z.B. die Forderung McNamaras, die Beitragszahlungen der Mitgliedsländer zu erhöhen, um den Entwicklungsländern mehr Kredite bewilligen zu können, laut Gwin vom US-Exekutiv-Direktor blockiert. Insgesamt versuchte die US-Administration mit nahezu erpresserischen Mitteln die Zahlungsmodalitäten zu ihren Gunsten zu verändern und die Kreditpolitik der Weltbank vornehmlich im Sinne einer Dollar-freundlichen Geldpolitik zu gestalten, die zu Lasten der Schuldnerstaaten ging.[703]

Auch die der Weltbank von der US-Administration aufoktroyierte Gründung des *Operations Evaluation Department* ist im Kontext dieses problematischen Verhältnisses zwischen McNamara und der Nixon-Regierung zu verstehen.

Die grundsätzlichen Differenzen zu Fragen der künftigen Kreditpolitik der Weltbank setzten sich unter der Regierung Ford fort.[704] Während McNamara das Kreditvolumen immer weiter ausdehnen wollte, um möglichst viel Kapital in die Entwicklungsländer fließen zu lassen, versuchte auch die neue US-Administration, eine eher restriktive Kreditpolitik zu forcieren, nicht zuletzt um die Stabilität des US-Dollars nicht zu gefährden.

Selbst während der Präsidentschaft des Demokraten Jimmy Carters, zu dem McNamara laut Gwin eine gute Beziehung pflegte, entwickelten sich ihr zufolge keine gemeinsamen Vorstellungen und Strategien hinsichtlich einer künftigen Weltbankpolitik.[705] Zudem entstanden erhebliche Meinungsverschiedenheiten bzgl. anstehender Kreditbewilligungen an Vietnam, die letztendlich dazu führten, dass der amerikanische Kongress seine Unterstützung für Kreditbewilligungen an Vietnam zurücknahm.[706]

702 Vgl. Gwin (1997), S. 215.

703 Vgl. ebd., S. 215.

704 Vgl. ebd., S. 217.

705 Vgl. ebd., S. 224.

706 Vgl. ebd., S. 226.

Die Präsidentschaft Clausens, der auf Empfehlung von McNamara noch von US-Präsident Carter als Kandidat für die Präsidentschaft aufgestellt wurde, stand im Hinblick auf die Unterstützung durch die neue US-Administration insgesamt unter keinem guten Stern, wie bereits ausgeführt wurde. Noch während seiner Nominierungsphase vollzog sich in den USA der parteipolitische Machtwechsel zugunsten der Republikaner. In Ermangelung eines eigenen Kandidaten und wohl auch aufgrund mangelnden Interesses an den Geschäften der Weltbank übernahm die neue republikanische US-Administration unter Ronald Reagan Alden W. Clausen zunächst als ihren Kandidaten für das Amt des Weltbankpräsidenten. Doch obwohl die Präsidentschaft Clausens von Anfang an durch die generelle Nicht-Akzeptanz der Institution Weltbank durch die Reagan-Administration gekennzeichnet war, wird gerade Clausen vorgeworfen, zielstrebig die neuen, von der Reagan-Administration vorgegebenen wirtschaftspolitischen Paradigmen in die Weltbank hineingetragen zu haben. Die schnelle Adaption der neuen ökonomischen Leitlinien führt der Ökonom Axel Steuernagel in seinem Beitrag zur internationalen Reform-Debatte über die UNO-Organisationen auf die Kompromisslosigkeit zurück, mit der die Reagan-Administration nach ihrem Regierungsantritt eine Änderung der Weltbankpolitik forderte.[707] Die neue US-Administration war der Auffassung, dass die Aktivitäten der Bank den amerikanischen Interessen bzw. den neoliberalen Grundsätzen entgegenstanden, denen zufolge auch entwicklungspolitische Fragen den Marktmechanismen überlassen werden sollten. Mit aller Deutlichkeit machte die Reagan-Administration Clausen darauf aufmerksam, dass sie ihre politische und finanzielle Unterstützung für die Bank bis auf Weiteres reduzieren würde. Laut Steuernagel deutet der rasante Kurswechsel der Bank darauf hin, dass die Weltbank die unter McNamara gewonnene politische Unabhängigkeit von den USA zu verlieren begann.[708]

Der politische Druck, der sich damals aufgrund der noch sehr einseitigen Finanzierungsgrundlage der Weltbank durch die Teilnehmerstaaten zu einer existenziellen Frage für die Weltbank entwickelte, ließ Clausen nur wenig Gestaltungsfreiräume für entwicklungspoltische Strategien. Clausen musste, wollte er nicht weitere Beitragskürzungen riskieren, die von der US-Administration kritisierte Ineffizienz der Weltbank korrigieren.

Daher ist für seine Präsidentschaft zwar durchaus die Kritik berechtigt, die Weltbank habe dem politischen Willen der damaligen US-Administration unterstanden. Dennoch kann Clausen kaum als Verbündeter der

707 Vgl. Steuernagel (1998), http://www.gsi.uni-muenchen.de/lehreinheiten/le_ib/publikationen/arbeitspapier/ap25.pdf, S. 11.

708 Vgl. ebd., S. 11.

Reagan-Administration betrachtet werden, denn wie kein anderer Weltbankpräsident sah sich Clausen kontinuierlich mit der grundsätzlichen Ablehnung seitens der US-Administration konfrontiert, was sich nicht zuletzt in der deutlichen Reduzierung bzw. Aufschiebung der Beitragszahlungen spiegelte.[709]

Trotz der bereits bestehenden Spannungen initiierte Clausen zudem einen neuen Projektbereich, den er trotz heftiger Widerstände der Reagan-Administration durchsetzte und der zu einem der wesentlichsten entwicklungspolitischen Bausteine der Weltbank werden sollte. Gemeint ist die Finanzierung der hydrotechnischen Energieversorgung für die Entwicklungsländer. Auch konnte Reagan nicht verhindern, dass die Weltbank weiterhin, entgegen Reagans neoliberaler Wirtschaftsauffassung, ihr Kreditvolumen für Entwicklungsprojekte ausdehnte. Zwischen Clausen und der US-Administration ergaben sich trotz prinzipieller Übereinstimmung in ihren wirtschaftspolitischen Auffassungen viele Reibungspunkte, die deutlich von einem finanziellen Erpressungsdruck durch die Reagan-Administration beherrscht wurden und aufgrund derer Clausen letztendlich darauf verzichtete, seine Amtszeit zu verlängern.

Die Amtsphase seines Nachfolgers Barber Conable (1986-1991) verlief dabei in wesentlich ruhigeren Gewässern, da er in der Mitte der Präsidentschaftszeit Ronald Reagans, als ebenfalls dem republikanischen Lager zuzuordnender Kandidat, sein Amt antrat und dieses unter der gleichsam republikanischen neuen Administration von George H.W. Bush fortsetzen konnte. Vielleicht nicht zuletzt aufgrund dieser partei- bzw. machtpolitischen Kontinuität in den USA während seiner Präsidentschaft mag es nur wenig verwundern, dass sich ausgerechnet in seiner Amtszeit das bislang nachhaltigste Paradigma der Weltbank etablierte, nämlich der im Sinne der republikanischen Wirtschaftsauffassung ausgerichtete *Washington Consensus*, der sich tief in der Wirkungs- und Denkstruktur der Weltbankmitarbeiter verwurzelte. Conable agierte wirtschaftspolitisch durchaus im Sinne der beiden aufeinanderfolgenden republikanischen US-Administrationen. Doch darf nicht übersehen werden, dass diese Gleichgesinnung in die Hochphase des weltweiten Neoliberalismus fiel, so dass man nicht eindeutig von einer ideologischen Gleichgesinnung nur zwischen den USA und der Weltbankführung sprechen kann. Zum Paradigma des *Washington Consensus* existierte kein wirtschaftspolitisches Gegenmodell.

Trotz der weitgehenden ökonomischen Gleichgesinnung zwischen Conable und der Reagan-Administration konzipierte auch Conable einen

709 Vgl. Gwin (1997), S. 232.

von der US-Administration ungern gesehenen Kurswechsel in der Entwicklungspolitik, indem er eine erste Initiative für ein Entschuldungskonzept zugunsten der Entwicklungsländer in Angriff nahm. Doch aufgrund des massiven Widerstands des US-amerikanischen Exekutiv-Direktors konnte diese Initiative erst nach der Präsidentschaft des entwicklungspolitisch schwer zugänglichen Ronald Reagan auf den Weg gebracht werden.

Die weitgehende wirtschaftspolitische Konformität zwischen Conable und den beiden republikanischen US-Administrationen mag auch eine Erklärung dafür bieten, dass sich Conable, ohne allzu starken politischen Gegenwind aus Richtung der US-Administration befürchten zu müssen, verstärkt auf die umweltpolitischen Aspekte der Entwicklungspolitik zu konzentrieren begann, die durch die wachsende Kritik an den weltbankfinanzierten Großprojekten zunehmend drängten.

Insgesamt ist die Präsidentschaft Conables zweifelsohne von großem Einvernehmen und politischer Nähe zu den beiden republikanischen US-Administrationen gekennzeichnet.

Eine diesbezügliche Bilanzierung der Präsidentschaft seines Nachfolgers Lewis Preston ist hingegen problematisch, nicht zuletzt, da Preston nach nur zweijähriger Präsidentschaft bereits schwer erkrankte und zwei Jahre später, wenige Monate nach dem Wahlsieg Bill Clintons, verstarb. Wohl aufgrund der kurzen und durch seine Erkrankung belasteten Präsidentschaft lassen sich nur wenige Informationen oder gar Studien über das Verhältnis der US-Administration zur Weltbank unter Leitung Lewis Prestons finden. Auch hinsichtlich der Frage, inwieweit sich die politische Einflussnahme der US-Administration nach dem politischen Führungswechsel im Weißen Haus veränderte, fehlen fundierte Angaben. Ob der dem republikanischem Lager zuzuordnende Preston seine Präsidentschaft trotz des politischen Machtwechsels zugunsten des Demokraten Bill Clinton fortgesetzt hätte, bleibt ebenfalls spekulativ.[710]

Zur Frage des US-Einflusses auf die Weltbank konstatiert Catherine Gwin für die Präsidentschaftszeiten McNamaras, Clausens wie auch Conables:

710 Neben Lewis Preston ist Robert Zoellick der einzige Weltbankpräsident, der während seiner Amtsphase einen politischen Machtwechsel zugunsten der Demokraten erlebt hat. Welche Auswirkungen diese machtpolitische Verlagerung zugunsten des demokratischen US-Präsidenten Barack Obama auf die künftige Arbeit der Weltbank haben wird, kann leider im Verlauf dieser Studie nicht mehr untersucht werden.

„Over the years there have been two conflicting opinions of U.S. influence on the Bank. One, held by many members of Congress, argues that the United States has too little influence on what the Bank does. The Bank, it continues, is run by highly paid, aloof bureaucrats, unresponsive to U.S. concerns and accountable only to themselves. The opposite opinion, held by considerable numbers of the Bank staff, nongovernmental groups in borrower countries, and other member countries, maintains that the Bank is run by and under the thumb of the United States. Analysis of the record supports neither position. U.S. influence on the Bank has been important but not absolute."[711]

Obwohl Gwin letztendlich einen signifikanten Einfluss der USA auf die Weltbank bis zum Jahre 1992 als durchaus gegeben sieht, lässt sich aus ihrer Studie jedoch auch herauslesen, dass die Weltbank-Präsidenten seit McNamara zeitweilig ein massives politisches Gegengewicht zum Einfluss der USA aufbauten und sich keinesfalls grundsätzlich als politische Handlanger der US-Administrationen instrumentalisieren ließen, wie dies den politischen Forderungen nach einem neuen Nominierungsverfahren letztendlich als Annahme zugrunde gelegt wird. Die Ergebnisse Gwins werden im Wesentlichen auch durch die Studien Jochen Kraskes untermauert, der eine biographische Skizzierung der letzten vier Amtsvorgänger Wolfensohns in ihrer Funktion als Weltbankpräsidenten erstellte[712] sowie durch die verschiedenen Beträge ehemaliger Mitarbeiter in der Festschrift zum 30jährigen Bestehen der bankinternen Umweltabteilung *OED*.[713]

Im Hinblick auf die politische Einflussnahme der Clinton-Administration auf die Weltbank unter Leitung James Wolfensohns erwiesen sich die Rechercheergebnisse als ebenfalls sehr unbefriedigend. So lassen sich bis auf die knapp begründete Aussage Joseph Stiglitz´, dass Wolfensohn nicht nur der Administration Bush sondern auch der Administration Clinton wiederholt die Stirn geboten habe[714], kaum fundierte Angaben

711 Gwin (1997), S. 243.

712 Vgl. Kraske (1996)

713 Vgl. Grasso / Wasty (2003).

714 Bei diesen von Stiglitz angesprochenen Meinungsverschiedenheiten handelt es sich allerdings eher um politische Nebenschauplätze, bei denen sich Wolfensohn gegen die von Clinton geführte US-Administration durchsetzte. (Stiglitz berichtet, dass, als der damalige US-Vizefinanzminister Lawrence Summers versuchte, den Zehnjahresbericht der Bank über die Armut abzuändern, um die Befürchtungen hinsichtlich Unsicherheit und Selbstbestimmung herunterzuspielen und sich stärker auf das Einkommen zu konzentrieren, die Weltbank die Oberhand behielt, und als die US-Administration die Forderungen

oder Studien über das Verhältnis bzw. etwaige Einflussnahmen der Clinton-Administration auf den von ihr nominierten Weltbank-Präsidenten finden.

Einzig in Sebastian Mallabys Monographie „The World´s Banker“, die sich neben nur kurzen Skizzierungen der Präsidenten McNamara, Clausen, Conable und Preston eingehend mit der Präsidentschaft Wolfensohns befasst, finden sich einige Anhaltspunkte über das Verhältnis Wolfensohns zur Clinton-Administration bzw. zur Person Bill Clintons[715], wobei Mallaby das freundschaftliche Verhältnis zwischen den beiden hervorhebt.[716]

Einen im Hinblick auf die Instrumentalisierungsthese interessanten Aspekt recherchierte Mallaby im Vorfeld der Nominierung Wolfensohns durch die Clinton-Administration. Laut Mallaby war es James Wolfensohn selber, der sich der neuen US-Administration quasi als Weltbankpräsident empfahl[717] und somit ein bereits seit McNamaras Rücktritt anvisiertes persönlliches Ansinnen zielstrebig weiterverfolgte[718]. Dies entschärft zumindest im Falle Wolfensohns zum Teil die Annahme, die US-Administration habe, einer amerikanischen Tradition entsprechend, auch diesmal den künftigen Weltbank-Präsidenten aus dem eigenen parteipolitischen Umfeld ausgesucht.

Trotz der zum Teil sehr detaillierten und sich vor allem auf zwischenmenschliche Begebenheiten konzentrierenden Studie Mallabys finden sich darüber hinaus keine prägnanten Hinweise auf mögliche Auseinandersetzungen oder Absprachen, die zwischen Wolfensohn und einem Mitglied der Clinton-Administration stattgefunden hätten.

Doch nicht zuletzt anhand der insgesamt vorhandenen biographischen Darstellungen über die Zeit Wolfensohns als Weltbankpräsident, auf die auch in dieser Studie mehrfach zurückgegriffen wurde, lässt sich herauslesen, dass es die Ideen und Visionen von James Wolfensohn und auch Joseph Stiglitz waren, die sie im Rahmen ihrer Reformstrategien konzipierten und umzusetzen versuchten und dass die Reformimpulse von

---

der Bank nach ausgewogeneren und eher den Interessen der Entwicklungsländer entsprechenden Regelungen für intellektuelles Eigentum unterdrücken wollten, habe sich ebenfalls die Weltbankführung durchsetzen können).
Vgl. Stiglitz in: project-syndicate (2005), http://www.project-syndicate.org/commentary/stiglitz58/German.

715 Vgl. Mallaby (2004)

716 Vgl. ebd., S. 286f.

717 Vgl. ebd., S. 66f.f

718 Vgl. ebd., S. 74.

ihnen und nicht aus den Reihen der US-Administration hervorgingen. Allerdings legen sowohl die offenkundige visionäre Nähe Wolfensohns zu Clinton und vor allem zu dessen Stellvertreter Al Gore wie auch die Tatsache, dass Joseph Stiglitz vor seiner Arbeit als Chefökonom der Weltbank ökonomischer Berater in der Clinton-Administration war, die Vermutung nahe, dass Wolfensohn im Hinblick auf die maßgeblichen entwicklungspolitischen Reformschritte auf die Unterstützung der Clinton-Administration setzen konnte.

Die Situation änderte sich grundlegend nach dem Regierungswechsel 2001.

Wie Clausen war auch Wolfensohn von einer demokratischen Regierung für das Amt des Weltbank-Präsidenten vorgeschlagen worden und stand 2005 nach zehnjähriger Amtszeit und vier Jahre nach der Regierungsübernahme durch die republikanische Partei nicht für eine weitere Amtsperiode zur Verfügung. Neben den starken, noch näher zu untersuchenden innerorganisatorischen Spannungen, lag ein wesentliches Rücktritts-Motiv sowohl für Clausen als auch für Wolfensohn in den ständigen Spannungen mit den neuen republikanischen US-Administrationen Ronald Reagan bzw. George W. Bush, jr.[719]

Beide US-Präsidenten stehen dabei für einen radikalen, weltweit sehr kontrovers diskutierten politischen Kurswechsel in den USA. Ronald Reagan für die konsequente weltweite Verbreitung der neoklassischen, neoliberalen Paradigmen und George W. Bush für die Fokussierung auf die internationale Terrorismusbekämpfung, für die er letztendlich alle anderen außenpolitischen Themen politisch hinten an stellte. Die unter Bill Clinton auf den Weg gebrachten, teilweise auch durch seinen Vize-Präsidenten Al Gore mit initiierten globalisierungspolitischen Ideen, Pläne und Reformen Wolfensohns rückten unter Bush in den politischen Hintergrund.

---

719 Im Falle von James Wolfensohn dokumentierten zahlreiche Artikel in der Tagespresse sein spannungsgeladenes Verhältnis zur Bush-Administration. Hier nur einige Beispiele: vgl. Handelsblatt (2005), http://www.handelsblatt.com/unternehmen/koepfe/weltbank-praesident-wolfensohn-will-aufhoeren;841110, vgl. Fazfinance.Net (2005), http://www.fazfinance.net/Aktuell/James-Wolfensohn-verlaesst-die-Weltbank-9609.html, vgl. zeit-online (2005), http://www.zeit.de/2005/10/weltbank_nachfolge, vgl. manager-magazin.de (2005), http://www.manager-magazin.de/koepfe/artikel/0,2828,335282,00.html, vgl. spiegel-online (2005), http://www.spiegel.de/wirtschaft/0,1518,335249,00.html.

Die entwicklungspolitische Zusammenarbeit stieß auf Seiten der republikanischen US-Administration zum einen auf ein generelles außenpolitisches Desinteresse der Bush-Administration. Zum anderen unterlag die zu diesem Zeitpunkt so wichtige internationale Unterstützung für die gerade auf Reformkurs gebrachte Weltbank dem neuen Primat der Terrorismusbekämpfung, die das außenpolitische Interesse der Bush-Administration deutlich von der Unterstützung der weltweiten Armutsbekämpfung ablenkte.

Da die politische und ideologische Herkunft beider Weltbankpräsidenten unterschiedlicher kaum hätte sein können, wurde allseits eine paradigmatische Neuausrichtung der Weltbank durch Wolfowitz - im Sinne der neuen US-Administration - weltweit erwartet. Eine diesbezügliche Neuausrichtung der politischen und wirtschaftspolitischen Strategien hätte abermals die These gestützt, die US-Administrationen seien in der machtpolitischen Lage, mittels der von ihnen nominierten Weltbank-Präsidenten die politischen Hebel in der Weltbank zu bedienen.

Doch Wolfowitz überraschte, indem er keine Absichten dahingehend äußerte, Wolfensohns Reformkurs zu revidieren.

Seine diesbezügliche Zurückhaltung und angebliche Bereitschaft, den Kurs seines Vorgängers ohne Einschränkung fortzusetzen, bietet, wie bereits angedeutet wurde, einigen Raum für Spekulationen, da in Anbetracht seiner politischen Nähe zur Regierungsclique George W. Bushs schwer vorstellbar ist, dass er zu den wirtschafts-, gesellschafts- und globalpolitischen Prinzipien und Visionen von James Wolfensohns keine politische Alternative aufstellen wollte. Abermals wurden Zweifel an der „Ehrlichkeit" seiner Absichtserklärung geäußert, keinen neuen Kurs einschlagen zu wollen. Diesmal jedoch wurde diese Frage weniger auf Seiten der Weltbankkritiker gestellt, sondern war vielmehr aus den Reihen der Bush-Kritiker zu vernehmen, die darauf warteten, dass sich die politischen Zielvorgaben der Bush-Administration bald in den Anweisungen und Zielvorgaben des neuen Weltbank-Präsident zu spiegeln begannen.

Wie im Zusammenhang mit Wolfowitz´ vehementer Antikorruptionspolitik bereits ausführlicher dargestellt wurde, legten einige der von ihm zu verantwortenden Krediteinstellungen für Bush-unliebsame Regierungen dann auch tatsächlich die Vermutung nahe, dass Wolfowitz im Sinne der damaligen US-Administration versuchte, die Weltbank sukzessive - unter dem Deckmantel der Korruptionsbekämpfung - neu auszurichten und als *„verlängerten Arm der US-Administration"* jene Länder bevorzugt zu unterstützen, die von geostrategischer Bedeutung für die USA waren.[720]

Auch wenn den Recherchen des ZEIT-Redakteurs Thomas Fischermann zufolge kein gesicherter Nachweis für diesen Verdacht erbracht werden konnte[721], haftet dieser Makel bzw. Verdachtsmoment bis heute Wolfowitz´ Präsidentschaft an und bekräftigt zwangsläufig die Instrumentalisierungstheorien einiger Weltbankkritiker.

Eine Überprüfung dieses Verdachts erwies sich in Ermangelung fundierter Quellen im Rahmen dieser Studie als ergebnislos. Dies erklärt sich wohl in erheblichem Maße dadurch, dass sich die Medien nach der nur einjähriger Präsidentschaft Wolfowitz´ auf den Beförderungsskandal um dessen Lebensgefährtin konzentrierten, der zur völligen medialen Überfrachtung aller Weltbankthemen führte. Nach seinem Rücktritt wurde die Präsidentschaft von Wolfowitz nicht weiter in den Medien reflektiert.

Im Hinblick auf das Verhältnis von Präsident Robert Zoellick zur Bush-Administration überlagern die Themen der Weltwirtschaftskrise alle anderen Themen, so dass insbesondere die Frage, inwieweit sich der politische Wechsel von George W. Bush zu Barack Obama auf Zoellicks weitere Präsidentschaftskarriere auswirken wird, nur mehr als Forschungsanregung für nachfolgende wissenschaftliche Untersuchungen empfohlen werden kann.

Inwieweit Catherine Gwins Fazit hinsichtlich des US-Einflusses auf die Weltbank während der Präsidentschaften McNamaras, Clausens und Conables auch auf die Amtsperioden der letzten vier Weltbank-Präsidenten übertragbar ist, lässt sich wissenschaftlich kaum ermitteln. Die Präsidentschaftsphasen von Lewis Preston und Paul Wolfowitz eignen sich nur eingeschränkt für eine Machtstrukturanalyse. Lewis Preston wurde aufgrund seiner Erkrankung lange Zeit von seinem innerhalb der Organisation sehr dominierenden Stellvertreter Ernest Stern vertreten, dessen Entscheidungskriterien aber auch Seilschaften nicht zwingend mit denen von Preston übereinstimmten, zumal Stern bereits deutlich länger im Weltbank-Management arbeitete als Lewis Preston. Die Präsidentschaft von Paul Wolfowitz wies zwar eine erkennbare Tendenz zu einer inoffiziellen Bush-konformen Ausgestaltung der Weltbankpolitik auf, doch ihr rasches Ende lässt keine diesbezüglichen Analysen zu.

Im Falle der Präsidentschaft von James Wolfensohn konnte herausgearbeitet werden, dass er seine Zielvorgaben in erster Linie vor dem Erfah-

720 Vgl. Eberlein (2007), http://www.evb.ch/p25012663.html.

721 Vgl. Fischermann in: Die ZEIT (2007).

rungshintergrund aus seinen anfänglichen Reisen in die Länder der Dritten Welt entwickelt hat. In Abstimmung mit den wirtschaftspolitischen Vorstellungen von Joseph Stiglitz entstand daraufhin das neue Entwicklungskonzept der Weltbank.

Das Verhältnis zwischen Präsident Robert Zoellick und der US-Regierung ist neben den weltweiten wirtschaftspolitischen Problemen, gegen die auch die Bush-Administration vor ihrer Abwahl noch keine Strategie entwickelt hat, darüber hinaus durch den machtpolitischen Wechsel im Weißen Haus gekennzeichnet, so dass sich auch hier noch keine Schlussfolgerungen über die Korrelationen zwischen US-Regierung und Weltbankspitze herausarbeiten lassen.

Insgesamt kann die Einflussnahme der US-Administrationen auf die Politik der Weltbank sicherlich nicht in Abrede gestellt werden, doch ist während der letzten fünf Dekaden weder von einer absoluten Steuerung der Bank durch die US-Administrationen auszugehen noch kann vor allem eine kontinuierliche Konformität, d.h. politische, strategische oder visionäre Geschlossenheit zwischen der jeweiligen US-Administration und der Weltbankführung angenommen werden.

Ein mögliche Erklärung für die zumindest zeitweilige Aushebelung der politischen Konformität könnte in den hier herausgearbeiteten zeitliche Divergenzen zwischen den US-amerikanischen Wahlen und den Neubesetzungen des Weltbankpräsidiums begründet liegen, die in den meisten Fällen dazu führte, dass ein bereits amtierender Weltbankpräsident einen machtpolitischen Wechsel im Weißen Haus überdauerte, wodurch eine etwaige vorherige politische Allianz mit der bis dahin regierenden US-Administration durchaus aufgebrochen werden konnte.

Insofern waren die bis dato bestehenden Nominierungsmodalitäten, die den USA ein machtpolitisches Privileg zu sichern schienen, kein Garant für eine kontinuierliche politische Geschlossenheit zwischen Weltbankpräsident und den USA.

Ferner belegen die hier herausgearbeiteten Konflikte und Auseinandersetzungen, dass der US-amerikanische Einfluss weniger auf der Grundlage politischer Konformität zwischen Weltbank-Präsident und US-Administration basierte, sondern in den Fällen, wo er zum Tragen kam, vielmehr durch oppositionellen politischen und / oder finanziellen Druck seitens der US-Administrationen ausgeübt wurde, indem beispielsweise weitere Beitragszahlungen verweigert oder verzögert wurden oder dies zumindest für den Fall angedroht wurde, dass die Weltbank ihre Kredite nicht im Sinne der US-Administration vergab.

Am Wirkungsgrad dieser repressiven Form politischer Einflussnahme würde sich durch eine Neuregelung der Nominierungsmodalitäten zugunsten der Kandidatur eines Nicht-Amerikaners wenig ändern.

Auch dieses Untersuchungsergebnis bekräftigt meine These, dass die politische Einflussnahme der Vereinigten Staaten sich kaum durch eine Reform der formal-rechtlich vereinbarten Governance-Strukturen einschränken lässt und somit im Rahmen der Weltbank-Debatte deutlich überschätzt wird, wenngleich, wie dies bereits mehrmals betont wurde, eine formal-rechtliche Entmachtung sowohl der USA wie auch der anderen führenden Teilhaberstaaten dringend geboten ist, sofern die Entwicklungsinstitutionen künftig dem eigenen Demokratieverständnis gerecht werden sollen. Im Hinblick auf die erhoffte Effizienz, die sich die NGOs von einer formal-juristischen Neujustierung der Weltbank versprechen, drängt sich zunehmend die Frage auf, ob nicht durch diese Fokussierung auf die formalen und offenkundigen Machtstrukturen und Regelwerke andere signifikante machtpolitische Hebel vielmehr verkannt werden, die sich vor allem informeller Strukturen bedienen.

5.4 Reformbilanzen - eine Frage des Ermessens und das Dilemma der NGOs[722]

Bevor ich im nächsten Kapitel abschließend die Reformproblematik der Weltbank unter dem Aspekt informeller Macht- und Entscheidungsstrukturen betrachten werde, möchte ich auf einen wenig thematisierten Punkt in der allgemeinen Reform-Debatte aufmerksam machen, der gleichzeitig als Kritik am bisherigen Weltbank-Reform-Diskurs zu verstehen ist und der die grundsätzliche Problematik einer diesbezüglichen Reformbilanz verdeutlicht. Die hier analysierten Kritiklinien seitens der NGOs, die zum Teil auch von namhaften Wissenschaftlern mitgetragen werden, erwecken häufig den Eindruck, dass die nachfolgend beschriebene Problematik nicht wahrgenommen oder berücksichtigt wird, mit

722 Die in dieser Studie verwendeten Pauschalbenennung „NGOs" verstößt unbestritten gegen das hier selbstgesteckte Ziel, alle Akteure und Thesen, die im Rahmen des Weltbank-Diskurses von Bedeutung sind, genauer auszudifferenzieren. Doch dieses methodische Defizit ist im Rahmen dieser Studie insofern gerechtfertigt, als hier vornehmlich Bezug auf jene NGOs genommen wird, die sich eines weltweiten hoch technologisierten Kommunikationsnetzwerkes bedienen und sich dadurch als maßgebliches Sprachrohr zu Fragen der Weltbank etablierten, wenngleich sich andere zivilgesellschaftlich organisierte Gruppierungen zunehmend gegen diese, als illegitim empfundene Bevormundung durch diese international breit aufgestellten NGOs zunehmend abgrenzen.

dem Ergebnis, dass sich ihre Argumentationslinien aufgrund unzureichend differenzierter Begründungen teilweise selbst entkräften. Obwohl oder weil sich gerade die allgemeine Kritik an der Weltbank nicht durch methodisch exakte Differenzierungen auszeichnet, möchte ich das Kritikmuster vieler NGOs ausdifferenzieren, um auf Schwächen innerhalb des Reform-Diskurses aufmerksam zu machen, die letztendlich ungewollt dazu beitragen können, dass sich die Weltbank dem *„Kritiknetz"*[723] immer wieder entwinden kann.

Drei übergeordnete Reformkategorien bzw. Reformfelder lassen sich im Rahmen des Weltbank-Diskurses aus den Kritiklinien der NGOs herauslesen, wobei jedes der Reformfelder die NGOs vor ein rhetorisches, argumentatives Dilemma zu stellen scheint:

- Zum einen betreffen die Kritiklinien die zur Debatte stehenden *strukturellen innerorganisatorischen Governance-Reformen.*
- Zum anderen fokussieren die NGOs die bestehenden *wirtschaftspolitischen Paradigmen* bzw. das Festhalten der Weltbank an den Prinzipien des *Washington Consensus,*
- und schließlich konzentrieren sich die Kritiken auf die Umsetzungsbilanz der reformierten Sozial- und Umweltstandards in den *Projektimplementierungen.*

In allen Reformfeldern hat die Weltbank - aus Sicht ihrer Kritiker - mit erheblichen Reformbarrieren zu kämpfen und erweist sich als reformresistent oder reformunfähig. Im Rahmen des allgemeinen Kritiknetzes werden die Gründe für etwaige Reformbarrieren in den einzelnen Reformfeldern als nahezu identisch betrachtet und auf die interessenspolitische Steuerung der Weltbank durch die dominierenden Industrienationen zurückgeführt. Hierbei übersehen die NGOs in einigen Teilbereichen die eigenen rhetorischen und argumentativen Schwächen ihrer Kritik, an die sie ihre Forderungen zur Reformierung der Weltbank anknüpfen.

Zum Reformfeld des strukturellen innerorganisatorischen Aufbaus:

Zu diesem Reformfeld wurden in dieser Studie die wesentlichen Aspekte ausführlich besprochen, so dass diese hier im Hinblick auf ihre Bedeutung für die NGO-Kritik nur noch zusammenfassend skizziert werden.

---

723 Die Begriffsverwendung hat dabei keinerlei Bezug zu der gleichnamigen Zeitschrift, die von Heinz Gess herausgegeben wird und sich mit kritischen Gesellschaftstheorien befasst. Der Begriff Kritiknetz ist im Zusammenhang mit dem Weltbank-Diskurs hier eher bildlich gemeint und soll lediglich die Vielfältigkeit der Kritiklinien zum Ausdruck bringen.

Mit der aus ethisch-politischer Sicht zu Recht geforderten Demokratisierung der Governance-Strukturen der Weltbank, die in der Änderung der Stimmrechtsregelung und des Vetorechts, in einer demokratischeren Besetzung des Exekutivrates mit mehr Vertretern aus den Entwicklungsländern und in einer Änderung des Nominierungsrechts für die Präsidentenwahl zum Ausdruck käme, haben die NGOs eine Reformpaket geschnürt, an das hohe Erwartungen geknüpft werden. Dieses Reformpaket fixierte als Lösungskonzept für die entwicklungspolitischen und projektspezifischen Reformresistenzen der Weltbank mehrere Jahrzehnte den weltweit geführten Reformdiskurs weitgehend auf nur eine Lösungsstrategie. Doch wie in Kapitel 5.1.8.3 und 5.1.8.4 bereits dargestellt wurde, ist diesem Reformansatz entgegen zu halten, dass eine Demokratisierung der Governance-Strukturen zugunsten der Entwicklungsstaaten nicht zwangsläufig zu einer Verbesserung der Reformperspektiven für die Weltbank führen wird. Zweifel oder kritische Auseinandersetzungen mit diesem Lösungsansatz fehlen in den weltbankkritischen Studien und Resolutionen der NGOs bislang weitgehend.

Insbesondere die Erfahrungen, die im Zusammenhang mit der Entmachtung des *Inspection Panel* zu beobachten waren, zeigten, dass auch die Exekutiv-Direktoren aus den Entwicklungs- und Schwellenländern nicht zwangsläufig im Sinne der NGO-Kritik entscheiden, wenn es um die Einhaltung und Etablierung kostenintensiver Umwelt- und Sozialstandards bei den Projektkonzipierungen geht. Hier ist daran zu erinnern, dass die Projektideen in der Regel von den Führungs- bzw. Regierungseliten der Entwicklungsländer an die Weltbank herangetragen werden und insbesondere ihre Exekutiv-Direktoren umstrittene Projektbewilligungen massiv zu forcieren versuchten und zwar trotz der vorgebrachten Bedenken des *Inspection Panel*. Es waren vor allem Exekutiv-Direktoren aus den europäischen Nationen und auch aus den USA, die sich mehrfach auf die Seite der NGOs stellten und sich gegen eine weitere Förderung umstrittener Großprojekte (z.B. Sardar-Sarovar, Illisu) aussprachen und die Weltbank zum Ausstieg oder zu wichtigen Korrekturen dieser Projekte zwangen.

Im Hinblick auf die von vielen NGOs geforderte Abkehr der Weltbank von den bisherigen Wirtschaftsparadigmen vertrauen die NGOs offensichtlich darauf, dass eine solche Umkehr schneller im Zuge einer demokratischeren Besetzung des Präsidentenamtes und des Exekutiv-Direktoriums gewährleistet werden könnte. Doch wurde hier bereits darauf aufmerksam gemacht, dass auch die Vertreter dieser Länder bislang noch kein alternatives Wirtschafts- und Entwicklungsmodell ausgearbeitet oder vorgetragen haben. Solange auch die Delegierten der Entwicklungsländer in der Regel einer elitären, meist im westlichen Ausland ausgebildeten Bevölkerungsschicht angehören, ist davon auszugehen, dass sie tendenziell eher mit den industriellen, kapitalistischen Paradigmen konform gehen, die auch die Wirtschaftspolitik der größten Anteilseigner der Weltbank determinieren.

Sowohl die Reformierung der bestehenden Nominierungsmodalitäten zugunsten eines Verfahrens, das auch Kandidaten aus den Entwicklungsländern für eine Präsidentschaftswahl zulassen würde, als auch die Reformierung der Stimmrechtsverteilung sind zwar unbestritten und unbedingt nur durch einen gerechteren Demokratisierungsprozess zu erreichen. Dennoch denke ich, dass eine diesbezügliche, nur unter formal-juristischen Gesichtspunkten initiierte Reform die an sie geknüpften Erwartungen nicht erfüllen kann. Zu viele Aspekte werden in diesem Reformpaket ausgeklammert, wie noch näher herauszuarbeiten sein wird.

Zum Reformfeld der wirtschaftspolitischen Paradigmen:

Mit Blick auf den gerade angesprochenen Paradigmenwechsel, den sich die NGOs unter anderem von einer Demokratisierung der Weltbank erhoffen, erschließt sich das zweite Reformfeld, das von Vertretern der NGOs als ebenso reformresistent klassifiziert wird. Ihrer Kritik folgend ist es der Weltbank aufgrund der Governance-Strukturen bislang nicht gelungen, die von Wolfensohn angekündigte *Abkehr* vom *Washington Consensus* auch tatsächlich umzusetzen.

Dieser Kritikansatz steht sowohl im Hinblick auf seine Analyseergebnisse als auch im Hinblick auf die daraus resultierenden Erwartungshaltungen an eine Reformoffensive auf tönernen Füßen. Zum einen verstricken sich die NGOs teilweise in ihren eigenen Argumentationsmustern und zum anderen laufen sie durch ihre fundamentale Kritik an den Paradigmen der Weltbank Gefahr, gegen Windmühlen Sturm anzukämpfen, die möglicherweise außerhalb der politischen Einflussmöglichkeiten sowohl der Weltbank wie auch der stimmrechtlich privilegierten Exekutiv-Direktoren positioniert sind.

Dieser Kampf gegen Windmühlen bzw. gegen die paradigmatische Ausrichtung der Weltbankpolitik entwickelt sich für die NGOs zu einem Dilemma insofern, als sie mit ihrer Kritik am System des *Washington Consensus* nicht nur die politische Ausrichtung der Weltbank attackieren, sondern gegen ein seit Jahrzehnten fest verankertes globales Ideen-Netzwerk antreten, das unter anderen der Politologe Christian Kellermann im Zusammenhang mit der internationalen Finanzarchitektur auch als „*Netzwerke des Washington Consensus*" bezeichnet.[724]

Unter der Voraussetzung dieses von Kellermann skizzierten weltweit aufgestellten ideologisch-epistemischen Netzwerkes stellt sich die Frage, inwieweit dieses die reformpolitischen Gestaltungsräume der in ihm eingebundenen Akteure[725]determiniert und inwieweit die von Wolfensohn angekündigte Abkehr vom *Washington Consensus* überhaupt eine realistische Aussicht auf eine effektive Umsetzung haben konnte und haben kann. Diese Zweifel drängen sich umso stärker unter der Annahme auf, dass die Paradigmen dieses Netzwerkes im Denken der über 10.000 Mitarbeiter der Weltbank fest verankert sind. Diese feste ideologische Verankerung der meisten Mitarbeiter, auf die auch Catherine Weaver explizit hinweist[726], resultiert vor allem aus der Tatsache, dass der größte Teil der Weltbankmitarbeiter sein Studium und seine meist steile Hochschulkarriere an jenen Wirtschaftsschulen durchlief, aus denen heraus die neoliberalen Lehrsätze und Netzwerke mitbegründet und zum internationalen Postulat bzw. Dogma erhoben wurden.[727] Im Hinblick auf die Reformierung des Wirtschaftskonzeptes der Weltbank stehen somit nicht nur die NGOs vor dem Problem, Wege zu finden, die informellen Macht- und Entscheidungsmechanismen eines formal nicht existierenden Netzwerkes auszuhebeln.

Im Kontext eines solchen hypothetischen globalen Netzwerkes wäre im Übrigen auch die Kontroverse um die machtpolitische Bedeutung der USA neu auszuleuchten, deren politische Verantwortungsträger meist ebenfalls im Wirkungskreis dieses globalen Netzwerkes denken und operieren.

Wenngleich hier eine Diskussion über die globale Bedeutung eines epistemischen Netzwerkes nur angestoßen und nicht eingehend analysiert werden kann, so lässt sich dennoch bereits aus diesen Überlegungen schlussfolgern, dass die Kritik bzw. die Forderungen der NGOs, die Entwicklungspolitik aus den neoliberalen Reglementierungen auszubrechen, mit großer Wahrscheinlichkeit auf ein weltweites ideologisches

724 Kellermann (2005), S. 140f.

725 Hierzu zählen zu denen unter anderem Weltbank, IWF, UNO, die Schwellen- und Entwicklungs-, wie auch die anderen Industrieländer, allen voran die USA sowie auch alle anderen global agierenden Konzerne und Organisationen.

726 Vgl. Weaver, (2008), S. 36.

727 Der Weltbank gehören mehr hochqualifizierte Diplom-Ökonomen der exzellentesten Universitäten an als jeder anderen Institution weltweit.

Bollwerk stoßen, das mit formal-juristischen Reformen kaum zu reglementieren ist.

Im Mittelpunkt der Auseinandersetzung um die Aufhebung bzw. Abkehr von den Paradigmen des *Washington Consensus* steht vor allem die Beibehaltung des als *„one-size-fits-all Program"* [728]bekannten wirtschaftspolitischen Standard-Pakets, das den Entwicklungsländern konditional aufoktroyiert wurde und das durch die von Wolfensohn eingeführten Prinzipien *„ownership"* und *„participation"* ersetzt werden sollte. Auch in diesem Zusammenhang haben sich die NGOs mit ihrer grundsätzlich gerechtfertigten Kritik in ein argumentatives Dilemma manövriert.

Im Hinblick auf das Prinzip *„ownership"* entwickelten die NGOs eine eigene Definition, die nicht mit dem Konzept Wolfensohns übereinstimmte, da auch während seiner Präsidentschaft politische Bedingungen an die Kredite geknüpft wurden. Hierzu zählt beispielsweise die Auflage, dass die Kreditempfänger die Gewinne aus den kreditfinanzierten Projekten in die nationale Armutsbekämpfung investieren müssen.

NGOs interpretieren das Prinzip *„ownership"* dahingehend, dass die Weltbank sich gemäß ihrer Gründungsstatuten grundsätzlich nicht mehr in die politischen Entscheidungen der Entwicklungsländer einmischen und keine Kredite mehr konditional gebunden werden sollten, da dies dem Prinzip *„ownership"* zuwider läuft.

Die Kontroverse um die konditionale Kreditvergabe veranschaulicht dabei sehr deutlich, wie leicht sich eine zunächst nachvollziehbare und berechtigte Kritik in ihren eigenen Argumentationslinien verfangen kann. Einerseits lehnen die NGOs die konditionale Kreditvergabe mit dem Argument ab, dass hierdurch die kreditnehmenden Staaten politisch entmündigt würden. Zwar konzentriert sich die Kritik hierbei auf die gerade genannten wirtschaftspolitischen Auflagen, doch übersehen die Kritiker andererseits, dass auch die umwelt- und sozialpolitischen *Safeguards* und die Einhaltung von Menschenrechten, deren Durchsetzung die NGOs mit erkämpft haben, meist konditional an eine Kreditvergabe geknüpft sind. Eine vollständige Aufhebung der konditionalen Kreditvergabe würde die Weltbank eines ihrer wichtigsten Kontrollmechanismen berauben, um die Einhaltung von Vereinbarungen bzw. Vorgaben einfordern zu können.

728 Alle Länder müssen - um Kredite von IWF und Weltbank zu erhalten - die neoliberalen Prinzipien: Förderung des Privatsektors, Markliberalisierung, Deregulierung, Haushaltskonsolidierung standardmäßig umsetzen.

Natürlich wäre in diesem Zusammenhang zu überlegen, künftig lediglich die strittigen wirtschaftspolitisch begründeten Konditionen aufzuheben, während Fragen der Menschenrechte sowie der Umwelt- und Sozialpolitik weiterhin konditional an eine Kreditbewilligung geknüpft würden. Erwartungsgemäß dürfte dabei die konditionale Einforderung von Menschenrechten wenig Raum für eine ambivalente Betrachtung bieten. Eine ambivalente, kontroverse Sichtweise wird wahrscheinlicher, wenn es um die Frage geht, ob die Weltbank weiterhin Kredite an Diktaturen vergeben darf oder sie, anders als dies in den Gründungsstatuten verankert ist, mit Hilfe einer konditionalen Kreditvergabe dazu beitragen soll, Demokratisierungsprozesse zu unterstützen.

Auch bei Fragen des Umwelt- und Klimaschutzes sowie notwendiger sozialpolitischer Weichenstellungen stellt sich die Situation bzw. die Frage einer konditionalen Kreditvergabe spätestens dann ambivalent dar, wenn die von den NGOs geforderte Umsetzung entsprechender *Safeguards* an die Grenzen wirtschaftspolitischer Machbarkeit auf Seiten des Kreditnehmers stößt oder wenn zum Schutz weniger indigener Bevölkerungsteile oder kleinerer Öko-Systeme ansonsten entwicklungspolitisch sinnvolle Projekte nicht unterstützt werden. Eine diesbezügliche Grundsatzentscheidung zu treffen ist meines Erachtens schwierig.

Darüber hinaus begeben sich die NGOs rhetorisch in die Defensive, wenn es um die Bilanzierung abstrahierter oder kaum quantifizierbarer Zielvorgaben, wie zum Beispiel die der Armutsreduktion oder der Prinzipien *„ownership"*, *„participation"* oder *„ökologische Nachhaltigkeit"* geht, da eine solche Bilanzierung stets dem Ermessen des jeweiligen Betrachters unterliegt. Eine Bilanzierung solcher Reforminitiativen ist aus wissenschaftlicher Sicht problematisch.

Wann ist beispielweise im Falle der Reforminitiativen zur Armutsminderung von einer positiven Umsetzungsbilanz zu reden? Im Weltentwicklungsbericht für 2010, der sich mit den Themenschwerpunkten Entwicklung und Klimawandel befasst, verweist die Weltbank beispielsweise auf ihre Erfolgsbilanz in punkto Armutsminderung. Hiernach hat vor dreißig Jahren die Hälfte der Menschen in den Entwicklungsländern in absoluter Armut gelebt. Dank des auch von der Weltbank geförderten technologischen Fortschritts in diesen Ländern konnte sich der Anteil der absolut Armen auf ein Viertel reduzieren lassen.[729] Hier dürfte es zunächst schwerfallen, eine positive Bilanz in Frage stellen. Doch andererseits bemerkt die Entwicklungsorganisation *epo*, dass 2009 die absolute

729 Vgl. World Development Report (2010), http://siteresources.worldbank.org/INTWDR2010/Resources/WDR10-Main-Messages.pdf.

Zahl der Hungernden weltweit erstmals die Milliardengrenze überschritten hat[730] und somit absolut gesehen, die Armut angestiegen ist.

Bis zur Festlegung der *Millenniumsziele* wurden weder von IWF und Weltbank noch von der UNO quantitativ überprüfbare Zielvorgaben formuliert. Damit machten sich IWF und Weltbank einerseits kontinuierlich angreifbar, da zu keinem Zeitpunkt eine offensichtlich wahrnehmbare Reduzierung der Armut weltweit registrierbar war. Andererseits ist aus demselben Grund faktisch kaum zu widerlegen, dass die Weltbank in einigen Ländern tatsächlich zur Armutsminderung beigetragen hat.

Doch selbst im Falle einer quantifizierbaren Negativbilanz lässt sich diese nicht zwingend auf entwicklungspolitische Fehlleistungen seitens der Weltbank zurückführen. Internationale Wirtschaftskrisen, korrupte Staatsstrukturen oder Naturkatastrophen liefern den Entwicklungsinstitutionen genügend Rechtfertigungsgründe, warum die Armut weltweit trotz komplexer Gegenmaßnahmen dennoch weiter gestiegen ist und nicht befriedigend reduziert werden konnte.

Im Falle der Prinzipien *ownership* und *participation* oder *ökologische Nachhaltigkeit* wurden nie quantifizierbare Zielvorgaben von der Bankleitung formuliert, so dass sich den jeweiligen Parteien bzw. Akteuren ein politischer Ermessensspielraum eröffnet, der die jeweils vertretenen Zielvorgaben und Paradigmen weitgehend gegen Verifikationen und Falsifikationen und damit wirkungsvoll gegen Kritik immunisiert, was eine abschließende Bilanzierung dieser Kontroverse deutlich erschwert.

Wie intensiv muss eine Regierung die Zivilgesellschaft in eine Entscheidungsfindung einbeziehen, damit das Prinzip *„participation"* erfüllt wurde? Ab wann kann einer politischen Entscheidung attestiert werden, dass sie in nationaler *Eigenverantwortung*, d.h. *ownership* gefällt wurde und ab wann sind Projekte und Entwicklungsstrategien *ökologisch nachhaltig*? Letztere Frage ermöglicht auch den Industrienationen immer wieder, fragwürdige Nischen zu finden, in denen sie angeblich umweltfreundlich produzieren können.

Die NGOs befinden sich damit insgesamt in einem rhetorisch-argumentativen Dilemma.

Die Weltbank kann sich diesen kaum zu bilanzierenden Kritiklinien immer wieder entziehen, indem sie noch so kleine Fortschritte herausstellt und somit ihrem Ermessen nach eine positive Bilanzierung ihrer Re-

---

730 Vgl. epo (o.J.), http://www.epo.de/index.php?option=com_content&view=article&id=5393:weltbank-klimaschutz-und-entwicklung-kein-widerspruch-&catid=99:topnews.

formanstrengungen gerechtfertigt ist, während die NGOs gebetsmühlenartig beklagen, dass die Reformschritte weit hinter den erhofften Zielen zurückbleiben.[731]

Dabei laufen die NGOs seit einigen Jahren Gefahr, sich in einem Werte- und wirtschaftstheoretischen Diskurs zu verlieren, den sie nicht gewinnen können. Die unbestritten positiven Errungenschaften der ersten NGO-Generation werden aufgrund der fortwährend fundamentalkritisch anmutenden und unzureichend reflektierten Analysen ausgehöhlt, wodurch die Bereitschaft der Institutionen nachlässt, konstruktiv mit den NGOs zusammenzuarbeiten. Hier zeichnet sich seit Ende der 1990er Jahre eine zunehmende Blockadementalität ab, die unter anderem auch Sebastian Mallaby bemerkt. Mallaby beschreibt, wie James Wolfensohn, der maßgeblich die Einbeziehung der NGOs in die Projektarbeit forciert hatte, nach einigen Jahren der Zusammenarbeit zu dem Ergebnis kam, dass die NGOs sich zu reinen Blockadegruppierungen entwickelt hätten und eine effektive Entwicklungshilfe zunehmend verhinderten. Wolfensohn war der Auffassung, dass die ständigen Einwände und Bedenken der NGOs die Weltbank zunehmend zu einem *„langsamen Bürokratie-Monster"* machten, in dem Kredite und Projekte jahrelang auf Frauenförderung, Religionsfestigkeit und Umwelttauglichkeit überprüft werden.[732] Wolfensohn befürchtete, dass die Berücksichtigung aller Eingaben die Weltbank konkurrenzunfähig gegenüber anderen Kreditinstitutionen machen würde, die weniger Wert auf die Einhaltung vereinbarter *Safeguards* legen würden.

Die Gefahr, wenn nicht sogar Tendenz, einer durch die NGOs selbst eingeleiteten Selbstdegradierung zu reinen Blockadeinitiativen sehen offenbar auch die Welt-Redakteurin Britta Bode[733] und der Politikwissenschaftler Reinhard Rode. Zwar attestiert Rode den NGOs, dass ihre Hilfeleistungen in den Bereichen Entwicklung, Katastrophen und Menschenrechte die des gesamten UN-Systems übertreffen, dennoch begreift er einige Organisationen als *„selbst ernannte Weltdemokraten"*, oder *„unzufriedene Systemkritiker"*, die lediglich stärker *„post-materielle Werthaltungen in den Industriestaaten propagieren, als neue Entwicklungsstrategien zu formu-*

731 Vgl. Setton, Daniela (2007a), http://209.85.135.132/search?q=cache:iqKCuEE_NfoJ:asta.fs.tum.de/asta/referate/umweltreferat/ringvorlesung-umwelt/archiv/ws-2007-08/weltbank_setton_28nov07.pdf+Die+Reformunf%C3%A4higkeit+der+Weltbank&cd=6&hl=de&ct=clnk&gl=de&client=firefox-a.

732 Mallaby (2004), S. 276ff.

733 Bode (2004), http://www.welt.de/print-wams/article119664/Mr_Incredible_steht_vor_der_Abloesung.html

lieren". Rode zufolge dominieren *„wirtschaftsfremde Attitüden"* im Forderungskatalog der NGOs.[734] Zufällig oder bewusst pointiert greift er das bereits zitierte NGO-Schlagwort *„vom alten Wein in neuen Schläuchen"* auf, das unter anderem auch Uwe Höhring zur Feststellung der Reformunfähigkeit der Weltbank verwendet. Allerdings verkehrt er diesen Spruch und weist darauf hin, dass einige NGOs möglicherweise nicht viel mehr anzubieten haben, *„als alten linken Dependencia-Wein in neuen theoriefreien Schläuchen"*.[735]

Die NGOs müssen sich diesen Zweifeln an ihrer konstruktiven Kritikfähigkeit stellen, um weiterhin als ernstzunehmende Ansprechpartner und Kooperationspartner der Entwicklungsorganisationen wahrgenommen zu werden. Statt ihre Kritik ohne große Aussicht auf Erfolg auf die schwer zu bilanzierenden Zielvorgaben und Paradigmen der Weltbank auszurichten, sollten sie sich wieder verstärkt auf ihre Kernkompetenzen konzentrieren, die sich in der Beobachtung und Beurteilung geförderter Projekte, aber auch in der quantitativen Erfassung ökologischer und sozialer Folgen politisch-strategischer Entscheidungen der Weltbank darstellten. Zu diesen Kernkompetenzen zählen beispielsweise ihre Analysen zur fortschreitenden Tropenwaldvernichtung und zu landschaftszerstörerischen Monoplantagen sowie sozialpolitische Quantifizierungen zu den Themen Vertreibung, Umsiedlung und Arbeitsplatzvernichtung und auch ihre fundierten Gegenberechnungen zu wirtschaftlichen Fehlkalkulationen auf Seiten der Weltbank wie auch der Projektträger, die im Vorfeld einer Projektplanung gerade im Bereich der Mega-Bauten zu allzu optimistischen Rentabilitätserwartungen auf Seiten der Weltbank führten. Nicht zuletzt zählen auch die jüngsten Quantifizierungen zu Fragen des Klimawandels und des CO_2-Ausstoßes zu diesen Kernkompetenzen.

Die in diesem Kontext erstellten Recherchen der NGOs, in denen, anders als in den beiden vorab beschriebenen Reformfeldern, konkrete, quantifizierbare Projekte bilanziert werden konnten, erwiesen sich bis dato als äußerst fundiert und lieferten im Hinblick auf die Projekt-Kritik verlässliche Materialien.

Das dritte in der Kritik stehende Reformfeld umschließt somit die Projektpolitik der Weltbank.

---

734 Vgl. Rode (2004), http://rode.politik.uni-halle.de/files/ib/IBP304.PDF, S. 3.

735 Ebd., http://rode.politik.uni-halle.de/files/ib/IBP304.PDF, S. 6.

Zum Reformfeld der Projektpolitik:

Die ursprüngliche NGO-Kritik konzentrierte sich zunächst auf die in Kapitel 4 beschriebene Projektproblematik und nach Einführung der sozialen und ökologischen *Safeguards* auf deren tatsächliche Umsetzung. Gegen Ende der Ära Wolfensohn beschränkte sich die Projektkritik nicht mehr in erster Linie auf einzelne Projekte, sondern wandte sich gegen die politische Entscheidung der Bankleitung, sich generell wieder erneut in solchen Infrastrukturprojekten zu engagieren, aus denen sich die Bank aufgrund der weltweiten Protestwellen in den 1990er Jahren zurückgezogen hatte. Mit der Unterstützung des Mega-Staudammprojektes Nam-Theun II in Laos fand die Weltbank noch während der Präsidentschaft von James Wolfensohn zu dieser Projektpolitik zurück.[736]

---

736 Die NGOs Urgewald, weed und International Rivers Network betonten 2005 im Vorfeld der Projektimpelentierung ihre Bedenken und wiesen darauf hin, dass der Staudamm die Lebensgrundlage von bis zu 120.000 Menschen bedrohe. Trotz einer entsprechenden Zusicherung der laotischen Regierung gäbe es berechtigte Zweifel daran, dass das erwirtschaftete Geld tatsächlich zur Armutsbekämpfung eingesetzt würde, wie es von der Weltbank konditional vorgesehen sei. Bisherige Erfahrungen mit Staudämmen in Laos ließen nichts Gutes hoffen, so Ann Kathrin Schneider vom International Rivers Network (IRN). Mit dem Verweis auf bisherige Staudammprojekte in Laos habe sich erfahrungsgemäß die Situation der Damm-Betroffenen stets deutlich verschlechtert. Mit Nam Theun II werde wieder ein Großprojekt unterstützt, "das zahlreiche Umwelt- und Sozialstandards der Weltbank bricht und gegen fast alle Empfehlungen der Weltstaudammkommission verstößt," betont Regine Richter von *Urgewald.* Dies befürchtet auch Aviva Imhof vom *International Rivers Network (IRN),* wie Lucian Haas in der Berliner Zeitung schreibt. Imhof fügt zudem ergänzend hinzu, dass die Bevölkerung vor Ort weder ausreichend in die Planung mit einbezogen worden sei, noch dass künftig ein angemessener Interessenausgleich garantiert sei. Die ökologischen Auswirkungen sind *weed* zufolge gewaltig, da das Projekt sich innerhalb und am Rande eines der größten verbliebenen Regenwaldgebiete Südostasiens befindet. Sechzig Tierarten werden schätzungsweise ihren Lebensraum im Stausee verlieren. Während der Damm 2007 selbst zur Hälfte fertig gestellt ist, waren nach Angaben von *weed* die sozialen und ökologischen Begleitmaßnahmen in großem Verzug. Die vereinbarte Beseitigung der Vegetation im Reservoir hat noch nicht begonnen, obwohl schon im nächsten Jahr geflutet werden soll. Verrottet die Vegetation im Stausee, wird dessen Wasser für Fische und Menschen ungenießbar sein. Ebenso fehlen realisierbare Pläne, wie die betroffenen Menschen neue Einkommensquellen aufbauen können, und ausreichende Finanzmittel für Entschädigungszahlungen. Vgl. Richter (2005), http://www.ngo-online.de/ganze_nachricht.php?Nr=10798, vgl. Haas in: Berliner Zeitung (2006), http://www.berlinonline.de/berliner-zeitung/archiv/.bin/dump.fcgi/2006/0804/wissenschaft/0002/index.html. Den Recherchen von Lucian Haas zufolge ist die Förderung von Nam Theun II aus Sicht der Weltbank aus mehreren

Paul Wolfowitz setzte diesen Kurs verstärkt fort und reaktivierte darüber hinaus auch Programme zur forstwirtschaftlichen Nutzung der Tropenwälder sowie zur Förderung landwirtschaftlicher Monokulturen (vor allem Soja, Palmöl und Raps zur Biospritherstellung) und Massenviehhaltungen vor allem im lateinamerikanischen Amazonasgebiet, denen abermals immense Regenwaldflächen geopfert wurden[737], obwohl diese Projektkategorie bereits unter McNamara als entwicklungspolitische Fehlentscheidung wieder aufgegeben worden war.

Gründen zu rechtfertigen. Von den rund sechstausend Gigawattstunden Strom, die Nam Theun II pro Jahr liefern soll, werden 90 Prozent vertraglich gesichert ins Nachbarland Thailand exportiert. Durch diesen Deal soll Laos allein in den ersten 25 Betriebsjahren des Dammes rund zwei Milliarden Dollar verdienen. Das entspräche den Prognosen zufolge etwa fünf Prozent des laotischen Staatshaushaltes. Die laotische Regierung verpflichtete sich, einen Teil dieser Einnahmen in einen Armutsfonds fließen zu lassen, um etwa die Elektrifizierung entlegener Landesteile und den Ausbau des Schul- und Gesundheitswesens voranzutreiben. Zum anderen seien bei Nam Theun 2 von Anfang an umfangreiche Maßnahmen geplant, um die sozialen und ökologischen Folgen des Projektes zu mildern. Rund zehn Prozent des Projektetats sind dafür vorgesehen. Im Gegenzug für den Verlust der einst bewaldeten Nakai-Ebene soll den Recherchen Haas´ zufolge ein 4 000 Quadratkilometer großes Urwaldgebiet im Einzugsbereich des Nam Theun als Naturpark ausgewiesen werden. Der Sozialplan sieht vor, dass die tausend Familien, die für den Staudamm umgesiedelt werden müssen, anschließend finanziell deutlich besser gestellt sind. Ihnen sollen neue, stabilere Holzhäuser samt Stromanschluss zur Verfügung gestellt werden. Zudem sollen Trainer den Menschen beim Aufbau ihrer neuen Existenz helfen. Erste Musterdörfer wurden 2006 bereits fertig gestellt, wobei HAAS die IRN-Sprecherin Aviva Imhof zitiert, die die Umsiedlungsaktion als "bislang zufriedenstellend" bezeichnete. Vgl. Haas in: Berliner Zeitung (2006), http://www.berlinonline.de/berliner-zeitung/archiv/.bin/dump.fcgi/2006/0804/wissenschaft/0002/index.html

737 Im Zusammenhang mit der erhofften ökologisch nachhaltigen und sozialverträglichen Etablierung einer zertifizierten Holzindustrie im kongolesischen Tropenwald musste die Weltbank allerdings ihr Scheitern eingestehen. Auch ihre Projektfinanzierungen zur Förderung der Soja-, Palmöl- und Fleischindustrie führten zu weiterer Regenwaldzerstörung. Im September 2009 reagierte die Weltbank auf die Besorgnis zahlreicher Umweltschutzorganisationen über den weltweiten Anbau von Palmöl und stoppte weitere Investitionen zunächst in indonesische Palmölunternehmen, die sich mittels Brandrodung und Vertreibung indigener Bevölkerungsgruppen neue Anbauflächen verschafft hatten. Bis dahin hat die Weltbanktochter IFC 132 Mio. US-Dollar in Palmöl-Projekte in Asien, Mittelamerika, in der Ukraine und in Westafrika investiert. Vgl. Dresdner 27 (2009), http://www.dresdener27.de/blog/, vgl. pro Regenwald (2009), http://www.pro-regenwald.de/news/2009/09/13/Einsichtig_Weltbank, vgl. Survival (2009), http://www.survival-international.de/nachrichten/5068.

Unter Wolfowitz´ Federführung wurde auch die im Rahmen der Klimadebatte umstrittene Förderung CO_2-intensiver Kohlekraftwerke wieder verstärkt forciert.[738]

Die politische Entscheidung, sich als Weltbank nicht länger grundsätzlich aus den umstrittenen Energieprojekten auszuschließen, obwohl sie den Empfehlungen des 2004 von Wolfensohn selber in Auftrag gegebenen *„Extractive Industries Review"* (*EIR*)[739] zuwider laufen, provozierte

---

738 *Greenpeace* beklagte im April 2007, dass, obwohl Wolfowitz bekräftigt habe, er wolle die Bank „klimasicher" machen, diese Aussage im völligen Kontrast zu den Investitionen der Weltbank stand, da diese 2006 mehr als eine Milliarde US-Dollar in fossile Energieprojekte investiert habe und nur 153 Millionen US-Dollar zur Förderung regenerativer Energieprojekte verwendet wurden. Vgl. greenpeace (2007), http://www.greenpeace.ch/themen/wald/wald-news-single/archive/2007/ april/article/weltbank-schluss-mit-fossiler-energie-und-urwaldzerstoerung/. Die NGO *´reset for a better world´* verweist auf die Recherchen Daniela Settons von *weed*, wonach für das Jahr 2008 (nun unter der Amtsführung von Robert Zoellick) die Weltbank einen Kredit über 460 Millionen US-Dollar für das Mega-Kohlekraftwerk `Tata Ultra Mega Projekt` im indischen Bundesstaat Gujarat bewilligt habe, das nach seiner Fertigstellung zu den weltweit größten CO_2- Emittenten gehören wird. Allein für dieses Projekt wurde mehr als das Doppelte dessen ausgegeben, was die Weltbank im gesamten Geschäftsjahr 2007 in nachhaltige erneuerbare Energien investiert hat. Dabei kritisiert Setton, dass die Weltbank 2007 von ihren angeblich 1,43 Milliarden US-Dollar, die sie in erneuerbare Energiesysteme investiert habe, auch die umstrittenen Großstaudämme finanzierte. Vgl. Reset for a better World (2008), http://reset.to/blog/weltbank-untergraebt-klimaschutz-neue-weltbank-klimafonds-gefaehrden-erfolg-internationaler-klima-verhandlungen basierend auf: Setton (2008b), vgl. Baillot / Ruest (2009), http://sandimgetriebe.attac.at/8159.html. Die NGO *Attac* zieht eine ähnliche Bilanz und listet zudem auf, das die Weltbank bzw. die IFC, das Projekt ´Calaca Power´ auf den Philippinen mit 300 Millionen Dollar unterstützt, das Projekt „Erdöl und Gas" in Argentinien mit 550 Millionen Dollar und das Erdölprojekt ´Caim India II´ mit 250 Millionen Dollar. Im Februar 2009 hat den Angaben von *Attac* zufolge die Weltbank ein Grundsatzabkommen über die Vergabe von 5 Milliarden Dollar, verteilt über 5 Jahre, an den südafrikanischen Stromerzeuger *Eskom* abgeschlossen, die 95 % der Stromversorgung des Landes sichert, davon 90 % aus Kohlekraftwerken. Vgl. Baillot / Ruest (2009), http://sandimgetriebe.attac.at/8159.html. Im Kampf gegen den Klimawandel attestiert *Attac* der Weltbank somit *„vollkommene Unfähigkeit"* ihre eigenen Reformbekundungen umzusetzen. Allein die Projekte der Weltbank seien für 7 % des Treibhausgases verantwortlich, das von der Energiebranche weltweit ausgestoßen wird. Vgl. Baillot / Ruest (2009), http://sandimgetriebe.attac.at/ 8159.html.

739 Die von dem ehemaligen indonesischen Umweltminister Emil Salim erarbeitete Expertise „Extractive Industries Review" (EIR) empfiehlt der Weltbank, von

erneut den Verdacht, dass die Weltbank abermals rein interessenspolitisch motiviert zu einer Neuauflage der umstrittenen Projektkategorien zurückfand und untermauerte erneut die These von der Lernunfähigkeit der Organisation.

Trotz der weitgehend berechtigten Kritik an der Wiederaufnahme der umstrittenen Projektkategorie befinden sich die NGOs ein weiteres Mal argumentativ in der Defensive, denn sie bleiben eine adäquate Antwort auf die Rechtfertigungen der Weltbank schuldig, mit denen diese die Förderungen erneut begründet.

Das diesbezügliche Rechtfertigungsmuster der Weltbank lässt sich dabei im Wesentlichen auf bekannte Standardformeln reduzieren.

So gilt für alle Projektneubelebungen die erneute Vorrangstellung des Wirtschaftswachstums in den zu entwickelnden Ländern. Sowohl die Wiederaufnahme der Förderung hydroelektrischer Energieerzeugung, die fortdauernde Finanzierung fossiler Energiestrukturen, wie auch die verstärkte wirtschaftliche Nutzung der Regenwälder wird mit dem Hinweis darauf gerechtfertigt, dass zur Erreichung der dringlichsten Zielvorgabe - die Reduzierung der Armut - zuallererst ein ausreichendes Wirtschaftswachstum in den jeweiligen Entwicklungsländern initiiert werden müsse.[740] Um ein dynamisches Wirtschaftswachstum zu erzielen, müsse zunächst die nationale Energieversorgung sichergestellt werden. James Wolfensohn erklärte hierzu in einer Rede vor dem Verwaltungsrat der Weltbank:

> "Die harsche Realität ist, dass fast 1,6 Milliarden Menschen in Entwicklungsländern nach wie vor keinen Zugang zu Elektrizität haben und dass ungefähr 2,3 Milliarden Menschen noch immer von Brennstoffen aus Biomasse abhängig sind. Letztere schädigen sowohl die Gesundheit und die Umwelt (...)Dies unterstreicht die Notwendigkeit, dass wir uns nach wie vor selektiv an Investitionen in Erdöl, Gas und Bergbau beteiligen."[741]

---

der Finanzierung fossiler Energieerzeugung auf klimaneutrale, erneuerbare Energien umzustellen. Außerdem solle die Nutzung der Erträge aus weltbankfinanzierten Rohstoffprojekten vermehrt auf die Prinzipien der Good Governance, der regionalen Entwicklungsförderung ausgerichtet werden. Insgesamt betont das EIR die Stärkung der Prinzipien ownership und participation sowie die unbedingte Einhaltung der bereits bankintern verankerten ökologischen und sozialen Safeguards.

740 Vgl. Hoering (2007), S. 61.

741 Worldbank: Verwaltungsrat der Weltbank beschliesst künftige Schritte nach Vorlage des Berichts über die Rohstoffindustrien, 03.08.2004, Washington D.C., http://web.worldbank.org/WBSITE/EXTERNAL/NEWS/

Mit diesem Rechtfertigungsmuster immunisiert sich die Weltbank erneut gegen die Kritik der NGOs, indem sie sich wiederum einerseits auf die Schaffung wirtschaftspolitisch notwendiger Rahmenvoraussetzungen für eine erfolgversprechende Entwicklungspolitik beruft, zu denen auch die NGOs bislang keine Alternative entwickeln konnten. Und indem sie andererseits aus ökologischer Sicht die fossile Energieerzeugung durch Großkonzerne als weniger bedenklich einstuft als die traditionelle häusliche Energieerzeugung. Insgesamt, und damit mag man der Generalkritik der NGOs in diesem Punkt näher kommen, hat sich am Verhaltens- und Argumentationsmuster der Weltbank wenig verändert. Die NGOs erleben in dieser Hinsicht sicherlich eine mühevolle Renaissance ihrer früheren projektkritischen Arbeit.

Durch die standardisierte Vorrangstellung des Wachstums in den Rechtfertigungsmustern der Weltbank werden die NGOs erneut mit einem Windmühlenkampf konfrontiert, den sie trotz konkreter und fundierter Projektkritik kaum gewinnen können. Denn eine kritische Auseinandersetzung mit der jüngsten Projektarbeit der Weltbank hat sich abermals im Kontext eines wirtschaftstheoretischen „Glaubensbekenntnisses" zum Wachstumsdogma einzubetten und diesem Kontext unterzuordnen. Auch hier stehen die NGOs wiederum vor dem Dilemma, dass diese

---

0,,contentMDK:20237201~menuPK:34467~pagePK:34370~piPK:34424~theSitePK:4607,00.html. Der Bau weiterer Mega-Staudämme wird dabei als unerlässlicher, bisweilen noch nicht verzichtbarer Baustein in diesem Kontext betrachtet, der letztendlich auch eine klimafreundliche, da CO_2- freie Stromerzeugung gewährleiste. Der Kritik, dass die Förderung regenerativer, klimafreundlicher Energien im Widerspruch zu den Empfehlungen des *Extractive Industries Review* weit hinter jener der fossilen Energieerzeugung zurückstünde, begegnet die Weltbank mit der Begründung, dass die neuen zukunftsweisenden Energietechnologien für viele Entwicklungsländer noch nicht finanzierbar seien. Daher müsse in einer Übergangsphase auch auf die konventionelle Energieerzeugung durch Kohlekraftwerke vorübergehend noch festgehalten werden. Die Weltbank hofft, diese Finanzierungslücke schneller zu schließen und die Entwicklungsländer möglichst bald in eine kohlenstoffarme Energiewirtschaft zu führen, indem sie unter anderem auch auf die Erlöse bzw. Ausgleichszahlungen durch den internationalen Handel mit Emissionszertifikaten setzt, in dem sie selber seit 2003 als Agentin involviert ist Im Rahmen des Handels mit Emissionsrechten können Unternehmen ihre Verpflichtungen zur Minderung des CO_2-Ausstoßes anstelle kostenintensiver Umweltauflagen in den Industriestaaten ersatzweise und kostengünstiger in Entwicklungs- oder Schwellenländern erbringen. Eine zusammenfassende Darstellung der Geschichte des Emissionshandels vgl. Aurélin in: taz.de (2007), http://www.taz.de/nc/5/le-monde-diplomatique/le-monde-diplomatique-archiv/le-monde-diplomatique-ausgabe/lmd-archiv-artikel/1/monopoly-mit-dem-weltklima/?ressort=lm&src=GI&cHash=bf2eaed49

wirtschaftstheoretisch begründeten „Glaubensbekenntnisse" bzw. Argumentationslinien im Hinblick auf ihre ökonomische Effizienz schwer zu bilanzieren, geschweige denn zu widerlegen sind.

Die NGOs stehen somit vor dem zur Zeit ungelösten Problem, den Nachweis erbringen zu müssen, dass eine effektive Entwicklungspolitik die Faktoren Wachstum und Energieversorgung vernachlässigen kann und künftige Projekte weniger nach wachstumsrelevanten Kriterien, sondern nach Kriterien einer breiten und ökologisch nachhaltigen Grundversorgung entschieden werden. Dabei drängt die Zeit. Bisherige, vornehmlich auf Subsistenzwirtschaft und Kleinhandwerk ausgerichtete Projektideen, die von zahlreichen NGOs initiiert wurden und die sich insbesondere mit regional begrenzten Förderprojekten beschäftigten, erwiesen sich zwar als deutlich umwelt- und sozialverträglicher als national breit angelegte, wachstumsintensive Förderprogramme der Weltbank, aber sie greifen absehbar nicht schnell genug, um die weltweit zunehmenden Hungersnöte und die wachsende Armut zu bekämpfen. Die Initiierung einer effektiven *Entwicklungswelle von unten nach oben* gehört zu den zentralen Zukunftsaufgaben, die mit Hilfe der Erfahrungen der NGO unbestreitbar schneller und nachhaltiger gelöst werden können.

5.5 Zwischenfazit

Wenngleich in den vorangegangenen Kapitel die Defizite und Unzulänglichkeiten der reformskeptischen Argumentationslinien herausgearbeitet werden konnten, so ist insgesamt dennoch klar zu erkennen, dass zwischen den von der Weltbank angekündigten Reformkonzepten und deren tatsächlicher Umsetzung eine kontinuierliche Diskrepanz zu verzeichnen ist.

Unklar ist hingegen, inwiefern diese Diskrepanz der von Catherine Weaver beschriebenen *organized hypocrisy,* also einer strategisch *organisierten Scheinheiligkeit* entspricht, die die Weltbank als eine Art notwendigen Überlebensmechanismus[742] entwickelt hat, um sich gegen externe Steuerungsversuche abzuschirmen, die letztlich ihre operative Handlungsfähigkeit verhindern würden.Von einer im Sinne Weavers konstatierten *hypocrisy* kann faktisch nur dann die Rede sein, wenn diese gezielt zum Zweck einer verbesserten Außenwirkung bzw. politischen Täuschung von der Weltbank praktiziert und strategisch geplant würde.

In diesem Fall wäre jedoch zunächst zu klären, welche Instanz bzw. wer innerhalb der Akteurin Weltbank die Entscheidung zu einer solchen

742 Vgl. Weaver (2008), S. 3.

Täuschungsstrategie trifft und öffentlichkeitswirksam unterbreitet, trotz der Gewissheit, dass den Reformankündigungen keine adäquate Umsetzung folgen wird?

Da die Reformkonzepte maßgeblich von den Weltbank-Präsidenten initiiert und unterbreitet wurden, wie hier herausgearbeitet werden konnte, wäre in logischer Konsequenz die angenommene Täuschungsrhetorik bzw. *hypocrisy* im unmittelbaren Verantwortungsbereich des Präsidenten zu suchen. Die vorangegangenen Kapitel, die insbesondere die Reformpolitik der Weltbank-Präsidenten und damit den Aspekt des *Leadership* in den Fokus der Reformbilanz stellen, brachten jedoch im Ergebnis hervor, dass die Reforminitiativen der jeweils amtierenden Präsidenten nicht im Kontext einer rhetorischen Täuschungstaktik[743] stehen sondern vielmehr als ein persönliches, aufrichtiges Anliegen der einzelnen Präsidenten bewertet werden können. Insbesondere die Reformbemühungen von Robert McNamara, Barber Conable und James Wolfensohn lassen meines Erachtens kaum Raum für diesbezügliche Zweifel.

Die von mir unbestrittene Diskrepanz zwischen Reformbekundungen und Reformumsetzung zeichnet sich, anders als Weavers Ausführungen vermuten lassen, nach meinem Verständnis nur scheinbar auf der Ebene der Außendarstellung der Bank ab. Diese Diskrepanz ist vielmehr als ein innerorganisatorisches *Begleitphänomen* zu begreifen, dass aus dysfunktionalen zwischenhierarchischen Konflikten resultiert, in denen sich die Reformbemühungen der Weltbank-Präsidenten der Umsetzungsbereitschaft der Bank-Angestellten gegenüberstehen. Meines Erachtens täuscht das verzerrende Pauschalbild von einer betrügerisch oder scheinheilig taktierenden Organisation - das letztlich eine organisatorische Geschlossenheit impliziert - über das Ausmaß und die politische Relevanz innerorganisatorischer Konflikte hinweg. Aufgrund der bisher nachgewiesenen und weiter unten noch näher zu beschreibenden innerorganisatorischen Polarisierungen komme ich zu dem Ergebnis, dass eine geschlossen praktizierte Täuschungsrhetorik der Weltbank in Frage zu stellen ist. Die allgemein übliche Pauschalbenennung *„Die Weltbank"* spiegelt die politische bzw. machtpolitische Realität dieser Organisation, die von vie-

743 Der von Catherine Weaver verwendete Begriff *hypocrisy* ist im Zusammenhang mit dem Leadership-Aspekt nur bedingt anwendbar, da Weaver die von ihr beobachtete *Scheinheiligeit* als Merkmal der Organisation herausarbeitet, d.h. auf die Akteurin Weltbank projiziert und nicht im Hinblick auf die bankinternen Akteure, wie Weltbank-Präsident oder Mitarbeiterstab anwendet. Im weiteren Verlauf ihrer Studie differenziert sie die Akteurin Weltbank weiter aus, um im Verhältnis zwischen den bestehenden Mitarbeiter- und Hierarchiesstrukturen nach Erklärungsansätzen für die von ihr angenommene *hypocrisy* der Weltbank zu suchen.

len internen Einzelakteuren beeinflusst und gesteuert wird, nicht wider und verleitet zu Fehlinterpretationen auch in der Reformdebatte. Die zum Teil fehlinterpretierte Diskrepanz zwischen Reformzielen und -ergebnissen dominiert bis heute die Kritik an der Weltbank und gab den NGOs immer wieder hinreichende Anhaltsspunkte, eine generelle Reformresistenz zu unterstellen, die jedoch meist stark vereinfacht auf einen US-zentristischen, interessenspolitisch determinierten, mangelnden Reformwillen der *Institution* zurückgeführt wurde. Die eigentlichen Verantwortungsträger blieben unerkannt.

Auch wenn ich im Hinblick auf die NGO-Kritik versucht habe, das rhetorisch-argumentative Dilemma zu beleuchten, in welchem sie sich meines Erachtens zum Teil verfangen haben, stimme ich dennoch in weiten Teilen mit der von ihnen herausgearbeiteten Negativ-Bilanz der Reformgeschichte der Weltbank überein, wenngleich ich ihren Begründungen eher kritisch gegenüber stehe.

Dass einige wichtige Reforminitiativen auf Druck der Exekutiv-Direktoren aus den führenden Industriestaaten, einschließlich des amerikanischen Exekutiv-Direktors, eingebracht und schließlich formalisiert wurden, ist dabei ein wichtiges Indiz dafür, etwaige Reformresistenzen nicht per se und ausschließlich aus einem lobbyistischen sowie US-zentristischen (mittlerweile auch Euro-zentristischen) und somit auch formal-juristischen Blickwinkel zu diskutieren, wie dies die Reform-Kritik der NGOs kennzeichnet. Vielmehr sollte überprüft werden inwieweit die in der Öffentlichkeit angekündigten Reformen an der Uneinigkeit der entscheidenden Organisations-Mitarbeiter scheitern.

Die Frage, inwieweit der bisherige Reform-Diskurs eklatante Aspekte bzw. entscheidende Verantwortungsstrukturen innerhalb der stark pauschalisierten US-zentristischen Machtstrukturanalysen übersehen oder unzureichend ausgeleuchtet hat, steht im Mittelpunkt des abschließenden Kapitels. Hier möchte ich das Phänomen innerorganisatorischer informeller Entscheidungs- und Handlungsstrukturen als Diskussionsanregung für künftige Weltbank-Analysen herausarbeiten und eine grundsätzliche Auseinandersetzung darüber anregen, inwieweit informelle und auch epistemische Netzwerke und Strukturen, in denen die Weltbank eingebunden ist und die sich auch auf der bank-internen Mikro-Ebene spiegeln, dazu beigetragen haben, etwaige Reforminitiativen zu konterkarieren.

6 Innerorganisatorische Reformwiderstände, Informationsasymmetrien und informelle Einflussfaktoren in den beiden Kompetenzfeldern

Während in Kapitel 5 die Reformpolitik der Weltbank vor allem im Hinblick auf das Einflusspotential der jeweiligen Weltbank-Präsidenten (*Leadership*) beschrieben und ausdifferenziert wurde, lenke ich den Blick nun auf die Einflussstrukturen in den untergeordneten Hierarchielinien. Diesem 10.000 Mitarbeiter umfassenden machtpolitischen Raum wird im Rahmen des Weltbank-Diskurses wenig Aufmerksamkeit beigemessen, da sich die Kritiken vorrangig auf die im Vordergrund der Weltbank stehenden Akteure konzentrieren. Zu diesen Akteuren werden in erster Linie die als Exekutiv-Direktoren benannten Regierungsvertreter wie auch der Weltbankpräsident gezählt, wenngleich der Person des Weltbankpräsidenten und damit dem Aspekt der *Leadership* hierbei deutlich weniger Beachtung gewidmet wird als dem Amt selber.

Bevor das Einflusspotential des Mitarbeiterstabs auf die Arbeit und vor allem auf den Reformkurs der Weltbank herausgearbeitet wird, möchte ich zunächst auf ein methodisches Abgrenzungsproblem zwischen den Hierarchiesegmenten aufmerksam machen, das den Weltbank-Diskurs und die ihm zugrunde liegenden Machtstrukturanalysen insgesamt kennzeichnet und eine klare Erkennung und Zuordnung von Entscheidungsträgern wie auch informellen Entscheidungsstrukturen deutlich erschwert. Dieses Abgrenzungsproblem betrifft die innerorganisatorische Zuordnung der Begriffe „Mitarbeiterstab" und „Management". Diese werden beinahe durchgängig in den schriftlichen Abfassungen und Internetquellen zum Thema Weltbank unzureichend differenziert.

6.1 Ein- und Abgrenzungsprobleme zwischen den Kompetenz- und Hierarchielinien

Sofern die Weltbank hinsichtlich ihrer Organisations- und Angestelltenstruktur überhaupt näher ausdifferenziert wird, wird in der Regel nur zwischen Bankmanagement und Mitarbeiterstab unterschieden, ohne dass hierbei genauer erklärt wird, wer von den 10.000 Mitarbeitern der Weltbank zum Mitarbeiterstab, d.h. *operational staff* und wer zum Management zählt. Eine weitergehende Differenzierung des Managements in oberes, mittleres und unteres Management ist allgemein nicht üblich.

Obwohl dieses in der Fachliteratur durchgängig zu beobachtende Differenzierungsdefizit anfänglich eher von marginaler Bedeutung zu sein schien, entwickelte sich dieses Defizit im Verlauf meiner Untersuchungen zu einem unerwartet signifikanten Problem, das die Eingrenzung der bankinternen Einflussstrukturen und Loyalitätskonflikte sowie die Erkennung und Zuordnung etwaiger Informationsblockaden und Reformwiderstände erheblich erschwerte. Die folgenden Ausführungen zu den festgestellten Abgrenzungsdefiziten zwischen Management und Mitarbeiterstab können ggfs. dazu beitragen, ein diesbezügliches Problembewusstsein zu schaffen und eine größere Sensibilität im Hinblick auf etwaige Fehlinterpretationen zu entwickeln, die infolge mangelnder Differenzierungen in der Weltbank-Debatte entstanden sind.

Eine Abgrenzung zwischen Mitarbeiterstab und Management erschließt sich zunächst weitgehend unproblematisch aus der weiter oben bereits begründeten Differenzierung zwischen dem *oberen* und *unteren Kompetenzfeld*. Während im *oberen Kompetenzfeld* die Paradigmen, politischen Strategien und Zielvorgaben sowie die daraus resultierenden Reformvorhaben, aber auch grundsätzliche Fragen des Organisationsaufbaus entschieden werden, so werden diese Beschlüsse im *unteren Kompetenzfeld* nur mehr umgesetzt. D.h., das *untere Kompetenzfeld* grenzt sich gegenüber dem ersten Banksegment in erster Linie dadurch ab, dass seine Angehörigen nicht an der Entwicklung der politischen und organisatorischen Zielvorgaben beteiligt sind, sondern diese in der Projektarbeit wie auch in dem bankinternen Controlling umsetzen.

Diese Kompetenzzuweisung, die auf eine Zweiteilung der Organisation schließen lässt, deutet zunächst auf eine klare Trennlinie zwischen Management und Mitarbeiterstab hin. Diese Annahme entspricht weitgehend den Analyse-Modellen der Agency-Theorien. Gleichzeitig verleitet diese Zweiteilung zu der Annahme, etwaige Kooperationsdefizite und Loyalitätskonflikte würden meist zwischen diesen beiden Kompetenzfeldern ausgetragen und die Auslöser innerorganisatorischer Fehlentwicklungen wären entweder dem einen oder anderen Kompetenzfeld klar zuzuordnen, wobei die Agency-Ansätze innerbetriebliche Störfaktoren vornehmlich in den Reihen der Mitarbeiter zu lokalisieren versuchen. Ähnlich wie die Agency-Ansätze, klammern auch die meisten Weltbank-Beobachter die weitaus komplexeren Mitarbeiterstrukturen und -korrelationen eines Betriebes bzw. einer Organisation weitgehend aus und verkennen, dass innerbetriebliche Fehlentwicklungen und Störungen auch im Management-Segment ihren Anfang nehmen können und dass Loyalitätsverschiebungen zwischen den Hierarchiefeldern die formalen Strukturen unterlaufen, genauer gesagt, dass sich informelle

Verbindungen zwischen Angehörigen beider Hierarchiefelder herausbilden können.

Ferner ist davon auszugehen, dass sich nicht nur zwischen den Hierarchiefeldern Kompetenzstreitigkeiten und Zielkonflikte ergeben, sondern auch innerhalb eines jeweiligen Hierarchiefeldes. Im Hinblick auf die Weltbank zeichneten sich nach meiner Einschätzung in beiden Hierarchiefeldern Trenn- und Konfliktlinien ab, die in der Vergangenheit zeitweilig zu politischen, oft von außen nicht wahrgenommenen Spaltungen und / oder zu Polarisierungen und Loyalitätsverschiebungen führten, in deren Folge unter anderem auch formale Entscheidungen und Beschlüsse informell ausgehebelt wurden.

Bereits im Zusammenhang mit der Reformbilanz des *OED* und des *Inspection Panel* (siehe Kapitel 5.2.2 und 5.2.5) ließ sich herausarbeiten, dass einige Manager und Direktoren, trotz ihrer formalen Zugehörigkeit zum oberen Banksegment, die ihnen unterstellten Mitarbeiter bzw. ihre Abteilungen vor der Kontrolle durch die beiden bankinternen Organe abzuschirmen versuchten. Damit entzogen sie ihre Abteilungen der formellen Vorgabe der Bankleitung sich einem offeneren und transparenteren Controllingsystem unterzuordnen. Die Aufrechterhaltung der eigenen Machtposition ist neben denkbaren Loyalitätsverpflichtungen gegenüber den ihnen untergeordneten Mitarbeitern sicherlich ein zentrales Motiv der Direktoren, ihre Abteilung vor einer bankinternen Kontrolle abzuschotten. Insbesondere die Länderabteilungen, in denen die oft umstrittenen Projekte entwickelt werden, lassen, zumindest bis zu ihrer völligen Neustrukturierung durch James Wolfensohn, eine Tendenz erkennen, wonach die Sachbearbeiter und / oder deren Direktoren gegen die Anweisungen der obersten Ebene arbeiteten (s. nächstes Kapitel). Aus formaler Sicht zählen diese Direktoren zwar zum oberen Hierarchiefeld, doch auf einer informellen Ebene handeln sie im Interesse ihrer Abteilungen, wenn sie Widerstände gegen neue Anweisungen oder Reformen in den Reihen des *operational Staff* unterstützen, indem sie beispielsweise ihre Mitarbeiter gegen die bankinternen Kontroll-Gremien abschirmen. In diesen Fällen wird die formale Trennlinie zwischen den Hierarchiefeldern aufgebrochen und die Entscheidungs- und Verantwortungsstrukturen sind nur bedingt den offiziell festgelegten Hierarchielinien zuzuordnen.

Ein Aufbrechen der Hierarchielinien bewirkte unter anderem auch die große Reorganisation unter Weltbank-Präsident Conable, die einige Abteilungsauflösungen und Neuaufstellungen nach sich zog und dadurch zu erheblichen Spannungen zwischen Management und der Bankspitze führte. Im Zuge dieser Reorganisation sahen sich manche Manager und

Direktoren gezwungen, sich in ein neu strukturiertes, ausschließlich von der Bankleitung festgelegtes Hierarchiesystem einzufügen. Leitende Direktoren fühlten sich zu reinen Weisungsempfängern bzw. zu „einfachen" Mitarbeitern ohne größere Machtbefugnisse degradiert. Im Zuge dieser großen Reorganisationen kristallisierte sich für diese Manager und Direktoren heraus, dass sich auch das obere Banksegment in eine weisungsgebende bzw. machtpolitisch dominierende Hierarchielinie und eine weisungsempfangende, d.h. machtpolitisch minder privilegierte untere Hierarchielinie unterteilte. Im Kontext dieser Polarisierung zeichneten sich erhebliche Kooperationswiderstände zwischen den Hierarchielinien im oberen Banksegment ab (siehe auch Kapitel 5.2.3).

Wenngleich insgesamt von einer formal geregelten streng hierarchisch strukturierten Weltbank auszugehen ist, lässt sich dennoch erkennen, dass eine klare Abgrenzung zwischen den Hierarchielinien nicht immer möglich ist, da formal definierte Hierarchiezugehörigkeiten im Bankalltag durch persönliche Macht- und Prestigemotive, aber auch durch Loyalitätsverpflichtungen, beispielsweise der Direktoren gegenüber den Mitarbeitern in den eigenen Abteilungen, aufbrechen können. Die Klassifizierung „Mitarbeiterstab" lässt sich dann phasenweise auf die übergeordneten Hierarchielinien ausweiten, obwohl diese formal dem Management zuzuordnen sind.

Diesen Beispielen ist hinzuzufügen, dass sich aufgrund der von außen festgelegten personellen Besetzung des Präsidentenamts zudem politische Reibungspunkte auch zwischen dem Management und den neu ins Amt berufenen Weltbank-Präsidenten ergeben können, die eine enge Kooperation zwischen den obersten Hierarchieebenen anfänglich oder fortdauernd erschweren und zu erheblichen Polarisierungen führen können. Insbesondere die Ernennung von Barber B. Conable und Paul D. Wolfowitz führte zu erheblichen Akzeptanzproblemen und Widerständen auf Seiten des Managements.

Unter Berücksichtigung dieser Differenzierungsprobleme ist die Frage nach dem konkreten Einflusspotential der Mitarbeiter weniger vor dem Hintergrund der offiziellen, formal definierten Hierarchiestrukturen herauszuarbeiten, sondern vielmehr unter dem Aspekt der Unterteilung in die beiden *Kompetenz*felder, wobei auch hier „Grenzüberschreitungen" und sich verschiebende Loyalitäten zwischen den Hierarchieebenen denkbar sind und ein partielles Aufbrechen der Ebenen sogar wahrscheinlich ist.

Um das tatsächliche Einflusspotential des Mitarbeiterstabs und / oder des Managements auf die Reformentwicklung der Weltbank bewerten zu können, wäre die Erstellung einer detaillierten, mehrere Jahrzehnte umfassenden Insider- bzw. Zeitzeugenbefragung zu dieser Problematik wünschenswert. Catherine Weaver konnte in Ergänzung zu den bereits von Bruce Rich, Jochen Kraske und Sebastian Mallaby dokumentierten Fallbeispielen auf der Grundlage weiterer sowohl formaler wie auch informeller Interviews[744] mit ehemaligen Weltbank-Mitarbeitern in diesem Zusammenhang einen wichtigen Beitrag leisten. Allerdings grenzt sie die zum Teil sich gegenseitig blockierenden Hierarchieinstanzen und Kompetenzebenen nicht näher ein, so dass sich kein Einflussmuster ablesen lässt.[745] Anhand eines solchen Einflussmusters könnte die je nach Präsidentschaftsphase wechselnde, bankinterne Kooperationskultur zwischen den Hierarchielinien deutlicher herausgearbeitet werden, um darauf aufbauend etwaige Blockadestrukturen konkret benennen und differenzieren zu können.

Eine so umfangreiche Erstellung und Auswertung relevanter Quellenmaterialien würde den Rahmen dieser Forschungsarbeit bei weitem überschreiten. Da diese Arbeit jedoch in erster Linie mit dem Ziel verfasst wird, eine hinreichend aussagekräftige Indizienführung zu erarbeiten, die die Notwendigkeit aufzeigen soll, den bisherigen, eher US-zentristisch und entwicklungstheoretisch geführten Weltbank-Diskurs durch einen bislang deutlich vernachlässigten organisationssoziologischen Forschungsansatz zu erweitern, ist es aus methodischer Sicht vertretbar, auf bereits vorhandene Recherchen zurückzugreifen. Dabei ist klar, dass es sich bei dieser Methode nur um eine Indizienführung handeln kann, die den Blick auf konkret zu benennende bankinterne Verantwortungsträger für etwaige Reformblockaden zwar schärfen soll, aber die dem Problem einer abschließenden Beweisführung gegenwärtig noch unterliegt.

In Übereinstimmung mit der Fachliteratur wird nachfolgend zunächst die Bezeichnung „Mitarbeiterstab" übernommen, um dann an geeigneter Stelle auf die Problematik dieses Differenzierungsdefizits aufmerksam zu machen.

---

744 Im Zusammenhang mit ihren Erläuterungen zu der von ihr gewählten Forschungsmethode verweist Weaver darauf, dass sie u.a. über 100 Interviews sowohl bankintern wie auch extern geführt und ausgewertet habe. Vgl. Weaver (2008), S. 13f.

745 Vgl. Weaver (2008).

6.2 Innerorganisatorische Informations- und Machtasymmetrien und das Problem defizitärer Kooperationsstrukturen

Mit der Amtsübernahme von James Wolfensohn mehrten sich in der öffentlichen Berichterstattung Andeutungen darüber, dass sich die formal verankerte Loyalität der *Mitarbeiter* gegenüber der obersten Hierarchieebene bzw. gegenüber dem Weltbank-Präsidenten im bankinternen Alltag nicht immer widerzuspiegeln schien. Bereits die von Susan George und Fabrizio Sabelli plakativ unterbreitete These von der defizitären Kooperationskultur zwischen Weltbankmitarbeitern und Exekutiv-Direktorium eröffnete im Rahmen dieser Untersuchung einen ersten Zugang zur Frage des Kooperationsverhaltens und damit auch zum machtpolitischen Einflusspotential der Mitarbeiter der Weltbank. Zur Erinnerung: George und Sabelli, die den Begriff „Mitarbeiter" ebenfalls nicht näher eingrenzen, nehmen an, dass das formalrechtlich klar geregelte Projektbewilligungs-Prozedere von den bankinternen Sachbearbeitern häufig unterlaufen wird. Beide Autoren gehen davon aus, dass die für eine Projekt- bzw. Kreditbewilligung wichtigen Informationen über mögliche Risiken der Projekte von den Sachbearbeitern bewusst nicht an die formalen Entscheidungsträger, die Exekutiv-Direktoren und / oder das obere Management, weitergeleitet werden, um von den Exekutiv-Direktoren möglichst schnell für eine weitere Projektbearbeitung autorisiert zu werden. Die Annahmen Sabellis und Georges wurden im Wesentlichen durch die Beobachtungen von Bruce Rich bestätigt.

Bereits in Kapitel 1 wurde in diesem Zusammenhang auf den Begriff *Informationsasymmetrie* aufmerksam gemacht, der sowohl in der Wirtschaftstheorie wie auch in der Organisationssoziologie Anwendung findet. Während die Wirtschaftstheorie *Informationsasymmetrien* in erster Linie marktbezogen diskutiert und die Wissensasymmetrien zwischen Marktteilnehmern meint, zeichnet sich im Zusammenhang mit den Thesen und Beobachtungen von Sabelli, George und Rich vielmehr das Phänomen einer innerorganisatorischen Informations- bzw. Wissens- und damit auch Machtasymmetrie zwischen den Mitarbeitern ab. Zwar ziehen die Mitarbeiter keinen direkten ökonomischen Vorteil aus ihrem generellen projektspezifischen Informationsvorsprung gegenüber dem Management, doch kann eine gezielte, meist informelle Informations- bzw. Desinformationsstrategie den Sachbearbeitern ggfs. zu einer auch machtpolitisch relevanten Vorrangstellung verhelfen, die es ermöglicht, formal geregelte Kompetenzzuweisungen und Arbeitsanweisungen zu unterlaufen, indem die von ihnen anzufertigenden obligatorischen Zwischenberichte entsprechend verfasst werden. Die Principal-Agent-

Theorie beschreibt die Mechanismen und Folgewirkungen solcher innerorganisatorischer Informationssymmetrien.

Im Rahmen der bisherigen Untersuchung verstärkte sich nicht zuletzt durch die in Kapitel 4 erarbeitete Projektbilanz der Verdacht, dass die von George und Sabelli unterstellte, bewusst vom *unteren Kompetenzfeld* aufrechterhaltene Informationsasymmetrie gegenüber dem Exekutiv-Direktorium auch gegenüber der Geschäftsleitung, d.h. der obersten Hierarchie- bzw. *Kompetenz*linie zum Tragen kommt. Hiernach wäre davon auszugehen, dass die Mitarbeiter durch die Unterdrückung von Informationen projektbezogene Risiken und Fehlentwicklungen verschleiern, um letztlich darüber hinwegzutäuschen, dass sich die Projektqualität trotz angewiesener Korrekturen nicht verbessern ließ. Eine effektive Umsetzung diesbezüglicher Reformanweisungen kann und konnte so hinausgezögert, wenn nicht sogar gänzlich konterkariert werden.

Erhärtet wird dieser Verdacht auch durch die Ausführungen von Hürni, die bereits 1980 die möglichen Probleme solcher auf die unteren Hierarchieebenen ausgerichteten Reformen ansprach. Bereits damals machte Hürni darauf aufmerksam, dass die Stabsmitglieder bzw. Bankangestellten nicht immer bereit seien, vom Management verordnete neue und manchmal zeitraubende Methoden bei der Projektentwicklung einzuführen, da sie in der Regel aufgrund festgelegter Fristen unter hohem Zeitdruck arbeiten und sich zudem aufgrund der damals bereits eingestellten 5000 Mitarbeiter eine gewisse institutionelle Trägheit beobachten ließ.[746] Hürni nimmt hiernach ein Blockadeverhalten in dem hier herausgearbeiteten *unteren Kompetenzfeld* an, ohne dies zu konkretisieren.

Im gleichen Zusammenhang ist auch den Recherchen von Bruce Rich mehrfach zu entnehmen, dass wichtige Reformschritte seitens der Bankleitung, die vor allem eine Verschärfung der ökologischen und sozialpolitischen Auflagen für eine Projektbewilligung bewirken sollten, von den Projekt-bearbeitenden Abteilungen des *unteren Kompetenzfelds* unterlaufen wurden. Rich konnte belegen, dass wichtige Dokumentationen über erkennbare Fehlentwicklungen zwischen den Hierarchieebenen zurückgehalten und bestehende Informationsasymmetrien gezielt aufrechterhalten wurden.[747]

Während Rich zunächst ein Blockadeverhalten bzw. einen Kooperationsbruch im *unteren* Banksegment beschreibt, finden sich in seinen weiteren Ausführungen auch Hinweise darauf, dass insbesondere in den Reihen der *obersten* Hierarchieebene ebenfalls Informationen unterdrückt

746 Vgl. Hürni (1980), S. 118.

747 Vgl. Rich (1998), S. 100ff.

wurden. Er recherchierte mehrere Begebenheiten, die die Annahme stützen, dass die unterschiedlichen Hierarchieebenen nicht immer als Einheit kooperierten und zeitweilig sogar gegeneinander arbeiteten. Das Zurückhalten bzw. Unterdrücken von kritischen Informationen über sich abzeichnende Projektrisiken und -fehlentwicklungen war hierbei der wichtigste Mechanismus, um eine konstruktive Kooperation zwischen den *Kompetenz*ebenen zu umgehen.

So recherchierte Rich für die Zeit der Präsidentschaft McNamaras, im Zusammenhang mit dem in den 1970er Jahren finanzierten Entwicklungsprojekt für Landwirtschaft und Viehzucht im ruandischen Mutura, dass die ethnisch begründeten Warnungen des belgischen Anthropologen und offiziellen Weltbankberaters René Lemarchand[748] in den bankinternen Bewilligungsverfahren völlig unbeachtet blieben. Nach eigenen Angaben Lemarchands wurde seine Expertise von den entsprechenden Sachbearbeitern in ihrem obligatorischen Bewertungsbericht[749] für das Bankpersonal auf nur noch zwei Seiten reduziert und *„in einer größtenteils harmlosen Diktion faktisch sterilisiert“*.[750]

Etwa zwei Jahre später wurde der Landwirtschaftsspezialist und Angehörige des Französischen Nationalinstituts für Landwirtschaftliche Nutzung (INRA), Claude Reboul, von der Weltbank mit einer Landwirtschaftsstudie über das westafrikanische Senegal beauftragt. Auch seine Analyseergebnisse, die den bereits laufenden Projekten attestierten, dass sie bereits privilegierte Bauern reicher und marginalisierte Bauern ärmer machten und insgesamt nicht zu einer Reduzierung der Armut beigetragen hatten, wurden von den Beamten der Weltbank zurückgewiesen

748 Die Recherchen Richs ließen sich durch mehrere Beiträge im Rahmen einer Fachtagung zur Frage der Entwicklungsarbeit in Konfliktzonen bestätigen. Einige Autoren beziehen sich ebenfalls auf diese von Lemarchand verfassten Expertisen zum ethnischen Konflikt zwischen den Tutsi- und Hutuethnien, in denen er die gleiche Problematik unterbreitete, die er, den Recherchen Richs zufolge auch der Weltbank zu bedenken gab. Vgl. Fahrenhorst (2000). Die Übereinstimmung belegt zwar nicht im Detail den von Rich geschilderten Vorgang, wonach Lemarchands Expertise von den Mitarbeitern der Weltbank zurückgehalten wurde, dennoch sprechen die Übereinstimmungen im Sachverhalt für Richs Indizienführung.

749 Die Bewertungsberichte sind die Empfehlungsschreiben der Projektbearbeitenden Abteilungen, die an das obere Management und über dieses an das Exekutiv-Direktorium weitergeleitet werden, und als Entscheidungshilfe für einen endgültigen Bewilligungsbescheid angefertigt werden. In der Regel entschied das Exekutiv-Direktorium in der Vergangenheit konform mit der Empfehlung der Projekt-bearbeitenden Abteilung.

750 Vgl. Rich (1998), S. 102, Rich zitiert: Lemarchand (1982), S. 71.

und nicht weitergeleitet. Zudem forderten sie nach eigenen Angaben von Reboul die Vernichtung aller bereits angefertigten Kopien des Untersuchungsberichtes.[751]

Rich nimmt an, dass die Unterdrückung oder Verfälschung von Expertisen ein sich mehrfach wiederholendes Problem in den siebziger und achtziger Jahren war.[752] Hier muss allerdings für die Ära McNamara eingeräumt werden, dass das Handeln der Mitarbeiter durchaus im Sinne, wenn nicht sogar aufgrund einer informellen Direktive der Bankleitung initiiert worden sein kann. Es ist allgemein bekannt, dass McNamara vor allem in den ersten Jahren seiner Präsidentschaft dazu tendierte, die Augen vor etwaigen Fehlentwicklungen seiner Strategien zu verschließen und seinem technokratischen Verständnis folgend, das Rich als *„Faustisches Erbe"*[753] bezeichnet, nicht sein konnte, was nicht sein durfte. Daher ist im Falle der Präsidentschaft McNamaras das Herausarbeiten bzw. Belegen eines Blockadeverhaltens im unteren Banksegment schwierig. Vielmehr ist anzunehmen, dass McNamara seinen technokratischen Leistungsethos als unabdingbare Arbeitsmaxime installierte, die zu einer Art Systemzwang für die Mitarbeiter kultiviert wurde, nur Positiv-Meldungen über den jeweiligen Entwicklungsstand eines Projektes weiterzuleiten. Kritische Bewertungen bzw. konstruktive Kritik seitens der Mitarbeiter waren unter der Leitung McNamaras nicht karrierefördernd.

Im Hinblick auf die Kooperationsdefizite, die sich den Beobachtungen von Rich, George und Sabelli zufolge zwischen den Hierarchieebenen abzeichneten, fand bereits 1980 die Doktorandin Karen S. Thomas im Rahmen ihrer Forschungsarbeit an der Universität Berkely heraus, dass die überwiegende Mehrheit der Weltbankmitarbeiter eine deutliche Trennungslinie zwischen den Hierarchieebenen beklagte, die eine konstruktive Zusammenarbeit nicht zuließ und Kommunikation zwischen diesen Ebenen nur im Sinne einer Einbahnstraße stattfand, nämlich dann, wenn Anfragen seitens des oberen Managements an die unteren Kompetenzebene, also den Mitarbeiterstab, gerichtet wurden. Der umgekehrte Kommunikationsweg, Vorschläge oder kritische Anmerkungen der Mitarbeiter in eine höhere Hierarchieebene zu transportieren, war hiernach in der Führungsebene unerwünscht.[754] Im Ergebnis dieser Studie stellte sich demnach heraus, dass die oberen Hierarchielinien eine

751 Vgl. Rich (1998), S. 102, Rich zitiert: Dumont (1986), S. 367–372.

752 Vgl. ebd., S. 102.

753 Ebd., S. 113, Rich rekonstruiert einige Analogien zwischen dem auf Naturbeherrschung fixierten Faust und McNamaras Willen, seine Vorstellung von Entwicklung und Urbanmachung unbeirrt umzusetzen.

754 Vgl. Thomas (1980), zitiert in: George / Sabelli (1995), S. 110.

enge Kooperation mit dem unteren Banksegment offenbar nicht forcierten, solange ihre Zielvorgaben und operativen Anweisungen umgesetzt wurden.

Jochen Kraske bestätigt diese sich unter McNamara herauskristallisierende Trennungslinie zwischen der obersten Geschäftsleitung und dem Mitarbeiterstab. Kraske geht davon aus, dass insbesondere McNamara, der sich nur mit wenigen, engen Mitarbeitern aus der obersten Hierarchieebene austauschte, keinerlei Kontakte zu den restlichen ebenfalls hochqualifizierten Mitarbeitern pflegte und diesen das Gefühl vermittelt habe, nur für die reine Datenerfassung angestellt zu sein.

> „But while they felt proud to be part of the Bank´s mission, they also worried that they might not count, that they were just ´datagatherers´ ".[755]

Kraske grenzt den Kreis der engsten Mitarbeiter auf die Vize-Präsidenten ein, die dem Weltbank-Präsidenten direkt unterstellt waren. Alle anderen Direktoren und Manager hatten nach Kraske kaum bzw. keinen Kontakt zu McNamara und konnten sich daher in dieser Ebene nicht konstruktiv einbringen.

Möglicherweise verankerte und zementierte sich zu diesem Zeitpunkt eine nachhaltige insgesamt problematische, da von Rivalitäten, Unsicherheit, Misstrauen und gezielte Desinformation gekennzeichnete Kooperationskultur, die James Wolfensohn gleich zu Beginn seiner Präsidentschaft als ein wesentliches Merkmal der bankinternen Arbeitsstruktur glaubte erkennen zu können und die im Laufe seiner Amtszeit noch mehrfach öffentlich publik werden sollte.

Erstmalig in der Weltbankgeschichte thematisierte Wolfensohn in der Öffentlichkeit Konflikte und Rivalitäten zwischen den bankinternen Hierarchielinien. Rich zitiert einen Artikel der Financial Times vom 29.03.1996, wonach Wolfensohn bereits ein Jahr nach seinem Amtsantritt die Geschäftsführer beschwor, endlich mit ihm zusammen an einer Veränderung der Institution und ihrer Arbeitskultur zu arbeiten. Die Financial Times titelte daraufhin mit der Überschrift: *„Worldbank chief accuses staff of resisting reforms"*.[756]

Nicht zuletzt durch diesen Vorwurf zeichnete sich ab, dass auch die Mitarbeiter einen erheblichen Anteil an der offenkundig gewordenen problematischen bzw. defizitären Kooperationskultur hatten, wobei sich Wolfensohns Appell jedoch in erster Linie an die geschäftsführenden Mana-

---

755 Kraske (1996), S. 207.

756 Holman / Waldmeier (1996), S. 1, zitiert in: Rich (1998), S. 331.

ger und Direktoren der oberen Hierarchieebene richtete und nicht, wie der Titel der Financial Times suggeriert, an den Mitarbeiterstab im unteren Hierarchiefeld.

Den Äußerungen Wolfensohns ist zunächst zu entnehmen, dass die Kooperationsdefizite aus seiner Sicht vor allem zwischen den Mitarbeitern aus den oberen Hierarchieebenen und dem Weltbank-Präsidenten zum Tragen kam und dass Wolfensohn sich in seiner Funktion als Präsident in der Organisation offenkundig politisch isoliert und in seinem Reformvorhaben unzureichend unterstützt fühlte.

Seiner Analyse von der mangelnden Kooperationskultur fügte Wolfensohn einen weiteren Aspekt hinzu: Noch im März 1996 konfrontierte Wolfensohn in einer Ansprache das vollzählige, über 300 Personen umfassende Topmanagement der Bank mit einem intern erarbeiteten Untersuchungsergebnis, das m. E. die Studie von Karen S. Thomas spiegelte, die 16 Jahre zuvor verfasst worden war. Diese neueren von Wolfensohn in Auftrag gegebenen Untersuchungen brachten zu Tage, dass 40% aller Mitarbeiter ihren Managern wenig Vertrauen entgegen brachten. Wolfensohn betonte, dass sich dieses Misstrauen den Untersuchungen zufolge in erster Linie gegen die bisherige Geschäftsführung richte, die aus den 300 bei der Ansprache anwesenden Managern bestand.[757]

Auch Sebastian Mallaby zitiert Wolfensohn in diesem Zusammenhang mehrfach und rekonstruiert, dass Wolfensohn in erheblichem Maße ein bankinternes Blockadeverhalten insbesondere im oberen Management für die bestehenden Probleme der Bank mitverantwortlich machte.[758] Wolfensohn sprach hiernach von einer fühlbaren *„unsichtbaren Barriere"*, von einer *„Glaswand"*, die er zwischen sich und dem Mitarbeiterstab fühlte.[759] Anfang 1996 kündigte er die Einrichtung der *„Change management group"* an[760], die sich diesem Kooperationsproblem widmen sollte.

Was sich in seinen diesbezüglichen Interviews und auch in seiner Ansprache andeutete, war ein seit langem schwelender Grabenkampf zwischen den Hierarchieebenen. Eine politische Geschlossenheit, die die Weltbank als eine einheitlich handelnde Akteurin voraussetzt, wurde damit vor der Weltöffentlichkeit in Frage gestellt. Dabei differenziert auch Wolfensohn in dieser Ansprache die sich offenbar gegenüberstehenden Hierarchieebenen nicht weiter. Dennoch kann die Auswahl des gezielt angesprochenen, 300 Manager umfassenden Personenkreises als

757 Vgl. World Bank (1996), S. 12, zitiert in Rich (1998), S. 330.

758 Vgl. Mallaby (2004), S. 145ff.

759 Vgl. ebd., S. 146.

760 Vgl. ebd., S. 146, vgl. Rich (1998), S. 369.

Anhaltspunkt für die Benennung bzw. Eingrenzung der oberen Hierarchieebene dienen.

In Anbetracht dieser von Wolfensohn offen bekundeten Kooperationsdefizite drängt sich die Frage auf, ob und in welchem Maße auch andere Präsidentschaftszeiten von signifikanten Kooperationsproblemen zwischen den Hierarchieebenen betroffen waren, die das Bild einer als Einheit agierenden, hierarchisch aufgebauten Weltbank ins Wanken bringen könnten und die Notwendigkeit verdeutlichen, verstärkt nach ineffizienten Bankstrukturen, innerorganisatorischen Reformbarrieren und sich gegenseitig blockierenden Machtstrukturen zu suchen.

Sebastian Mallaby gibt eine erste Antwort auf diese Frage, indem er im Hinblick auf die Präsidentschaften Conables und Prestons festhält:

> „Jim Wolfensohn was not the first World Bank president to believe the institution needed shaking. His predecessors shared the sence that the Bank was less than the sum of its parts, that the brilliance of its individual staff did not translate into a brilliant institution. (…)" "Frustrated by such criticism (gemeint sind hier die Ergebnisse des Wapenhans-Berichts, Anmerkung d. A.), both, Barber Conable and Lewis Preston embarked on managerial reform, creating new departments, changing the Bank´s mix of skills, trying to streamline its bureaucracy.(…)"[761]

Im Hinblick auf die Präsidentschaft Clausens stellt sich eine diesbezügliche Untersuchung zunächst als wenig aufschlussreich dar, da seinem Führungsstil insgesamt zugeschrieben wird, die unter McNamara etablierte, stark zentralistische und von sehr autoritären Kompetenzzuweisungen geprägte Arbeitsstruktur weitgehend gelockert und damit die sich abzeichnenden Gräben zwischen den Hierarchielinien bereits wieder aufgeschüttet zu haben. Den Ausführungen Kraskes ist zu entnehmen, dass Clausen seine Mitarbeiter (Kraske unterscheidet hier ebenfalls nicht die einzelnen Hierarchieebenen) mit großen Entscheidungsbefugnissen ausstattete und zudem darauf vertraute, dass die für ihn wichtigen Informationen von den entsprechenden Sachbearbeitern und Abteilungen an ihn herangetragen wurden. Anders als McNamara gilt Clausen als Delegierer.[762] Auch wenn sich allgemein nur wenige konkrete Hinweise auf die damalige bankinterne Kooperationskultur finden lassen, so erschließt sich aus der von Kraske festgestellten grundsätzlichen Bereitschaft Clausens, Kompetenzen zu verteilen und zu delegieren, eine mögliche Erklärung dafür, dass sich seine Nachfolger zeitweilig mit ei-

761 Mallaby (2004), S. 148ff.

762 Vgl. Kraske (1996), S. 216f, 222.

nem äußerst selbstbewussten Mitarbeiterstab - zumindest im oberen Banksegment - konfrontiert sahen, der sich unter Clausens Amtsleitung an weitreichende Entscheidungsbefugnisse gewöhnt hatte und zudem nach eigenem Ermessen entschied, welche Projekt-Informationen relevant waren und in die jeweils höheren Hierarchieebenen weitergeleitet wurden.

Die Aussagen Richs sind im Hinblick auf die unter Clausen bestehende Kooperationskultur zwischen den Hierarchieebenen und Abteilungen eher ambivalent: Zunächst deutet sich in seinen Schilderungen an, dass Clausens Präsidentschaft von einer weitgehenden politischen Geschlossenheit der *Kompetenz*ebenen gekennzeichnet war. Diese Geschlossenheit spiegelt sich vordergründig in den von Rich ausführlich beschriebenen Reaktionen der Bankspitze auf die sich plötzlich massiv verstärkenden internationalen Proteste gegen das brasilianische, weltbankfinanzierte Projekt Polonoroeste. Jegliche Kritik wurde von der obersten Hierarchieebene, inklusive der Person Clausens, als unhaltbare externe Fehleinschätzung eines angeblich von den Mitarbeitern fundiert geplanten und hinreichend überprüften Projektes abgewiesen. Zu keinem Zeitpunkt wurde von Clausen - zumindest vor der Öffentlichkeit - die Möglichkeit in Erwägung gezogen, dass auf Seiten der Bank signifikante Fehler sowohl bei der Projektplanung wie auch in den Evaluierungsberichten unterlaufen sein konnten.[763] Diese Ausführungen deuten insgesamt eher auf eine innere Geschlossenheit der Führungsebene mit dem restlichen Mitarbeiterstab hin.

Im weiteren Verlauf seiner Ausführungen zum Debakel um Polonoroeste dokumentiert Rich dann jedoch, wie die *Kompetenz*ebenen gegeneinander gearbeitet haben. Rich stellt fest, dass nicht in erster Linie die Mitarbeiter der unteren Ebenen Informationen zurückgehalten haben, sondern dass das obere Management die mehrfach eingereichten Warnungen der Sachbearbeiter und der Abteilungen für Umweltfragen und für Länderpolitik und Landwirtschaft stets ignoriert hat.[764]

Ausführlich beschreibt Rich die erfolglosen Bemühungen einiger Mitarbeiter, ihre Expertisen und Dossiers an das Exekutiv-Direktorium weiterleiten zu können. Laut Rich wurde beispielsweise ein Schreiben des

763 Vgl. Rich (1998), S. 122-135.

764 Vgl. ebd., S. 150, Rich bezieht sich auf eine 1987 im amerikanischen Fernsehen ausgestrahlte Sendung, in der die Korrespondentin, Diane Sawyer, ihren Interviewpartner, den damaligen Vize-Präsidenten für internationale Beziehungen der Weltbank, David Price, mit bankinternen Dokumenten konfrontierte, die die mehrfachen Bemühungen der Bankmitarbeiter, das Projekt zu stoppen, belegen konnten.

obersten Umweltberaters der Bank, James Lee, an Warren C. Baum (Vize-Präsident der obersten Hierarchieebene) von diesem zurückgeschickt, mit dem Vermerk, dass derartige Details auf der Ebene der Vize-Präsidenten nicht diskutiert würden.[765] Ferner belegt Rich die vom oberen Management angeordnete Informationsblockade anhand eines Auszugs aus dem Sitzungs-Protokoll der Exekutiv-Direktoren vom 1. Dezember 1981, woraus hervorgeht, dass die Exekutiv-Direktoren offenkundig keinerlei Informationen über die Risiken und Warnungen der Bankmitarbeiter erhalten hatten, da sie voll des Lobes für die ökologische und soziale Ausgereiftheit des Projektes waren[766] und damit exakt die Aspekte als positiv hervorhoben, die in den Bewertungsberichten der bankinternen Umweltberater als fehlgeschlagen beurteilt worden waren.

Rich führt nicht näher aus, inwieweit Clausen durch seine Mitarbeiter bzw. Vize-Präsidenten von den tatsächlichen Entwicklungen des Projektes Polonoroeste ins Bild gesetzt worden war und ob die Zurückweisung der Expertisen und Eingaben, an denen Bruce Rich selber mitgewirkt hatte, in die alleinige Verantwortung der Vize-Präsidenten fiel, die Clausen möglicherweise wesentliche Informationen vorenthielten. Bekräftigt werden Richs Ausführungen durch die Politikwissenschaftler Morton Boas und Desmond McNeill. Ihre Recherchen ergaben im Zusammenhang mit den Protestschreiben gegen Polonoroeste, dass Clausen ein diesbezügliches Schreiben von dem amerikanischen Senator Robert Kasten erhalten hatte, in dem Clausen gebeten wird, zu den Dossiers der brasilianischen NGOs Stellung zu beziehen, die sich nach ihrer Abweisung durch die Weltbank an den Senator gewandt hatten und um Unterstützung gegen eine weitere Förderung Polonoroestes baten.[767] Dass Clausen die von Kasten vorgebrachten Anschuldigungen gegen die Weltbank als haltlos abwehrte, könnte ggfs. damit zu erklären sein, dass ihm nicht alle Details von seinen engsten Mitarbeitern vorgelegt worden waren, wobei sein engster Mitarbeiter der in der Hierarchie direkt unter ihm stehende Vize-Präsident Ernest Stern war, dem Rich zuschreibt, alle Kompetenzen bzw. Fäden in seiner Hand konzentriert zu haben.[768] Auch die Tatsache, dass Clausen sich spätestens nach Kastens Schreiben nicht für eine umfassende Aufklärung in dieser Sache einsetzte und nach außen weiterhin insistierte, die bankinternen Kontrollabteilungen hätten das Projekt hinreichend auf Risiken und Fehlentwicklungen überprüft,

765 Vgl. Rich (1998), S. 152, Rich zitiert: Lee (1981).

766 Vgl. ebd., S. 152, Rich zitiert Weltbank (1981), S. 2.

767 Vgl. ebd., S. 132, Rich gehörte zu den Mitverfassern einiger dem Weltbank-Präsident vorgelegten Dossiers. Vgl. Boas / McNeill (2004), S. 80.

768 Vgl. Rich (1998), S. 135.

kann in Anbetracht seiner Delegationspolitik dahingehend interpretiert werden, dass Clausen dem Informationsmanagement seiner engsten Mitarbeiter blind vertraute und tatsächlich annahm, das Projekt wäre von den entsprechenden Abteilungen überprüft worden. Der Gastautor in der von Kapur, Lewis und Webb herausgegebenen Weltbankchronologie, Robert Wade, bringt in diesem Zusammenhang deutlich seine Überzeugung von der informativen Isolierung des Präsidenten zum Ausdruck, indem er konstatiert: *„...the staff missled not only the board but also the president...."*[769] Allerdings bleibt auch Wade eine Antwort auf die Frage schuldig, wen er mit der pauschalen Benennung *„staff"* konkret meint.

Ein weiteres Mal wird aus den hier wiedergegebenen Ausführungen ersichtlich, dass die undifferenzierten Benennungen von Hierarchieebenen und *Kompetenz*ebenen eine exakte Analyse der bankinternen Entscheidungs- und Machtstrukturen deutlich erschwert. Dies bekräftigt meine Anregung, in künftigen Forschungsprojekten zur Weltbankproblematik verstärkt diesen Aspekt zu berücksichtigen. Denn nur, wenn die etwaigen Informationsblockaden konkreten Hierarchieebenen und / oder einzelnen Verantwortungsträgern zugeordnet werden können, lässt sich ein fundierter Zugang zur Frage der Motivation für dieses Blockadeverhalten finden, die zwischen Dogmatismus, Karrieredenken oder auch Korruption anzusiedeln ist.

Zwar lassen sich sowohl die Rolle Clausens im Falle Polonoroeste als auch die Motive für das Blockadeverhalten der obersten Hierarchieebene gegenüber dem amerikanischen Senator Kasten an dieser Stelle nicht gesichert belegen, doch ergibt sich aus der Tatsache, dass Polonoroeste, das noch unter McNamaras Federführung konzipiert worden war, ein kapitalintensives Prestigeprojekt war, der Verdacht, dass sich die Verantwortungsträger im obersten Management über dieses Großprojekt definieren wollten. Die Annahme eines solchen machtpolitisch motivierten Blockadeverhaltens grenzt das Motiv der Korrumpierung dabei nicht völlig aus.

Darüber hinaus wurde bereits ausgeführt, dass insbesondere Clausens Präsidentschaft erheblich durch die Androhungen der Reagan-Administration, die amerikanischen Beitragszahlungen zu reduzieren, finanziell bedrängt wurde, so dass sich hier ein weiteres nachvollziehbares Motiv für das unbeirrte Festhalten an der Projektfinanzierung ableiten lässt, da ein so kostenintensives Projekt wie Polonoroeste durch hohe Kreditrück-

769 Wade in: Kapur / Lewis (1997), S. 611-735.

zahlungsraten seitens Brasiliens langfristige Einnahmen für die Weltbank sichern half.

Dennoch lässt sich aus diesem nachvollziehbaren Motiv kein zwingender Beweis dafür ableiten, dass Clausen tatsächlich über das Ausmaß des Projektdesasters hinreichend von seinen Mitarbeitern informiert worden war. Auch Jochen Kraske scheint an der engen Kooperation und Transparenz zwischen den oberen Hierarchielinien Zweifel zu haben. [770] So führt Kraske weiter aus, dass Clausens Nachfolger Barber Conable gleich nach seiner Amtsübernahme bankinterne Fehlleistungen im Hintergrund des Polonoroeste-Debakels vermutete. Die andauernden Proteste gegen das von der Weltbank weiterhin unterstützte Projekt sowie die bereits unter Clausens Präsidentschaft aufgedeckten Budget- und Effizienzprobleme, die vor allem von der US-Administration immer wieder angemahnt wurden, veranlassten Conable, die bestehenden innerorganisatorischen Strukturen der Bank zu überprüfen.[771]

Insbesondere im Hinblick auf die Rolle des Managements und Mitarbeiterstabs glaubte Conable erkennen zu können, so Kraske, dass das oberste Management wesentliche Informationen nicht an das Büro des Weltbank-Präsidenten weitergeleitet sowie eigenmächtig Entscheidungsbefugnisse auf sich konzentriert hatte und auch ansonsten die Unterstützung des Präsidenten durch die Mitarbeiter eher unzureichend gewesen war. Jochen Kraske schreibt hierzu:

> „Although new to the Bank and without management experience, Conable had arrived at his own views about what was wrong with the institution. He found that the compartmentalized structure of the organization, the staff support available to him, and the way decisions were made in the Bank did not allow him to take charge. Specifically, he thought that a disproportionate amount of resources and decisionmaking authority was concentrated in the office of the senior vice president, operations. Conable also felt that his office did not receive the information and analytical resources he needed to provide leadership and monitor performance."[772]

Das so offen bekundete Misstrauen Conables konkretisierte sich möglicherweise mit der Versetzung des damaligen in der Hierarchie direkt unter dem Weltbank-Präsidenten stehenden ersten Vize-Präsidenten Ernest

---

770 Vgl. Kraske (1996), S. 254.

771 Vgl. ebd., S. 254.

772 Vgl. ebd., S. 254, Kraske bezieht sich auf ein Schreiben des Manager Direktors Rodman Drake an Barber Conable, vgl. Drake (1986), S. 2.

Stern, den Rich plakativ als *„Hexenmeister der Weltbank"* bezeichnet[773]. Laut Kraske war die Versetzung Sterns, durch die er den Kreis der engsten Mitarbeiter des Präsidenten verlassen musste, aus Sicht des neuen Präsidenten unerlässlich, wenn er seine Reorganisationspläne zugunsten dezentraler, kooperativer Entscheidungsstrukturen glaubhaft machen wollte.[774] Hier drängt sich die Frage auf, ob Conable dem damals einflussreichsten Weltbankmitarbeiter, trotz dessen profunder Kenntnisse über alle Vorgänge in der Bank, in der er seit 1972 beschäftigt war, möglicherweise nicht mehr das erforderliche Vertrauen entgegen brachte, um ihn als seinen engsten Mitarbeiter im Amt des ersten Vize-Präsidenten zu belassen. Auch in der von Kapur, Lewis und Webb herausgegebenen Weltbankchronologie kommen die Autoren zu dem Ergebnis, dass Conable im Hinblick auf eine inhaltliche Neuausrichtung der Bank keine Kooperationsbasis mit Stern sah[775], wobei die Autoren das problematische Verhältnis auch auf den damaligen Amtskollegen Sterns, den Vize-Präsidenten Moeen Qureshni ausdehnen.

> „Conable´s decision, to switch Stern and Qureshni into the positions of senior vice presidents for Finance and Operations, respectively, brought a more willing collaborator to the operational side of the poverty initiatives that were being set in motion. Stern continued to participate in senior management discussions, but was weakend in his ability to impose his doubts and disagreement regarding those initiatives."[776]

Wie Kraske, Kapur, Lewis und Webb ist auch Bruce Rich davon überzeugt, dass Conable zwischen sich und dem obersten Management ein Blockadeverhalten bzw. eine gezielte Desinformationsstrategie wahrnahm. Ohne dass Rich die folgende Angabe mit einem Quellennachweis belegt, gibt er an, dass Conable bei einem Treffen mit Umweltschützern eingeräumt habe, *„(…) es seien Leute aus dem langjährigen obersten Management der Bank, die ihm sagten, was möglich war und was nicht, und manchmal habe er Schwierigkeiten, herauszufinden, wer in der von ihm geleiteten Institution das Sagen habe"*.[777] Richs Angabe gewinnt, trotz fehlender Quel-

773 Rich (1998), S. 135.

774 Vgl. Kraske (1996), S. 256.

775 Im Übrigen kehrte Ernest Stern unter Präsident Lewis Preston wieder an die Spitze der Weltbank zurück. Als einer der drei managing directors, die Preston im Zuge einer neu gebildeten Hierarchielinie einsetzte, bezog Stern erneut die Schlüsselposition als Vorsitzender dieser neuen Hierarchieebene (Chairman of Operations Commitee), vgl. Kapur / Lewis (1997), S. 359.

776 Kapur / Lewis (1997), S. 360.

777 Rich (1998), S. 154.

lenangabe, durch die Ausführungen Kapurs, Lewis´ und Webbs durchaus an Glaubwürdigkeit.

Nicht zuletzt das Debakel um Polonoroeste und die von der US-Administration kritisierte Ineffizienz der Bankleistungen sowie seine ersten Einschätzungen über die bankinternen Arbeitsstrukturen beeinflussten Conable dahingehend, die Bank neu zu strukturieren und zudem deutlich stärker auf umweltrelevante Problemlösungen auszurichten. Dabei, und auch dies deutet sein mögliches Misstrauen gegenüber dem Informationsmanagement an, stattete er die neue Umweltabteilung nicht nur mit mehr Mitarbeitern aus, sondern vor allem richtete er diese Abteilung in der obersten Hierarchieebene ein, wodurch prinzipiell die potentiellen bankinternen Blockadestellen zwischen der oft isolierten, da kritischen, Umweltabteilung und dem Büro des Weltbank-Präsidenten und den Exekutiv-Direktorium deutlich minimiert wurden. Der Politikwissenschaftler Philippe le Prestre schreibt dazu:

> „A new ´top-level environmental Department´ with the equivalent of thirty full-time staff members was established. (…) Its high hierarchical position will give environmental criteria greater visibility, and may enable it to arbitrate effectively among competing sectors. (…) Better information is also expected to flow to the Executive Directors."[778]

An der mit neuen Kompetenzen ausgestatteten Umweltabteilung entbrannte denn auch ein erneuter Grabenkampf, den Robert Wade zusammenfasst:

> „But the environmental complex did not satisfy the operational staff, either. The earlier ´syndrome of distrust´ between the Office of Environmental Affairs and operational staff, well entrenched after seventeen years, could not easily be erased. Indeed the situation was worse than before from the point of view of the operational staff, because the environmental complex was now much larger and had real power." [779]

Wades Anspielung auf einen ähnlichen Konflikt, 17 Jahre zuvor, bezieht sich dabei auf die weiter oben bereits beschriebene Einrichtung des *OED*, das mit ähnlichen Akzeptanzproblemen auf Seiten der Projektsachbearbeiter zu kämpfen hatte, wobei auch in diesem Zusammenhang keine konkreten Benennungen der Mitarbeiter und / oder Manager recherchiert werden konnten. Welche Mitarbeiter Wade im Hinblick auf die

778 Prestre (1989), S. 199.

779 Wade in: Kapur / Lewis (1997), S. 680.

von Conable initiierte neue Umweltabteilung konkret meint, bleibt ebenfalls unklar.

Die häufige Isolierung des *OED* innerhalb der Hierarchieebenen[780] zeichnete sich Anfang der 1980er Jahre auch bei dem von Brasilien beantragten Projekt Carajás[781] ab und ist ein weiteres Beispiel für ein offenkundiges Gegeneinander-Arbeiten der Abteilungen. Laut Rich behinderten die Mitarbeiter der Abteilung für Operationen und Management, die in der bankinternen Hierarchielinie direkt dem Vize-Präsidenten untersteht, die Mitarbeiter des *OED* daran, weitere Umwelt- und Sozialfolgen des in Planung befindlichen Projektes zu untersuchen.[782] Die Abteilung für Operationen und Management war zum damaligen Zeitpunkt aufgrund der bestehenden Hierarchieordnung dem *OED* gegenüber weisungsbefugt und konnte laut Rich sowohl die Richtlinien und Kriterien als auch den Projektbereich eingrenzen, den das *OED* in seinem Bericht zu bewerten hatte. Durch diese Eingrenzungsvorgabe blieb das ganze Ausmaß des Carajás-Programms in den offiziellen Berichtunterlagen weitgehend unreflektiert[783], da das *OED* nur wenige vorgegebene Kriterien im Zusammenhang mit der Projektimplementierung hatte untersuchen dürfen, obwohl davon auszugehen ist, dass die Mitarbeiter des *OED* weitaus umfassendere Projektanalysen erarbeitet hatten als dann schließlich in den offiziellen Berichten auftauchten.

Trotz der mit großen Hoffnungen begleiteten Versprechungen Conables, die Bankprojekte umwelt- und sozialverträglicher auszurichten, zeichneten sich bereits Mitte der 1980er Jahre weitere Projektdesaster ab. Darunter der Bau des Kedung-Ombo-Staudamms in Java, dessen Fertigstellung Tausende von Menschen zwang, ihr Land ohne adäquate Entschädigung und zum Teil mit erpresserischen Methoden zu verlassen sowie das Wasserkraftprojekt Ruizizi II, das in Zaire und Ruanda etwa 2500 Men-

---

780 Vgl. Rich in: Pincus / Winters (2002), S. 27.

781 Anfang der 1980er Jahre von der Weltbank unterstütztes brasilianisches Konzept, an einer Teilstrecke des im Amazonas fließenden Sâo Franciso eine der Erzgewinnung und -Verarbeitung dienende Industrieanlage, mit insgesamt 34 Einzelanlagen zu bauen und zugleich die dazugehörigen Infrastrukturen in Form von Eisenbahnlinien und Hochseehafen zu schaffen. Die absehbaren Negativfolgen waren vor allem massive Entwaldungen, unter anderem für die Holzkohleproduktion zur Verfeuerung in den Industrieanlagen, für die Bereitstellung von Weideland für intensive Viehwirtschaft.

782 Vgl. Rich (1998), S. 181f.

783 Vgl. Fußnote *** in Rich (1998), S. 181f.

schen, diesmal ohne jegliche Entschädigung, von ihrem Land vertrieb.[784] Doch vor allem drohte das Staudammprojekt Sardar-Sarovar im indischen Narmada Tal sich zu einem Desaster zu entwickeln, das in seinen negativen ökologischen und sozialen Ausmaßen denen des Polonoroeste-Projektes gleichzusetzen war.

In diesem Zusammenhang konstatiert Rich, dass Barber Conable seinen Mitarbeitern der Indienabteilung zunehmend misstraute, als diese ihm, trotz weltweiter Kritik, weiterhin allzu optimistische Berichte über die zu erwartenden Folgen des Sardar-Sarovar-Staudammes unterbreiteten.[785] Conable setzte daraufhin 1991 die Morse-Kommission ein, um unabhängige Untersuchungsergebnisse hinsichtlich der Folgewirkungen sämtlicher Weltbankprojekte zu erhalten, mit dem Ergebnis, dass diese die bankinternen Projektbewertungen als *„ein Muster von grober Fahrlässigkeit und Pflichtvergessenheit seitens der Weltbank und der indischen Regierung"* enthüllten.[786] Diese Kritik richtete sich klar gegen die in der Projektplanung und -betreuung tätigen Mitarbeiter, die durch beschönigende Untersuchungsberichte und Projektprognosen sowohl die Weltbankleitung als auch das Exekutiv-Direktorium über den tatsächlichen Verlauf der von ihnen unterstützten Projekte getäuscht hatten.

Die Morse-Kommission enthüllte, so Rich, eine Bürokratie, die nicht nur fahrlässig, sondern durchdrungen von etwas war, dass sie als *´intellektuelle Korruption´* und *´Unredlichkeit´* bezeichnete.[787] Morse hatte herausgefunden, dass einige Mitarbeiter der Weltbank, gemeinsam mit der indischen Regierung vorsätzlich die Umsiedlungsfolgen des Projektes ignoriert hatten und mehrmals zwischen 1983 und 1989 gezielt versäumt hatten, diesbezügliche Informationen einzuholen, geschweige denn weiterzuleiten.[788] Morse benannte als Verantwortungsträger die Indien-Abteilung der Weltbank, wobei auch hieraus nicht klar hervorgeht, inwieweit die zuständigen Sachbearbeiter oder ihre Abteilungs-Leiter bzw. die Länderdirektoren für diese Informationsblockade verantwortlich waren.

Um in dieser Sache die verantwortlichen Kompetenzbereiche einzugrenzen, sei darauf hingewiesen, dass die Mitarbeiter, d.h. die Projektsachbe-

---

784 Vgl. Rich (1998), S. 157ff, vgl. Committee for the Cancellation of the Third World Debt (2006), http://www.cadtm.org/Presidents-Barber-Conable-and-Lewis-Preston.

785 Vgl. Rich (1998), S. 258.

786 Vgl. ebd., S. 258f. Rich bezieht sich auf: Morse / Berger (1992), S. XXIV.

787 Vgl. ebd., (1998), S. 260.

788 Vgl. ebd., S. 260.

arbeiter wie auch die ihnen vorgestellten Direktoren der einzelnen Länderabteilungen in der Hierarchiepyramide der Bank unten anzusiedeln sind, d.h. im *unteren Kompetenzfeld*. Die Direktoren sind wie ihre Sachbearbeiter nicht an der Entwicklung politischer Zielvorgaben, innerorganisatorischen Strategien oder Paradigmen beteiligt, sondern nur für deren Umsetzung in den ihnen zugeteilten Abteilungen verantwortlich.

Aus Morses Ausführungen lässt sich somit ableiten, dass auch die *unteren Kompetenzebenen* an einem bankinternen Desinformationssystem mitwirkten, das in logischer Konsequenz, genügend Raum bzw. machtpolitische Nischen schaffte, um unliebsame Anweisungen, beispielsweise in Form verstärkter projektverzögernder Umwelt- und Sozialsafeguards unterlaufen zu können, indem potentielle Beweise für eine unzureichende Umsetzung der Reformanweisungen in den Projektberichten unterdrückt wurden. Damit wurden Bettina Hürnis Prognosen bestätigt.

Während Rich im Falle Sardar-Sarovar den Weltbank-Präsidenten Barber Conable weitgehend als Opfer einer bankinternen Desinformationsstrategie darstellt, belegen seine Ausführungen beispielsweise im Falle der 1990 vorbereiteten, erneuten Kreditvergabe an die brasilianische Polonoroeste-Region (Polonoroeste II, Landnutzungsplan), mit der die Negativfolgen des ersten Projektes abgefangen werden sollten, dass Conable bereits sehr früh durch ein Protestschreiben des kurze Zeit später ermordeten Chico Mendes über die erneuten Risiken des Projektes informiert und damit über die möglichen Fehleinschätzungen der bankinternen Länderabteilung für Brasilien gewarnt war. Trotz der Warnungen stellte er sich weiterhin hinter das Projekt, das erst durch die international publik gemachte Aufdeckung korrupter Machenschaften des kreditbeantragenden brasilianischen Gouverneurs von Rondonia, Jerônimo Santana, gestoppt wurde.[789] Die Rolle der Länderabteilung für Brasilien wird dabei von Rich als wenig ruhmreich beschrieben. Dies zum einen, da das neue Projekt angeblich in seinen Vorschriften für Umsetzung und Überwachung noch mangelhafter ausgearbeitet worden war als das Projekt von 1981. Zum anderen aber auch, da die Manager der Abteilung, trotz der bereits einströmenden Protestschreiben und von Umwelt- und Menschenrechtsorganisationen verfassten Gegendossiers, den Bewilligungsprozess massiv zu beschleunigen versuchten.[790] Dabei lassen Richs Ausführungen ungeklärt, ob Conable dem Schreiben Mendes´ aufgrund gegenteiliger Informationen aus den Reihen der zuständigen Länderabteilung keinen Glauben schenkte, oder ob er selber, trotz seines Wissens

---

789 Vgl. Rich (1998), S. 175ff

790 Vgl. ebd., S. 176.

um die Risiken und Fehlentwicklungen in der Projektplanung, dennoch an diesem Prestigeprojekt festhalten wollte.

Angaben zum tatsächlichen Informationsstand des Weltbank-Präsidenten bleiben auch im Falle des Anfang 1990 von der Bank ausgearbeiteten Tropenwald-Aktionsplans für die Elfenbeinküste unklar, der eine kontrollierte wirtschaftliche und vertragsrechtliche Nutzung des nationalen Tropenwaldes koordinieren sollte. Auch hier hätte Conable spätestens nach der ersten Vorstandssitzung, in der die Exekutiv-Direktoren über die entsprechende Kreditbewilligung abzustimmen hatten, sensibilisiert und gewarnt sein können und die Projektplanungen hinterfragen müssen. Der US-amerikanische Exekutiv-Direktor E. Patrick Coady hatte sich in der Sitzung vehement gegen eine Projektbewilligung gestellt und fundierte Gegendossiers vorgelegt, die ihm von betroffenen NGOs übermittelt worden waren. Rich recherchierte, dass Coady im Vorfeld der Vorstandssitzung vergeblich bei der zuständigen Länderabteilung Einsicht in den Projektevaluierungsbericht gefordert hatte, nachdem ihn Umweltschützer um Hilfe gegen das Projekt gebeten hatten. Nach Richs Angaben erhielt Coady von der bankinternen Afrika-Abteilung die abschlägige Antwort, dass er diese Evaluierungs-Berichte, wie alle anderen Exekutiv-Direktoren, frühestens zwei Wochen vor der für diese Projektbewilligung anberaumten Vorstandssitzung erhalten würde. Laut Rich wurde dieses Antwortschreiben von dem damaligen Vize-Präsident Moeen Qureshni unterstützt[791], so dass in diesem Fall davon auszugehen ist, dass der bankinterne Informationstransfer im Vorfeld der Vorstandssitzung zumindest bis in die oberste Hierarchieebene des Vize-Präsidenten stattgefunden hatte und erst an dieser Stelle blockiert wurde.

Rich ist überzeugt, dass die mangelnde bankinterne Aufklärung über die Risiken und Fehlentwicklungen der Projekte keine Folge mangelnder Informationen waren. Vor dem Hintergrund seiner persönlichen Erfahrungen als Weltbankberater unterstellt Rich, dass die Mitarbeiter der Länderabteilungen in der Regel einen Informationsstand erarbeitet hatten, der weltweit seinesgleichen suchte und dass somit den Projektsachbearbeitern alle zu erwartenden Probleme durchaus bekannt waren. Dies unterstreicht auch der Morse-Bericht.[792] Ferner ist Richs Ausführungen zu entnehmen, dass zeitgleich zu den partiell errichteten Informationsasymmetrien in einigen Abteilungen immer auch Mitarbeiter um einen ernsthaften ehrlichen Informationstransfer an die Ebenen der Verant-

791 Vgl. Rich (1998), S. 173f.

792 Vgl. Morse / Berger (1992), S. 336 in: Rich (1998), S. 261 (Fußnote).

wortungsträger bemüht waren.[793] Die Mitarbeiter des mit erheblichen kollegialen Akzeptanzproblemen kämpfenden *OED* zählten nach Richs Auffassung in den meisten Fällen zu den um Aufklärung bemühten bankinternen Kreisen.[794] Ihre zum Teil äußerst kritischen Dossiers wurden hiernach an entscheidenden Stellen bzw. *Kompetenz*ebenen zurückgehalten[795], wobei auch Rich keine Angaben oder Vermutungen zum tatsächlichen Wissensstand der Weltbank-Präsidenten äußert.

Eine dieser entscheidenden Stellen stellt nach Richs Darlegungen auch der Ende der 1980er Jahre amtierende Direktor der Länderabteilung für Brasilien, Peru und Venezuela, Armeane M. Choksi, dar, den Rich selber jedoch nicht namentlich benennt, sondern eher verschlüsselt preisgibt.[796] Aufgrund des fehlenden Quellennachweises sind Richs Ausführungen zu Choksis angeblich zweifelhaftem Wirken aus wissenschaftlicher Sicht zwar nicht gesichert, dennoch können sie indizienhaft dazu beitragen, bankinternes Blockadeverhalten bzw. etwaige Reformresistenzen in den Reihen der obersten Hierarchieebene aufzuzeigen.

---

793 Vgl. Rich (1998), S. 170.

794 Vgl. ebd., S. 181.

795 Vgl. ebd., S. 170.

796 Unklar bleibt, warum Rich die von ihm gemeinte Person nicht namentlich preisgibt, sondern durch mehrere gestreute Angaben, in einer konspirativ anmutenden Weise, auf die Person hindeutet. Denkbar sind juristische Bedenken. Die Identifizierung erfolgte anhand eigener Recherchen in der Datenbank der Weltbank und stützt sich auf die Aussage Richs, dass die betreffende Person Ende der 80er Jahre Umweltbeamter in der Indien-Länderabteilung war, kurze Zeit später zum Länderdirektor der Brasilienabteilung befördert wurde und 1992 zum Vice President for human resources aufstieg. Vgl. Rich (1998), S. 318 sowie: World Bank (1980-1989), Archives, World Bank Group historical chronology, http://web.worldbank.org/WBSITE/EXTERNAL/EXTABOUTUS/EXTARCHIVES/0,,contentMDK:20035663~menuPK:56318~pagePK:36726~piPK:437378~theSitePK:29506,00.html) Hiernach kann es sich bei der von Rich beschriebenen Person nur um den promovierten Volkswirt und Diplomingenieur Armeane M. Choksi handeln, der 1992 das Amt des Vice-Presidenten "für die Entwicklung menschlicher Ressourcen" übernahm und damit innerhalb der Weltbank zum ranghöchsten Spezialisten für Sozialpolitik wurde. Hier war Choksi zuständig für Armutsbekämpfung, Erziehung, Probleme der Arbeitsmärkte in der Dritten Welt, soziale Sicherung, Frauenfragen, Familienplanung, Gesundheit und Ernährung. Zwischen 1987 und 1992 leitete er als Direktor die für Brasilien, Peru und Venezuela zuständige Länderabteilung. Vgl. Zeit-online 18/1995, http://www.zeit.de/1995/18/Bildunterschrift_Armeane_M_Choksi. 2006 war er Vice President of Human Capital Development and Operations Policy. Vgl. Choksi, Armeane M. (2007), in: Financial Times, 19.04.2007, http://www.ft.com/cms/s/0/90533838-ee12-11db-8584-000b5df10621.html?nclick_check=1.

So schreibt Rich, dass der hier als Armeane M. Choksi identifizierte frühere Länderdirektor der Abteilung für Brasilien, Peru und Venezuela (1987–1992) und spätere (seit 1992) Vize-Präsident für *„human resources development and operations policy"* über mehrere Jahre hinweg, trotz bereits dokumentierter Fehlentwicklungen und Gegendossiers, im Hintergrund massiv die umstrittenen Projekte Sardar-Sarovar, Carajás und Polonoroeste-Rondônia forcierte. Laut Rich war Choksi Mitte der 1980er Jahre persönlich dafür verantwortlich, dass die Probleme in Polonoroeste, die zum Teil von den eigenen Mitarbeitern vorgebracht worden waren, heruntergespielt wurden. Auch setzte er sich erfolgreich – trotz wachsender Kritik der bankinternen Umweltbeamten – für die Fortsetzung des Sardar-Sarovar Projektes ein.

Im Hinblick auf den Morse-Bericht, der zwar von Conable in Auftrag gegeben wurde, dessen Untersuchungsergebnisse zum Fall Sardar-Sarovar aber erst kurz nach der Amtsübernahme durch Lewis Preston veröffentlicht wurden, spielte Choki dann insofern eine Schlüsselrolle, als dass er Argumentationslinien für die Bank ausarbeitete, mit denen die Empfehlungen des Berichts anfänglich zurückgewiesen werden konnten[797] und die dabei helfen sollten, die weitere Förderung des Projektes zu rechtfertigen. Die von Rich beschriebene Ablehnung Lewis Prestons, sich konstruktiv und aufgeschlossen mit den Ergebnissen des Morse-Berichtes im Falle Sardar-Sarovars auseinanderzusetzen und den Exekutiv-Direktoren in seiner Funktion als Weltbank-Präsident einen Rückzug aus dem Projekt nahe zu legen[798], veranlasst zu der Frage, welchen Anteil der im Oktober 1992 von Preston ins oberste Management berufene Choksi an der Verweigerungshaltung Lewis Prestons hatte, die dringenden Empfehlungen der Morse Kommission zunächst beharrlich zu übergehen?[799]

Das Verhalten Lewis Prestons im Umgang mit dem Morse-Bericht stellt sich insgesamt widersprüchlich dar. So stand beispielsweise dieser vehementen Verweigerung, dem Drängen Morses zu entsprechen und dem

---

797 Vgl. Rich (1998), S. 318.

798 Vgl. ebd., Fßn. 56, S. 311. Rich verweist auf einen Brief von Morse, zitiert in: Gautam (1992), S. 2577–2580.

799 Rich merkt in diesem Zusammenhang zudem an, dass Choksis Beförderung vom rangniedrigen Länderdirektor zu einem der ranghöchsten Vize-Präsidenten, insbesondere die Mitarbeiter der Umweltabteilung demoralisiert habe, deren Warnungen bereits während seiner Zeit als Länderdirektor der Brasilienabteilung ignoriert wurden und nun aufgrund Choksis Beförderung drohten, künftig an eine der obersten Schaltstellen der Bank kontinuierlich abgewiesen zu werden.Vgl. Rich (1998), S. 318.

Exekutiv-Direktorium den Rückzug aus dem Projekt nahe zu legen, gleichzeitig die Entsendung einer Kommission ins Narmadatal gegenüber, die vor Ort die Ergebnisse der Morse-Kommission nochmals überprüfen sollte. Die von Preston entsendete neue Kommission wurde von der Bankmitarbeiterin und späteren Vize-Präsidentin der Weltbank für Lateinamerika und Jamaika, Pamela Cox, geleitet. Diese kam nach einer 14-tägigen Untersuchung vor Ort, die nach Angaben der NGO *Indian Economy Overview* maßgeblich von der indischen Regierung geleitet und betreut wurde, zu dem Ergebnis, das Morse die negativen Bewertungen des Projektes überzeichnet habe und das mit Hilfe *kleinerer* Verbesserungen in der Projektdurchführung dessen Fortführung zu verantworten wäre.[800] Diesbezügliche Verbesserungsvorschläge, die als eine Art Aktions- bzw. Rettungsplan der indischen Regierung die Möglichkeit geben sollten, die Projektdurchführungen den Mindeststandards der Bank entsprechend zu korrigieren[801], wurden dem Exekutiv-Direktorium vorgelegt, das daraufhin - gegen die Stimmen des amerikanischen, deutschen, kanadischen, australischen, japanischen und skandinavischen Exekutiv-Direktors - der indischen Regierung eine sechsmonatige Frist einräumte, um die Mängel in der Projektdurchführung zu beheben. Doch dies erwies sich bald als völlig aussichtslos, woraufhin das Bank-Management keinerlei Rechtfertigungen für eine Fortsetzung der Projektförderung mehr vorbringen konnte. Indien verzichtete daraufhin notgedrungen auf einen weiteren Kreditantrag.

In diesem Zusammenhang ist nicht auszuschließen, dass die von Preston entsendete Cox-Kommission ein rein strategischer Schachzug gewesen ist, der das Bemühen der Bank um eine objektive Untersuchung des Projektes demonstrieren sollte. Doch die beinahe zeitgleiche Beauftragung des Vize-Präsidenten Willi Wapenhans, weitere bankinterne Strukturfehler aufzufinden sowie die Einrichtung des bereits von Morse vorgeschlagenen *Inspection Panel* geben Anlass zu der Mutmaßung, dass auch Preston innerorganisatorische Fehlerquellen für die negative Bilanz der gesamten Weltbankarbeit zumindest nicht für ausgeschlossen hielt.

Ein Jahr, nachdem Morse und Wapenhans ihre Ergebnisse vorgelegt hatten, offerierte das Bankmanagement dem Exekutiv-Direktorium die sogenannten *Next Steps*, mit denen das Bankmanagement die von beiden Kommissionen angemahnten Defizite beheben wollte. Ernest Stern, dessen Macht von Conable beschnitten worden war, war von Preston wieder an die Spitze der Weltbank berufen und zum ersten Vize-

---

800 Vgl. Indian Economy Overview (1996), http://www.ieo.org/world-c13-p2.html.

801 Vgl. ebd.

Präsidenten ernannt worden. Er war den Recherchen Richs zufolge federführend an der Ausarbeitung der zwar umfassenden, aber nach Richs Auffassung eher diffus formulierten *Next Steps* beteiligt.[802] Während der Redakteur Rolf Sotscheck (taz) davon ausgeht, dass das Programm weitreichende Konsequenzen für die Geschäftsführung der Weltbank haben würde[803], deklassiert Rich das Programm und bezeichnet mehr als zwei Drittel der 87 Aktionspunkte als *„bedeutungsloses bürokratisches Schaulaufen"*[804], in dem lediglich die Gründung von Komitees, Erfahrungsgruppen, neuen Sonderabteilungen, Workshops und Trainingsgruppen angekündigt wurde, die abermals zur Anfertigung und zur Zusammenstellung neuer Berichte und Dossiers angehalten, aber letztlich ohne weitergehende Arbeitsanweisungen oder neuen Kompetenzzuweisungen bzw. -einschränkungen ausgestattet wurden.[805] Während Rich lediglich konstatiert, dass die *Next Steps* keine tatsächliche Änderung des Bewilligungsprozederes eingeleitet hätten[806], unterstellt Lori Udall sogar (Vorsitzender der NGO International Rivers Network), dass das Management versucht habe, auf diese Weise künftige Untersuchungsergebnisse vor ihrer Unterbreitung vor dem Exekutiv-Direktorium zu verfälschen[807] bzw. herunterzuspielen, wodurch die Notwendigkeit einer radikalen Umstrukturierung der Bank für das Exekutiv-Direktorium zunächst nicht ersichtlich gewesen sein mag.

Im Hinblick auf das Verhältnis Prestons zu Stern ist den Ausführungen Kapurs, Lewis´ und Webbs zu entnehmen, dass beide die gleichen ökonomischen und damit auch entwicklungspolitischen Maximen vertraten, in denen vor allem Wachstum als das alleinige Heilmittel zur Armutsbekämpfung begriffen wurde.[808] Hieraus lässt sich nicht zuletzt auch eine Erklärung dafür ableiten, dass im Hinblick auf die Präsidentschaft Prestons keine grundsätzlichen Reforminitiativen initiiert wurden, die

---

802 Vgl. Rich (1998), S. 318, Fßn. 66. Rich verweist auf: Economist: H-Street Blues, 01.05.1993, S. 87.

803 Vgl. Sotscheck in: taz, 13.07.1993, http://www.watchindonesia.org/II_Sep_93/Quality.htm.

804 Rich (1998), S. 365.

805 Vgl. ebd., S. 365.

806 Vgl. ebd., S. 365.

807 Vgl. Udall (1998), S. 423.

808 In seiner Abschiedsrede am 26. Januar 1995 schrieb Stern: *„I never was, and I am still uncomfortable with the distinction people try to make between development and alleviating poverty…I also believe that growth…is the only solution to the reduction of poverty and inequalities."* Ernest Stern, Farewell speech 26.01.1995, in: Kapur / Lewis / Webb, 1997, S. 372ff.

insbesondere einen Rückzug aus den Großprojektförderungen nach sich gezogen hätten, wie dies durch die Untersuchungen von Morse und Wapenhans intendiert wurde. Denn gerade Investitionen in Großbauprojekte wurden von der neoklassisch bzw. neoliberal geprägten Bankspitze unter maßgeblicher Leitung durch Preston und Stern als unerlässliche Wachstumsmotoren zur Entwicklung jedweder Volkswirtschaft begriffen.

Doch lässt sich das Ausbleiben einer tiefgreifenden Reaktion auf die Untersuchungsergebnisse von Morse und Wapenhans sicherlich zum Teil auch damit erklären, dass Preston aufgrund seiner Erkrankung zeitlich nur in sehr eingeschränktem Rahmen die Geschäftsleitung der Bank übernehmen konnte. In den Phasen seiner Abwesenheit übertrug Preston die Geschäftsleitung an seinen Vize-Präsidenten Ernest Stern, die dieser bis zur Amtsübernahme durch James Wolfensohn mehrfach über längere Zeiträume übernahm.

Stern arbeitete zu diesem Zeitpunkt mehr als zwanzig Jahre in der obersten Hierarchieebene und hatte seit McNamara die Präsidentschaft aller Weltbank-Präsidenten von dieser machtpolitisch äußerst relevanten Ebene aus begleitet.

Beinahe zeitgleich mit Wolfensohns Präsidentschaftsantritt trat Stern in den Ruhestand.

Wenn im Rahmen dieser Studie bislang die Beispiele Armeane Choksi, Moeen Qureshni oder Ernest Stern im Zusammenhang mit der Frage möglicher Kooperationsdefizite und Reformblockaden genannt werden, mag dies zunächst den Eindruck erwecken, dass hier versucht werden soll, mit Hilfe eines Schablonendenkens den Mitarbeiterstab der Weltbank einerseits in wenige grundsätzliche Quertreiber und Kooperationsverweigerer und andererseits in die „Opfer" dieser einflussreichen bankinternen Akteure zu klassifizieren, wobei zu letzteren sowohl einige Weltbank-Präsidenten zählen können als auch die Verfasser kritischer Expertisen, die an der Weiterleitung ihres Informationsmaterials gehindert wurden.

Doch Ziel dieser Studie ist nicht die „Schwarz-Weiß-Kategorisierung" der Weltbankmitarbeiter, die im Übrigen weder den beispielhaft genannten Personen noch der Komplexität des Sachverhaltes gerecht werden könnte. Hierzu wäre eine umfassende biographische Aufarbeitung der innerorganisatorischen Funktion und Wirkungsweise der anvisierten Personen unabdingbar: Ziel dieser Studie ist es, die komplexen Strukturen der Weltbank aufzuzeigen, und zu verdeutlichen, dass die Weltbank, die in der internationalen Wahrnehmung als vornehmlich von außen gesteuerte Akteurin begriffen wird, sich aus einer Vielzahl von wechselnden bankinternen und informell agierenden, machtpolitisch äußerst relevanten Akteuren zusammensetzt, die den wirtschafts- und entwicklungspolitischen Kurs maßgeblich mitbestimmen und phasenweise einem von außen oder von der Führungsspitze festgelegten Kurs durchaus entgegensteuerten.

Dies gilt im Übrigen auch für die Länderdirektoren und / oder die Projektsachbearbeiter in den einzelnen in die Kritik geratenen Länderabteilungen. Auch hier ist das Anlegen einer „Schwarz-Weiß-Schablone" zur Klassifizierung in eine kooperationsfähige oder -unfähige bzw. kooperationswillige und -unwillige Einheit zum Zwecke einer vorschnellen Beurteilung bzw. Verurteilung der Akteure wenig sinnvoll. Eine derartige Klassifizierung kann jedoch ein methodisches Hilfsmittel darstellen, um in einem ersten Schritt Blockadestrukturen und die dahinter stehenden Verantwortungsträger herauszuarbeiten, denen dann in einem zweiten Schritt konkrete Motivationen und Interessen für ihr Blockadeverhalten zugeordnet werden können. Erst dann können auch im Rahmen des Weltbank-Diskurses fundiert weitere Schritte diskutiert werden, die effektiv helfen könnten, das immer wiederkehrende Problem bankinterner Reformbarrieren nachhaltig aufzulösen.

Ein weiteres Beispiel für das besondere machtpolitische Einflusspotential einzelner Bankmitarbeiter und für die gezielte Blockadestrategie des oberen Managements gegenüber kritischen Bankkollegen recherchierte Rich im Zusammenhang mit dem nepalesischen Staudammprojekt Arun III. Dieses umstrittene Projekt wurde während der Präsidentschaft von Lewis Preston vorbereitet und vom damaligen Vize-Präsidenten der Bank für Südostasien, Joseph Woods, massiv forciert.

Rich rekonstruiert die Anstrengungen des damaligen Weltbankmitarbeiters Martin Karcher, das Bankmanagement gegen eine weitere Projektförderung umzustimmen.[809] Karcher, der sich insbesondere mit Aspekten der Armutslinderung in Nepal befasste, war nach eigenen Untersuchungen zu dem Ergebnis gekommen, dass die bankinterne Kosten-Nutzen-Analyse bzw. Wirtschaftlichkeitsstudie, die im Rahmen der Projektplanung durchgeführt wurde, völlig illusorische Bedarfsdaten und Energiepreise (für den Stromexport nach Indien) zugrunde gelegt hatte und somit die berechnete Rentabilitätsrate, die das Projekt für die nepalesische Regierung finanzierbar machen sollten, absolut überhöht ware. In einem Interview mit der Vorsitzenden der NGO *International Rivers Net-*

809 Vgl. Rich (1998), S. 339ff.

work Lori Udall gab Karcher an, dass das obere Management, und hier benennt er ausdrücklich Joseph Wood als Meinungsmacher, seine diesbezüglichen Bedenken ignoriert habe[810], und er sich daraufhin gezwungen sah, seine Untersuchungsergebnisse an die Öffentlichkeit zu bringen und durch die Umstimmung der an diesem Projekt ebenfalls beteiligten bundesdeutschen Anteilseignerin, eine Bewilligung des Projektes zu verhindern.[811] Die Bundesregierung, die vorher zu den Förderern des Projektes gehörte, zog sich nach einer vom Bundesrechnungshof veröffentlichten Expertise, die zu ähnlichen Ergebnissen wie Karcher gekommen war, im Frühjahr 1995 aus der Projektfinanzierung zurück. Ein SPIEGEL-Bericht vom Oktober 1994 bestätigt die Ausführungen Richs.[812] Obwohl Joseph Wood Ende 1994 versucht hatte, eine Untersuchung des Projektes durch das *Inspection Panel* zu verhindern,[813] bestätigte auch dieses Gremium die von Karcher vorgebrachten Bedenken. Lori Udall unterstellt zudem, dass Wood in Anbetracht der sich abzeichnenden Entscheidung des *Panel,* dem Exekutiv-Direktorium weitere Untersuchungen zu empfehlen, versucht habe, einen diesbezüglich positiven Entschluss des Direktoriums zu Fall zu bringen, indem er das Empfehlungsschreiben des *Panel* falsch ausgelegt habe.[814]

Trotz aller Bedenken und Gegendossiers folgte die Bankleitung Woods Fürsprache und forcierte die weitere Unterstützung des Projekts.[815]

Erst James Wolfensohn, der beinahe zeitgleich mit dem Bekanntwerden der Untersuchungsergebnisse des *Inspection Panel* die Nachfolge Prestons antrat, reagierte im Sinne Karchers und beraumte eine weitere Untersuchung durch den kanadischen Entwicklungsberater und UN-Organisator

---

810 In diesem Interview äußerte sich Karcher im Hinblick auf die Kooperationsdefizite mit dem oberen Management wie folgt: "Since senior management seemed committed to the project, a serious and open debate was no longer possible, and even common sense questions were being dismissed. All the available energy went into building the case in favor of the project, rather then examining alternatives", Udall, Lori (1995), http://www.hartford-hwp.com/archives/52/054.html.

811 Vgl. Rich (1998), S. 340, Rich zitiert: Horta, Korinna (1994).

812 spiegel-online (1994), http://www.spiegel.de/spiegel/print/d-13684315.html.

813 Vgl. Rich (1998), S. 338, Rich zitiert: Panel Calls for Arun III Probe (1994), S. 1, 14

814 "...D. Joseph Woods, vice president for South Asia Division, launched into a defense of Arun III at the board meeting and attempted to derail the investigation by misrepresenting the panel´s intial findings." Udall, Lori: The World Bank and Accountability, in: Fox / Brown, rsg. (1998), S. 417.

815 Vgl. spiegel-online (1994), http://www.spiegel.de/spiegel/print/d-13684315.html.

der Rio-Konferenz Maurice Strong an, der ebenfalls die Ergebnisse Karchers und des *Inspection Panel* bestätigte. Daraufhin empfahl Wolfensohn dem Exekutiv-Direktorium einer Bewilligung des Projektes nicht zuzustimmen.[816]

Wie im Falle Sardar-Sarovars, als Morse erst durch einen Brief an das Exekutiv-Direktorium die bankinternen Blockaden in der obersten Hierarchieebene umgehen und dadurch letzten Endes aushebeln konnte, gelang es auch Karcher erst durch Umgehen der bankinternen Prozedere bzw. der obersten Hierarchieebene, außerhalb der Weltbank so viel politischen Druck aufzubauen, dass das betreffende Projektbewilligungsverfahren hinreichend lange verzögert und dann mit Unterstützung des neuen Weltbank-Präsidenten Wolfensohn gekippt werden konnte.

Arun III offenbarte, dass drei Jahre nachdem Wapenhans und Morse ihre Kritik an der Weltbank offen gelegt hatten und trotz der im Sommer 1993 unter Federführung von Ernest Stern ausgearbeiteten *„Next Steps"*, sich grundsätzlich keine Verbesserungen hinsichtlich der Projektqualitäten abgezeichnet hatten. Kritische Eingaben, ob aus den eigenen Reihen oder von außerhalb, waren abermals ohne einschränkende Konsequenzen für ein Projektverfahren in der obersten Hierarchieebene blockiert worden, auch wenn das Projekt den eigenen, auf höchster Ebenen festgelegten Bewertungsstandards nicht entsprach. Dies war durch das Engagement Karchers offensichtlich geworden war. Rich hält dem damals neu ins Amt berufenen Weltbank-Präsidenten Wolfensohn zugute, dass dieser nicht nur die Kritik an Arun III ernstnahm, sondern auch schnell die Unzulänglichkeit der *„Next Steps"* erkannte, deren Rahmen die Projektqualität nicht verbessert hatte.

Nicht zuletzt aufgrund der Erfahrungen mit Arun III , aber auch vor allem aufgrund der Erfahrungen, die Wolfensohn im Verlauf seiner längeren Aufenthalte in den von der Weltbank unterstützten Entwicklungsländern machen konnte[817], begann Wolfensohn das weiter oben bereits skizzierte Rahmenprogramm zu konzipieren, dessen zentrale Begriffe *„Dezentralisierung"*, *„Wissensmanagement"* und *„Kultureller Wandel"* (Change Management) waren. Dieses Rahmenprogramm richtete sich auf eine effizientere Armutsbekämpfung durch einen Abbau der Bürokratie und durch mehr Kundennähe[818] aus. Das gesamte Reformpro-

816 Vgl. Rich (1998), S. 343.

817 Berichte und Hintergrundinformationen über die Folgen Wolfensohns Reise nach Mali und die Elfenbeinküste siehe Mallaby (2004), S. 96ff.

818 Diese Kundennähe entsprach den später initiierten Zielvorgaben "ownership" und "participation".

gramm wurde als *„strategic compact"* vorgestellt. Anfang 1996 beauftragte Wolfensohn den *Manager-Direktor* Gautam Kaji mit der Konzipierung zweier Arbeitsstäbe, die unter der Leitung von Jean-Francois Rischard und Kai Koch-Weser sowohl eine Verbesserung der Projektqualität als auch einen grundsätzlichen Wandel der Bürokratiekultur bzw. des Managements (*Change Management Group*) erzielen sollten.[819]

Die Programmpunkte *„Dezentralisierung"* und *„Wissensmanagement"* sind dabei als maßgebliche Bausteine des von Wolfensohn anvisierten Wandels zu verstehen. Durch die räumliche Auslagerung von etwa 3000 Mitarbeitern auf die Länderabteilungen in den Partnerländern und durch einen Ausbau ihrer Kompetenzen schuf Wolfensohn eine erste wichtige Grundlage für eine deutlich flachere bzw. horizontalere und dezentralere Hierarchiestruktur, in der nicht mehr jede Entscheidung über einen langen bürokratisch aufgeblähten Konsultationsweg durch die Washingtoner Hierarchieebenen verzögert wurde, sondern in den vor Ort ansässigen Abteilungen von den Länder-Direktoren und Technik-Managern entschieden werden konnte.[820]

Unterstützt wurde diese Umstrukturierung durch den von Wolfensohn initiierten technologischen Ausbau des Informations-Netzwerkes, das weiter oben bereits beschrieben wurde und das die wesentlichste Voraussetzung für die Entwicklung des gleichsam angestrebten Wandels von der bisherigen *„Lending-bank"* zur *„Knowledge-Bank"*, also *„Wissensbank"*, war. Obwohl der Ausbau dieses Informations-Netzwerkes, auf

---

819 Vgl. Mallaby (2004), S. 152. Mallaby schreibt dazu: "One team focused on the Bank´s personnel culture: it proposed that managers should be reviewed by their subordinates as well as their superiors; that there should be more training; and that the balance between technical experts and general managers should receive more focus. The other team grappled with the Bank´s structure. ...", Mallaby (2004),S. 152. Vgl. hierzu auch: Rich (1998), S. 368. Im Protokoll der Vorstandssitzung der Weltbank vom 26.02. 1996 wurde hierzu festgehalten: "At the Bank's Annual Meetings last year, Mr. Wolfensohn said that the process of institutional change was one of his immediate priorities. His intention to *"change the way the Bank does business – to break the armlock of bureaucracy on the institution"* led to the creation of a small Change Management Group late last year. The group – led by three Managing Directors – Gautam Kaji, Caio Koch-Weser, and Sven Sandström – will push forward the Bank Group's change agenda. The goal of group is to foster and encourage change initiatives by providing a focus for fast learning and the spread of best practice and by fostering open communication about change across the Bank Group." World Bank (1996), World Bank´s Change Agenda, http://web.worldbank.org/WBSITE/EXTERNAL/NEWS/0,,contentMDK:20013255~menuPK:34463~pagePK:34370~piPK:34424~theSitePK:4607,00.html.

820 Vgl. Mallaby (2004), S. 153

das alle Mitarbeiter uneingeschränkt Zugriff haben sollten, zunächst lediglich eine technische Voraussetzung darstellte, um den gesamten Wissensstand der Bank zu verwalten und zu koordinieren, so lag in dieser Vernetzung auch eine Chance zum Abbau der hier mehrfach beschriebenen bankinternen Informationsasymmetrien bzw. Informationsblockaden. Ein Zurückhalten von Informationen, kritischen Dossiers und Projektbewertungen wurde durch diese Vernetzung deutlich erschwert.

Inwieweit Wolfensohn zum damaligen Zeitpunkt bereits über die Mechanismen der vergangenen Informationsblockaden im Bilde war und somit die diesbezüglichen Chancen eines transparenten Informations-Netzwerkes bereits erfassen konnte und eben durch die Schaffung eines transparenten Informationssystems gezielt aufzulösen versuchte, bleibt spekulativ. Dennoch fällt auf, dass selbst der nach wie vor engagierte Weltbank-Kritiker Bruce Rich oder Sebastian Mallaby für die spätere Phase der Präsidentschaft Wolfensohns der Öffentlichkeit keine weiteren Fälle unterbreiteten, in denen sie konkrete Desinformationsstrategien nachgewiesen hätten.

Die größte Barriere im Hinblick auf eine Erneuerung der Bankkultur sah Wolfensohn offenbar, wie dies aus seiner bereits erwähnten Rede vor den obersten Managern der Bank am 12. März 1996 hervorgeht, in der grundsätzlichen Verweigerungshaltung der Manager sowohl mit ihm als auch mit den Mitarbeitern der unteren Hierarchieebenen zu kooperieren.[821] Die Neuausrichtung der politischen Denkstrukturen des größtenteils langjährigen, im *Washington-Consensus* verhafteten, obersten Managements erwies sich als eine der größten Hürden in Wolfensohns Reformpaket. Während Rich sich mit seinen diesbezüglichen Darstellungen über Wolfensohns problematischem Verhältnis zu seinen obersten Managern, Direktoren bzw. Vize-Präsidenten vornehmlich auf den Zeitraum bis 1997 beschränken musste (1998 wurde seine Monographie veröffentlich) bestätigen Sebastian Mallaby, die ZEIT-Redakteurin Petra Pinzler und die WELT-Redakteurin Britta Bod die Dauerhaftigkeit diese innerorganisatorischen Probleme auch noch für die Jahre 2001 bis 2005 und untermauern damit die hier herausgearbeiteten Zweifel an einer kontinuierlichen, konstruktiven Kooperationskultur zwischen Wolfensohn und dem Management während seiner gesamten Präsidentschaft.[822]

---

821 Pinzler, in: zeit-online (1997), http://www.zeit.de/1997/30/Die_Armen_als_Kunden.

822 Vgl.Pinzler in: Die ZEIT (2007), vgl. Bod in: Welt-online (2005), http://www.welt,de/print-wams/article120305/Ein_Multimillionär_kämpft_gegen_die_Armut.html.

Allerdings deutet bereits der Artikel von Pinzler an, dass auch Wolfensohn durch seinen Führungsstil, der mehrfach von cholerischen Ausbrüchen gekennzeichnet gewesen sein soll, erheblich dazu beitrug, einzelne Manager und Direktoren zu brüskieren, was auch Sebastian Mallaby bestätigt.[823] Mallaby beschreibt in diesem Zusammenhang ausführlich die Reaktion des französischen Repräsentanten Marc-Antoine Autheman auf Wolfensohns Führungsstil. Anlässlich seines eigenen Abschieds aus dem Vorstand spiegelte Autheman im November 1997 Wolfensohns Führungsqualitäten in einem Gedicht über Narcissus, der an den Folgen seiner Selbstverliebtheit scheiterte.[824] Ungeachtet, welche persönlichen Animositäten den Boden für diese Episode vorbereitet hatten, so verdeutlicht diese Szene die, zumindest phasenweise, isolierte Stellung Wolfensohns innerhalb der Weltbank, für die er selber mehrfach das Blockadeverhalten seiner Manager verantwortlich gemacht hatte. Diese wiederum unterstellten ihm Kritikunfähigkeit und Intoleranz bei Meinungsverschiedenheiten. Ein Schreiben des damaligen Vize-Präsidenten Manuel Conthe vom 25. Juli 2001 an das *board of directors* der Weltbank dokumentiert beispielhaft diese wechselseitigen Anfeindungen. Das von der *„United Nations Foundation"* regelmäßig veröffentlichte *„UN-Wire"*, ein unzensierter email-newsletter über die Arbeit der Vereinten Nationen, veröffentlichte diesen Vorgang, in dem Conthe angab, er sei aufgrund seiner kritischen Äußerungen gegenüber Präsident Wolfensohn aus seinem Amt entlassen worden. Außerdem forderte Conthe "*...an investigation into whether Wolfensohn violated the bank's code of professional ethics...*"[825]

Während die Begebenheit *„Conthe"* lediglich eine Momentaufnahme bzw. einen kurzen Einblick in das zeitweilige Spannungsverhältnis zwischen Wolfensohn und seinen engeren Mitarbeitern dokumentiert, erweist sich ein anderer Dissens innerhalb der Weltbank als weitaus tiefgreifender, da er eine entwicklungstheoretische Grundsatzkontroverse spiegelt, die wesentliche von Wolfensohn initiierte Reformbemühungen und entwicklungspolitische Neuausrichtungen in Frage stellten. So bil-

---

823 Vgl. Pinzler in: Die ZEIT (2007), vgl Mallaby (2004), S. 145ff.

824 Vgl. Mallaby (2004), S. 170ff. Britta Bod, die diese Passage in Mallabys biographischer Aufarbeitung der Weltbankkarriere von James Wolfensohn aufgreift, recherchierte allerdings auch, dass beispielsweise der Harvard-Professor Neill Fergusson in Betracht zog, Wolfensohns Ausbrüche als taktisches bzw. erzieherisches Manöver zu bewerten, um bankinterne Reformblockierer zur Räson zu bringen. Vgl. Bod in: weltonline (2005), http://www.welt,de/print-wams/article120305/Ein_Multimillionär _kämpft_gegen_die_Armut.html.

825 Vgl. UN-Wire (2001), http://www.unwire.org/unwire/20010725/16255_story.asp.

dete beispielsweise der zwischen 1985 und 2001 in der Weltbank als Ökonom und Entwicklungsexperte beschäftigte und weltweit renommierte Wirtschaftsprofessor William Easterly innerhalb der Bank eine zunehmende politische Gegenströmung zu Wolfensohns und Stiglitz´ Bemühungen um eine Aufstockung des Entwicklungshilfeetats. Easterly kritisierte die marktzerstörerische Überschwemmung der Entwicklungsländer mit Geldern, die in fragwürdige Infrastrukturprojekte flossen und plädierte für eine Kürzung der Entwicklungsausgaben. Zwar teilte er grundsätzlich die Ideen Wolfensohns und Stiglitz´, dass eine erfolgreiche Entwicklungshilfe nur durch die Beteiligung der betroffenen Regierungen zu bewerkstelligen sei, doch bezweifelte er, dass Entwicklungshilfe aus der Ferne verordnet bzw. planbar werden könnte, womit er letzten Endes auch die Arbeitsgrundlage der in Washington ansässigen Weltbank in Frage stellte.[826] Auch wenn das Kernstück des Reformansatzes von Wolfensohn, die sogenannte *PRSP*-Initiative, grundsätzlich eine stärkere „Vor-Ort-Planung" vorsah, ordnete Easterly auch diese Initiative in seinem 2006 erschienen Buch: *The White Man´s Burden,* in die Kategorie überlebter, illusorischer entwicklungspolitischer Theorien ein.[827]

Insbesondere nach dem Regierungswechsel von der Clinton- zur Bush-Administration gewannen seine entwicklungspolitischen Ansätze in ihrer Außenwirkung - insbesondere auf die Bush-Administration - zunehmend an Einfluss. In seinem Werk *„The Elusive Quest for Growth"*[828] stellte Easterly 2001, zeitgleich mit dem Regierungswechsel in den Vereinigten Staaten, erstmalig die bisherige Entwicklungspolitik, nicht nur der Weltbank, grundsätzlich in Frage, und dies zu einem Zeitpunkt, da Wolfensohn aufgrund stockender Reformumsetzungen mit massiver Kritik von außen konfrontiert wurde. Easterly wurde dazu angehalten, seine öffentlichen Kritikbekundungen an der Weltbank einzustellen, was zwangsläufig die bereits mehrfach in den Medien thematisierte Intoleranz und Kritikunfähigkeit des Präsidenten untermauerte.

Grundsätzlich dürfte ein innerorganisatorisch oder auch offen geführter Dissens durchaus als ein positiv zu wertendes Zeichen für eine konstruktive Kooperationskultur zu betrachten sein. Günstigstenfalls können am Ende eines Meinungsstreits Kompromisse gefunden werden, die beiden Kontrahenten entgegenkommen. Doch mit James Wolfensohn und auch Joseph Stiglitz stießen zwei Verfechter einer vom Grundsatz her völlig den bisherigen wirtschafts- und entwicklungspolitischen Weltbank-

826 Vgl. Sen, Amartya (2006), http://www.foreignaffairs.com/articles/61525/amartya-sen/the-man-without-a-plan.

827 Easterly (2006), S. 18.

828 Vgl. Easterly (2001).

Paradigmen zuwider argumentierende Parteien in die geistige Welt des *Washington Consensus,* der die meisten Weltbank-Manager immer noch anhingen.

Greift man das weiter oben skizzierte, von Christian Kellermann besprochene Ideen- und Paradigmennetzwerk des *Washington Consensus* auf, dass nicht nur in den internationalen Wirtschafts- und Entwicklungsinstitutionen verankert ist, sondern von deren Verantwortungsträger maßgeblich mitentwickelt wurde, so stellt sich die Frage, inwieweit Wolfensohn mit seiner programmatischen *„Abkehr vom Washington Consensus"* überhaupt eine breite Kooperationsbasis innerhalb des obersten Managements vorfinden konnte. Zumal die führenden Direktoren der Weltbank teilweise langjährige Mitarbeiter waren, wie beispielsweise Ernest Stern, der bereits während der Präsidentschaft McNamaras in der Weltbank beschäftigt war oder auch William Easterly, der seit 1985 als Entwicklungsexperte tätig war. Wie hoch war die Wahrscheinlichkeit, dass langjährige in den neoliberalen und wachstumszentrierten Denkstrukturen verhaftete Wissenschaftler, sich vom Reform-Enthusiasmus des „Newcomers" Wolfensohn innerhalb so kurzer Zeit hätten mitreißen lassen? Waren Reformbarrieren in dieser Ebene möglicherweise vorprogrammiert, so dass sich die Frage aufdrängt, ob die von vielen Kritikern angeprangerte negative Umsetzungsbilanz der von Wolfensohn initiierten *Abkehr vom Washington Consensus* nicht maßgeblich in diesem innerorganisatorischen Dissens begründet liegt?

Dabei bildete sich der innerorganisatorische Dissens nicht nur zwischen Wolfensohn und einigen leitenden Managern oder meinungsrelevanten Beratern heraus. Auch zwischen den Managern, Vize-Präsidenten und Beratern in der obersten Hierarchieebene konkurrierten und rivalisierten die entwicklungs-, wirtschafts- und reformpolitischen Auffassungen, wie sich aus dem als *„Easterly-Sachs-Kontroverse"* bekannt gewordenen Dissens ablesen lässt. Während Sachs das Armutsproblem vor allem auf eine kapitalbedingte Armutsfalle zurückführte und daher für eine Aufstockung des weltweiten Entwicklungshilfeetats plädierte, ging Easterly davon aus, dass ein überhöhter Kapitaltransfer in den Entwicklungsländern Innovations- und Lernprozesse blockiere[829]. In diese Kontroverse brachte sich dann auch der zwischen 1998 und 2003 als Leiter der Forschungsabteilung für Entwicklungsfragen tätige Weltbankexperte Paul

829 Während Sachs das Armutsproblem vor allem auf eine kapitalbedingte Armutsfalle zurückführt, und daher für eine Aufstockung des weltweiten Entwicklungshilfeetats plädiert, geht Easterly davon aus, dass ein überhöhter Kapitaltransfer in den Entwicklungsländern Innovations- und Lernprozesse blockiere. Vgl. Hielscher (2008), vgl. Sachs (2005).

Collier zusätzlich ein. Seinen Ansatz, der wie Easterlys, ebenfalls die Risiken einer bloßen Erhöhung des Kapitaltransfers an die Entwicklungsländer hervorhebt, publizierte Collier 2008 in seinem Buch: *Die Unterste Milliarde.*[830]

Anhand der wenigen hier beschriebenen Beispiele, die auf eine kontraproduktive Arbeitskultur in der Weltbank hindeuten, lässt sich im Hinblick auf die Präsidentschaft Wolfensohns resümieren, dass sein Reformkurs drohte, in drei, genauer gesagt zwischen drei innerorganisatorischen Ebenen zerrieben zu werden:

1. durch das Kooperationsdefizit zwischen dem unteren Banksegment und dem oberen Management,
2. aufgrund der mangelnden Unterstützung seiner Person durch das Management und
3. durch den Dissens zwischen seinen Beratern, Managern und Chefökonomen.

Zusätzlich zu diesen bankinternen Blockaden sah sich Wolfensohn in seinem entwicklungspolitischen Kurs, der unter anderem auf eine massive Ausdehnung der *HIPC*-Programme ausgerichtet war, mit externer Kritik konfrontiert. Insbesondere im Umkreis der Nationalbanken oder der Wall-Street stieß er zunehmend auf Ablehnung, da man in seiner weltweiten Entschuldungskampagne zu viele währungspolitische Risiken sah, die vor allem den führenden Industrienationen zum Verhängnis werden könnten.

Easterlys Kritik an der ebenfalls von Wolfensohn anvisierten Ausdehnung der weltweiten Entwicklungstransfers fand vor allem im Kreise der neuen US-Administration positive Resonanz, wie auch der bereits fünf Jahre zuvor verfasste Reformkatalog der sogenannten *Meltzer-Kommission*[831], der grundsätzliche Aspekte und Auffassungen zur künftigen Entwicklungspolitik der beiden Bretton-Woods-Institutionen unterbreitete. Doch im Gegensatz zu Easterly, der eine generelle Kürzung der Entwicklungshilfe begründete, schlug Meltzer vor, die Weltbank solle keine rückzahlungspflichtigen Kredite mehr an Entwicklungsländer vergeben, sondern diesen das Geld schenken; allerdings mit der unumstößlichen Einschränkung, dass die Mittel gänzlich gestrichen werden, wenn

830 Vgl. Collier (2008).

831 Der Kommissionsleiter Allan Meltzer ist Ökonomieprofessor und Mitglied des einflussreichen konservativen Beraterkreises American Enterprise Institute. Er war bereits Wirtschaftsberater von Ronald Reagan und wurde zuletzt von George W. Bush in ein Ökonomengremium berufen, das die Regierung in Wirtschaftsfragen berät.

mit ihrer Hilfe nach zehn bis fünfzehn Jahren kein hinlängliches Wirtschaftswachstum initiiert werden konnte.[832] Meltzer plädierte wie Wolfensohn für einen kompletten Schuldenerlass für die am stärksten verschuldeten Länder, wobei Meltzer den Schuldenerlass an politische Reformen in den jeweiligen Entwicklungsländern knüpfte. Die Rolle von IWF und Weltbank sollte sich künftig darauf beschränken, den solventen Ländern nur noch kurzfristige Kredite zu geben, um Krisen zu beheben. Finanzielle Unterstützung sollten nur noch Länder erhalten, die sich ihr Kapital nicht in ausreichendem Maße an den Finanzmärkten beschaffen können. Schwellenländer wie China und Indien oder die lateinamerikanischen Länder, die eigene regionale Entwicklungsbanken aufgestellt haben, sollten nicht mehr als Klientel bedient werden, dafür sollten diese Länder Unterstützung beim weiteren Ausbau ihrer regionalen Entwicklungsbanken erhalten, die künftig für langfristige Entwicklungsprojekte zuständig sein sollten.[833] Darüber hinaus sollte sich die Weltbank nach Meltzers Auffassung, langfristig nur noch auf die Länder Afrikas konzentrieren, um somit den Aufgabenbereich und damit auch die Bank verkleinern zu können.[834]

Insgesamt plädierte Meltzer dafür, alle weiteren Entwicklungstransfers nur dann zu vergeben, wenn die Entwicklungsländer sich zu festgelegten Reformen verpflichteten. Insbesondere der Schutz des Privateigentums sowie Strategien zur Bekämpfung der Korruption sollten Voraussetzung für Kreditbewilligungen sein.[835] Damit plädierte auch Meltzer dafür Entwicklungstransfers wieder konditional, d.h. an die Bedingungen der Gläubiger bzw. der beiden Bretton-Woods-Institutionen zu knüpfen, womit Wolfensohns Zielvorgabe, die Entwicklungsländer selbständig über ihren wirtschaftspolitischen Kurs entscheiden zu lassen, ins Gegenteil verkehrt worden wäre. Auch William Easterly sah diese Vorgabe laut SPIEGEL eher skeptisch, da die Entwicklungsländer damit leicht zu Kopien des westlichen Wirtschaftsmodells gemacht werden könnten[836], ein Ansatz, den auch Easterly ablehnte.

Allan Meltzers Programm blieb zunächst ohne große Folgen, doch mit der Regierungsübernahme durch George W. Bush änderte sich die Lage

832 Vgl. Fischermann / Greffe, in: DIE ZEIT (2005), http://www.zeit.de/2005/13/Weltbank.

833 Vgl. manager magazin (2000), http://www.manager-magazin.de/geld/artikel/0,2828,95324,00.html.

834 Vgl. Hornig / Mascolo in: Der Spiegel (2005), http://www.spiegel.de/spiegel/print/d-40525859.html.

835 Vgl. ebd.

836 Vgl. ebd.

und Meltzers Vorstellungen spiegelten deutlich die globalisierungspolitischen Leitlinien der neuen Administration Bush, die zunehmend drängte, den Reformkurs der Weltbank im Sinne der Empfehlungen Meltzers zu revidieren.

Allgemein gehen Beobachter davon aus, dass die Entscheidung Wolfensohns, nicht erneut für das Präsidentenamt zu kandidieren, erheblich auf den wachsenden politischen Druck der US-Administration zurückzuführen war. Doch legen die entwicklungspolitischen Kontroversen innerhalb der oberen Managerreihen ebenfalls die Vermutung nahe, dass in nicht minderem Maße die innerorganisatorischen Grabenkämpfe erheblich dazu beigetragen haben könnten, dass Wolfensohn schließlich auf eine Fortsetzung seiner Präsidentschaft verzichtete. Für jemanden, der wie Wolfensohn seit mehr als zwanzig Jahren darum bemüht gewesen war, die Präsidentschaft für die Weltbank übernehmen zu können und der mit größtem Engagement seine Reformziele umzusetzen versuchte und auch umgesetzt hatte, scheint dieser Rücktritt unerwartet und daher einer gewissen Resignation zu entspringen, die möglicherweise aus der Summe der verschiedenen Faktoren bzw. Fronten, an denen Wolfensohn zu kämpfen hatte, resultierten. Ein Aspekt, der in den vorliegenden Dokumenten und Medienberichten thematisch nicht erfasst oder reflektiert wird.

Sein Nachfolger Paul Wolfowitz konnte zwar auf die breite Unterstützung der Bush-Administration setzen, allerdings sah er sich bereits nach Bekanntwerden seiner Kandidatur aufgrund seiner Rolle im Irak-Konflikt mit erheblicher weltweiter, aber auch bankinterner Ablehnung konfrontiert.

Insbesondere das Ausmaß dieser Ablehnung, die dem neuen Präsidenten seit Beginn seiner Amtsübernahme aus den Reihen des Mitarbeiterstabs offenkundig entgegenschlug und in den Medien mehrfach thematisiert wurde, fügt der hier herausgearbeiteten Indizienkette ggfs. ein weiteres Beispiel für das machtpolitische Einflusspotential der Bankangestellten hinzu.

Das Rücktrittsdebakel um Paul Wolfowitz, das in den Medien vorrangig als ein Beförderungsskandal hochstilisiert wurde[837], stellt sich bei näherer Betrachtung möglicherweise in den Kontext eines vor allem auch innerorganisatorischen machtpolitischen Kräftemessens.

837 Vgl. welt-online (2007), http://www.welt.de/wirtschaft/article822969/Jetzt_wird_es_eng_fuer_Weltbank_Chef_Wolfowitz.html.

Hintergrund dieses Beförderungsskandals war, dass die Lebensgefährtin von Paul Wolfowitz, Shaha Riza, die seit 1997 bereits Angestellte im oberen Management der Weltbank war, aufgrund einer internen Regelung nicht weiter als abhängig Beschäftigte in der Bank beschäftigt bleiben konnte, nachdem Wolfowitz sein Amt übernommen hatte. Wolfowitz nutzte seine Beziehungen zum US-Außenministerium und vermittelte Riza dort in eine neue Anstellung. Doch zuvor beförderte Wolfowitz ihr als Ausgleich für die Karriere-Unterbrechung in der Weltbank in eine höher dotierte Stellung, und wies an, dass ihr die Differenz zu ihrer Gehaltsstufe im Außenministerium bis zu ihrer Wiedereinstellung in der Bank, von der Weltbank fortgezahlt würde. Nach Ablauf der Präsidentschaft Wolfowitz´ hätte sie ihre Bankkarriere in der neuen Beförderungsstufe antreten können.[838]

Schnell sah sich Wolfowitz vor allem auf Seiten einiger europäischer Exekutiv-Direktoren (Deutschland, Großbritannien, Frankreich, Italien sowie auch Kanada[839]) aber vor allem auch bankintern mit Rücktrittsforderungen wegen Günstlingswirtschaft und sogar Korruptionverdacht konfrontiert. Während das Gros der Medienberichte sich ebenfalls auf dieses Verdachtsmuster einschwor, äußerten sich wenige Autoren und Redakteure etwas zurückhaltender in der Verurteilung des Weltbank-Präsidenten.

Für Joseph Joffe von der ZEIT stellte sich diese Gehalterhöhung beispielsweise als durchaus rechtmäßige Kompensation für Rizas Karrierebruch in der Weltbank dar, den sie durch ihre Abordnung ins US-Ministerium hinnehmen musste.[840] Der britische Publizist Christopher Hitchens rückte den Vorgang in den Kontext eines Kräftemessens zwischen den europäisch-asiatischen Ländern und der US-amerikanischen Regierung.[841]Aber auch der Verdacht, dass es sich hierbei um eine innerorganisatorische Intrige handeln könnte, deren Ausgang die Mitarbeiter der Weltbank nach dem erzwungen Rücktritt ihres Präsidenten regel-

838 Vgl. spiegel-online (2007b), http://www.spiegel.de/wirtschaft/0,1518,483147,00.html, vgl. focus-money-online (2007), http://www.focus.de/finanzen/news/wolfowitz-affaere_aid_54266.html.

839 Vgl. spiegel-online: Weltbank (2007b), http://www.spiegel.de/wirtschaft/0,1518,483147,00.html.

840 Vgl. Joffe in: zeit-online (2007), http://www.zeit.de/online/2007/21/wolfowitz-kommentar-joffe.

841 Vgl. Hitchens in: welt-online (2007), http://debatte.welt.de/kommentare/22060/rufmordkampagne+gegen+paul+wolfowitz+und+shaha+riza,.

recht feierten, wurde von einigen Beobachtern in Erwägung gezogen und fundiert begründet.[842]

Inwieweit die Vorwürfe der Vetternwirtschaft bzw. Korruption berechtigt sind, hängt vor allem davon ab, ob Wolfowitz in dieser Sache tatsächlich völlig eigenmächtig handelte, oder, wie er mehrfach betonte, in Übereinstimmung sowohl mit dem bankinternen Ethik-Rat als auch mit dem Verwaltungsrat der Bank gehandelt habe. Doch hier besteht ein von Unübersichtlichkeit und Widersprüchen gekennzeichneter Dissens zwischen den Beobachtern.

Während der für die schweizer *Weltwoche* publizierende Markus Somm berichtet, dass Wolfowitz von Anfang an, gemeinsam mit dem Ethik-Rat und der Personalabteilung das weitere Vorgehen in dieser Sache beraten und verabredet haben soll[843] und der *Tagesspiegel* sogar der Beteuerung Wolfowitz folgt, der Ethik-Rat habe ihm die Besserstellung Rizas selber vorgeschlagen[844], äußert der deutsche Journalist Nikolaus Piper seine Zweifel an dieser Version.[845] Die für die *Berliner Zeitung* tätige USA-Korrespondentin Olivia Schoeller unterstellt, das Wolfowitz die Vorgehensweise eigenmächtig diktiert habe.[846] Die *Frankfurter Allgemeine Zeitung* druckt unkommentiert die Stellungnahme des Verwaltungsrats der Weltbank ab und schrieb:

> „Der Verwaltungsrat der Weltbank betonte, dass er der Gehaltserhöhung der Lebensgefährtin von Wolfowitz niemals zugestimmt habe. (...), weder das Ethikkomitee noch deren Vorsitzender oder der Verwaltungsrat hätten die Bedingungen der Vereinbarung ´kommentiert, geprüft oder abgesegnet´. Das Ethikkomitee habe lediglich den ´informellen´ Rat gegeben, dass Shaha

---

842 Vgl. Schmitt in welt-online (2007), http://www.welt.de/welt_print/article881336/Sturz_des_Hochmuetigen.html, vgl. Rogoff in: Project Syndicate (2007), http://www.project-syndicate.org/commentary/rogoff32/German, vgl. Somm in: Weltwoche (2007), http://www.weltwoche.ch/ausgaben/2007-21/artikel-2007-21-zeit-der-rache.html.

843 Vgl. Somm in: Weltwoche (2007), http://www.weltwoche.ch/ausgaben/2007-21/artikel-2007-21-zeit-der-rache.html.

844 Vgl. Tagespiegel (2007), http://www.tagesspiegel.de/politik/international/USA-Weltbank;art123,1855597.

845 Vgl. Piper in: Süddeutsche.de (2007), http://www.sueddeutsche.de/finanzen/71/409844/text/.

846 Vgl. Schoeller in: Berliner Zeitung (2007), http://www.berlinonline.de/berliner-zeitung/archiv/.bin/dump.fcgi/2007/0518/tagesthema/0005/index.html.

> Riza versetzt und für die Unterbrechung ihrer Karriere entschädigt werden solle." [847]

Die Darstellung der *FAZ* steht wiederum im Widerspruch zu Schoellers Angaben, denen zufolge sowohl Ethik-Rat als auch die Personalabteilung mindestens über das geplante Vorgehen informiert gewesen seien. Hitchens kommentiert diesen Vorgang als klare Rufmordkampagne gegen Wolfowitz, wonach *„hochgestellte Angestellte der Bank Wolfowitz in eine Falle gelockt haben"*.[848] Ob sie dies vor dem Hintergrund staatlicher Interessenspolitik taten, wie weiter oben bereits von Hitchens dargelegt wurde, oder aber in Eigeninitiative, um sich des ungeliebten Vorgesetzten zu entledigen, lässt Hitchens offen. Auch Joseph Joffe scheint eine bankinterne Intrige gegen Wolfowitz nicht auszuschließen, wenn er schreibt, *dass Wolfowitz „(...) nicht die Falle sah, in die er tappte."*[849] Auch im Hinblick auf die Frage, von wem die Initiative ausging, diese Begebenheit publik zu machen, gehen die Interpretationen auseinander. Während laut *Financial Times* die Mitarbeiter in der Weltbank erst durch einen Artikel in der *Washingtoner Post* auf die Ungereimtheiten bei der Beförderung von Shaha Riza aufmerksam wurden und daraufhin eigene interne Untersuchungen anberaumten[850], veranlasst die Andeutung des deutschen Journalisten Nikolaus Piper zu dem Rückschluss, den auch Markus Somm darlegt, dass erst durch das Zutun der Mitarbeiter, die Affäre publik und Wolfowitz diskreditiert wurde.[851] Piper begründet seine Annahme, dass die Mitarbeiter der Weltbank eine aktive Rolle in dieser Geschichte gehabt haben müssen, damit, dass nur sie Zugang zur Personalakte Rizas hatten und die entsprechenden Informationen über Rizas Gehaltsanweisung weiterleiten konnten.[852]

In Anbetracht dieser sehr widersprüchlichen Verdachtsäußerungen, die bis heute keiner klärenden Überprüfung unterzogen wurden, stellt sich

---

847 Frankfurter Allgemeine Zeitung (2007) S. 14.

848 Vgl. Hitchens in: welt-online (2007), http://debatte.welt.de/kommentare/22060/rufmordkampagne+gegen+paul+wolfowitz+und+shaha+riza.

849 Vgl. Joffe in: zeit-online (2007), http://www.zeit.de/online/2007/21/wolfowitz-kommentar-joffe.

850 Vgl. Gersemann / Guha in: Financial Times Deutschland (2007), http://www.ftd.de/karriere-management/management/:die-heikle-beziehung-des-herrn-wolfowitz/184303.html.

851 Vgl. Somm in: Weltwoche (2007), http://www.weltwoche.ch/ausgaben/2007-21/artikel-2007-21-zeit-der-rache.html, vgl Piper in: Süddeutsche.de (2007), http://www.sueddeutsche.de/finanzen/71/409844/text/.

852 Vgl. Piper in: Süddeutsche.de (2007), http://www.sueddeutsche.de/finanzen/71/409844/text/.

die Frage, welche Motive die Mitarbeiter für die Ausweitung der Angelegenheit zu einem handfesten Skandal gehabt haben könnten, der auf einen unumgänglichen Rücktritt Wolfowitz´ zusteuerte. Der ehemalige deutsche Exekutiv-Direktor Eckhard Deutscher gibt in diesem Zusammenhang in dem weiter oben bereits erwähnten Interview an:

> „Es ist nicht nur die saftige Gehaltserhöhung für seine Lebensgefährtin gewesen, sondern auch sein Managementstil. Er hat sich von Anfang an drei Mitarbeiter mitgebracht aus dem Pentagon beziehungsweise aus dem Weißen Haus, die allesamt wenig oder gar keine Erfahrung in der Internationalen Entwicklungszusammenarbeit haben, aber auch keine Qualitäten hatten, was die Kommunikation in die Weltbank hinein angeht. Er hat sich eingemauert, er hatte seine Prätorianergarde und hat mit dieser Prätorianergarde ein Klima geschaffen, das völlig ungewohnt war, nämlich die Weltbank intern arbeitet sehr offen, kommunikativ und horizontal und hier hat Paul Wolfowitz einen seiner entscheidenden Fehler gemacht über diese Gehaltserhöhung hinaus“.[853]

Während Deutscher darauf verweist, dass Wolfowitz lediglich drei Mitarbeiter aus dem Pentagon in die Weltbank mitgebracht habe, wurde weiter oben bereits festgehalten, dass Wolfowitz eine erheblich größere Anzahl von Bankmanagern durch Angehörige aus dem Kreis der US-Administration auswechselte, was zu erheblichem Unmut in der obersten Banketage führte. Darüber hinaus, und auch hier ist ein weiteres Motiv für die wachsende Ablehnung des neuen Präsidenten durch den Mitarbeiterstab in Betracht zu ziehen, besetzte Wolfowitz die bankinterne Abteilung *Institutional Integrity* mit der regierungsnahen Suzanne Rich-Folsom, die nicht nur zur Aufklärung von Korruptionsfällen außerhalb der Weltbank beauftragt wurde, sondern auch innerhalb des Mitarbeiterstabs Verdachtsmomente überprüfen sollte. Zwar war Rich-Folsom bereits von James Wolfensohn in die Weltbank berufen worden, um die Beziehungen der Bank zu den republikanischen Abgeordneten im US-Kongress zu verbessern[854], doch die Tatsache, dass Wolfowitz sie als neue Direktorin der bankinternen Antikorruptionsabteilung (*Institutional Integrity*) auch auf die eigenen Mitarbeiter ansetzte, und diesen somit sein generelles Misstrauen bekundete, isolierte ihn zunehmend innerhalb seines Mitarbeiterstabs.

853 Interview Deutschland Radio Kultur mit Eckhard Deutscher (2007), http://www.dradio.de/dkultur/sendungen/interview/626763/.

854 E&Z (2007), http://www.invent.org/E+Z/content/archiv-ger/03-2006/moni_art1.html.

Die hier sehr komprimiert aufgezeigten Widersprüche in der öffentlichen Darstellung und Interpretation des erzwungenen Rücktritts von Weltbank-Präsident Paul Wolfowitz spiegeln die unzureichend abgesicherte und zum Teil sehr vordergründige Berichterstattung über das vorzeitige Ende dieser Präsidentschaft. Schnell bestärkten die Pressemitteilungen, in denen die Begriffe Skandal, Günstlingswirtschaft und Korruption die Interpretationsrichtung vorgaben, das negative Image, das Wolfowitz bereits mit in sein Amt hineingetragen hatte. Die Medienberichte kreisten in erster Linie um die Person des Weltbank-Präsidenten und um sein angebliches Fehlverhalten, das nur wenige Beobachter überhaupt in Frage stellten. Das Gros der Beobachter klammerte von Anfang an die Möglichkeit aus, dass Wolfowitz zu Fall gebracht werden sollte. Wichtige Fragen blieben unbeantwortet, was abermals ausreichend Raum für Spekulationen zulässt. Wenngleich aufgrund der oben skizzierten Widersprüche letztlich der Einfluss des Mitarbeiterstabs auf die Rücktritts-Affäre nicht fundiert aufgeklärt werden kann, so dokumentieren die Interpretationsansätze von Markus Somm, Nikolaus Piper, Joseph Joffe, Olivia Schoeller und Christopher Hitchens jedoch sehr klar, dass sie einen signifikanten informellen Einfluss des Mitarbeiterstabs nicht ausschließen, wobei der Begriff *Mitarbeiterstab* auch von ihnen nicht weiter eingegrenzt wird.

Die Frage nach etwaigen informellen Einflussstrukturen und Machtasymmetrien, die im Hintergrund der Wolfowitz-Affäre eine erhebliche Rolle gespielt habe könnten, erweitert dabei möglicherweise den Erklärungshorizont um die Probleme der Weltbank. Ungeachtet der kritischen Auseinandersetzung mit der Politik Wolfowitz´ lassen sich aus seiner kurzen Präsidentschaft bemerkenswerte Anhaltspunkte dafür ableiten, dass sich zu den formal festgelegten Entscheidungs- und Machtstrukturen innerhalb der Weltbank auf der informellen Ebene ein machtpolitisch sehr effektives Gegengewicht in den Reihen des Mitarbeiterstabs und / oder Managements herausbilden konnte. Derartige innerorganisatorische Polarisierungen und Machtasymmetrien zwischen Vorgesetzten und Mitarbeitern, die sich zu einem äußerst kontraproduktiven Konfliktpotential entwickeln können, konnten auch im Zusammenhang mit der Präsidentschaft von Barber Conable und James Wolfensohn herausgearbeitet werden. Beide traten in der öffentlichen Wahrnehmung als Reformer in Erscheinung und in beiden Fällen blieben die Reformergebnisse hinter den Erwartungen der kritischen Öffentlichkeit zurück

Während sich im Falle Wolfowitz die Bankangestellten offenkundig von Anfang an der Person des neuen Präsidenten entgegenstellten, stießen im Falle Wolfensohns wie auch Conables die Reformziele auf bankinternen Widerstand. Aus Perspektive der Principal-Agent-Theorie kann daraus eine im Zentrum ihres Analyseansatzes stehende Verweigerungshaltung der Angestellten herausgelesen werden, so dass von einem Principal-Agent-Symptom gesprochen werden kann, wenngleich hier komplexere Motive (s. nächstes Kapitel) für die vorgefundenen Kooperationsbrüche angenommen werden, als das in der Agency-Theorie zugrunde gelegte Motiv der persönlichen Vorteilsnutzung (Opportunismus) auf Seiten der Angestellten.

Die Funktionsmechanismen und Motive dieser in der Weltbank-Debatte weitgehend ausgeklammerten innerorganisatorischen Kooperations- und Reformblockaden, die in allen Hierarchieebenen zum Tragen kommen, entfalten nach den hier gewonnenen Erkenntnissen ihren Wirkungsgrad dabei in der Regel nicht vorrangig innerhalb der formal geregelten Verwaltungsstrukturen, sondern auf der Ebene informeller Kommunikations- und Machtstrukturen, deren komplexes Zusammenwirken nachfolgend beschrieben wird.

6.3 Motive und Mechanismen informeller Strukturen in der Weltbank

Während im Rahmen der Weltbankkritik die Ursachen für die allgemein angenommene strukturelle Reformunfähigkeit der Weltbank grundsätzlich vor dem Hintergrund internationaler Einflüsse und der in der Stimmrechtsregelung formalisierten Machtstrukturen gesucht werden, sah bereits Bettina Hürni zu Beginn der 1980er Jahre in den informellen Strukturen der Weltbank ein signifikantes Einflusspotential der Mitarbeiter auf die Arbeit der Weltbank. Hürni sprach von *„inoffiziellen Einflüssen"*[855], die sich zwischen den verschiedenen Abteilungen innerhalb der Weltbank, den Kreditnehmervertretern sowie zwischen den Kreditgebern und der obersten Geschäftsleitung als ein fein gespanntes informelles Beziehungsnetz auf alle Ebenen und in jeder Phase auf die Entscheidungsprozesse der Bank auswirkten.[856] Innerhalb der Weltbank hatten sich hiernach anstelle oder auch parallel zu den formal festgelegten Entscheidungsprozessen, von der Organisationsführung nicht geplante und legitimierte Handlungslinien, informelle Kompetenzen und Entscheidungsstrukturen herausgebildet.

Die Agency-Theorien entwickelten erst Jahre später nach diesen von Bettina Hürni beobachteten informellen Einflussstrukturen die These, dass

855 Hürni (1980), S. 118.

856 Vgl. ebd., S. 118.

Organisationen sowohl auf der formalen wie auch der informellen Ebene über die Kommunikation zwischen den Mitarbeitern und zwischen den Hierarchieebenen operieren. Innerorganisatorische, informelle Macht- und Entscheidungsstrukturen basieren in ihren Organisationsmodellen in der Regel auf einem Set komplexer, formal nicht geplanter oder vereinbarter Kommunikationsabläufe.

Die oft spontanen und nicht immer vorhersehbaren Handlungen der Mitarbeiter sind hierbei nicht zuletzt darauf zurückzuführen, dass sie eben keine, im Sinne des Bürokratieverständnisses von Max Weber, ausschließlich nach zweckrationalen Motiven agierende Funktionsträger sind, sondern soziale, individuelle Akteure, die formale oder normativ festgelegte Arbeitsanweisungen vor dem Hintergrund persönlicher Werte oder auch opportunistischer Bestrebungen interpretieren und modifizieren.

Wie im theoretischen Teil dieser Studie bereits erläutert wurde, gehen die Principal-Agent- Ansätze davon aus, dass diese informellen Strukturen meist gegen die formalen, offiziellen Vereinbarungen und Organisationsziele bzw. gegen die formal festgelegten Arbeits- und Hierarchiestrukturen arbeiten.

Mit Blick auf die Weltbank konnten im Rahmen dieses Forschungsprojektes einige daraus resultierende *Dysfunktionalitäten* herausgearbeitet werden. *Dysfunktional* insofern, als aufgezeigt werden konnte, dass wesentliche Arbeitsanweisungen, Organisations- und offizielle Reformziele nicht zuletzt an informell errichteten Blockadestrukturen innerhalb der Organisation scheiterten bzw. unzureichend von den Mitarbeitern umgesetzt wurden. Hier zeigte unter anderem die Bilanzierung der Arbeit des bankinternen *OED* (Kap. 5.2.2) und des *Inspection Panel* (Kapitel 5.2.5) die Funktionsmechanismen und das Einflusspotential informeller innerorganisatorischer Blockadestrukturen.

Die beschriebenen internen Akzeptanzprobleme der von Präsident Conable eingeleiteten Reorganisation und die Beobachtung, dass dessen offizielle Anweisungen, künftige Entwicklungsprojekte sozial- und umweltverträglicher zu planen, eben nicht adäquat vom Mitarbeiterstab umgesetzt bzw. an entscheidender Stelle ignoriert wurden, belegen unter anderem die Divergenzen zwischen offiziellen Organisationszielen und der tatsächlichen Auftragsumsetzung.

Die Untersuchungsberichte von Bradford Morse und Willy Wapenhans wie auch die von Bruce Rich recherchierten Fallbeispiele, in denen dokumentiert wurde, dass von der Weltbank unterstützte Großbauprojekte, trotz der auch bankintern bekannten Risiken, an entscheidender Stelle in der Hierarchielinie unterhalb des Weltbank-Präsidenten weiterhin forciert wurden, belegen die Auswirkungen innerorganisatorischer Interessendivergenzen und das machtpolitische Potential informeller Handlungsstrukturen innerhalb der Weltbank.

Die beschriebenen bankinternen Spannungen zwischen dem Management und insbesondere James Wolfensohn und die öffentlich ausgetragenen Auseinandersetzungen zwischen den Beratern und Experten (z.B. Sachs-Easterly-Kontroverse) lassen erkennen, dass die Weltbank zumindest phasenweise durch erhebliche innerorganisatorische Kontroversen geprägt war. Aus diesen Spannungen können nach dem hier gewonnenen Erfahrungsbild aus der Organisationssoziologie erhebliche Polarisierungen und damit auch die Bildung informeller Kommunikationsabläufe und informeller Vereinbarungen zwischen den sich vom offiziellen Organisationskurs absondernden Mitarbeitern resultieren.

Die recherchierten Fallbeispiele dokumentieren im Hinblick auf die Weltbank sowohl die in der Agency-Theorie beobachteten Kooperationsdefizite zwischen den Hierarchieinstanzen als auch die in der Human-Relations-Theorie erkannten Einflusspotentiale informeller Arbeitsstrukturen.

Obwohl informelle Arbeitsstrukturen nicht zwingend den offiziellen Anweisungen und Organisationszielen entgegensteuern oder formal festgelegte Kompetenz- bzw. Hierarchiestrukturen unterlaufen, ließ sich jedoch im Fall der Weltbank verdeutlichen, dass das machtpolitische Potential einiger informeller Handlungsmuster, die in allen Hierarchieebenen Anwendung finden, die Umsetzung wesentlicher, offiziell angewiesener Reformen teilweise erheblich behinderte.

Die im Hintergrund dieser informellen Strukturen wirkenden innerorganisatorischen Spannungen und Interessensdivergenzen, die sich letztlich auf die Kooperations- und Arbeitskultur und auf die Reformbereitschaft der Mitarbeiter auswirken, lassen sich durch eine Reformierung der formalen Organisationsstruktur nur bedingt bzw. in geringem Maße beilegen. In Anbetracht der komplexen informellen Strukturen, die sich parallel zu den offiziellen, formalen Strukturen in der Weltbank herausgebildet haben, sei an dieser Stelle nochmals betont, dass die allgemein von den NGOs formulierte Erwartungshaltung, mit einer Neuregelung des Stimmrechts oder durch eine Neuregelung des Nominierungsverfahrens für die Wahl des Präsidenten, die Weltbank tatsächlich schneller und effizienter auf Reformkurs zu bringen wäre, als Trugschluss erweist.

Um mit Blick auf die Weltbank und auf die damit verbundene Reform-Debatte das komplexe Phänomen informeller Strukturenbildung grundlegend verstehen zu können, bilden die in der Organisationssoziologie entwickelten Überlegungen, sowohl in der Agency- Theorie als auch in der Human-Relations-Theorie, zwar einen ersten richtungweisenden Erklärungsansatz, als sie das Einflusspotential informeller Organisationsstrukturen als zentralen Forschungsgegenstand entdeckten, allerdings sind auch sie nur bedingt geeignet, die tatsächlichen Ursachen für die zum Teil kontraproduktiven informellen Verhaltensweisen entscheidender Mitarbeiter herauszuarbeiten. Dies lässt sich vor allem durch die vornehmlich betriebswirtschaftlich ausgerichteten Strategien zur Behebung ineffizienter Arbeitsstrukturen erklären, die, wie in Kapitel 1.3.2 und 1.3.3 bereits als Kritik an diesen Ansätzen angemerkt wurde, auf allzu stark vereinfachten Psychologiemustern basieren, die den Mitarbeitern als Motive für unkooperatives, informelles Handeln meist opportunistische Ambitionen unterstellen.

Doch inwieweit lässt sich ein so vereinfachtes Psychologiemuster auf die Mitarbeiter der Weltbank tatsächlich anwenden?

Um die Dimensionen bzw. Komplexität eines informellen Systems, wie es allein in Anbetracht von Größe und Qualifikationsstruktur für die Weltbank anzunehmen ist, in seiner Gänze zu erfassen, müssen die Motive der Handelnden weitaus stärker differenziert werden, als dies allgemein in den Agency-Modellen erarbeitet wird.

In dem nachfolgenden Schaubild werden die unterschiedlichen Motive und Strategien, die im Hintergrund der informellen Strukturenbildung der Weltbank eine Rolle spielen, die aber in ihrer Gewichtung durchaus kontrovers diskutiert werden können, differenziert.

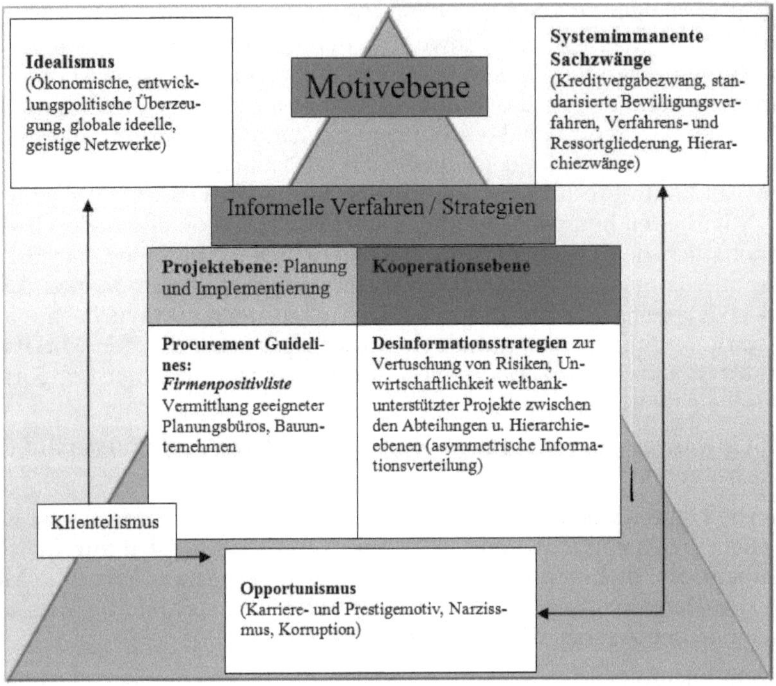

Das Schaubild, das die in dieser Studie erarbeiteten Ergebnisse und Beobachtungen grafisch komprimiert darstellt, zeigt zum einen die Motivebene, zum anderen die Ebene der bankinternen informellen Strategien. Die Motivebene differenziert zwischen drei Motivfeldern (Idealismus, systemimmanente Zwänge, Opportunismus) und die Ebene der informellen Strategien zwischen den in der Projektebene und in der Kooperationsebene anzutreffenden Strategien.

Während im Rahmen der Motivebene untersucht wird, aus welchen unterschiedlichen persönlichen Beweggründen heraus, sich Weltbankmitarbeiter zu dysfunktionalem bzw. informellem Handeln veranlasst sehen, vermittelt die Ebene der informellen Strategien die Mechanismen, derer sich die Angestellten, wie oben beschrieben, nachweislich bedient haben, um unliebsame, nach persönlichem Ermessen inakzeptable, offizielle Anweisungen zu umgehen.

6.3.1 Die Motivebene

Die hier differenzierten Motivfelder bündeln die sowohl von Weltbankkritikern als auch von Weltbankangehörigen vorgebrachten und in diesem Forschungsprojekt reflektierten Argumentationslinien. Dabei lassen sich im Wesentlichen drei Motivmuster bzw. -kategorien erkennen.

1. Die Kategorie der idealistisch begründeten Motive, in der die persönlichen Weltbilder und Wertvorstellungen der Mitarbeiter ihr Handeln beeinflussen.
2. Die Kategorie systemimmanenter Sachzwänge, in der die Rahmenbedingungen und Anforderungen des Systems informelles Verhalten provozieren.
3. Die Kategorie opportunistischer Motive, in der vornehmlich egozentrische, der Selbstdarstellung dienende Beweggründe den Hintergrund für dysfunktionales, informelles Verhalten bilden.[857]

Anders als im Fall der später zu erläuternden informellen Strategien, deren dysfunktionale Mechanismen und Wirkungsweisen unter anderem durch die oben dokumentierten Fallbeispiele faktisch überprüfbar sind, lassen sich die tatsächlichen Beweggründe der Mitarbeiter, die im Hintergrund ihrer informellen, dysfunktionalen Handlungen zu vermuten sind, wissenschaftlich fundiert nicht belegen. Ob und zu welcher Gelegenheit welches der nachfolgend vorgestellten Motive dysfunktionale bzw. informelle Handlungen auslöste, bleibt aus wissenschaftlicher Sicht spekulativ. Doch erweitert diese Untersuchungsperspektive die bislang weitgehend formal-juristisch geführte Weltbank-Debatte um einen vielleicht entscheidenden Analyseansatz.

6.3.1.1 Idealistische Motive als Grundlage für informelles Handeln

Insbesondere diesem Motivfeld, das die im Bereich des Wertrationalen anzusiedelnden Psychologiemuster der Mitarbeiter untersucht, sind enge Grenzen hinsichtlich einer methodisch tragbaren Beurteilung gesetzt. Eine Analyse dieses Motivfeldes ist aus wissenschaftlicher Sicht insofern

857 Eine exakte Abgrenzung insbesondere zwischen den systemimmanent begründeten und den opportunistisch begründeten Motivationen für informelles Handeln ist insofern problematisch, als die erwartungsgemäße Umsetzung systemimmanenter Zwänge meist auch aus opportunistischen Erwägungen, (z.B. Karriereaussichten) erfolgt. Diese Korrelation ist in der Grafik durch den Beziehungspfeil zwischen den beiden entsprechenden Motivfeldern gekennzeichnet.

problematisch, als die den informellen Handlungsstrategien zugrunde gelegten Psychologiemuster, ausschließlich interpretativ und indiziös ausgewertet werden können.

Möglicherweise nicht zuletzt aufgrund dieser methodischen Probleme wird dieses Motiv sowohl in der Organisationsforschung, aber vor allen in der Weltbank-Debatte weitgehend ausgeblendet. Diese Lücke gilt es jedoch zu schließen, wenn ein grundsätzliches Verständnis für die Entstehung und Folgewirkung informeller Handlungsstrukturen entwickelt werden soll, die im Hinblick auf die Weltbank zu erheblichen Reformblockaden und Dysfunktionalitäten in der Projekt- und Entwicklungspolitik geführt haben.

Wann immer Weltbankmitarbeiter, Direktoren und Weltbank-Präsidenten die Fortsetzung sowohl einer umstrittenen Projektkategorie wie auch der gleichfalls umstrittenen neoliberal geprägten *Strukturanpassungspolitik* im Rahmen des *Washington Consensus* zu begründen und zu legitimierten versuchten, verwiesen sie auf die angeblich zu erwartenden Wirtschaftsvorteile und Wachstumschancen für das kreditbeantragende Land. Ihre neoliberal begründete Argumentationslinie galt nach Auffassung vieler NGOs dabei als vorgeschobene, unehrliche und daher wenig glaubhafte Rhetorik, so dass die Weltbank insgesamt unter Generalverdacht stand, vornehmlich solche Projekte und Wirtschaftsstrategien zu unterstützen, die vor allem den Konzernen und Volkswirtschaften der führenden Teilhaberstaaten zugute kamen, während die eigentlich im Vordergrund stehenden Probleme der Entwicklungsländer zweitrangig behandelt wurden.

Nachdem in den vorangegangenen Kapiteln die so pauschal formulierte Kritik an der Weltbank bereits differenziert und zum Teil entkräftet wurde, stellt sich die Frage, inwieweit die von der Weltbank als Rechtfertigung vorgebrachte, wachstumsbasierte Argumentationslinie als Überzeugungsmotiv der Weltbankmitarbeiter ernst genommen, stärker reflektiert und hinsichtlich seiner dysfunktionalen Folgewirkung neu gewichtet werden muss.

Hierzu sei noch einmal an das bereits skizzierte *Netzwerk des Washington Consensus* erinnert, das als eine Art weltumspannendes, geistiges Netzwerk fungiert, dessen zugrunde liegende Wachstums- und Marktideologie insbesondere von jenen Weltbankangestellten geteilt und zum Teil auch aufgebaut wurde, deren informellen Handlungsweisen herausgearbeitet werden konnten. Obwohl dieses informelle, sich verselbstständigende Netzwerk lediglich das Übereinkommen einer wirtschaftstheoretischen Elite ist, deren ökonomische Thesen nicht bewiesen und bis heute sehr kontrovers diskutiert werden, sind das ihm zugrunde liegende, im Neoliberalismus verankerte Weltbild und die daraus resultierenden Wirtschaftsstrategien durchaus vor dem Hintergrund idealistischer Prägung zu betrachten. Dieses Wirtschaftsideal bildet als Handlungsmotiv unter anderem den Boden für die beschriebenen Reformschwierigkeiten der Weltbank.

Hier zeichnet sich ein vermeintlicher Widerspruch ab, wenn einerseits die Weltbank angeblich neoliberal indoktriniert sein soll, andererseits jedoch die erkennbaren neoliberalen Denkansätze ihrer Mitarbeiter zu dysfunktionalen Störungen führten. Wie lässt sich dieses vermeintliche Paradoxon auflösen?

An der Errichtung sowohl des *Washington Consensus* als auch des mit ihm in Zusammenhang stehenden, globalen neoliberalen epistemischen Netzwerkes haben vor allem auch führende Manager, Berater und Experten der Weltbank mitgewirkt, wie beispielsweise die zwischen 1982 und 1987 als Chefökonomin der Weltbank tätige Wirtschaftsprofessorin Anne Osborn-Krueger, die als Vertreterin des neoklassischen bzw. neoliberalen Denkansatzes maßgeblich an der Errichtung des *Washington Consensus* beteiligt war und die wie ihre Nachfolger Stanley Fisher (1988–1990) und Lawrence Summer (1991 - 1993), durch ihre Lehrtätigkeiten an amerikanischen Universitäten die wissenschaftliche und politische Etablierung des neoliberalen Ansatzes sowohl innerhalb wie auch außerhalb der Weltbank forcierten.

Nicht zuletzt aufgrund ihrer ökonomischen Lehrmeinungen wurden die neoliberalen, neoklassischen Marktideologien innerhalb der Weltbank zu wirtschafts- und entwicklungspolitischen Paradigmen im Hintergrund mehrerer aufeinanderfolgender Präsidentschaften etabliert und prägten das Denken der Mitarbeiter. Da der bereits von McNamara von 1200 auf 5000 Personen aufgestockte Mitarbeiterstab in dieser Phase bankinterner wie auch internationaler neoliberaler Umstrukturierungen zwischen 1980 und 1990 noch einmal um insgesamt weitere 5000 Angestellte erweitert wurde, ist davon auszugehen, dass die neu eingestellten Mitarbeiter größtenteils aus den bereits stark neoliberal beeinflussten Universitäten und anderen Wirtschaftsbereichen kamen.

Das sich um diese Ideologie aufbauende Netzwerk definierte und dominierte bis zum Amtsantritt von James Wolfensohn maßgeblich den Handlungsrahmen aller anderen wirtschaftlichen, entwicklungs- und auch umweltpolitischen Leitlinien und Strategien der Weltbankpolitik.

Formale Reformanweisungen, die mit diesem ideologisch-basierten Paradigma kollidierten, trafen dabei auf ein etabliertes, geistiges, innerorganisatorisches Bollwerk, das, wenn überhaupt, nur sehr schleppend Veränderungen zuließ.

Mit Blick auf die Reforminitiativen zur Verbesserung der Projektqualität, die erstmalig bereits von Präsident Conable angewiesen wurden, durchkreuzten die befürchteten wachstumsverzögernden bzw. -einschränkenden Umwelt- und Sozialauflagen die Interessen der potentiellen Investoren, deren etwaiger Rückzug das Aus für das betroffene Projekt bedeuten konnte und infolgedessen der erwartete Wachstumsimpuls für die jeweilige Region ausgeblieben wäre. Während Präsident Conable offensichtlich von der Vereinbarkeit zwischen Umweltschutz und Wirtschaftswachstum ausging, sahen entweder die in der Projektplanung involvierten Mitarbeiter oder in den höheren Instanzen fungierende Manager im Rahmen ihres Wirtschaftsverständnisses den angestrebten Wachstumsimpuls durch die Umwelt- und Sozialauflagen gefährdet. Neben etwaigen, interessenpolitischen Erwägungen entschieden die Bankangestellten diesen durchaus auch wertrational zu begründenden Zielkonflikt meist zugunsten ihres wachstumsbasierten Wirtschaftsideals.

Wie der im Neoliberalismus verankerter *Washington Consensus* so begründet auch das Wachstumspostulat als Kern aller etablierten Wirtschaftstheorien letztlich ein eigenes weltumspannendes idealistisch-ideologisches Netzwerk, zu dem bislang aus industriegesellschaftlicher Sicht noch keine zukunftsfähige Alternative gesehen wird. Während das Postulat des *Washington Consensus* unter der Präsidentschaft von James Wolfensohn schrittweise aufgebrochen wurde, hat auch Wolfensohn das Wachstumspostulat nie in Abrede gestellt.

Einige Beobachtungen mögen zwar dafür sprechen, dass das von vielen Kritikern als dogmatisch überzogen empfundene Wachstumsparadigma nur vorgeschoben wird, um letztlich das vermeintlich eigentliche Motiv, die Sicherstellung der Wirtschaftsinteressen der führenden Industrienationen, zu verschleiern. Dennoch kann dieses Paradigma durchaus idealistisch verwurzelt sein und sollte daher als ideelles Motiv für informelle, dysfunktionale Handlungen in eine Organisations- und Reformanalyse einbezogen werden. Dies umso mehr, wenn sich gerade dieses Motiv durch seine besondere Widerstandkraft und Hartnäckigkeit gegen vermeintlich wachstumsgefährdende Reformen immer wieder durchzusetzen scheint.

Ein weiteres hartnäckiges, angeblich ideelles Entscheidungs-Motiv findet sich darüber hinaus auch im Hinblick auf das anscheinend unbeirrte Festhalten der Weltbank an kritischen Projekten. Selbst wenn bankinterne Kontrollgremien oder auch wichtige Exekutiv-Direktoren offenkundig bereits für einen Ausstieg aus dem jeweiligen Projekt plädieren, befürworten viele - auch leitende - Bankangestellte eine weitere Beteiligung der Weltbank an den umstrittenen Großbauprojekten. Sie argumentieren, dass ein Rückzug der Weltbank aus der Finanzierungsbeteiligung zur Folge haben würde, dass sich zunehmend privatwirtschaftliche und staatliche Investoren in die Projektfinanzierung drängen würden, die jedoch keine adäquaten sozialen und ökologischen Standards an die Kreditvergabe knüpfen würden.

Dies klingt, ähnlich wie im Fall der wachstumsbasierten und neoliberal begründeten Argumentationslinien zunächst ebenfalls nach einer vorgeschobenen Rhetorik. Doch ergaben auch die Recherchen zu Kapitel 4.2.1.2, dass zahlreiche Entwicklungsprojekte, die ohne Beteiligung der Weltbank implementiert wurden, deutlich geringere sozial- und umweltpolitische Schutzmaßnahmen während der Projektimplementierung berücksichtigten. Infolge alternativer Finanzierungsmöglichkeiten, sei es an den Finanzmärkten oder auf bilateralem Weg, ist die Umsetzung von Großbauprojekten längst nicht mehr von einer Beteiligung der Weltbank abhängig. Diese wird zunehmend zu einem verzichtbares Rädchen in den internationalen Bau-Netzwerken.[858]

So ist das von der Türkei geplante Staudammprojekt „Ilisu" ein Beispiel für den Versuch westlicher Baukonsortien, ein von der Weltbank aus umwelt- und sozialpolitischen Gründen abgelehntes Projekt dennoch mit Hilfe internationaler Exportkreditagenturen umzusetzen.

Auch in Falle des Projekts Maheswar (Sardar-Sarovar), aus dem sich die Weltbank bereits 1993 zurückzog, versuchte die deutsche *SiemensAG* noch sieben Jahre danach, die Bundesregierung zur Bewilligung einer Hermesbürgschaft für die Lieferung von Turbinengeneratoren zum Bau dieses Projekt zu überreden.[859] Auch 2008 berichtet das *Handelsblatt* noch von den fortdauernden Versuchen der *SiemensAG*, diesbezügliche Bürgschaften zu erhalten.[860]

Das ecuadorianische Pipeline-Projekt *OCP (Oleoducto de Crudos Pesados)* ist eines von weltweit vielen Entwicklungsprojekten, deren Finanzierung die Westdeutsche Landesbank übernahm, obwohl die von der Weltbank

858 Siehe Kapitel 4.2.1.2

859 Vgl. Hoffman in: Die ZEIT (2000).

860 Vgl. Handelsblatt (2008).

2001 festgelegten Mindeststandards nicht erfüllt werden konnten und die Weltbank daher eine Unterstützung bereits ausgeschlossen hatte.[861]

Auch der Birecik-Staudamm am Euphrat, die Lihir-Goldmine in Papua-Neuguinea, die Kupfer-Gold-Mine Alumbrera in Argentinien und das Kohlekraftwerk Paiton II in Indonesien wurden unter anderem trotz weltweiter Bedenken von der WestLB finanziert genau wie die Baku-Tiblissi-Ceyhan-Ölpipeline in Aserbaidschan und Georgien.[862]

Am sudanesischen Merowe-Staudamm sind vornehmlich chinesische, sudanesische, deutsche und französische Firmen beteiligt. Gerade an diesem Projekt tritt sehr deutlich zu Tage, dass insbesondere die chinesische Regierung bzw. die chinesische Exportkreditagentur, die *China Exim Bank,* die mit einer Beteiligung von mehr als 300 Millionen US-Dollar zur wichtigsten Geldgeberin des Projekts geworden ist[863], eine ernstzunehmende, risikoträchtige Alternative zu den von einigen afrikanischen Regierungen oft als überzogen empfundenen Kreditkonditionen der Weltbank darstellt. Peter Bishard, Politischer Direktor von International Rivers Network (IRN), schreibt in diesem Zusammenhang in der schweizerischen *Wochenzeitung (woz)*:

> „Afrikanische Regierungen frohlocken über die Möglichkeit, dem Diktat westlicher Firmen und Finanzinstitutionen zu entkommen. «Wir schätzen chinesische Investitionen», sagt Sahr Johnny, der Botschafter von Sierra Leone in China (...). An einer Sitzung diskutieren wir, was die Firmen tun wollen, und dann machen sie vorwärts. Sie stellen keine Bedingungen und haben weder Richtlinien noch Umweltverträglichkeitsprüfungen.» Alfred Mutua, ein Sprecher der kenianischen Regierung, ergänzt: «Du hörst China nie sagen, dass sie ein Projekt nicht fertig stellen, weil die Regierung nicht genug für die Korruptionsbekämpfung getan hat.(...) Westliche Regierungen, Finanzinstitute und Umweltorganisationen sind über das chinesisch-afrikanische Liebesfest weniger begeistert. Sie befürchten verstärkte Umweltzerstörungen, Rückendeckung für korrupte Regimes und einen neuen Verschuldungskreislauf. Dabei ist nicht immer klar, inwiefern die

861 Vgl. Eine Welt Netz NRW (o.J.), http://www.fairplanet.net/doc/regenwaldzerstoerung_graf.pdf.

862 Vgl. Beucker in: taz (2004). S. 8.

863 Vgl. Bosshard in: Wochenzeitung Schweiz (woz): (2007), http://www.Wochenzeitung Schweiz (woz).ch/artikel/2007/nr12/wirtschaft/14709.html.

> Kritik von echter Sorge, Eifersucht oder Opportunismus geprägt ist".[864]

Damit bestätigt auch Bosshard den bankinternen Ziel- bzw. Interessenskonflikt, in dem sich Bankangestellte wie auch Bankleitung und Exekutiv-Direktorium befinden. Wie die Bank künftig auf diesen Konflikt reagieren soll, wurde bislang nicht entschieden. Doch ist absehbar, dass dieser faktisch bestehende Zielkonflikt die Bank zu einem insgesamt schwierigen, da existenziellen und formal kaum zu reglementierenden Balanceakt zwingen wird, in dem beinahe zwangsläufig informelle Ermessensspielräume für die Angestellten entstehen werden, die wohl auch nach ideellen persönlichen Maßstäben definiert werden.

Unter dem Druck eines solchen in der Organisationssoziologie durchaus bekannten Zielkonfliktes bleibt abzuwarten, ob künftige Expertisen über die Risiken beantragter Projekte nicht abermals von maßgeblichen bankinternen Entscheidungsinstanzen tendenziell eher ignoriert werden, wenn diese Expertisen eine weitere Beteiligung der Weltbank an einem Projekt gefährden könnten. Auch im Hinblick auf den angesprochenen paradigmatischen Zielkonflikt zwischen neoliberaler Denkschule, Wachstumsdogma und ihren potentiellen Negativfolgen für Umwelt und Gesellschaft sind die informellen Entscheidungsstrukturen innerhalb der Weltbank kaum zu reglementieren oder zu reformieren, selbst wenn eine diesbezügliche Neuausrichtung formal entschieden wird. Etwaige aus diesen idealistisch basierten Zielkonflikten resultierende dysfunktionale Verhaltensweisen, die sich auch als Reformwiderstände zu erkennen geben können, lassen sich auch mit den Lösungsansätzen der Principal-Agent-Modelle kaum korrigieren. Diese erkennen zwar die dysfunktionale Störung innerhalb einer Organisation, aber sie erkennen nicht, dass es neben opportunistischen Motiven auch idealistisch motivierte dysfunktionale Verhaltensformen gibt.

6.3.1.2 Systemimmanente Sachzwänge

Nachdem die im Schaubild als Motivfeld zusammengefassten systemimmanenten Sachzwänge bereits in den vorangegangenen Kapiteln eingehend in ihren jeweiligen Erklärungskontexten beschrieben wurden, werden diese Motive hier nur noch einmal kurz skizziert.

---

864 Bosshard in: Wochenzeitung Schweiz (woz): (2007), http://www.Wochenzeitung Schweiz (woz).ch/artikel/2007/nr12/wirtschaft/14709.html.

Die wenigen sich mit diesem Motivfeld befassenden Quellen beziehen sich vornehmlich auf den Zeitraum der Präsidentschaft von Robert McNamara, da dieser maßgeblich die Weichen für die Installierung dieser systemimmanenten Sachzwänge stellte, denen die Weltbankmitarbeiter dann auf der Grundlage dysfunktionaler Arbeitsmuster zeitweilig auszuweichen versuchten, was letztlich die Kooperationskultur innerhalb der Weltbank deutlich negativ beeinflusste. Aber auch das von Präsident Conable verordnete zweigleisige Reformprogramm verursachte einen systembedingten Zielkonflikt, in welchem die ökologischen und sozialpolitischen Richtlinien den neoliberalen ökonomischen Vorgaben teilweise zuwider liefen.

Nach Bekanntwerden des Wapenhans-Berichts veröffentlichte DIE ZEIT unter Bezugnahme auf Bruce Rich einen Artikel zum umstrittenen Wirken der Weltbank. In diesem Artikel wurden die wesentlichen Ursachen für die von Wapenhans gezogene Negativbilanz der Weltbankpolitik herausgearbeitet.[865]

Eine wesentliche Ursache für die oft übereilten und unausgereiften Projektplanungen und Bewilligungsverfahren sieht der Wapenhans-Report bereits im Gründungsstatut von Bretton-Woods verankert, der die Weltbank verpflichtet, ihr Kapital überwiegend investiv zu verleihen. Die Politik wie auch das Bankmanagement bemaßen, bis einschließlich der Präsidentschaftszeit von Lewis Preston, den Erfolg der Bank vor allem am Wachstum des Kreditvolumens bzw. ihrer Bilanz. Daher standen die Bank und ihre Mitarbeiter unter einem *„pressure to lend"*[866], aus dem sich, so Rich, auch ihre Vorliebe für Großvorhaben in dreistelliger Millionenhöhe erklären lasse. Je größer die Bauprojekte, desto höher die Kreditzahlungen und damit die dem Selbsterhalt der Bank dienende Refinanzierungsrate.[867] Neben diesem dem Selbsterhalt dienenden Refinanzierungsmotiv gaben die wachsenden Kreditvergaben gleichzeitig einen steigenden Bedarf der Entwicklungsländer vor, wodurch der Fortbestand und die Expansion der Weltbank als Entwicklungsorganisation legitimiert werden konnte.

Bereits im Zusammenhang mit den Ausführungen zur Präsidentschaft von Robert McNamara, der die Verwaltungsstrukturen nachhaltig prägte, wurde der Aspekt des Kreditvergabezwangs zur Sprache gebracht. In der Absicht, möglichst viele Kreditanträge mit hohen Kreditvolumen an

865 Vgl. Zeit-online (1993), http://www.zeit.de/1993/40/III-Geld-und-anderes-Papier.

866 Vgl. ebd.

867 Vgl. ebd.

den Exekutiv-Rat weiterleiten zu können, etablierte McNamara beiläufig eine Arbeitskultur, in der die Mitarbeiter sich informeller Arbeitsweisen bedienten, um dieser Zielvorgabe gerecht werden zu können. Potentiell verfahrensverzögernde Informationen und Gutachten über Risiken und Fehlentwicklungen in der Projektentwicklung wurden zurückgehalten, da auch der individuelle Status des Mitarbeiters vom eigenen Beitrag zum bankinternen Kreditvolumen abhing. Leistung und Prestige der Mitarbeiter wurden bis mindestens in die 1990er Jahre hinein[868], trotz neuer Refinanzierungsmöglichkeiten an den Finanzmärkten, immer noch am Umfang des mit ihrer Hilfe vergrößerten Kreditvolumens und weniger an ihrer fachlichen Kompetenz und Sorgfältigkeit bei der Überprüfung ökologischer und sozialer Risiken der jeweiligen Projekte bemessen. Die Bankleitung selber war bis zum Ausbruch der ersten großen Kritikwelle nicht sonderlich daran interessiert, gewinnversprechende Kreditgeschäfte, wie sie sich insbesondere durch Großprojekte erzielen ließen, durch kritische Gutachten zu verzögern oder sogar zu gefährden. So entwickelte sich der anfängliche Kreditvergabezwang zunehmend zu einem Hierarchiezwang, in dem insbesondere den Mitarbeitern im unteren Kompetenzfeld opportune Verhaltensmuster abverlangt wurden, die vor allem der weiteren Ausdehnung der Kreditgeschäfte förderlich sein sollten.

Dieser Sachzwang führte zwangsläufig zu Interessenskonflikten auf Seiten des Mitarbeiterstabs, als unter Präsident Conable, der diese Zielvorgabe zwar nicht revidierte, gleichzeitig aber neue Umwelt- und Sozialstandards sowie die entsprechenden Kontrollinstanzen (*OED, Inspection Panel*) einführte, die den Verfahrensablauf für die Projektbewilligung beeinträchtigen und verzögern konnten.

In diesem Zielkonflikt findet sich nicht zuletzt eine Erklärung für die von Bradford Morse festgestellte, weitgehend durchgängige Ignoranz entscheidender Mitarbeiter gegenüber den ökologischen und sozialen Folgen der von ihnen betreuten Projekte.

Nicht nur die sich gegenseitig konterkarierenden Zielvorgaben beeinträchtigten das Arbeitsklima und provozierten Widerstände unter den Mitarbeitern und die Herausbildung informeller Nischen. Auch der von McNamara eingeführte Maßnahmenkatalog, der eine massive Ausweitung der kreditfinanzierten Projekte gewährleisten sollte, wirkte sich ähnlich negativ aus. Mit der Absicht, möglichst viele Projekte zu finanzieren, vereinfachte McNamara die Bewilligungskriterien für die An-

868 Vgl. Zeit-online (1993), http://www.zeit.de/1993/40/III-Geld-und-anderes-Papier.

nahme und Bewertung eines Kreditantrages. Durch diese Standardisierung des Annahme- und Planungsverfahrens entließ er die zuständigen Sachbearbeiter einerseits immer mehr auch aus der moralischen und sachlichen Verantwortung für ihre Projektgutachten, andererseits minimierten sich die fachlichen Anforderungen an den Mitarbeiterstab. Die bankintern von den Projektsachbearbeitern angefertigten Empfehlungsschreiben, die den Exekutiv-Direktoren als Entscheidungsgrundlage dienten, wurden schließlich nur noch auf der von McNamara erstellten Grundlage leicht zu quantifizierender Fortschrittsindikatoren erarbeitet, also von wirtschaftlichen Fundamentaldaten über Zielgruppen, Nutznießer, Wachstumserträge, Verbesserungen in der Produktivität und etwaige Einkommensveränderungen etc.[869]

Das so aufgestellte zweckorientierte Anforderungsprofil der Weltbankmitarbeiter, insbesondere im *unteren Kompetenzfeld,* weist vor allem für die Ära McNamara deutliche Parallelen zu dem von Max Weber konzipierten Bürokratiemodell auf, in dem der Angestellte auf weitgehend standardisierte Arbeitsschritte und Kompetenzen reduziert wird. Das Eingehen auf situative Besonderheiten wurde durch die standardisierten Entscheidungsverfahren erschwert und der Blick für die komplexen Folgewirkungen einer Entscheidung verengte sich zunehmend.[870]

In einem so geschaffenen Arbeitsklima sieht der Organisationsberater Stephan Pfanner grundsätzlich die Gefahr, dass dies zu Lasten von Kreativität und Motivation auf Seiten der Mitarbeiter führt. Die Identifikation mit der eigenen Arbeit fällt unter diesen Bedingungen schwer. In Anbetracht der bereits erwähnten äußerst hohen Qualifikationsstruktur der Weltbankangestellten zeichnete sich hier beinahe zwangsläufig ein Identifikations- und Prestigeproblem ab, auf das im Verlauf dieser Studie bereits mehrfach im Zusammenhang mit der Ära McNamara hingewiesen wurde, dessen stark zentralistisch-autoritärer Führungsstil vielen Angestellten das Gefühl vermittelte, austauschbare Weisungsempfänger zu sein. Die ihnen zugestandenen bzw. verbliebenen Kompetenzen spiegelten sich nicht in ihrer herausragenden beruflichen Qualifikation.

Auch die von Bettina Hürni beschriebene starke Aufgliederung der Weltbank in unzählige Ressorts, Regional-, Projekt- und Sektorabteilungen[871], die Pfanner als *Aufgaben-Spezialisierung* beschreibt, verengt nach seiner Auffassung in ähnlicher Weise den Blick des Einzelnen für das

869 Vgl. Rich (1998), S. 97.

870 Vgl. Pfanner (2001).

871 Vgl. Hürni (1980), S. 112ff.

Ganze[872], was letztlich auch den Verlust erworbener Kompetenzen und komplexer Sachkenntnis auf Seiten der Angestellten zur Folge haben kann.

Erst James Wolfensohn steuerte durch die Ausgliederung der Regionalbüros aus der Washingtoner Zentrale diesem Kompetenzverlust entgegen. Seine Anweisung, dass künftig alle Sachbearbeiter und zuständigen Länderdirektoren, vor Ort in den Entwicklungsregionen leben mussten, und von dort sowohl die Projektpläne zu evaluieren als auch deren Durchführungen zu überwachen hatten, versetzte die Mitarbeiter in die Lage, sich ein komplexes Bild über die Auswirkungen eines Bauprojektes zu machen. Nach seiner Auffassung, die er mit den meisten Weltbankkritikern teilte, war eine solide Projektbetreuung von einem in Washington stehenden Schreibtisch aus nicht möglich.

Im Hinblick auf den von McNamara installierten Kreditvergabezwang dokumentierte frühestens die von James Wolfensohn forcierte Förderung von Mikrokrediten ein bankinternes Umdenken, während 1993, nach Angaben von Bruce Rich, einer der damaligen Vize-Präsidenten der Weltbank, Wilfried Thalwitz noch im Hinblick auf die wachsende Kritik plakativ einräumte: *„Ich muß Geld bewegen, schnell und viel - auch wenn man mich dafür in fünf Jahren hängt."*[873] Ein solches Ansinnen lässt sich auf der Grundlage von Mikro-Krediten nur schwer umsetzen.

Sowohl die unter McNamara aufgebaute strenge Hierarchiestruktur, der projekt-inflationäre Kreditvergabezwang bei zunehmenden sozial- und umweltpolitischen Auflagen sowie die Standardisierungen der Verfahrensabläufe und die immer weitere Aufgliederung der Bank in spezialisierte Ressorts führten in den Folgejahren zeitweilig zu erheblicher Unzufriedenheit und zu Polarisierungen, die sich zwischen den Mitarbeitern im unteren Kompetenzfeld und der obersten Geschäftsleitung herauskristallisierten und einen geeigneten Boden für die Bildung informeller Nischen und Kommunikationsstrukturen sowie dysfunktionaler Arbeitsmuster bildeten.

Über diese Aspekte hinaus, sieht Catherine Weaver zudem in der von Robert Wade beschriebenen *„dualen Rolle"*[874] der Bank eine weitere systembedingte Veranlagung gegeben, die sowohl das von ihr konstatierte Auseinanderklaffen von Außendarstellung und tatsächlicher Politik wie die innerorganisatorischen Polarisierungstendenzen und dysfunktiona-

872 Vgl. Pfanner (2001).

873 Zeit-online (1993).

874 Wade (2002), S. 218, zitiert in: Weaver (2008), S. 31.

len Handlungen erklärt. Im Hinblick auf diese *duale Rolle* schreibt Weaver:

> „As an action organization, it (die Weltbank, d.A.) must fulfill its function as a highly specialized and neutral service organization providing expertise in development aid, technical assistance, project proposals, and loans. However, as a political organization, it must appear subservient to the demands of its shareholders and clientele. They include donor and borrowing country governments, private capital markets, and an increasing number of international nongovernmental organizations acting as watchdog agencies on behalf of civil society and indigenous populations in developing countries." [875]

Die diversen sich zum Teil gegenüberstehenden Anforderungen sowohl der Teilhaberstaaten oder der kreditbeantragenden Regierungen wie auch die Forderungen der von den Strukturmaßnahmen betroffenen Zivilbevölkerung und anderen, weltweit vernetzten Kritikern, wie beispielsweise die NGOs, lassen eine konsistente Übereinstimmung im Denken und Handeln der Weltbank kaum zu. Zielkonflikte, die unmöglich im Sinne aller Beteiligten gelöst werden können sind hier vorprogrammiert.

Während Weaver zunächst in diesen durchaus als systemimmanent zu begreifenden Zielkonflikten die Hintergründe dafür erkennt, dass sich die Bank in ihrer Außendarstellung einer vorsätzlichen rhetorischen Täuschungsstrategie bedient, die es ihr ermöglicht sich diesen unterschiedlichsten Anforderungen zu entwinden und somit ihre Handlungsfähigkeit zu bewahren [876], gehe ich vielmehr davon aus, dass diese Zielkonflikte in erster Linie den innerorganisatorischen Raum für individuelle und informelle Entscheidungsfindungen und Handlungen auf Seiten der Mitarbeiter und des Managements geschaffen haben, den die jeweils entscheidenden Mitarbeiter nutzen, um ihren persönlichen Präferenzen, Normen und Idealen nachzukommen, auch wenn sie sich damit oft dysfunktional zu den Anweisungen ihrer Vorgesetzten verhalten.

---

875 Wade (2002), S. 218, zitiert in: Weaver (2008), S. 31.

876 *„More critically, the undelying presumption of the theory and empirical work outlined thus far is that organized hypocrisy is an intentional and strategic act by management and staff to dupe the Bank´s many political masters and external critics."* Weaver (2008), S. 33.

6.3.1.3 Opportunismus

Das letzte, im Schaubild unten eingefügte Motivfeld erfasst die auf der Grundlage der Agency-Modelle diskutierten opportunistischen Beweggründe der Weltbankangestellten für ihr dysfunktionales Handeln. Hierunter fallen jene Motivmuster, die auf die eigene Vorteilsnutzung oder auch vorteilhafte Selbstdarstellung ausgerichtet sind. Prestige- und Karrieredenken, aber auch Selbstbereicherung durch Korruption sind die zentralen Aspekte dieser Motivkategorie.

Prestige- und Karrieremotiv:

Das Prestige- und Karrieremotiv ist eng mit den systemimmanenten Anforderungen und die dadurch entstehenden Sachzwänge in einer Organisation verknüpft. Dies ist beispielsweise im Falle des gerade beschriebenen Kreditvergabezwangs für die Weltbankmitarbeiter in Betracht zu ziehen. Einem Angestellten, der zur Verbesserung seiner Karriereaussichten diesem Sachzwang folgt, während er andere, diesem Vergabezwang entgegenwirkende Anweisungen ignoriert oder vernachlässigt, kann nur bedingt ein rein opportunistisches Motiv unterstellt werden, wenn er mit Hilfe informeller Methoden die Erfüllung des Vergabezwangs bevorzugt.

In Anbetracht der großen Prestigeprojekte, wie Sardar-Sarovar, Polonoroèste, Lesotho oder Yacyréta lässt sich zwar erahnen, dass einige zuständige Länderdirektoren und Vize-Präsidenten der Weltbank, deren Namen mit diesen Projekten in Verbindung standen, ein starkes, möglicherweise sich im Grenzbereich des Narzissmus bewegendes Prestigemotiv entwickelt haben könnten, um diese Projekte mit allen Mitteln voranzutreiben. Doch bleibt dieses Psychologiemuster hier völlig spekulativ. Um in dieser Hinsicht ein klareres Bild zu erhalten, müssten neben den wenigen dokumentierten Fallbeispielen wissenschaftlich überzeugende Querverbindungen zwischen den umstrittenen Projekten und den Biographien und Karrieren der entsprechenden Mitarbeiter der Weltbank untersucht werden.

Die diesbezüglich von Susan George und Fabrizio Sabelli recherchierten Beispiele über bankinterne Prestige- und Profilierungsmuster, die sie in der Monographie *„Kredit und Dogma"* schildern[877], sind nur unzureichend belegt, so dass sich hieraus keine wissenschaftlich fundierten, geschweige denn haltbaren Thesen über die Folgewirkungen dieser Motivmuster ableiten lassen. Beide Autoren sehen unter anderem in den

877 Vgl. George / Sabelli (1995), S. 104–123.

jährlichen Einstellungsverfahren mit ihrem extrem selektiven, hohen Anforderungen und mehrstufigen Auswahlprozessen eine Ursache für ein an Arroganz grenzendes elitäres Bewusstsein einiger Mitarbeiter.[878] Um diese Aussage zu bekräftigen zitieren sie Mason und Asher, die in ihrer bereits 1973 herausgegebenen Weltbankchronologie auf diese Tendenz hinwiesen.[879]

Der Prestige-Aspekt, den George und Sabelli methodisch eher unzureichend herausarbeiten, wird zwar im Hinblick auf sein innerbetriebliches Einfluss- bzw. Störpotential auch in der modernen Organisationsforschung zunehmend thematisiert, doch ist dieser Aspekt bislang noch kein Untersuchungsgegenstand der Weltbankforschung. Daher unterliegt dieser Aspekt zu sehr der Spekulation als dass die Relevanz dieses Motivmusters fundiert bewertet werden könnte. Dennoch komplementiert dieser Aspekt das Gesamtbild der bankinternen sehr komplexen und sehr unterschiedlichen Motiv- und Handlungsmuster und verdeutlicht die Notwendigkeit, die Weltbank nicht als geschlossen agierende Akteurin zu verstehen, sondern verstärkt mit den Methoden der Organisationssoziologie zu analysieren und bis in die untersten Kompetenzlinien zu differenzieren, um innerorganisatorische Blockaden und Reformwiderstände eingrenzen zu können.

Korruptionsmotiv:

Das letzte hier vorzustellende Motivmuster scheint aus methodischer Sicht zunächst einfacher zu erfassen sein, da es sich anders als im Falle des Karriere- und Prestigemotivs in seinen Ausmaßen grundsätzlich faktisch nachweisen und quantifizieren lässt.

Obwohl das Thema Korruption meist im Zusammenhang mit den Führungseliten in den Entwicklungsländern, genauer gesagt mit den *Good*

---

878 Die Mindestanforderung für eine erfolgversprechende Bewerbung ist ein abgeschlossenes Hochschulstudium an einer renommierten Universität. Die meisten Bewerber aber, so George / Sabelli, haben eine herausragende Promotion abgeschlossen und bereits zusätzliche Arbeitserfahrungen in der Weltbank gemacht. Die folgende einjährige Probezeit verlangt den neuen Mitarbeitern Bestleistungen ab und wer hiernach übernommen wird, zählt, wie George / Sabelli schreiben, zur *„crème de la crème, und hat keinen Grund besonders bescheiden zu sein."* Vgl. George / Sabelli (1995), S. 105.

879 *„Knowledge on the part of the staff members that they are employed by a respected agency that is empowered to make or withhold ardently desired loans, couple with the belief that they themselves are more cosmopolitan and experienced than are the representatives of lo-income countries with whom they deal, is not conducive to humility."* Mason / Asher (1973), S. 71.

Governance-Aspekten und im Zusammenhang mit einigen Baukonsortien als Problem internationaler Entwicklungspolitik diskutiert wird, richteten sowohl James Wolfensohn, der dieses Problem als Präsident der Weltbank erstmals öffentlich anprangerte, als auch sein Nachfolger Paul Wolfowitz einen kritischen Blick auf etwaige bankinterne Verdachtsmomente.

Nach eigenen Angaben ermittelte die 1999 von James Wolfensohn zu diesem Zweck eingerichtete Abteilung *Institutional Integrity* für den Zeitraum von 1999 bis 2004 in mehr als 2000 sowohl internen als auch externen Verdachtsfällen. Während die Ermittlungen ergaben, dass über 300 Unternehmen und Einzelpersonen in Betrugs- und Korruptionsfälle im Umfeld der Projektarbeit verstrickt waren, war jedoch angeblich weniger als 1% des Bankpersonals in diese Fälle involviert.[880]

Über Dienstgrad, Hierarchieebene und Aufgabenressort jener Mitarbeiter, denen durch die Ermittlungen Korruption nachgewiesen werden konnte, werden in diesem Bericht keine Angaben gemacht. Dadurch ist das Untersuchungsergebnis zunächst nur bedingt aussagekräftig. Denn, wenn von den insgesamt 10.000 Mitarbeitern, weniger als 100 Mitarbeiter in den untersten Hierarchieebenen der Korruption überführt werden konnten, mag dies von geringerer Bedeutung sein. Anders sieht dies jedoch aus, wenn beispielsweise die für die Projektplanung verantwortlichen Entscheidungsträger, wie beispielsweise die Länderdirektoren oder Angestellte im obersten Management dieses eine Prozent ausfüllen. Doch hierzu ließen sich keine konkreteren und fundierten Angaben ermitteln, weder in den frei zugänglichen Dokumentationen der bankinternen *Institutional Integrity*-Abteilung noch in den freien Medien noch durch diesbezügliche Anfragen bei *Transparency International.* Die wenigen Publikationen zum Thema Weltbank und Korruption sind wenig aussagekräftig. Auch wenn die ZEIT beispielsweise im März 2007 schreibt, dass die Weltbank im eigenen Haus gegen Korruption vorgehe, verliert dieser Hinweis jegliche Aussagekraft, da sich der Artikel auf die Angabe beschränkt, dass interne Untersuchungen herausfanden, in welchem Maße Firmen in Korruptionsfälle involviert waren.[881] Etwaige

880 Vgl. Weltbank (2005), http://web.worldbank.org/WBSITE/EXTERNAL/NEWS/0,,contentMDK:20368998~enableDHL:TRUE~menuPK:34463~pagePK:64003015~piPK:64003012~theSitePK:4607,00.html. Spiegel-online recherchierte dagegen in diesem Zusammenhang, dass bankintern 200 Verdachtsmomente vorlagen, von denen sich 77 Fälle bestätigt haben. Vgl. Spiegel-online (2007a): http://www.spiegel.de/wirtschaft/0,1518,druck-464739,00.html.

881 Vgl. ZEIT-online (2007), http://zeit.de/online/2007/10/weltbank-gegen-korruption.

Querverbindungen zu Weltbank-Mitarbeitern versucht der Artikel erst gar nicht herzustellen.

Der in den Medien thematisierte Feldzug von Paul Wolfowitz gegen mögliche bankinterne Korruptionsfälle, die die damalige neue Leiterin der Abteilung *Institutional Integrity*, Suzanne Rich-Folsom, aufklären sollte, erbrachte offenbar keine nachhaltig alarmierenden Erkenntnisse über neue bankinterne Korruptionsfälle. Wolfowitz gab zwar in einem Interview an, dass sich die Mitarbeiter aufgrund der bisherigen, ihm rätselhaft erscheinenden früheren, *„laxen"* Arbeitsweise des *Institutional Integrity* allzu bequem eingerichtet haben, dennoch betonte er, dass nach seiner Meinung der überwiegende Teil der Bankmitarbeiter ehrlich sei. Die *Washington Post* schrieb hierzu am 23.01.2006:

> "Wolfowitz strongly disputed such criticism (öffentliche Kritik der Weltbankmitarbeiter gegen die Vorgehensweise des Institutional Integrity, d.A.), saying in an interview that staffers had grown ´comfortable´ with the laxness of the Institutional Integrity Department, which he said had been run with ´very puzzling negligence´ until Folsom took over as its acting director in October. Although he emphasized that the overwhelming majority of bank staffers are honest, he said, I am aware of a particularly serious set of allegations´ involving a senior bank official."[882]

Damit grenzte Wolfowitz die Ermittlungen auf einen von ihm namentlich nicht genannten früheren Länderdirektor und späteren Vize-Präsidenten ein, den die *Washington Post* aufgrund angeblicher bankinterner Dokumente als Mohamed Mushin identifizierte.[883] Allerdings ergaben meine weiteren diesbezüglichen Recherchen, dass Mushin lediglich verdächtigt wurde, in eine IT-Firma investiert zu haben, die geschäftlich mit der Weltbank zu tun hatte, was zwar ein klarer Verstoß gegen die Bankregeln wäre, aber nichts mit dem Tatbestand der Korruption zu tun hat.[884]

Zum Thema Weltbank und Korruption macht auch der Gründer der NGO *Transparency International* Peter Eigen keine belastende Aussage. Der zwischen 1976 und 1993 in unterschiedlichen Funktionen bei der Weltbank tätige Eigen berichtet zwar in seinem Buch: *Das Netz der Korruption* über seine damaligen zum Teil erheblichen Konflikte mit einigen

---

882 Washington Post (2006), http://www.washingtonpost.com/wp-dyn/content/article/2006/01/23/AR2006012301645.html.

883 Vgl. Washington Post (2006), http://www.washingtonpost.com/wp-dyn/content/article/2006/01/23/AR2006012301645.html.

884 Vgl. U.S. News (2006), http://www.usnews.com/usnews/news/articles/060910/18bank.htm.

Weltbankmitarbeitern und vor allem mit Präsident Conable [885], die sein Engagement zur Bekämpfung weltweiter Korruption einzudämmen versuchten. Doch schreibt Eigen bereits im Vorwort, dass die Weltbank selber nicht in besonderem Maße von diesem Phänomen betroffen war, wenngleich insbesondere der damalige Leiter der bankinternen Rechtsabteilung, Ibrahim Shihata, dem letztlich die Entscheidung darüber oblag, einen Kredit wegen Korruptionsverdacht zu stoppen, sich gegen die öffentliche Thematisierung und Bekanntmachung solcher Korruptionsfälle wehrte. [886] Eigen nimmt an, dass Shihata potentielle Darlehensnehmer lediglich davor bewahren wollte, im Zusammenhang mit Weltbankprojekten Opfer zu vieler Vorschriften, weitergehender Kontrollen oder noch rigiderer Konditionen zu werden, wenn das Korruptions-Problem allzu publik würde.[887]

Einen konkreten Fall von Korruption spricht Eigen nur in einem in der *prokla* erschienenen Aufsatz an, wonach die Weltbank in den bereits angesprochenen hausinternen Ermittlungen nachweisen konnte, dass im Jahr 2000 drei Weltbankmitarbeiter sich von einer schwedischen Firma hatten bestechen lassen.[888]

Insgesamt ergaben die zu diesem Themenkomplex recherchierten Hinweise und Materialien keine ausreichend überzeugenden Anhaltspunkte dafür, Korruption in der Weltbank als signifikantes, strukturelles Phänomen zu betrachten, das eingehenderer Untersuchungen bedarf. Korruption in der Weltbank ist zwar nicht auszuschließen, doch ist davon auszugehen, dass es sich hierbei eher um ein marginales, zu vernachlässigendes Motiv handelt, das im Hinblick auf die informellen Strukturenbildung innerhalb der Bank keine signifikante Rolle spielt.

6.3.1.4 Klientelismus

(s. 6.3.2.2 Projektebene, Seite 454 ff)

6.3.2 Informelle Verfahren und Strategien

Nachdem die unterschiedlichen *Motive* der Bankangestellten skizziert und differenziert wurden, die im Hintergrund der informellen und dysfunktionalen Handlungen dokumentiert werden konnten, richtet sich

885 Vgl. Eigen (2003), S. 12, 56f.

886 Vgl. ebd., S. 11.

887 Vgl. ebd., S. 57.

888 Vgl. Eigen / Eigen-Zucchi (2003), S. 262.

abschließend der Blick auf die informellen *Mechanismen*, die im Arbeitsalltag der Bankangestellten beobachtet wurden.

Das Schaubild differenziert hierzu in zwei Arbeitsebenen der Weltbank und den ihnen jeweils zugeordneten informellen Mechanismen bzw. Handlungspraktiken ihrer Angestellten.

Hierbei kristallisiert sich ein qualitatives Unterscheidungsmerkmal zwischen den vornehmlich in der *Projektebene* und den in der *Kooperationsebene* beobachteten informellen Handlungspraktiken heraus.

6.3.2.1 Kooperationsebene

Die Kooperationsebene meint dabei die Ebene, in der die Bankangestellten in den formal festgelegten hierarchisch strukturierten Verfahrensabläufen miteinander kommunizieren und kooperieren müssen, um das Antragsverfahren voranzutreiben, das dann in letzter Instanz dem Exekutiv-Direktorium zur Bewilligung vorgelegt wird. Diese Ebene ist in erster Linie vom *Informationsaustausch zwischen den diversen Abteilungen und Hierarchielinien* gekennzeichnet und dient der Ausarbeitung und Bewertung der Kredit- bzw. Projektanträge für die bankinternen Entscheidungsprozesse.

Wie aufgezeigt werden konnte, treten im Rahmen dieses Entscheidungsprozesses oftmals Interessendivergenzen im Hinblick auf die Durchführbarkeit eines Projektes auf. Grundsätzlich gelten Interessendivergenzen in der Principal-Agent-Theorie als ursächlich für dysfunktionales Handeln der Mitarbeiter. Um die eigene Zielsetzung ggfs. gegenüber der abweichenden Zielsetzung des / der Vorgesetzten durchzusetzen, nimmt die Agency-Theorie an, dass der Mitarbeiter wesentliche Informationen über einen Arbeitsvorgang zurückhält, um seine eigenen Interessen besser verwirklichen und den Arbeitsvorgang nach eigenem Ermessen gestalten zu können. Damit geht die Principal-Agent-Theorie von der bewussten Errichtung einer *Informationsasymmetrie* oder auch *asymmetrischen Informationsverteilung* durch die Mitarbeiter einer Organisation bzw. eines Unternehmen aus. Während die Agency-Theorie grundsätzlich opportunistische Motive als Gründe für informelles Handeln annimmt, konnte im Hinblick auf die Weltbank herausgearbeitet werden, dass die informellen, dysfunktionalen Handlungsstrategien der Mitarbeiter durchaus auch idealistisch motiviert sind oder von Sachzwängen beeinflusst werden. Doch ungeachtet der Motivlage bleibt die Kernbeobachtung der Agency-Theorie - die informelle Errichtung einer innerorganisatorischen Informationsasymmetrie - auf die Weltbankproblematik übertragbar. Wichtige Informationen nicht an bankinternen Kontrollgremien oder an die oberste Hierarchieebene in Person des Weltbank-Präsidenten und der Exekutiv-Direktoren weiterzuleiten, scheint eine nicht unübliche Arbeitspraxis im Geschäftsalltag der Weltbank zu sein. Dies ist im Zusammenhang mit dem *OED*, dem *Inspection Panel* und den Beobachtungen unter anderem von Rich, Mallaby, Hürni, Wade und Kraske wie auch aus den Appellen von James Wolfensohn herauszulesen.

Diese Form asymmetrischer Informationsverteilung stellt die eigentliche informelle Strategie in der Kooperationsebene dar, derer sich einige Mitarbeiter oder Abteilungen, aber auch einzelne Entscheidungsträger in den höchsten Instanzen bedienen, um nach eigenem Ermessen, selbstdefinierte informelle Ziele effizienter umzusetzen.

Insofern lässt sich im Hinblick auf diese vornehmlich in der Kooperationsebene anzutreffenden informellen Mechanismen konstatieren, dass sie in erster Linie der Schaffung eines formal nicht kontrollierbaren Ermessens- und Handlungsspielraumes des dysfunktional handelnden Mitarbeiters dienen. Das Errichten und Aufrechterhalten der bankintern beobachteten Informationsasymmetrien zwischen den Abteilungen und Hierarchielinien aber auch einzelner Mitarbeiter entspricht dabei einer bewusst praktizierten informellen Täuschungsstrategie.

Hier dokumentierten insbesondere die Untersuchungen von Bradford Morse und Willi Wapenhans, dass auf der Grundlage manipulierter, gefälschter Daten, in den 1980er und zu Beginn der 1990er Jahre, die zu erwartende Rentabilität und Kosten-Nutzen-Berechnung im Vorfeld einer Projektimplementierung gezielt optimistisch von Mitarbeitern beurteilt wurden und Gutachten über mögliche umwelt- und sozialpolitische Risiken oder bereits entstandene Fehlentwicklungen während der Projektimplementierung nicht an entscheidende Stellen weitergeleitet wurden.

Auch die in Kapitel 5.2.2 beschriebenen Schwierigkeiten der Mitarbeiter des *Operation Evaluation Departments (OED)*, bei ihren Kollegen Akzeptanz und Unterstützung zu finden, belegen die bankinternen Kooperationsdefizite und Blockadestrategien.

Mit Hilfe dieser informellen Täuschungsstrategien konnten entscheidende Mitarbeiter nicht zuletzt auch die auf verstärkten Umweltschutz zielenden Reformschritte beispielsweise von Barber Conable unterlaufen.[889]

---

889 Hier ist jedoch auch zu berücksichtigen, dass einige der Reformanweisungen zum Teil zwar umgesetzt wurden, dann aber neue ökologische Negativspiralen auslösten, wie sich am Beispiel des 1990 von Conable initiierten kontrollierten Tropenholzeinschlags dokumentieren lässt, der letztendlich durch sei-

6.3.2.2 Projektebene

In Anbetracht dieser Täuschungstaktiken lässt sich grundsätzlich ein qualitatives Unterscheidungsmerkmal zwischen den beobachteten informellen Handlungspraktiken in der Kooperationsebene und den informellen Mechanismen in der Projektebene herausarbeiten.

Anders als die Kooperationsebene, die sich auf *bankinterne* Arbeitsabläufe und Kommunikationsstrukturen zwischen den Angestellten eingrenzen lässt, bezieht sich die Projektebene vor allem auf die *Kooperation zwischen Bankmitarbeitern und externen,* an der Projektplanung und -implementierung beteiligten Akteuren, wie beispielsweise Consultants, Planungsbüros, Baukonsortien sowie die zuständigen Regierungsvertreter, mit denen die Länderabteilungen und *Task-Manager* der Weltbank sowohl die Projektidee als auch die Planung und Implementierung eines Projektes gemeinsam erarbeiten.

Die informellen Mechanismen in der Projektebene verhalten sich mit Blick auf die bankinterne Arbeitskultur, d.h. auf die Interkollegialität und die Kooperationsabläufe nicht kontraproduktiv oder dysfunktional, da sie sich auf bank*externe* Verfahrensabläufe konzentrieren.

Zu diesen Verfahrensabläufen zählt zunächst das Ausschreibungsverfahren zur Beteiligung projektinteressierter Unternehmen. Die von der Weltbank in den *Procurement Guidelines* [890] festgelegten Ausschreibungsrichtlinien gelten für alle Projekte, die durch die Weltbankgruppe finanziert bzw. mitfinanziert werden. Diese offiziellen, durchaus formal gerahmten *Guidelines,* an die sich die Kreditnehmer uneingeschränkt halten müssen, legen detailliert den gesamten Ablauf des Ausschreibungsprozesses fest, in dem der jeweils zuständige *Task-Manager* bzw. *Task Team Leader* (Washingtoner Zentrale) während der gesamten Ausschreibungsphase offizieller Ansprechpartner für alle beteiligten Akteure ist.

Während die Bedingungen der Ausschreibungsverfahren in den *Procurement Guidelines* von der Weltbank definiert werden, liegen die Ausschreibung und die damit verknüpften Bauvorschriften bzw. Baustandards sowie die gesamte Implementierung eines Projektes offiziell und

---

ne preissteigernde Signalwirkung, auf den internationalen Holzmärkten erst die weltweite Nachfrage entfachte, die in der Folgezeit zu Schwarzhandel, Korruption und massivem Raubbau noch vorhandener Regenwälder führte. Siehe Kapitel 4.3.

890 Vgl. World Bank (2010), Procurement Guidelines Procurement Guidelines http://web.worldbank.org/WBSITE/EXTERNAL/PROJECTS/PROCUREMENT/0,,contentMDK:20060840~menuPK:93977~pagePK:84269~piPK:60001558~theSitePK:84266~isCURL:Y,00.html.

explizit nicht in der Verantwortung der Weltbank, sondern obliegen der alleinigen Verantwortung des Kreditnehmers.[891]

Der Weltbank kommt offiziell im gesamten Ausschreibungs- und Implementierungsverfahren lediglich eine Kontroll- und Beratungsfunktion zu.[892]

Dennoch ist die Weltbank sowohl durch ihre Beratungstätigkeiten als auch aufgrund ihrer Vermittlerrolle zwischen den projektinteressierten Unternehmen und den eigentlichen Projektträgern, also den antragstellenden Regierungen, in das Ausschreibungs- und Implementierungsverfahren stärker eingebunden als dies gemäß der offiziellen Verlautbarung suggeriert wird und formal vorgesehen ist.

Im Kontext dieser Ausschreibungsverfahren übernimmt die Weltbank eine Funktion, mit der sie situativ im Grenzbereich zur informellen Einflussnahme operiert. Gemeint ist hier die Erstellung sogenannter Firmen-Positiv-Listen, die den Entwicklungsregierungen ausgehändigt werden, um geeignete Planungs- und Architektenbüros sowie Baukonsortien und kleinere Fachbetriebe für die Projektimplementierung zu empfehlen. Durch die Weitergabe der Empfehlungslisten fungiert die Weltbank - wenn auch nicht offiziell - vom Prinzip her als eine Art *Public-Affair-Agentur*, also als Auftragslobbyistin, wodurch gerade ihre Projektpolitik im Ruf steht, auf der Grundlage eines informellen Klientelismus ausgerichtet worden zu sein.

Dass die Weltbank derartige Firmen-Empfehlungen ausspricht, ist unstrittig. Dies belegen unter anderem die im Auftrag des Bundesministeriums für Wirtschaft und Technologie erarbeitete COMO-Studie zur Verbesserung der Beteiligung deutscher Unternehmen an weltbankfinanzierten Projekten und die von der Industrie- und Handelskammer veröffentlichten Empfehlungen, in denen den projektinteressierten Unternehmen ein Leitfaden vorgegeben wird, wie sie am effektivsten mit der Weltbank in Kontakt treten können, um ihre Auftragschancen im späteren Ausschreibungsverfahren zu verbessern und auf die Prioritätenliste des jeweiligen Landes zu gelangen.[893]

---

891 Vgl. World Bank (2010), Procurement Guidelines Procurement Guidelines http://web.worldbank.org/WBSITE/EXTERNAL/PROJECTS/PROCUREMENT/0,,contentMDK:20060840~menuPK:93977~pagePK:84269~piPK:60001558~theSitePK:84266~isCURL:Y,00.html, S. 6.

892 Vgl. Como-Studie (2007), S. 32.

893 Vgl. ebd., S. 31, vgl. Industrie- und Handelskammer Karlsruhe (2005), http://www.karlsruhe.ihk.de/prduktmarken/international/intausschreibungen/Weltbank.jsp.

Auf den von der Weltbank erstellten Empfehlungs-Listen befanden sich bis Ende der 1990er Jahren in erster Linie namhafte, weltweit operierende, aber insbesondere in den G7-Staaten ansässige Großkonzerne und Baukonsortien.[894] Nicht zuletzt durch die in diesen Firmenlisten dokumentierte Nähe der Weltbank zur westlichen Industrie begründete sich der Verdacht, die Weltbank bediene mit Hilfe der Projektausschreibungen in erster Linie ihre eigentliche Klientel, nämlich die Privatwirtschaft bzw. die Baukonsortien und Großkonzerne aus den Industrieländern.[895]

Inwieweit die zuständigen Weltbankmitarbeiter ihre Unternehmensempfehlungen aufgrund eines seit Jahrzehnten gewachsenen Klientelismus ausstellen oder ob sie nach faktisch überprüfbaren Qualifikationen der sich bewerbenden Unternehmen entscheiden, unterliegt keiner Kontrolle und kann daher nicht überprüft werden. Es ist anzunehmen, dass die oft langjährigen Beziehungsnetzwerke zwischen den politischen Entscheidungsträgern in den Entwicklungsländern, den marktführenden Baukonsortien und den zuständigen *Task-Manager* der Weltbank nicht ohne Einfluss auf die Empfehlungsschreiben sein werden. Diese Form von Klientelismus oder auch *„Corporate Lobby"* zwischen Konzernen und einigen Weltbank-Direktoren schließt auch James Wolfensohn nicht gänzlich aus, wenngleich er betont, dass er in seiner Funktion als Weltbank-Präsident nie dem Druck von Konzernen unterworfen wurde.[896]

Die besondere Berücksichtigung einzelner projekterfahrender Konzerne ist zwar nicht per se illegitim, untermauert jedoch den Vorwurf, dass die Projektausschreibungen auf der Grundlage klientelistischer informeller Verfahren entschieden werden.

Im vorherigen Schaubild ist der Klientelismus als mögliches Motiv für informelle bankinterne Verfahrensabläufe separat dargestellt und der Projektebene angegliedert, da er vornehmlich im Geflecht der Projektnetzwerke und nicht auf der Kooperationsebene zwischen den Bankangestellten zum Tragen kommt. Als Motivkategorie kann der Klientelismus zwar weder eindeutig dem idealistischen noch dem opportunistischen Motivfeld zugeordnet werden, ist aber dennoch situationsspezifisch in der einen oder anderen Motivkategorie verwurzelt.

Die Tatsache, dass vor allem langjährig bekannte Baukonsortien aus den führenden Industrienationen einen „Listen-Platz" einnehmen und den

894 Firmennamen siehe Fußnote 378.

895 Vgl. Urgewald (2005), https://www.urgewald.de/_media/_docs/IFC_12_web.pdf, S. 8.

896 Vgl. Kestenholz (2008), https://www.uni-kassel.de/fb5/frieden/themen/Armut/weltbank.html.

Entwicklungsregierungen als Projektpartner empfohlen werden, scheint vordergründig einem rein klientelistischen Motiv zu entspringen. Doch lässt sich in diesem Zusammenhang auch ein zweckrationales Motiv erkennen, da in der Regel nur wenige international operierende und erfahrene Baukonsortien über das erforderliche Know-how und über das notwendige technische Equipment verfügen, das insbesondere beim Bau von Großprojekten beispielsweise aus Gründen der Zuverlässigkeit, aber vor allem aus Gründen der Sicherheit unerlässlich ist. Nicht zuletzt vor dem Hintergrund dieser der Sicherheit dienenden Aspekte lassen sich Querverbindungen zwischen Klientelismus und ideellen Überzeugungsmotiven herstellen, die eine besondere Unterstützung einzelner Unternehmen aus Sicht der zuständigen Sachbearbeiter rechtfertigen, wenngleich diesbezügliche Empfehlungen eindeutig auf der Grundlage einer informellen Entscheidungsfindung ausgesprochen werden.

Eine etwaige zusätzliche Verwurzelung des Klientelismus in der Kategorie opportunistischer Motive wird meist mit dem Verweis auf die bereits angesprochenen Beziehungsnetzwerke begründet, die zum Teil bereits seit Jahrzehnten zwischen den Baukonsortien, den zuständigen *Weltbank-Task-Managern* und den betreffenden Regierungen bestehen. Diese persönlichen Beziehungsnetzwerke lösen in der öffentlichen Wahrnehmung aufgrund ihres informellen und oft auch wenig transparenten Charakters nicht selten erhebliche Vorbehalte aus. Die häufige Annahme, dass das persönliche Engagement eines Bankangestellten für andere in diesem Beziehungsnetzwerk integrierte Akteure auch der eigenen Profilierung innerhalb dieses internationalen Netzwerkes dienen kann, rückt diese offenkundigen Kontakte zwischen Weltbank und Industrie in die Nähe opportunistischer Entscheidungsstrukturen.

Möglicherweise um diese Verdachtsmomente auszuräumen, versucht die Weltbank seit einigen Jahren, verstärkt auch das Interesse der mittelständischen Unternehmen für die von ihnen finanzierten Projekte zu wecken. Zu diesem Zweck veröffentlichte das deutsche Weltbankbüro 2007 unter der Überschrift *„Kontaktpflege, Marketing und Lobbying in Washington D.C."* eine Art Leitfaden für projektinteressierte Unternehmen, die noch keine Erfahrungen mit weltbankfinanzierten Projektausschreibungen hatten. [897] Dieser Leitfaden belegt, dass sich die Weltbank zumindest offiziell darum bemüht, die Ausschreibungen für möglichst viele Unternehmen zu öffnen. Die zwischenzeitlich deutlich breiter ausgerichteten Ausschreibungen sind nicht zuletzt ein Ergebnis der aufgedeckten Korruptionsaffären, in denen beispielsweise auch die deutsche *Lahmeyer GmbH* verwickelt war. *Lahmeyer* war viele Jahre führend bei weltbankfi-

897 Como-Studie (2007).

nanzierten Großstaudammprojekten, bis sie im Falle des afrikanischen *Lesotho-Projektes* (siehe Kap. 4.2.1.1 - 4.2.1.2) der Korruption überführt werden konnte.

Firmen, denen Korruption nachgewiesen wird, werden von der Weltbank in der sogenannten *„Listing of ineligible Firms"* auf der Homepage der Weltbank öffentlich preisgegeben[898] und von künftigen Ausschreibungen, je nach Sachlage auf Dauer oder für einen begrenzten Zeitraum, von allen weltbankfinanzierten Projekten ausgeschlossen.[899]

Mit der rigorosen Ächtung korrupter Firmen und durch die stärker formalisierten und damit international breiter zugänglich gemachten Ausschreibungsverfahren versucht die Bank einerseits jenen Verdachtsmomenten entgegenzutreten, wonach sie auf informellem Wege einer Stammklientel zu neuen Aufträgen verhelfe andererseits wehrt sie damit auch die gegen sie erhobenen Korruptionsverdächtigungen ab, die jedoch nur vereinzelt von einigen Weltbankkritikern geäußert werden.

Inwieweit die Weltbank mit Blick auf die Erstellung und Handhabung etwaiger Firmen-Positiv-Listen und durch ihre Vermittlerrolle grundsätzlich informelles Terrain betritt, bedarf letztlich einer juristischen Überprüfung.

Doch selbst im Falle einer formal-korrekten Vereinbarkeit zwischen der Erstellung und Weiterleitung solcher Firmenlisten und den offiziellen *Procurement Guidelines*, die unter anderem auch eine Chancengleichheit zwischen allen projektinteressierten Unternehmen gewährleisten sollen, wäre abschließend zu klären, wer aufgrund welcher Kriterien entscheidet, ob und in welchem Maße ein Unternehmen in seinem Bemühen um eine Auftragsbestätigung von der Weltbank unterstützt wird. Hier zeichnet sich eine weitere informelle Nische in der Alltagspraxis der zuständigen Bankangestellten ab.

Den Ausführungen der COMO-Studie ist zu entnehmen, dass die Weltbank grundlegende Voraussetzungen formuliert, die ein Unternehmen

---

898 Vgl. World Bank (2009): Fraud and Corruption, http://web.worldbank.org/external/default/main?theSitePK=84266&contentMDK=64069844&menuPK=116730&pagePK=64148989&piPK=64148984.

899 Insbesondere Firmen aus Bangladesh, Großbritannien, USA und Schweden nehmen eine Spitzenposition in dieser Liste ein. Vgl. World Bank (2009): Fraud and Corruption, http://web.worldbank.org/external/default/main?theSitePK=84266&contentMDK=64069844&menuPK=116730&pagePK=64148989&piPK=64148984.

mitbringen muss, um bei weltbankfinanzierten Projekten gute Erfolgschancen zu besitzen. Hierzu zählen beispielsweise:

- ausreichende Internationale Erfahrungen,
- Anknüpfungspunkte in Entwicklungs- und Schwellenländer (z.B. Vertriebspartner, etc.),
- eine gute Positionierung auf dem Heimatmarkt, da wegen der langen Vorlaufzeiten der Weltbankprojekte eine stabile Unternehmenssituation gewährleistet sein muss,
- ausreichende Kommunikationsmöglichkeiten in englischer Sprache,
- grundlegende Übereinstimmung mit den entwicklungspolitischen Zielen der Weltbank und
- eine Auseinandersetzung mit den Rahmenbedingungen im Zielland.[900]

Eine Quantifizierung bzw. Standardisierung dieser Kriterien ist nur bedingt möglich. Sie dienen bestenfalls als Ermessensgrundlage für den zuständigen Sachbearbeiter. Ermessensentscheidungen sind jedoch in der Regel informell basierte Entscheidungen, die dem Anspruch auf Transparenz eher selten gerecht werden. Derartige formal nicht geklärte Ermessensspielräume werden in der öffentlichen Wahrnehmung als Grauzone zwischen Klientelpolitik und Korruption äußerst kritisch bewertet. Doch können diese in der Projektebene in Erscheinung tretenden informellen Verfahren durchaus mit dem Einverständnis der Bankführung durchgeführt werden. Daher ist diesem informellen Entscheidungsfreiraum innerhalb der Projektebene im Hinblick auf die hier zu untersuchenden möglichen dysfunktionalen Kommunikations- und Kooperationsmuster zwischen Mitarbeiterstab und der obersten Hierarchieebene keine größere Relevanz beizumessen.

Es sind es vor allem die informellen Handlungsmuster und Entscheidungsprämissen die in der Kooperationsebene zum Tragen kommen, die dysfunktionale, polarisierende Konstellationen zwischen den Hierarchieebenen hervorbringen

Insgesamt bleibt abschließend festzuhalten, dass in Anbetracht der hier zurückverfolgten unterschiedlichen und sehr komplexen informellen bankinternen Handlungs- und Motivmuster, die sich auf die Geschäftspraxis und letztlich auch auf den Reformerfolg der Weltbank auswirken können, erkennbar wird, dass die bisherige Debatte von einem sehr eindimensionalen Organisationsverständnis eingeschränkt wurde. Die bis-

900 Vgl. Como-Studie (2007), S. 42f.

herige Fokussierung der Debatte auf die formalen Governance-Strukturen und auf die Außenbeziehung der Weltbank ist im Hinblick auf eine Reformanalyse deutlich zu eng gefasst und grenzt das Phänomen innerorganisatorischer informeller Machtstrukturen und Machtträger völlig aus. Die in dieser Studie herausgearbeitete Komplexität sowohl des Phänomens Weltbank als auch der in dieser Komplexität begründeten Ungenauigkeiten des Diskurses lassen erkennen, dass eine Neufokussierung der Debatte angeraten ist. Im Rahmen einer wissenschaftlichen Neuausrichtung des Weltbank-Diskurses sollten künftig verstärkt auch die innerorganisatorischen informellen Strukturen, Netzwerke, Funktionsmechanismen sowie die unterschiedlichen Projektsichten der bankinternen Einzelakteure und Entscheidungsträger in der machtpolitischen Analyse dieser Entwicklungsinstitution berücksichtigt werden. Nur wenn die Interessen und Motive aller machtpolitisch relevanten Akteure klar herausgearbeitet werden können, kann letztendlich ein adäquater Reformkatalog erstellt werden, der auch die informellen dysfunktionalen Mechanismen innerhalb der Organisation neutralisieren hilft. Diese könnten beispielweise durch eine bankinterne Umstrukturierung hin zu flacheren Hierarchien, neuen Formen des Wissensmanagement sowie größerer Transparenz oder durch eine nicht mehr vorwiegend auf Länderquoten aufbauende Rekrutierungspolitik auf allen Ebenen - auch an der Führungsspitze korrigiert werden, wie Thorsten Benner vorschlägt.[901] Letztlich eignen sich alle Maßnahmen und Umstrukturierungen, die helfen, die Verantwortungs- und Entscheidungsstrukturen klar herausarbeiten.

Um den komplexen Anforderungen eines diesbezüglichen wissenschaftlichen Perspektivwechsels künftig besser gerecht werden zu können, bietet sich an, die Weltbankproblematik aus der in der Principal-Agent-Theorie angelegten Doppelperspektive zu betrachten. Es empfiehlt sich daher, einerseits die Weltbank weiterhin als geschlossen agierende Akteurin in der Rolle der Agentin zu analysieren, während ihrer Teilhaberstaaten als Prinzipale fungieren, andererseits aber auch die unterschiedlichen Principal-Agent-Strukturen innerhalb der Weltbank zu untersuchen, die sich zwischen den Hierarchieebenen abzeichnen. Im Hinblick auf die Mitarbeiterstruktur der Weltbank sind jedoch die in den Agency-Modellen angenommenen opportunistischen Verweigerungsmotive kritisch zu hinterfragen. Vielmehr scheinen hier ideelle Motive oder auch systembedingte Sachzwänge die Mitarbeiter zu dysfunktionalem Verhalten anzuhalten. Auch Catherine Weaver kommt im Hinblick auf die hier

901 Vgl. Benner / Witte (2001), http://www.globalpublicpolicy.net/fileadmin/gppi/Br_cken_im_globalen_System.pdf

herausgearbeiteten dysfunktionalen Mechanismen und Kooperationsdefizite zwischen den Hierarchieinstanzen offenbar zu dem Ergebnis, dass die Bankangestellten mit Hilfe der oben beschriebenen informativen Täuschungsstrategien oft in erheblichem Maße eigene Normen und Werte informell durchsetzen, die nicht immer im Einklang mit den formalen Vorgaben und Zielen der oberen Hierarchieinstanzen stehen. Beispielsweise schreibt sie:

> „The World Bank certainly fits the above description of a very complex and often uncoordinated bureaucracy. The president and senior management can more easily shift the rhetoric and formal structures of the Bank than they change the norms, routines, and mind-sets of staff that drive daily operations."[902]

Damit räumt auch Weaver ein, dass die auf Täuschungsstrategien basierende Arbeitskultur in der Weltbank Veränderungen schwer zulässt, womit Weaver letztlich die oft konstatierte Reformresistenz untermauert.

Der Aspekt *Leadership*, der in Kapitel 5 den Untersuchungsrahmen vorgab, zählt meines Erachtens ebenfalls zu den vernachlässigten Forschungsaspekten, die der Weltbank-Debatte abträglich sind und deren Aufarbeitung insgesamt helfen könnte, wichtige innerorganisatorische Reibungspunkte, aber auch Loyalitätsstrukturen aufzudecken. Möglicherweise stellen die im Rahmen der modernen Organisationsberatung zunehmend unter dem Begriff *Wissensmanagement* erarbeiteten Steuerungselemente neue Möglichkeiten zur Verfügung, ein Unternehmen durch die Aufhebung zwischenmenschlicher Kooperationsdefizite effizienter und leichter dirigierbar zu machen als dies offenkundig in der Weltbank bislang der Fall war.

In diesem Zusammenhang wäre es mir ein besonderes Anliegen gewesen, die Präsidentschaft Robert Zoellicks stärker berücksichtigen zu können, da sich gerade im Hinblick auf seine Amtsführung in den Medien keinerlei Berichte recherchieren ließen, die innerorganisatorische Polarisierungen schilderten. Ob und inwieweit sich die offenkundige Ausklammerung innerorganisatorischer Konflikte nur vor dem Hintergrund der vor allem in den Entwicklungsländern noch nicht überwundenen Wirtschaftskrise erklären lässt oder ob Robert Zoellick sich durch etwaige besondere Führungsqualitäten, d.h. *Leadership-Merkmale* auszeichnet, wäre im Hinblick auf die hier gezogenen Schlussfolgerungen von besonderem Interessen gewesen. Doch da die meisten Untersuchungsansätze

902 Weaver, (2008), S. 35.

bereits weitgehend recherchiert waren, als Robert Zoellick sein Amt antrat, kann die Aufarbeitung seiner Präsidentschaft hier nur als Forschungsanregung formuliert werden.

C / Fazit

Im Mittelpunkt der vorliegenden Dissertation stehen drei zentrale aufeinander aufbauende Forschungsziele, die aufgrund ihrer Vielschichtigkeit weitere Fragestellungen zum Thema Weltbank ergeben.

Der erste maßgebliche Forschungsstrang beschäftigte sich mit den Hintergründen und Defiziten der Diskursthesen zum Thema strukturelle Reformunfähigkeit der Weltbank - konkret mit den Argumentationslinien jener Weltbank-Kritiker, die nicht nur von einer generellen Reformunfähigkeit der Weltbank ausgehen, sondern diese vorrangig vor dem Hintergrund der US-dominierten Governance-Struktur der Bretton-Woods-Organisation begründen.

Im Rahmen des zweiten Untersuchungsstrangs war vorrangig zu prüfen, inwieweit die der Weltbank pauschal nachgesagte Reformunfähigkeit überhaupt faktisch gegeben ist und welche Einflussstrukturen sich innerhalb des Reformprozesses bzw. Reform-Blockadeprozesses erkennen lassen.

Der dritte Forschungsstrang baut auf den Untersuchungsergebnissen der beiden ersten Fragestellungen auf und rechtfertigt die Notwendigkeit eines wissenschaftlichen Perspektivwechsels, der in Anbetracht insbesondere der hier herausgearbeiteten Fehlinterpretationen sowohl der Bretton-Woods-Geschichte wie auch der machtpolitischen Bedeutung der Governance-Struktur der Weltbank dringend notwendig ist. Die Entwicklung neuer Fragestellungen innerhalb des Weltbank-Diskurses war unter anderem Ziel dieses dritten Untersuchungsstrangs, der sozusagen als Syntheseprodukt aus den beiden anderen Untersuchungsfeldern hervorging.

Bereits in der Anfangsphase dieses Forschungsprojektes ergaben sich aufgrund einiger Ungereimtheiten im Zusammenhang mit den formalen Einflussstrukturen der Weltbank erste Zweifel an der weit verbreiteten Annahme, dass die formale US-Dominanz, in der die Bretton-Woods-Institutionen unbestritten eingebettet sind, auch faktisch ursächlich für die negative Arbeits- und Reformbilanz der Weltbank ist.

Um die machtpolitische Bedeutung der USA für die Entwicklung und Konzeptualisierung der Bretton-Woods-Organisationen herauszuarbeiten, war zunächst ein Rückblick auf den Bretton-Woods-Gründungskontext unerlässlich. In der Fachliteratur zum Thema Weltbank wird insgesamt eher vordergründig auf diesen Gründungskontext eingegangen. Während die wirtschaftlichen und währungspolitischen Folgen der Weltwirtschaftskrise von 1929 noch relativ ausführlich beschrieben und diskutiert werden, sind die Hintergründe und Folgen der machtpolitischen Verschiebungen, die sich im Zuge sowohl der Wirtschaftskrise wie auch des Zweiten Weltkrieges zwischen den damaligen Großmächten Großbritannien, den USA und der Sowjetunion abzeichneten, in der Regel stark generalisierend skizziert und in die Schablone des US-Imperialismus gepresst. Diese Schablone determiniert bis heute das Bild bzw. die Debatte über die Bretton-Woods-Organisationen.

In diesem Zusammenhang erstaunt, dass die durchgängig in der Fachliteratur zitierte von Edward Mason und Robert Asher verfasste Weltbankchronologie, die als allgemein anerkanntes Standardwerk gilt, wichtige Anhaltspunkte beinhaltet, die gegen eine Übertragung dieser Schablone auf die Weltbank sprechen. Die Tatsache, dass diese Anhaltspunkte durchgängig ignoriert und unerwähnt bleiben, veranlasste mich zu tiefergehenden Untersuchungen sowohl zum Gründungskontext als auch zur Anfangsphase der Weltbank. Mit Hilfe der hier verwendeten Quellen, beispielsweise der Keynes Biographie von R.F. Harrod oder den Briefen und Berichten des ehemaligen amerikanischen Außenministers James F. Byrnes wie auch des Sowjetunion-Experten Alexander DALLIN konnten die Angaben von Mason und Asher weitgehend bestätigt werden, wonach die Bretton-Woods-Organisation - diametral zur heute weit verbreiteten Auffassung - nicht als hegemonialpolitisches und auf Konfrontation insbesondere mit Großbritannien und der Sowjetunion ausgerichtetes Machtinstrument konzipiert war, das in erster Linie den imperialen Wirtschaftsinteressen der USA dienen sollte. Aus wissenschaftlicher Sicht tritt hier erkennbar zu Tage, dass noch viele Detailfragen ungeklärt sind und ein erheblicher Forschungsbedarf besteht.

Die Aufarbeitung der US-Rolle bei der Gründung der Bretton-Woods-Institutionen machte unter anderem deutlich, dass die vorherrschenden hegemonialpolitisch begründeten Argumentationslinien einer differenzierteren Betrachtung oft nicht standhalten. Erkennbar wurde zudem, dass prägnante und richtungweisende Thesen innerhalb des Weltbank-Diskurses offenkundig gegenwärtig keinem wissenschaftlichen Dissens mehr zu unterliegen scheinen.

Dies rechtfertigt meines Erachtens, das Thema Weltbank künftig stärker diskurs-analytisch zu untersuchen und gängige Kritiklinien grundsätzlich zu hinterfragen und insbesondere auf allzu pauschal skizzierte Thesen hin zu überprüfen, die die Weltbank- und letztlich auch die Reformdebatte möglicherweise verzerren.

Auf der Grundlage dieser Untersuchungsergebnisse komme ich insgesamt zu der Auffassung, dass der Weltbank-Diskurs in weiten Teilen erheblich dem Problem unzureichend differenzierter Thesen unterliegt. Dies spiegelt sich beispielsweise auch darin, dass meist unreflektiert die Rede von *„der Weltbank"* ist. Auch Pauschalisierungen, wie *„die USA"*, oder *„der US-Imperialismus"* belegen diese Undifferenziertheit. Diese Pauschalisierungen aufzubrechen und in Frage zu stellen, wurde zu einem weiteren zentralen Anliegen dieser Arbeit.

Die bewusst oder unbewusst pauschalisierenden Kritiklinien schließen dabei meist die in gleichem Maße generalisierte These von der „grundsätzlichen Reformunfähigkeit" der Weltbank in ihr Argumentationsmuster ein, da sie einen direkten Zusammenhang zwischen der dauerhaften US-Dominanz und der Unreformierbarkeit der Weltbank herstellen. Auch diese These scheint im Rahmen des weltweit geführten Reform-Diskurses offensichtlich keinem wissenschaftlichen Dissens mehr zu unterliegen. Einem politischen Mainstream folgend werden in vielen Kritiken oft vorschnell stark vereinfachte Erklärungsansätze für die Schwierigkeiten und Fehlleistungen der Weltbank unterbreitet. Diese Ansätze beschränken sich meist auf die bekannten, formal verankerten Wirkungs- und Machtmechanismen, die den Regierungen der Teilhaberstaaten, allen voran den jeweiligen US-Regierungen mutmaßlich als Einflusskanäle in die Entscheidungsgremien der Weltbank dienen. Sowohl der Gouverneurs-Rat als auch das Exekutiv-Direktorium und nicht zuletzt der Weltbank-Präsident gelten als ein solcher machtpolitischer Einflusskanal in die Weltbank.

Doch nach meiner Einschätzung wird der Einfluss der USA auf die Arbeit und den Reformkurs der Weltbank insofern falsch bewertet, als im Hinblick auf die politische Einflussnahme durch die USA keine Kontinuität erkennbar ist. Das jeweilige Einflusspotential der US-Regierungen, wie auch der anderen Hauptanteilseigner, hängt von vielen Faktoren ab, die innerhalb des hier analysierten Diskurses völlig ausgeblendet werden. Ausgeblendet wird beispielsweise das zeitweilige Desinteresse einzelner US-Administrationen an den Entwicklungsorganisationen, aber auch die Rolle und Bedeutung der Weltbank-Präsidenten, deren visionäre Vorstellungen nicht immer in Einklang standen mit den Interessen der Hauptanteilseigner. Das problematische Verhältnis unter anderem zwischen Weltbank-Präsident Clausen und der damaligen Reagan-Administration wie auch die erheblichen Auseinandersetzungen zwischen James Wolfensohn und der Bush-Administration, aber auch die politischen Auseinandersetzungen zwischen Robert McNamara und der Regierung Nixon machen deutlich, dass das Verhältnis zwischen Weltbank und den USA nicht konsistent war und dass sich die Präsidenten – trotz ihrer Nominierung durch die US-Regierung – nicht zwangsläufig instrumentalisieren ließen. Auch in diesem Zusammenhang fehlt eine differenzierende wissenschaftliche Auseinandersetzung mit der Geschichte der Weltbank.

Die Bedeutung des in der Organisationssoziologie zunehmend reflektierten *Leadership-Aspektes* für die politische Ausrichtung und für den Reformkurs der Weltbank ist bislang noch nicht in den Diskurs eingeflossen. Vor diesem Hintergrund ist Kapitel 5 so strukturiert, dass die Reformgeschichte der Weltbank gezielt in den Kontext der jeweiligen Präsidentschaftsphase gestellt wurde.

In der Debatte wird ferner die Frage ausgeblendet, inwieweit eine beabsichtigte Einflussnahme der Teilnehmerstaaten sich faktisch über die formalen Entscheidungsgremien der Weltbank ausüben lässt. Diese Frage stand unter anderem im Mittelpunkt des 3. Kapitels, in dem die politische Organisation der Weltbank im Hinblick auf eine externe Einflussnahme, beispielsweise durch die Teilnehmerstaaten untersucht wurde. Hier ließ sich indiziös herausarbeiten, dass die politische Einflussnahme der Teilnehmerstaaten über die formale Governance-Struktur durchaus erheblich eingeschränkt ist, was unter anderem auf die zum Teil gezielt errichteten Informationsasymmetrien zurückzuführen ist, die insbesondere in Kapitel 6.2 untersucht wurden. Auch in dieser Frage besteht meines Erachtens weiterer Forschungsbedarf. In diesem Zusammenhang wird die sich gerade abzeichnende Neugewichtung der Stimmrechte, durch die China seit April 2010 einen formalen Machtzuwachs im Gouverneurs-Rat und im Exekutiv-Direktorium erhielt, aufmerksam zu beobachten sein.

Die völlige Ausblendung dieser Detailfragen lässt sich möglicherweise darauf zurückführen, dass der Weltbank-Diskurs nur zwei maßgebliche Akteure, die USA und die Weltbank berücksichtigt, die nicht weiter aufgeschlüsselt werden. Die übliche Generalisierung, wonach *„die USA"* als Dirigentin der Weltbank begriffen wird, verzerrt dadurch insgesamt die Weltbank-Debatte. Die innenpolitischen Machtwechsel zwischen demokratischer und republikanischer Partei und die damit einhergehenden Veränderungen im Verhältnis US-Administration zur Weltbank wurden daher in Kapitel 5.3 besonders berücksichtigt.

Durch die Differenzierungsdefizite innerhalb des Weltbank-Diskurses werden die weitaus komplexeren Strukturen und politischen Konstellationen, in deren Geflecht die Weltbank agiert, nicht erkannt und nicht anerkannt. Vor diesem Hintergrund ziehe ich den Erfolg der bisher diskutierten Reform-Konzepte in Zweifel, die aus diesem durch Pauschalisierungen verzerrten Analyseprozess hervorgingen und auf eine formale Neustrukturierung der Governance-Struktur der Weltbank fixiert sind.

Wenngleich dieses Reformkonzept aus ethischen Gründen durchaus berechtigt ist, wird in diesem Ansatz übersehen, dass möglicherweise ein weitaus effektiveres Reformpotential für die Weltbank erschlossen werden könnte, wenn künftige Analysen auch etwaige innerorganisatorische Struktur- bzw. Systemfehler stärker herauszulesen versuchen.

Die unter anderem in Kapitel 3 herausgearbeitete Unterscheidung zwischen *oberem* und *unterem Kompetenzfeld* diente in diesem Zusammenhang dazu, insbesondere die Akteurin „Weltbank“ näher auszuleuchten und anstelle der üblicherweise angenommenen, von außen auf die Bank einwirkenden Reformbarrieren, verstärkt nach innerorganisatorischen Reformwiderständen zu suchen. Die Unterscheidung in die beiden *Kompetenz*ebenen sensibilisierte den Blick für etwaige Kooperationsdefizite zwischen den Hierarchieebenen und half zudem, die grundsätzliche Differenzierungsproblematik, die den Weltbank-Diskurs kennzeichnet, zu erkennen.

Innerorganisatorische Strukturfehler wurden auch angesichts der umstrittenen und kritikauslösenden Projektpolitik der Weltbank erkennbar. Auch dieser Arbeitsbereich der Weltbank kann mit einem vornehmlich US-zentristischen Analyse-Ansatz nicht überzeugend erklärt werden, da viele dieser Projekte nachweislich nicht im Kontext US-wirtschaftlicher Interessen entwickelt und implementiert wurden. Zudem waren es mehrfach US-amerikanische Exekutiv-Direktoren, die sich gegen weitere Projektfinanzierungen aussprachen, nachdem deren Negativ-Folgen von NGOs dokumentiert worden waren.

Im Hinblick auf das beharrliche Festhalten der Weltbank an den neoliberalen Wirtschaftsparadigmen (Privatisierung, Konsolidierung und Liberalisierung der Märkte) scheint die vermeintlich logische Schlussfolgerung vieler Kritiker, wonach eine Abkehr der Weltbank von den neoliberalen Wirtschaftsparadigmen bislang vor allem durch die Gegenstimmen der Hauptanteilseigner in den entscheidenden Abstimmungsgremien der Bank verhindert wurde, ebenfalls zu kurz gegriffen. Dieser Sachverhalt ist weitaus komplexer, was sich unter anderem vor dem Hintergrund eines hier nur hypothetisch angenommenen epistemischen neoliberalen Netzwerkes begründen lässt, dessen Denkstrukturen sich auch im Mitarbeiterstab der Weltbank wiederfinden. Eine eingehende Überprüfung der neoliberalen Wirtschaftsparadigmen, die nicht zuletzt den entwicklungspolitischen Kurs der Weltbank vorgeben, sollte unter anderem die Frage nach einem global praktizierbaren alternativen, wachstumsabgewandten Wirtschaftsmodell einschließen, da nur dann die

Aussicht besteht, dass sich eine Organisation wie die Weltbank aus diesem neoliberal determinierten Gedanken-Netzwerk lösen kann.

Kommen wir zum letzten Forschungsziel dieser Dissertation: Durch das schrittweise Entkräften und teilweise auch Widerlegen der vorherrschenden Diskursthesen bzw. Kritikmuster, was sich methodisch als eine Art Ausschließungsprinzip darstellt, konnten hinreichend fundierte Anhaltspunkte herausgearbeitet werden, die einen wissenschaftlichen Perspektivwechsel zum Thema Weltbank rechtfertigen und vorbereiten.

Während die Weltbankpolitik meist aus der Untersuchungsperspektive der Theorien über internationale Beziehungen und damit staatlicher Machtpolitik diskutiert wird, verfolgte dieses Forschungsprojekt insgesamt das Ziel, verstärkt auf innerorganisatorische, sich gegenseitig blockierende Machtstrukturen und Hierarchiekonflikte aufmerksam zu machen.

Durch die weitere Differenzierung in mehrere, zum Teil informell gegeneinander arbeitende Hierarchieebenen innerhalb der Weltbank ergab sich insofern ein erweiterter Blickwinkel auf die Reform-Debatte, als die bereits in Kapitel 1 als Arbeitshypothese verfasste Annahme untermauert werden konnte, dass innerhalb der als Einheit wahrgenommenen Akteurin zeitweise gegeneinander agierende Akteure wirken. In diesem Fall wäre von einem ideal-typischen Principal-Agent-Konflikt auszugehen, wenngleich in Kapitel 6 komplexere Motive für die dokumentierten Arbeitskonflikte und Kooperationsdefizite herausgearbeitet werden konnten, als das in der Agency-Theorie zugrunde gelegte Motiv der persönlichen Vorteilsnutzung (Opportunismus) auf Seiten der Angestellten.

Die Funktionsmechanismen dieser in der Weltbank-Debatte weitgehend ausgeklammerten innerorganisatorischen Kooperations- und Reformwiderstände, die in allen Hierarchieebenen zum Tragen kommen, entfalten nach den hier gewonnenen Erkenntnissen ihren Wirkungsgrad dabei in der Regel weniger innerhalb der formal geregelten Verwaltungsstrukturen, sondern auf der Ebene informeller Kommunikations- und Machtstrukturen.

Insofern ist eine Reform der formalen Organisationsstruktur meines Erachtens nur bedingt tauglich, die Weltbank insgesamt neu auszurichten.

Vor der Erstellung eines Reformkonzeptes sollte daher genau überprüft werden, ob und inwieweit Organisationen wie die Weltbank tatsächlich vorrangig von außen gesteuert werden oder ob sie sich nicht im Zuge eines Verselbständigungsprozesses zu eigenständigen unternehmensgleichen Institutionen entwickelt haben, deren Fehlentwicklungen und

Arbeitskonflikte folglich mit den Lösungsmodellen der Organisationsforschung zu begegnen ist. Lösungsmodelle, wie sie beispielsweise die Principal-Agent-Forschung anbietet, finden jedoch nur unter der Voraussetzung Anwendung, dass sich diese Fehlentwicklungen auf den Kompetenzbereich des Mitarbeiterstabs eingrenzen lassen und dysfunktional zu den Vorgaben der Organisationsspitze wirken. In diesem Fall wäre diese Organisation so umzustrukturieren, dass die dysfunktionalen Handlungsmechanismen der Angestellten, die beispielsweise in der gezielten Errichtung von Informationsasymmetrien gegenüber der Organisationsspitze und im Falle der Weltbank auch gegenüber dem Exekutiv-Direktorium bestehen, transparenter und damit kontrollierbarer werden. Dezentralisierung, freier Informationsaustausch zwischen den Angestellten, Verkleinerung des Mitarbeiterstabs, ggfs. auch Haftung bzw. eine verstärkte Rechenschaftspflicht verantwortlicher Manager könnten die zentralen Aspekte eines Reorganisationsmodells sein. James Wolfensohn machte in dieser Hinsicht einen ersten Vorstoß, indem er die Weltbankmitarbeiter vermehrt in die Regionalbüros ausgliederte, mit mehr Verantwortung ausstattete und indem er den Ausbau eines Informationsnetzwerkes veranlasste, auf das alle Mitarbeiter Zugriff erhielten.

Im Hinblick auf den Haftungsaspekt oder hinsichtlich einer verstärkten Rechenschaftspflicht der Manager kommt die im Frühjahr 2009 von Zoellick eingesetzte *High Level Governance Commission* offenkundig ebenfalls zu dem Ergebnis, dass in dieser Frage Reformbedarf besteht. Der Report untermauert die hier im Zusammenhang mit den innerorganisatorischen Konflikten herausgearbeitete These, dass unter anderem den Angehörigen des Managements eine macht- und entscheidungspolitische und zum Teil auch dysfunktional wirkende Schlüsselfunktion zukommt, der künftig verstärkt Aufmerksamkeit zu schenken ist.

Letztlich konzentriert sich der in dieser Studie angeregte wissenschaftliche Perspektivwechsel auf die zentrale Fragestellung, ob und inwieweit privatwirtschaftliche Organisations- oder Managementmodelle auf die Weltbank übertragbar sind, um sie flexibler und wandungsfähiger zu gestalten.

In diesem Zusammenhang ist nochmals zu betonen, dass die meisten für die Privatwirtschaft entwickelten Unternehmensmodelle auf der Annahme basieren, dass dysfunktionales, informelles Handeln der Angestellten auf opportunistische Beweggründe zurückzuführen ist, denen mit gezielten Anreizsystemen zu begegnen wäre. Doch in Kapitel 6 konnte verdeutlicht werden, dass insbesondere die Handlungsmotive der Weltbank-Mitarbeiter vielschichtiger und durchaus auch idealistisch begründet sein können. Derart vielschichtige Motivmuster sind auch mit den Strategien der bisherigen Organisationsberatung nur schwer zu erfassen und zu regulieren, da keine adäquaten Motivationssysteme existieren, die dieser Komplexität gerecht werden könnten und die zudem geeignet wären, tief verwurzelte und zum Teil seit Jahrzehnten etablierte Überzeugungsstrukturen innerhalb des Mitarbeiterstabs bzw. des Managements effektiv aufzubrechen.

In dieser Hinsicht möchte ich abschließend auf den Aspekt *Leadership* aufmerksam machen, dem in der modernen Organisationsberatung zunehmende Bedeutung eingeräumt wird und der meines Erachtens das Erklärungsdefizit der Agency-Modelle auch im Hinblick auf die Weltbank kompensieren hilft. Letztlich fokussiert dieser Aspekt auf das Einfluss- und Identifikationspotential der Organisationsleitung - konkret des Weltbank-Präsidenten. Gelingt es diesem, den in der Human-Relations-Theorie beschriebenen Identifikationsprozess zwischen Mitarbeiter und Unternehmensleitung zu initiieren, und eine Verbundenheit über alle Hierarchieebenen hinweg herzustellen, ließen sich möglicherweise reformwidrige Kooperationsdefizite zwischen den Hierarchieebenen besser auflösen. Ein solcher Identifikationsprozess scheint nach meiner Einschätzung aufgrund der stark ausgeprägten Hierarchiestruktur der Weltbank, oft nicht stattgefunden zu haben, wodurch sich entscheidende Mitarbeiter nicht von den Visionen und Strategien ihrer Präsidenten überzeugen ließen.

D / Literaturverzeichnis

Anmerkungen: Einige Quellenangaben sind mit dem Zusatz: *„zitiert in"* aufgeführt. Mit diesem Zusatzvermerk sind solche Quellen gekennzeichnet, die mir als Orginalquelle nicht vorgelegen haben, sondern die von den nach diesem Zusatz angebenen Autoren zitiert wurden, deren Quellenangabe und Zitierweise hier übernommen wurde.

Aaron, Raymond (1973), Die imperiale Republik, Die Vereinigten Staaten von Amerika und die übrige Welt seit 1945, Belser Verlag, Stuttgart/Zürich

Abels, Heinz (2004), Einführung in die Soziologie, Band 1, Der Blick auf die Gesellschaft, 2, Auflage, Lehrbuch Hagener Studientexte, Verlag für Sozialwissenschaften, Wiesbaden.

Abraham, Martin / **Büschgens**, Günter (2009), Einführung in die Organisationssoziologie, 4. Auflage, Verlag für Sozialwissenschaften, Wiesbaden.

Aurélin, Bernier (2007), Monopoly mit dem Weltklima (2007), in: taz.de, 13.12.2007, http://www.taz.de/nc/5/le-monde-diplomatique/le-monde-diplomatique-archiv/le-monde-diplomatique-ausgabe/lmd-archiv-artikel/1/monopoly-mit-dem-weltklima/?ressort=lm&src=GI&cHash=bf2eaed49, Zugriff: 13.10.2009.

Abendblatt (1989), Aufruf zur Solidarität, Nr. 225, vom 27.09.1989.

Abendblatt (1986), Gesundes Geld, Nr. 228 vom 01.10.1986.

AG Friedensforschung (2001), Die afrikanische Herausforderung, Eckpunkte einer strategischen Afrikapolitik – Ein Papier der Bundesregierung, http://www.uni-kassel.de/fb5/frieden/regionen/Afrika/regierungskonzept.html, in: E+Z, Jahrg. 42, Heft 5/2001. Zugriff: 12.11.2008.

Allmendinger, Jutta / **Hinz**, Thomas, (2002), Organisationssoziologie, in: Kölner Zeitschrift für Soziologie und Sozialpsychologie, Sonderheft Nr. 42/ 2002, Westdeutscher Verlag, Wiesbaden.

Alparslan, Adem (2006),Strukturalistische Prinzipal-Agent-Theorie, Eine Reformulierung der Hidden-Action Modelle aus der Perspektive des Strukturalismus, 1. Auflage, Deutscher Universitätsverlag, Wiesbaden, (zugleich Dissertation, Universität Duisburg/Essen 2005).

Altvater, Elmar (2003), Thesen zum Bretton Woods System und seinem Scheitern! in: http://www.google.de/search?q=cache,1SujjYyh_NwJ, www.polwiss.fu-berlin.de/peop...07.10.2003, Zugriff: 26.10.2005.

Amman, Karl (1998), Der Danzer-Dschungel, in: Regenwald Report 01/1998, http://www.regenwald.org/regenwaldreport.php?artid=111, Zugriff: 27.09.2008.

Asche, Helmut (2005), Chance für die Armutsbekämpfung, in: gtz-Zeitschrift für Entwicklungshilfe 3/4-2005, http://www.gtz.de/de/dokumente/en-prsp-4p-2005.pdf, Zugriff: 31.03.2009.

Auth, Günther (2008), Theorien der internationalen Beziehungen kompakt, Oldenbourg-Verlag, München.

Baillot, Hélène / **Ruest**, Eric (2009), Die Weltbank fördert schwere ökologische Zerstörungen, in: sand im getriebe, attac, 02.07.2009, http://sandimgetriebe.attac.at/8159.html, Zugriff: 10.10.2009.

Bank Information Center (2009), Over-prices Bujagali Dam to raise Power costs, 30. Oktober 2009, http://www.bicusa.org/en/Article.11594.aspx, Zugriff: 07.08.2010.

Bank Information Center und **Center for International Environmental Law u.a** (2008), Letter to President Zoellick, Inspection Panel Selection Committee an Process, 17. April 2008, Washington D. C., http://www.ciel.org/Publications/Zoellick_InspectionPanel_17Apr08.pdf, Zugriff: 15.06.2010.

Barnett, Michael / **Finnemore**, Martha (2004), Rules for the world, International Organizations in Global Politics, Cornell University Press, Ithaca, NY, London, zitiert in: Koch (2008).

Baur, Jörg (2001), Mehr Nutzen aus Staudamm-Großprojekten, in: Aus Politik und Zeitgeschichte, Beilage zur Zeitschrift das Parlament, Deutscher Bundestag und Bundeszentrale für politische Bildung.

Benner, Thorsten / **Witte**, Jan Martin (2001), Brücken im globalen System, http://www.globalpublicpolicy.net/fileadmin/gppi/Br_cken_im_globalen_System.pdf, Zugriff 24.03.2010.

Benner, Thorsten (2007a), Weltbank, Hilfe für den Helfer gesucht, in: internationale Politik, Juli/August 2007, http://internationalepolitik.de/archiv/jahrgang2007/mai-2007/hilfe-fur-den-helfer, Zugriff: 12.10.2008.

Benner, Thorsten (2007b), Wolfowitz-Rücktritt, Lehren aus der Weltbank-Saga, in: Die ZEIT-online, 30.05.2007, http://images.zeit.de/text/news/artikel/2007/05/30/103514.xml, Zugriff: 12.11.2008.

Benner, Thorsten / **Mergenthaler**, Stephan / **Rotmann**, Philipp (2009), Internationale Bürokratien und Organisationslernen, Konturen einer Forschungsagenda, in: Zeitschrift für Internationale Beziehungen, 16. Jahrgang, 2009, Heft 2, S. 203–236.

Berensmann, Kathrin (2004), Siehe Burkina Faso, in: Die ZEIT, Nr. 18, 2004, http://images.zeit,de/text/2004/18/Forum, Zugriff: 28.09.2008.

Beucker, Pascal (2004), Sorglos gegenüber Risiken aller Art, OCP-Pipieline in Ecuador, in taz Nr.7325, 02.04.2004.

Bieling, Hans-Jürgen / **Steinhilber**, Jochen, hrsg. (2000), Die Konfiguration Europas, Dimensionen einer kritischen Integrationstheorie, Münster.

Bieling, Hans-Jürgen (1996), Gramscianismus in der internationalen Ökonomie in: Das Argument, Bd. 38, H. 217, Hamburg/Berlin.

Bierling, Stephan (2003), Geschichte der amerikanischen Außenpolitik, Von 1917 bis zur Gegenwart, Verlag C.H. Beck, München.

Bloed, Peter (2006), Voll auf Koks, in: Fokus Money Online, http://www.focus.de/finanzen/boerse/der-oelpreis-anstieg-und150-profiteur-kohle-und150-kohlebergbau-voll-auf-koks_aid_257573.html, Zugriff: 18.11.2008.

Blühdorn, Rudolf (1956), Internationale Beziehungen, Einführung in die Grundlagen der Aussenpolitik, Springer-Verlag, Wien.

Boas, Morton / **McNeill**, Desmond (2004), Global Institutions and Development, Framing the World, Routledge, New York.

Bod, Britta (2005), Ein Multimillionär kämpft gegen die Armut, 09.01.2005, in: Welt-online: http://www.welt,de/print-wams/article120305/Ein_Multimillionär_kämpft_gegen_die_Armut.html.

Bode, Britta (2004), Mr. Incredible steht vor der Ablösung, in: Welt-online, 26.12.2004, http://www.welt.de/print-wams/article119664/Mr_Incredible_steht_vor_der_Abloesung.html, Zugriff: 20.11.2009.

Bogumil, Jörg / **Jann**, Werner (2009), Verwaltung und Verwaltungswissenschaft in Deutschland, Einführung in die Verwaltungswissenschaft, 2. Auflage, Verlag für Sozialwissenschaften, Wiesbaden.

Borg, Erik (2001a), Projekt Globalisierung, Soziale Kräfte im Konflikt um Hegemonie, Offizin-Verlag, Hannover.

Borg, Erik (2001b), Transnationale Hegemoniebildung aus der Perspektive der Internationalen Politischen Ökonomie, in: Das Argument Bd. 43, H. 239, Hamburg/Berlin: S. 67–78.

Borg, Erik (o.J.), Steinbruch Gramsci, Hegemonie im internationalen politischen System http://www.sopos.org/aufsaetze/3bbdcd9ea0c9f/1.html, Zugriff: 12.11.2008.

Der **Brandt**-Report (1981), Das Überleben sichern, Bericht der Nord-Süd-Kommission, Ullstein-Verlag, Frankfurt/M.

Bosshard, Peter (2007), China ist nicht nur eine Drohung, in: woz (schweizer Wochenzeitung), Nr. 12, 22.03.2007, http://www.woz.ch/artikel/2007/nr12/wirtschaft/14709.html, Zugriff: 12.05.2010,

Brede, Helmut (2004), Betriebswirtschaftslehre, 8. Auflage, Wissenschaftsverlag, Oldenbourg.

Brensell, Ariane (2002), Kein Aus für Megastaudämme, http://radiokonkret.de/brensell/texte/megastaudämme.htm, Zugriff: 20.09.2008.

Bretton-Woods Project (2006a), Inspection Panel condemns Bank forestry project in Cambodia, http://www.brettonwoodsproject.org/art-538498, Zugriff: 02.08.2010.

Bretton-Woods Project (2006b), Where did the Inspection Panel go? Interview mit Eduardo Abbott, Executive Secretary of the Panel secretariat, http://www.brettonwoodsproject.org/art.shtml?x=531832, Zugriff: 04.07.2009.

Breuer, Markus (2007), Die Weltbank und ihr Vorgehen zur Bekämpfung der globalen Armut, (Diplomarbeit), Grin-Verlag, München.

Brinkbäumer, Klaus (2007), Die arme Bank, in: Der SPIEGEL 3/2007.

Bod, Britta (2005), Ein Multimillionär kämpft gegen die Armut, 09.01.2005, in Welt-online, http://www.welt.de/print-wams/article120305/Ein_Multimillionär _kämpft_gegen_die_Armut.html, Zugriff: 31.07.2009.

Brüggemann, Gerd (1996), Privatisierungen in den Entwicklungsländern fördern, in welt-online, 17.01.1996, http://www.welt.de/print-welt/article649399/Privatisierungen_in_den_Entwicklungslaendern_foerdern.html, Zugriff: 17.02.2009.

Brzezinski, Zbigniew (1999), Die einzige Weltmacht, Amerikas Strategie der Vorherrschaft, 7. Auflage, Fischer Verlag, Frankf./M.

Bündnis 90/Die Grünen (2008), Fiasko der Weltbank im Tschad, 23.10.2008, http://www.gruene-bundestag.de/cms/entwicklungszusammenarbeit/dok/255/255176.fiasko_der_weltbank_im_tschad.html, Zugriff: 05.07.2009.

Bundesagentur für Außenwirtschaft (o.J.), http://www.bfai.de/DE/Navigation/Datenbank-Recherche/Entwicklungsprojekte/Welt, Zugriff: 11.08.2009,

Bundesministerium für politische Bildung (offizielle Website)(o.J), Institution, http://www1.bpb.de/popup/popup_lemmata.html?guid=S9DY3V , Zugriff: 15.03.2010.

Bundesministerium für wirtschaftliche Zusammenarbeit und Entwicklung (o.J), Die HIPC-Initiative, http://www.bmz.de/de/themen/entschuldung/instrumente/hipc_initiative/index.html, Zugriff: 12.11.2008.

Byrnes, James F. (1947), In aller Offenheit, Verlag der Frankfurter Hefte, Frankfurt /M., o.J., S. 86ff, Originaltitel, Speking Frankly, im Verlag Harper and Brothers Publishers, New York, London.

Carr, Edward H.(1964), The Twenty Years´ Crisis, 1919-1939, An Introduction to the Study of Internationl Relations Back in. Non-State Actors, Domestic Structures and International Institutions, Cambridge University Press, Cambridge 1964.

Choksi, Armeane M. (2007), Letter to Financial Times, Perhaps F.T. should be calling for World Bank board to resign too, 19.04.2007 in: Financial Times, http://www.ft.com/cms/s/0/90533838-ee12-11db-8584-000b5df10621.html?nclick_check=1, Zugriff: 19.12.2009.

CIDSE (Caritas International for Development and Solidarity)/CARITAS (2005), Submission to the World Bank/ IMF, April 2005, PRS Review, http://www.trocaire.org/uploads/pdfs/policy/cidse_prsreviewsubmissionapril05.pdf, Zugriff: 31.03.2009.

CIEL (The Center of International Environmental Law) (2000) , The China Western Poverty Reduction Project (China - Tibet), http://www.ciel.org/Ifi/chinatibetproject.html, Zugriff: 08.07.2009.

Clark, William (1981), Robert McNamara at the World Bank, in: Foreign Affairs, vol. 60, 1981 zitiert in: Gwin (1997).

Collier, Paul (2008), Die unterste Milliarde, Warum die ärmsten Länder scheitern und was man dagegen tun kann, C. H. Beck-Verlag, München.

Committee for the Cancellation of the Third World Debt (the CADTM - *Comité pour l'annulation de la dette du Tiers Monde*) (2006), Presidents Barber Conable and Lewis Preston (1986 - 1995), 16.11.2006, http://www.cadtm.org/Presidents-Barber-Conable-and-Lewis-Preston, Zugriff: 21.10.2009.

Como-Studie (2007), siehe, Studie zur Verbesserung der Beteiligung deutscher Unternehmen an weltbankfinanzierten Projekten, Studie für das Bundesministerium für Wirtschaft und Technolgie, herausgegeben von, Consulting für Projektmanagement und Organisation (COMO), Hamburg 2007,

Copur, Burak / **Schneider**, Ann-Kathrin (2004), IWF und Weltbank, Dirigenten der Globalisierung, in Attac-Basis Texte 12, VSA-Verlag, Hamburg.

Cox, Robert (1998), Weltordnung und Hegemonie, Grundlagen der Internationalen Politischen Ökonomie, FEG-Verlag, Marburg.

CRP-Infotech (2010), Politik und Zeitgeschichte, Das System der Vereinten Nationen, http://www.crp-infotec.de/06orgs/uno/system.html.

Czempiel, Ernst-Otto / **Schweitzer**, Carl-Christoph (1984), Weltpolitik der USA nach 1945, Einführung und Dokumente, Leske und Budrich, Opladen.

Dallin: Alexander (1962), The Soviet Union at the United Nations, An inquiry into Soviet motives and objektives, Frederick A. Praeger, New York.

Dams and Development, A Framework for Decision-marking (2001), The Report of the World Commission on Dams, hrsg. V. World Commission on Dams, Earthscan, London.

Dams Corporated (o.J.), The Record of Twelve European Dam Building Companies, http://www.rivernet.org/general/dams/dams incorp.htm, Zugriff: 12.11.2008.

Deeg, Jürgen /**Weibler**, Jürgen (2008), Die Integration von Individuum und Organisation, 1. Auflage, Verlag für Sozialwissenschaften, Wiesbaden.

Deutsche Industrie- und Handelskammer (o.J.), Zugang zu Projekten und Ausschreibungen der Weltbankgruppe und der regionalen Entwicklungsbanken, http://www.dihk.de/inhalt/download/Infos_Weltbankgruppe.doc, Zugriff: 0.06.2010.

Deutscher, Eckhard (2006), Die Politik der Weltbank, in: Ihne, Hartmut;Wilhelm, Jürgen, Einführung in die Entwicklungspolitik, LIT-Verlag, Berlin: Hamburg, Münster.

Deutschland Radio Kultur (2007), Interview mit Eckhard Deutscher, Eckhard Deutscher verlangt Kurswechsel bei der Weltbank, 21.05.2007, (Moderation, Hanns Ostermann) http://www.dradio.de/dkultur/sendungen/interview/626763/, Zugriff: 29.01.2010,

Dicke, Detlev (1972), Die administrative Organisation der Entwicklungshilfe durch die Vereinten Nationen, , in: Seidel-Hohenveldern (Hg.) (1972).

Die Presse (2010), Chinas Einfluss in der Weltbank wird gestärkt, 26.04.2010, http://diepresse.com/home/wirtschaft/international/560802/index.do, Zugriff, 24.06.2010.

Dippel, Horst (2001), Geschichte der USA, 4. Überarb. Orig. Ausgabe in: C.H. Beck Wissen in der Beck´schen Reihe; 2051, Beck-Verlag, München.

Dietrich, Barbara (o.J.), Tschad, Hirse, Schwarzes Gold und Menschenrechte, in: Wissenschaft und Frieden (W&F) Dossier Nr. 29, http://www.uni-muenster.de/PeaCon/wuf/wf-98/9830501m.htm, Zugriff 20.11.2008.

Dingwerth, Klaus / **Campe**, Sabine (2006), Organizing the world, Tagungsbericht, http://www.glogov.org/images/doc/Dingwerth_Campe(2006).pdf, Zugriff: 10.03.2010

Donaldson, Graham (2003), From Working Methods to Buisness Plan, zitiert in: Grasso und Wasty (2003).

Drake, Rodman (1986), Letter to Barber B. Conable, September 8, 1986, zitiert in: Kraske (1996).

Dresdner 27 (2009), Weltbank stoppt Finanzierung der Palmölindustrie, 4.09.2009, http://www.dresdener27.de/blog/, Zugriff: 15.10.2009.

Dumont, René (1986), Pour l´Afrique, j´accuse, Anhang IX, "L´Inquisition Ressusciteé, La Banque Mondiale Ordonne La Destruction d´un Rapport de Claude Reboul", Paris, Plon, zitiert in: Rich (1998), S. 102).

Duroselle, Jean Baptiste (1963), From Wilson to Roosevelt, Foreign Policy of the United States 1913–1945, Harvard University Press, Cambridge/Massachusetts.

Easterly, William (2001), The Elusive Quest for Growth, Economists' Adventures and Misadventures in the Tropics. MIT Press, Cambridge Mass.

Easterly, William (2006), Wir retten die Welt zu Tode, Für ein professionelleres Management im Kampf gegen die Armut, Campus Verlag, Frankfurt, New York.

Eberlei, Walter (2005), Armutsbekämpfung ohne Empowerment der Armen? Venro, http://www.venro.org/publikationen/archiv/PRSP%20WEB%20Dt.pdf, Zugriff:28.03.2006.

Eberlei, Walter / **Siebold**, Thomas (2002), Armutsbekämpfung in Afrika, Neue Ansätze oder alte Konzepte, INEF-Report (Institut für Entwicklung und Frieden), Heft 64/2002, Gerhard-Merkur-Universität Duisburg, http://www.prsp-watch.de/laenderprofile/kenia/report64.pdf.

Eberlein: Christine (2001), Kritische Beurteilung des geplanten Bujagali-Wasserkraftwers in Uganda, Erklärung von Bern (EvB), Oktober 2001, http://www.evb.ch/cm_data/public/Bujagali_1.pdf , Zugriff: 12.11.2008.

Eberlein: Christine (2004a),Erklärungen von Bern Vortrag 21.06.2004 Erdöl, Segen oder Fluch http://www.evb.ch/cm_data/public/Erdoel.pdf, Zugriff 20.11.2008.

Eberlein, Christine (2004b), 60 Jahre Internationaler Währungsfond und Weltbank - Eine kritische Bilanz, Medieninformation in: Erklärung von Bern, 19.April 2004, http://www.evb.ch/cm_data/public/Votum%20CE.pdf, Zugriff: 20.03.2009,

Eberlein, Christine (2007), Weltbank-Skandal, Wolfowitz-Rücktritt als Chance, in: Erklärung von Bern, Zürich, 18.05.2007, http://www.evb.ch/p25012663.html, Zugriff: 16.11.2009.

Eckes, Alfred E. (1975), A search for solvency, Bretton Woods and the International Monetary System, 1941–1971, o.O.

Edeling, Thomas / **Jann**, Werner / **Wagner**, Dieter hrsg., (2004), Wissensmanagement in: Politik und Verwaltung, VS-Verlag für Sozialwissenschaften, Wiesbaden, 1. Auflage.

eed, Evangelischer Entwicklungsdienst (2005), Sieben Fallstudien über die Auswirkungen deutscher Politik auf Menschenrechte in den Ländern des Südens, http://www.eed.de/fix/files/doc/eed_Fallstudien_WSKRechte_05_deu.pdf, Zugriff: 07.07.2009.

Eigen, Peter (2003), Das Netz der Korruption, Campus-Verlag, Frankfurt;New York.

Eigen, Peter / **Eigen-Zucchi**, Christian (2003), Korruption und globale öffentliche Güter in: prokla 131 - 133 (zeitschrift für kritische Sozialwissenschaft), Korruptes Empire, Heft Nr. 2, Verlag Westfälisches Dampfboot, Münster.

Eine Welt Netz NRW (o.J.), Regenwaldzerstörung und Menschenrechtsverletzung in Ecuador, Das Pipelineprojekt OCD finanziert durch die Westdeutsche Landesbank, http://www.fairplanet.net/doc/regenwaldzerstoerung_graf.pdf, Zugriff: 05.05.2010.

Endruweit, Günter (2004), Organisationssoziologie, 2. Auflage, Verlag Utb, Stuttgart.

Engdahl, Wilhelm F. (2006), Saat der Zerstörung, Die dunkle Seite der Gen-Manipulation, Kopp-Verlag, Rottenburg.

epo, entwicklungspolitik-online (2007), Weltbank, Inspection Panel rügt Weltbank wegen Rolle im Kongo, 08.10.2007, http://www.epo.de/index.php?option=com_content&view=article&id=3119,weltbank-inspection-panel-rgt-bank-wegen-rolle-im-kongo&catid=43&Itemid=96, Zugriff: 06.07.2009.

epo, entwicklungspolitik online (2006), Wolfowitz löst eigenständige Umweltabteilung der Weltbank auf, Protest der NGOs, 29.06.2006, http://www.epo.de/index.php?option=com_content&task=view&id=1717&Itemid=33, Zugriff: 24.03.2009.

epo, entwicklungspolitik-online (2008), Untersuchungsbericht, Bujagali macht die Armen ärmer, 9.1.2008, http://www.epo.de/index.php?option=com_content&view=article&id=4462, untersuchungsbericht-bujagali-staudamm-macht-die-qarmen-aermerq&catid=54&Itemid=33, Zugriff: 11.07.2009.

epo, entwicklungspolitik online (o.J.), Weltbank, Klimaschutz und Entwicklung kein Widerspruch, http://www.epo.de/index.php?option=com_content&view=article&id=5393, weltbank-klimaschutz-und-entwicklung-kein-widerspruch-&catid=99,topnews, Zugriff: 07.10.2009.

Erklärung von Paris über die Wirksamkeit der Entwicklungszusammenarbeit (2005), http://www.oecd.org/dataoecd/37/39/35023537.pdf, Zugriff: 23.05.2010.

EURODAD (2006), World Bank and IMF Conditionality, A Development injustice, Aid, Christian, Business as usual. The World Bank, the IMF and the liberalisation agenda, 2005, Toissaint, Èric, Structurel Adjustment and the Washington Consensus, are they things of the past? http://www.cadtm.org/article.php3?id_article=2265, zitiert in: Hoering (2007).

EURODAD (2003), Streamlining of structural conditionality – What has happened? http://www.eurodad.org/articles/default.aspx?id=458 , Zugriff: 18.03.2009.

E&Z , Zeitschrift für Entwicklung und Zusammenarbeit (2007), Gegenwind für Wolfowitz, 21.08.2007, http://www.invent.org/E+Z/content/archiv-ger/03-2006/moni_art1.html, Zugriff: 02.02.2010.

E&Z (Zeitschrift für Entwicklung und Zusammenarbeit)(2004), Werdegang einer Idee, 10/2004, http://www.inwent.org/E+Z/content/archiv-ger/10-2004/trib_art1.html, Zugriff: 10.06.2010.

Fahrenhorst, Brigitte, hrsg. (2000), Die Rolle der Entwicklungszusammenarbeit in gewalttätigen Konflikten, Dokumentation einer Fachtagung in der TU Berlin: 3.–5.12.1999 Society for International Development, Heinrich-Böll Stiftung, Berlin.

Falk, Rainer (2005), Abschied von der Strukturanpassung? Die neue Vergabepolitik der Weltbank, in: Informationsbrief Weltwirtschaft und Entwicklung (weed), http://www.weltwirtschaft-und-entwicklung.org/cms/wearchiv/50018895920e74b0b.php, Zugriff: 25.05.2009.

FAZ.NET (2007), Hardliner mit Herz, 18.05.2007, http://www.faz.net/s/RubDDBDABB9457A437BAA85A49C26FB23A0/Doc~E5A1BF726149B4820B2FE47DE18387D5F~ATpl~Ecommon~Scontent.html, Zugriff: 12.06.2010.

Fazfinance.Net (2005), James Wolfensohn verlässt die Weltbank, 03.01.2005, http://www.fazfinance.net/Aktuell/James-Wolfensohn-verlaesst-die-Weltbank-9609.html, Zugriff: 11.05.2009.

Feldbauer, Peter / **Hardach**, Gerd, hrsg. (1999), Von der Weltwirtschaftskrise zur Globalisierungskrise, Wohin treibt die Peripherie?, Historische Sozialkunde 15/ Internationale Entwicklung, 1. Auflage, Frankf./M.

Ferber, Manfred / **Winkelmann** (1985), Günter, Internationaler Währungsfond, Weltbank, IFC, IDA, 3. Auflage, Fritz Knapp-Verlag, Frankfurt/M.

Fernandez-Kirsch, Katharina (2007), IWF und Weltbank, Partner oder Konkurrenten, Grin-Verlag, München.

Ferrell, Robert H. / **Bennis**, Samuel Flagg hrsg. (1972), Vol. XVI, Coopler Square Publisher, New York.

Financial Times, 19.04.2007, http://www.ft.com/cms/s/0/90533838-ee12-11db-8584-000b5df10621.html?nclick_check=1. Zugriff: 23.10.2009.

Fischermann, Thomas (2006), Wenn die Sieger verlieren, in: DIE ZEIT, Nr. 38, 14.09.2006.

Fischermann, Thomas / **Greffe**, Christiane (2005), Was will Paul Wolfowitz? in: Die ZEIT, Nr. 13, 23.03.2005, http://www.zeit.de/2005/13/Weltbank, Zugriff: 09.06.2010.

Fischermann, Thomas / **Heuser**, Uwe Jean (2006), Viele nehmen unseren Rat an, Interview mit Weltbankpräsident Paul Wolfowitz, in: Die ZEIT, Nr. 24, 08.06.2006. http://pdf.zeit.de/2006/24/Interv_-Wolfowitz_xml.pdf , Zugriff: 03.09.2009.

Fischermann, Thomas (2007), Wolfowitz´ zweiter Feldzug, in: Die ZEIT, Nr. 17, 19.04.2007.

fokus money online (2006), Der Ölpreisanstieg, Profiteur: Kohle – Kohlebergbau; Voll auf Koks, aus Fokus Money, Nr. 31, http://www.focus.de/finanzen/boerse/der-oelpreis-anstieg-und150-profiteur-kohle-und150-kohlebergbau-voll-auf-koks_aid_257573.html, Zugriff: 18.11.2008.

focus-money-online (2007), Wolfowitz-Affäre, Rücktritt immer wahrscheinlicher, 03.04.2007, http://www.focus.de/finanzen/news/wolfowitz-affaere_aid_54266.html, Zugriff: 01.02.2010.

forgotten diaries, Drainage sheme faild due to lack of commitment, 09.02.2009, http://forgottendiaries-india-and-pakistan.blogspot.com/2009/02/drainage-scheme-failed-due-to-lack-of.html, Zugriff: 14.07.2009

Forum Umwelt und Entwicklung, hrsg., (2005), Die Weltbank, Nachhaltige Rhetorik und fossile Realitäten, Rundbrief 3/2005, Bonn.

Fox, Jonathan A. (2004), Can Multilateral Institutions be Made Publicly Accountable?, in: Global Policy Brief, University of California, Center for Globl and Regional Studies, Santa Cruz, CA. http://escholarship.or/uc/item/5wr1m1dj.pdf, Zugriff: 07.08.2010.

Fox, Jonathan A. / **Brown**, David L., hrsg., (1998), The stuggle for Accountability, The World Bank, NGOs and Grassroots Movements, MIT Press, Cambridge, Massachusetts, London,

Fox, Jonathan, A. (1999), The World Bank Inspection Panel, Lessons from the first Five years, Reinventing the World Bank, Challenges and Opportunities for the 21st Century", Kellogg School of Management, Northwestern University, http://repositories.cdlib.org/cgi/viewcontent.cgi?article=1042&context=cgirs, Zugriff: 02.07.2009.

Frankfurter Allgemeine Zeitung (2007), Darf Wolfowitz seinen Job behalten? 13.04.2007, Nr. 86, S. 14.

Frankfurter Allgemeine Zeitung (FAZ.Net) (2007), Hardliner mit Herz, 18.05.2007, http://www.faz.net/s/RubEC1ACFE1EE274C81BCD3621EF555C83C/Doc~E5A1BF726149B4820B2FE47DE18387D5F~ATpl~Ecommon~Scontent.html, Zugriff: 22.03.2009.

Friedlander, Walter A. (1955), Introduction to Social Welfare, Prentice Hall, Engelwood Cliffs.

Freiberg, Ralf / **Jürgens**, Thomas (1988), Rechtsgrundlagen der Entwicklung, des Aufbaus und der Befugnisse der Weltbank zitiert in: Koll (1988).

Fuhr, Harald / **Gabriel**, Johannes (2004), Wissensmanagement in der Entwicklungszusammenarbeit - das Beispiel Weltbank, zitiert in: Edeling und Jann (2004).

Führmann, Bettina (2003), Abkehr vom Washington Consensus? Die wirtschaftspolitische Strategie der Weltbank zur Armutsbekämpfung, INEF-Report (Institut für Entwicklung und Frieden) Heft 71/2003, Universität Dusiburg-Essen, http://inef.uni-due.de/page/documents/Report71.pdf , Zugriff: 14.03.2009.

Furubotn, E. G. / **Richter**, R., hrsg., (2002.), The New Institutional Economics, Siebeck-Mohr Verlag, Tübingen 1991, zitiert in Naam (2002).

Gammelin: Cerstin (2003), Für ein Bündel Bares, in: Die ZEIT, 06.11.2003, Nr. 46, http://zeit.de/2003/46/Aserbaidschan, Zugriff: 13.11.2008.

Gardner, Richard N. (1980), Sterling-Dollar-Diplomacy, The Origins and the Prospects of Our International Economic Order (McGraw-Hill, 1969), p. 257. Chapter 13, „Savannah, Two Conceptions of Financial Collaberation", Columbia University Press, New York.

Gautam, Appa (1992), Narmada Projects without World Bank Backing? in: Economic and Political Weekly (Bombay), Band 27, Nr. 48 (28. November 1992).

Gehring, Thomas / **Kerler**, Michal A. (2007), Neue Entscheidungsverfahren in der Weltbank, Wie institutionelle Strukturen zu gutem Regieren führen, in: Zeitschrift für internationale Beziehungen 2/2007.

George, Susan / **Sabelli**, Fabrizio (1995), Kredit und Dogma, Ideologie und Macht der Weltbank, Konkret-Literatur, Hamburg.

Gersemann, Olaf / **Guha**, Krishna (2007), Die heikle Beziehung des Herrn Wolfowitz, in: Financial Times Deutschland, 10.04.2007, http://www.ftd.de/karriere-management/management/, die-heikle-beziehung-des-herrn-wolfowitz/184303.html, Zugriff: 02.02.2010.

Gesellschaft für bedrohte Völker (2006), Bau des Merowe-Großstaudamm im Sudan, 22.06.2006, http://www.gfbv.de/inhaltsDok.php?id=76&stayInsideTree=1, Zugriff: 14.11.2008.

Gesellschaft für bedrohte Völker (2004), Riesige Staudammprojekte bedrohen die Ureinwohner, Die Fälle Yacyretà, Chixoy und Katse, www.gfbv.it/3dossier/h2o/staud.html - 52k, Zugriff: 23.11.2008.

Gilpin: Robert (2000), The Challenge of Global Capitalism, The World Economy in the 21st Century, Princeton University Press, Princeton.

Gramsci, Antonio (1991ff), Gefängnishefte, Hamburg (GH) zitiert in: Borg Erik (o.J.).

Grasso, G. Patrick / **Wasty**, Sulaiman S. / **Weaving**, Rachel V. (2003), World Bank Operations Evaluation Department, The First 30 Years, World Bank, Washington D.C.

Greenpeace (2004a), Forest Crime, Zweiter Bericht, Firmen der Danzer-Gruppe, Schmiergeldaffären, illegaler Holzeinschlag, Geschäfte mit Waffenhändler und Verdacht der Dokumentenfälschung, November 2004, http://www.illegal-logging.info/uploads/Danzer2__German.pdf, Zugriff: 28.11.2008.

Greenpeace (2004b), Weltbank und Internationaler Währungsfond, Liberalisierung auf Kosten der Umwelt, 23.04.2004, http://www.greenpeace.de/themen/umwelt_wirtschaft/wto/artikel/weltbank_und_internationaler_waehrungsfonds/, Zugriff: 26.11.2008.

Greenpeace (o.J.), Der Ilisu-Staudamm – kein Erfolgsprojekt, weed-Studie der Autoren, Setton, Daniela; Drillisch, Heike u.a., http://www.greenpeace.at/fileadmin/at/dokumente/energie/Ilisu/D25._Ilisu_Kein-Erfolgsprojekt.pdf, Zugriff: 26.11.2008.

Greenpeace (2008), 42.000 Unterschriften für den Regenwald im Kongo, http://www.greenpeace.ch/de/themen/wald/wald-news-single/archive/2008/october/article/42000-unterschriften-fuer-den-regenwald-im-kongo/, Zugriff: 06.07.2009.

Greenpeace (2007), Weltbank, Schluss mit fossiler Energie- und Urwaldzerstörung, 16.04.2007, http://www.greenpeace.ch/themen/wald/wald-news-single/archive/2007/april/article/weltbank-schluss-mit-fossiler-energie-und-urwaldzerstoerung/, Zugriff: 07.10.2009.

Grüttner, Anne (2005), Argentinien feiert das Ende der Krise, in: Handelsblatt 04.03.2005, http://www.handelsblatt.com/pshb/fn/relhbi/sfn/cn_artikel_drucken/strucid/200013/pae/index.html, Zugriff: 23.05.2006.

Gollwitzer, Heinz (1982), Geschichte des politischen Denkens, Bd. 2, Zeitalter des Imperialismus; Vandenhoeck und Ruprecht, Göttingen.

Greiffenhagen, Martin / Jäckel, Eberhard / Nitschke (1975), August, Bd. 8., Erst Klett Verlag, 1. Aufl., Stuttgart

Greiner, Bernd (1980), Amerikanische Außenpolitik von Truman bis heute, Grundsatzdebatten und Strategiediskussionen, Pahl-Rugenstein; Köln.

Gruppi, Luciano (1976), Gramsci - Philosophe der Praxis und die Hegemonie des Proletariats, Evert-Druck, Neumünster.

Guggisberg, Hans R. (2002), Geschichte der USA, 4. Erw. Auflage, Kohlhammer, Stuttgart.

Gtz (Deutsche Gesellschaft für Technische Zusammenarbeit)(1996), Pilotprogramm Gender, http://www2.gtz.de/gender_project/deutsch/weiterfuehrend/glossar/glossar.htm, Zugriff: 05.03.2009.

Gurtner, Bruno (2006), Die Macht des IWF schmilzt wie Schnee in der Sonne, sechs Thesen zur Zukunft des IWF, in: e i n s, Entwicklungspolitik, Information Nord-Süd, http://www.entwicklungspolitik.org/home/13-14-006-01/?type=98, Zugriff: 28.09.2006.

Gwin, Catherine (1997), U.S. Relations with the World Bank, 1945 - 1992, in: Kapur, Devesh / Lewis, John P. / Webb, Richard (Hrsg.), The World Bank, Its first half century, Vol. 2: Perspectives, Brookings Institution Press, Washington D.C., S. 195 - 275.

Haas, Lucian (2006), Mit Wasserkraft zum Wohlstand? In: Berliner Zeitung, 04.08.2006, http://www.berlinonline.de/berliner-zeitung/archiv/.bin/dump.fcgi/2006/0804/wissenschaft/0002/index.html, Zugriff: 16.06.2010.

Haenisch, Horst (1985), Der US-Imperialismus und Bretton-Woods, http://www.marxists.de/imperial/hhaenisch/brettonwoods.htm, Zugriff: 04.08.2005.

Halbach, Uwe (2204), Öl und Great Game im Kaukasus, Der „kaspische Raum" als geopolitische Neuentdeckung des ersten nachsowjetischen Jahrzehnts, in: OSZE- Jahrbuch 2004, Baden-Baden.

Handelsblatt (2008), Hermes-Bürgschaft für indisches Staudamm-Projekt von Siemens gefährdet, 28.10.2008.

Handelsblatt (2005), Weltbankpräsident Wolfensohn will aufhören, 02.01.2005, http://www.handelsblatt.com/unternehmen/koepfe/weltbank-praesident-wolfensohn-will-aufhoeren;841110, Zugriff: 17.06.2010.

Hanke, Thomas (1991), Reicher ohne Rüstung, in: Die ZEIT, 07.06.1991, Nr. 24.

Hanstein: Rudolf, v. (1987/1988), Der Einfluß der Vereinten Nationen auf die Sonderorganisationen - Anspruch und Wirklichkeit, Eine Untersuchung am Beispiel der Auseinandersetzungen im Hinblick auf die Dekolonialisierung; Peter Lang-Verlag, Frankf./M., Bern, New York, Paris, (Europäische Hochschulschriften, Reihe 2, Rechtswissenschaft, Bd. 709), (zugleich Dissertation Universität Bonn 1987).

Hardach, Gerd (1999), Von Marienthal nach Kenosha, in: Feldbauer / Hardach / Melinz (Hg.), 1999, a.a.O.

Harper, John Lamberton (1994), American visions of Europe, Franklin D. Roosevelt, George, F. Kennan and Dean G. Acheson, Cambridge University, New York 1994.

Harrod, R.F. (1972), The Life of John Maynard Keynes, Penguin Books, Harmondsworth.

Hausmann, Ute / **Künnemann**, Rolf (2007), Für eine Globalisierung von wirtschaftlichen und sozialen Menschenrechten durch die Stärkung extraterritorialer Staatenpflichten, Deutschlands extraterritoriale Staatenpflichten, Einführung in sechs Fallstudien, hrsg. v., Evangelischer Entwicklungsdienst, Bonn, Köln, Heidelberg, http://www.eed.de//fix/files/doc/eed_fian_bfdw_extraterritorial_sechs_Faelle_07_deu.pdf, Zugriff: 14.11.2008.

Heiland, Anne Lena (2009), Zivilgesellschaft in Afrika, Chimäre, Mythos oder Realität? Vortrag zum Forschungstag des Instituts für Politische Wissenschaft der RWTH-Aachen, 18.11.2009.

Hersel, Philipp (2005), Von der Ungleichheit des globalen Naturverbrauchs, in PROKLA, Zeitschrift für kritische Sozialwissenschaft, Heft 139, 35. Jahrgang, 2005, S. 203–223 http://www.linksnet.de/de/artikel/19294, u. http://www.prokla.de/Volltexte/139Hersel.rtf, u. http://209.85.135.104/search?q=cache,MBaL-0-9sB8J, www.prokla.de/Volltexte/139Hersel.rtf+Staudammprojekte+Entwicklungsl%C3%A4nder&hl=de&ct=clnk&cd=35&gl=de&client=firefox-a, Zugriff: 26.11.2008.

Herz, Wilfried (2004), Der Fluch der guten Taten, in: Die ZEIT, Nr. 42, 2004, http://images.zeit.de/text/2004/42/IWF-Tagung, Zugriff: 09.06.2207.

Herz, Wilfried (2005), Fusioniert IWF und Weltbank, in: Die ZEIT, Nr. 39, 22. September 2005.

Hesse, Friederike / **Mildner**, Stormy (2001), Die Geschichte von Bretton-Woods; Deutsche Gesellschaft für Auswärtige Politik, aktualisiert 13.Sept. 2001, http://weltpolitik.net/printer-friendly/545.html, Zugriff: 5.12.2003.

Hielscher, Stephan (2008), Die Easterly-Sachs-Kontroverse, ´Dissent on Development´ Revisited, Diskussionspapier Nr. 2008-6, Lehrstuhl für Wirtschaftsethik an der Martin-Luther Universität Halle-Wittgenberg, hrsg. v. Pies, Ingo, Halle.

Hitchens, Christoph (2007), Rufmordkampagne gegen Paul Wolfowitz und Shaha Riza, in: welt-online, http://debatte.welt.de/kommentare/22060/rufmordkampagne+gegen+paul+wolfowitz+und+shaha+riza, Zugriff: 01.02.2010.

Hoering, Uwe (2007), Vorsicht Weltbank, Armut, Klimawandel, Menschenrechtsverletzungen, hrsg. vom Forum Umwelt und Entwicklung, VSA-Verlag Hamburg.

Hoering, Uwe (1999), Zum Beispiel IWF und Weltbank, 1. Auflage, Lamur-Verlag,Göttingen.

Hoffman, Wolfgang (2000), Überraschende Entwicklung, in: Die ZEIT, Nr. 17.

Hofmann, Michael (2001), Rückblick auf Lob und Tadel am Brandt-Bericht, in: The Global South, Vol. III/Nr. 3, 2001, http://globalsouth.info/issues/topical/michael_hofmann.htm, Zugriff: 30.01.2009.

Holler, Helge (2007), Weltbank, Schluss mit fossiler Energie und Urwaldzerstörung, Greenpeace, Hamburg, 13.04.2007, http://www.greenpeace.de/themen/klima/nachrichten/artikel/weltbank_schluss_mit_fossiler_energie_und_urwaldzerstoerung/, Zugriff: 13.10.2009.

Holman, Michael / **Waldmeier**, Patii / **Chote**, Robert (1996), World Bank chief accuses staff of resisting reforms, in: Financial Times, Nr. 87, v. 29.03.1996.

Horcher, Petra (1996), Die Weltbank als internationale Organisation, Eine Machtstrukturanalyse, (zugleich Magisterarbeit, Universität Heidelberg).

Hornig, Frank / **Mascolo,** Georg (2005), Vom Falken zur Taube, in: Der Spiegel, Nr. 22 v. 30.05.2005, http://www.spiegel.de/spiegel/print/d-40525859.html, Zugriff: 09.10.2009.

Horta, Corinna (1994), Monsters of the Himalayas, in: Washington Post, 11. November 1994, C4, und: interview mit dem Environmental Defense Fund zum Arun-III-Project, 9. Sept. 1994, in: Rich (1998).

Hübschen, Jürgen (2007), Wolfie, die Weltbank und der Irak, in: Solon-line, Ideendiskurs und Strategische Lage 27.02.2007, http://www.solon-line.de/wolfie-die-weltbank-der-irak.html, Zugriff: 30.07.2009.

Hüfner, Klaus (o.J.), Die Finanzierung des UN-Systems in der Dauerkrise, Rede vor der Deutschen UNESCO-Kommission, Bonn, http://www.tu-dresden.de/jfoeffl9/prxishandbuchuno/Media/Inhalt.pdf, Zugriff 20.06.2005.

Huhn, Karsten (2001), Ich gegen die Weltbank, in: Die ZEIT, Nr. 48 v. 22.11.2001.

Hull, Cordell (1948), The memories of Cordell Hull, Hodder und Stoughton, London.

Hürni, Bettina (1980), Die Weltbank, Funktion und Kreditvergabepolitik nach 1970, in: Internationale Organisationen Bd.2, Verlag Rügger, Diessenhofen,

Ilisu Dam Organisation, Company Profile (2000), IMPREGILO, http://www.ilisu.org.uk/impregilo.html, Zugriff 29.09.2008.

Imhasly, Bernhard (2007), Wasserspiele der Technokraten, in: taz, 11.08.2007, http://www.taz.de/1/archiv/dossiers/dossier-trinkwasser/artikel/1/wasserspiele-der-technokraten/ , Zugriff: 14.07.2009.

Industrie- und Handelskammer Karlsruhe (2005), Weltbankprojekte, Dokument-Nummer, 968, http://www.karlsruhe.ihk.de/prduktmarken/international/intausschreibungen/Weltbank.jsp, Zugriff: 25.05.2010.

Indian Economy Overview (1996) The World Bank in India, The World Bank and Sadar Sarovar Projekt, A story of unacceptable means towards unacceptable ends, http://www.ieo.org/world-c13-p2.html, Zugriff: 08.01.2010.

Informationsdienst für Politik (o.J.), Heavily Indepted Poor Countries (HIPC), S. 1, http://www.polixea-portal.de/index.php/Lexikon/Detail/id/72558/name/Heavily+Inde, Zugriff: 18.03. 2009.

Inspection Panel (2004a), Internationale Bank for Reconstruction and Development, Annual Report, July 1 2003 to June 30 2004, Washington D.C.

Inspection Panel (2001), Internationale Bank for Reconstruction and Development, Internationale Development Association, Annual Report, August 1 to July 31 2001, Washington D.C.

Inspection Panel (2008), Internationale Bank for Reconstruction and Development, Annual Report, July 1 2007 to June 30 2008, Washington D.C.

Inspection Panel (1998), First four Years (1994 - 1998), International Bank for Reconstruction and Development Association, edited by, Umafia, Alvaro, bublished for The Inspection Panel, World Bank, Washington, D.C., http://www-wds.worldbank.org/external/default/WDSContentServer/WDSP/IB/2000/02/24/000094946_99030406243220/Rendered/PDF/multi_page.pdf, Zugriff: 02.07.2009.

Inspection Panel (2009), Cases and Reports, http://web.worldbank.org/WBSITE/EXTERNAL/EXTINSPECTIONPANEL/0,,contentMDK,20221606~menuPK,64129250~pagePK,64129751~piPK,64128378~theSitePK,380794,00.html, Stand 01.07.2009, Zugriff: 04.07.2009.

Inspection Panel (2010), Cases by Request Number, http://web.worldbank.org/WBSITE/EXTERNAL/EXTINSPECTIONPANEL/0,,contentMDK:20221606~menuPK:64129250~pagePK:64129751~piPK:64128378~theSitePK:380794,00.html.

Inspection Panel (o.J.), Summary of Inspection Panel Cases, http://siteresources.worldbank.org/EXTINSPECTIONPANEL/Resources/Summary_of_Inspection_Panel_Cases_%5Bupdated%5D.pdf, Zugriff: 08.07.2009.

Inspection Panel (2004b), Investigation Report, Paraguay - Reform Project for the Water and Telecommunications Sector (Loan No. 3842-PA); Argentina - SEGBA V Power Distribution Project (Loan 2854-AR), 24.02.2004, Report Nr. 27995, http://siteresources.worldbank.org/EXTINSPECTIONPANEL/Resources/FullInvestigationReport.pdf, Zugriff: 23.04.2009.

Internationale Bank für Wiederaufbau und Entwicklung, IBRD (1963), hrsg., Die Weltbank, IFC und IDA, Fritz-Knapp Verlag, Frankfurt/M.

Internationale Bank für Wiederaufbau und Entwicklung, IBRD (2002), Management Response to the Inspection Panel Request, INSP/RQ02/1, Argentinia/Paraguay, Yacreta Hydrolectric Project (currently supported by IBRD Loan 2854-AR), July 10, 2002, http://siteresources.worldbank.org/EXTINSPECTIONPANEL/Resources/paraguayMgmtResponseEnglish.pdf, Zugriff: 27.04.2009.

Internationale Entwicklungsbanken (2004) Eine Übersicht, Sonderausgabe, Heft 1, Juli 2004, hrsg v. Vereinigung der Bayrischen Wirtschaft e.V.

Internationale Währungsfond (2005), IMF Members' Quotas and Voting Power, and IMF Board of Governors, http://wwww.imf.org/external/np/sec/memdir/eds.htm, Zugriff: 24.03.2006

Internationale Währungsfond (2010), IMF Members' Quotas and Voting Power, and IMF Board of Governors, http://www.imf.org/external/np/sec/memdir/members.htm, Zugriff: 11.06.2010.

Jacobsen, Harold Karan, Hg., (1960), American Foreign Policy, Random House, New York,

Jensen, Michael / **Meckling**, William (1976), Theory of the firm, Managerial behavior, agency costs, and ownership structure, in: Journal of Financial Economics. Band 3, Nr. 4, S. 305–360.

Joffe, Joseph (2007), Der große, böse Wolfi und die 24 Geißlein: in: zeit-online, 21.05.2007, http://www.zeit.de/online/2007/21/wolfowitz-kommentar-joffe, Zugriff: 23.02.2010.

Junker, Detlef (1975), Der unteilbare Weltmarkt, Das ökonomische Interesse in der Außenpolitik der USA 1933–1941, in: Stuttgarter Beiträge zur Geschichte und Politik, hrsg. V. Greiffenhagen, Martin;Jäckel, Eberhard;Nitschke, August, Bd. 8., Erst Klett Verlag, 1. Aufl., Stuttgart.

Kapur, Devesh / **Lewis**, John P. / **Webb**, Richard (Hrsg.) (1997), The World Bank, Its first half century, Vol. 2: Perspectives, Brookings Institution Press, Washington D.C.,

Keohane, Robert Owen (1984), After Hegemony, Cooperation and Discord in the World Political Economy, Princeton University Press, Princeton

Kellermann Christian (2006), Die Organisation des Washington Consensus, Der Internationale Währungsfonds und seine Rolle in der internationalen Finanzarchitektur, transcript-Verlag, Bielefeld, (zugleich Dissertation Universität Kassel 2005).

Kieser, Alfred / **Ebers**, Mark (2006),Organisationstheorien, 6. Auflage, Kohlhamer-Verlag, Stuttgart.

Knapp, Manfred / **Krell**, Gert, Hg., (2003), Einführung in die Internationale Politik, 4. Auflage, Verlag Oldenbourg, München.

Koch, Martin (2008), Verselbständigungsprozesse internationaler Organisationen, 1. Auflage, Verlag für Sozialwissenschaften, Wiesbaden, (zugleich Dissertation Universität Bielefeld (2007).

Koczy, Ute (2007), Tschad und Kamerun, Reisebericht, 19. bis 26. Januar 2007, http://www.ute-koczy.de/cms/default/dok/165/165314.tschad_und_kamerun.html, Zugriff: 23.03.2009.

Koll, Thomas U., Hg., (1988), Die Weltbank, Struktur, Aufgaben und Bedeutung, in: Schriftenreihe der Deutschen Gesellschaft für die Vereinten Nationen, Landesverband Berlin: Band I, Berlin.

Konferenzbericht (2006), Menschenrechte ohne Grenzen - Welche Pflichten für Deutschland, Fachtagung Rat der Evangelischen Kirche, Berlin: 09.11.2006, http://www.fian.de/fian/downloads/pdf/ran/061109_MRohneGrenzen_Konferenzbericht.pdf, Zugriff: 07.07.2009.

Kraske, Jochen (1996) Bankers with a Mission, The Presidents of the World Bank 1946-91, Oxford Univ. Press, Washington D.C.

Krasner, Stephen D., Hg., (1983), International Regimes, Cornell University Press, Ithaca, New York.

Krell, Gert (2003), Theorien in den Internationalen Beziehungen, in: Knapp / Krell, (2003).

Krippendorff, Ekkehart (1970), Die amerikanische Strategie, Entscheidungsprozeß und Instrumentarium der amerikanischen Außenpolitik, Suhrkamp Verlag, 1. Auflage, Frankf./M.

Kritische Studien zur Gechichtswissenschaft (1974), Bd. 10 Vandenhoek und Ruprecht, Göttingen.

Küblböck, Karin (2006), Hoffnungsträger PRSP, Eine Bilanz der ersten Jahre, in: ÖFSE (Österreichische Forschungsstiftung für internationale Entwicklung), Working Paper 12, Wien.

LaFeber, Walter (1972), Der „merkantilistische" Imperialismus Alfred T. Mahans, in: Wehler (1975).

Landauer, Carl (1981), Sozial- und Wirtschaftsgeschichte der Vereinigten Staaten von Amerika, Metzler, Stuttgart

Lanzet, Peter (2004), Die Stimmrechtsreform bei Weltbank und Internationalem Währungsfond und die Neubesetzung ihrer Chefpositionen; Ein Beitrag in: Evangelischer Entwicklungsdienst, o.J.

Latein Amerika Nachrichten (2006), Strom + Kapitalismus = Entwicklung?, Ausgabe 385/386 Juli/August 2006, http://www.lateinamerikanachrichten.de/?/print/929.html, Zugriff: 22.11.2008.

Lee, James A. (1981), Internes Weltbankmemorandum für die Akten der OEA (Abteilung für Umweltfragen), 19. Dezember 1981, zitiert in: Rich (1998), S. 152.

Lehmkuhl, Ursula (2001) Theorien internationaler Politik, Einführung und Texte, 3. Auflage, Oldenbourg-Verlage, München, Wien.

Lemarchand, René (1982), The World Bank in Rwanda. The Case of the Office de Valorisation Agricole et Pastorale du Mutara (OVAPAM), Bloomington, African Studies Program, Indiana University, zitiert in: Rich (1998), S. 102.

Lemke, Christiane (2008), Internationale Beziehungen, Grundkonzepte, Theorien und Problemfelder, 2. Auflage, Wissenschaftsverlag, Oldenburg.

Lexikon der Nachhaltigkeit (letzte Änderung des Eintrags Nov. 2009), Brand-Report 1980, Das Überleben sichern, http://www.nachhaltigkeit.info/artikel/geschichte_10/Der_Weg_von_Stockholm_nach_Rio_47/brandt_report_1980_519.htm, Zugriff: 23.06.2010.

Lippmann, Walter (1947), The Vacancy at the World Bank, New York Herald Tribune, Jan. 18, 1947, zitiert in: Mason / Asher (1973).

Luhmann, Niklas (1988), Soziale Systeme, Grundriß einer allgemeinen Theorie, 2. Auflage, Suhrkamp, Frankfurt, zitiert in: Koch (2008).

Mallaby, Sebastian (2004), The World´s Banker, A story of Failed States, Financial Crises, and the Wealth and Poverty of Nations, The Penguin Press, New York.

manager magazin (2000), IWF, Nach der Reform keine Entwicklungshelfer mehr, 26.09.2000, http://www.manager-magazin.de/geld/artikel/0,2828,95324,00.html, Zugriff: 01.02.2010.

manager-magazin (2005), Präsident Wolfensohn will aufhören, 03.01.2005, http://www.manager-magazin.de/koepfe/artikel/0,2828,335282,00.html, Zugriff: 12.11.2009.

March, James G. / **Olson** Johan P. (1976), Ambiguity and choice in organizations, Bergen, zitiert in: Koch (2008).

Marinscheck, Martin (1999), Das Inspection Panel, Kontrollinstrument der Weltbank, o.O., www.marinschek.com/papers/inspection_panel.doc, Zugriff: 02.07.2009.

Mason, Edward S. / **Asher**, Robert E. (1973), The World Bank Since Bretton Woods. The Origins, Policies, Operations, and Impact of International Bank for Reconstruction and Development and the other Members of the World Bank Group, IFC, IDA, ICSID. The Brooking Institution, Washington D. C.

Mason, Edward S. (1960), American Interests in Underdevelopment Areas, zitiert in: Jacobson, Harold Karan (hrsg.), America´s Foreign Policy, Random House, New York.

McNamara, Robert S. (o.J.), On the occasion of the OED´s 30th Anniversary, zitiert in: Grasso / Wasty / Weaving (2003), World Bank Operations Evaluation Department, The First 30 Years, World Bank, Washington D.C.

Mearsheimer, John J. (2001), The Tragedy of Great Power Politics, W. W. Norton, New York.

Menzel, Ulrich (o.J.), Dekaden und Paradigmenwechsel der Entwicklungszusammenarbeit, o.O. u. J. http://www-public.tu-bs.de,8080/~umenzel/inhalt/dienstleistungen/veroeffentlicht/dekaden.pdf, Zugriff: 29.01.2009.

Menzel, Ulrich (2006/07), Internationale politische Ökonomie, Powerpoint-Präsentation, Vorlesung, Institut für Sozialwissenschaften, Technische Universität Braunschweig, http://www-public.tu-bs.de:8080/~umenzel/inhalt/lehre/Vorlesung_2007-02-06.pdf, Zugriff: 29.03.2009.

Messner, Dirk (2009), Weltbank und IWF reformieren, in: DW-World.de, 29.07.2009, http://www.dw-world.de/dw/article/0,,4502175,00.html, Zugriff: 19.08.2010.

Meyer, John W. / **Rowan**, Brian (2008), Institutionalized Organizations, Formal Structure as Myth and Ceremony, American Journal of Sociology 83, (2), S. 340–363, zitiert in Koch (2008).

Meyer, Matthias (2004), Prinzipale, Agenten und ökonomische Methode, Mohr-Siebeck, Tübingen.

Meyer-Larsen, W. / **Baron**, St. (1988), "Wir stellen niemanden an den Pranger", Interview mit Barber Conable, in Spiegel-Wissen, 23.05.1988, Nr. 21, http://wissen.spiegel.de/wissen/dokument/dokument-druck.html?id=13529706&top=SPIEGEL, Zugriff: 26.06.2009,.

Mitrany, David (1966), A Working Peace System, Quadrangle Books, Chicago.

Mkandawire, Thandika (2004), Good Governance, Werdegang einer Idee, in: E+Z (Zeitschrift für Entwicklung und Zusammenarbeit), Oktober 2004, http://www.inwent.org/E+Z/content/archiv-ger/10-2004/trib_art1.html, Zugriff: 15.06.2009.

Mkandawire, Thandika (2004), Werdegang einer Idee, in: E&Z (Entwicklung und Zusammenarbeit, 10/2004, http://www.inwent.org/E+Z/content/archiv-ger/10-2004/trib_art1.html, Zugriff: 10.06.2010.

Morse, Bradfort / **Berger**, Thomas R. (1992), The report of the independent review, Ottawa, Resources Futures International Inc.

Müller, Klaus (2002), Globalisierung, Campus-Verlag, Frankfurt/M.

Ness, Gary D. / **Brechin:** Steven R. (2008), Bridging the gap, international organizations as organizations, International Organization (42) 2, S. 245–273, zitiert in: Koch (2008) sowie in: Dingwerth / Campe (2006).

Niggli, Peter (2008), Wenig Wille zur Verbesserung der Wirksamkeit der Hilfe, Zur internationalen Konferenz über Entwicklungszusammenarbeit (High Level Forum on Aid Effectiveness) in: Accra vom 2.- 4.09. 2008, alliance süd, Bern, http://www.alliancesud.ch/deutsch/files/T_EkWe.pdf , Zugriff: 22.05.2009.

No Excuse 2015 Milleniumskampagne (2008), http://www.un-kampagne.de/index.php?id=6, Zugriff: 04.05.2010.

Nohlen, Dieter, Hg., (1989), Lexikon Dritte Welt, überarb. Neuausgabe, Reinbek, S. 308-309, in: Vogler, Helmut (1994), Die Vereinten Nationen, Oldenburg-Verlag, München/Wien.

Nuscheler, Franz (2009), Good Governance, Ein universelles Leitbild von Staatlichkeit und Entwicklung? INEF-Report 96/2009, hrsg. von, Institut für Entwicklung und Frieden, Universität Duisburg-Essen, http://inef.uni-due.de/page/documents/Report96.pdf, Zugriff: 31.03.2009.

Oneplanetmedia (2007), Weltbank-Geld bedroht Victoriasee, 30.04.2007, http://www.oneplanetmedia.de/2007/04/weltbank-geld-bedroht-victoriasee.html, Zugriff: 08.07.2010.

Oulatar Y. Bègoto (2006), Mehr Kohle für das Öl, in: Wochenzeitung Schweiz (woz), Nr. 4, 26.01.2006.

Panel Calls for Arun III Probe (1994); Bank Management Tries for Delay" In: Bank Check Quarterly, Nr. 10, Dezember 1994, zitiert in: Rich (1998).

Peckert, Joachim (1961), Die großen und die kleinen Mächte, Möglichkeiten der Weltpolitik heute, Deutsche Verlags-Anstalt, Stuttgart.

Pentland, Charles (1989), International Organizations and their Roles, in: Diehl, Paul F., The Politics of International Organizations, Patterns and insights, Pacific Grove (CA), Brooks/Cole, S. 5-11, zitiert in: Koch (2008).

Picot Arnold (2003), Die grenzenlose Unternehmung, Gabler Verlag, Wiesbaden.

Pincus, Jonathan R. / **Winters**, Jeffrey A., hrsg., (2002), Reinventing the World Bank, Cornell-University-Press, New York.

Pinzler, Petra (2007), Der Reformer duldet keinen Widerspruch, in: Die ZEIT, 24.07.2007, Nr. 7.

Pinzler, Petra (1997), Die Armen als Kunden, in: zeit-online, Nr. 30, 1997, http://www.zeit.de/1997/30/Die_Armen_als_Kunden, Zugriff: 20.01.2010.

Piper, Nikolaus (2010), China überholt Deutschland, Stimmgewichte bei der Weltbank, in: sueddeutsche.de, http://www.sueddeutsche.de/geld/stimmgewichte-bei-der-weltbank-china-ueberholt-deutschland-1.933835, Zugriff: 23.06.2010.

Piper, Nikolaus (2007), USA, Die Affähre Wolfowitz, Der Schatten des Krieges, in: Süddeutsche.de, 13.04.2007, http://www.sueddeutsche.de/finanzen/71/409844/text/, Zugriff: 01.02.2010.

Piper, Nikolaus (1987), Heilsame Unruhe, in: Die ZEIT,02.10.1987, Nr. 41, http://pdf.zeit.de/1987/41/Heilsame-Unruhe.pdf, Zugriff: 23.06.2009.

Pitzke, Marc (2007), Designierter WB-Chef Zoellick, in: Spiegelonline, 30.05.2007, http://www.spiegel.de/wirtschaft/0,1518,485569,00.html , Zugriff: 30.04.2009.

Pfanner, Stephan (2001), Wie sich Struktur und Kultur der Organisation in der Zusammenarbeit auswirken und im Team reflektiert werden können, http://www.art-of-dialogue.at/Struktur%20und%20Kultur.htm, Zugriff: 28.04.2010.

Politik, Gesellschaft, Wirtschaft im 20. Jahrhundert, Von 1919–1945, Teil I, in: Zeiten und Menschen Ausgabe K/Bd. 4/1, Geschichte für Kollegstufe und Grundstudium 1982, Paderborn; Schroedel, S. I/107.

Pratt J. W. / **Zeckhauser** R. J. (1985), Prinzipals and Agents, The Structure of Business, Harvard Business School Press, Boston, Massachusetts.

Preisendörfer, Peter (2008), Organisationssoziologie, Grundlagen, Theorien und Problemstellungen, 2. Auflage, Verlag für Sozialwissenschaften, Wiesbaden.

Prestre, Philippe le (1989), The World Bank and the Environmental Challenge, University Presses, London.

pro Regenwald (2009), Einsichtig - Weltbank gibt Palmöl-Industrie (vorerst) kein Geld mehr, 13.09.2009, http://www.pro-regenwald.de/news/2009/09/13/Einsichtig_Weltbank , Zugriff: 15.10.2009.

Randeria, Shalini (2006), Rechtspluralismus und überlauppende Souveränitäten, Globalisierung und der ´listige´ Staat in Indien, in: Soziale Welt 57 (2006), S. 229 - 258 http://www.soziale-welt.de/sozwelt/hefte/Aufsatz_06_03.pdf, Zugriff: 14.07.2009.

Rathgeber, Theodor (2003), Die verstopften Adern Lateinarmerikas, in: pogrom-bedrohte Völker, Nr. 222, Nr. 6, 2003, hrsg. Gesellschaft für bedrohte Völker, http://www.gfbv.it/3dossier/h2o/lateinam.html, Zugriff: 23.11.2008.

Rees, David (1974), Harry Dexter White, A study in paradox, Macmillian, London.

Repowering the World Bank for the 21st Century (2009), Report of the High Level Commission on Modernization of the World Bank Group Governance, o.O. http://www.ycsg.yale.edu/center/forms/WorldBank.pdf, Zugriff: 18.08.2010.

Reset for a better World (2008), Weltbank untergräbt Klimaschutz, Neue Weltbank-Klima-Fonds gefährden Erfolg internationaler Klimaverhandlungen, http://reset.to/blog/weltbank-untergraebt-klimaschutz-neue-weltbank-klimafonds-gefaehrden-erfolg-internationaler-klima-verhandlungen Zugriff: 07.10.2009, basierend auf, Setton, Daniela, WEED Pressemitteilung zur IWF/Weltbank Frühjahrstagung am 12./13. April 2008.

Rich, Bruce (1998), Die Verpfändung der Erde, Die Weltbank, die ökologische Verarmung und die Entwicklungskrise, 1. Auflage, Schmetterling-Verlag, Stuttgart.

Rich, Bruce (2002), The World Bank under James Wolfensohn, in: Pincus, Jonathan R.;Winters, Jeffrey A., Reinventing the Wolrd Bank, Cornell University Press, Ithaca - New York, London, 2002.

Richter, Werner (1966), Geschichte der Vereinigten Staaten, Ullstein-Verlag, Frankf./M., Berlin.

Richter, Regine (2005), Weltbank und Deutschland unterstützen Staudammprojekt, 01. April 2005, http://www.ngo-online.de/ganze_nachricht.php?Nr=10798, Zugriff: 13.10.2009.

Rittberger, Volker / **Zangl**, Bernhard /**Staisch**, Matthias (2003), Internationale Organisationen - Politik und Geschichte, Europäische und weltweite internationale Zusammenschlüsse, 3. Auflage, Leske und Budrich, Opladen.

Rode, Reinhard (2004), NGOs, Hoffnungsträger und Blockadenetzwerke, Hallenser IB-Papier 3/2004, Martin-Luther-Universität Haller-Wittenberg, Professur für Internationale Beziehungen und Deutsche Aussenpolitik, http://rode.politik.uni-halle.de/files/ib/IBP304.PDF, Zugriff: 29.09.2009.

Rogoff, Kenneth (2007), IWF und Weltbank, Zweimal falsch ergibt kein richtig, in: Project Syndicate, 02.07.2007, http://www.project-syndicate.org/commentary/rogoff32/German, Zugriff: 01.02.2010.

Rohde, Christoph (2004), Hans J. Morgenthau und der weltpolitische Realismus, 1. Auflage, VS-Verlag für Sozialwissenschaften, Wiesbaden.

Rovani, Yves (2003), Building up the Capacity and Influence of Evalution in the Bank and Outside 1986–92, in: Grasso / Wasty (2003).

RP-online, Weltbank (2009), 90 Millionen Dollar für Victoriasee, 11.03.2009, http://www.rp-online.de/public/kompakt/wissen/683341/90-Millionen-Dollar-fuer-Victoriasee.html, Zugriff: 11.07.2009.

Saam, Nicole J. (2002), Prinzipale, Agenten und Macht, Eine machttheoretische Erweiterung der Agenturtheorie und ihre Anwendung auf Interaktionsstrukturen in der Organisationsberatung, Mohr-Siebeck Verlag, Tübingen.

Sachs, Jeffry (2005), Das Ende der Armut, Ein ökonomisches Programm für eine gerechtere Welt, Siedler-Verlag, München.

Scherm, Ewald / **Pietsch**, Gotthard (2007), Organisation, Theorie, Gestaltung, Wandel, Wissenschaftsverlag, Oldenbourg.

Scherrer, Christoph (1999), Globalisierung wider Willen? Die Durchsetzung liberaler Außenwirtschaftspolitik in den USA. Berlin.

Schmidt, Siegmar (2006), Good Governance als Entwicklungsvoraussetzung, in: Einführung in die Entwicklungspolitik, hrsg. v. Ihne, Hartmut; Wilhelm, Jürgen, 1. Auflage, Lit-Verlag, Münster, Hamburg.

Schmitt, Uwe (2007), Sturz des Hochmütigen, in: welt-online, 19.05.2007, http://www.welt.de/welt_print/article881336/Sturz_des_Hochmuetigen.html, Zugriff: 01.02.2010.

Schneider, Ann-Kathrin (2002), Armutsbekämpfung zwischen Rhetorik und Reformversagen, in: Informationsbrief Weltwirtschaft und Entwicklung, hrsg., Weed, Sonderdienst Nr. 7, Dezember 2002, http://www2.weed-online.org/uploads/we_sd_7_2002.pdf , Zugriff: 24.08.2009.

Schneider, Ann-Kathrin (2007), Unverantwortliche Megaprojekte in: Südasien.info, 26.01.2007, http://www.suedasien.info/analysen/1770, Zugriff: 02.03.2010.

Schoeller, Olivia (2005), Wer hat Angst vor Wolfowitz?, in: Berliner Zeitung, 21.03.2005, http://www.berlinonline.de/berliner-zeitung/archiv/.bin/dump.fcgi/2005/0321/tagesthema/0012/index.html, Zugriff:07.03.2009.

Schubert, Klaus / **Klein,** Martina (2006), Das Politiklexikon. 4. aktual. Aufl., Dietz, Bonn, in: Bundesministerium für politische Bildung (o.J.), http://www1.bpb.de/popup/popup_lemmata.html?guid=S9DY3V , Zugriff: 15.03.2010.

Schücking, Heffa (1996), Stauen um jeden Preis, Eine Bilanz ökologischer, sozialer und ökonomischer Verfehlungen internationaler Staudammpolitik, http://www.urgewald.de/_media/_docs/stauen_um_jeden_preis.pdf, 23.04.2009.

Schücking, Heffa / Jörg, Steffen (2004), International und katastrophal, Das Projektfinanzierungsgeschäft der WestLB, hrsg. v. Urgewald, Siegen, http://net-news-global.de/pdf/west-lb-studie-2004.pdf, Zugriff: 24.04.2009.

Sehring, Jenniver (2003), Post-Washington-Consensus und PRSP – Wende in der Weltbankpolitik?, Institut für Ethnologie und Afrikastudien (hrsg.), Arbeitspapiere/Nr. 23, Mainz, (zugleich Magisterarbeit, Universität Mainz).

Seidel-Hohenveldern, Ignaz, Hg., (1992), Völkerrecht und internationales Wirtsschaftsrecht, Bd. 3, Athenäum Verlag, Frankfurt/M.

Seith, Anne (2006), Weltbank-Chef Wolfowitz, Der Falke auf der Lauer, in: Spiegelonline, 31.05.2006, http://www.spiegel.de/wirtschaft/0,1518,418002,00.html, Zugriff: 07.04.2009.

Sen, Amartya (2006), Interview in: Foreign Affairs (2006), The man without a plan, March/April, 2006, http://www.foreignaffairs.com/articles/61525/amartya-sen/the-man-without-a-plan, Zugriff: 22.01.2010.

Setton, Daniela (2007a), Die Weltbank im Dienste sozialer und ökologischer Entwicklung? Vortrag Ringvorlesung in der TU München am 28.11.2007, http://209.85.135.132/search?q=cache,iqKCuEE_NfoJ,asta.fs.tum.de/asta/referate/umweltreferat/ringvorlesung-umwelt/archiv/ws-2007-08/weltbank_setton_28nov07.pdf+Die+Reformunf%C3%A4higkeit+der+Weltbank&cd=6&hl=de&ct=clnk&gl=de&client=firefox-a, Zugriff 28.09.2009.

Setton, Daniela (2007b), Mit Volldampf in den Klimakollaps - Die Energiepolitik der Weltbank, 25.06.2007, Eine kritische Analyse des "Clean Energy Investment Framework" der Weltbank, http://www.weed-online.org/themen/iwf/657526.html, Zugriff: 07.10.2009.

Setton, Daniela (2008a), Geldsegen für die Weltbank, Schlechte Nachrichten für Armutsbekämpfung und Klimaschutz, in: Weed-online, 04.01.2008, http://text.weed-online.org/themen/uue/892667.html, Zugriff: 22.05.2009.

Setton, Daniela (2008b), WEED Pressemitteilung zur IWF/Weltbank Frühjahrstagung am 12./13. April 2008, http://www.weed-online.org/themen/1098291.html, Zugriff: 16.06.2010.

Setton, Daniela (2007c), Sicherheitsrisiko Weltbank, Wie die Energie- und Rohstoffpolitik der Weltbank Konflikte schürt, in weed-online, 30.06.2007, http://www.weed-online.org/themen/iwf/657554.html, Zugriff: 15.07.2009.

Setton, Daniela (2007d), Uneingelöste Versprechen, in: Südwind, Jg. 28, Nr. 6, Juni 2007, http://www2.weed-online.org/uploads/0706_konditionalitaeten_suedwind.pdf, Zugriff: 24.05.2009.

Schoeller, Olivia (2007), Vetter Wolfowitz, der Peinliche, in: Berliner Zeitung, 18.05.2007, http://www.berlinonline.de/berliner-zeitung/archiv/.bin/dump.fcgi/2007/0518/tagesthema/0005/index.html, Zugriff: 02.02.2010.

Shihata, Ibrahim F. I. (1999/2000), The World Bank Inspection Panel; In Practise, 2. Auflage, Oxfort University Press,

Siebold, Thomas (2008), Armutsorientierte Entwicklung mithilfe von PRSPs? Eine Zwischenbilanz für Subsahara - Afrika. Duisburg, Institut für Entwicklung und Frieden, Universität Duisburg-Essen, INEF-Report 95/2008.

Siebold, Thomas (1995), Die sozialen Dimensionen der Strukturanpassung - eine Zwischenbilanz, in: INEF-Report, Heft 13/1995, Institut für Entwicklung und Frieden der Gerhard-Mercator-Univers. Duisburg, http://inef.uni-due.de/page/documents/Report13.pdf , Zugriff: 05.02.2009.

Smith, Gaddis (1972), Dean Acheson, in: The American Secretaries of State and their diplomacy, by, **Ferrell**, Robert H. / **Bennis**, Samuel Flagg (Hg.), Vol. XVI, Coopler Square Publisher, New York.

Solomon, Lewis D. (2007), Paul D. Wolfowitz, Visionary, Intellectual, Policymaker and Strategist, Praeger Security International, Westport, Connecticut, London.

Somm, Markus (2007), Zeit der Rache, in: Weltwoche, 23.05.2007, http://www.weltwoche.ch/ausgaben/2007-21/artikel-2007-21-zeit-der-rache.html, Zugriff: 02.02.2010.

Sotscheck, Ralf (1993), Neue Qualität? Mit der Weltbank auf Du und Du, in: taz, 13.07.1993, http://www.watchindonesia.org/II_Sep_93/Quality.htm.

Spanger, Hans-Joachim / **Wolff**, Jonas (2003), Armutsreduzierung durch Demokratisierung? PRSP, Chancen und Widersprüche einer neuen entwicklungspolitischen Strategie, HSFK-Report Nr. 6/2003, Hessische Stiftung Friedens- und Konflikforschung, Frankfurt/M.

spiegel-online (2007a), Korruption bei Weltbank-Projekten, Schwarze Liste stellt Schmier-Firmen bloß, 06.02.2007, http://www.spiegel.de/wirtschaft/0,1518,druck-464739,00.html, Zugriff: 07.05.2010.

spiegel-online (2007b), Weltbank, Direktorium hofft auf freiwilligen Rücktritt von Wolfowitz, 16.05.2007, http://www.spiegel.de/wirtschaft/0,1518,483147,00.html, Zugriff: 01.02.2010.

spiegel-online (1994), Wagen vor die Pferde, 31.10.1994, http://www.spiegel.de/spiegel/print/d-13684315.html, Zugriff: 13.01.2010.

spiegel-online (2005), Präsident Wolfensohn will aufhören, 02.01.2005, http://www.spiegel.de/wirtschaft/0,1518,335249,00.html, Zugriff: 12.11.2009.

spiegel-online (2009), Weltbank plant Solaroffensive, 10.12.2009, http://www.spiegel.de/thema/desertec/, Zugriff: 14.12.2009.

Spörndli, Markus (2006), Grossprojekt Merowe, „Nach uns die Sintflut", Rede z. AG Friedensforschung an der Uni Kassel, http://www.uni-kassel.de/fb5/frieden/regionen/Sudan/staudamm.html, Zugriff: 16.11.2008.

Sternberg, Fritz (1961), Wer beherrscht die zweite Hälfte des 20. Jahrhunderts? Verlag Kiepenheuer und Witsch; Köln, Berlin.

Steuernagel, Axel (1998), Die UNO im internationalen Wirtschaftssystem, Ein Beitrag zur internationalen Reformdebatte, in: Forschungsstelle Dritte Welt, Arbeitspapiere zu Problemen der internationalen Politik und der Entwicklungsländerforschung, Nr. 25/1998, Geschwister-Scholl-Institut für Politische Wissenschaft der Ludwig-Maximilian-Universität München, http://www.gsi.uni-muenchen.de/lehreinheiten/le_ib/publikationen/arbeitspapier/ap25.pdf, Zugriff: 05.06.2009.

Stiglitz, Joseph E.(2002), Die Schatten der Globalisierung, Siedler-Verlag; Berlin.

Stiglitz, Joseph E. (1998), Towards a New Paradigm for Development, Strategies, Policies and Processes, Genf, Prebisch Lecture, UNCTAD, http://siteresources.worldbank.org/CDF/Resources/prebisch98.pdf, Zugriff: 04.04.2009.

Stiglitz, Joseph E. (2005), Warum James Wolfensohn ein bedeutender Weltbankpräsident war, in: project-syndicate, http://www.project-syndicate.org/commentary/stiglitz58/German, Zugriff: 12.11.2009.

Stiglitz, Joseph E. / **Charlton**, Andrew (2006), Fairtrade, Agenda für einen gerechten Welthandel, 1. Auflage, Murmann-Verlag, Hamburg,

Strickner, Alexandra / **Vögel**, Monika (2003), PRSP als Strategie zur Armutsbekämpfung, Eine Analyse, Österreichische Forschungsstiftung für Internationale Entwicklung (ÖFSE) (Hrsg.), Working Paper 2, Wien, http://öfse.at/download/prsp_informationen.pdf, Zugriff: 20.03.2009.

Studie zur Verbesserung der Beteiligung deutscher Unternehmen an weltbankfinanzierten Projekten (2007), Studie für das Bundesministerium für Wirtschaft und Technolgie, herausgegeben von, Consulting für Projektmanagement und Organisation (COMO), Hamburg.

Südwind (2004), Ein Krankenhaus zum kränker werden, Südwind-Magazin 06/2004, http://www.suedwind-magazin.at/start.asp?artid=2932&ausg=200406&b=0&artart, Zugriff: 21.02.2009.

Survival (2009), Weltbank stellte Vergabe von Palmöldarlehen nach Protesten ein: 22.09.2009, http://www.survival-international.de/nachrichten/5068, Zugriff: 15.10.2009.

Tagblatt, Schweiz (2008), Ilisu-Projekt wird neu verhandelt, 23.10.2008.

Tagespiegel (2007), Wolfowitz sieht ´gezielte Schmutzkampagne´, 30.04.2007, http://www.tagesspiegel.de/politik/international/USA-Weltbank;art123,1855597, Zugriff: 10.02.2010.

Tele, Isabel (2008), Entwicklungsstrategien für Subsahara-Afrika, Von Strukturanpassung bis good governance, Eine kritische Auseinandersetzung mit Berichten der Weltbank, Arbeitspapiere / Nr. 86, Institut für Ethnologie und Afrikastudien, Johannes Gutenberg Universität Mainz, http://www.ifeas.uni-mainz.de/workingpapers/AP86.pdf, Zugriff: 19.05.2009,

Tetzlaff Rainer (1989), Internationale Entwicklungsorganisation IDA, in: Nohlen, Dieter (1989),

Tetzlaff, Rainer (1980), Die Weltbank, Machtinstrument der USA oder Hilfe für Entwicklungspolitik? Zur Geschichte und Struktur der modernen Weltgesellschaft, München, Weltforum-Verlag,

Tetzlaff, Rainer (1996), Weltbank und Währungsfonds - Gestalter der Bretton-Woods-Ära, Leske+Budrich, Opladen.

Thomas, Karen S. (1980), Communication and Decision-Making in International Organization, A Cross-Cultural Perspective on Organizational Behavior in the World Bank, (zugleich Dissertation Universität of California, Berkley, Fakultät für Politische Wissenschaften), zitiert in: George / Sabelli (1995).

Tjardes, Ina (2003), Das Inspection Panel der Weltbank, Schriftenreihe, Studien zur Rechtswissenschaft, Band 119, Verlag Dr. Kovac, Hamburg, (zugleich Dissertation, Universität Mainz).

Triepel, Heinrich (1974), Die Hegemonie, Ein Buch von führenden Staaten, Stuttgart/Berlin 1943, Neudruck Scientia-Verlag, Aalen.

Twele, Cord (1995), Die Entwicklungspolitik der Weltbank-Gruppe vor dem Hintergrund der Schuldenkrise der „Dritten Welt" seit Beginn der achtziger Jahre, in: Europäische Hochschulschriften, Reihe V Volks- und Betriebswirtschaft, Bd. 1687, Peter Lang Verlag, Frankf./M., Berlin, Bern u.a., 1995 (zugleich Dissertation, Universität Oldenburg 1994).

Trouw, Jan (2008), Chinas Drei-Schluchten-Staudamm und die Bauernumsiedlung, Wie der Damm den Alltag der Bauern verändert, 1. Auflage, Toro-Verlag, Hamburg, Berlin.

Udall, Lori (1995) Arun III Hydroelectric Project in Nepal, Another World Bank Debacle? 1. März 1995, http://www.hartford-hwp.com/archives/52/054.html, Zugriff: 14.01.2010.

Udall, Lori (1998), The World Bank and Public Accountability, Has Anything Changed?, in: Fox, Jonathan A.; Brown, David L. (Hrsg.), The stuggle for Accountability, The World Bank, NGOs and Grassroots Movements, MIT Press, Cambridge, Massachusetts, London.

United Nations (2002), United Nations Millennium Declarations, 18.09.2000, http://www.gtz.de/de/dokumente/Milleniumsdeklaration.pdf, Zugriff. 22.08.2008.

Unmüßig, Barbara (2009), Die Weltbank in der Klimafinanzierung - IWF und Weltbank als Retter in der Not, 02.Oktober, 2009, http://www.boell.de/internationalepolitik/aussensicherheit/aussen-sicherheit-7578.html, Zugriff: 03.07.2010.

Unser, Günther (2004), Die UNO, Aufgaben, Strukturen, Politik; 7. Auflage, dtv, München/ Wien.

Unsöld, Daniel (2007), Weltbank- verfilzt mit Agrarindustrie, in Rundbrief des DNR (Deutscher Naturschutz Ring) vom 29.08.2007, http://www.bio100.de/html/body_2_archiv.html, Zugriff: 28.03.2009.

UN-Wire (2001), Official Criticizes Wolfensohn, Wednesday, July 25, 2001 http://www.unwire.org/unwire/20010725/16255_story.asp, Zugriff: 12.10.2009.

urgewald (2005), Die Weltbank und der Privatsektor, https,//www.urgewald.de/_media/_docs/IFC_12_web.pdf, Zugriff: 26.05.2010.

urgewald (o.J.), Flyer zum Thema,Klimasünden statt Entwicklung , Wie die Weltbank unser Geld ausgibt, http://www.urgewald.de/_media/_docs/Weltbank_Flyer.pdf, Zugriff: 08.10.2009.

U.S. News (2006), Questions about a pricy Conflict, 09.10.2006, http://www.usnews.com/usnews/news/articles/060910/18bank.htm, Zugriff: 07.05.2010.

Venro (Verband Entwicklungspolitik Nichtregierungsorganisationen Deutschland)(2004), Memorandum zur Extractive Industries Review der Weltbank, Bonn, 30. März 2004, http://www.venro.de/fileadmin/Publikationen/Einzelveroeffentlichungen/Soziale_Gestaltung_und_Globalisierung/EIR_VENRO.PDF, Zugriff: 08.10.2009.

Venzky, Gabriele (1992), Politik der Bulldozer, in: Die ZEIT, Nr. 46, vom 06.11.1992, http://pdf.zeit.de/1992/46/Politik-per-Bulldozer.pdf, Zugriff: 15.01.2010.

Vereinigten Staaten von Amerika (1976), Geschichte, Probleme, Perspektiven, Ploetz-Verlag, Würzburg.

Vöcking, Knud (2006), Den Bock zum Gärtner gemacht, Weltbank löst eigenständige Umweltabteilung auf, in: Forum Umwelt und Entwicklung, Rundbrief vom März 2006, http://www.forum-ue.de/fileadmin/userupload/rundbriefe/200603.pdf, Zugriff: 24.08.2009.

Vogler, Helmut (1994), Die Vereinten Nationen, Oldenburg-Verlag, München / Wien.

Wade, Robert (1997), Greening the Bank, The Struggle over the Environment, 1970–1995, in: Kapur, Devesh / Lewis, John P. / Webb, Richard (Hrsg.), The World Bank, Its first half century, Vol. 2: Perspectives, Brookings Institution Press, Washington D.C., S. 611–735.

Wade, Robert (2002), U.S. Hegemony and the World Bank, The Figth over People and Ideas, zitiert in: Weaver (2008).

Waltz, Kenneth N. (1979), Theory of International Politics, McGraw-Hill, New York.

Walden, Hans (1999), Wie geschmiert - Rüstungsproduktion und Waffenhandel im Raum Hamburg, Komzi-Verlag, Idstein.

Walther, Miriam (2002), Armutsstrategiepapiere (PRSP), Neuanfang in der Strukturanpassungspolitik von IWF und Weltbank?, in: Arbeitspapier, weed (hg.), Bonn.

Washington Post (2006) World Bank Staffers Protest Appointments, 24.01.2006, http://www.washingtonpost.com/wp-dyn/content/article/2006/01/23/AR2006012301645.html, Zugriff: 07.05.2010.

Weaver, Catherine (2008): Hypocrisy Trap, The World Bank and the Poverty of Reform, Princeton University Express, New Jersey.

Weaver, Catherine E. (2003): The Hypocrisy of International Organisations: The rethoric, reality and reform of the World Bank, (zugleich Dissertation,University of Kansas)

Weaver, Catherine / Leiteritz, Ralf J. (2005),"Our Poverty Is a World Full of Dreams': Reforming the World Bank", in: Global Governance 11, Bd. 3, 369–388.

Weber, Max (1921/1976), Wirtschaft und Gesellschaft, Grundriss der verstehenden Soziologie, 5. rev. Auflage, J. C. B. Mohr, Tübingen.

weed (2003), Horst Köhler, Politische Hintergrundinformationen – HIPC, http://www.koehler-iwf.de/gescheiterte_politik/hipc.html, Zugriff: 03.04.2009.

weed (2007), Musterprojekt für umwelt- und sozialverträglichen Staudammbau? Der Nam-Theun 2-Staudamm in Laos, http://www2.weed-online.org/uploads/factsheet_nt2_10_2007.pdf, Zugriff: 13.10.200.

Weed-online (2008), Vernichtender Untersuchungsbericht zum Bujagali-Staudamm am Nil, 8.12.2008, http://www.weed-online.org/aktuell/presse/1999969.html, Zugriff: 11.07.2009.

Wehler, Hans-Ulrich, Hg. (1972), Imperialismus, Neue Wissenschaftliche Bibliothek 37, Geschichte, 2. Auflage, Kiepenheuer und Witsch, Köln.

Wehler, Hans-Ulrich (1974), Der Aufstieg des amerikanischen Imperialismus, Studien zur Entwicklung des Imperialum Americanum 1865–1900, in: Kritische Studien zur Gechichtswissenschaft, Bd. 10 Vandenhoek und Ruprecht, Göttingen.

Weiner, Mervyn L. (2003), Institutionalizing the Evaluation Function at the World Bank, in: Grasso / Wasty (2003).

Weltbank Weltentwicklungsbericht (1997), Der Staat in einer sich verändernden Welt. Washington D. C.

Weltbank (1981), Zusammenfassung der Diskussionen beim Treffen der Exekutivdirektoren von Bank und IDA und dem Direktorenvorstand des IWF, 1. Dezember–15. Dezember 1981, S. 2, zitiert in: Rich (1998), S. 152.

Weltbank (2004),Verwaltungsrat der Weltbank beschliesst künftige Schritte nach Vorlage des Berichts über die Rohstoffindustrien, 03.08.2004, Washington D.C., http://web.worldbank.org/WBSITE/EXTERNAL/NEWS/0,,contentMDK,20237201~menuPK,34467~pagePK,34370~piPK,34424~theSitePK,4607,00.html, Zugriff: 12.10.2009.

Weltbank (2005), Weltbank unternimmt weiteren Schritt zur Korruptionsbekämpfung, 24.05.2005, http://web.worldbank.org/WBSITE/EXTERNAL/NEWS/0,,contentMDK,20368998~enableDHL,TRUE~menuPK,34463~pagePK,64003015~piPK,64003012~theSitePK,4607,00.html, Zugriff: 05.05.2010.

welt-online (2007), Vetternwirtschaft, Jetzt wird es eng für Wolfowitz, 20.04.2007, http://www.welt.de/wirtschaft/article822969/Jetzt_wird_es_eng_fuer_Weltbank_Chef_Wolfowitz.html, Zugriff: 02.02.2010.

Wiegand, Gerd (1978), Organisatorische Aspekte der internationalen Verwaltung von Entwicklungshilfe, Ein Beitrag zur Organisationsanalyse internationaler Organisationen am Beispiel des UNDP und der Weltbank aus, Schriften zur Verwaltungswissenschaft Bd. 5, Duncker und Humblot-Verlag, Berlin.

Wiener Zeitung, (2008), Ilisu- Staudamm, Druck auf Ankara, 10. Oktober 2008, http://www.wienerzeitung.at/DesktopDefault.aspx?TabID=4103&Alias=wzo&cob=376468, Zugriff: 09.11.2008.

Williams, William Appleman (1972), Amerikas idealistischer Imperialismus 1900–1917, in: Wehler, Hans-Ulrich (Hg.), Imperialismus, Neue Wissenschafltiche Bibliothek 37, Geschichte, 2. Auflage, Kiepenheuer und Witsch, Köln.

Williams, William Appleman (1973), Die Tragödie der amerikanischen Diplomatie, 1. Auflage, Suhrkamp, Frankf./M.

Williamson, O. E. (1975), Markets and hierarchies, Analysis and antitrust implications, Freee Press, New York, 1975, zitiert in: Naam (2002).

Willoughby, Christopher (2003), First Experience in Operations Evaluations, Roots, Hopes, and Gaps, in , Grasso, G. Patrick; Wasty, Sulaiman S.;Weaving, Rachel V., World Bank Operations Evaluation Department, The First 30 Years, World Bank, Washington D.C.

Wolfensohn, James (2005), Voice for the world´s poor, selected speeches and writings, World Bank, Washington, D.C.

Wolfensohn, James (1995), New Directions and New Partnerships Adress to the Governer, Antrittsrede zum Jahrestreffen der Weltbankgruppe, Washington, 10. Okt.1995, http://web.worldbank.org/WBSITE/EXTERNAL/EXTABOUTUS/ORGANIZATION/EXTPRESIDENT2007/EXTPASTPRESIDENTS/PRESIDENTEXTERNAL/0,,contentMDK,20025722~menuPK,232083~pagePK,159837~piPK,159808~theSitePK,227585,00.html , Zugriff: 03.06.2008.

Wolfensohn, James (1997), Die Herausforderung der Integration, Ansprache zur Jahreskonferenz von Weltbank und IWF, Hongkong, 23. September 1997, http://www.worldbank.org/html/extdr/am97/jdw_sp/jwsp97g.htm, Zugriff: 05.03.2009.

Wolter, Denise (o.J.), Die Entschuldungsinitiative für die ärmsten Länder der Welt als Testfall für eine neue entwicklungspolitische Strategie de Weltbank. Chancen und Widersprüche des neuen Paradigmas untersucht anhand von Burkina Faso und Uganda, vorgelegt als Diplomarbeit an der Johann Wolfgang Goethe-Universität, Frankfurt/M.

World Bank (2004), Annual Report on operations evaluation, Operational manuel OP 8.60 Development Policy Lending, http://lnweb90.worldbank.org/oed/oeddoclib.nsf/24cc3bb1f94ae11c85256808006a0046/8e49d9d2a5f86e7a85256fc500565a1e/$FILE/2004_aroe.pdf, Zugriff: 19.05.2009.

World Bank (1980–1989), Archives, World Bank Group historical chronology, http://web.worldbank.org/WBSITE/EXTERNAL/EXTABOUTUS/EXTARCHIVES/0,,contentMDK:20035663~menuPK:56318~pagePK:36726~piPK:437378~theSitePK:29506,00.html, Zugriff: 23.06.2010.

World Bank (2005), Bankgovernors, http://www.siteresorces.worldbank.org/BODINT/Resources/b-eds.pdf, Zugriff: 24.03.2006.

World Bank (2010), Bankgovernors and Alternates, http://siteresources.worldbank.org/BODINT/Resources/278027-1215526322295/BankGovernors.pdf, Zugriff: 23.06.2010.

World Bank (2009), Bank Organization Chart, November 2009, http://siteresources.worldbank.org/EXTABOUTUS/Resources/bank.pdf, Zugriff: 30.11.2009.

World Bank (1999),Conclusions of the Board's second Review of the Inspection Panel, http://www.worldbank.org/html/extdr/ipwg/secondreview.htm, Zugriff: 24.07.2010

World Bank (2009), Country papers and JSANs (Joint Staff Advisory Notes)/JSA (Joint Staff Assessments), http://web.worldbank.org/WBSITE/EXTERNAL/TOPICS/EXTPOVERTY/EXTPRS/0,,contentMDK,20200608~menuPK,421515~pagePK,148956~piPK,216618~theSitePK,384201,00.html, Zugriff: 14.05.2009.

World Bank (2009), Fraud and Corruption, http://web.worldbank.org/external/default/main?theSitePK=84266&contentMDK=64069844&menuPK=116730&pagePK=64148989&piPK=64148984, Zugriff: 25.05.2010.

World Bank (1996), Meeting of President Wolfensohn with Senior Management, March, 12, 1996 (internes Dokument), zitiert in Rich (1998).

World Bank (2009), People, Obiageli Katryn, Ezekweseli, Vice President, http://web.worldbank.org/WBSITE/EXTERNAL/COUNTRIES/AFRICAEXT/0,,contentMDK,20246200~menuPK,509503~pagePK,146736~piPK,226340~theSitePK,258644,00.html, Zugriff: 26.11.2009.

World Bank (2009), Poverty Reduction Strategy Papers, http://web.worldbank.org/WBSITE/EXTERNAL/TOPICS/EXTPOVERTY/EXTPRS/0,,menuPK,384207~pagePK,149018~piPK,149093~theSitePK,384201,00.html , Zugriff: 14.05.2009.

World Bank (2010), Procurement Guidelines under IRBD Loans and IDA Credits, May 2010 (english only), http://web.worldbank.org/WBSITE/EXTERNAL/PROJECTS/PROCUREMENT/0,,contentMDK,20060840~menuPK,93977~pagePK,84269~piPK,60001558~theSitePK,84266~isCURL,Y,00.html, Zugriff. 20.05.2010

World Bank (2009), Results for „prsp", http://extsearch.worldbank.org/servlet/SiteSearchServlet?q=Prsp, Zugriff: 26.03.2009.

World Bank (1989), Sub-Saharan Africa, From Crisis to Sustainable Growth. A Long-Term Perspectve Study, Washington D.C.

World Bank, (2007), Ugandas President, the Aga Khan, Cut Ribbon and Bujagali Dam Projekt, http://web.worldbank.org/WBSITE/EXTERNAL/COUNTRIES/AFRICAEXT/0,,contentMDK:21450929~menuPK:258657~pagePK:2865106~piPK:2865128~theSitePK:258644,00.html, Zugriff 22.07.2010

World Bank (o.J), The Enhanced HIPC Initiative - Overview, http://web.worldbank.org/WBSITE/EXTERNAL/TOPICS/EXTDEBTDEPT/0,,print, Zugriff: 24.03.2009.

World Bank (1996), World Bank´s Change Agenda, http://web.worldbank.org/WBSITE/EXTERNAL/NEWS/0,,contentMDK,20013255~menuPK,34463~pagePK,34370~piPK,34424~theSitePK,4607,00.html, Zugriff: 18.01.2010.

World Bank (2005), World Bank Takes Further Step in Anti-Corruption Fight, Bank Initiates Annual Report Detailing Investigations, Washington D. C., http://web.worldbank.org/WBSITE/EXTERNAL/NEWS/0,,contentMDK,20368613~enableDHL,TRUE~menuPK,34467~pagePK,34370~piPK,34424~theSitePK,4607,00.html, Zugriff: 24.08.2009.

World Bank Inspection Panel (Homepage der Weltbank) (2004), Bank management's response to request for Inspection Panel review of the India-Mumbai Urban Transport Project (IBRD loan No. 4665-IN: IDA credit No.3662IN) http://siteresourches.worldbank.org/EXTINSPECTION-PANEL/Resources/ManagementResponse-Gazi.pdf, Zugriff: 14.07.2009.

World Bank and **International Monetary Fund (Homepage)**, Poverty Reduction Strategy, Progress in Implementation, 2004, http://www.imf.org/external/np/prspgen/2004/092004.pdf, Zugriff: 25.03.2009.

World Bank and **International Monetary Fund**, 2005 Review of the PRS Approach, Balancing Accountabilities and scaling Up Results, http://siteresources.worldbank.org/INTPRS1/Resources/PRSP-Review/2005_Review_Final.pdf , Zugriff: 25.03.2009.

World Bank Operations Evaluations Departmend (OED) (Hompage der Weltbank), The Poverty Reduction Strategy Initiative, An Independent Evaluation of the World Bank´s Support, 2003, Word Bank (hg.), Washington D.C., 2004, http://lnweb90.worldbank.org/oed/oeddoclib.nsf/24cc3bb1f94ae11c85256808006a0046/6b5669f816a60aaf85256ec1006346ac/$FILE/PRSP_Evaluation.pdf, Zugriff: 04.06.2009.

World Bank Operations Evaluations Departmend (OED), OED, The first 30 Years, A Chrestomathy, World Bank, Washington D.C, 2002, http://lnweb90.worldbank.org/oed/oeddoclib.nsf/DocUNIDViewForJavaSearch/CB6FEBFBFD3E3DDF85256C390069723E/$file/OED_Chrestomathy.pdf, Zugriff: 09.06.2009.

World Coal Institute (o.J.), Kohleabbau, http://www.worldcoal.org/assets_cm/files/PDF/coal_mining_german_2.pdf und, http://www.worldcoal.org/assets_cm/files/PDF/coal_mining_german_3.pdf, beide PDF-Dateien, Zugriff am 18.11.2008.

World Commission on Dams, Staudämme und Entwicklung, ein neuer Rahmen zur Entscheidungsfindung, Bericht der Weltkommission für Staudämme, 6. November 2000, http://www.dams.org/report/wcd_uberblick.htm, Zugriff: 09.10.2008,

World Development Movement (2006), Out of time, The case for replacing the World Bank and IMF, o.O., zitiert in: Hoering (2007).

World Development Report (2010), World Development and Climate Change, 15.September 2009, World Bank Publ., Washington D.C., http://siteresources.worldbank.org/INTWDR2010/Resources/WDR10-Main-Messages.pdf, Zugriff: 12.03.2010.

Zawadzky, Karl, Weltbank-Chef Wolfowitz verteidigt Strategie, in: DW-World.DE, 15.09.2006, http://www.dw-world.de/dw/article/0,,2174827,00.html, Zugriff: 07.04.2009.

ZEIT, Interview mit Peter Eigen, Korruption ist wie eine Krankheit in die globalisierte Wirtschaft eingezogen, 05.07.2005, http://www.zeit.de/politik/dlf/2005/interview_050705, Zugriff: 11.05.2010.

Zeit-online (1997), Die Armen als Kunden, Nr. 30, 1997, http://www.zeit.de/1997/30/Die_Armen_als_Kunden, Zugriff: 22.09.2009.

Zeit-online (1993), Geld und anderes Papier, 01.10.1993, http://www.zeit.de/1993/40/III-Geld-und-anderes-Papier, Zugriff: 28.04.2010.

Zeit-online (2005), Fiorina und Wolfowitz als Kandidaten für Weltbank genannt, Oktober 2005, http://www.zeit.de/2005/10/weltbank_nachfolge, Zugriff: 12.11.2009.

Zeit-online (1995), Bildunterschrift, Armeane M. Choksi 18/1995, http://www.zeit.de/1995/18/Bildunterschrift_Armeane_M_Choksi ,Zugriff: 18.12.2009.

Zeit-online (2007), Weltbank gegen Schmierer, 06.03.2007, ZEIT-online (2007), http://zeit.de/online/2007/10/weltbank-gegen-korruption, Zugriff: 07.05.2010.

Zeiten und Menschen (1982), K4/I, Geschichte für Kollegstufe und Grundstudium, Schroedel, Paderborn.

Ziener, Markus, IWF und Weltbank stecken in der Krise, in: Handelsblatt v. 22.August 2007, S. 2, http://wwwhandelsblatt.com/News/printpage.aspx?_p200051&_t=ftprint&_b=1312, Zugriff: 29.08.2009.

Zint, Martin (2001), Die Weltbank und die Ölkonzerne setzen sich über lokale Interessen hinweg, in: pogrom - bedrohte Völker, Nr. 210, Heft 3/ 2001.

Zint, Marin (2006), Kein Geld für militärische Ziele? 17.2006 http://www.zintweb.de/art_eins_0609.pdf, Zugriff: 15.01.2010.

Zoellick, Robert, Catalyzing the Future, An Inclusive and Sustainable Globalization, Annual Meetings 2007, Worldbank, http://web.worldbank.org/WBSITE/EXTERNAL/NEWS/0,,contentMDK,21520625~pagePK,34370~piPK,42770~theSitePK,4607,00.html, Zugriff: 28.09.2009.

Zürn, Michael, Interessen und Institutionen in der internationalen Politik. Grundlegung und Anwendung des situationsstrukturellen Ansatzes, Opladen, 1992.

Zumach, Andreas, Erpressung zahlt sich aus, in: taz vom 28.12.2000, http://bits.de/zumach/2000/281200-2.htm, Zugriff: 04.09.2008.

Zumach, Andreas, Reformer aus dem Apparat, in: taz vom 15.12.2006, http://www.bits.de/zumach/200/151206.htm, Zugriff: 24.07.2009.

Zumach, Andreas, Wiederwahl mit der Brechstange, in: taz, vom 12.05.2001, http://www.bits.de/zumach/2001/120501.html, Zugriff: 29.07.2009.

FSC
www.fsc.org
MIX
Papier | Fördert gute Waldnutzung
FSC® C083411

Kolibri 360 GmbH
Ferdinand-Jühlke-Straße 7
99095 Erfurt, Deutschland
produktsicherheit@kolibri360.de